大学入試シリーズ

544

立命館大学

文系－全学統一方式・学部個別配点方式
立命館アジア太平洋大学－前期方式・英語重視方式

教学社

はしがき

入力した質問に対して，まるで人間が答えているかのような自然な文章で，しかも人間よりもはるかに速いスピードで回答することができるという，自然言語による対話型のAI（人工知能）の登場は，社会に大きな衝撃を与えました。回答の内容の信憑性については依然として課題があると言われるものの，AI技術の目覚ましい進歩に驚かされ，人間の活動を助けるさまざまな可能性が期待される一方で，悪用される危険性や，将来人間を脅かす存在になるのではないかという危惧を覚える人もいるのではないでしょうか。

大学教育においても，本来は学生本人が作成すべきレポートや論文などが，AIのみに頼って作成されることが懸念されており，AIの使用についての注意点などを発表している大学もあります。たとえば東京大学では，「回答を批判的に確認し，適宜修正することが必要」，「人間自身が勉強や研究を怠ることはできない」といったことが述べられています。

16 ～ 17世紀のイギリスの哲学者フランシス・ベーコンは，『随筆集』の中で，「悪賢い人は勉強を軽蔑し，単純な人は勉強を称賛し，賢い人は勉強を利用する」と記しています。これは勉強や学問に取り組む姿勢について述べたものですが，このような新たな技術に対しても，侮ったり，反対に盲信したりするのではなく，その利点と欠点を十分に検討し，特性をよく理解した上で賢く利用していくことが必要といえるでしょう。

受験勉強においても，単にテクニックを覚えるのではなく，基礎的な知識を習得することを目指して正攻法で取り組み，大学で教養や専門知識を学ぶための確固とした土台を作り，こうした大きな変革の時代にあっても自分を見失わず，揺るぎない力を身につけてほしいと願っています。

＊　＊　＊

本書刊行に際しまして，入試問題や資料をご提供いただいた大学関係者各位，掲載許可をいただいた著作権者の皆様，各科目の解答や対策の執筆にあたられた先生方に，心より御礼を申し上げます。

編者しるす

そもそも

赤本とは…

受験生のための 大学入試の過去問題集！

60年以上の歴史を誇る赤本は，600点を超える刊行点数で全都道府県の370大学以上を網羅しており，過去問の代名詞として受験生の必須アイテムとなっています。

Q. なぜ受験に過去問が必要なの？

A. 大学入試は大学によって問題形式や頻出分野が大きく異なるからです。

マーク式か記述式か，試験時間に対する問題量はどうか，基本問題中心か応用問題中心か，論述問題や計算問題は出るのか――これらの出題形式や頻出分野などの傾向は大学によって違うので，とるべき対策も大学によって違ってきます。
出題傾向をつかみ，その大学にあわせた対策をとるために過去問が必要なのです。

赤本で志望校を研究しよう！

赤本の掲載内容

傾向と対策

これまでの出題内容から，問題の**「傾向」**を分析し，
来年度の入試にむけて具体的な**「対策」**の方法を紹介しています。

問題編・解答編

年度ごとに問題とその解答を掲載しています。
「問題編」ではその年度の試験概要を確認したうえで，実際に出題された過去問に取り組むことができます。
「解答編」には高校・予備校の先生方による解答が載っています。

ページの見方

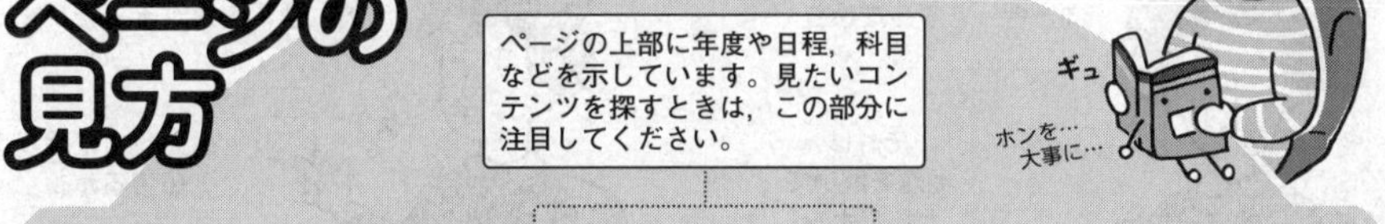

他にも赤本によって，大学の基本情報や，先輩受験生の合格体験記，在学生からのメッセージなどが載っています。

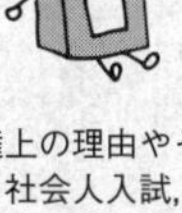

● 掲載内容について ●

著作権上の理由やその他編集上の都合により問題や解答の一部を割愛している場合があります。なお，指定校推薦入試，社会人入試，編入学試験，帰国生入試などの特別入試，英語以外の外国語科目，商業・工業科目は，原則として掲載しておりません。また試験科目は変更される場合がありますので，あらかじめご了承ください。

受験勉強は過去問に始まり，過去問に終わる。

STEP 1　なにはともあれ
まずは解いてみる

過去問をいつから解いたらいいか悩むかもしれませんが，まずは一度，**できるだけ早いうちに**解いてみましょう。**実際に解くことで，出題の傾向，問題のレベル，今の自分の実力がつかめます**。
赤本の「傾向と対策」にも，詳しい傾向分析が載っています。必ず目を通しましょう。

STEP 2　じっくり具体的に
弱点を分析する

解いた後は，ノートなどを使って自己分析をしましょう。**間違いは自分の弱点を教えてくれる貴重な情報源です**。
弱点を分析することで，今の自分に足りない力や苦手な分野などが見えてくるはずです。合格点を取るためには，こうした弱点をなくしていくのが近道です。

合格者があかす赤本の使い方

傾向と対策を熟読
（Fさん／国立大合格）

大学の出題傾向を調べることが大事だと思ったので，赤本に載っている「傾向と対策」を熟読しました。解答・解説もすべて目を通し，自分と違う解き方を学びました。

目標点を決める
（Yさん／私立大合格）

赤本によっては合格者最低点が載っているものもあるので，まずその点数を超えられるように目標を決めるのもいいかもしれません。

時間配分を確認
（Kさん／公立大合格）

過去問を本番の試験と同様の時間内に解くことで，どのような時間配分にするか，どの設問から解くかを決めました。

過去問を解いてみて，まずは自分のレベルとのギャップを知りましょう。
それを克服できるように学習計画を立て，苦手分野の対策をします。
そして，また過去問を解いてみる，というサイクルを繰り返すことで効果的に学習ができます。

STEP 3 志望校にあわせて

重点対策をする

分析した結果をもとに，参考書や問題集を活用して**苦手な分野の重点対策**をしていきます。赤本を指針にして，何をどんな方法で強化すればよいかを考え，**具体的な学習計画を立てましょう**。
「傾向と対策」のアドバイスも参考にしてください。

STEP 1▸2▸3… サイクルが大事！

実践を繰り返す

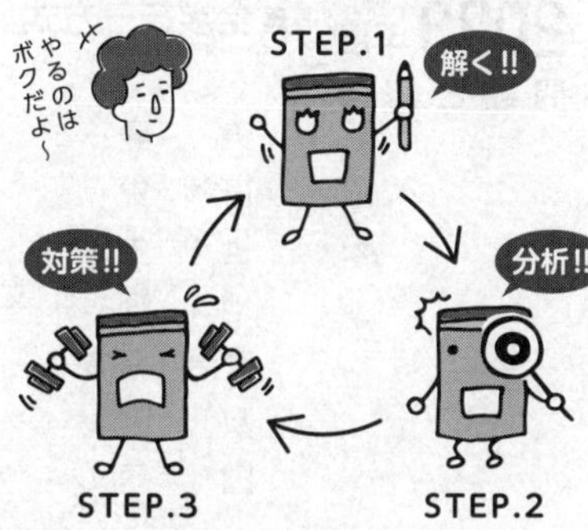

ステップ1～3を繰り返し，足りない知識の補強や，よりよい解き方を研究して，実力アップにつなげましょう。
繰り返し解いて**出題形式に慣れること**や，試験時間に合わせて**実戦演習を行うこと**も大切です。

添削してもらう
(Sさん／国立大合格)

記述式の問題は自分で採点しにくいので，先生に添削してもらうとよいです。人に見てもらうことで自分の弱点に気づきやすくなると思います。

繰り返し解く
(Tさん／国立大合格)

1周目は問題のレベル確認程度に使い，2周目は復習兼頻出事項の見極めとして，3周目はしっかり得点できる状態を目指して使いました。

他学部の過去問も活用
(Kさん／私立大合格)

自分の志望学部の問題はもちろん，同じ大学の他の学部の過去問も解くようにしました。同じ大学であれば，傾向が似ていることが多いので，これはオススメです。

目 次

※解答用紙は赤本ウェブサイト（akahon.net）に掲載しています。

■学部個別配点方式（文系型）　※ APU は英語重視方式

※解答用紙は赤本ウェブサイト（akahon.net）に掲載しています。

2021 年度 問題と解答

■全学統一方式（文系）　※ APU は前期方式（スタンダード 3 教科型）

※解答用紙は赤本ウェブサイト（akahon.net）に掲載しています。

■学部個別配点方式（文系型）　※ APU は英語重視方式

※解答用紙は赤本ウェブサイト（akahon.net）に掲載しています。

掲載内容についてのお断り

- 全学統一方式は，４日程のうち２月２日実施分を掲載しています。
- 立命館大学の赤本には，ほかに下記があります。ラインナップの詳細は表紙裏面をご覧ください。

『立命館大学（理系－全学統一方式・学部個別配点方式・理系型３教科方式・薬学方式）』

『立命館大学（英語〈全学統一方式３日程×３カ年〉）』

『立命館大学（国語〈全学統一方式３日程×３カ年〉）』

『立命館大学（文系選択科目〈全学統一方式２日程×３カ年〉）』

『立命館大学（IR 方式〈英語資格試験利用型〉・共通テスト併用方式）／立命館アジア太平洋大学（共通テスト併用方式）』

『立命館大学（後期分割方式・「経営学部で学ぶ感性＋共通テスト」方式）／立命館アジア太平洋大学（後期方式）』

『立命館大の英語』（難関校過去問シリーズ）

University Guide

大学情報

立命館大学

大学の基本情報

沿革

1869（明治 2）	西園寺公望（学祖）が私塾「立命館」を創始	
1900（明治 33）	中川小十郎が私立京都法政学校を創立	
1903（明治 36）	専門学校令により私立京都法政専門学校となる	
1904（明治 37）	私立京都法政大学と改称	
1913（大正 2）	私立立命館大学と改称	
1922（大正 11）	大学令による大学として発足。法学部を設置	
1948（昭和 23）	新制大学発足（法・経済・文の 3 学部）	
1949（昭和 24）	理工学部を設置	
1962（昭和 37）	経営学部を設置	
1965（昭和 40）	産業社会学部を設置	広小路キャンパスから衣笠キャンパスへの移転開始（1981 年まで）
1988（昭和 63）	国際関係学部を設置	
1994（平成 6）	政策科学部を設置	びわこ・くさつキャンパス開設
2000（平成 12）	立命館創始 130 年・学園創立 100 周年 立命館アジア太平洋大学開学	
2004（平成 16）	情報理工学部を設置	
2007（平成 19）	映像学部を設置	
2008（平成 20）	生命科学部・薬学部を設置	
2010（平成 22）	スポーツ健康科学部を設置	
2015（平成 27）		大阪いばらきキャンパス開設
2016（平成 28）	総合心理学部を設置	
2018（平成 30）	食マネジメント学部を設置	
2019（平成 31）	グローバル教養学部を設置	

校章

1913（大正 2）年に学校の名を立命館大学と改称したのに伴って，「立命」の二文字を図案化した校章が制定されました。1935（昭和 10）年頃には「立命」の文字を金色とし，「大」の文字を銀色で表すものになりました。「立命」の文字に「大学」をあしらう現在の校章になったのは，1941（昭和 16）年頃のことだといわれています。

学部・学科の構成

大　学

法学部　衣笠キャンパス

法学科（法政展開，司法特修，公務行政特修）

産業社会学部　衣笠キャンパス

現代社会学科（現代社会専攻，メディア社会専攻，スポーツ社会専攻，子ども社会専攻，人間福祉専攻）

国際関係学部　衣笠キャンパス

国際関係学科（国際関係学専攻〈国際秩序平和プログラム，国際協力開発プログラム，国際文化理解プログラム，国際公務プログラム〉，グローバル・スタディーズ専攻〈Governance and Peace Cluster, Development and Sustainability Cluster, Culture and Society Cluster〉）

アメリカン大学・立命館大学国際連携学科

文学部　衣笠キャンパス

人文学科（人間研究学域〈哲学・倫理学専攻，教育人間学専攻〉，日本文学研究学域〈日本文学専攻，日本語情報学専攻〉，日本史研究学域〈日本史学専攻，考古学・文化遺産専攻〉，東アジア研究学域〈中国文学・思想専攻，東洋史学専攻，現代東アジア言語・文化専攻〉，国際文化学域〈英米文学専攻，ヨーロッパ・イスラーム史専攻，文化芸術専攻〉，地域研究学域〈地理学専攻，地域観光学専攻〉，国際コミュニケーション学域〈英語圏文化専攻，国際英語専攻〉，言語コミュニケーション学域〈コミュニケーション表現専攻，言語学・日本語教育専攻〉）

映像学部　衣笠キャンパス（2024 年 4 月，大阪いばらきキャンパスへ移転）

映像学科

経済学部　びわこ・くさつキャンパス

経済学科（国際専攻，経済専攻）

スポーツ健康科学部　びわこ・くさつキャンパス

スポーツ健康科学科

食マネジメント学部　びわこ・くさつキャンパス

食マネジメント学科

理工学部　びわこ・くさつキャンパス

数理科学科（数学コース，データサイエンスコース）

物理科学科

電気電子工学科

電子情報工学科

機械工学科

ロボティクス学科

環境都市工学科（環境システム工学コース，都市システム工学コース）

建築都市デザイン学科

情報理工学部　びわこ・くさつキャンパス（2024 年 4 月，大阪いばらきキャンパスへ移転）

情報理工学科（システムアーキテクトコース，セキュリティ・ネットワークコース，社会システムデザインコース，実世界情報コース，メディア情報コース，知能情報コース，Information Systems Science and Engineering Course）*

＊ 2024 年度より一部コースでコース名称を上記に変更予定。

生命科学部　びわこ・くさつキャンパス

応用化学科

生物工学科

生命情報学科

生命医科学科

薬学部　びわこ・くさつキャンパス

薬学科［6 年制］

創薬科学科［4 年制］

経営学部　大阪いばらきキャンパス

国際経営学科

経営学科（組織コース，戦略コース，マーケティングコース，会計・ファイナンスコース）

政策科学部　大阪いばらきキャンパス

政策科学科（政策科学専攻，Community and Regional Policy Studies 専攻）

総合心理学部　大阪いばらきキャンパス

総合心理学科

グローバル教養学部　大阪いばらきキャンパス，オーストラリア国立大学

グローバル教養学科

(備考)学科・専攻・コース等に分属する年次はそれぞれで異なる。

大学院

法学研究科 / 社会学研究科 / 国際関係研究科 / 文学研究科 / 映像研究科 / 経済学研究科 / スポーツ健康科学研究科 / 理工学研究科 / 情報理工学研究科 / 生命科学研究科 / 薬学研究科 / 食マネジメント研究科 / 経営学研究科 / 政策科学研究科 / 人間科学研究科 / 言語教育情報研究科 / 先端総合学術研究科 / テクノロジー・マネジメント研究科 / 法務研究科（法科大学院） / 経営管理研究科（ビジネススクール） / 教職研究科（教職大学院）

大学所在地

衣笠キャンパス

びわこ・くさつキャンパス

大阪いばらきキャンパス

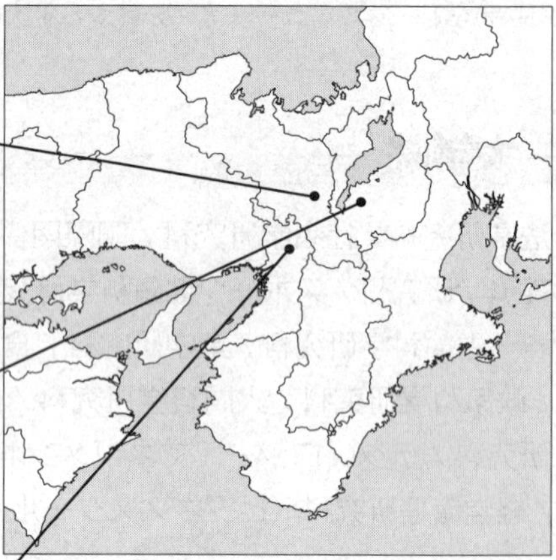

衣笠キャンパス　〒603-8577　京都市北区等持院北町 56-1
びわこ・くさつキャンパス　〒525-8577　滋賀県草津市野路東 1-1-1
大阪いばらきキャンパス　〒567-8570　大阪府茨木市岩倉町 2-150

入試データ

2023 年度　一般選抜方式一覧

全学統一方式	文系学部は英語，国語，選択科目，理系学部は英語，数学，理科の合計点で判定される立命館大学のメイン入試。グローバル教養学部を除く全学部で実施。
学部個別配点方式	全学統一方式と同一の出題形式で，学部・学科・学域ごとに科目の指定や配点が異なる。グローバル教養学部を除く全学部で実施。 映像学部は文系型と理科１科目型を実施。 情報理工学部は理科１科目型を実施。 理工学部・生命科学部・薬学部は理科１科目型と理科２科目型を実施。
理系型３教科方式	総合心理学部・スポーツ健康科学部・食マネジメント学部で実施。全学統一方式（理系）と教科は同じだが，数学の出題範囲は「数学Ⅰ・Ⅱ・A・B」で実施。
薬学方式	薬学部で実施。全学統一方式（理系）と教科は同じだが，数学の出題範囲は「数学Ⅰ・Ⅱ・A・B」で実施。
IR方式 （英語資格試験利用型）	国際関係学部で実施。英語，国際関係に関する英文読解，英語外部資格試験（得点換算）による入試。
共通テスト方式	共通テストの得点のみで合否判定。個別試験は実施しない。グローバル教養学部を除く全学部で実施。 ７科目型（映像学部除く），５教科型（薬学部除く），３教科型（スポーツ健康科学部除く）を実施。 後期型は，５教科型（薬学部除く），４教科型（薬学部除く），３教科型（スポーツ健康科学部除く）を実施。
共通テスト併用方式	大学独自の試験科目と共通テスト（各学部が指定する科目）の総合点で合否判定をする入試。グローバル教養学部・薬学部を除く全学部で実施。
後期分割方式	グローバル教養学部を除く全学部で３月に実施。２教科型入試（法学部・経済学部・スポーツ健康科学部は共通テスト併用の３教科型）。
経営学部で学ぶ感性 ＋共通テスト方式	経営学部経営学科で３月に実施。発想力，構想力，文章表現力等を通じ，「感性」を評価する入試。
共通テスト＋面接 グローバルコース方式	情報理工学部情報システムグローバルコースで３月に実施。共通テストと面接（英語）の得点の合計点で合否判定をする入試。

(注)2024 年度入試については，要項等で必ずご確認ください。

入試状況（志願者数・競争率など）

2023 年度 一般選抜状況

- 競争率は受験者数÷合格者数で算出。
- 合格者数には，追加合格者を含む。

学部	学科/方式	方式/学科・専攻	2023年度				
			志願者数	受験者数	合格者数	競争率	最低点/配点(得点率%)
法学部	法学科 [法政展開 司法特修 公務行政特修]	全学統一方式(文系)	3,237	3,121	972	3.2	207/320(64.7%)
		学部個別配点方式(文系型)	637	597	260	2.3	275/400(68.8%)
		共通テスト併用方式(3教科型)	501	470	120	3.9	297/400(74.3%)
		後期分割方式(共通テスト併用3教科型)	188	173	80	2.2	201/300(67.0%)
		共通テスト方式(7科目型)	1,057	1,054	560	1.9	655/900(72.8%)
		共通テスト方式(5教科型)	637	635	287	2.2	526/700(75.1%)
		共通テスト方式(3教科型)	903	900	268	3.4	480/600(80.0%)
		共通テスト方式(後期5教科型)	39	39	23	1.7	502/700(71.7%)
		共通テスト方式(後期4教科型)	23	23	11	2.1	445/600(74.2%)
		共通テスト方式(後期3教科型)	37	37	13	2.8	460/600(76.7%)
	学部合計		7,259	7,049	2,594	2.7	−
産業社会学部	現代社会学科 現代社会専攻	全学統一方式(文系)	1,629	1,595	647	2.5	193/320(60.3%)
		学部個別配点方式(文系型)	269	258	119	2.2	319/500(63.8%)
		共通テスト併用方式(3教科型)	236	219	75	2.9	280/400(70.0%)
		後期分割方式	484	454	25	18.2	158/220(71.8%)
		共通テスト方式(7科目型)	142	142	88	1.6	631/900(70.1%)
		共通テスト方式(5教科型)	89	89	37	2.4	511/700(73.0%)
		共通テスト方式(3教科型)	320	320	124	2.6	375/500(75.0%)
		共通テスト方式(後期5教科型)	15	15	5	3.0	511/700(73.0%)
		共通テスト方式(後期4教科型)	17	17	7	2.4	442/600(73.7%)
		共通テスト方式(後期3教科型)	63	63	30	2.1	375/500(75.0%)
		小計	3,264	3,172	1,157	2.7	−
	現代社会学科 メディア社会専攻	全学統一方式(文系)	932	910	299	3.0	193/320(60.3%)
		学部個別配点方式(文系型)	142	139	79	1.8	300/500(60.0%)
		共通テスト併用方式(3教科型)	157	146	59	2.5	270/400(67.5%)
		後期分割方式	154	150	7	21.4	158/220(71.8%)
		共通テスト方式(7科目型)	77	77	38	2.0	631/900(70.1%)
		共通テスト方式(5教科型)	30	30	8	3.8	511/700(73.0%)
		共通テスト方式(3教科型)	188	188	60	3.1	375/500(75.0%)
		共通テスト方式(後期5教科型)	8	8	5	1.6	511/700(73.0%)
		共通テスト方式(後期4教科型)	11	11	7	1.6	442/600(73.7%)
		共通テスト方式(後期3教科型)	36	36	6	6.0	406/500(81.2%)
		小計	1,735	1,695	568	3.0	−
	現代社会学科 スポーツ社会専攻	全学統一方式(文系)	384	377	114	3.3	193/320(60.3%)
		学部個別配点方式(文系型)	57	56	29	1.9	300/500(60.0%)
		共通テスト併用方式(3教科型)	47	45	15	3.0	270/400(67.5%)
		後期分割方式	99	96	15	6.4	146/220(66.4%)
		共通テスト方式(7科目型)	22	22	8	2.8	631/900(70.1%)
		共通テスト方式(5教科型)	10	10	3	3.3	511/700(73.0%)
		共通テスト方式(3教科型)	78	78	20	3.9	375/500(75.0%)
		共通テスト方式(後期5教科型)	3	3	2	1.5	511/700(73.0%)
		共通テスト方式(後期4教科型)	2	2	0	−	442/600(73.7%)
		共通テスト方式(後期3教科型)	11	11	4	2.8	375/500(75.0%)
		小計	713	700	210	3.3	−
	現代社会学科 子ども社会専攻	全学統一方式(文系)	221	218	77	2.8	193/320(60.3%)
		学部個別配点方式(文系型)	42	40	25	1.6	300/500(60.0%)
		共通テスト併用方式(3教科型)	38	35	9	3.9	270/400(67.5%)
		後期分割方式	39	37	2	18.5	157/220(71.4%)
		共通テスト方式(7科目型)	50	50	25	2.0	631/900(70.1%)
		共通テスト方式(5教科型)	24	24	12	2.0	511/700(73.0%)
		共通テスト方式(3教科型)	38	38	12	3.2	375/500(75.0%)
		共通テスト方式(後期5教科型)	3	3	1	3.0	511/700(73.0%)
		共通テスト方式(後期4教科型)	6	6	4	1.5	442/600(73.7%)
		共通テスト方式(後期3教科型)	17	17	9	1.9	375/500(75.0%)
		小計	478	468	176	2.7	−

（表つづく）

学部	学科/方式	方式/学科・専攻	2023年度				
			志願者数	受験者数	合格者数	競争率	最低点/配点(得点率%)
産業社会学部	現代社会学科 人間福祉専攻	全学統一方式(文系)	466	457	161	2.8	193/320(60.3%)
		学部個別配点方式(文系型)	58	56	35	1.6	300/500(60.0%)
		共通テスト併用方式(3教科型)	72	68	23	3.0	270/400(67.5%)
		後期分割方式	96	92	12	7.7	153/220(69.5%)
		共通テスト方式(7科目型)	33	32	16	2.0	631/900(70.1%)
		共通テスト方式(5教科型)	29	28	11	2.5	511/700(73.0%)
		共通テスト方式(3教科型)	64	64	28	2.3	375/500(75.0%)
		共通テスト方式(後期5教科型)	1	1	0	–	511/700(73.0%)
		共通テスト方式(後期4教科型)	5	5	3	1.7	442/600(73.7%)
		共通テスト方式(後期3教科型)	15	15	7	2.1	375/500(75.0%)
		小計	839	818	296	2.8	–
	学部合計		7,029	6,853	2,407	2.8	–
国際関係学部	国際関係学科 国際関係学専攻	全学統一方式(文系)	939	924	419	2.2	230/350(65.7%)
		学部個別配点方式(文系型)	138	135	59	2.3	218/300(72.7%)
		共通テスト併用方式(3教科型)	52	52	15	3.5	261/350(74.6%)
		IR方式(英語資格試験利用型)	224	218	82	2.7	226/300(75.3%)
		後期分割方式	72	66	14	4.7	153/220(69.5%)
		共通テスト方式(7科目型)	148	148	49	3.0	711/900(79.0%)
		共通テスト方式(5教科型)	98	98	38	2.6	555/700(79.3%)
		共通テスト方式(3教科型)	152	151	17	8.9	536/600(89.3%)
		共通テスト方式(後期5教科型)	7	7	4	1.8	542/700(77.4%)
		共通テスト方式(後期4教科型)	11	11	6	1.8	644/800(80.5%)
		共通テスト方式(後期3教科型)	12	12	4	3.0	512/600(85.3%)
		小計	1,853	1,822	707	2.6	–
	国際関係学科 グローバル・スタディーズ専攻	IR方式(英語資格試験利用型)	164	159	54	2.9	232/300(77.3%)
	学部合計		2,017	1,981	761	2.6	–

学部	学科・学域	方式	2023年度				
			志願者数	受験者数	合格者数	競争率	最低点/配点(得点率%)
文学部	人文学科 人間研究学域	全学統一方式(文系)	436	425	169	2.5	201/320(62.8%)
		学部個別配点方式(文系型)	127	119	43	2.8	281/400(70.3%)
		共通テスト併用方式(3教科型)	59	54	13	4.2	225/300(75.0%)
		後期分割方式	135	129	28	4.6	150/220(68.2%)
		共通テスト方式(7科目型)	96	96	48	2.0	690/900(76.7%)
		共通テスト方式(5教科型)	63	62	37	1.7	520/700(74.3%)
		共通テスト方式(3教科型)	108	106	37	2.9	464/600(77.3%)
		共通テスト方式(後期5教科型)	3	3	2	1.5	575/700(82.1%)
		共通テスト方式(後期4教科型)	2	2	2	1.0	500/600(83.3%)
		共通テスト方式(後期3教科型)	9	9	2	4.5	487/600(81.2%)
		小計	1,038	1,005	381	2.6	–
	人文学科 日本文学研究学域	全学統一方式(文系)	617	609	211	2.9	203/320(63.4%)
		学部個別配点方式(文系型)	239	236	79	3.0	295/400(73.8%)
		共通テスト併用方式(3教科型)	116	115	31	3.7	227/300(75.7%)
		後期分割方式	116	109	24	4.5	146/220(66.4%)
		共通テスト方式(7科目型)	99	98	39	2.5	683/900(75.9%)
		共通テスト方式(5教科型)	79	79	24	3.3	548/700(78.3%)
		共通テスト方式(3教科型)	110	110	32	3.4	478/600(79.7%)
		共通テスト方式(後期5教科型)	2	2	1	2.0	575/700(82.1%)
		共通テスト方式(後期4教科型)	2	2	1	2.0	490/600(81.7%)
		共通テスト方式(後期3教科型)	5	5	2	2.5	505/600(84.2%)
		小計	1,385	1,365	444	3.1	–
	人文学科 日本史研究学域	全学統一方式(文系)	818	805	268	3.0	205/320(64.1%)
		学部個別配点方式(文系型)	304	297	96	3.1	295/400(73.8%)
		共通テスト併用方式(3教科型)	139	132	36	3.7	215/300(71.7%)
		後期分割方式	85	81	5	16.2	167/220(75.9%)
		共通テスト方式(7科目型)	129	129	45	2.9	691/900(76.8%)
		共通テスト方式(5教科型)	97	97	28	3.5	552/700(78.9%)
		共通テスト方式(3教科型)	140	140	21	6.7	506/600(84.3%)
		共通テスト方式(後期5教科型)	6	6	3	2.0	578/700(82.6%)
		共通テスト方式(後期4教科型)	3	3	2	1.5	490/600(81.7%)
		共通テスト方式(後期3教科型)	7	7	2	3.5	505/600(84.2%)
		小計	1,728	1,697	506	3.4	–
	人文学科 東アジア研究学域	全学統一方式(文系)	235	232	91	2.5	200/320(62.5%)
		学部個別配点方式(文系型)	76	74	30	2.5	270/400(67.5%)
		共通テスト併用方式(3教科型)	51	49	19	2.6	211/300(70.3%)
		後期分割方式	100	99	10	9.9	155/220(70.5%)
		共通テスト方式(7科目型)	28	28	12	2.3	663/900(73.7%)
		共通テスト方式(5教科型)	35	35	14	2.5	513/700(73.3%)
		共通テスト方式(3教科型)	60	60	25	2.4	467/600(77.8%)
		共通テスト方式(後期5教科型)	1	1	0	–	513/700(73.3%)
		共通テスト方式(後期4教科型)	1	1	1	1.0	500/600(83.3%)
		共通テスト方式(後期3教科型)	6	6	3	2.0	505/600(84.2%)
		小計	593	585	205	2.9	–
	人文学科 国際文化学域	全学統一方式(文系)	602	587	280	2.1	220/350(62.9%)
		学部個別配点方式(文系型)	181	173	81	2.1	278/400(69.5%)
		共通テスト併用方式(3教科型)	70	68	23	3.0	223/300(74.3%)
		後期分割方式	163	150	37	4.1	151/220(68.6%)
		共通テスト方式(7科目型)	123	123	70	1.8	663/900(73.7%)
		共通テスト方式(5教科型)	79	79	50	1.6	515/700(73.6%)
		共通テスト方式(3教科型)	167	166	85	2.0	458/600(76.3%)
		共通テスト方式(後期5教科型)	2	2	1	2.0	577/700(82.4%)
		共通テスト方式(後期4教科型)	2	2	1	2.0	500/600(83.3%)
		共通テスト方式(後期3教科型)	7	7	4	1.8	507/600(84.5%)
		小計	1,396	1,357	632	2.1	–
	人文学科 地域研究学域	全学統一方式(文系)	378	368	135	2.7	200/320(62.5%)
		学部個別配点方式(文系型)	156	151	53	2.8	275/400(68.8%)
		共通テスト併用方式(3教科型)	36	35	12	2.9	212/300(70.7%)
		後期分割方式	338	325	12	27.1	161/220(73.2%)
		共通テスト方式(7科目型)	68	68	27	2.5	672/900(74.7%)
		共通テスト方式(5教科型)	63	63	31	2.0	516/700(73.7%)
		共通テスト方式(3教科型)	100	100	43	2.3	441/600(73.5%)
		共通テスト方式(後期5教科型)	4	4	1	4.0	528/700(75.4%)
		共通テスト方式(後期4教科型)	5	5	1	5.0	500/600(83.3%)
		共通テスト方式(後期3教科型)	11	11	3	3.7	507/600(84.5%)
		小計	1,159	1,130	318	3.6	–
	人文学科 国際コミュニケーション学域	全学統一方式(文系)	479	470	233	2.0	212/350(60.6%)
		学部個別配点方式(文系型)	112	109	51	2.1	273/400(68.3%)
		共通テスト併用方式(3教科型)	40	38	15	2.5	214/300(71.3%)
		後期分割方式	257	242	22	11.0	159/220(72.3%)
		共通テスト方式(7科目型)	65	65	33	2.0	659/900(73.2%)
		共通テスト方式(5教科型)	62	62	43	1.4	513/700(73.3%)
		共通テスト方式(3教科型)	161	160	91	1.8	441/600(73.5%)
		共通テスト方式(後期5教科型)	2	2	1	2.0	519/700(74.1%)
		共通テスト方式(後期4教科型)	4	4	3	1.3	500/600(83.3%)
		共通テスト方式(後期3教科型)	13	13	5	2.6	507/600(84.5%)
		小計	1,195	1,165	497	2.3	–

（表つづく）

学部	学科・学域	方式	2023年度				
			志願者数	受験者数	合格者数	競争率	最低点/配点（得点率%）
文学部	人文学科 言語コミュニケーション学域	全学統一方式（文系）	191	189	60	3.2	208/320(65.0%)
		学部個別配点方式（文系型）	73	69	23	3.0	293/400(73.3%)
		共通テスト併用方式（3教科型）	28	28	8	3.5	222/300(74.0%)
		後期分割方式	112	106	7	15.1	165/220(75.0%)
		共通テスト方式（7科目型）	36	36	14	2.6	691/900(76.8%)
		共通テスト方式（5教科型）	28	28	12	2.3	521/700(74.4%)
		共通テスト方式（3教科型）	35	35	10	3.5	453/600(75.5%)
		共通テスト方式（後期5教科型）	2	2	1	2.0	562/700(80.3%)
		共通テスト方式（後期4教科型）	3	3	1	3.0	500/600(83.3%)
		共通テスト方式（後期3教科型）	9	9	2	4.5	507/600(84.5%)
		小計	517	505	138	3.7	－
		学部合計	**9,011**	**8,809**	**3,121**	**2.8**	－
映像学部	映像学科	全学統一方式（文系）	976	944	151	6.3	212/320(66.3%)
		学部個別配点方式（文系型）	217	207	32	6.5	251/350(71.7%)
		学部個別配点方式（理科1科目型）	92	87	25	3.5	262/400(65.5%)
		共通テスト併用方式（3教科型）	202	189	29	6.5	227/300(75.7%)
		後期分割方式	100	95	2	47.5	172/220(78.2%)
		共通テスト方式（5教科型）	143	141	52	2.7	450/600(75.0%)
		共通テスト方式（3教科型）	238	237	40	5.9	497/600(82.8%)
		共通テスト方式（後期5教科型）	5	5	0	－	495/600(82.5%)
		共通テスト方式（後期4教科型）	7	7	0	－	684/800(85.5%)
		共通テスト方式（後期3教科型）	6	6	1	6.0	524/600(87.3%)
		学部合計	**1,986**	**1,918**	**332**	**5.8**	－

学部	学科・専攻	方式	2023年度				
			志願者数	受験者数	合格者数	競争率	最低点/配点(得点率%)
経営学部	国際経営学科	全学統一方式(文系)	1,244	1,211	367	3.3	207/320(64.7%)
		学部個別配点方式(文系型)	171	165	64	2.6	286/400(71.5%)
		共通テスト併用方式(3教科型)	215	207	35	5.9	226/300(75.3%)
		後期分割方式	93	89	3	29.7	173/220(78.6%)
		共通テスト方式(7科目型)	192	192	124	1.5	618/900(68.7%)
		共通テスト方式(5教科型)	80	79	50	1.6	503/700(71.9%)
		共通テスト方式(後期5教科型)	6	6	2	3.0	542/700(77.4%)
		小計	2,001	1,949	645	3.0	−
	経営学科	全学統一方式(文系)	3,772	3,695	1,078	3.4	208/320(65.0%)
		学部個別配点方式(文系型)	818	783	249	3.1	259/370(70.0%)
		共通テスト併用方式(3教科型)	475	458	91	5.0	223/300(74.3%)
		後期分割方式	342	321	6	53.5	170/220(77.3%)
		「経営学部で学ぶ感性＋共通テスト」方式	280	256	24	10.7	60/100(60.0%)
		共通テスト方式(7科目型)	1,143	1,143	693	1.6	626/900(69.6%)
		共通テスト方式(5教科型)	413	412	241	1.7	500/700(71.4%)
		共通テスト方式(3教科型)	504	502	97	5.2	500/600(83.3%)
		共通テスト方式(後期5教科型)	15	15	3	5.0	592/700(84.6%)
		共通テスト方式(後期4教科型)	24	24	4	6.0	508/600(84.7%)
		共通テスト方式(後期3教科型)	25	25	2	12.5	536/600(89.3%)
		小計	7,811	7,634	2,488	3.1	−
	学部合計		9,812	9,583	3,133	3.1	−
政策科学部	政策科学科 政策科学専攻	全学統一方式(文系)	1,612	1,587	651	2.4	195/320(60.9%)
		学部個別配点方式(文系型)	289	279	105	2.7	233/350(66.6%)
		共通テスト併用方式(3教科型)	337	321	76	4.2	216/300(72.0%)
		後期分割方式	252	240	15	16.0	158/220(71.8%)
		共通テスト方式(7科目型)	167	167	73	2.3	658/900(73.1%)
		共通テスト方式(5教科型)	104	104	49	2.1	524/700(74.9%)
		共通テスト方式(3教科型)	389	385	125	3.1	457/600(76.2%)
		共通テスト方式(後期5教科型)	7	7	3	2.3	529/700(75.6%)
		共通テスト方式(後期4教科型)	9	9	4	2.3	447/600(74.5%)
		共通テスト方式(後期3教科型)	25	25	4	6.3	512/600(85.3%)
	学部合計		3,191	3,124	1,105	2.8	−
総合心理学部	総合心理学科	全学統一方式(文系)	1,363	1,328	407	3.3	210/320(65.6%)
		学部個別配点方式(文系型)	281	275	82	3.4	286/400(71.5%)
		理系型3教科方式	111	104	50	2.1	270/400(67.5%)
		学部個別配点方式(理科1科目型)					
		共通テスト併用方式(3教科型)	290	283	43	6.6	231/300(77.0%)
		後期分割方式	230	218	23	9.5	158/220(71.8%)
		共通テスト方式(7科目型)	335	335	100	3.4	708/900(78.7%)
		共通テスト方式(5教科型)	131	131	43	3.0	560/700(80.0%)
		共通テスト方式(3教科型)	240	239	51	4.7	486/600(81.0%)
		共通テスト方式(後期5教科型)	3	3	1	3.0	638/700(91.1%)
		共通テスト方式(後期4教科型)	7	7	4	1.8	512/600(85.3%)
		共通テスト方式(後期3教科型)	12	12	1	12.0	512/600(85.3%)
	学部合計		3,003	2,935	805	3.6	−
経済学部	経済学科 国際専攻	全学統一方式(文系)	984	941	323	2.9	194/320(60.6%)
		共通テスト併用方式(5教科型)	62	54	23	2.3	262/400(65.5%)
		後期分割方式(共通テスト併用3教科型)	210	198	73	2.7	199/300(66.3%)
		小計	1,256	1,193	419	2.8	−
	経済学科 経済専攻	全学統一方式(文系)	3,324	3,213	1,183	2.7	192/320(60.0%)
		学部個別配点方式(文系型)	402	355	130	2.7	233/350(66.6%)
		共通テスト併用方式(5教科型)	183	170	83	2.0	261/400(65.3%)
		後期分割方式(共通テスト併用3教科型)	396	372	157	2.4	198/300(66.0%)
		共通テスト方式(7科目型)	1,630	1,627	992	1.6	600/900(66.7%)
		共通テスト方式(5教科型)	400	396	179	2.2	710/1000(71.0%)
		共通テスト方式(3教科型)	976	974	526	1.9	426/600(71.0%)
		共通テスト方式(後期5教科型)	85	85	47	1.8	720/1000(72.0%)
		共通テスト方式(後期4教科型)	85	85	51	1.7	414/600(69.0%)
		共通テスト方式(後期3教科型)	164	164	66	2.5	468/600(78.0%)
		小計	7,645	7,441	3,414	2.2	−
	学部合計		8,901	8,634	3,833	2.3	−
スポーツ健康科学部	スポーツ健康科学科	全学統一方式(文系)	1,325	1,308	359	3.6	190/320(59.4%)
		学部個別配点方式(文系型)	211	205	47	4.4	268/400(67.0%)
		理系型3教科方式	109	107	43	2.5	260/400(65.0%)
		共通テスト併用方式(3教科型)	322	307	55	5.6	205/300(68.3%)
		後期分割方式(共通テスト併用3教科型)	150	143	30	4.8	196/300(65.3%)
		共通テスト方式(7科目型)	204	204	64	3.2	633/900(70.3%)
		共通テスト方式(5教科型)	219	218	64	3.4	510/700(72.9%)
		共通テスト方式(後期5教科型)	10	10	5	2.0	511/700(73.0%)
		共通テスト方式(後期4教科型)	31	31	11	2.8	445/600(74.2%)
	学部合計		2,581	2,533	678	3.7	−
食マネジメント学部	食マネジメント学科	全学統一方式(文系)	971	941	278	3.4	196/320(61.3%)
		学部個別配点方式(文系型)	346	342	148	2.3	255/400(63.8%)
		理系型3教科方式	146	142	52	2.7	219/320(68.4%)
		共通テスト併用方式(3教科型)	347	330	130	2.5	190/300(63.3%)
		後期分割方式	211	199	10	19.9	142/200(71.0%)
		共通テスト方式(7科目型)	163	163	88	1.9	630/900(70.0%)
		共通テスト方式(5教科型)	143	143	61	2.3	494/700(70.6%)
		共通テスト方式(3教科型)	285	284	86	3.3	446/600(74.3%)
		共通テスト方式(後期5教科型)	1	1	1	1.0	542/700(77.4%)
		共通テスト方式(後期4教科型)	7	7	2	3.5	470/600(78.3%)
		共通テスト方式(後期3教科型)	30	30	10	3.0	475/600(79.2%)
	学部合計		2,650	2,582	866	3.0	−

学部	学科	方式	2023年度				
			志願者数	受験者数	合格者数	競争率	最低点/配点(得点率%)
理工学部	数理科学科 数学コース	全学統一方式(理系)	374	348	84	4.1	218/300(72.7%)
		学部個別配点方式(理科1科目型)	157	151	39	3.9	246/400(61.5%)
		学部個別配点方式(理科2科目型)	28	27	13	2.1	300/450(66.7%)
		共通テスト併用方式(数学重視型)	40	39	11	3.5	305/400(76.3%)
		後期分割方式	40	33	4	8.3	134/200(67.0%)
		共通テスト方式(7科目型)	119	118	40	3.0	635/800(79.4%)
		共通テスト方式(5教科型)	75	75	30	2.5	533/700(76.1%)
		共通テスト方式(3教科型)	106	105	50	2.1	385/500(77.0%)
		共通テスト方式(後期5教科型)	2	2	1	2.0	547/700(78.1%)
		共通テスト方式(後期4教科型)	2	2	1	2.0	379/500(75.8%)
		共通テスト方式(後期3教科型)	12	12	3	4.0	413/500(82.6%)
		小計	955	912	276	3.3	－
	数理科学科 データサイエンスコース	全学統一方式(理系)	365	344	128	2.7	193/300(64.3%)
		学部個別配点方式(理科1科目型)	169	166	50	3.3	233/400(58.3%)
		学部個別配点方式(理科2科目型)	14	14	7	2.0	281/450(62.4%)
		共通テスト併用方式(数学重視型)	38	35	10	3.5	255/400(63.8%)
		後期分割方式	41	34	6	5.7	128/200(64.0%)
		共通テスト方式(7科目型)	233	229	71	3.2	591/800(73.9%)
		共通テスト方式(5教科型)	151	151	59	2.6	517/700(73.9%)
		共通テスト方式(3教科型)	95	95	38	2.5	375/500(75.0%)
		共通テスト方式(後期5教科型)	3	3	1	3.0	538/700(76.9%)
		共通テスト方式(後期4教科型)	3	3	1	3.0	377/500(75.4%)
		共通テスト方式(後期3教科型)	14	14	5	2.8	398/500(79.6%)
		小計	1,126	1,088	376	2.9	－
	物理科学科	全学統一方式(理系)	453	433	262	1.7	189/300(63.0%)
		学部個別配点方式(理科1科目型)	155	151	95	1.6	200/400(50.0%)
		学部個別配点方式(理科2科目型)	53	47	29	1.6	266/450(59.1%)
		共通テスト併用方式(数学重視型)	52	45	25	1.8	249/400(62.3%)
		後期分割方式	54	47	11	4.3	125/200(62.5%)
		共通テスト方式(7科目型)	265	265	152	1.7	612/800(76.5%)
		共通テスト方式(5教科型)	106	105	63	1.7	537/700(76.7%)
		共通テスト方式(3教科型)	159	159	109	1.5	381/500(76.2%)
		共通テスト方式(後期5教科型)	7	7	3	2.3	544/700(77.7%)
		共通テスト方式(後期4教科型)	6	6	1	6.0	388/500(77.6%)
		共通テスト方式(後期3教科型)	31	31	12	2.6	407/500(81.4%)
		小計	1,341	1,296	762	1.7	－
	電気電子工学科	全学統一方式(理系)	1,027	999	628	1.6	180/300(60.0%)
		学部個別配点方式(理科1科目型)	291	281	187	1.5	180/400(45.0%)
		学部個別配点方式(理科2科目型)	71	67	37	1.8	260/450(57.8%)
		共通テスト併用方式(数学重視型)	80	77	37	2.1	237/400(59.3%)
		後期分割方式	260	233	46	5.1	122/200(61.0%)
		共通テスト方式(7科目型)	273	273	225	1.2	536/800(67.0%)
		共通テスト方式(5教科型)	161	161	116	1.4	478/700(68.3%)
		共通テスト方式(3教科型)	247	247	170	1.5	362/500(72.4%)
		共通テスト方式(後期5教科型)	11	11	4	2.8	539/700(77.0%)
		共通テスト方式(後期4教科型)	7	7	3	2.3	399/500(79.8%)
		共通テスト方式(後期3教科型)	35	35	13	2.7	409/500(81.8%)
		小計	2,463	2,391	1,466	1.6	－
	電子情報工学科	全学統一方式(理系)	814	786	281	2.8	206/300(68.7%)
		学部個別配点方式(理科1科目型)	222	211	89	2.4	227/400(56.8%)
		学部個別配点方式(理科2科目型)	70	67	41	1.6	254/450(56.4%)
		共通テスト併用方式(数学重視型)	35	34	17	2.0	245/400(61.3%)
		後期分割方式	212	192	20	9.6	132/200(66.0%)
		共通テスト方式(7科目型)	211	209	81	2.6	632/800(79.0%)
		共通テスト方式(5教科型)	103	103	32	3.2	553/700(79.0%)
		共通テスト方式(3教科型)	141	139	59	2.4	395/500(79.0%)
		共通テスト方式(後期5教科型)	10	10	3	3.3	541/700(77.3%)
		共通テスト方式(後期4教科型)	8	8	2	4.0	399/500(79.8%)
		共通テスト方式(後期3教科型)	22	22	4	5.5	409/500(81.8%)
		小計	1,848	1,781	629	2.8	－
	機械工学科	全学統一方式(理系)	1,421	1,380	620	2.2	191/300(63.7%)
		学部個別配点方式(理科1科目型)	384	363	201	1.8	199/400(49.8%)
		学部個別配点方式(理科2科目型)	93	86	43	2.0	275/450(61.1%)
		共通テスト併用方式(数学重視型)	115	106	45	2.4	238/400(59.5%)
		後期分割方式	243	207	12	17.3	147/200(73.5%)
		共通テスト方式(7科目型)	652	650	276	2.4	610/800(76.3%)
		共通テスト方式(5教科型)	323	323	116	2.8	530/700(75.7%)
		共通テスト方式(3教科型)	323	321	191	1.7	371/500(74.2%)
		共通テスト方式(後期5教科型)	25	25	6	4.2	539/700(77.0%)
		共通テスト方式(後期4教科型)	15	15	4	3.8	380/500(76.0%)
		共通テスト方式(後期3教科型)	31	31	7	4.4	410/500(82.0%)
		小計	3,625	3,507	1,521	2.3	－

（表つづく）

学部	学科	方式	2023年度				
			志願者数	受験者数	合格者数	競争率	最低点/配点(得点率%)
理工学部	ロボティクス学科	全学統一方式(理系)	1,026	994	466	2.1	184/300(61.3%)
		学部個別配点方式(理科1科目型)	292	277	146	1.9	195/400(48.8%)
		学部個別配点方式(理科2科目型)	47	43	20	2.2	269/450(59.8%)
		共通テスト併用方式(数学重視型)	65	63	25	2.5	240/400(60.0%)
		後期分割方式	223	187	18	10.4	133/200(66.5%)
		共通テスト方式(7科目型)	233	233	84	2.8	602/800(75.3%)
		共通テスト方式(5教科型)	136	136	49	2.8	514/700(73.4%)
		共通テスト方式(3教科型)	198	196	81	2.4	374/500(74.8%)
		共通テスト方式(後期5教科型)	13	13	5	2.6	531/700(75.9%)
		共通テスト方式(後期4教科型)	6	6	2	3.0	362/500(72.4%)
		共通テスト方式(後期3教科型)	27	27	8	3.4	395/500(79.0%)
		小計	2,266	2,175	904	2.4	−
	環境都市工学科	全学統一方式(理系)	914	875	475	1.8	187/300(62.3%)
		学部個別配点方式(理科1科目型)	272	261	178	1.5	180/400(45.0%)
		学部個別配点方式(理科2科目型)	49	47	27	1.7	246/450(54.7%)
		共通テスト併用方式(数学重視型)	74	70	28	2.5	242/400(60.5%)
		後期分割方式	116	106	11	9.6	138/200(69.0%)
		共通テスト方式(7科目型)	344	344	152	2.3	592/800(74.0%)
		共通テスト方式(5教科型)	202	202	163	1.2	438/700(62.6%)
		共通テスト方式(3教科型)	150	150	76	2.0	363/500(72.6%)
		共通テスト方式(後期5教科型)	6	6	2	3.0	541/700(77.3%)
		共通テスト方式(後期4教科型)	6	6	3	2.0	375/500(75.0%)
		共通テスト方式(後期3教科型)	23	23	5	4.6	415/500(83.0%)
		小計	2,156	2,090	1,120	1.9	−
	建築都市デザイン学科	全学統一方式(理系)	1,003	968	314	3.1	213/300(71.0%)
		学部個別配点方式(理科1科目型)	254	245	53	4.6	259/400(64.8%)
		学部個別配点方式(理科2科目型)	66	60	17	3.5	291/450(64.7%)
		共通テスト併用方式(数学重視型)	102	96	30	3.2	268/400(67.0%)
		後期分割方式	120	108	5	21.6	157/200(78.5%)
		共通テスト方式(7科目型)	361	361	96	3.8	642/800(80.3%)
		共通テスト方式(5教科型)	197	197	59	3.3	551/700(78.7%)
		共通テスト方式(3教科型)	221	221	77	2.9	401/500(80.2%)
		共通テスト方式(後期5教科型)	4	4	2	2.0	547/700(78.1%)
		共通テスト方式(後期4教科型)	6	6	2	3.0	390/500(78.0%)
		共通テスト方式(後期3教科型)	19	19	5	3.8	421/500(84.2%)
		小計	2,353	2,285	660	3.5	−
	学部合計		18,133	17,525	7,714	2.3	−

学部	学科	方式	2023年度				
			志願者数	受験者数	合格者数	競争率	最低点/配点(得点率%)
情報理工学部	情報理工学科	全学統一方式(理系)	2,528	2,459	807	3.0	207/300(69.0%)
		学部個別配点方式(理科1科目型)	633	606	127	4.8	258/400(64.5%)
		共通テスト併用方式(情報理工学部型)	517	495	93	5.3	251/400(62.8%)
		「共通テスト＋面接」グローバルコース方式	0	0	0	–	–
		後期分割方式	333	313	22	14.2	145/200(72.5%)
		共通テスト方式(7科目型)	739	739	315	2.3	690/900(76.7%)
		共通テスト方式(5教科型)	521	521	175	3.0	624/800(78.0%)
		共通テスト方式(3教科型)	475	475	141	3.4	478/600(79.7%)
		共通テスト方式(後期5教科型)	37	37	10	3.7	639/800(79.9%)
		共通テスト方式(後期4教科型)	34	34	5	6.8	478/600(79.7%)
		共通テスト方式(後期3教科型)	47	47	6	7.8	514/600(85.7%)
	学部合計		5,864	5,726	1,701	3.4	–
生命科学部	応用化学科	全学統一方式(理系)	1,132	1,093	539	2.0	195/300(65.0%)
		学部個別配点方式(理科1科目型)	256	246	99	2.5	194/350(55.4%)
		学部個別配点方式(理科2科目型)	147	143	83	1.7	223/400(55.8%)
		共通テスト併用方式(数学重視型)	107	96	39	2.5	245/400(61.3%)
		後期分割方式	192	179	52	3.4	113/200(56.5%)
		共通テスト方式(7科目型)	453	453	218	2.1	679/900(75.4%)
		共通テスト方式(5教科型)	166	166	63	2.6	608/800(76.0%)
		共通テスト方式(3教科型)	199	199	66	3.0	399/500(79.8%)
		共通テスト方式(後期5教科型)	7	7	2	3.5	608/800(76.0%)
		共通テスト方式(後期4教科型)	11	11	1	11.0	409/500(81.8%)
		共通テスト方式(後期3教科型)	27	27	4	6.8	419/500(83.8%)
		小計	2,697	2,620	1,166	2.2	–
	生物工学科	全学統一方式(理系)	792	765	365	2.1	192/300(64.0%)
		学部個別配点方式(理科1科目型)	213	205	70	2.9	196/350(56.0%)
		学部個別配点方式(理科2科目型)	103	101	60	1.7	219/400(54.8%)
		共通テスト併用方式(数学重視型)	79	70	23	3.0	245/400(61.3%)
		後期分割方式	112	106	33	3.2	107/200(53.5%)
		共通テスト方式(7科目型)	417	416	158	2.6	657/900(73.0%)
		共通テスト方式(5教科型)	139	139	52	2.7	590/800(73.8%)
		共通テスト方式(3教科型)	143	143	37	3.9	385/500(77.0%)
		共通テスト方式(後期5教科型)	4	4	2	2.0	590/800(73.8%)
		共通テスト方式(後期4教科型)	3	3	0	–	395/500(79.0%)
		共通テスト方式(後期3教科型)	15	15	2	7.5	405/500(81.0%)
		小計	2,020	1,967	802	2.5	–
	生命情報学科	全学統一方式(理系)	660	632	306	2.1	189/300(63.0%)
		学部個別配点方式(理科1科目型)	181	170	62	2.7	189/350(54.0%)
		学部個別配点方式(理科2科目型)	79	76	44	1.7	212/400(53.0%)
		共通テスト併用方式(数学重視型)	72	66	26	2.5	234/400(58.5%)
		後期分割方式	165	157	22	7.1	125/200(62.5%)
		共通テスト方式(7科目型)	228	226	86	2.6	656/900(72.9%)
		共通テスト方式(5教科型)	79	78	26	3.0	586/800(73.3%)
		共通テスト方式(3教科型)	79	79	21	3.8	370/500(74.0%)
		共通テスト方式(後期5教科型)	8	8	3	2.7	586/800(73.3%)
		共通テスト方式(後期4教科型)	3	3	1	3.0	380/500(76.0%)
		共通テスト方式(後期3教科型)	12	12	3	4.0	390/500(78.0%)
		小計	1,566	1,507	600	2.5	–
	生命医科学科	全学統一方式(理系)	626	595	248	2.4	199/300(66.3%)
		学部個別配点方式(理科1科目型)	119	114	49	2.3	186/350(53.1%)
		学部個別配点方式(理科2科目型)	59	57	25	2.3	223/400(55.8%)
		共通テスト併用方式(数学重視型)	62	54	17	3.2	250/400(62.5%)
		後期分割方式	63	57	20	2.9	109/200(54.5%)
		共通テスト方式(7科目型)	278	278	142	2.0	684/900(76.0%)
		共通テスト方式(5教科型)	83	83	31	2.7	610/800(76.3%)
		共通テスト方式(3教科型)	80	79	23	3.4	390/500(78.0%)
		共通テスト方式(後期5教科型)	13	13	5	2.6	610/800(76.3%)
		共通テスト方式(後期4教科型)	2	2	1	2.0	400/500(80.0%)
		共通テスト方式(後期3教科型)	10	10	2	5.0	410/500(82.0%)
		小計	1,395	1,342	563	2.4	–
	学部合計		7,678	7,436	3,131	2.4	–
薬学部	薬学科	薬学方式	535	504	283	1.8	195/300(65.0%)
		全学統一方式(理系)	250	235	125	1.9	186/300(62.0%)
		学部個別配点方式(理科1科目型)	95	84	38	2.2	200/350(57.1%)
		学部個別配点方式(理科2科目型)	89	79	44	1.8	239/400(59.8%)
		後期分割方式	58	50	16	3.1	124/200(62.0%)
		共通テスト方式(7科目型)	283	283	143	2.0	700/900(77.8%)
		共通テスト方式(3教科型)	170	169	60	2.8	400/500(80.0%)
		共通テスト方式(後期3教科型)	17	17	8	2.1	427/500(85.4%)
		小計	1,497	1,421	717	2.0	–
	創薬科学科	薬学方式	331	320	244	1.3	161/300(53.7%)
		全学統一方式(理系)	163	150	103	1.5	158/300(52.7%)
		学部個別配点方式(理科1科目型)	30	28	13	2.2	199/350(56.9%)
		学部個別配点方式(理科2科目型)	22	21	15	1.4	237/400(59.3%)
		後期分割方式	23	21	7	3.0	105/200(52.5%)
		共通テスト方式(7科目型)	109	108	70	1.5	670/900(74.4%)
		共通テスト方式(3教科型)	87	87	52	1.7	371/500(74.2%)
		共通テスト方式(後期3教科型)	5	5	2	2.5	417/500(83.4%)
		小計	770	740	506	1.5	–
	学部合計		2,267	2,161	1,223	1.8	–

募集要項の入手方法

一般選抜はすべてインターネット出願となっています。詳細は大学ホームページでご確認ください。

問い合わせ先

〒603-8577　京都市北区等持院北町 56-1
立命館大学　入学センター
TEL 075-465-8351
（問い合わせ時間）
9：00～17：30（大学休業日を除く月～金曜日）
ホームページ　https://ritsnet.ritsumei.jp

立命館アジア太平洋大学

大学の基本情報

沿革

2000（平成 12）	立命館アジア太平洋大学開学（アジア太平洋学部・アジア太平洋マネジメント学部）
2009（平成 21）	アジア太平洋マネジメント学部を国際経営学部に名称変更
2016（平成 28）	国際経営学部が国際認証「AACSB」取得
2018（平成 30）	アジア太平洋学部が国連世界観光機関（UNWTO）の観光教育認証「TedQual」取得
2020（令和 2）	経営管理研究科（GSM）が国際認証「AMBA」取得
2022（令和 4）	国際学生の出身国・地域が 100 を超える
2023（令和 5）	サステイナビリティ観光学部開設

シンボルロゴ

●シンボルマーク

海を越えた若々しい生命の連帯を象徴する 3 つの波形に，知力と活力を表現する高品位でダイナミックな書体を融合したデザインです。

●タグライン

数多くの国・地域から集う若者が，APU のキャンパスで互いに切磋琢磨し，個としての自分を探求，発見し，新たな世界を切り開く。そんないきいきとした学生の姿を「Shape your world」は表現しています。

Shape your world

APU

Ritsumeikan
Asia Pacific University

学部・学科の構成

大　学

アジア太平洋学部（APS）

文化・社会・メディア分野

国際関係分野

グローバル経済分野

国際経営学部（APM）

経営戦略・リーダーシップ分野

マーケティング分野

会計・ファイナンス分野

アントレプレナーシップ・オペレーションマネジメント分野

サステイナビリティ観光学部（ST）

環境学分野

資源マネジメント分野

国際開発分野

地域づくり分野

社会起業分野

データサイエンスと情報システム分野

観光学分野

ホスピタリティ産業分野

観光産業分野

大学院

アジア太平洋研究科 / 経営管理研究科

大学所在地

立命館アジア太平洋大学

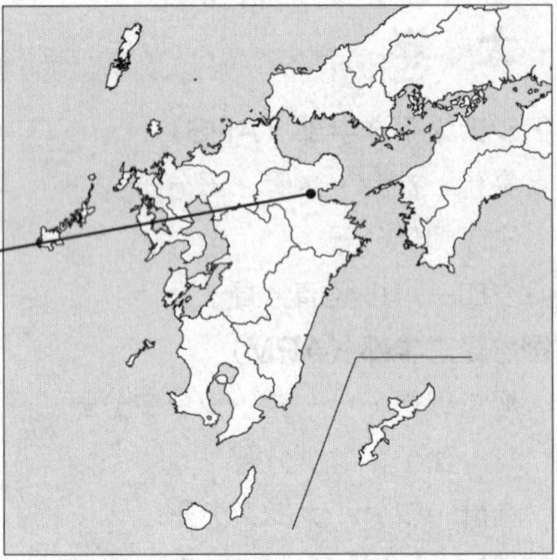

〒874-8577

大分県別府市十文字原 1-1

入試データ

2023年度　一般選抜方式一覧

前期方式［スタンダード3教科型］	3教科で総合的に評価する，APUのスタンダード入試。出題教科は英語，国語，選択科目（公民，地理歴史，数学）。
英語重視方式	前期方式と同一の出題形式で，英語力が活かせる方式。英語・国語・選択科目の3教科を受験し，「英語の得点」＋「国語または選択科目の高得点」の2教科で判定。
後期方式	3月に実施。英語，国語の2教科で実施。
共通テスト併用方式	大学独自試験科目（英語・国語）と共通テスト高得点1科目の合計点で判定。
共通テスト＋面接方式	3月に実施。共通テストの得点と面接により総合的に評価。共通テストの得点率が60％以上であることが合格の条件。
共通テスト方式	個別試験を実施せず，共通テストの得点のみで合否判定。7科目型，5科目型，3教科型を実施。後期型は5科目型，4科目型，3教科型を実施。

(注)2024年度入試については，要項等で必ずご確認ください。

入試状況（志願者数・競争率など）

2023 年度　一般選抜状況

- 競争率は受験者数÷合格者数で算出。
- 2023 年 4 月入学の結果であり，2022 年 9 月入学の結果は含まない。

アジア太平洋学部

（　）内は女子内数

区分	入試方式		募集人数	志願者数	受験者数	合格者数	競争率	満点	合格最低点
独自試験	前期方式		35	126(83)	123(80)	50(29)	2.5	320	199
	英語重視方式		20	45(28)	43(27)	38(25)	1.1	250	141
	後期方式		8	49(20)	48(20)	15(5)	3.2	220	133
共通テスト利用	共通テスト併用方式		20	61(44)	59(42)	44(30)	1.3	300	192
	共通テスト方式	3 教科型	30	105(61)	105(61)	73(41)	1.4	500	354
		5 科目型		34(22)	34(22)	22(15)	1.5	1,000	731
		7 科目型		24(16)	24(16)	12(8)	2.0	900	655
	共通テスト＋面接		2	4(2)	3(2)	2(2)	1.5	400	299
	共通テスト方式後期型	4 科目型	5	3(2)	3(2)	2(1)	1.5	800	587
		3 教科型		7(3)	7(3)	5(3)	1.4	500	367
		5 科目型		5(2)	5(2)	4(2)	1.3	1,000	677

国際経営学部

（　）内は女子内数

区分	入試方式		募集人数	志願者数	受験者数	合格者数	競争率	満点	合格最低点
独自試験	前期方式		25	167(60)	156(55)	64(22)	2.4	320	180
	英語重視方式		15	53(15)	50(13)	38(11)	1.3	250	146
	後期方式		8	64(20)	63(19)	13(3)	4.8	220	142
共通テスト利用	共通テスト併用方式		15	69(30)	64(26)	55(24)	1.2	300	167
	共通テスト方式	3 教科型	25	90(34)	90(34)	59(19)	1.5	500	329
		5 科目型		38(20)	38(20)	21(12)	1.8	1,000	660
		7 科目型		26(9)	26(9)	17(5)	1.5	900	592
	共通テスト＋面接		2	6(3)	6(3)	3(1)	2.0	400	286
	共通テスト方式後期型	4 科目型	5	3(1)	3(1)	2(0)	1.5	800	564
		3 教科型		3(0)	3(0)	1(0)	3.0	500	400
		5 科目型		4(0)	4(0)	4(0)	1.0	1,000	677

■サステイナビリティ観光学部

(　)内は女子内数

区分	入試方式		募集人数	志願者数	受験者数	合格者数	競争率	満点	合格最低点
独自試験	前期方式		20	167(77)	160(72)	105(43)	1.5	320	162
	英語重視方式		10	36(17)	33(16)	31(16)	1.1	250	127
	後期方式		8	52(19)	50(19)	32(12)	1.6	220	111
共通テスト利用	共通テスト併用方式		10	41(24)	37(21)	37(21)	1.0	300	148
	共通テスト方式	3教科型	25	82(45)	82(45)	70(37)	1.2	500	304
		5科目型		22(10)	22(10)	17(8)	1.3	1,000	600
		7科目型		14(8)	14(8)	8(5)	1.8	900	528
	共通テスト＋面接		2	2(1)	2(1)	2(1)	1.0	400	273
	共通テスト方式後期型	4科目型	5	5(3)	5(3)	4(2)	1.3	800	552
		3教科型		7(4)	7(4)	6(4)	1.2	500	367
		5科目型		3(2)	3(2)	3(2)	1.0	1,000	682

募集要項の入手方法

インターネット出願となっています。詳細は大学ホームページでご確認ください。

問い合わせ先

〒874-8577　大分県別府市十文字原 1-1
立命館アジア太平洋大学　アドミッションズ・オフィス
TEL 0977-78-1120　FAX 0977-78-1199
（問い合わせ時間）9：00〜17：30（土・日・祝除く）
ホームページ　https://www.apumate.net/

合格体験記 募集

2024 年春に入学される方を対象に，本大学の「合格体験記」を募集します。お寄せいただいた合格体験記は，編集部で選考の上，小社刊行物やウェブサイト等に掲載いたします。お寄せいただいた方には小社規定の謝礼を進呈いたしますので，ふるってご応募ください。

応募方法

下記 URL または QR コードより応募サイトにアクセスできます。
ウェブフォームに必要事項をご記入の上，ご応募ください。
折り返し執筆要領をメールにてお送りします。
(※入学が決まっている一大学のみ応募できます)

⇨ **http://akahon.net/exp/**

応募の締め切り

総合型選抜・学校推薦型選抜	2024 年 2 月 23 日
私立大学の一般選抜	2024 年 3 月 10 日
国公立大学の一般選抜	2024 年 3 月 24 日

応募方法

受験にまつわる川柳を募集します。
入選者には賞品を進呈！　ふるってご応募ください。

http://akahon.net/senryu/ にアクセス！

在学生メッセージ

大学ってどんなところ？　大学生活ってどんな感じ？
ちょっと気になることを，在学生に聞いてみました。

（注）以下の内容は 2020〜2022 年度入学生のアンケート回答に基づくものです。ここで触れられている内容は今後変更となる場合もありますのでご注意ください。

大学生になったと実感！

高校までとは違い，より専門的な内容についての勉強をしていること。私は総合心理学部だが，経営学や音楽学といった，専門外でも興味のある授業を選択して受講している。単に別の分野の知識を得られるだけでなく，心理学とのつながりを見出しながら勉強できるので，自分の学びの幅が広がっていると感じる。（N. K. さん）

自分の取りたい授業を，取りたい時間に取れるようになったことが大きな変化だと思う。高校まではあまり興味のない授業も受けなければならなかったし，毎日朝から授業があった。しかし，大学では必修科目がすでに入っている場合を除き，時間割を自分で作っていく。たとえば１限目を入れない，１日全休などを作ることも可能である。そこが授業に関して，高校との変化を感じるところだと思う。（A. S. さん）

一つ目は，一人暮らしを始め，家事と学業とバイトを一人でこなしていることです。高校までは，家族に生活面で支えてもらっていたのだと実感しました。二つ目は，大学の講義の内容です。より専門性があり，難度はもちろん高校より上がりますが，おもしろい授業がたくさんあります。高校で学習できなかった科目に挑戦できる機会が多いのも，大学生の特権だと思います。（宇井さん）

――メッセージを書いてくれた先輩方――

《政策科学部》Y. N. さん／S. Y. さん　《総合心理学部》N. K. さん
《食マネジメント学部》A. S. さん　《理工学部》宇井穂さん

大学生活に必要なもの

パソコン。レポートも授業内試験もほとんどパソコンを用いるので，パソコンがないと何もできない。また，講義資料（レジュメ）が PDF 形式で電子配布されるものもあるため，印刷するためのプリンターか iPad などのタブレット端末も持っていると便利だと思う。私は iPad を買い，電子配布されるレジュメをノートアプリにまとめるようにしている。レジュメへの記入や取り消しも簡単で，プリントの管理にも困ることがないのでおすすめ。（N. K. さん）

春は，各学科で教科書などの準備が必要でした。建築都市デザイン学科では，製図板などの専門の道具を一から揃える必要があり，大変でした。大学生皆に共通することでは，スケジュール管理が重要になるので，今までスケジュール帳を使っていない人も，用意して使い始めるとよいと思います。一人暮らしをするつもりの人は，家具や家電の準備も必要です。（宇井さん）

この授業がおもしろい！

哲学の講義がとてもおもしろいです。高校での勉強とは大きく異なり，講義では自発的に考えることや先生の話している内容を批判的に捉えること，私たちが普段考えもしないことを考えることなどを行います。内容も非常に興味深いですし，大学の講義っていう感じが強いです。（Y. N. さん）

様々な国の言語について勉強する授業がおもしろいです。ネイティブの先生から，毎週 1 言語ずつ学びます。言語だけでなく，その国の料理や文化，歴史を学んだり国歌を聴いたりします。大教室で行う授業ですが，説明だけでなく，クイズが出題されて何人かの学生が当てられたりする授業方式なので，楽しみながら学ぶことができます。（S. Y. さん）

大学の学びで困ったこと

エクセルなどといったコンピュータソフトの基礎知識がある前提で進む授業があることです。高校の授業でエクセルに関するものはなかったので非常に苦戦しました。また，コンピュータの授業以外でもパワーポイントで大量に資料を作ることがあり，慣れない最初のうちはスライドを１枚作るだけでもすごく時間がかかりました。対処法としては，コンピュータをよく理解している友達に教えてもらったり，大学に無料でパソコンの使い方を教えてくれるセミナーのようなものがあるのでそれに参加するなどして克服していきました。（S.Y. さん）

建築の学科なので，製図や模型などの時間のかかる課題と，数学や物理の課題をバランスよくやっていくことが本当に難しいです。時間の使い方がうまくなれるように，努力したいです。学習の難度が上がって，一つひとつのレポートに時間がかかります。ですが，「物理駆け込み寺」等の，質問できる機会も多いので，学習意欲があれば課題もこなしていけます。（宇井さん）

部活・サークル活動

軽音サークルに所属しています。2 カ月に１回ほどのペースで行われるサークルのライブで演奏します。バンドメンバーはライブごとに変わるので友達ができやすいです。バンドは同学年で組みますが，ライブ以外にもイベントなどがあるので先輩との交流もあり，バンドに関することだけでなく授業やゼミの情報などのリアルな声も聞かせてくれます。仲良くなった先輩は個人的に食事に連れて行ってくれたりもして，学年関係なく仲良く活動しています。（S. Y. さん）

交友関係は？

30 名ほどで行う少人数クラスがあって，そこで友達がたくさんできました。お互いに知らない人ばかりなので，気楽に周りの席の人と話すのがいいと思います。先輩との関係は部活やサークルに入っていないと築くのが難しいと思います。「この先生の講義は大変だ」などの情報が得られるので，同じ学部の先輩がいると安心かもしれません。（Y. N. さん）

いま「これ」を頑張っています

大学での勉強や趣味に時間を注いでいます。講義とその課題を済ませれば，自由な時間がかなり多くあります。私は就職のことを考えて，良い成績を取れるように大学での勉強を頑張って，その他の時間は自分の趣味やアルバイトの時間に費やしています。（Y. N. さん）

普段の生活で気をつけていることや心掛けていること

毎回，講義の時間に間に合うように出席しています。当たり前のことで受験勉強を頑張っている皆さんからは考えられないかもしれませんが，講義に行かなかったり，課題を出さなかったりして，単位を落としている人が割といます。それに流されずに当たり前のことをやっていたら良い成績が取れると思います。（Y. N. さん）

おススメ・お気に入りスポット

大阪いばらきキャンパスの図書館には，出入口前に1人用のソファーとテーブルがあって，そこがお気に入りです。課題をしたり昼寝をしたりしてリラックスできます。6席しかないので座れたらラッキーです。また，岩倉公園という大きな広場が大学に隣接しており，天気のいい日はみんなで昼ごはんを食べています。（Y. N. さん）

大阪いばらきキャンパスには大きい芝生があるので，天気がいい日はランチをしたり球技をしたりする学生で賑わいます。遊具やレストラン，スターバックスもあり，周辺にある学校の子供や地域の人々が多く訪れるので，様々な人と交流することができるのも楽しいです。（S. Y. さん）

入学してよかった！

周りの学生の意識が高いことです。私の知っている立命館大学の学生はみんな，部活動やサークル，資格の勉強，アルバイトなど，常に何かにベクトルを向けて努力しています。そのため私もぼーっとしている暇はないと思って TOEIC の勉強をするようになりました。このように周りの意識が高いことに加えて，大学もこういった気持ちに応えてくれるように，豊富な部活動やサークル，快適な自習室，トレーニングルーム，英語力向上レッスンなどを用意してくれています。高い意識をもつ人たちが集まっていて，努力したい気持ちを支援してくれたり，モチベーションの上がる環境を整備してくれている立命館大学に入学できてよかったです。（S. Y. さん）

食マネジメント学部で学べること。日本で唯一の学部なので，学部自体が新しく，学んでいることも固定観念にとらわれない。また，食を幅広く学べること。食関係といえば大体が栄養士になりたい人向けになるが，食マネジメント学部は食ビジネス系で，自分に合っている学部なのでよかったと思う。（A. S. さん）

高校生のときに「これ」をやっておけばよかった

数学の確率やデータ分野の勉強。総合心理学部では心理学統計法という授業があり，高校数学を発展させたものがしばしば出てくる。そのため，自分は文系だからとおざなりにするのではなく，ちゃんと理解しておいたほうがよかったなと思う。（N. K. さん）

もっともっと友達と遊んで，全力で行事を楽しみ，勉強も全力で取り組みたかったと思う。高校生のときは気づかないかもしれないけれど，大学生になって，勉強だけじゃなくてもっと高校時代の思い出を作っておけばよかったと思うことがある。受験が近づくと 1 人の時間が増えて気分が不安定になることもあるかと思うが，友達との時間も大切にしてほしい。（A. S. さん）

パソコンの基本的なスキルや用語を，もう少し学んでおけばよかったかもしれません。レポートを書いたり，発表資料のスライドを作ったりするときに，ちょっとしたパソコンスキルが作業効率につながるのだと実感しました。（宇井さん）

合格体験記

みごと合格を手にした先輩に，入試突破のためのカギを伺いました。入試までの限られた時間を有効に活用するために，ぜひ役立ててください。

(注) ここでの内容は，先輩が受験された当時のものです。2024 年度入試では当てはまらないこともありますのでご注意ください。

アドバイスをお寄せいただいた先輩

A. M. さん　産業社会学部（現代社会学科）
全学統一方式（文系）2023 年度合格，愛知県出身

私が立命館大学に合格できたのは英語のおかげだと思っています。まずは英単語を完璧に覚えること，これが大切だと思います。いつでも単語帳などを持ち歩いて，電車の待ち時間や休憩時間など隙間時間があるときは必ず見ていました。英語を得意科目にすれば合格の確率がかなり上がると思うので頑張ってください！

その他の合格大学　愛知学院大（文）

N. O. さん　文学部（人文学科）
全学統一方式（文系），学部個別配点方式 2023 年度合格，山梨県出身

合格のポイントは，基礎の問題を取りこぼさないことだと思います。過去問を解いていて正解できないと不安になるかもしれませんが，難問は大半の受験生も解けていません。焦らず着実に基礎固めをして，最後まで諦めないことが合格のカギです！

その他の合格大学　駒澤大（経済〈共通テスト利用〉），近畿大（文芸）

小屋端快成さん　食マネジメント学部（食マネジメント学科）
学部個別配点方式 2023 年度合格，北陸高校（福井）卒

合格の最大のポイントは，諦めない心です。私は，立命館大学の総合型選抜で不合格になり，悔しい思いをしました。さらに，私の周りの友人のほとんどは推薦入試で合格し，焦りに駆られて諦めかけたのですが，自分が立命館大学で大学生活を送っている姿を思い浮かべ，勉強へのモチベーションを維持しました。受験はつらい時期にどう過ごすかで結果が変わってくるので，諦めず頑張ってください。

その他の合格大学　近畿大（農）

Y. I. さん　立命館アジア太平洋大学アジア太平洋学部
前期方式，共通テスト方式，共通テスト併用方式 2023 年度合格，神奈川県出身

英語の問題は読解，会話文，文法・語彙とわかりやすく分かれているので，何回か赤本を解いてみて自分の苦手な分野（一番点数が低い分野）は何なのか調べました。そのあとはその分野だけ，さらに何年分か解くのがよいです。

その他の合格大学　青山学院大（地球社会共生），明治学院大（国際），神田外語大（外国語〈共通テスト利用〉）

Y. N. さん　政策科学部（政策科学科）
全学統一方式（文系）2022 年度合格，大阪府出身

合格のポイントは，どんな日でもたくさん勉強をしたことです。やる気が出なかったり，学校の行事で忙しかったりしたときも必ず勉強をしていました。思うように成績が伸びず，つらいときもあると思いますがそれは誰もが通る道です。あなたが毎日努力したその成果は必ず結果に表れます。強い気持ちをもって最後まで諦めず頑張ってください。

その他の合格大学　立命館大（産業社会），龍谷大（経済，経営，法）

S. Y. さん　政策科学部（政策科学科）
全学統一方式（文系），学部個別配点方式 2022 年度合格，奈良県出身

やはり，最後まで諦めないことが合格のポイントです。最後までやり抜いた努力が必ず報われるとは限らないけれど，努力しなかったら本番で点数が取れることは絶対にないので，最後の日の最後の科目が終わるまで 1 点でも多く取ろうと勉強を続けてください！

その他の合格大学　同志社大（社会），龍谷大（法〈公募推薦〉）

入試なんでもＱ＆Ａ

受験生のみなさんからよく寄せられる，入試に関する疑問・質問に答えていただきました。

Q　「赤本」の効率的な使い方を教えてください。

A　私は赤本を 11 月頃から活用していました。まずは時間を計らずに 3 年分ほど解いて，立命館大学の傾向，自分の苦手分野を発見し，そこを重点的に勉強するようにしました。12 月後半になってからは時間を計りながら 1 週間に一度は解いていました。その際に大問ごとにどれだけ時間をかけるかを意識して解きました。わからなかった問題はすぐに先生に質問しにいき，赤本専用のノートに間違えた問題を記録していつでも見返せるようにしておきました。　（A. M. さん／産業社会）

A　10 月頃に赤本を使い始めたのですが，それから 12 月頃までは 2 週間に一度，時間無制限で過去問演習をしました。今の自分の実力では合格点を取るために何が足りていないかを分析し，それを克服するための勉強をしました。12 月からは時間を本番通りに制限して緊張感をもって，少なくとも 1 週間に一度，演習しました。その際には時間配分やどれくらいの難易度の問題はとばすかなども考えました。過去問で解けた問題は本番でもできる！ できなかった問題はすぐ復習して本番で必ず解けるようにする！ という気持ちで取り組むといいと思います。（S. Y. さん／政策科）

Q　1年間の学習スケジュールはどのようなものでしたか？

A　高校3年生になってから本格的に受験勉強を始めました。それまでは真面目に勉強をしてこなかったので，1・2年生の復習から始め，基礎を固めました。特に，英語は苦手だったので，1日100単語を目安に覚えました。夏頃には基礎固めが終わったので，赤本を利用して試験の分析をしました。分析から学んだことを利用し，11月までは試験に合わせた勉強をしました。12月からは，赤本を用いて，本番通りの時間で解く練習をしました。英語以外の教科は過去の合格点を超えていたので，試験直前まで苦手の英語に時間をかけました。（小屋端快成さん／食マネジメント）

A　高校3年生の4～7月は英語や古文は単語や文法など基本事項を学び，現代文は抽象・具体，論理マーカーなど読み方の部分を習いました。8～9月は今までやってきた基礎を完璧にしつつ，過去問演習に入るための少し発展的な読解の問題集を1週間に1回ほどやりました。日本史では用語集を一通り暗記し，英熟語も覚えました。10～11月は過去問演習を行って自分の弱点を知り，克服していきました。12～1月は入試当日の時間割に合わせて生活リズムを整えたり，時間を計って過去問演習をするなど，本番を意識して勉強に取り組みました。　（S. Y. さん／政策科）

Q　どのように学習計画を立て，受験勉強を進めていましたか？

A　朝起きてすぐに，「今日のやることリスト」を作りました。具体的なスケジュールではなく「単語を100個覚える」や「赤本を解く」のような目標を5個程度リストにしたことがポイントです。スケジュールにしてしまうとたくさん詰め込みすぎてしまい，結局全部はできません。さらに，スケジュール通りに行動できなかった罪悪感から，勉強のやる気も出なくなります。リストにすることで，達成したときに達成感も得られ，気持ちも良くなります。　（小屋端快成さん／食マネジメント）

A　おおまかにどれくらいまでにどの参考書を終わらせるかなどを考えて，その上で1週間単位で計画を立てていました。その際には過去問を何年分するかや単語を回すなど抽象的なことだけでなく，どの問題のやり直しに時間をかけて，どの問題は時間がなかったらやらないことにするかなど優先順位を決めていました。この週一度の計画決めの時間は十分にとるようにしていました。そうしたほうが後の1週間の途中で何をしていいかなどに迷わず，自分のすると決めたことだけに集中して勉強することができるからです。（S. Y. さん／政策科）

Q 時間をうまく使うためにしていた工夫があれば，教えてください。

A 私は英語が苦手だったので，まずは英単語を完璧にするために英語に触れる機会が少しでも増えるよう，トイレに英単語を書いた紙を貼ったり，少しでも隙間時間があればミニノートにまとめた覚えられていない英単語を見ていました。また朝や昼に苦手教科や前日に間違えた問題の解き直しなどをして，夜は暗記教科や朝昼にやった問題の復習をすることで，自分の1日のルーティーンが出来上がったのでとてもよかったと思います。（A. M. さん／産業社会）

A 私は日本史の用語を暗記するのが一番苦手だったので，少しでも用語を思い出す時間を増やすために，特に覚えられない用語の問題を書いた紙を裏に答えを書いて机や部屋の壁など目につく至る所に貼っていました。合格を勝ち取るためには周りの受験生よりどれだけ多くの時間勉強したかが鍵になると思うので，少しの隙間時間も利用するように心がけていました。人間の傾向として朝が一番集中力が高く，夜になるほど落ちていくと思うので，朝，昼に過去問や苦手な科目をして夜は単語の確認や好きな科目をするようにしていました。（S. Y. さん／政策科）

Q 立命館大学を攻略する上で，特に重要な科目は何ですか？
また，どのような勉強をしましたか？

A 立命館大学を攻略する上で，特に重要な教科は英語です。立命館大学の英語は得点源になりやすい問題がたくさんあります。特に会話文や文法・語彙問題は基礎問題が多く，勉強する分だけ点数も多く取れます。また，英語の配点が高い入試方式が多いので，ほかの教科よりも重要度は高くなってきます。英語が苦手な人はもちろん，どの教科に力を入れればいいかわからない人は，まずは英語から対策に取り掛かるのがおすすめです。（小屋端快成さん／食マネジメント）

A　APU は英語が難しいといわれており，たくさんの受験生が英語の対策をしてきます。そのため英語ではそれほど差がつかないように感じます。逆に選択科目の日本史，世界史，地理，政治・経済は記述法が中心なので，かなり差がつくと思います。記述の問題は知っていないと答えられないので，試験開始時間の直前まで参考書等を見ておくべきです。私もギリギリに見ていた内容が出題されました。　（Y. I. さん／アジア太平洋）

Q　苦手な科目はどのように克服しましたか？

A　英語はもともと得意な科目でしたが，赤本を解いていると長文読解は確かに得意ですが文法と単語が全体的に弱いことに気づきました。そこから古本屋で赤本をもう 1 冊買って合計 6 年分の文法と単語の問題を解きました。その後，6 年分の問題の中でわからなかった文法と単語の問題について自分で解説を作りました。自分で解説を作ると，雰囲気だけで問題を解かなくなるのでおすすめです。　（Y. I. さん／アジア太平洋）

A　現代文がとても苦手でした。解き方の参考書や問題集はかなりやったのですが，ほとんど成績が上がらなかったので，通っている塾の先生に相談に行きました。そこで自分は文字をたどっているだけで話の内容を理解しようとしておらず，選択肢を先に見てしまい迷わされていることがわかり，そこから点数が上がっていきました。だから勉強などの悩みやわからないことは遠慮せず学校や塾の先生に聞いてみることをおすすめします。
（Y. N. さん／政策科）

Q　スランプはありましたか？
また，どのように抜け出しましたか？

A　模試の判定が下がったり，過去問の得点率が低かったりするとやる気がなくなり，自分が大学生活を送っている姿が想像できませんでした。また，入試日が近くなるとソワソワして気持ちが落ち着かなくなり，今の勉強で合格できるのか不安に駆られました。そういう時は自習室などに行き，勉強せざるを得ない環境に自分を追い込みました。周りに同じように勉強している人がいると，考え事をしている場合ではないという気持ちになります。勉強を始めてしまうといつの間にか集中して不安に思うことも減ります。勉強に関する不安は勉強をすることでしか解消されません！

（N. O. さん／文）

A　勉強しているのに前より英文が読めなかったり，他の教科の点数も下がったりしたことが何度かありました。勉強して成績が下がるのはかなりショックでしたが，そこで落ち込むのを抑え，いつもと変わらず英文を音読したり，基礎のところを復習したりしていくうちに自然とスランプから抜けていきました。また，精神的に「どうせまた間違えるんだろうな」とか思うと本当に解けないことがあるので，「どんな文章なんだろうなあ」と軽い気持ちで解くのも大切だと思います。（Y. N. さん／政策科）

Q　模試の上手な活用法を教えてください。

A　とりあえずは間違えた問題の見直しをしました。単語帳や教科書を見て覚えられなかった単語でも，模試の問題として出題されたものだと思うと印象深く覚えられました。また，英単語を覚えたと思っても，いざ長文問題で出されると意味が出てこなかった経験は誰でもあると思います。さまざまな長文問題や過去問を解いているうちに，その単語の出題されやすい意味や熟語のパターンを自然と覚えるので，最初は模試の結果は気にせず見直しに重点を置けばよいと思います。私は教科ごとに模試の復習ノートを作って，最初は間違えた単語などをまとめていましたが長続きしませんでした（笑）。もらった解答などに十分解説が載っていると思うので，そこに載っていないことを自分で調べて書き足していくことをおすすめします。

（N. O. さん／文）

Q　併願をする上で重視したことは何ですか？
また，注意すべき点があれば教えてください。

A　私が併願する大学を決める上で重視したことは，立命館大学より試験日程が早いことと試験の傾向が似ていることです。私は立命館大学が第一希望だったので，受験の雰囲気に慣れてから本番に挑めるように日程を組みました。そのおかげで立命館大学の本番ではあまり緊張せず自分の持っている力を発揮することができ，無事に合格することができたと思います。また，立命館大学の世界史は記述法なので，併願校も世界史が記述法の大学を選びました。これによって立命館大学以外の大学の赤本を解くときに，実質的に立命館大学の対策もできたのでよかったと思います。

（A. M. さん／産業社会）

Q 試験当日の試験場の雰囲気はどのようなものでしたか？

A 試験当日は緊張するので，集合時間より 30 分ほど早く到着し，確認したい科目を勉強するなどして，試験会場の雰囲気に慣れておくとよいと思います。また，女子トイレは大変混み合い，私の試験会場にはトイレが特に少なかったので 20 分も待ち時間がありました。その間も無駄にしたくない人は，小さく折りたたんでポケットにしまえるプリントなどで要点や苦手分野を見直すことがおすすめです。　（N. O. さん／文）

Q 普段の生活のなかで気をつけていたことを教えてください。

A 特に気をつけたことは睡眠です。0 時までには寝るように心がけました。睡眠をしっかりとらないと，次の日の授業に集中できないどころか，勉強へのモチベーションを高めることができません。よく睡眠時間を削って勉強に取り組む人がいますが，スマホを触る時間を減らしたり，入浴中に単語の暗記をしたりするなどの工夫をすれば，睡眠時間は確保できます。それでも時間が足りない人は勉強の効率を上げましょう。インプットよりアウトプットの時間を多くすれば勉強の効率は上がります。

（小屋端快成さん／食マネジメント）

A 生活リズムは変えないようにしました。夜に勉強のやる気が出てきても決まった時間に終えて寝ていました。睡眠時間は減らさないほうがよいと思います。勉強のやる気が日によって上下しても，なるべく毎日同程度の勉強時間を維持していました。頭が疲れたときは無理をせず 15 分ほど寝て頭を休めていました。また，勉強や周りの環境でストレスがたまったときは，お風呂に入ってリラックスするとよいと思います。

（Y. N. さん／政策科）

Q 受験生へアドバイスをお願いします。

A 本番では過去問の出題パターン通りに出題されていないということもあります。焦るかもしれませんが，色々な大学の過去問を解いておくと出題形式の変更にも対処できると思います。勉強を進めるとその分課題は見つかりますが，勉強をすればするだけ自信もつきます。今は辛抱の時期です。努力の先には輝かしい大学生活が待っています。自分にとって悔いのない結果を勝ち取れるように頑張ってください！　(N. O. さん／文)

A 思うように成績が伸びなかったりして勉強が嫌になったり，精神的にしんどくなるときが何回も来ると思います。自分自身も，心が折れそうなときや諦めようかなと思ったときが何度もありました。しかし，そこで勉強をやめて遊ぶのは誰でもできることです。気合を入れて最後まで諦めなければきっと結果はついてきます。たまには息抜きも必要ですが，受験で大切なのは地頭とかではなくて根性です。諦めずに頑張ってください。

(Y. N. さん／政策科)

科目別攻略アドバイス

みごと入試を突破された先輩に，独自の攻略法やおすすめの参考書・問題集を，科目ごとに紹介していただきました。

英語

立命館大学の英語は得点源になりやすい問題がたくさんあります。特に会話文や文法・語彙問題は基礎問題が多く，勉強した分だけ点数も多く取れます。赤本を利用して出題形式に慣れておくことも大切です。また，英語の配点が高い入試方式が多いので，ほかの教科よりも重要度は高くなってきます。　(小屋端快成さん／食マネジメント)

おすすめ参考書　『改訂版 世界一わかりやすい 立命館大の英語 合格講座 人気大学過去問シリーズ』(KADOKAWA)

長文読解，会話文，文法，単語の力が満遍なく試されます。赤本を何年分か解いてみて，自分の苦手な分野が何なのか見つけるとよいと思います。その後に苦手分野に特化してもう数年分解きましょう。

（Y. I. さん／アジア太平洋）

おすすめ参考書　『英単語ターゲット1900』（旺文社），『キク英文法』（アルク）

日本史

用語を覚えるだけでなく，文章を読んで空欄に適する用語を判断しなければいけません。そのためには，一問一答や過去問で歴史用語に関する言い回しを多く知っておくことが必要です。選択問題ならわかる問題でも，記述式では漢字が書けないことがあります。また，難問に時間を割きすぎないことも大切です。

（N. O. さん／文）

おすすめ参考書　『日本史B　一問一答【完全版】2nd edition』（ナガセ）

世界史

世界史は基礎的な知識を問われるものがほとんどですが，たまに教科書や普通の参考書には載っていない問題も出てきます。まずは世界史の教科書を秋までに完璧に覚え，異なる形式の問題をたくさん解くことをおすすめします。基礎的な知識が備わったら，一問一答の問題でアウトプットしつつ，細かい知識を入れていくとよいでしょう。

（A. M. さん／産業社会）

おすすめ参考書　『世界史B　一問一答【完全版】3rd edition』（ナガセ）

国語

古文では背景知識や古典常識があるのとないのとでは解きやすさが違います。とにかくさまざまな問題を解いて知識を蓄えておくことが大切です。源氏物語などの有名な作品は登場人物の名前や関係性を覚えておくことをおすすめします。　（A. M. さん／産業社会）

おすすめ参考書　『古文上達　基礎編 読解と演習 45』（Z会）

Trend & Steps

傾向と対策

傾向と対策を読む前に

科目ごとに問題の「傾向」を分析し，具体的にどのような「対策」をすればよいか紹介しています。まずは出題内容をまとめた分析表を見て，試験の概要を把握しましょう。

■ 注意

「傾向と対策」で示している，出題科目・出題範囲・試験時間等については，2023 年度までに実施された入試の内容に基づいています。2024 年度入試の選抜方法については，各大学が発表する学生募集要項を必ずご確認ください。

また，新型コロナウイルスの感染拡大の状況によっては，募集期間や選抜方法が変更される可能性もあります。各大学のホームページで最新の情報をご確認ください。

分析表の記号について

☆印：全問マークシート方式採用であることを表す。

★印：一部マークシート方式採用であることを表す。

立命館大学の全学統一方式は
試験日が異なっても出題傾向に大きな差はないから
過去問をたくさん解いて傾向を知ることが合格への近道

立命館大学の入試問題は，「同じ入試方式であれば，学部を問わず統一の出題形式・問題傾向（英語は全日程・全学部問題傾向が同じ）で，学部ごとの対策は不要」であると公式にアナウンスされています。また，同じ入試方式内であれば試験日が異なっても出題形式・問題傾向に大きな差はみられません。

受験する日程にかかわらず多くの過去問にあたり，苦手科目を克服し，得意科目を大きく伸ばすことが，立命館大学の合格への近道と言えます。

英　語

『No. 546 立命館大学（英語〈全学統一方式３日程×３カ年〉）』に，本書に掲載していない日程の英語の問題・解答を３日程分収載しています。立命館大学の入試問題研究にあわせてご活用ください。

年度		番号	項目	内容
☆ ***2023***	全学統一	〔1〕	読解	内容説明，内容真偽，主題
		〔2〕	読解	空所補充，内容説明
		〔3〕	会話文	空所補充
		〔4〕	文法・語彙	空所補充
		〔5〕	文法・語彙	空所補充，同意表現
	学部個別	〔1〕	読解	内容説明，内容真偽，主題
		〔2〕	読解	空所補充，内容説明
		〔3〕	会話文	空所補充
		〔4〕	文法・語彙	空所補充
		〔5〕	文法・語彙	空所補充，同意表現
☆ ***2022***	全学統一	〔1〕	読解	内容説明，内容真偽，主題
		〔2〕	読解	空所補充，内容説明
		〔3〕	会話文	空所補充
		〔4〕	文法・語彙	空所補充
		〔5〕	文法・語彙	空所補充，同意表現
	学部個別	〔1〕	読解	内容説明，内容真偽，主題
		〔2〕	読解	空所補充，内容説明
		〔3〕	会話文	空所補充
		〔4〕	文法・語彙	空所補充
		〔5〕	文法・語彙	空所補充，同意表現
☆ ***2021***	全学統一	〔1〕	読解	内容説明，内容真偽，主題
		〔2〕	読解	空所補充，内容説明
		〔3〕	会話文	空所補充
		〔4〕	文法・語彙	空所補充
		〔5〕	文法・語彙	空所補充，同意表現
	学部個別	〔1〕	読解	内容説明，内容真偽，主題
		〔2〕	読解	空所補充，内容説明
		〔3〕	会話文	空所補充
		〔4〕	文法・語彙	空所補充
		〔5〕	文法・語彙	空所補充，同意表現

▶読解英文の主題

年度		番号	主題
2023	全学統一	〔1〕	アロラは開放型旅行会社の社長さん
		〔2〕	赤ん坊にはあるがコンピュータにはないもの
	学部個別	〔1〕	ウェタホテルが昆虫の保護に果たしている役割
		〔2〕	イヌの人との交流能力は生まれつき
2022	全学統一	〔1〕	二人の先駆的ルネサンスの画家の業績
		〔2〕	なぜ電話で待たされるといらつくのか
	学部個別	〔1〕	職場で仲良くなるのは難しいが，それだけの価値はある
		〔2〕	ロボット繁殖技術で人間は別世界に行けるか
2021	全学統一	〔1〕	地域の遺産を再生した教師
		〔2〕	倫理が消費者にとって重要なのは本当か
	学部個別	〔1〕	紙の地図が現代でも重要である理由
		〔2〕	ピザの歴史

傾向　長文読解中心の正統派
読解力と語彙力がキーポイント

1　出題形式は？

すべてマークシート方式である。例年，大問５題，小問数は 49 問。読解問題２題を中心に，会話文問題１題，文法・語彙問題２題が出題されている。試験時間は 80 分。

2　出題内容はどうか？

２題の読解問題は，論説文が中心。具体的で身近な親しみやすい話題が取り上げられ，主に環境，社会問題，認知科学，人間心理といった分野から出題されている。分量も，入試の読解問題として標準的であると言える。設問は，〔1〕は内容理解中心であるが，内容真偽問題には，通常とは異なり，「どちらとも判断しかねるもの」という選択肢もあることに注意。〔2〕は空所補充と下線部の指示・意味内容を問う問題である。空所補充は，単なる文法・語彙ではなく，論旨の把握にかかわる問題も多い。指示内容問題は，単なる対応箇所発見ではなく，本文の言い換えや，選択肢の読み取りを問われることが増えている。

会話文問題は，場面設定のある対話文２種である。一定の状況下で，対話の流れに沿って，適切な発言をあてはめていく空所補充形式となっている。使われない選択肢が多数あることが大きな特徴である。

文法・語彙問題では，大問ごとに文法的な知識を中心とするものと，語彙力を中心とするものに分かれる。〔4〕は文法問題8問で，すべて選択肢4つの空所補充形式。〔5〕は語彙問題で2部に分かれており，前半は空所補充，後半は同意語句選択で，それぞれ5問ずつ出題されている。どちらの問題も，それぞれの単語の意味そのものを知らないと答えることができない。単語の知識自体が問われることに注意が必要である。

3　難易度は？

読解問題の英文は，ほぼ標準的なレベルであり，語句注も多く，難解な構文などは含まれない。設問も内容真偽問題を含めてごく標準的な難易度である。ただし，選択肢はすべて英語なので，かなりてきぱきと解いていかないと時間の点で苦しくなることには要注意。

会話文問題については，やや易～標準レベル。

文法・語彙問題は，標準～やや難レベルである。

全体として，80分という試験時間では，読解問題の量や設問数を考えると，標準～やや難レベルと考えてよい。まずは会話文問題や文法・語彙問題をミスを避けながら手早く解き，読解問題になるべく時間を割けるように時間配分を考えておこう。

対　策

1　長文問題対策

読解問題で着実に得点できる英語力を養うことが肝心である。内容理解中心の設問であるし，〔1〕の内容説明をはじめとして，選択肢はすべて英語なので，読みこなさなければならない英文量はかなり多い。十分な基礎力がついたら，標準レベルの問題集（問題文800語程度が望ましい）を使って，「内容理解力」を鍛えよう。問題の答え合わせで終わらずに，「構文・文法」的な理解を深め，「単語・熟語」までしっかり習得するように学習を進めるのがポイント。また，指示語の内容は，読解のキーポイントである。指示対象の把握があいまいだと，文全体の理解があやふやになる。だから，「論旨」が把握できているか（本文が何を言おうとしているのか）を常に意識して，それがぼんやりしてきたら，そこでじっくり考える，という学習をしよう。内容真偽問題は立命館大学独特の形式なので，過去の出題例になるべくたくさんあたって，十分練習しておこう。

2　会話文問題対策

会話文問題に関しては，まず教科書レベルの定型表現をしっかり身につけよう。会話が長くなると，省略や代用表現が出てきやすい。そうした約束ごとを意識的に学ぶことが大切である。会話の流れをつかむ問題に関しては，話題をしっかりつかみ，その展開を的確にとらえる練習をしよう。会話文が苦手な人には，少し易しめの物語文を読むことを勧めたい。その中に出てくる会話によって，自然にそうした形式への慣れが生じることだろう。

3　文法力の養成

基礎的文法力は，読解力の基礎をなすので，十分な時間をかけて習得すること。構文の基礎となる重要文法項目，とりわけ準動詞，関係詞，比較などは，特に力を入れて学習しておこう。文法項目を体系的に学べる参考書を，必ず1冊仕上げよう。たとえば，受験生が間違いやすいポイントを完全網羅した総合英文法書『大学入試 すぐわかる英文法』（教学社）などを手元に置いて，調べながら学習すると効果アップにつながるだろう。ただし，細かい文法知識を暗記して，詰め込む必要はない。英語の文法の法則が理解できればよいのである。といっても，じっくり考えればできるが，うっかりミスが多いというレベルでは不十分。読解問題にたっぷり時間がかけられるように，文法問題に対して「反射的に」対応できるレベルまで達してほしい。そのためには，文法の問題集（文法項目別になっているものを選ぼう）を使って，しっかりと反復練習することが大切。「毎週20題」を最低レベルの目標にしよう。

4　語彙力の養成

必要な語彙レベルに達しているかどうかを見分けるには，過去の入試の設問の語彙を見ればよい。文法・語彙の設問には文脈はないから，知らなければ類推は効かない。設問に使われる単語に知らないものがないというのが，最終的な目標レベルである。それを目指して，単語集・熟語集などを使いながら効率よく学習を進めよう。自分の気に入ったものを使って，まず標準レベルを確実にクリアしよう。さらに意欲的に，少しでも上級レベルへと挑んでみてほしい。そうすることで，読解力にもよい影響が及ぶ。地道な努力を重ねていこう。

日本史

『No. 548 立命館大学（文系選択科目〈全学統一方式２日程×３カ年〉）』に，本書に掲載していない日程の日本史の問題・解答を２日程分収載しています。立命館大学の入試問題研究にあわせてご活用ください。

年　度		番号	内　容	形　式
2023	全学統一	〔1〕	宮廷の女性による仏教信仰　＜視覚資料＞	選択・記述
		〔2〕	中世～近世の政治　＜史料＞	記述・選択・正誤
		〔3〕	明治～大正時代前半の政治	記述・選択
	学部個別	〔1〕	弥生～江戸時代の農業	記述・選択
		〔2〕	「歎異抄」「立正安国論」「愚管抄」「大乗院寺社雑事記」「正法眼蔵随聞記」－中世の仏教　＜史料＞	記述・選択
		〔3〕	近世～近現代の日朝関係　＜史料＞	記述・選択
2022	全学統一	〔1〕	旧石器～縄文時代の遺跡と遺物　＜視覚資料＞	記述・選択
		〔2〕	室町時代～江戸時代前半の外交関係	記述・選択
		〔3〕	近世～近代の身分制　＜史料＞	記述・選択
	学部個別	〔1〕	遣唐使　＜史料＞	選択・記述・配列
		〔2〕	室町文化　＜史料＞	選択・記述
		〔3〕	近代の地方制度と近代都市東京の発展	記述・選択
2021	全学統一	〔1〕	原始・古代の出土史料	記述・選択・配列
		〔2〕	「建武記」「建武式目条々」－室町時代の文化　＜史料＞	記述・選択
		〔3〕	明治時代の産業	記述・選択
	学部個別	〔1〕	奈良～鎌倉時代の仏教　＜史料＞	選択・記述
		〔2〕	室町幕府の政治，戦国期の日蓮宗	記述・選択
		〔3〕	満州事変～太平洋戦争	記述・選択

傾　向　視覚資料・史料問題が頻出　文化史・外交関係史に注意

1　出題形式は？

大問3題で，解答個数50個が続いている。試験時間は80分。全体に占める記述法の割合は，近年60～70％で定着している。選択法は用語・人物などの四者択一式か，正文・誤文の四者択一式であることが多い。ほかに配列法やX・Y2文の正誤法が出題されることもある。視覚資料や史料問題がよく出題されており，視覚資料では石器や土器などの原始・古代の道具が頻出である。2023年度全学統一方式〔1〕では古代寺院の伽藍配置，飛鳥文化の仏像，正倉院宝物が出題された。

2　出題内容はどうか？

時代別では，原始～現代まで全時代にわたって出題されている。おおよそ，原始・古代，中世・近世，近現代の区分で大問3題に割り当てられていることが多い。その中でも〔3〕は近現代からの出題が定番となっているが，近世とあわせて構成されることもある。2022年度全学統一方式〔3〕では近世～近代の身分制が，2023年度学部個別配点方式〔3〕では近世～近現代の日朝関係が出題された。また，現代史からの出題は全体的に少ないが，過去には大問で出題されることもあったので，今後も注意が必要である。さらに，原始～古墳時代の出題が他の大学に比べて多いのも特徴である。

分野別では，文化史に注意しよう。例年出題され，その形式もさまざまで，史料を利用した出題も多い。なかでも学問や宗教（特に仏教史）に関するものがよくみられる。また，近現代の思想・音楽・芸能史や戦後の社会科学など，文化史の中でも盲点になりやすいところが出題されている。2021年度全学統一方式〔2〕および2022年度学部個別配点方式〔2〕では室町時代の文化が，2023年度では両方式でそれぞれ古代仏教史，中世仏教史が出題された。なお，絵画などの美術史も頻出で，視覚資料を利用したものもみられるので注意しよう。

外交関係を機軸にした出題も目立っている。原始・古代の対外関係，明治～大正時代の外交，戦後の外交など幅広く出題されている。2021年度学部個別配点方式〔3〕では満州事変から太平洋戦争の内容，2022年度全学統一方式〔2〕では室町時代～江戸時代前半の外交関係，2023

年度学部個別配点方式〔3〕では釜山をテーマに日朝関係史が出題された。外交文書を利用したものもあり，史料問題が頻出しているだけに今後も注意が必要である。

また，労働関係史や中世～近世の産業・農村をテーマにした出題も目立っている。2021 年度全学統一方式〔3〕では明治時代の産業が出題された。なお，立命館大学創設に深く関わった西園寺公望もよく出題されており，大学に関係する人物などには今後も注意が必要である。

史料問題は，毎年いずれかの方式で出題されており，2021 年度全学統一方式〔2〕の室町時代の史料や，2023 年度学部個別配点方式〔2〕の多数の仏教史料のように，リード文として使用されることもある。立命館大学定番の史料中の空所補充は難問で，教科書などでよく見る史料でもよほど読み込んでいないと正答できないものが多いが，史料内容や設問文などにヒントが隠されていることもある。また，過去に出題されたものが再度出題されることも多い。たとえば，戸籍を利用した類似の問題などは頻繁に出題されているので注意しよう。

3　難易度は？

教科書をベースに基礎的知識が問われており，全体的に良問である。一見難しいようでも，教科書で学習した内容が問われていることが多い。ただ，リード文や設問文からいくつかの用語を連想して正答を導くものも多く，また一部では詳細な知識が問われることもある。視覚資料や過去には地図も使用され，受験生が敬遠しがちなテーマを出題するなど工夫が凝らされており，全体的にみて，難度の高い問題と言えよう。史料の空所補充は基礎的知識で勝負できるものもあるが，その場合でも大半が記述式で，なかには史料文の読み取り能力や高度な漢字の書き取り能力を求められるものもあるので，高いレベルの学習が必要である。試験時間 80 分は妥当であるが，問題の難易を見極めて基礎的なものからスピーディーに解答し，難しい問題に十分な時間をかけられるよう時間配分を工夫しよう。

対　策

❶　教科書・史料集の熟読で基礎的知識の確立を

教科書学習を中心に基礎的知識の確立に努めてほしい。まずは，教科書の太字レベルの用語・人物を抽出し，その内容や背景，時代，関連人物・語句などをセットにして覚えよう。歴史的背景を理解するためには，太字前後の文章をしっかり読み込むことが大切である。また，用語の確認については，『日本史用語集』（山川出版社）などを利用するとよいだろう。『日本史用語集』の説明文が設問となっている場合もある。細かい部分は問題演習に取り組みながらつけ足していけばよい。なお，漢字を正確に書く力が重視されているので，その練習もしておこう。

また，教科書学習と並行して史料集にも目を通してほしい。その際，注釈などをチェックし，史料中のキーワードや人物，書かれた時代などを確認しておこう。さらに教科書の内容と照らし合わせる。そのようにして史料に慣れておけば，初見史料が出題されても対応できるようになる。

❷　視覚資料・地図などの利用

視覚資料や地図の出題は定番である。教科書学習の際は図説（『山川詳説日本史図録』山川出版社など）を大いに利用すること。普段の学習から使用して記憶に残しておくことが大切。そのためには，継続して使用することが必要である。なお，原始・古代の石器や土器などの遺物は頻出なので入念にチェックしておこう。

❸　文化史の攻略

頻出の文化史は受験生の苦手とするところだろう。しかし，その一方でしっかり学習できていれば有利になる分野でもある。学習に際してもまとめて攻略しやすいので，取り組み方ひとつで大きな得点源となる。教科書を熟読しながら作品・人物などをしっかり覚え，同時に美術作品などは図説などを利用して，視覚的に覚えておきたい。また，問題演習を通じて知識をアウトプットする練習を欠かさないことが大切である。

❹　漢字の練習を欠かさない

歴史的名辞は漢字で書くことが原則である。しっかり練習しておかないと，答えがわかっているのに得点できないということになり，非常に悔しい思いをすることになる。学習に際してはとにかく書いて覚えるという習慣をつけておこう。なお，関西圏では同志社大学の問題に記述法が多いので同時に取り組むとよいだろう。

5 過去問に取り組もう

出題形式・傾向・内容は，数年を通してみても一定している。本書を利用してできる限り多くの過去問に取り組んでおくこと。過去問を解いていくと，独自の出題傾向がわかり，出題内容の重複や類似問題が多いことにも気がつく。特に原始の石材，古墳時代，近現代の思想や社会運動に関する設問などは繰り返し出題されている。なお，過去問に取り組む前に以下の事項に注意してほしい。

1．完答は望まず，まず６～７割以上の正答を目指そう。詳細な知識は後回しにして基礎的知識の定着をはかってほしい。
2．史料の空所補充が正答できなくても，空所部分をむやみに暗記するより，まず史料を読んで法令や事件・人物などを想起できるようにすること。そうすれば初見史料にあたったときにも落ち着いて解答できるはずである。
3．解答の際には本書の解説を熟読するとともに，学習の基盤にしている教科書・史料集を再チェックし，同時に『日本史用語集』（山川出版社）などで細部にも目を通し，オリジナルノートを作って書き込むのもよいだろう。
4．時間のある限り何度も繰り返し，根気よく取り組んでほしい。設問部分だけでなくリード文も熟読しておけば，本番で必ず役立つはずである。

6 難問でも消去法で対処する

たとえ難問でも，選択法の問題であれば基礎的知識を使って消去法で対処できるものが多い。学習する際も細かい用語に気をとられず，基礎的知識の確立に努めよう。

世界史

『No. 548 立命館大学（文系選択科目〈全学統一方式２日程×３カ年〉）』に，本書に掲載していない日程の世界史の問題・解答を２日程分収載しています。立命館大学の入試問題研究にあわせてご活用ください。

年度		番号	内容	形式
2023	全学統一	〔１〕	古代～現代における宗族とその変遷	記述
		〔２〕	朝鮮の暗殺事件と抗日運動	記述
		〔３〕	イスラーム世界の学問の発展とその影響	記述・選択
		〔４〕	中世ヨーロッパにおける言語	記述
	学部個別	〔１〕	中国の図書分類 ＜図＞	記述
		〔２〕	近代中国における著名な５人の人物	記述
		〔３〕	中世～現代における西洋音楽関連史	記述
		〔４〕	東アフリカに栄えた港町や王国	記述・選択
2022	全学統一	〔１〕	中国史料から見た古代の東南アジア	記述
		〔２〕	北京に着目した契丹～現代の中国史	記述
		〔３〕	食材から考える古代～現代初頭の地中海世界	記述
		〔４〕	反差別運動の高揚から見たアメリカ近現代史 ＜視覚資料＞	記述・選択
	学部個別	〔１〕	曹操の逸話から見た魏晋南北朝時代の中国 ＜史料＞	記述
		〔２〕	満州人の中国支配と清の中央機構・軍事制度	記述
		〔３〕	ドイツを中心とした16～19世紀前半のヨーロッパ ＜視覚資料＞	記述
		〔４〕	イスラーム改革運動から見た18～20世紀の中東	記述・選択
2021	全学統一	〔１〕	殷から唐代までの中国史	記述・選択
		〔２〕	毛沢東の読書経験と中国近現代史	記述
		〔３〕	中央ユーラシアの歴史	記述・選択
		〔４〕	ナポレオン１世とナポレオン３世 ＜地図＞	記述・選択
	学部個別	〔１〕	南北朝時代，隋・唐王朝の女性	記述
		〔２〕	中華人民共和国の国内問題と対外政策	記述
		〔３〕	古代の疫病の歴史	記述
		〔４〕	オセアニアの歴史	記述・選択

傾向　中国史重視＋記述法中心で漢字記述がポイント 中国以外のアジア史も要注意！

1 出題形式は？

大問4題，解答個数50個で統一され，試験時間は80分。ほとんどの設問が記述法であるが，選択法がごく少数出題されている。空所補充と下線部に対する設問形式が中心である。年度によっては視覚資料や地図，図を使った問題が出題されている。また，2022年度学部個別配点方式では史料が引用されている。

2 出題内容はどうか？

地域別では，欧米地域2題，アジア地域2題の構成となることが多いが，他大学に比べるとややアジア地域重視である。2022年度学部個別配点方式と2021・2023年度全学統一方式は3題がアジア史だった。アジア地域ではやはり中国史が中心であるが，2021年度全学統一方式〔3〕では中央ユーラシア地域，2022年度全学統一方式〔1〕では東南アジア，2022年度学部個別配点方式〔4〕と2023年度全学統一方式〔3〕では西アジア，2023年度全学統一方式〔2〕では朝鮮史も出題されているので，中国以外のアジア史も手が抜けない。ほとんどが記述法であるため，中国史用語の漢字記述がポイントであることに変わりはないが，中国以外の地域や国をおろそかにすると思わぬ失点をすることになる。欧米地域は，全体としては西欧やロシア・アメリカ合衆国といった主要国中心の問題となっているが，2021年度学部個別配点方式〔4〕ではオセアニア地域，2022年度全学統一方式〔3〕では地中海世界，2023年度学部個別配点方式〔4〕ではアフリカの本格的な問題も出題された。

時代別では，古代から現代まで幅広く出題されている。第二次世界大戦後からの出題もよくみられ，2023年度は全学統一方式では中国の改革・開放政策の年代が，学部個別配点方式ではサイードが出題された。近現代史は出題率が高い上，難度も高いので注意が必要である。

分野別では，政治史が中心ではあるが，文化史もかなり重視されている。特に中国の文化史は頻出であるとともに難度も高いので，難しい人名や書名も正確な漢字で書けるようにしておきたい。2023年度学部個別配点方式では4題中2題が文化史だった。さらに，社会史・経済史分野の視点からの小問も散見され，現代世界の用語が出題されることもある。時事的な知識を理解しているかが問われている。

3 難易度は？

標準的な問題が多く，欧米地域は教科書中心の学習で対応できる内容が多いが，問い方に工夫が凝らされているため，その点で難度の高い問題が散見される。2023 年度学部個別配点方式〔1〕で出題された図に関連する問題は，リード文の正確な読解が必要で思考力が求められた。こうした問題に今後は十分注意したい。アジア地域，特に中国史は，かなり深く細かい知識を問う問題がみられる。しかも記述法であるため正確な漢字表記が求められ，いっそう難度を高めている。大問 4 題で 80 分の試験時間であるから，各大問 15 分程度で一通り解き，見直しの時間を十分に確保したい。特に，空所補充問題では空所の前後との対応にも気をつけて見直しをしよう。

対策

1 教科書＋用語集で裏付けのある知識を

中国史などで少なからず難問があるといっても，やはり大部分は教科書の範囲内から出題されているので，まず教科書をくまなく熟読し，学習の手薄な時代や地域・分野をなくすように心がけたい。ただし，それだけでは不十分で，さらに一歩踏み込んだ学習が必要となるが，だからといって分厚い参考書を丸暗記しようなどと思ってはいけない。教科書を読みながら，あるいはその後問題演習などを行う場合も『世界史用語集』（山川出版社）などを常に利用して，教科書中の語句の意味を完全に理解しておきたい。また，歴史上重要な国・都市・地域などは必ず歴史地図で確認し，文化に関する視覚資料についても図説などで確認しておこう。

2 漢字は書いて覚える努力を

選択法がごく少数みられるが，それ以外は例年，記述法である。2021 年度に出題された「王羲之」「辮髪」，2022 年度の「胡錦濤」，2023 年度の「欧陽脩」「段祺瑞」などの漢字を正確に書けるだろうか。このような中国史などに出てくる難しい人名・書名・地名・制度名などは，書いて覚える地道な努力を積み重ねてほしい。これが着実に得点を伸ばすことにつながる。

3　近現代史の徹底理解

近現代史については，アヘン戦争以後の中国史は流れも複雑で覚えるべき事項も多い。特に辛亥革命から日中戦争にかけては難しいし，中華人民共和国の歴史も出題されるので，こうした中国近現代史は参考書を読んで理解を深めておくのもよいだろう。欧米地域では第二次世界大戦後の冷戦とその終結，ヨーロッパ統合，宗教・民族問題などのテーマに沿って出題されることが多いので，『体系世界史』（教学社）などのテーマ別の問題集で演習するのもよい方法である。また，ここ数年の間に起きた事件もリード文のテーマとして取り上げられることがあるため，新聞の社説などを読んだり，テレビの国際的な報道に注意したりして，現在起きている諸問題の背景を理解しておくことが必要だろう。

4　中国史はテーマ史学習も必要

中国史を第二次世界大戦後まで学習し終わったら，一度テーマ史学習に挑戦してほしい。北方民族史や土地制度・税制などの制度史などが代表的なテーマだが，文化史のテーマ学習も重要である。儒学史・道教史・仏教史・文学史・史学史・絵画書道史などで，各時代ごとの文化とともにこれらのテーマを自分で縦に整理してみると理解も深まるし，実際にそういった形で出題されることも多い。また，首都や地域とからめて社会や経済をまとめてみると，地図問題への対策にもなり効果的である。

5　過去問の研究

早い時期に過去の問題を演習し，出題形式やそのレベルに慣れておこう。特に中国史では詳細な知識が問われることもある。リード文自体も比較的専門的な内容なので，過去問演習の際に一読しておくと役に立つだろう。また，難問と言えるものも，過去や別日程で出題されたものと一部重複している場合があるので，過去問の研究の際に疑問点を残さないように努めてほしい。

地　理

『No. 548 立命館大学（文系選択科目〈全学統一方式２日程×３カ年〉）』に，本書に掲載していない日程の地理の問題・解答を２日程分収載しています。立命館大学の入試問題研究にあわせてご活用ください。

年度		番号	内容	形式
2023	全学統一	〔1〕	地理情報と京都市付近の地理院地図読図 ＜地形図・図・統計地図＞	記述・選択・配列・計算・正誤
		〔2〕	アメリカ合衆国の自然と農業 ＜地図・グラフ・統計表＞	記述・選択
		〔3〕	交通と都市 ＜図・統計表＞	選択・記述
	学部個別	〔1〕	地図史と地図 ＜地図＞	記述・選択
		〔2〕	ヨーロッパの河川を中心とした地誌 ＜地図・グラフ＞	記述・選択・論述
		〔3〕	人口 ＜グラフ＞	記述・配列・選択・正誤
2022	全学統一	〔1〕	日本の地体構造と富士山周辺の地理院地図読図 ＜地形図・視覚資料・図＞	記述・選択
		〔2〕	アメリカ合衆国の地誌 ＜統計表・地図＞	選択・記述
		〔3〕	カカオ豆の生産地と国際流通 ＜地図＞	記述・選択
	学部個別	〔1〕	岐阜県揖斐郡付近の地形図読図 ＜地形図＞	記述・配列・計算・論述・正誤
		〔2〕	ヨーロッパの工業とその変遷 ＜地図・統計表＞	記述・選択
		〔3〕	中国の自然環境を中心とした地誌 ＜地図＞	選択・記述
2021	全学統一	〔1〕	中国の地誌 ＜地図・統計表＞	記述・選択・論述
		〔2〕	海洋 ＜統計表＞	記述・選択
		〔3〕	集落	記述・論述
	学部個別	〔1〕	群馬県みどり市渡良瀬川沿岸の地形図読図 ＜地形図・図＞	記述・描図・選択・計算・論述・正誤
		〔2〕	東ヨーロッパとその周辺地域の地誌 ＜地図＞	記述・選択
		〔3〕	世界の航空路線網と航空輸送の特徴 ＜地図・グラフ＞	記述・選択・論述

傾向　基本事項の徹底と知識の拡充を 地形図の読図練習と地誌のまとめも大切

1 出題形式は？

例年，大問3題で，それぞれが多くの小問に分かれる。小問の形式はリード文の空所補充と，下線部に関連した事項についての設問が中心である。いずれの大問も，設問の多くは記述法と選択法で構成されるが，短文の論述法や，正誤法，計算法などが出題されることも多い。地形図のほか，統計表，グラフ，地図などの資料類を使った問題も目立っている。試験時間は80分。

2 出題内容はどうか？

第1の特徴は，地誌問題が比較的多いことである。アジア，ヨーロッパ，南北アメリカの割合が高いが，2021年度学部個別配点方式では東ヨーロッパに範囲を限定して出題された。いずれも，自然環境，国名や地名，産業を中心としながら，関連事項を含めて多角的に各地の特色を問う総合問題である。あるテーマに沿って地誌的内容が出題されることもある。地図が出されていなくても，地図による理解の必要な問題が多い。

第2の特徴として，自然環境・産業活動，国家，それに人口・集落などといった系統地理の問題が目立つことがあげられる。それらの多くは地理事象の特色を問う内容であるが，なかには詳細な用語や時事的な動きも含まれるほか，統計数値と結びつけたり，関連する事項や地名が出されて総合問題になったりと思考力が必要な場合も少なくない。2021・2023年度では交通が取り上げられ，近年頻出となっていることが注目される。

第3の特徴としては，現代の社会的関心事についての問題がみられることである。環境問題，資源問題，人口・移民問題，国家間の関係などがそれにあたり，この場合，やや詳細な統計資料を用いる問題もみられる。ほかに情報化と地域の関わり，消費活動や衣食住など生活文化に関する事柄が出されることもある。

最後に，地図を利用した問題や地図に関する問題が目立つことをあげておく。その一つは地形図や地理院地図等の読図問題で，地理的思考力を問うねらいから立命館大学では長く重視されてきたので，出題傾向の一つとして注意しておく必要がある。近年は地図の作成や利用に関係した問題もみられ，統計や地理事象の地図的処理であるGISも取り上げられている。

3 難易度は？

全体として，高校地理の学習内容に準拠した標準程度の問題であるが，どちらかといえば全学統一方式では標準からやや易の設問が多いのに対し，学部個別配点方式ではやや難の設問が散見されるといった傾向もうかがえる。いずれも，地理の基本事項をもとに応用力を働かせれば十分に対応できる内容とはいえ，問われている内容を読み違えやすい設問もあることから思考のポイントを外さないことが大切である。標準の設問のなかに難問が混在するのでケアレスミスをしないことも重要。試験時間80分で大問3題であるから，難易度を見定めて時間配分しつつ，1題あたり20分程度で解いてしっかり見直しをするようにしたい。

対　策

1 基本事項の完全な理解

問題の多くは高校地理の基本事項に関するものなので，まずは教科書を読みこなし，内容を完全に理解することが必要である。特に地理用語と地名を知ることが大切で，『地理用語集』（山川出版社）や地図帳を十分に活用した学習が望まれる。その上で，『新詳地理資料COMPLETE』（帝国書院）のような副読本により知識の幅を広げておきたい。

2 地理的思考力をつける

いくつかの基本事項をもとに，地理的な思考をすることで解答がわかる問題も少なくない。複数の地理事象の関連を考えたり，事象を総合して地域の特色を判断したりする能力を養っておきたい。普段の学習時から，事象の仕組みや理由・背景を意識することに加え，過去問などを利用した問題演習を通じて，各事象についての知識・理解をどう問題に応用するのか，実践の中で体得することが重要である。

3 自然地理を土台に産業の学習を

出題頻度からは，農牧林業・鉱工業など産業関係に特に注目してほしいが，国家の領土や国家群といった時事的な諸問題も重要である。また自然地理分野の理解も必須である。産業や人口，都市・居住問題のいずれにおいても自然地理が土台にある上，頻出の自然環境分野においても地形や気候が必出の内容であり，きわめて重要であると言える。環境問題，食料・資源問題，人口・移民問題，情報化，ヒトやモノの移動のような現代的課題についても，しっかりと理解を深めておこう。消費活動や衣食住などの生活文化も要注意である。

4　世界地誌のまとめは必須

系統的内容を地域別にまとめ，地誌としての学習をしっかりしておいてほしい。特にアジア・ヨーロッパ・南北アメリカが重要であるが，オーストラリアなどのほかの地域についても手を抜かないようにしたい。大陸別や国別のほか，海域や経済圏といった地域単元ごとに，山脈・河川・島嶼などの地名，国・州・主要都市，各種の地理事象，関連事項を必ず地図上での位置とあわせて整理しておこう。関係の深い国・都市・地域に関して，共通点や相違点をまとめてみる学習も必要である。

5　地図帳と統計書に親しむ

地名の位置や事象の分布がわからないと答えられない問題も多い。学習に際しては，必ず地図帳によって位置や分布などをこまめに確認しておこう。統計については，統計表，グラフ，統計地図などが頻出のほか，数的理解の必要な問題も出されることから，よく引用される『日本国勢図会』『世界国勢図会』（いずれも矢野恒太記念会）や『データブック オブ・ザ・ワールド』（二宮書店）の活用が望まれる。基本的な統計は各分野の学習とあわせてあらかじめ理解しておき，細かい統計は問題演習を通じてその都度確認するとよい。

6　地形図や地図に強くなる

地形図や地理院地図の読図問題への備えも必須である。縮尺・等高線・地図記号といった地形図そのものの知識はもとより，地形や土地利用の判定，地域の暮らしとその変化など，かなり高度な読図力が求められることもあるので，読図練習を積み重ねておこう。地形図に関連して，地域調査も気をつけておいてほしい。地図に関しては，各種図法のほかGNSS，GIS，リモートセンシングなど新しい地図への理解も欠かせない。

7 論述問題への対策も

短文の論述問題が出題されているので，15〜50 字くらいで地理用語の説明をしたり，地理事象の背景や地域の特色，図表から読み取った内容をまとめてみることなどが望まれる。事象の理由や変化を問う問題が多いため，普段の学習時からそうした点を意識して対策しておきたい。また，実際の問題考察にあたっては，「何が問われているのか」（理由・変化など）を確実に把握し，求められている要素を的確に論じることが重要である。過去問を中心に論述に取り組む機会を確保するとともに，地理の先生に添削指導を受けるとよいだろう。

政治・経済

『No. 548 立命館大学（文系選択科目〈全学統一方式２日程×３カ年〉）』に，本書に掲載していない日程の政治・経済の問題・解答を２日程分収載しています。立命館大学の入試問題研究にあわせてご活用ください。

年度		番号	内容	形式
2023	全学統一	〔１〕	国連の専門機関と国際協力	記述・選択
		〔２〕	中小企業問題	記述・選択
		〔３〕	日本の財政制度	記述・選択
	学部個別	〔１〕	各国の政治体制	記述・選択
		〔２〕	日本の金融と金融改革	記述・選択・計算
		〔３〕	国連安全保障理事会と地域紛争	記述・選択
2022	全学統一	〔１〕	米ソ冷戦の展開	記述・選択
		〔２〕	市場メカニズム，市場の失敗　＜グラフ＞	記述・選択
		〔３〕	情報社会における政治参加	選択・記述
	学部個別	〔１〕	日本の安全保障と日米外交	選択・記述
		〔２〕	日本の戦後復興と国際経済　＜表＞	記述・選択・計算
		〔３〕	日本の社会保障制度とその歴史	記述・選択
2021	全学統一	〔１〕	家計の経済活動と国民所得　＜統計表＞	記述・選択
		〔２〕	日本の平和主義と安全保障	記述・選択
		〔３〕	新興国の経済成長	記述・選択
	学部個別	〔１〕	日本の国際収支と為替相場	記述・選択
		〔２〕	国連と開発援助のあり方	記述・選択
		〔３〕	社会保障制度とその歴史	記述・選択

傾向　基本事項の知識問題中心 教科書中心の学習が不可欠

1 出題形式は？

大問3題の構成となっている。例年，出題形式や難易度に大きな変化はない。リード文中の空所補充と関連事項の設問に記述法または選択法で答える形式である。計算法が出題されることもある。解答個数は40個程度で，試験時間は80分。

2 出題内容はどうか？

政治・経済を問わず国際分野からの出題が比較的多い。総合問題が出題されることもあるものの，多くの大問はテーマを絞ったオーソドックスな内容で，空所に入れる語句は大半が教科書に記載のある基本用語である。しかし，なかには統計数値や時事問題，判例，あるいは法律名や制度の名称，その成立・導入年度を問うなど詳細な知識を要する問題も出題されている。

3 難易度は？

大半が教科書の基本事項の知識・理解を問う内容である。記述法では文字（ひらがな，カタカナ，漢字，アルファベット等）・字数が指定される問題も多く，解答にあたっての大きなヒントになる。指示に従って解答するように注意したい。時事関連，統計データなどには少し突っ込んだ出題がなされているが，全体としては標準レベルである。問題量に対して試験時間80分は十分に余裕があると思われるので，一通り解答した後は見直しをしっかりとしておきたい。

対策

1 基本事項の正確な知識・理解

まずは教科書やベースとなる参考書を使って，基本事項や重要テーマに関して正確な知識と理解を深める必要がある。知識を習得する際には，一問一答形式の問題集を用いることも有用であろう。しかし，ただ単に暗記をするだけではなく，その重要語句の前後の内容にも注意を払いながらその語句の内容を理解することが大切である。その意味では，教科書や参考書は何度も熟読・通読しておきたい。また，政治・経済の全範囲から出題されることが多いので，全分野をくまなく学習するとともに，苦手分野の克服に力を入れてほしい。

2 用語集を活用しよう

教科書や参考書を通読する際に，用語集があるとより一層理解が深まる。用語集には重要語句の解説が簡潔に書かれている。これらの解説を読んでそれぞれの語句の意味を理解しよう。なお，記述法の比重が高く，文字・字数指定のある設問も多いので，重要語句は実際にノートなどに書いて正確に覚えるようにしたい。

3 日本国憲法の条文や重要判例に関する理解

日本国憲法の文言がそのまま空所補充となったり，重要判例の内容に関して正誤問題が出題されたりする場合がある。それらに対応するために，日頃から日本国憲法の条文や重要判例を読んで理解を深めておこう。

4 資料集・新聞・インターネットを活用しよう

教科書や参考書で基本事項を学びながら，資料集や新聞，インターネットなどのツールも活用しよう。これらのツールを用いることで，単に基本事項の習得確認だけでなく，時事的な内容も学習できる。現在の社会情勢についての文章を読むことで，そのテーマに関する理解も深まるであろう。またそれらのツールに掲載されている統計データにも目を通してほしい。たとえば，各国のGDP（国内総生産）の規模や経済成長率，さらには合計特殊出生率や国民負担率の推移など，比較的出題されやすいものには注意しておきたい。

5 演習力を磨こう

基本事項や時事的な内容などの知識を整理できたら，できるだけ多くの問題を解いて演習力を磨こう。多くの知識や情報を頭に入れた上で，それをアウトプットすることが大切である。過去問を解くことで，単に演習力を鍛えるにとどまらず，出題傾向も知ることができる。

数　学

『No. 548 立命館大学（文系選択科目〈全学統一方式２日程×３カ年〉）』に，本書に掲載していない日程の数学の問題・解答を２日程分収載しています。立命館大学の入試問題研究にあわせてご活用ください。

年度		番号	項目	内容
2023	全学統一	〔1〕	小問３問	⑴３次方程式の解と係数の関係　⑵放物線と円，定積分と面積　⑶ベクトルの内積，円のベクトル方程式
		〔2〕	確率	サイコロ投げゲームにおける戦略への確率の応用
		〔3〕	指数・対数関数	指数・対数の方程式，２次方程式
	学部個別	〔1〕	小問３問	⑴指数の計算，常用対数と桁数の問題，対数関数の最大・最小　⑵三角関数の計算　⑶データの平均値，分散，共分散，最小二乗法
		〔2〕	２次関数	２つの店が互いに相手の販売量を予想して自分の販売量を考える問題
		〔3〕	図形と計量	三角形の面積公式および外接円と内接円
2022	全学統一	〔1〕	小問３問	⑴集合，整数で割った余りによる整数の分類　⑵３次方程式　⑶ベクトルと図形，三角比
		〔2〕	２次関数	ある飲食店の価格などの変数と利益との関係
		〔3〕	確率	最短経路の問題，確率，条件付き確率
	学部個別	〔1〕	小問３問	⑴平面ベクトル　⑵３次方程式　⑶素因数分解と約数の個数
		〔2〕	指数・対数関数	賃貸住宅物件の月額家賃を題材にした計算
		〔3〕	三角関数	三角関数と図形
2021	全学統一	〔1〕	小問３問	⑴平面ベクトル　⑵指数・対数方程式　⑶領域と最大・最小
		〔2〕	積分法	分配の不均等の度合いに関する考察，面積
		〔3〕	数列，整数の性質	等差数列・等比数列とその和，整数の桁数
	学部個別	〔1〕	小問３問	⑴確率　⑵円の方程式　⑶３次関数のグラフと放物線，面積
		〔2〕	２次関数，数列	石油の価格と生産量の関係の考察，２次関数の最大・最小，漸化式
		〔3〕	ベクトル	空間ベクトル

傾向　広範囲から出題，計算力と思考力の養成を

1　出題形式は？

出題数は例年大問３題。２題は空所補充問題で１題は記述式となっている。試験時間は80分で，解答用紙は，Ｂ４判１枚の表に空所補充問題２題，裏に記述式１題となっており，記述式の解答欄（Ａ４判大程度）は適切なスペースである。

2　出題内容はどうか？

出題範囲は，「数学Ⅰ・Ⅱ・Ａ・Ｂ（数列，ベクトル）」である。

頻出と言える分野は特になく，どの分野からも満遍なく広範囲にわたって出題がなされている。〔１〕はまったく内容の異なる小問３問からなる。〔２〕は実用的・応用的な設定の問題がよく出題されている。データの分析からの出題もみられるので，苦手分野のないよう注意したい。〔３〕は例年記述式である。

3　難易度は？

全体的に基本ないし標準問題が中心である。ただし，計算力が試される問題も出題されるので準備しておきたい。３題で試験時間80分であるが，問題量が多いので，空所補充形式の２題を手際よく解くことがポイントである。また，時間のかかりそうな問題は後回しにして，確実に解けそうな問題を優先して解くなど，試験時間の使い方に注意が必要である。

対策

1　基礎力を身につける

基本的・標準的な事項を組み合わせて解いていく問題が多いので，基礎力を十分に養っておくことが重要である。まず，教科書の内容をしっかり学習し，公式や定理は証明もできるように正しく理解すること。

2　空所補充に慣れる

空所補充の問題では，ケアレスミスは許されない。問題文をよく読んで，何を答えるべきかを理解し，速く正確な計算ができることが大切である。わかりやすい図やグラフを描くことにより，目標がみえてくるこ

とが多いので，日頃から空所補充の問題を演習して慣れておくとよい。ただし，空所補充とはいっても内容的には記述式よりレベルの高いものもあるので注意しておきたい。

3 応用力をつける

文系としてはレベルが高いものも出題されているので，受験用参考書・問題集を用いて十分練習を積み，さまざまな解法を学び，計算力・応用力をつけておきたい。また，毎年小問集合などで幅広く出題されているので，各分野を満遍なく学習し，苦手分野をなくしておきたい。

4 答案作成の練習

記述式の問題ではきちんとした答案が書けていないと，たとえ答えが合っていても減点されることがある。証明問題が出題されることも考えられるので，答案をきちんと作成できるように練習しておきたい。採点者にわかるよう簡潔にまとめ，読みやすい字で書き，自己満足で終わる答案にならないように心がけること。

5 過去問研究

どの方式も試験時間が80分であり，同一形式の問題で難易度もほとんど同じなので，できる限り多くの過去問を解いて慣れておきたい。弱点になりがちなデータの分析からの出題もあるので，この分野の習得も不可欠である。教科書でしっかり学習しておかなければならない。

国　語

『No. 547 立命館大学（国語〈全学統一方式３日程×３カ年〉）』に，本書に掲載していない日程の国語の問題・解答を３日程分収載しています。立命館大学の入試問題研究にあわせてご活用ください。

年　度		番号	種　類	類別	内　　容	出　　典
★2023	全学統一	〔1〕	現代文	評論	選択：欠文挿入箇所，内容説明，空所補充，慣用表現，内容真偽，文学史 記述：書き取り，読み，箇所指摘	「民俗学入門」　菊地暁
		〔2〕	現代文	評論	選択：欠文挿入箇所，内容説明，空所補充，内容真偽	「戦争をよむ」　中川成美
		〔3〕	古　文	説話	選択：人物指摘，口語訳，文法，空所補充，内容真偽 記述：口語訳	「閑居友」　慶政上人
		〔4〕	漢　文	雑説	選択：空所補充，書き下し文，内容真偽 記述：読み	「却掃編」　徐度
	学部個別	〔1〕	現代文	評論	選択：指示内容，語意，空所補充，内容説明，主旨，文学史 記述：読み，書き取り，箇所指摘	「記憶の箱舟」　鶴ヶ谷真一
		〔2〕	現代文	評論	選択：内容説明，欠文挿入箇所，空所補充，内容真偽	「いつもの言葉を哲学する」　古田徹也
		〔3〕	古　文	軍記物語	選択：人物指摘，文法，内容説明，内容真偽，文学史 記述：口語訳	「保元物語」
		〔4〕	漢　文	思想	選択：書き下し文，空所補充，内容真偽 記述：読み	「荀子」　荀子

★ 2022	全学統一	〔1〕	現代文	評論	選択：欠文挿入箇所，空所補充，内容説明，内容真偽 記述：読み，書き取り，箇所指摘	「ひとはなぜ『認められたい』のか」　山竹伸二
		〔2〕	現代文	評論	選択：内容説明，空所補充，内容真偽	「人間にとって教養とはなにか」　橋爪大三郎
		〔3〕	古　文	説話	選択：敬語，内容説明，内容真偽，文学史 記述：口語訳	「閑居友」　慶政上人
		〔4〕	漢　文	説話	選択：書き下し文，空所補充，内容真偽 記述：読み	「新序」　劉向
	学部個別	〔1〕	現代文	評論	選択：空所補充，欠文挿入箇所，内容説明，内容真偽，文学史 記述：読み，書き取り，空所補充	「もののけの日本史」　小山聡子
		〔2〕	現代文	評論	選択：内容説明，空所補充，内容真偽	「文学国語入門」　大塚英志
		〔3〕	古　文	説話	選択：文法，空所補充，人物指摘，内容説明，口語訳，内容真偽，文学史 記述：口語訳	「古今著聞集」　橘成季
		〔4〕	漢　文	説話	選択：書き下し文，空所補充，内容真偽 記述：読み	「恕軒遺稿」　信夫恕軒
★ 2021	全学統一	〔1〕	現代文	評論	選択：空所補充，内容説明，欠文挿入箇所，内容真偽，文学史 記述：書き取り，読み，箇所指摘	「異端の時代」　森本あんり
		〔2〕	現代文	評論	選択：四字熟語，内容説明，内容真偽	「排除のゲーム史」　さやわか
		〔3〕	古　文	歌論	選択：文法，内容説明，人物指摘，箇所指摘，内容真偽，文学史 記述：口語訳	「無名抄」　鴨長明
		〔4〕	漢　文	説話	選択：書き下し文，空所補充，内容真偽 記述：読み	「世説新語」
	学部個別	〔1〕	現代文	評論	選択：内容説明，欠文挿入箇所，内容真偽，文学史 記述：読み，書き取り，箇所指摘，空所補充	「心にとって時間とは何か」　青山拓央
		〔2〕	現代文	評論	選択：空所補充，内容説明，内容真偽	「遅いインターネット」　宇野常寛
		〔3〕	古　文	擬古物語	選択：敬語，内容説明，内容真偽 記述：口語訳	「山路の露」
		〔4〕	漢　文	思想	選択：書き下し文，空所補充，内容真偽 記述：読み	「韓詩外伝」　韓嬰

(注)　文学部は〔1〕〔2〕〔3〕または〔1〕〔3〕〔4〕を解答。その他の学部とAPUは〔1〕〔2〕〔3〕を解答。

傾向　現・古・漢とも基礎力の充実を 漢字・文学史は得点源に

1　出題形式は？

文学部は現代文・古文・漢文各１題または現代文２題・古文１題のいずれかを選択，その他の学部とAPUは現代文２題・古文１題の出題である。記述式とマークシート方式による選択式の併用だが，選択式の割合が大きい。解答用紙は記述式と選択式で１枚となっている。記述式の設問は，漢字の書き取りや読み，空所補充，箇所指摘，10字程度の口語訳などで，自分で文章を組み立てなければならない説明問題は出されていない。試験時間は80分。

2　出題内容はどうか？

現代文は，評論が多いが，随筆や随筆的で軽妙な筆致の評論の場合もある。評論のジャンルでみると文化論・文学論が多い。文化論では現代社会の状況を扱ったもの，日本文化論などが出題されている。設問は書き取り，読み，空所補充，内容説明，内容真偽が必出である。空所補充は，接続詞や副詞的な語句のほか，文脈を読み取って適切な語を選ばせるもの，キーワードになるような抽象語を問うようなものが多い。その他，欠文挿入箇所，箇所指摘などが出題されている。文学史もよく出題されている。

古文は，中世の作品がほとんどで，長文の説話や軍記物語などが出題されており，物語の系統に属する作品が多いが，幅広いジャンルから出題されている。設問は10字程度の短い記述式の口語訳が必出で，選択式での口語訳も出題されている。人物指摘，内容説明や内容真偽など，本文全体の内容の把握を前提とした問いが多い。敬語や文法の問題が出題されることもある。

漢文は，比較的読みやすい内容のものが中心で，設問も標準的。漢字の読み，書き下し文が必出で，基本的な句法に関わる設問が多い。内容真偽などで全文の内容の把握が求められることも多い。

多彩な出典や設問となっているので，幅広くオールマイティーに対応できるようにしておくことが第一である。

3　難易度は？

現代文・古文・漢文ともに標準的な問題である。古文は年度によっては文章の量が多く比較的難しいこともあるが，いずれも基礎的な学習をしっかり積んでおくことが基本となる。設問によっては，やや難度の高いものも含まれているので，このような設問には時間を取られすぎないよう注意し，他の基本的な設問で確実に得点したい。

時間配分としては，文量の多い〔1〕に十分な時間を使いたい。〔3〕を25分，〔2〕あるいは〔4〕を20分でそれぞれすませ，残りの時間を〔1〕と見直しにあてるとよいだろう。

対　策

1　現代文

評論を中心に，随筆的な文章についても学習を進めるのがよいだろう。空所補充・箇所指摘・内容説明などの設問では，文中の他の箇所との関係や論理の流れを把握できているかどうかが問われている。その対策としては，以下の点に注意しながら問題演習をするのが効果的である。①指示語・キーワードをマークする。②段落相互の関係を考える。③文章全体の流れ，論理の展開をつかむ。④筆者の主張が読み取れる部分を確実に押さえる。⑤筆者独特の言い回しやことばの用い方に注意する。

また，古文・漢文にも通じることであるが，選択式の問題は選択肢の内容などに応じて，短時間に正確に答えるコツを身につける必要がある。そのためには，過去問をはじめ，問題集に数多くあたり，練習を積むのが有効である。なお，4 5でも述べるが，文学史と漢字については，確実に得点できるよう，対策を講じておきたい。

2　古　文

基本的な文法知識は，助詞・助動詞を中心に完全にマスターする。敬語法も文中の人物関係を的確に把握するために必要なので，しっかり頭に入れておきたい。古語は，基本的なものは確実にわかるようにしておく。特に形容詞や形容動詞などは，単に訳語を覚えるだけでなく，例文などで語の表す微妙なニュアンスを確かめておくこと。参考書や問題集を利用して数多くの文章に触れることで，内容把握が確実にできるようにしておきたい。古文の場合は，現代とは違う当時の習慣や行動パターンを前提とした読み取りが必要になることも多く，ただ語意を覚えるだけでは文脈がとれないこともある。和歌を含め，そういった前提知識を身につけるためにも，『体系古文』（教学社）などの古文の問題集の演習をしておくとよいだろう。

3　漢文（文学部）

勉強の仕方しだいで，必ず得点源になるのが漢文である。基本的な知識，句法の学習に時間を割きたい。『共通テスト漢文 満点のコツ』（教学社）は要領よくポイントがまとめられているので，これを使って基本事項をマスターするのが効果的である。また，漢文特有の読み方についても勉強しておくことを勧める。

4　文学史

古典では，平安～鎌倉期を中心に主な作品について，作者はもちろん，作品の内容についての知識も必要。それが読解の助けになることもある。現代文では，作者と作品の知識，所属する流派など文学史的位置について頭に入れておくこと。過去には中国文学史，福沢諭吉の著作が問われるなど，通常の日本文学史の範囲から外れた出題もみられたので，日頃から一般常識・歴史の知識としても特に有名な著作物に関しては記憶にとどめておくとよいだろう。

5　漢　字

漢字は必出である。常用漢字を中心に，読みについては常用漢字表外の漢字にまで手を広げて知っておく必要がある。できるだけ早くから，一定の時間を割いて学習したい。故事成語・四字熟語などにも目を通しておくこと。ここで点を落とさないようにしたい。

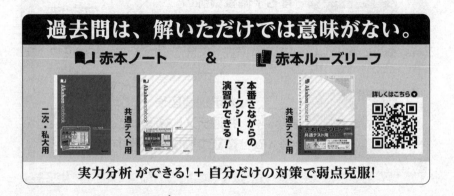

2023年度

問題と解答

■全学統一方式(文系)　※APUは前期方式(スタンダード3教科型)

問題編

▶試験科目

教科	科目
外国語	コミュニケーション英語Ⅰ・Ⅱ・Ⅲ，英語表現Ⅰ・Ⅱ
選択	日本史Ｂ，世界史Ｂ，地理Ｂ，政治・経済，「数学Ⅰ・Ⅱ・Ａ・Ｂ」から1科目選択
国語	〔文学部以外，APU〕　国語総合，現代文Ｂ，古典Ｂ（漢文の独立問題なし） 〔文学部〕　国語総合，現代文Ｂ，古典Ｂ（漢文の独立問題あり。ただし現代文1題との選択）

▶配点

学部		外国語	選択	国語	合計
法・産業社会・映像・経営・政策科・総合心理・経済・スポーツ健康科・食マネジメント・APU		120	100	100	320
国際関係(国際関係学専攻)		150	100	100	350
文	国際文化学域・国際コミュニケーション学域	150	100	100	350
	その他の学域	120	100	100	320

▶備考

- 2月2日実施分を掲載。
- 「数学Ｂ」は「数列，ベクトル」から出題。
- 文学部の国語において，選択の現代文と漢文の両方を解答した場合は高得点の方を採用する。

英語

(80分)

I 次の文を読んで，問いに答えなさい。

When Neha Arora launched an inclusive[1] tour company almost five years ago, she was possibly the world's least-traveled owner of a travel agency. Besides a few weekend trips in her native India, she had never traveled far from home. As a child, Arora watched as her classmates went on family vacations and came home with stories of their adventures. Her outings were limited to school picnics or trips to see her grandparents. Family vacations never seemed like a real option because Arora's father is blind, and her mother uses a wheelchair.

After finishing her engineering degree, Arora moved to the capital city of New Delhi and began working at a telecommunications company. Eventually, she saved enough money for her family to take a 10-day trip through South India in 2009. Money, she hoped, might overcome the travel barriers her parents faced. She was wrong. "You travel over 3,000 kilometers only to realize that the place is not accessible or does not give you the kind of experience you would look forward to," Arora said.

After a particularly difficult incident on that South India trip, her parents gave up on travel and Arora started searching for solutions. There were travel companies that specialized in serving people with disabilities, but most of them focused on a single disability. Arora couldn't find anything that would allow her to travel comfortably and safely with both of her parents. "I started talking to more and more people, and either they were not traveling at all, or they were facing similar challenges," she said. "I had to start a travel company to travel."

According to the World Health Organization, over one billion people — about 15% of the world's population — live with some form of disability, from mobility[2] and cognitive[3] issues to being visually or hearing impaired[4]. In addition, more than two billion people, including partners, children, and caregivers[5], are directly affected by someone's disability. Despite this, accessible tourism, where everyone can take full advantage of travel facilities and services regardless of their physical limitations, disabilities, or age, isn't standard. Travel remains difficult for many people with disabilities due to a lack of information on accessible services, discrimination, or trouble finding hotels that meet their needs. One recent study found that even in countries with the highest level of adaptation[6] — generally countries with the highest levels of wealth — wheelchair accessibility[7] is provided in only 30% of the hotels analyzed and adaptations such as tactile[8] posters or audio guides are offered in 5% or less of cases.

Although Arora saw this gap early on, it wasn't until 2016 that she felt ready to leave her job to start her own company, with the goal of making travel more accessible for people of all disabilities. Initially, the company provided day trips in New Delhi, but it has since expanded to offer accessible group tours and specially designed trips to over 40 destinations across Europe and Asia. What makes Arora's travel company unique is that the experiences they provide are inclusive. "We mix people with various disabilities and nondisabled people to travel together," Arora said. "So, disability is just a human feature — it's not something that decides how you travel or where you travel."

It can be tricky to consider adaptations for different disabilities, but Arora says her approach leads to some unexpected surprises. On one trip, a blind man created software to communicate with a deaf woman instead of relying on another person to help. On another tour, a nondisabled tourist told Arora that even though they'd been to that place four times before, they now saw it in a whole new light. This isn't uncommon, Arora says. Planning a route with wheelchair access or focusing on the tactile experience because of a blind traveler in the group, for instance, can help travelers notice details they might otherwise miss.

People in the company's groups have also stayed friends after the trips. "You realize, oh, this person is just like me, and they just happen to have a disability," Arora said, adding that sometimes nondisabled travelers will approach the company after their trips with questions about how to make their workplaces more accessible or how to hire a person with a disability. She has also expanded her company's scope, consulting with governments, tourism boards, hotels, NGOs, and others, to provide advice on how to make travel more inclusive and accessible.

In fact, a 2020 study found that the disability travel market is growing. During 2018 and 2019, more than 27 million travelers with disabilities took 81 million trips. To serve these customers, Arora's company has built a website to make its information about accessibility more widely available. As a result, people can plan their own trips and don't need to rely on travel companies, which can be expensive. In the end, Arora says the aim is to have every travel company and destination be accessible, which would actually make her work unnecessary. "Ultimately, you don't need a separate travel company for disabled people," Arora said. "You want the whole industry to become inclusive for everyone to travel."

(Adapted from a work by Juhie Bhatia)

(注)

1．inclusive　誰をも受け入れる

2．mobility　可動性

3．cognitive　認知の

4. impaired　障害のある
5. caregiver　世話をする人
6. adaptation　(障害者向けの) 居住環境の整備
7. accessibility　(障害者にとっての) 利用のしやすさ
8. tactile　触ってわかる

〔1〕本文の意味，内容にかかわる問い(A)～(D)それぞれの答えとして，本文にしたがってもっとも適当なものを(1)～(4)から一つ選び，その番号を解答欄にマークしなさい。

(A) Why was Neha Arora an unlikely person to start a travel company?
(1) She had never been to South India.
(2) She was earning a high salary at her job.
(3) Her parents did not support her business idea.
(4) She had visited few places outside her local area.

(B) According to the article, what is one reason that travel is inconvenient for disabled people?
(1) They need to travel with a companion.
(2) It is too expensive to travel internationally.
(3) There are not enough accessible places to visit.
(4) It takes a long time to move from place to place.

(C) How is Arora's company different from other travel agencies?
(1) They serve and welcome everyone.
(2) They employ people with disabilities.
(3) They provide audio guides for their travelers.
(4) They provide a variety of trips specifically for people who use wheelchairs.

(D) After taking a trip with Arora's travel company, what have some people done?

(1) They have encouraged elderly family members to travel more.

(2) They have reserved a tour to the same destination several times.

(3) They have become more interested in diversity at their workplaces.

(4) They have started volunteering to work with disabled people in their local areas.

〔2〕次の(1)～(5)の文の中で，本文の内容と一致するものには1の番号を，一致しないものには2の番号を，また本文の内容からだけではどちらとも判断しかねるものには3の番号を解答欄にマークしなさい。

(1) Existing travel companies did not meet Neha Arora's parents' needs, so she started her own company.

(2) When Arora started her company, it offered overnight trips to local destinations.

(3) After starting her company, Arora made many friends around the world.

(4) Governments and tourism centers recommend her company on their websites.

(5) Arora hopes that there will be future changes to the industry that will make inclusive travel the standard.

〔3〕本文の内容をもっともよく表しているものを(1)～(5)から一つ選び，その番号を解答欄にマークしなさい。

(1) A new company exclusively for travelers with disabilities

(2) A business owner who is making tourism more accessible

(3) The many people around the world who are affected by disabilities

(4) The increasing number of disabled travelers needing accessible

tours

(5) A travel company using technology to create positive changes in India

Ⅱ 次の文を読んで，問いに答えなさい。

Technology breakthroughs have enabled machines to recognize and respond to our voices, identify our faces, and even translate text written in another language. However, despite all the research funding that has been poured into these advances, artificial intelligence is still unable to deal easily with new situations and remains limited in its understanding of natural language. Psychologist Linda B. Smith believes machine learning could overcome some of these weaknesses by [(A)] the learning processes of babies and young children.

So what does a child have that a computer lacks? Smith described how the complex nature of human visual learning enables babies to grasp the names and categories of objects in ways that have thus far not been achieved in the world of artificial intelligence. [(B)], she used the example of a 2-year-old child seeing a tractor operating in a field for the first time. "If the child watches that tractor work and is repeatedly told 'It's a tractor,' it's highly likely that, from that time on, this 2-year-old will [(C)] all varieties of tractors but will not consider a tank or a crane to be a tractor," she said. In child psychology, this phenomenon is known as the shape bias[1]—the tendency to generalize[2] information about objects by their shapes rather than by their colors, sizes, or other physical characteristics. In the machine-learning literature[3], this is called one-shot category learning—the ability to take information about a single instance of a category and extrapolate[4] it to the whole category, although machines have not mastered this yet. Children are not born with this skill(あ); they learn it within their first 30 months of life. Smith is among researchers who have studied training exercises that can encourage the shape bias to [(D)] 6 to 10 months earlier than normally expected.

The exploration of early language development, Smith explained, centers on the two parts of the learning process: the training data and the mechanisms that do the learning. One of her best-known approaches to studying linguistic[5] development and object learning is the use of video cameras attached to the baby's head that follow the child's eye movements with motion sensors to record live images of what the child is actually looking at. [(E)] , the training images for machine learning are photographs taken by adults rather than the scenes that naturally happened. "The experience on which visual category learning occurs in babies is basically different from the experiences that are used in machine learning to train computer vision," Smith said. (い)Those differences, she said, may help explain why the human visual system is so advanced, and why babies "can learn object names in one attempt."

The data collected until now by Smith's project show that babies learn a massive amount of information based on just a few faces, objects, and categories, with that learning changing at different points in time. They [(F)] their own data for learning based on how they move and position their bodies. In the first few months of life, when they possess little control of the head and body, they're mainly seeing the faces of their caregivers[6]. But as they approach their first birthday, they shift more of their attention on hands and objects.

The researchers focused their observation on hours of mealtime scenes, Smith explained. "We counted as mealtime any event that had food or dishes in it." For example, mealtimes included dogs eating food and cereal on the floor. Although most scenes were cluttered[7], a few objects, such as chairs, spoons, and bottles, were the most frequent items in the child's visual experience. And (う)with this approach, the researchers could identify when the children learned names for object categories and individual objects. Results showed that the first nouns the children learned centered on the objects they saw most frequently. "This(え) suggests to us that visual pervasiveness[8] itself — day in, day out, hours upon hours, from many different viewpoints — may be critical to visual learning about objects, to finding things in cluttered rooms, and to building strong visual memories so that you can eventually get a word attached to them," Smith said.

Her experiments also examine how babies' visual experiences change over time, and how engaging objects with their hands influences their object-name learning. By the time babies reach their first birthday, they're beginning to control what they see by [(G)] objects, not just looking at them. "By holding an object, looking at it, and parents naming it for them, young children create specific images of single objects that stand out in the scene," Smith said. "When parents name objects at those specific moments, the child is much more likely to learn the object name." Smith's research is now examining the roles that culture and socioeconomics[9] play in (お)these processes.

The research has left Smith [(H)] machines may indeed become one-shot category learners if they're simply fed baby's visual images. Understanding the roles of environment and visual experiences also could lead to new interventions[10] for children with conditions such as learning challenges, which are associated with language and visual learning difficulties.

(Adapted from a work by Barbara Tversky)

(注)

1. bias　バイアス（思考や判断に特定の傾向をもたらす要因）
2. generalize　一般化する
3. literature　研究領域
4. extrapolate　推定して当てはめる

出典追記：What Do Babies Have That Computers Don't?, APS : Observer, Volume 32, Issue 4, April 2019

5. linguistic 言語の
6. caregiver 世話をする人
7. cluttered 雑然とした
8. pervasiveness 浸透度
9. socioeconomics 社会経済学
10. intervention 教育的介入策

〔1〕本文の (A) 〜 (H) それぞれに入れるのにもっとも適当なものを(1)〜(4)から一つ選び，その番号を解答欄にマークしなさい。

(A) (1) changing (2) controlling
(3) imitating (4) rejecting

(B) (1) On hearing the result (2) Once again
(3) Similarly (4) To explain

(C) (1) confuse (2) forget
(3) recognize (4) request

(D) (1) come to rest (2) emerge
(3) fade away (4) return

(E) (1) In addition (2) In contrast
(3) In exchange (4) In fact

(F) (1) compromise (2) doubt
(3) generate (4) ignore

(G) (1) eating (2) handling
(3) imagining (4) wanting

(H) (1) confident that

(2) confused by the possibility that

(3) devastated at the thought that

(4) uncertain whether

〔2〕下線部あ～おそれぞれの意味または内容として，もっとも適当なものを(1)～(4)から一つ選び，その番号を解答欄にマークしなさい。

あ this skill

(1) the skill to recognize faces

(2) the skill to repeat the name of an object

(3) the skill to classify objects based on their physical form

(4) the skill to categorize objects by taking into account their colors and sizes

い Those differences

(1) Different aspects of training data and learning mechanisms

(2) Different ways in which young children process what they see

(3) The differences in the learning mechanisms of young children and machines

(4) The differences between the human visual systems used by young children and adults

う with this approach

(1) by observing when dogs ate on the floor

(2) by observing which food-related items appeared regularly

(3) by identifying how much mess young children made at mealtimes

(4) by identifying what kinds of foods and drinks the young children enjoyed most

㊄ This

(1) The children hearing nouns first

(2) The children learning what they see most often

(3) The children being confused by the cluttered room

(4) The children understanding the frequency of mealtimes

㊅ these processes

(1) the development of machine learning

(2) choosing which specific moments to focus on

(3) how children learn names by interacting with objects

(4) progressing from “one-shot” category to visual category learning

Ⅲ

〔1〕次の会話の㋐～㊄それぞれの空所に入れるのにもっとも適当な表現を(1)～(10)から一つ選び，その番号を解答欄にマークしなさい。

At the hospital

A: Hello, I'm interested in applying for the hospital's summer volunteer program.

B: That's great. We're always looking for new volunteers. For the summer program, our volunteers are usually older teens. (㋐) Just checking...

A: I'm in my last year of high school now, so that's no problem. Could you tell me about the application process?

B: Sure. Applications are being accepted until the 25th of this month. You need to fill out the form online and submit one recommendation letter from a teacher.

A: I see. (㋑)

B：You need to be available three days per week, from 9 a.m. to 5 p.m. During that time, most of our volunteers greet patients and give them directions.

A：That sounds interesting. I do have another question. (㋒) Would I be able to request time off?

B：I'm sorry. Volunteers must be available for the entire summer. (㋓)

A：OK, I understand. I'll think about it. Thank you for your time.

(1) Are you about that age?
(2) When do volunteers usually work?
(3) Is any previous experience required?
(4) Why are you interested in volunteering?
(5) I have good grades in my science classes.
(6) I'm going to take a first aid course in the evenings.
(7) The hospital is usually really busy on the weekends.
(8) Maybe you should consider applying next year instead.
(9) I recommend that you take more science courses to prepare.
(10) My family is planning to take a vacation for two weeks in August.

〔2〕次の会話の㋕～㋘それぞれの空所に入れるのにもっとも適当な表現を(1)～(10)から一つ選び，その番号を解答欄にマークしなさい。

At a bank

A：Wow, look at how long the line for the ATM is!

B：How about we come back later? Are you sure you really need to take out money today?

A：Actually, I really need to update my bank book.

B：Well, it may be easy to use the ATM, but there's no need to wait in line. (㋕) You've got a computer at home, don't you?

A: You mean, I can see how much is in my account on the internet?

B: Yeah. I do online banking all the time from home. (㋖) Back near the entrance there was some information on how to do it, so I got this for you.

A: Thanks! So, do I have to register online to get an ID?

B: Don't worry, I'll help you figure it out. You'll need to choose a personal password by yourself, though.

A: OK. Sounds simple enough. Wait! According to this information, the password is only four numbers long. (㋗)

B: No, that's the PIN. You know, the number you use for the ATM? The online password has to be at least eight numbers and symbols. Then you have to reply to an email to get access. It's all very safe.

A: Well, you might like it, but this sounds too complicated to me. (㋘)

B: Oh, well. In that case, I'll go get us some coffee.

(1) Also, you forgot it.
(2) Isn't that a little risky?
(3) I'll stick to waiting in lines.
(4) You can't remember that many.
(5) It's not as difficult as it sounds.
(6) How long have you waited in line?
(7) I don't understand these directions.
(8) Why don't you just check it online?
(9) Unfortunately, the bank will be closing soon.
(10) I wish I had a computer I could use for this.

Ⅳ　次の(A)〜(H)それぞれの文を完成させるのに，下線部の語法としてもっとも適当なものを(1)〜(4)から一つ選び，その番号を解答欄にマークしなさい。

(A) I have never seen ______ building than this.

(1) a more tall　　(2) a taller

(3) such as tall　　(4) taller

(B) One of the best ways to learn a language is ______ a little every day.

(1) by speaking　　(2) in speaking

(3) speak　　(4) spoken

(C) The boss wants the dishes ______ washed before the end of our shift.

(1) been　　(2) being

(3) to be　　(4) to being

(D) That was a very ______ game!

(1) bore　　(2) bored

(3) boredom　　(4) boring

(E) I have enjoyed science ______ I was a child.

(1) because　　(2) for

(3) since　　(4) while

(F) This is the very book ______ I have been looking for.

(1) as　　(2) that

(3) what　　(4) whose

(G) The artist ______ the flowers in the display as we walked into the shop.

(1) had rearranged (2) is rearranging

(3) was rearranging (4) will rearrange

(H) Not only my parents but also I ______ invited.

(1) am (2) are

(3) had (4) have

V

〔1〕次の(A)～(E)それぞれの文を完成させるのに，下線部に入れる語としてもっとも適当なものを(1)～(4)から一つ選び，その番号を解答欄にマークしなさい。

(A) ______ is advised when entering the cave.

(1) Caution (2) Chaos

(3) Citizenship (4) Currency

(B) Buses run at an ______ of 20 minutes.

(1) inspection (2) insurance

(3) interval (4) isolation

(C) I love the smell of a freshly baked ______ of bread.

(1) lamb (2) loaf

(3) log (4) lung

(D) This trip is going to be extremely ______.

(1) corresponding (2) figurative

(3) intravenous (4) luxurious

(E) This is by far my favorite ______ of film.

(1) folly　(2) genre

(3) linen　(4) oath

〔2〕次の(A)～(E)の文において，下線部の語にもっとも近い意味になる語を(1)～(4)から一つ選び，その番号を解答欄にマークしなさい。

(A) It's best if you use raw tomatoes in this recipe.

(1) firm　(2) fresh

(3) overseas　(4) regular

(B) The reflection was extremely easy to see.

(1) idol　(2) image

(3) invasion　(4) irritation

(C) I was occupied with doing my duties at the time.

(1) concerned with　(2) fond of

(3) forbidden from　(4) overwhelmed with

(D) Although this is an obligation, I am happy to help.

(1) a catalog　(2) a commission

(3) a guideline　(4) a requirement

(E) I'm not sure that was an impartial decision.

(1) a caring　(2) a contemporary

(3) a fair　(4) an outrageous

日本史

(80分)

I　次の文章を読み，(a)～(o)の問いに答えよ。

現存する古代の文化財には，女性天皇や皇后・妃といった，宮廷の女性による仏教信仰と関係のあるものが多く存在する。

斑鳩寺の金堂に安置された薬師如来像の光背銘によれば，この仏像は用明天皇の病の際に，天皇の意を受けた妹の①「大王天皇」と，子の「太子」により製作されたものであるという。同時代の工芸品として有名な天寿国繡帳は，「太子」の妃であった橘大郎女が「大王天皇」にお願いして製作したもので，現在「太子」の母・②穴穂部間人皇女の宮に由来する寺院に所蔵されている。一方，この時代に③飛鳥寺を建立した蘇我馬子は，「大王天皇」のために，丈六の銅像と繡像を製作したとされる。

壬申の乱に勝利して即位した天武天皇の治世，皇后（のちの持統天皇）が病になった際に，天皇はその平癒を祈願して④寺院を建立した。この寺院はのちに，舒明天皇の発願で建てられた百済大寺の後身である寺院とともに伽藍が整備され，藤原京下に位置する代表的な官寺として扱われた。平城京への遷都に伴い，この寺院も右京六条二坊の地に移ったが，⑤現存する三重塔はこの時代の代表的な建造物として知られている。また，この寺院には⑥僧綱が執務する僧綱所が置かれ，僧尼の教導や監督にあたった。

奈良時代の半ば，聖武天皇の皇后となった藤原光明子は，「太子」の功績の顕彰と斑鳩寺の整備につとめた。⑦「太子」の宮の跡地に建てられた伽藍には，八角形の堂が造立され，⑧「太子」の等身仏とされる仏像が本尊として安置された。この仏像は永らく秘仏とされていたが，明治維新後アメリカから来日し，日本の美術に関心をもった［　A　］によって調査が行われ，その姿が明らかになった。

熱心に仏教を信仰した光明子は，父・藤原不比等から受け継いで居所としていた皇后宮も，⑨やがて寺院に転じた。そして，夫・聖武太上天皇や娘の孝謙天皇ととももに，⑩来朝した唐僧より戒律を受けた。聖武太上天皇が死去した後，その遺愛品を東大寺の盧舎那大仏に献じたが，現在も⑪正倉院宝物として多くの文化財が伝えられている。

聖武天皇と光明子の娘である孝謙天皇は，一旦位を退いた後，藤原仲麻呂との対立によって引き起こされた争乱の際に，四天王に戦勝を祈願し，再び皇位に即いた後，⑫新たな官寺を造営する。またこの争乱で落命した者の追善を目的に，［　B　］を製作して官寺に配布した。尼であった彼女が天皇となったことから，神仏習合の兆しが見られ，⑬皇室の祖先神を祭る伊勢神宮の近隣にも仏教の施設が整備された。

（a）　下線部①の「大王天皇」の治世に成立した歴史書として，もっとも適切なものを下から一つ選び，記号で答えよ。

㋐　帝紀　　　㋑　旧辞　　　㋒　天皇記　　　㋓　日本書紀

（b）　下線部②の寺院の名称を答えよ。

（c）　下線部③の「飛鳥寺」には，著名な僧侶が多数居住したが，高句麗より渡来し，「太子」の指導にも当たった僧の名を答えよ。

（d）　下線部④の「寺院」の伽藍配置として，もっとも適切なものを，下から一つ選び，記号で答えよ。

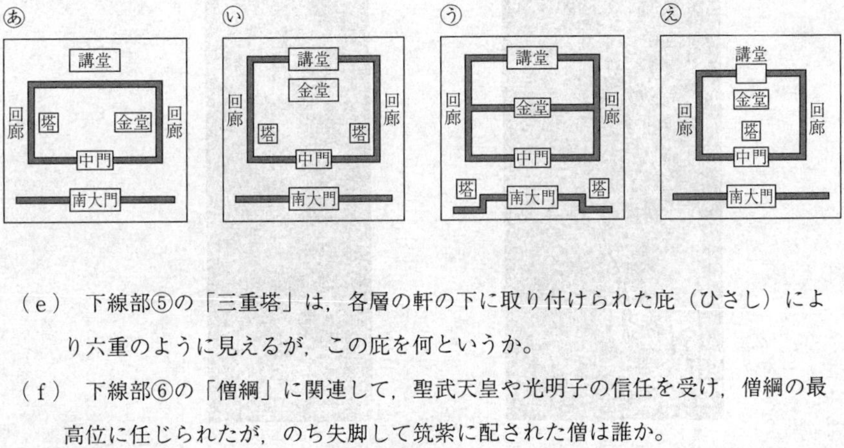

（e）　下線部⑤の「三重塔」は，各層の軒の下に取り付けられた庇（ひさし）により六重のように見えるが，この庇を何というか。

（f）　下線部⑥の「僧綱」に関連して，聖武天皇や光明子の信任を受け，僧綱の最高位に任じられたが，のち失脚して筑紫に配された僧は誰か。

（g）　下線部⑦に関連して，この伽藍には，「太子」が著したとされる三つの経典の注釈書が収められたが，この注釈書として**適切でないもの**を，下から一つ選び，記号で答えよ。

Ⓐ 法華経義疏 Ⓘ 華厳経義疏 Ⓤ 維摩経義疏 Ⓔ 勝鬘経義疏

（h） 下線部⑧の仏像としてもっとも適切なものを，下から一つ選び，記号で答えよ。

Ⓐ

Ⓘ

Ⓤ

Ⓔ

（i） [A] に該当する人名を答えよ。

（j） 下線部⑨の「寺院」の名称を答えよ。

(k)　下線部⑩の「唐僧」の伝記を著した人物で，奈良時代を代表する漢詩の作者として知られるのは誰か。

(l)　下線部⑪の「正倉院宝物」として**適切でないもの**を，下から一つ選び，記号で答えよ。

㋐

㋑

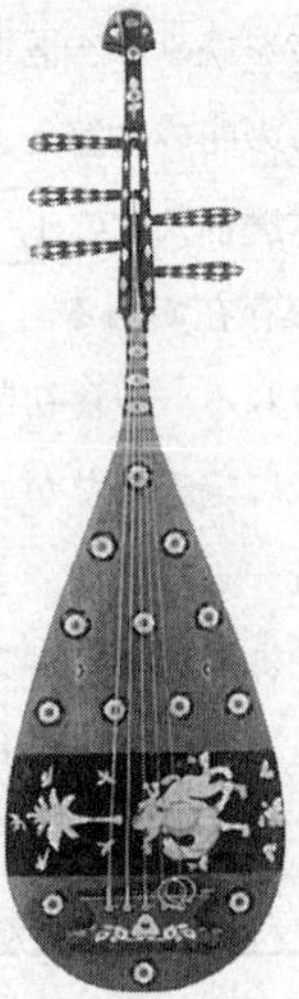

㋒

㋓

(m)　下線部⑫に関連して，鎌倉時代に衰退していたこの寺院を復興し，ここを拠点に真言律宗を興し，さまざまな社会事業を展開した僧の名を答えよ。

（n）［ B ］に該当する語句を答えよ。

（o）下線部⑬に関連して，神社の近隣や境内に設けられた仏教の施設を何というか。漢字３文字で答えよ。

Ⅱ　次の文章を読み，空欄［ A ］～［ H ］にもっとも適切な語句を記入し，かつ（a）～（g）の問いに答えよ。

肥後国球磨郡人吉の［ A ］氏は，13世紀から19世紀に及んで同地を支配しつづけた稀有な存在である。この一族は藤原四家のうち，武智麻呂を祖とする［ B ］の流れとされる。鎌倉初期に〈　イ　〉追討の功績で人吉荘の地頭職を得た。子孫が周辺地域に定着したが，南北朝期以降に同族争いが激化し，15世紀中頃に長続が球磨郡を統一した。

長続の子為続は隣接する八代郡に勢力を伸ばし，長毎や晴広の代には戦国大名化を遂げた。この為続・長毎・晴広が制定した［ A ］氏法度は分国法（戦国家法）の早い例として知られる。同法度には，大名側が制定するタイプと，大名からある程度独立した家臣たちが起草したものを大名側が承認したタイプ①の二種類の混合が想定されている。また，「［ C ］宗之事，いよいよ法度たるべく候。すでに加賀の白山も（燃）え候事，説々顕然に候事」との規定から，［ C ］一揆への警戒心が読み取れる。

晴広が活躍した前後の時代には，八代を拠点に海外貿易にも携わった。天文14年には，室町幕府から勘合貿易を任された［ D ］の船の警護が命じられている。この［ D ］はフランシスコ＝ザビエルに領内での宣教を許した人物としても有名である。また，ザビエルの影響で洗礼を受けた豊後の［ E ］を拠点とする大友義鎮（宗麟）は，晴広の子義陽と協力関係にあった。

しかし，義陽が薩摩の領主［ F ］の軍門に下り，所領は球磨郡のみに縮小した。さらに，［ F ］が豊臣秀吉に降伏すると，［ A ］氏もそれに従う。関ヶ原の戦いでは当初西軍に属するも，東軍に寝返ることで徳川家康の下でも所領を安堵され②，辛うじて近世大名として生き残った。

江戸時代には度々お家騒動が発生している。寛永17年，時の藩主頼寛は重臣の犬童頼兄の専横を幕府に訴え，江戸城龍の口の［ G ］において，老中と三奉行③が列席して対決が行われた。訴状を読み上げたのは林羅山と〈　ロ　〉の親子である。結果，頼兄の敗訴により，危機は去った。

人吉藩では特に江戸中期以降，領内の様々な法制を整えた④。天明8年には「諸人渡世憂なき為の［　H　］に候間，万一壱人罪に座し，仲間の糺油断に決せば，其罪組中に及ぶべく候」と規定するなど，百姓の相互監視を強化している。同じ頃，細井平洲⑤の弟子により，藩校の習教館が設立された。

(a)　空欄〈　イ　〉には，鎌倉初期の有力御家人のうち，幕政運営の合議を行う十三人に含まれていない人名が入る。もっとも適切なものを下から一つ選び，記号で答えよ。

㋐　畠山重忠　　㋑　三浦義澄　　㋒　和田義盛　　㋓　比企能員

(b)　下線部①に関連して，同様のタイプの分国法を制定した大名としてもっとも適切なものを下から一つ選び，記号で答えよ。

㋐　今川氏　　㋑　斎藤氏　　㋒　伊達氏　　㋓　六角氏

(c)　下線部②に関連して，当時の藩主は徳川氏への服従を示すために母や弟を江戸へ送ったが，その際に家康から宿駅間の貨客運送の助力を受けている。こうした制度を何と呼ぶか。漢字2文字で答えよ。

(d)　空欄〈　ロ　〉に当てはまる名前としてもっとも適切なものを下から一つ選び，記号で答えよ。

㋐　子平　　㋑　鳳岡　　㋒　鵞峰　　㋓　道春

(e)　下線部③に関して，三奉行の中に含まれる職は何か。もっとも適切なものを下から一つ選び，記号で答えよ。

㋐　京都町奉行　　㋑　江戸町奉行　　㋒　下田奉行　　㋓　長崎奉行

(f)　下線部④に関連して，幕府や藩の法令について述べたX，Yの文について，その正誤の組み合わせとして，もっとも適切なものを下から一つ選び，記号で答えよ。

X　生類憐みの令の一環で，捨牛馬の禁止令が幕府や藩から出された。

Y　幕府や藩の倹約令は江戸初期から出され，三大改革において特に徹底された。

㋐　X 正　Y 正　　㋑　X 正　Y 誤

㋒　X　誤　Y　正　　　　　　　㋓　X　誤　Y　誤

(g)　下線部⑤に関連して，この人物は後に米沢藩へ招かれ，藩政改革を主導した藩主に教えを授けた。その藩主の名前を答えよ。

Ⅲ　次の文章〔1〕・〔2〕を読み，空欄 [A] ～ [L] にもっとも適切な語句・数字などを記入し，かつ(a)～(h)の問いに答えよ。

〔1〕　明治維新により発足した明治新政府は，大久保利通ら維新の元勲と呼ばれる人々が国政の主役を担った。しかしその多くが旧薩摩藩・旧長州藩出身の政治家であったため，やがて人々はこの元勲政治を「薩長藩閥政府」と呼び，自由民権に基づく政治を求め運動を開始した。いわゆる自由民権運動である。維新当初に新政府が出した [A] に「万機公論に決すべし」とうたわれていたように，①新政府の理念が公議尊重であったことから，この運動には論理的正当性があり，政府首脳も次第にその民意に抗しえなくなっていった。

このような状況の中で，いち早く立憲政体を樹立し，国会を開設しようとした長州出身の元勲が伊藤博文である。伊藤は [B] 年に内閣制度を導入し，井上毅，[C]，金子堅太郎の三秘書と共に②大日本帝国憲法を起草した。そして③初期議会期に政府と民党が対立関係に陥ると，それを打開すべく政党との提携を模索した。その後自ら政党を樹立しようと考えた伊藤は，[D] 年に立憲政友会を設立して，本格的な政党政治の実現へと舵を切った。この路線は，やがて伊藤の腹心の部下であり，立憲政友会の第二代総裁となった西園寺公望に継承されていくこととなる。

一方こうした政党政治へ向かう路線に真っ向から反対したのが，同じ長州出身の元勲山県有朋である。山県は政党が政権に接近した際に必ずと言ってよいほど「猟官運動」を展開して多くの官僚ポストを奪うことに辟易し，1899年に [E] を改正し，政党員が官界に進出するのを防止した。こうした施策により，多くの官僚が山県に心を寄せ，結果として山県官僚閥と称される強大な勢力が形成され，④もともとの母体である陸軍と合わせ，山県の政治活動を支えた。この路線は，やがて山県の陸軍における配下である桂太郎に継承されていった。

明治憲法体制下では内閣総理大臣を決める権限は国会にはなく，それは唯一天皇のみが行い得た。しかしながら天皇自らが後継首班を決定した場合，失政があればその責任は任命権者である天皇に波及する。それを避けるために，天皇の諮問に参与して次の首相奏請の任に当たる政治顧問が必要となり，かつての元勲たちに，西園寺公望や桂太郎を加えた人々が，その役割を担うこととなった。これが元老⑤である。

(a)　下線部①に関連して，この公議理念に基づき，1869年に開設された，藩代表議会を何というか。もっとも適切なものを下から一つ選び，記号で答えよ。

㋐　枢密院　　㋑　元老院　　㋒　右院　　㋓　公議所

(b)　下線部②に関連して，憲法をはじめとする諸法典の整備には，多くの外国人法学者がお雇い外国人として参与した。来日して諸法典整備に参与した人物として**適切でないもの**を下から一つ選び，記号で答えよ。

㋐　シュタイン　　㋑　ボアソナード

㋒　モッセ　　㋓　ロエスレル

(c)　下線部③に関して，当時の主要な政党の多くが民党として藩閥政府との対立姿勢を明確にする中で，1892年に佐々友房らの手によって組織され，吏党として政府を支えた政党は何か。もっとも適切なものを下から一つ選び，記号で答えよ。

㋐　大成会　　㋑　帝国党　　㋒　対露同志会　　㋓　国民協会

(d)　下線部④に関連して，軍部に対する政党の影響力を排除するため，第二次山県有朋内閣が1900年に制定したものは何か。もっとも適切なものを下から一つ選び，記号で答えよ。

㋐　治安警察法　　㋑　軍部大臣現役武官制

㋒　憲兵警察制度　　㋓　帝国国防方針

(e)　下線部⑤に関連して，次の人物のうち，元老になった人物として**適切でないもの**を下から一つ選び，記号で答えよ。

㋐　樺山資紀　　㋑　黒田清隆　　㋒　松方正義　　㋓　大山巌

〔2〕 明治後期の国政は，立憲政友会を基盤とする西園寺公望と陸軍・官僚閥を基盤とする桂太郎が交互に政権を担当したことから「桂園時代」と称された。

1901年に誕生した第一次桂太郎内閣は日露戦争を遂行する重要な役割を果たしたが，戦後ポーツマス条約に反対する人々の起こした [F] 事件により総辞職した。次に誕生した第一次西園寺公望内閣は，鉄道国有法を成立させるなどして日露戦後の長期不況⑥に積極的に対処したが，財源の枯渇に苦しみ，[G] 事件を契機として総辞職し，桂太郎に後を譲った。この第二次桂太郎内閣も財政の再建に悩まされ，[H] 年に戊申詔書を発して国民に勤倹を説き，また地方行政を司る [I] 省を中心に地方改良運動を展開した。次に誕生した第二次西園寺公望内閣もまた財政運営に苦慮⑦し，徹底した緊縮財政により乗り切ろうと努力したのであるが，陸軍が提出した2個師団増設案を否定したことから陸軍と対立し，[J] 陸相の単独辞任により総辞職せざるを得なくなった。

これにより桂太郎がついに三度目の組閣を行うこととなったが，[K] に就任していた桂が組閣するのは「宮中・府中の別」を乱すものとして批判を浴び，国民的な倒閣運動により崩壊に追いやられた⑧。

その後を受けて誕生した第一次 [L] 内閣は，[E] を緩和して政党員の上級官僚への道を開くなどして，政党勢力との対立緩和に努めた。こうして時代は次第に本格的な政党政治へと移行していくことになる。

(f) 下線部⑥に関連して，この長期不況に対処するため財閥は企業集中を進めて巨大化していった。当時四大財閥と呼ばれた財閥として**適切でないもの**を下から一つ選び，記号で答えよ。

㋐ 安田財閥　　㋑ 古河財閥　　㋒ 三井財閥　　㋓ 住友財閥

(g) 下線部⑦に関連して，この内閣で大蔵大臣となり，緊縮財政を推進した人物は誰か。もっとも適切なものを下から一つ選び，記号で答えよ。

㋐ 松方正義　　㋑ 高橋是清　　㋒ 井上準之助　　㋓ 山本達雄

(h) 下線部⑧に関連して，この運動に対抗するために桂太郎が組織しようとした政党の名を答えよ。

世界史

(80分)

I　次の文章を読んで空欄に最も適切な語句または数字を記入せよ。

宗族《そうぞく》と呼ばれる親族集団は，伝統的に同姓祖先を祭祀したり，その系譜を記録した族譜を編纂してきた。こうした活動は，現在の中国・台湾あるいは世界各地の華僑・華人社会においても広く見出すことができる。

男系血縁を紐帯とする宗族の存在はすでに殷代に見られたが，周王朝の成立過程からは，政権が宗族をどのように取り込んでいったのかを読み取ることができる。殷を滅ぼした周の[A]王は統治制度を整えた際，同姓兄弟や血縁者を都の周辺地域に，異姓の功臣などを遠隔地に派遣した。こうして与えられた領地を封土と呼び，彼らは諸侯と称された。その後，彼らは代々嫡長子が祖先を祭祀しつつ封土を継承していく。ここに宗族を組織・維持する規範である[B]法が形成されたのである。

漢の高祖は，秦が宗族を重視しなかったことにより帝室を支える勢力を持ちえなかったと考え，同姓の一族を諸侯として封建した。その後，戦乱の少ない時期が続くなかで，地方では土地を買い集め農民を支配する豪族勢力の拡大がみられた。こうした豪族は魏晋南北朝以降，中央官職を世襲的に独占する[C]族となっていった。北魏の孝文帝は鮮卑族も含めた[C]族制の整備を行ったが，人々はこれを自己の宗族の地位と待遇に関わる問題として重視した。ただし，ここでの人々とは上層社会に生きた人々である。彼らは，自己の宗族を維持・発展させるための経済的基盤として，大土地所有による[D]を経営した。そこには宗族関係のない従属民も抱え込まれていたが，彼ら従属民にとって宗族というものはいまだ無縁なものであった。

しかし，唐末の度重なる戦乱により多くの[C]族が没落し，また，宋代に科挙が官吏登用試験として確立して以降，宗族は徐々に社会全般に広がっていった。科挙は一部を除きほぼすべての男子が受験することが可能であったが，その及第の資格は一代限りであったため，宗族を維持・発展させるためには，同族から継続的に科挙に合格して官僚になる者を輩出する必要があった。そのために同族で共有財産を持つことが行われるようになった。

例えば，宋代第一の名臣と呼ばれた范仲淹《はんちゅうえん》は，同族子孫から科挙及第者を輩出するためには，多くの同族が健全に生活できることが重要であると考え，同族の生存・救済あるいは教育のための共有財産である義荘を設け，同時にその運用規則を定めた。また，唐宋八大家のひとりで『新唐書』の編纂で著名な［　E　］は，同族の由来や祖先の経歴を記した系譜を編纂し，子孫にこれを継承させた。この系譜の編纂がその後の族譜へと繋がってゆく。このように，科挙制度はだれもが社会的に上昇できることを可能にしたが，そのための援助機能として宗族が中国社会へ広まっていったのである。

こうした科挙と宗族との関わりは，［　F　］代に成立する新しい儒学とも関連している。この新儒学すなわち朱子学では，君臣の関係に加えて，父子や夫婦・兄弟の関係といった家族道徳も重要視された。伝統中国における官僚が，現代的な意味とは異なり，道徳的・人格的に優れた人物でなければならないとされていた当時において，朱子学が提示した家族意識，つまり，宗族を理解し実践することは，科挙官僚に求められた素養だったと言ってもよいだろう。

その後，近世から近代へかけて宗族はさらに民衆化していき，地域社会との関わりを持つようになる。科挙及第者が自己の宗族を維持・発展させることと，郷里における指導者である［　G　］として地域社会を維持・発展させていくことは，同義的な意味合いを持つようになる。とりわけ，19世紀初頭の内陸地域の新開地で発生した反乱による社会不安のなかで，彼らが自衛のための武装集団である［　H　］を組織したことは，そのことを物語っている。なお，［　H　］に類する自衛武装集団としては，李鴻章などが組織した準正規軍的な組織である郷勇もあった。

しかし，近代以降の宗族はその時々の政治文化や思潮に翻弄されていく。中華民国という近代国家にふさわしい国民をいかに創成するかに苦心した孫文は，国民統合の紐帯として宗族にその可能性を求めた。その一方で，西洋文化の受容と，儒教に象徴される旧来道徳の打破を提唱して1910年代に起こった［　I　］運動においては，儒教と結びついた宗族は否定すべきものとされた。父系出自の継承に基礎を置く宗族がもたらすところの，家や父の意向による結婚と出産とを直接的に結びつけるような価値観が，自由な恋愛・結婚生活を希求する若者から批判されたのである。

抗日戦争を経て政権を獲得した中国共産党もまた封建時代の悪しき慣習として宗族を否定してきた。しかし， [J] 年以降の改革・開放政策が進むなかで，中華文化の復興政策のひとつとして宗族の復興を容認したり，近年では，文化大革命によって散逸・破棄された族譜が再編纂されたりする状況がみられるようになっている。

Ⅱ　次の文章を読んで空欄に最も適切な語句を記入し，下線部についてあとの問いに答えよ。

権力者の暗殺は古くから世界各地で見られるものであり，その目的や動機はさまざまである。とりわけ，列強が世界各地に [A] の獲得を目指して互いに争った帝国主義の時代に入ると， [A] の独立運動の中では宗主国の統治に打撃を与えるために政府要人の暗殺が試みられた。近代以降，日本の帝国主義的膨張の過程で国権を侵奪されていった朝鮮においても，このような暗殺事件がしばしば起きている。

1909年10月に起こった伊藤博文暗殺事件はその代表的なものといえるだろう。この事件の犯人である安重根《アンジュングン》はもともと儒学者であり，カトリック（天主教）の信者でもあった。しかし，1905年の第２次 [B] によって大韓帝国が日本の保護国となり，さらに1907年の第３次 [B] 締結後に韓国の軍隊が解散されると，安重根は [C] として抗日運動を行うようになった。日本からの弾圧が厳しくなるとロシアの沿海州にわたり，そこを拠点に抗日運動を続けた。その中で，安重根は，韓国 [D] の職を辞任して枢密院議長に就任した伊藤博文がロシアの要人と会見するためにハルビンを訪問することを知った。安重根は1909年10月26日に<u>ハルビン駅で伊藤を待ち伏せ</u>〔1〕，ピストルで射殺した。安重根はその場で逮捕され，日本の租借地である関東州の旅順に送られて裁判を受け，1910年３月に死刑となった。

安重根は，裁判の過程で韓国の独立を訴え，<u>伊藤を暗殺した理由を15条にわたって陳述した</u>〔2〕。そのなかで安重根は，第２次および第３次 [B] の強要，高宗皇帝の譲位強制，韓国軍隊の解散，政治・経済分野での搾取や言論の弾圧など，おもに

伊藤が韓国 [D] をつとめていた時に行われた日本の侵略行為を糾弾した。[C] 闘争を日本からの独立戦争と認識していた朝鮮の独立運動家たちは，安重根を「民族の英雄」と称え，1910年の韓国併合後も日本の要人に対する暗殺を抗日独立運動の有効な手段とみなした。

一例をあげると，1919年の三・一独立運動後に中国へ亡命して，大韓民国 [E] に参与した金九《キムグ》も，1931年に韓人愛国団という秘密組織を結成して，団員に日本要人の暗殺を指示した。同団員の尹奉吉《ユンボンギル》は，満州事変が飛び火して起こった [F] のさなかの1932年4月29日，天皇誕生日を祝うために同地で開かれた祝賀会において爆弾を投げつける事件を起こした。それによって，[F] に際して司令官として派遣されていた白川義則大将を含む日本軍人ら数名が死傷した。この暗殺事件で中国の抗日運動家から信頼を得た金九は，蔣介石の国民政府から支援を受けながら，1940年に重慶で大韓民国 [E] の主席に就任し，韓国光復軍を組織して抗日運動を続けた。

1945年7月に米・英・中の三国首脳によって，日本に降伏を勧告する [G] が発表され，翌月に日本がこれを受諾して降伏すると，朝鮮半島は北緯38度線を境にアメリカとソ連によって分割占領された。金九はアメリカの軍政下にあった南朝鮮に帰還した後，南朝鮮単独政府の樹立を目指した李承晩《イスンマン》と対立した。金九は〔3〕1948年4月に平壌で開かれた南北連席会議に出席し，朝鮮半島の分断回避と統一の実現を訴えたが，1948年8月には大韓民国が成立し，李承晩が初代大統領に就任した。その翌年6月，金九は韓国陸軍の砲兵少尉によって自宅で暗殺された。

日本による [A] 支配の中で，抗日独立運動の有効な手段とみなされた要人の暗殺という行為は，南北分断という新たな歴史状況の中で，対立する陣営の重要人物を排除するための手段になったのである。

〔1〕 ハルビン駅は，1896年に清がロシアに敷設権を与えた鉄道の中間点にある駅であった。この鉄道を何というか。

〔2〕 全15条にわたる暗殺理由の第1番目には，1895年に日本の守備隊，日本公使館員，大陸浪人らが朝鮮の王宮に侵入して王妃を暗殺したことがあげられている。この時に暗殺された王妃の姓を漢字で記せ。

〔3〕 この会議に北側代表として出席し，1948年9月に朝鮮民主主義人民共和国が創建された時，首相に就任した人物は誰か。

Ⅲ　次の文章を読んで空欄に最も適切な語句を記入し，下線部についてあとの問いに答えよ。

アラビア半島で台頭したアラブ=イスラーム勢力は，642年にササン朝ペルシアを破ると〔1〕，[A] 帝国からシリアやエジプトを奪取することに成功した。その後，シリア総督の [B] によって開かれたウマイヤ朝は，アラブ人ムスリムを優遇する政策を展開したため，イスラームへ改宗した非アラブ人である [C] の反発を受けた。預言者ムハンマドのおじの一族にあたるアッバース家による革命は，預言者ムハンマドの娘婿であるアリーと彼の子孫のみをイスラーム共同体の指導者と考える [D] 派など，ウマイヤ朝の統治に反対する人々の支持を受けた。その結果，750年，ウマイヤ朝に代わってアッバース朝が興った。

アッバース朝は，第２代カリフであるマンスールによって [E] 川西岸に造営された首都 [F] を中心として，500年にわたって存続した。様々な交通路の結節点として繁栄する [F] には，特に９世紀以降，バビロニアやギリシア，ペルシア，インドなどから数多くの文献が流入し，アラビア語に翻訳された。その結果，イスラーム世界において様々な学問が発展することとなった。

数学・天文学の分野では，エジプトのアレクサンドリアで２世紀に活躍したプトレマイオスの『アルマゲスト』がもたらされた。また，インドからは，巨大な数を計算することができる独自の計算法やそれにもとづいた天文学書が伝わった。インドでは，プトレマイオス以前のギリシア天文学の影響を大きく受けつつ，[G] 教の聖典『ヴェーダ』の補助学として天文学が独自に発展していたのである。イスラーム世界の学者は翻訳されたものを鵜呑みにするのではなく，支配者の庇護のもと，イスラーム世界の各地に天文台を設立し〔2〕，より精緻な観測を行った。

医学の分野では，西洋医学の祖と呼ばれる [H] やガレノスの著作がアラビア語に翻訳された。イスラーム世界においてギリシア医学は体系化され，臨床的知見をもとにさらに発展した。例えば，局部の癌が他所の癌を誘発することをはじめて観察したのは，理論と臨床的知見を集大成した『 [I] 』の著者として知られるイブン=シーナー（ラテン名アヴィケンナ）である。また，[J] （ラテン名アヴェロエス）は，天然痘などの伝染病にかかると生涯続く免疫性が獲得されることを12世紀に報告している。

哲学の分野では，『政治学』や『形而上学』の著作で知られるギリシアの哲学者 K の思想が大きな影響力を持つに至った。前述のイブン=シーナーは，新プラトン主義の流出論を下敷きとした，イスラームの信仰とも融合する哲学的思惟を行った。彼の哲学は，ニザーミーヤ学院の教授として活躍し後に神秘主義を容認した L によって神学の立場から批判されたが，キリスト教神学の体系化を試みる西欧中世のスコラ学の展開に刺激を与えた。

1258年，モンゴル軍の侵攻の結果 F は壊滅的な被害を受け，アッバース朝は滅亡した。しかし，これに先んじて12世紀にはすでにアラビア語やギリシア語で書かれた様々な文献が，西ゴート王国の首都でもあったイベリア半島の M などのヨーロッパの各地に伝えられラテン語に翻訳されていた。これにより，ヨーロッパ各地においても諸学問が展開しつつあった。こうした動きが，その後のヨーロッパ文明の独自な発展の基盤となったのである。

〔1〕 ササン朝の崩壊が決定的となったこの642年の戦いを何というか，次の中から1つ選び記号で答えよ。

ア．タラス河畔の戦い

イ．トゥール・ポワティエ間の戦い

ウ．ニハーヴァンドの戦い

エ．レヒフェルトの戦い

オ．ワーテルローの戦い

〔2〕 後にサファヴィー朝の首都となる都市にも天文台は建設された。その都市とはどこか，次の中から1つ選び記号で答えよ。

ア．アレッポ

イ．アンマン

ウ．イスタンブル

エ．イスファハーン

オ．テヘラン

Ⅳ　次の文章を読んで空欄に最も適切な語句を記入し，下線部についてあとの問いに答えよ。

中世ヨーロッパの大部分はローマ=カトリック教会の影響下にあった。教会組織や文化の普及において重要な媒体となったのはラテン語である。ローマ帝国の遺産であるこの言語は，ヨーロッパの大半の地域に分布する [A] 語族のうちイタリック語派に属している。ラテン語は教会の公用言語としてミサや祈り，説教などに中世を通して広く使用された。信仰の基盤を成した『聖書』も，4世紀末に聖ヒエロニムスによってラテン語に翻訳されていた。また，教会や修道院の付属学校に起源をもつ大学ではラテン語による講義が行われた。ちなみに，イギリスで最も古い大学はオクスフォード大学と，そこから分かれた [B] 大学である。中世ヨーロッパを生きた聖職者や知識人にとって，ラテン語は国際的なコミュニケーションを可能とする一つの共通言語であった。ローマ=カトリック教会はゲルマン人への布教活動や修道院運動〔1〕によって権威を築いたが，その背景としてラテン語という文字文化の浸透と理解が不可欠であった。

一方，5世紀後半に西ローマ帝国が滅亡〔2〕すると，各地域で用いられていたラテン語はそれぞれ独自の変化を遂げ，後のフランス語，スペイン語，イタリア語などの原型となった。これらはロマンス諸語と総称され，ラテン語はその生みの親にあたる。もともと「ロマンス」は「ローマ」と関連する表現であり，18世紀末に起こる民衆の声や民族文化を尊重する文芸思潮であるロマン主義〔3〕の語源でもある。

ヨーロッパの各地域で発達した言語から新たな文芸が生まれた。5世紀に建国されたフランク王国の影響をあまり受けなかった南フランスでは，文化的独自性が保持された。この地域では12世紀頃からトルバドゥール〔4〕と呼ばれる吟遊詩人が活躍し，彼らはオック語を用いて貴婦人への憧れや恋をうたった。このオック語もラテン語から派生した言語の一つである。また，13世紀イタリアの詩人ダンテは当時のイタリアの一方言であった [C] 語を用いて執筆し，ラテン語のように新たに学ぶ言語ではなく生まれながらに覚える俗語の重要性を説いた。そのような地方の口語で書かれた代表作『神曲』はルネサンスの先駆的な著作となった。

ところで，今日では英語が国際語としての地位を確立しつつあるが，英語はもともと中世ヨーロッパの一言語に過ぎなかったし，その使用範囲もラテン語より限定的であった。

英語の起源は5世紀に大ブリテン島に渡来したゲルマン民族の一派であるアングロ=サクソン人の言語に遡る。彼らは大ブリテン島に先住していたケルト系ブリトン人を周縁部に追いやった。この時，先住民側で活躍した伝説上の英雄が後に『 D 王物語』として花開き，騎士道文学の代表的な作品群となった。アングロ=サクソン人は島の中・南部に七つの王国を建てたが，8世紀末から度重なるヴァイキングの襲撃をうけた。大ブリテン島にはデーン人も侵入を繰り返していたが，9世紀末には E 大王が一時撃退し，法律の整備や学問の復興を促した。しかし，1016年，デーン人のクヌートによってイングランドは征服され，デーン朝が開かれた。

その後，アングロ=サクソン系の王家が復活したが，1066年の F の戦いでアングロ=サクソン系のハロルドはノルマンディー公ウィリアムによって撃破された。ノルマン=コンクェストと呼ばれるこの一連の出来事は，それまでのゲルマン的言語文化を根底から揺るがした。これ以後，島内の大部分はフランス出身の王侯貴族が統治し，フランス語が宮廷や法廷で用いられたのである。その結果，英語の社会的地位は低下したが，徐々に回復のきっかけをつかんでいった。

イングランド王エドワード3世がフランスの王位継承権を主張して，1339年 G 戦争が始まると，英語の積極的な使用への気運が高まった。14世紀の後半には H が英語で著作を記し，イギリスの国民文学としての色彩を明らかにした。彼の代表作『カンタベリ物語』は，イタリアのボッカチオが書いた黒死病を背景とする枠物語『 I 』の影響を受けている。

英語は大ブリテン島内で使用される言語に過ぎなかったが，大航海時代の幕開けとともに世界各地へ進出した。北米へ入植した英語話者〔5〕は，先住民の言語に加えオランダやフランスといった他の国々の入植者からも影響も受けた。その後，1783年の J 条約によってアメリカ合衆国の独立が承認されると，政治面だけでなく言語面での独立にも意識が向けられた。例えば，ノア=ウェブスターはイギリスとは異なるアメリカ独自の綴りを提唱し，辞書編纂や言語改革を通して国家的アイデンティティを追求した。初代のジョージ=ワシントンに次いで第2代大統領となったジョン=アダムズは英語の世界的進出を予見した。果たして，英語の話者は特に19世紀から20世紀にかけて急激に増加したのである。

〔1〕 529年に，修道院運動の聖地とされるモンテ=カシノに開かれた修道会を何というか。

〔2〕 この出来事はゲルマン人の侵入が契機となったが，これに先んじて410年に西ゴート人を率いローマを略奪した王は誰か。

〔3〕 これに関して，19世紀にドイツで民話の発掘収集に努めた兄弟は誰か。

〔4〕 南フランスの貴族勢力やトルバドゥールの活動は，アルビジョワ十字軍によるカタリ派の討伐以降衰退したとされる。この十字軍を主導した教皇は誰か。

〔5〕 この中には宗教的弾圧から逃れたピューリタンも含まれていたが，1603年にイングランド王として即位し，その弾圧を行ったのは誰か。

地理

（80 分）

I　地図に関する次の文をよく読んで，〔1〕～〔8〕の問いに答えよ。

地図は，一般的に，地球表面の一部または全部の状態を一定の割合で縮め，文字や記号を用いて，2次元平面上に表したものである。なかでも日本の地形図は，地図記号などで地形を精細に表した中縮尺・大縮尺の地図(a)である。この地図では，土地の標高を等高線で表し，海岸線，川，崖などの地形が描かれている。さらに地表面にある，道路や建物などの人工物，植生の状態などが記されている。このような地図は，利用目的に応じて特定の主題を表現した主題図に対して，[A] 図と呼ばれる。

これまで，地図は紙に描かれたものが主流であったが，ICT の発展により，デジタル地図も用いられるようになった。そのデジタル地図をコンピュータ上で可視化，分析するための技術が GIS(b) である。

[B] 省国土地理院が作成する地形図(c)で描かれている情報は，ウェブ上で公開されている「地理院地図」からも閲覧可能である。「地理院地図」の中縮尺・大縮尺レベルの標準地図は電子国土基本図をベースに作成されている(d)。この「地理院地図」では，空中写真，標高，地形分類など，日本の国土の様子を発信し，新旧の空中写真(e)と地図を重ねて表示することができる。

また，国土地理院は，全国をカバーする数値標高モデルとして，10 m メッシュ（標高）のデータを提供している。これは2万5千分の1地形図の等高線から作成されるもので，これを用いて地形断面図(f)や3次元地図を描くことができる。さらに，陰影処理によって地形の起伏を等高線とは異なった方法で表現することもできる。

このほか，統計局は，常住する人口および世帯に関して [C] 年ごとに調べる国勢調査や，事業所および企業の経済活動の状態を調べる経済 [D] などの統計データを，町丁目などの小地域や地域メッシュで提供している。

こうした国や自治体で作成されたデータのなかで，許可されたルールの範囲内でだれもが自由に複製や加工，頒布などができるものは E データと呼ばれ，ウェブを介して配信されている。これらのうち，位置に関するデータを，GISを用いてデジタル地図として可視化すれば，同一の投影図法と縮尺で重ね合わせることが可能となる。異なる事象を描いた地図の重ね合わせによって作成された新たな地図は，(g)空間的な意思決定を必要とするさまざまな場面において利用されている。

〔1〕 文中の A ～ E に当てはまる最も適切な語句および数字を答えよ。

〔2〕 下線部(a)に関して，大縮尺の地図はどれか，次の選択肢の中から2つ選び，符号で答えよ。

㋐ 航海図　㋑ 住宅地図　㋒ 世界全図

㋓ 都市計画図　㋔ 都道府県地図　㋕ 日本全図

〔3〕 下線部(b)に関して，GISは日本語で何と呼ばれるか，最も適切な名称を答えよ。

〔4〕 下線部(c)に関して，「平成25年2万5千分の1地形図図式」には**ない**地図記号はどれか，次の選択肢の中から2つ選び，符号で答えよ。

㋐ 枯れ川　㋑ 桑畑　㋒ コンビニエンスストア

㋓ 博物館　㋔ 分離帯　㋕ 老人ホーム

〔5〕 下線部(d)に関して，次の「地理院地図」の標準地図は，基盤地図情報の基本項目ごとの地図を重ねて作成されている。下の地図①はどの基本項目を表現した地図か，最も適切なものを次の選択肢の中から1つ選び，符号で答えよ。

㋐ 軌道の中心線　㋑ 行政区画線　㋒ 建築物の外周線

㋓ 町字界線　㋔ 道路縁

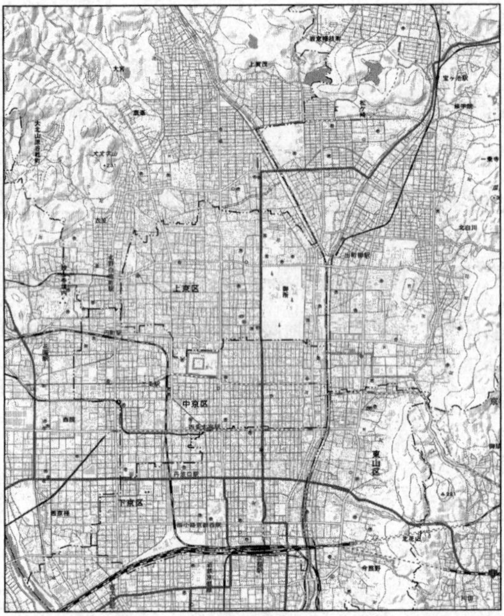

標準地図　0　0.5　1　2 km

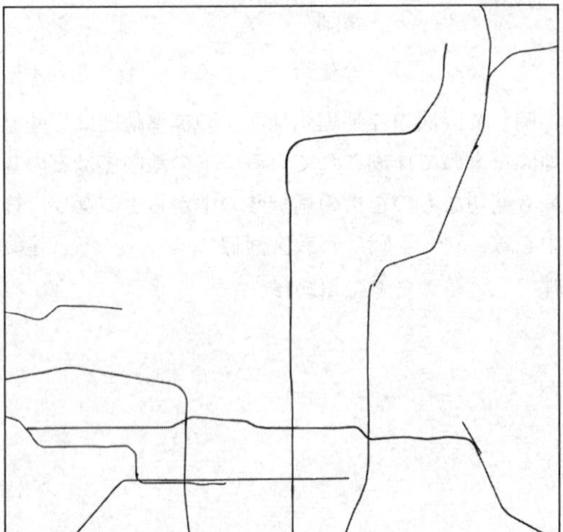

地図①　0　0.5　1　2 km

「基盤地図情報」により作成

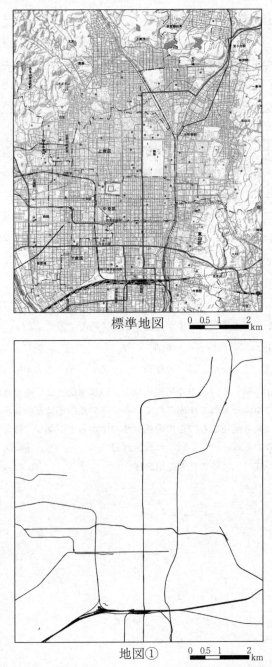

〔6〕 下線部(e)に関して，下の写真①～④は，「地理院地図」で閲覧可能な第二次世界大戦後に撮影された空中写真で，写真④が最新のものである。写真①～③について撮影時期の古い順に正しく並べたものを，次の選択肢の中から１つ選び，符号で答えよ。

Ⓐ ①→②→③　　Ⓘ ①→③→②　　Ⓤ ②→①→③

Ⓔ ②→③→①　　Ⓞ ③→①→②　　Ⓚ ③→②→①

写真①

0　50　100　200 m

写真②

写真③

0　50　100　　200 m

写真④

「地理院地図」により作成

〔7〕 下線部(f)に関して，下の等高線図（20 m 間隔）をよく読んで，次の(1)・(2)に答えよ。

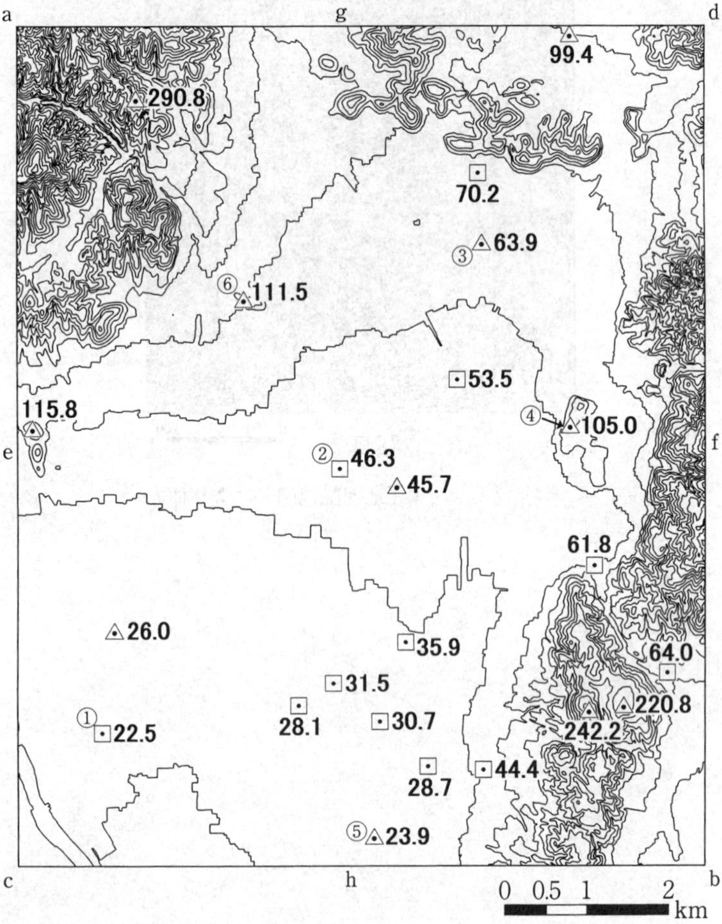

等高線図（20 m 間隔）

編集部注：編集の都合上，80％に縮小。

(1)　等高線図（20 m 間隔）の枠外に示す地点（ a ～ h ）のいずれか２点を結んだ線分の断面が下のグラフである。２地点の組み合わせとして正しいものを，次の選択肢（ⓐ～ⓚ）の中から１つ選び，符号で答えよ。なお，地形断面図の左端が始点で，右端が終点である。

ⓐ　a → b　　ⓘ　b → a　　ⓤ　c → d　　ⓔ　d → c

ⓞ　e → f　　ⓚ　f → e　　ⓚⓘ　g → h　　ⓚⓤ　h → g

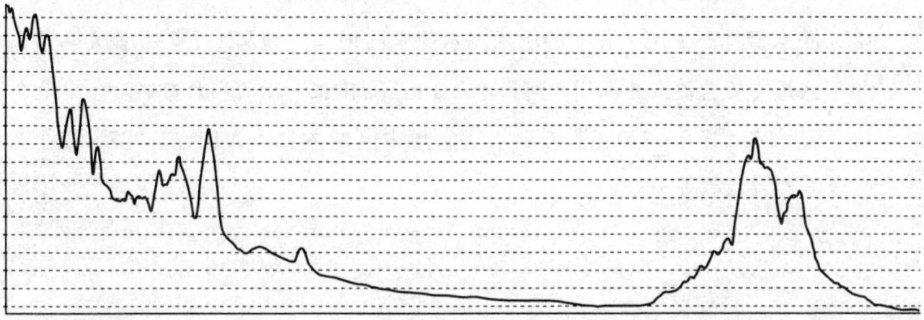

(2)　等高線図（20 m 間隔）には，三角点と水準点の標高（①～⑥）が示されている。次のX～Zの傾斜角を大きい順に正しく並べたものを１つ選び，符号（ⓐ～ⓚ）で答えよ。

X【①（22.5 m）と②（46.3 m）の線分（距離は約4.4 km）】

Y【③（63.9 m）と④（105.0 m）の線分（距離は約2.5 km）】

Z【⑤（23.9 m）と⑥（111.5 m）の線分（距離は約6.9 km）】

ⓐ　X ＞ Y ＞ Z　　ⓘ　X ＞ Z ＞ Y　　ⓤ　Y ＞ X ＞ Z

ⓔ　Y ＞ Z ＞ X　　ⓞ　Z ＞ X ＞ Y　　ⓚ　Z ＞ Y ＞ X

〔8〕 下線部(g)に関して，さまざまな地図を重ね合わせることで，防災計画の立案に役立つ情報が得られる。「地理院地図」の標準地図上に，水害ハザードマップ，人口地図，指定避難所の地図を重ね合わせて作成した地図①～③をよく読んで，次の(1)～(3)の文で正しいものには○印を，誤っているものには×印を記せ。

(1) 指定避難所は，浸水深「1.0～2.0 m」と「2.0～3.0 m」の洪水浸水想定区域内に設置されていない。

(2) 浸水深「2.0～3.0 m」の洪水浸水想定区域は，地図①上の北側から流れてA近くで合流する河川の河道から1 km 以内にしかみられない。

(3) 浸水深「2.0～3.0 m」の洪水浸水想定区域内に，人口が1,287人以上のメッシュは含まれない。

注）地図①～③は国土数値情報「洪水浸水想定区域データ」（ただし，京都府管理河川のみを対象としている），「避難施設データ」，および平成27年国勢調査により作成

編集部注：地図①～③の実際の問題はカラー印刷。カラー図版は以下に掲載。
https://akahon.net/kkm/rit/rit_2023_0202_geo_q.pdf

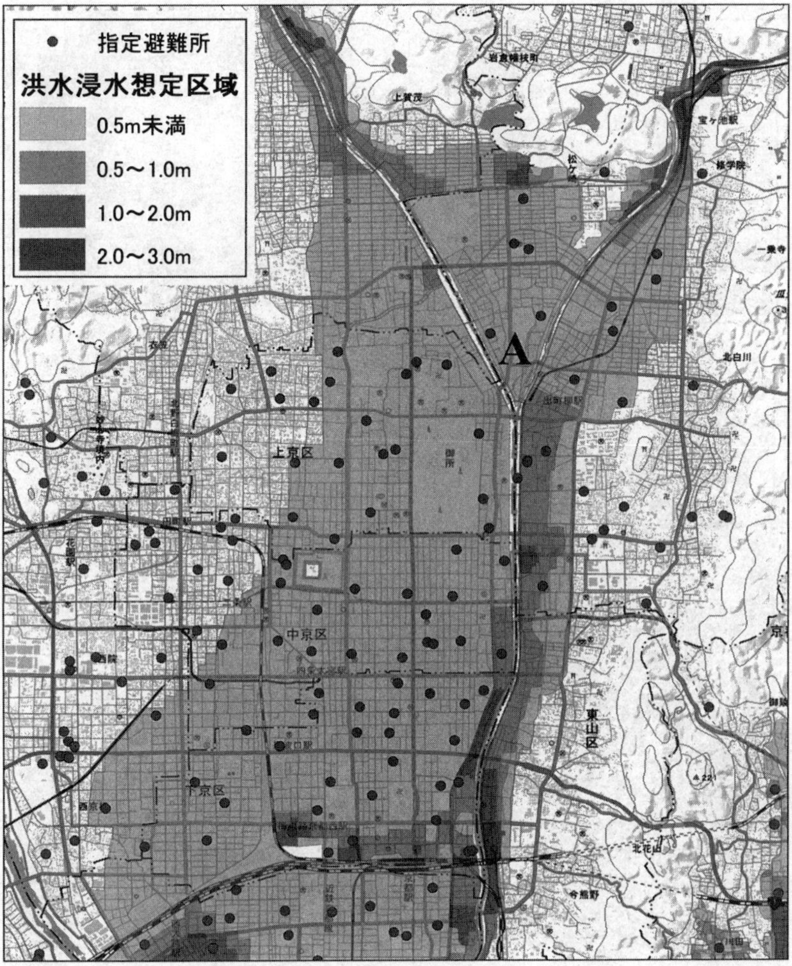

① 標準地図＋水害ハザードマップ＋指定避難所の地図

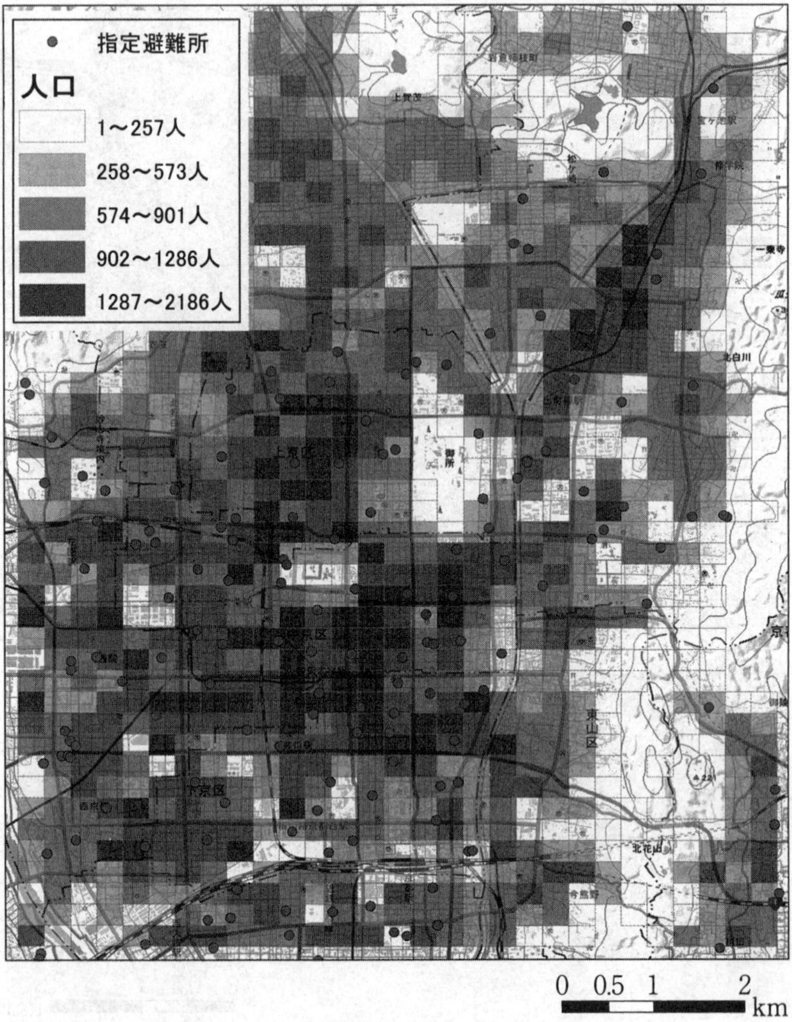

② 標準地図＋人口地図＋指定避難所の地図

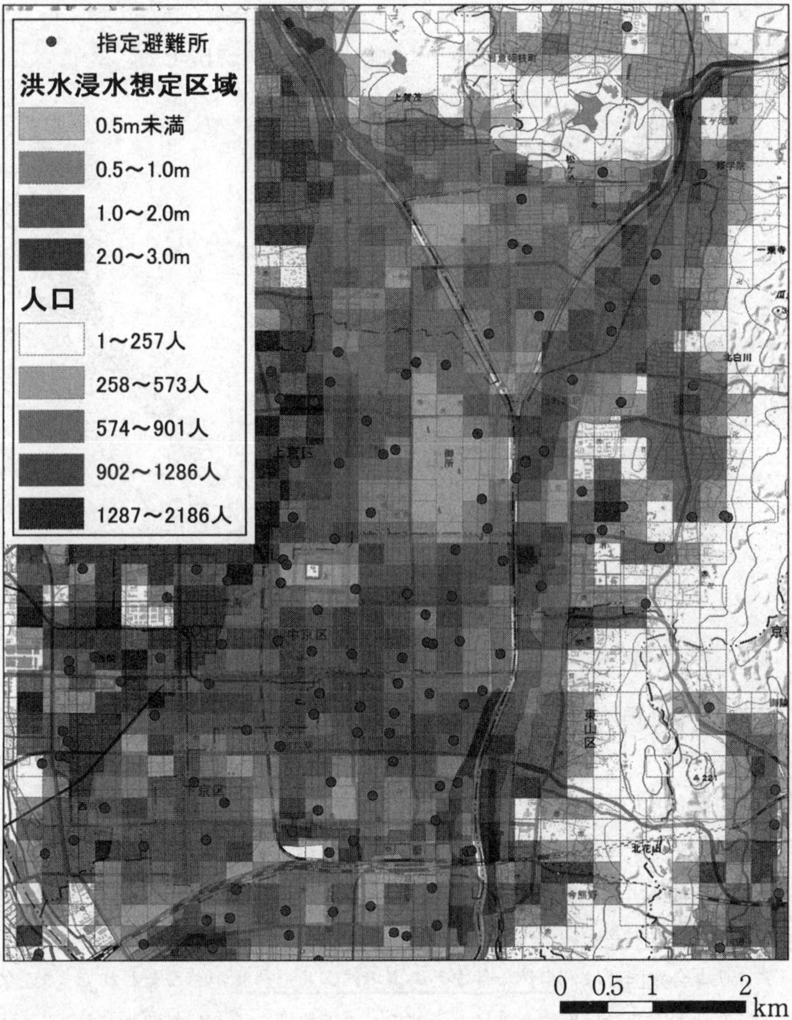

③　標準地図＋水害ハザードマップ＋人口地図＋指定避難所の地図

編集部注：地図①〜③は，編集の都合上，80％に縮小。

Ⅱ　アメリカ合衆国の自然と農業に関する次の地図と文をよく読んで，〔1〕~〔7〕の問いに答えよ。なお，地図中と文中の記号（A～D）は対応している。

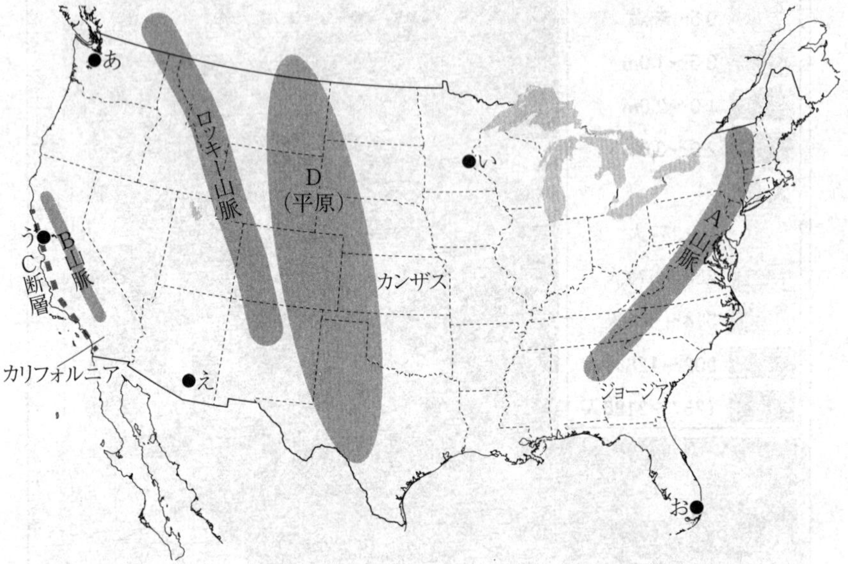

アメリカ合衆国の自然環境は東西で大きく異なる。地形に着目すると，東側の [A] 山脈は，[イ] 代の造山運動により形成され，なだらかな山地となっている。西側を南北に走るロッキー山脈や [B] 山脈は，新期造山帯に特徴的である急峻な山並みが連なっている。また西の海岸側には [C] 断層と呼ばれる横ずれ断層が一部露出しており，地震が多く発生する。(a)気候の面では，東西での違いのほか南北の差も大きい。

アメリカ合衆国では，(b)自然条件などの環境に応じた農業がおこなわれてきた。たとえば五大湖周辺では冷涼な気候と大都市への近接性を活かした酪農がおこなわれ，その南部では穀物の生産と家畜飼育を組み合わせる [ロ] 農業がさかんとなった。この代表的な飼料作物にちなんで当該地域は [ハ] とも称されてきた。ロッキー山脈東麓の [D] と呼ばれる平原と，その東に広がる代表的な黒色土壌地帯としても知られる [ニ] は，有数の小麦生産地となってきた。また，アメリカ合衆国の南部では繊維の原料である [ホ] が栽培されてきた。

ただし，灌漑《かんがい》施設の整備，輸送交通の発達，そして工業化などにともない，(c)同国内の農牧業の地域的展開は変化してきた。たとえば［ D ］の中央部には，［ ヘ ］帯水層と呼ばれる地下の豊富な水資源を用いた大規模な灌漑農業が発展したことで，同地で新たな［ ハ ］が形成された。そこは，高速道路の建設や保冷装置の改良，そして(d)大規模な肥育施設の整備などにより，肉牛の一大生産地となった。このような，大規模で高度な企業的農業の影響で，(e)アメリカ合衆国の農業先進国としての存在感がますます高まっている。

〔1〕 文中の［ A ］～［ D ］に当てはまる最も適切な地名を答えよ。

〔2〕 文中の［ イ ］～［ ヘ ］に当てはまる最も適切な語句または地名を答えよ。

〔3〕 下線部(a)に関して，次の雨温図①・②に当てはまる最も適切な都市を，地図中の●（あ～お）の中から1つずつ選び，それぞれ符号で答えよ。

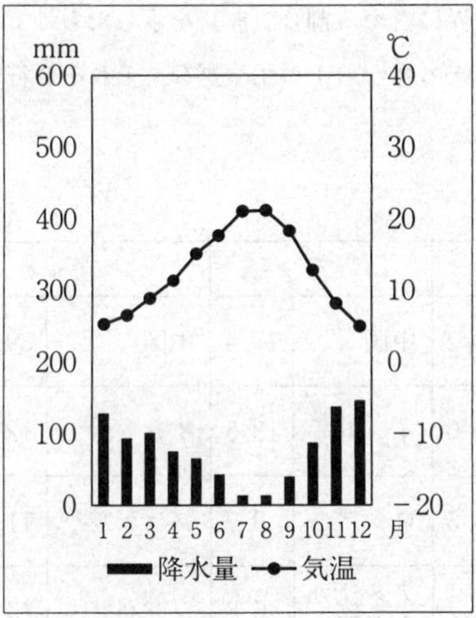

①

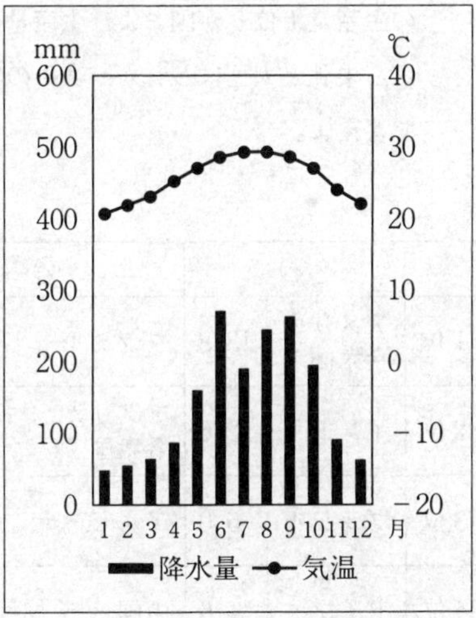

②

気象庁ＨＰのデータ（1991～2020年の平年値）により作成

〔4〕 下線部(b)に関して，このような生産のあり方は一般に何と呼ばれるか，最も適切な名称を漢字4文字で答えよ。

〔5〕 下線部(c)に関して，次の表は，地図中に示したカリフォルニア，カンザス，

ジョージア各州の2017年における農場数，平均農場面積，農作物販売額の農場平均を示したものである。カンザス州はどれか，表中のあ～うの中から1つ選び，符号で答えよ。

	あ	い	う
農場数	70,521	58,569	42,439
平均農場面積（エーカー）	348	781	235
農作物販売額の農場平均（千ドル）	640	321	226

USDA 2017 Census of Agriculture により作成

〔6〕 下線部(d)に関して，効率的に肉牛を肥育するためのこうした施設は何と呼ばれるか，最も適切な名称をカタカナで答えよ。

〔7〕 下線部(e)に関して，次の表は2019年における，牛乳，小麦，大豆，葉たばこの生産量上位5か国および生産量の世界に占める割合（%）を示したものである。牛乳と大豆はどれか，表中のあ～えの中から1つずつ選び，それぞれ符号で答えよ。

（%）

	あ		い		う		え	
1位	アメリカ合衆国	13.8	ブラジル	34.2	中国	17.4	中国	39.1
2位	インド	12.6	アメリカ合衆国	29.0	インド	13.5	インド	12.0
3位	ブラジル	5.0	アルゼンチン	16.6	ロシア	9.7	ブラジル	11.5
4位	ドイツ	4.6	中国	4.7	アメリカ合衆国	6.8	ジンバブエ	3.9
5位	中国	4.5	インド	4.0	フランス	5.3	アメリカ合衆国	3.2

『世界の統計2022年版』により作成

Ⅲ　交通と深く結びついた世界の都市に関する次の①～⑦の文をよく読んで,〔1〕～〔6〕の問いに答えよ。

①　11世紀にイスラーム王朝の都として築かれ,[A]砂漠を縦断する隊商の起終点として栄えた,モロッコの歴史的交易都市である。旧市街(a)には,大規模な市場や大道芸人などで大きな賑《にぎ》わいを見せるジャマエルフナ広場があり,この広場はユネスコの無形文化遺産となっている。

②　ウズベキスタン北東部に位置する同国の首都であり,中央アジア有数の商業都市である。ユーラシア大陸東西を結んだ交易ルートである[B]の要衝地として発展した。同国は,かつてのソ連を構成していた国家(b)の1つであり,この都市には第二次世界大戦後,ソ連に抑留された日本人が建設に携わったナヴォイ劇場がある。

③　オーストラリア南西に位置するウェスタンオーストラリア州の都市であり,周辺の農産物や内陸の鉱産資源の集積地として発達した。とくにこの都市の東方600 km に位置するカルグーリーで,19世紀末に[C]の鉱脈が発見されたことが発展に大きく寄与した。またこの都市は,シドニーと大陸横断鉄道で結ばれ,西の起終点となっている。

④　中国にある自治区の中心都市であり,標高3,000 m 以上に位置する高山都市である。[D]教と呼ばれるチベット仏教の聖地としても知られる。2006年に完成した[E]鉄道は,西部大開発の1つとして西寧とこの都市間に敷設されたものであり,世界でも有数の高原鉄道として知られる。

⑤　スカンディナヴィア半島北部,大西洋に面した国である[F]の港湾都市である。大西洋を北上する暖流の影響により,北緯68度の高緯度帯に位置しているが,冬季でも海面が凍らない不凍港を擁する。そのため,隣国[G]のキルナなどで産出される鉄鉱石の積出しは,夏季は[G]にある都市の港から,冬季にはこの都市の港からおこなわれている。

⑥　アラブ首長国連邦の都市であり,多数の国や地域からの乗り継ぎ拠点である国際空港(c)がある。1960年代の石油の発見以降,貿易拠点としての開発が進み,1980年代にはこの都市を本拠とする航空会社が設立された。とくに21世紀に入ってからは,金融特区の設置で国際金融都市として発展した。この都市には超高層ビル

が多数建設され，その沖合には観光資源としての活用を目的に「パーム・アイランド」と呼ばれる人工島群もつくられた。

⑦　アメリカ合衆国のアラスカ州南部の沿海部に位置し，航空交通(d)の要衝地として発展した。とくに1980年代までは航空機の航続距離の限界があった上に，冷戦によりソ連の上空を西側諸国の航空機は自由に飛行できなかったことから，ヨーロッパと東アジアを結ぶ旅客便の中継地として機能していた。

〔1〕　①～⑦の文に当てはまる都市を，次の選択肢の中から1つずつ選び，それぞれ符号で答えよ。

(あ)　アンカレジ　　(い)　ウラジオストク　　(う)　ダカール
(え)　タシケント　　(お)　ドーハ　　(か)　ドバイ
(き)　ナルヴィク　　(く)　パース　　(け)　ヒューストン
(こ)　ブリズベン　　(さ)　ポカラ　　(し)　マラケシ
(す)　ラサ

〔2〕　文中の　A　～　G　に当てはまる最も適切な地名または語句を答えよ。

〔3〕　下線部(a)に関して，この旧市街の街路の形態に最も近いものは次の選択肢のうちどれか，符号で答えよ。

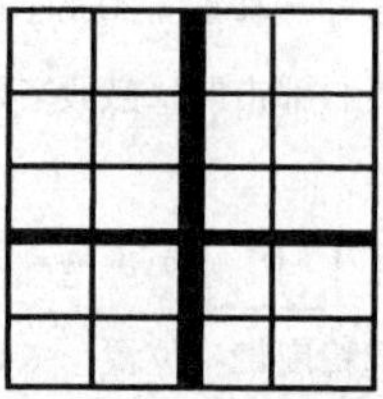
(あ)

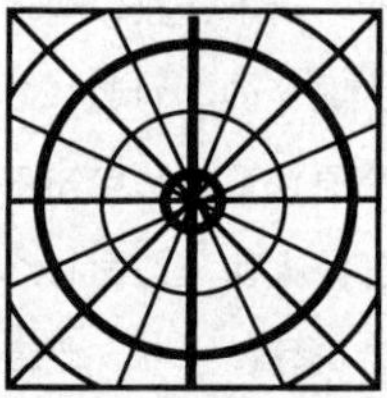
(い)

(う)

〔4〕　下線部(b)に関して，これらの国家の一部によって1991年に創設された，経済・政治面の調整をおこなう連合体の略称として，最も適切なものをアルファベットで答えよ。

〔5〕　下線部(c)に関して，こうした空港は何と呼ばれるか，最も適切な名称を答えよ。

〔6〕　下線部(d)に関して，次の表はアメリカ合衆国，韓国，ドイツ，ブラジルにお

ける空港数（2018年）と航空輸送量（2015年）を示したものである。航空輸送量（旅客）はその中に占める国際線割合とともに示した。ドイツとブラジルはどれか，表中のⓐ～ⓔの中から１つずつ選び，それぞれ符号で答えよ。

国	空港数	航空輸送量	
		旅客（100万人キロ）	国際線割合（%）
㋐	402	1,451,694	30.1
㋑	114	122,868	26.1
㋒	28	244,664	95.9
㋓	15	119,739	93.8

空港数は2018年９月に定期運航で使用され，かつＩＡＴＡ（International Air Transport Association）の３桁コードを持つ空港のみを対象としている。
１人キロは旅客１人を１キロメートル輸送したことを指す単位
『世界の統計2022年版』，日本航空機開発協会資料により作成

政治・経済

（80分）

Ⅰ　次の文章を読んで，あとの問いに答えよ。

18世紀後半からイギリスで起こった [A] 革命後の交通と通信の発達を背景に，各分野で主権国家間の協力が制度化され始めた。国際郵便の分野もその一つである。1840年にイギリスで世界初の郵便切手が発行された。1870年代に設立された [B] は，国境を越えた郵便の配達などのルールを共通化した。

平時の国家間の協力とは対極にある戦争の方法についても，合意が形成されていく。1899年と1907年にはオランダの [C] で会議が開催され，武力紛争での戦闘員，捕虜，休戦方法などに関する戦時国際法，後に国際 [D] 法とよばれる法体系が拡大することとなった。

①国際社会の制度化は，交通や通信といった協力しやすい分野，そして戦争という生命や財産に重くかかわる分野から，徐々に人々の権利や生活を守る分野にも広がってきた。1919年に設立された国際労働機関（ＩＬＯ）は，労働条件の改善を国際的に実現することを目標とし，②日本政府もたびたび勧告を受けている。また加盟各国の政府委員 [E] 名と労使代表各１名からなる国際労働会議が開催されている。

保健医療の分野では，世界保健機関（ [F] ）が国際的な感染症対策の協力を進めている。2019年に始まった新型コロナウイルス感染症の③世界的大流行に際してもその取組みが注目された。④国際人権規約では移動，居住及び出国の自由が定められているが，同時にそれが「公衆の健康」によって制限されることも記されている。人々の国際的移動の手段である航空機について，世界の空路のルールを決定しているのは，国連の専門機関の一つである国際 [G] 航空機関である。上記の感染症対策では国際線が大幅に減便され，本国に帰国できない人々が生じるなどの事態がもたらされた。さらに2022年２月に勃発したウクライナでの戦争によりロシアと一部の欧米諸国が相互に経済 [H] の一環として航空機の発着禁止を決めたため，世界の空路は混乱した。

〔1〕 [A] ～ [H] にあてはまるもっとも適切な語句を記入せよ。なお，**A・D・G・Hは漢字2字，Bは漢字6字，Cは都市名をカタカナ3字，Eは算用数字，Fは英語略称をアルファベット（大文字）3字**で答えよ。

〔2〕 下線部①に関して，国際労働機関や世界保健機関の本部は，[イ] の [ロ] におかれている。**イは国名，ロは都市名をそれぞれカタカナ**で答えよ。

〔3〕 下線部②に関して，日本政府は，国際労働機関から公務員に対する労働基本権の付与を求める勧告をたびたび受けている。労働基本権を制約されている日本の国家公務員の労働条件について国会および内閣に勧告を行う，国の行政機関の名称は何か。**漢字3字**で答えよ。

〔4〕 下線部③に関して，感染症の世界的大流行を何と呼ぶか。**カタカナ6字**で答えよ。

〔5〕 下線部④に関して，1989年に国際人権規約の「市民的及び政治的権利に関する国際規約」の第二選択議定書が採択されたが，日本は加入・批准していない。第二選択議定書は，何を目的とするものか。もっとも適切なものを下から一つ選び，記号で答えよ。

(あ) 死刑を廃止する。　(い) 地雷を禁止する。
(う) 障害者の権利を促進する。　(え) 請願権を促進する。
(お) 核兵器を廃絶する。

Ⅱ　次の文章を読んで，あとの問いに答えよ。

日本の高度経済成長は，①大企業やそこで働く従業員だけで成し遂げられたわけではない。日本では，大企業と中小企業との間で，資本装備率，生産性，収益性，従業員の賃金などの面で大きな格差があり，この格差は日本経済の二重構造と呼ばれている。

大企業と中小企業との間に存在する賃金や生産性の格差を解消することを目的として，[A] 年に②中小企業基本法が制定された。

中小企業は，その特徴として，まず，家族経営が主体の零細企業（小規模企業）が多いことがあげられる。次に，③役員派遣や株式保有などを通じて大企業の [B] 企業となり，大企業から注文を受けて製品を製造する下請けが多いことがあげられる。さらに，労働組合の組織率が大企業に比べて低いため，労働条件が劣りがちであることや，資本装備率が低く労働生産性が低いといった特徴がある。

高度経済成長期に生じた技術革新と労働力不足によって，大企業と中小企業の生産性や賃金の格差は改善されたが，1973年の第一次石油危機以降の実質経済成長率の低下により，大企業と中小企業の格差は再び拡大した。また，1980年代には，④アメリカによる市場開放の要求が強まり，経済摩擦が激化する中で，[C] 年のプラザ合意以降の円高による国際競争力の低下と [D] （新興工業経済地域）との競争激化が，下請け企業や地場産業を苦境に追い込むことになった。さらに，バブル経済崩壊後，[E] 年から始まった平成不況による金融機関の貸し渋りや貸しはがしで，倒産する中小企業が相次いだ。

しかし，中小企業の中には，大企業をしのぐ技術力をもつものもあれば，⑤ニッチ産業に進出して，新たな市場を開拓するベンチャー企業もある。そのため，[F] 年に中小企業基本法が改正され，中小企業を保護の対象とする従来の方針から，創業を支援する方針へと中小企業政策が転換された。事業拡大のために必要な資金を調達したいベンチャー企業などを対象として [イ] が設置されるようになったり，異分野連携などの企業間の取組みが重視されるようになったりした。近年では，中小企業においてもさまざまな社会問題の解決をめざす [G] 企業や，その中でも地域の資源を使って地域の課題に取り組む [H] ・ビジネスが注目されている。

〔1〕 ［ A ］～［ H ］にあてはまるもっとも適切な語句を記入せよ。なお，**A・C・E・Fは西暦を算用数字，Bは漢字2字，Dは英語略称をアルファベット4字，Gは漢字3字，Hはカタカナ6字**で答えよ。

〔2〕 下線部①に関して，［　　］は，戦前の財閥にかわって，商社や銀行を中核に形成されたグループである。空欄にあてはまるもっとも適切な語句を**漢字4字**で答えよ。

〔3〕 下線部②に関して，この法律では現在，卸売業においては［　　］が1億円以下，または従業員数が100人以下の企業を中小企業と定めている。空欄にあてはまる語句を**漢字3字**で答えよ。

〔4〕 下線部③に関して，トヨタ自動車と下請け企業との例で知られているように，［　　］方式は，必要な物を，必要なときに，必要な量だけ，生産する方式のことである。空欄にあてはまるもっとも適切な語句を下から一つ選び，記号で答えよ。

㋐ ユビキタス　　㋑ かんばん　　㋒ 賦課

㋓ のれん　　㋔ ワンクリック

〔5〕 下線部④に関して，［　　］は，小規模な小売店の経営基盤を保護するために，デパートやスーパーマーケットの出店を規制する法律であり，2000年に廃止された。空欄にあてはまる語句を**漢字8字**で答えよ。

〔6〕 下線部⑤に関して，ニッチ産業とは，［　　］産業とも呼ばれており，需要の規模が小さかったり，潜在的であるため，商品やサービスの供給や提供が行われにくい産業分野のことである。空欄にあてはまるもっとも適切な語句を下から一つ選び，記号で答えよ。

㋐ 斜陽　　㋑ 先端　　㋒ 隙間《すきま》

㋓ 成熟　　㋔ 主要

〔7〕 ［ イ ］にあてはまるもっとも適切な語句を下から一つ選び，記号で答えよ。

㋐ 手形売買市場　　㋑ 外国為替市場

㋒ 完全競争市場　　㋓ 新興株式市場

㋔ インターバンク市場

Ⅲ　次の文章を読んで，あとの問いに答えよ。

日本の財政は，国家財政と地方財政に分けられる。これらは前もって予算として立案され，国民の意思を反映させるため，国会または地方議会の審議・議決を経て決定・執行される①。

国会の審議・議決を経て新年度から実施される予算が本予算（当初予算）となるが，成立が遅れる場合は，経過措置として暫定予算を組む。また，年度途中に追加や変更が必要になった場合は，［　A　］を組む。

国の予算は，租税や国債②の発行による収入などを財源として広範な目的に支出を行う一般会計のほか，特定の収入をもって特定の支出に充てる［　B　］，全額政府出資の企業用の予算である［　C　］予算がある。

一般会計の収入は租税，国債などであるが，これらのうち大きな割合を占めるのが租税である。租税は，直接税と間接税に分類される。また，国におさめる国税のほか，地方公共団体におさめる地方税がある③。

また，政府は，国債の発行による収入などを財源として特殊法人などへ財政投融資を行っている。予算編成と並行して財政投融資計画④が策定される。かつての財政投融資は，［　D　］や公的年金の積立金などを大蔵省資金運用部に強制的に預託させたものを原資とし，その規模の大きさから「第二の予算」ともいわれた。しかし，小泉政権が2001年に財政投融資改革を実施して，資金運用部が廃止され，預託制度も廃止された。そして，特殊法人は自ら市場から資金調達することになった。そのために発行されるのが［　E　］である。それでも不足する分は，政府発行の財投債で穴埋めするかたちとなっている。

国と地方財政との関係については，地方が国に財政的に依存し，国からのコントロールを受け入れるという関係にある。2000年代，小泉政権のもとでの「三位一体改革」では，「地方にできることは地方に」という理念のもと，国と地方公共団体に関する行財政システムの改革が行われ，［　F　］税の見直しや［　G　］支出金の削減，国から地方への税源の移譲が進められた。

〔1〕［　A　］～［　G　］にあてはまるもっとも適切な語句を記入せよ。なお，**A・B・D・Fは漢字4字，Cは漢字6字，Eは漢字5字，Gは漢字2字**で答えよ。

〔2〕 下線部①に関して，予算を国民の代表からなる国会を通じて議論し，政府に対して国民の意思を反映させることを □ という。空欄にあてはまるもっとも適切な語句を**漢字６字**で答えよ。

〔3〕 下線部②に関して，次の問いに答えよ。

（a） 国債費などの義務的な経費が増加し，現在や将来の政策経費を圧迫し，柔軟な財政政策ができにくくなることを財政の □ という。空欄にあてはまるもっとも適切な語句を**漢字３字**で答えよ。

（b） 政府が資金需要をまかなうために大量の国債を発行するとそれによって市中金利が上昇するため，民間の資金需要が抑制されることを □ という。空欄にあてはまるもっとも適切な語句を**カタカナ**で答えよ。

〔4〕 下線部③に関して，次の問いに答えよ。

（a） 直接税でありかつ国税であるものを下から**すべて選び**，記号で答えよ。

㋐ 法人税　　㋑ 関税　　㋒ 相続税

㋓ 自動車税　　㋔ 固定資産税

（b） 日本の税制と財政をめぐる記述として，**適切でないもの**を下から一つ選び，記号で答えよ。

㋐ 国の財政収支の状況を表す指標の一つに基礎的財政収支があるが，国債発行による収入を除いた税収などの収入が国債費を除いた支出より多ければ黒字となる。

㋑ 日本の所得税は，所得が高くなるほど税率が上昇する累進課税制度が取り入れられている。これは水平的公平の考え方によるものである。

㋒ 経済のグローバル化が進む中で，日本への企業誘致と企業の国際競争力を高める目的で1998年に，法人税率が34.5％から30％に引き下げられた。

㋓ 消費税の導入は，シャウプ勧告以来の直接税中心の日本の税制の転換点となった。

（c） 間接税のうち，消費税に関しては，生活必需品なども含め一律の税率を適用した場合，低所得者ほど所得に占める税負担の割合が重くなるという □ の問題がある。これを緩和するために軽減税率制度が導入されている。空欄にあてはまるもっとも適切な語句を**漢字３字**で答えよ。

〔5〕 下線部④について，2022年度当初の財政投融資計画額は［　　］であった。これは，一般会計当初予算の5分の1に近い金額である。空欄にあてはまるもっとも適切な金額を下から一つ選び，記号で答えよ。

ⓐ 約20兆円　　ⓘ 約50兆円

ⓤ 約80兆円　　ⓔ 約110兆円

数学

(80 分)

次のⅠ，Ⅱ，Ⅲの設問について解答せよ。ただし，Ⅰ，Ⅱについては問題文中の [　　] にあてはまる適当なものを，解答用紙の所定の欄に記入せよ。なお，解答が分数になる場合は，すべて既約分数で答えること。

Ⅰ

〔1〕　3 次方程式 $2x^3+2x^2+5x+7=0$ の 3 つの解を α，β，γ とするとき，

$\alpha+\beta+\gamma=$ [ア]，$\alpha\beta+\beta\gamma+\gamma\alpha=$ [イ]，$\alpha\beta\gamma=$ [ウ] である。

このとき，次の式の値を求めよ。

（1）　$\alpha^2+\beta^2+\gamma^2=$ [エ]

（2）　$(\alpha-1)(\beta-1)(\gamma-1)=$ [オ]

（3）　$(\alpha+\beta)(\beta+\gamma)(\gamma+\alpha)\left(\dfrac{1}{\alpha\beta}+\dfrac{1}{\beta\gamma}+\dfrac{1}{\gamma\alpha}\right)=$ [カ]

（4）　$\alpha^3+\beta^3+\gamma^3=$ [キ]

〔2〕　放物線 $y=-\dfrac{1}{2}x^2+3x-1$ ……①　がある。

（1）　放物線①の接線の傾きが 1 となるような接点 A の座標は，

([ク] ， [ケ]) であり，その接線の方程式は，

$y=$ [コ] ……②

である。また，接線②に垂直で点 A を通る直線の方程式は，

$y=$ [サ] ……③

である。

(2)　直線③と y 軸との交点をBとするとき，点Bを中心とする円と放物線①が，ただ1つの共有点をもつとき，この円の方程式は，

$$x^2+\left(y-\boxed{\text{シ}}\right)^2=\boxed{\text{ス}}$$

である。

(3)　連立不等式 $y \geqq -\dfrac{1}{2}x^2+3x-1$，$x^2+\left(y-\boxed{\text{シ}}\right)^2 \geqq \boxed{\text{ス}}$，$x \geqq 0$，$y \leqq \boxed{\text{ケ}}$ の表す領域の面積は $\boxed{\text{セ}}$ である。

※「セ」については，条件設定が不十分であったため，全員正解として扱うと大学から公表されている。

〔3〕　△OABにおいて，$|\overrightarrow{\mathrm{OA}}|=2$，$|\overrightarrow{\mathrm{OB}}|=3$，$|2\overrightarrow{\mathrm{OA}}-\overrightarrow{\mathrm{OB}}|=\sqrt{19}$ のとき，$\cos\angle\mathrm{AOB}$ の値は $\boxed{\text{ソ}}$，△OABの面積は $\boxed{\text{タ}}$ である。

次に，ベクトル方程式 $(\overrightarrow{\mathrm{OP}}-\overrightarrow{\mathrm{OA}})\cdot(\overrightarrow{\mathrm{OP}}+\overrightarrow{\mathrm{OB}})=0$ を満たす点Pの描く図形は円であり，その中心をCとする。$\overrightarrow{\mathrm{OC}}$ を $\overrightarrow{\mathrm{OA}}$，$\overrightarrow{\mathrm{OB}}$ を用いて表すと，$\overrightarrow{\mathrm{OC}}=\boxed{\text{チ}}$ であり，この円の半径の値は $\boxed{\text{ツ}}$ である。

また，この円と辺OBとの交点をDとすると，△AODの面積は $\boxed{\text{テ}}$ である。

Ⅱ　次のような赤い色と青い色の正二十面体のサイコロがある。

赤い色のサイコロ（以下，赤と呼ぶ）の面には，数字の 80 が書かれた面が 12 面，数字の 160 が書かれた面が 8 面ある。青い色のサイコロ（以下，青と呼ぶ）の面には，数字の 90 が書かれた面が 16 面，数字の 200 が書かれた面が 4 面ある。

どちらのサイコロについても，どの面が出るかについては同様に確からしいとする。以下，「面が出る」ことを「数字が出る」と表すことにする。例えば，「80 が書かれた面が出る」ことを「80 が出る」と表す。

〔1〕　赤を 1 回投げたとき，80 が出る確率は $\boxed{\text{ア}}$，160 が出る確率は $\boxed{\text{イ}}$ である。また，青を 1 回投げたとき，90 が出る確率は $\boxed{\text{ウ}}$，200 が出る確率は $\boxed{\text{エ}}$ である。

ここで，次のようなルールのゲームを考える。

①参加者は 100 ポイント（以下，ポイントを pt と表す）をゲーム管理人に渡す。

②参加者は 100 pt 渡したときに，赤か青のどちらかを選択する。

③参加者が 100 人になった時点でゲーム管理人は赤と青の 2 つのサイコロを同時に投げる。

④参加者は自分が選択したサイコロの出た数字と同じ pt をもらう。

このゲームの参加者は，自分が選択した色のサイコロの出た数字が，選択しなかったサイコロの数字よりも小さいとき，自分の選択を後悔する。例えば，ある参加者が赤を選択したとき，赤の出た数字が 80，青の出た数字が 200 であったとする。赤を選択した参加者は 80 pt をもらえるが，青を選択していれば 200 pt をもらえたのにと，自分の選択を後悔する。

赤，青 2 つの場合，参加者が赤を選択したことで後悔する確率は $\boxed{\text{オ}}$，青を選択したことで後悔する確率は $\boxed{\text{カ}}$ になる。

次に，選択の好ましさの度合いを「効用」と呼び，それを数値で表す。効用の値が大きい方が好ましいと考える。

赤を選択した効用を V_R，青を選択した効用を V_B で表すと，V_R，V_B は次の式で与えられ，

$$V_R = 80 \times \boxed{\text{ア}} + 160 \times \boxed{\text{イ}} - 100 \times \boxed{\text{オ}} = \boxed{\text{キ}}$$

$$V_B = 90 \times \boxed{\text{ウ}} + 200 \times \boxed{\text{エ}} - 100 \times \boxed{\text{カ}} = \boxed{\text{ク}}$$

となる。このことより，効用が大きいのは，$\boxed{\text{ケ}}$ を選択したときである。ただし，$\boxed{\text{ケ}}$ には，赤，青のいずれかを答えること。

〔2〕 新たに白い色の正二十面体のサイコロを追加しゲームを続けることにした。白い色のサイコロ（以下，白と呼ぶ）の面には，数字の 95 が書かれた面が 18 面，数字の 205 と書かれた面が 2 面ある。この白についても，どの面が出るかについては同様に確からしいとする。

この白を 1 回投げたとき，95 が出る確率は $\boxed{\text{コ}}$ ，205 が出る確率は $\boxed{\text{サ}}$ である。

ここで，ゲーム管理人は，白を追加したことによりゲームのルールの①と④は変更せず，②と③については，次のように変更した。

❷参加者は 100 pt 渡したときに，赤か青か白のいずれか 1 つを選択する。

❸参加者が 100 人になった時点でゲームの管理人が赤，青，白の 3 つのサイコロを同時に投げる。

〔1〕の場合と同様に，このゲームの参加者は自分が選択したサイコロの出た数字が，選択しなかったサイコロの数字よりも小さいとき，自分の選択を後悔する。例えば，ある参加者が赤を選択したとき，赤の出た数字が 160，青の出た数字が 90，白の出た数字が 205 であったとすると，赤を選択した参加者は 160 pt をもらえるが，白を選択していれば 205 pt をもらえたのにと，自分の選択を後悔する。

赤，青，白 3 つの場合，参加者が赤を選択したことで後悔する確率は $\boxed{\text{シ}}$ ，青を選択したことで後悔する確率は $\boxed{\text{ス}}$ ，白を選択したことで後悔する確率は $\boxed{\text{セ}}$ である。

ここで，赤を選択した効用を V'_R，青を選択した効用を V'_B，白を選択した効用を V'_W で表すと，V'_R，V'_B，V'_W は次の式で与えられ，

$$V'_R = 80 \times \boxed{\text{ア}} + 160 \times \boxed{\text{イ}} - 100 \times \boxed{\text{シ}} = \boxed{\text{ソ}}$$
$$V'_B = 90 \times \boxed{\text{ウ}} + 200 \times \boxed{\text{エ}} - 100 \times \boxed{\text{ス}} = \boxed{\text{タ}}$$
$$V'_W = 95 \times \boxed{\text{コ}} + 205 \times \boxed{\text{サ}} - 100 \times \boxed{\text{セ}} = \boxed{\text{チ}}$$

となる。このことより，効用が大きいのは，［ツ］を選択したときである。ただし，［ツ］には，赤，青，白のいずれか1つを答えること。

〔3〕　最後に白を追加したことによる参加者の後悔する確率の変化は次のようになる。ただし，［テ］，［ト］は下の選択肢から適切なものを1つ選び，番号で答えること。なお，同じ選択肢を複数回使ってもよい。

赤を選択した参加者が後悔する確率は，［オ］から［シ］に［テ］。

青を選択した参加者が後悔する確率は，［カ］から［ス］に［ト］。

【選択肢】　(1)　変化しない　　(2)　高く（大きく）なる

(3)　低く（小さく）なる

次に，効用への影響については次のようになる。

V_R と V'_R の大小関係は，V_R ［ナ］ V'_R である。

V_B と V'_B の大小関係は，V_B ［ニ］ V'_B である。

ただし，［ナ］，［ニ］には記号＝，＜，＞のうちで適切なものを1つ選び答えること。なお，同じ記号を複数回使ってもよい。

Ⅲ　実数 a を定数とする。x の方程式 $4^x - (a - 6)\,2^{x+1} + 17 - a = 0$ ……① がある。次の問いに答えよ。

〔1〕　$a = 9$ のとき，方程式①の2つの解を求めよ。

〔2〕（1）　方程式①が $x = 0$ を解にもつとき，a の値を求めよ。

（2）　a を（1）で求めた値とするとき，他の解を求めよ。

〔3〕　方程式①が実数解をもたないとき，a の値の範囲を求めよ。

〔4〕　方程式①の異なる2つの解の和が0であるとき，a の値を求めよ。また，そのとき2つの解を求めよ。

問4　本文の内容に合うものを、次のなかから一つ選び、その番号をマークせよ。

1　蘇東坡の詩や文章が士大夫の家に秘蔵されて流通しなくなったのは、将来は価値が上がって高く売れるという噂《うわさ》が流れたためである。

2　蘇東坡は罪を得て南方に流されたので、多くの士大夫たちからその人物や詩文が嫌われ、人々はすすんで東坡が書いた石碑を破壊した。

3　蘇東坡の石碑をどうしても破壊することができなかった当時の長官は、その文章の大部分を削ってから石碑を堀に投げ入れた。

4　蘇東坡の石碑は堀から地上に出されて拓本が作られたが、数千本を作ったとたんに壊れてしまい、苗仲先はその破片を高額で売った。

5　蘇東坡の拓本の価格が高騰するのを見越していた苗仲先は、拓本の元となる石碑を破壊し、後に都で拓本を売って大もうけした。

所レ獲ル不レ貲《はかラレ》。

（『却掃編』による）

注　東坡＝北宋の文人蘇軾《そしょく》（一〇三七—一一〇一）の号。　既南竄＝蘇軾は晩年に罪を得て南方に流された。
子由＝蘇軾の弟である蘇轍《そてつ》（一〇三九—一一一二）の字。　守＝長官。　城濠＝都市の周囲や内部に設けられた堀。
宣和＝北宋徽宗朝の年号（一一一九—一一二五）。　貴遊＝上流階級の人々。　工人＝職人。　稍稍＝少しずつ。
摹＝拓本（石碑の文字を紙に刷《す》り写したもの）を作る。　僚属＝部下。　墨本＝拓本。　秩満＝任期が満了する。
京師＝都。

問1　傍線①の「悉」、②の「適」の読み方を、送りがなを含めて、それぞれひらがなで書け。

問2　[A] に入れるのに、最も適当なものを、次のなかから選び、その番号をマークせよ。

1 学　2 罰　3 礼　4 価　5 禍　6 禁

問3　傍線③の「蘇氏之学法禁尚在此石奈何独存」の書き下し文として、最も適当なものを、次のなかから選び、その番号をマークせよ。

1　蘇氏の学、法禁尚ほ在り、此の石奈何ぞ独り存せんと
2　蘇氏の学、法禁尚ほ此の石に在り、独り存するを奈何せんと
3　蘇氏の学、禁ずるを法として尚ほ此《ここ》に在り、石は奈何ぞ独り存せんと
4　蘇氏の学、法もて禁ぜらるるも尚ほ在り、此れ石に奈何ぞ独り存するやと
5　蘇氏の学、法もて禁ぜらるるは尚ほ此の石に在り、奈何せん独り存するをと

四　次の文章を読んで、問いに答えよ（設問の都合上、訓点を省略した部分がある）。

東坡《ば》既ニ南ニ竄《ざん》セラレ、議スル者復タ請ヒ三①悉除カンコトヲ二其ノ所レ為《つく》ル之文ヲ一、詔シテ従ハシムレ之ニ。於イテレ是ニ士大夫ノ家ニ所レ蔵スル既ニ莫ク二敢ヘテ出ダス一、而吏モ畏レレ禍《わざはひ》ヲ、所ノレ在ル石刻多ク見《る》レ毀《こぼ》タ。徐州ノ黄楼ハ東坡ノ所ニシテレ作ル、而子由為リ二之ガ賦ヲ一、坡自ラ書ス。時ニ為《た》ルレ守者独リ不レ忍ビレ毀ツニ、但ダ投ジテ二其ノ石ヲ城濠《がう》ノ中ニ一、而易《か》フルノミ二楼ノ名ヲ観風ニ一。宣和ノ末年、［A］稍《やうやく》弛《ゆる》ミ、而一時ノ貴遊以テレ蓄フルヲ二東坡之文ヲ一相尚《たふと》ビ、鬻《ひさ》グ者大イニ見レ售《か》ハ。故ニ工人稍《せう》稍《せう》トシテ就キテ二濠中ニ一摹《も》シ二此ノ刻ヲ一。有リテ二苗仲先ナル者一②適為《な》リレ守ト、因リテ命ジテ出ダシレ之ヲ、日夜摹印シ、既ニ得タリ二数千本ヲ一。忽チ語《つ》ゲテ二僚属ニ一曰ハク、③「蘇氏之学法禁尚在此石奈何独存。」立《チドコロニ》砕クレ之ヲ。人聞キテ二石ノ毀タルルヲ一、墨本之価益《ますます》増ス。仲先秩満チ、携ヘテ至リ二京師ニ一、尽ク鬻ギレ之ヲ、問4　傍線㋑の「かかる濁りある心持たらむ者は、疎ましく覚ゆ」は、どのような意味か。最も適当なものを、次のなかから選び、その番号をマークせよ。

1　こんなけがれた心を持っているような者は、不愉快に感じる。
2　ここまでよごれた心を持っている者は、嫌われても仕方ない。
3　このようなすさんだ心を持つ者は、遠ざけられるべきだろう。
4　こんなにずる賢い心の持ち主は、とがめられてしかるべきだ。
5　ここまで情けない心を持っている者は、信用できないと思う。

問5　【A】にはある語が省略されているが、それは何か。最も適当なものを、次のなかから選び、その番号をマークせよ。

1　見る　　2　語る　　3　驚く　　4　願ふ　　5　行く

問6　傍線㋒の「あぢきなし」、㋓の「よにあらじ」を、それぞれ十字以内で現代語訳せよ。

問7　本文の内容に合うものを、次のなかから二つ選び、その番号をマークせよ。

1　娘は、一日に三つの笊器を竹で編み、それを売って生計を立てるつもりだったが、笊器はひとつも売れなかった。
2　発心し、一人家を出る決心を男が打ち明けると、妻と娘も、いっしょに家を出て、男に付いて行くことを望んだ。
3　高楼に登り、秋の月を眺めていた男は、人が寝静まった真夜中に、家畜と話すことができる不思議な能力を得た。
4　作者は、豊かな生活を捨て信仰の道に入った親子に比べれば、今の自身の信心などとても及ばないと深く反省した。
5　笊器が売れず、年老いた両親の命を心配した娘は、道に落ちていた銭一貫を拾い、かわりに九つの笊器を置いた。
6　日本では、唐土の昔の親子の肖像画を描き、来世には菩薩へと生まれ変わるように心の中で念じたということだ。

問1 傍線①の「侍り」、②の「あり」、③の「侍る」、⑥の「具し」の主体として、最も適当なものを、それぞれ次のなかから選び、その番号をマークせよ。

1 男　2 馬　3 娘　4 妻と娘　5 父と母　6 作者

問2 傍線㋐の「財は身の敵にて侍るにこそ」は、どのような意味か。最も適当なものを、次のなかから選び、その番号をマークせよ。

1 財産は自分の周囲に敵対者を増やすもととなるでしょう。
2 財産は家族を危険に陥れるものとなるに違いありません。
3 財産は家畜と飼い主が敵対するもととなるでしょう。
4 財産は持ち主にとって害となるものに違いありません。
5 財産は人の心に深い恨みを生じさせる種となるでしょう。

問3 傍線④の「ぬ」、⑤の「ぬ」、⑦の「ける」、⑧の「たり」の文法的説明として、最も適当なものを、それぞれ次のなかから選び、その番号をマークせよ。

1 過去の助動詞の連用形
2 打消の助動詞の終止形
3 過去の助動詞の連体形
4 存続の助動詞の連用形
5 打消の助動詞の連体形
6 完了の助動詞の終止形

きて来にけり。

さて、このよしを語りければ、父、大きに驚きていふやう、「何わざ営まむとて持ちたる銭にかありつらむ。親の物にてもありつらむ、主人の物にてもあるべし。たとひ取るにても、一つの笊器を置きて一つの価をこそ取るべけれ。いかなる者か、一人して笊器を九つ買ふ事あるべき。(イ)かかる濁りある心持たらむ者は、疎ましく覚ゆ。はや、みな持て行きて、もとの銭に貫き具して、ただ笊器を取りて来よ」といふ。娘、行きて見るに、この銭なほありければ、もとのままにして、笊器を取りて来て見れば、父も母も、ともに手を合はせて、頭《かうべ》を垂れて死ににけり。「あな、悲しのわざや。我もありては何かせむ」とて、娘もそばに居て死ににけりとなむ[A]。

これを聞き侍りしに、あはれ尽くしがたく侍りき。まことに、さやうの心を持ちてこそ、仏の道をも願ふべきに、我が身にはわづかに道を学ぶやうにすれども、心は常に濁りに染みたらむは、定めて三宝を欺く咎《とが》もあるべし。いかが侍るべからむと悲しく(ウ)あぢきなし。

かの昔の三人、今いかなる菩薩にて、いづれの仏の御《み》国にかいまそかるらむ。「願はくは、我が心をあはれみて、念々に彼に等しからむと思ふ心をたまへ」と、心の中に念じ侍りき。

さても、この人どもの姿をも、絵に描《か》きて売るとぞ語り侍りし。すべて、唐土は、かやうの事はいみじく情けありて、亡き後までも侍るにや。この日本《やまと》の国には、さやうの人の姿、買ふ者も(エ)よにあらじ。描きて売らむとする人も、また、稀《まれ》なるべきにや。

(『閑居友』による)

注　杖目=杖で打たれた傷あと。　笊器=竹で編んだ籠。　一貫=銭一千枚。銭の穴に縄を差して運ばれた。
三宝=仏教で最も大事にすべき仏・法(仏の教え)・僧のこと。

三　次の文章を読んで、問いに答えよ。

唐土《もろこし》に①侍りし時、人の語り侍りしは、昔、この国に卑しからぬ男ありけり。その家極めて豊かなり。

秋夜、高楼に登りて、月を眺めて②ありけるに、夜静まり、人寝さだまりて、音するものなし。かかりけるに、そこなりける馬と牛と、物語りをなむしける。馬のいふやう、「あな、悲し。わびし。いかなる罪の報ひにて、この人に使はれて、昼は日暮らしといふばかりに、かく使はれ居るらむ。夜も、心よくうち休むべきに、杖目《つゑめ》ことに痛くわびしく、あまり苦しくて、心のままにもえ休まず。明日また、いかさまに使はれむとすらむ。これを思ふにとにかくに寝《い》ねも安からず」といふ。また、牛のいふやう、「さればこそ。あはれ、悲しきものかな。我かかる身を受けたるとは思へども、さしあたりては、ただこの人の恨めしさ、するかたなく覚ゆる」といひけり。

これを聞くに、心もあられず悲しくて、妻と娘とにいふやう、「我は、今夜忍びてこの家を出でむと思ふ事あり。かかる事侍るぞや。今、あり経むままには、かやうの事ぞ積もるべき。㋐財《たから》は身の敵《あた》にて侍るにこそ。この家をば捨てて、いづくともなく行きて、人もなからむ所の、静かならむに行きて、後世の事思ひてあらむずるなり。そこたちはここに留まるべし」といひければ、二人の人のいふやう、「誰を頼みてある身なればか、残りては③侍るべき。いづくにても、おはせむ方にこそ慕ひ聞こえめ」といふ。「さらば、さにこそは侍るなれ」とて、親子三人、忍びに出でにけり。

さて、遙かに行きて、思ひかけ④ぬ山のふもとに、庵《いほり》形のやうに構へて、笊器《さうき》といふ物を日に三つ作りて、この娘にて売りに出だしけり。かくて世を渡りけるほどに、ある時、この笊器を買ふ人なし。むなしくかへり⑤ぬ。また次の日の分、具して持て出でたれども、その日も買ふ者なし。また次の日の分⑥具して、九つの笊器を持て行きたりけれども、この日も買ふ者なし。娘、思ひ嘆きて、「かくてのみ日は重なる。我が父母の命も長らへがたかるべし。いかさまにせむ」と、煩ひ⑦けるほどに、道に銭を一貫落とし⑧たりけり。この娘、笊器をこの銭に結び付けて、笊器の価《あたひ》を数へて銭を取りて、残りの銭と笊器とをば、もとの所に置

1　文学は、その始まりから、戦争で打ち壊された家や町、荒らされた畑や牧場、家族や親しき人々との永遠の別れを描くことで、人間の内面へと踏み入って、人々を絶望と虚無の淵へ向かい合わせ、人間性そのものを否定してきた。

2　国家は、国民という共同体を維持していくために、他の国民や民族を暴力的に抑圧する必要がある。国民が幸福になりたいと思うとき、為政者は他国の領土を奪う戦争で勝利し、その昂揚感や充実感によって国民を幸福にしようとする。

3　文学は、そのすぐれた表現力により、一見、戦争とは関係もないところに、実は戦争の根となるものが秘匿されていることを見つけ語ることができる。従って近代以降の文学は、戦争の忌避を実現するためには、最もふさわしい装置である。

4　近代以前から文学は戦争を内包してきた。近代の文学においても、事前的に戦争が読み込まれている。それは近代の文学が、国家が生み出した一つの制度だからだ。国家と戦争、戦争と文学の関係は、文学の力を以てしても変えられない。

5　戦争を忌避しようとし、是が非でも平和を希求する場合、時にはそのことが戦争を生み出す原因となる。これを避けるためには、恒常的に戦争を再生産する国家システムを放棄し、自分の身を賭して共感する人間性を持つことが必要である。

2　近代国家は、国民の総意によって保証されなければならないが、それは、納税と兵役という国民の義務によって成り立つものだから

3　戦争に参加しなければ、それが犯罪になり社会的制裁を受ける理由となることを、教育やメディアのなかで繰り返し教え込まれているから

4　人間は根本的な感情として、常に平和な国家や幸せで安穏な生活を求めるものであり、それを妨害するものは、排除される必要があるから

5　国家は、ある意味で戦争のための装置であり、もともと近代国家の政治の根底には、戦争が制度として組み込まれており、拒否する理由がないから

問3　[A]に入れるのに、最も適当なものを、次のなかから選び、その番号をマークせよ。

1　共存　2　利害　3　対立　4　共犯　5　相関

問4　傍線㋑に「文学的想像力」とあるが、筆者はそれをどのようなものと考えているか。その説明として、最も適当なものを、次のなかから選び、その番号をマークせよ。

1　軍人の粗雑な感受性の鈍さを、恥ずかしいものと感じる力

2　他者を自分の問題として、自分の身体の奥底から理解する力

3　戦争に巻き込まれざるを得ないことを、運命として感受する力

4　世界中で起きた戦争の悲劇や犯罪を、余すところなく描写する力

5　立場を変えても、人間への信頼を共有していることに感動する力

問5　本文の内容に合うものを、次のなかから一つ選び、その番号をマークせよ。

こそは、最強の理解となる。ここに立脚することの現実での難しさは言うまでもないが、文学という虚構のシステムこそはこの受け皿と成り得るのだ。文学と戦争は抜き差しならないほどの［A］関係を結んでいる。しかし、それを打ち破っていく可能性もまた、文学にはあるのだ。

戦争を否定することによって欲望する平和は、時にはその戦争を生み出す原因へと変貌を遂げてしまうかもしれない。自らが立つ場所への根本的な疑義、あるいは自ら自身に内在化された「国民化」への疑惑なくして、恒常的に戦争を再生産するこのシステムには対抗できない。その㋑文学的想像力こそが、今ある思索の困難を照らし出していくことになるであろう。

（中川成美『戦争をよむ』による。なお一部を改めた）

注　ハンナ・アーレント＝一九〇六―一九七五。ドイツ出身の哲学者。
ヴァルター・ベンヤミン＝一八九二―一九四〇。ドイツの文芸批評家。
西川長夫＝一九三四―二〇一三。立命館大学名誉教授。比較文化・国民国家を論じた。

問1　次の一文は、本文〈 1 〉～〈 6 〉のどこに入れるのが最も適当か。その番号をマークせよ。

だが、この抜き差しならない戦争と文学、国家と文学の紐帯《ちゅうたい》を断つことに、文学が力を発揮してきたことにもまた、気づかなければならないだろう。

問2　傍線㋐に「それだけが戦争に参加する理由のすべてであろうか」とあるが、筆者がそう考える理由として、最も適当なものを、次のなかから選び、その番号をマークせよ。

1　戦争に勝利する歓喜、同胞を殺害した敵兵への憎悪など、人間的なメンタリティによって、国家への同一化が果たされているからはいかに反戦を訴え、平和を求めたとしても、結果として平和な「国家」とか、幸せな「家庭」とか、安穏な「市民」生活とかに回帰・回収される限りにおいて、この国家と戦争、戦争と文学の関係は変わらない。近代国家は戦争を内包している。だから近代の文学には、事前的に近代の戦争が読み込まれている。それは近代の文学が、近代の国家が生み出した一つの制度だからだ。〈　5　〉

一九四二年六月一八日、日比谷公会堂で日本文学報国会発足式が挙行された。中野重治は失意の中でこの会に赴く。当時、体制的な作家だけではなく、彼のようなプロレタリア作家までもが糾合される対象となっていた。もちろん、入会しないという選択はありえた。だが、それを主張したからといって何になるというのか。国家の成員であるということは、このような決断を迫られるものなのである。〈　6　〉

そこで中野は、壇上に並ぶ徳田秋声と武者小路実篤が笑いをこらえるようにたじろいで、うつむき加減に顔を見合わせる一瞬をとらえる。当日の主賓である東條英機が「由来文芸の仕事は天才者の仕事で」と訓示した瞬間のことであった。秋声は小説部会長に就任しているし、武者小路の戦争詩は文学者の戦争協力として戦後厳しく追及された。その二人が期せずして、東條の野蛮とも言うべき文学への無理解に対して、苦笑という同じ行為を起こしたのだ。二人の微苦笑は、東條の単純な無知への軽蔑ばかりではなかったであろう。軍人の持つ粗雑な感受性の鈍さへ対する身も世もないような恥ずかしさが、この二人の老大家に襲いかかったのだ。それを見た中野は「かすかな幸福」を感じる。そこにあるのは文学が持つ力への信頼であったであろうことを、私は確信する。わずかな裂け目のようなところに立ち現れた光景は、人間への信頼でもある。その人間を描いていくために文学があることの確認が、この戦時体制下の三人の文学者に、何も語ることなく共有されたことに、ある種の感動がある。

中野は「肉感的」という言葉をよく使う。それはおそらくは自分の身体の奥底から、自分の問題として他者を理解することはできるかという問いなのであろう。国家や社会や状況の判断によって導き出す理解ではなく、自分の身を賭して共感する人間性間に、日本は対外戦争を戦うまでになった。国木田独歩は、従軍記者となって戦時の兵隊たちの日常をレポートした。文学者たちが戦争に赴いて状況を報告するという「伝統」は、この時から始まったと言えよう。〈 3 〉

　近代の文学が、このように戦争とリンクしてしまうことの根底にあるのは、近代国民国家の基本概念である「国民」にある。「国民」の総意によって保障される国家は、一方で「国民」における義務によって成立する。納税と兵役によって国家はその存立を確立するのだ。この価値の圏域に属する限り、近代国家の政治の根底に埋め込まれた戦争から逃れることなど到底無理である。戦争をめぐる世界の小説を読んでいくとき、そこに共通するのは、戦争へ赴くことを、「運命」として感受するメンタリティがあることである。愛国心に燃えていようが、いやいやながら徴兵されようが、基本的に戦争には行くものだという前提条件は崩れない。もちろん、法律として徴兵忌避は重罪となっており、社会的にも制裁があるということは、戦争に行く理由となる。だが、㋐それだけが戦争に参加する理由のすべてであろうか。〈 4 〉

　西川長夫は「もし国家が戦争のための装置」であるとしたら、その国家の一つの制度となっている文学も無縁ではなく、「文学も文学者も初めから、すでに常に戦争にまきこまれている」と、近代の戦争と文学の関係について述べた。国家が要請するナショナリズムは、教育やメディアのなかで繰り返し教え込まれることによって、ほとんど自らの血肉となって、そのこと自体が異様なこととも思わなくなる。格段のナショナリストでなくとも、サッカーやオリンピックで自国の選手を応援し、国旗が掲揚されれば思わず粛々と見守ってしまうメンタリティは、教化された結果だけではなく、それを受け入れたいとどこかで願う欲動と直結して、身体的な経験として国家への同一化を果たす。戦争が勝利に終わったときの歓喜に満ちた興奮、外国の戦地で自国に似た風土に偶然に出合ったとき感じる郷愁、敵国の兵によって殺された同胞への哀惜と敵への憎しみなど、世界中あらゆるところで語られ描かれてきた戦争の描写を思い出してみれば、そうした感情の持ち方が決して特殊なものではなく、人間的な感受性として認知されてきたことが了解されよう。そしてそれらの感情は、文学が戦争を語るために用いられてきたのである。それめに新たな暴力を強制する。一般兵役義務はまさしくその暴力であると言う。「ミリタリズムは、暴力を国家目的のための手段として、全面的に適用することを強制する」とは、国民の個人レベルではいっさいの暴力を警察力などで奪い取りながら、一方に法の名のもとに〈暴力を強制する戦争〉を国民に強要して、なおその法維持を要請する矛盾を告発する言葉であり、疲弊したドイツの戦後に暮らす青年が発する戦争忌避への呼びかけだ。文学は、その言葉や呼びかけを具体的なものとしていく、もっとも適切な装置である。だから近代以降の文学は、より過大な責務を背負わされたとも言える。一見、戦争とは関係もないところに、実は戦争の根となるものが秘匿されていることまでも、見つめ、語らなければならないからだ。戦争が、自分の幸福な家庭を守りたいという願いや、快適な日常生活を求める心から発生してしまう矛盾を描くために、文学は前近代の語りから離れ、新たな語りの技法を見出さねばならなかった。その過程こそが、近代文学の歴史であったとも言えよう。〈　1　〉

西欧に近代国民国家が成立するのは、一八世紀から一九世紀にかけてであるが、ナポレオン戦争（一七九六―一八一五）は、その礎を築くための戦争であった。ヨーロッパ全土は戦火に見舞われ、スタンダールは『パルムの僧院』（一八三九）を著し、レフ・トルストイは『戦争と平和』（一八六五―一八六九）で、この戦争のあらゆる側面を活写した。一八四八年革命（諸国民の春）は、ヨーロッパにおける国民国家体制が樹立された瞬間とも言えよう。これはたちまちのうちに世界に波及した。国民国家とは、「国民主権」を標榜《ひょうぼう》する限りにおいて、王政でも共和政でも共産国家であったとしても、樹立することが可能だ。こうした汎用性に加えて、「国民」という名によって統合された人々が持たされるナショナリズムは、国家の管理機能にとって都合よく、特に軍隊の徴兵において有力な資源となる。国民主権とは、命が国家に担保されることでもある。〈　2　〉

一九世紀に世界に国民国家が次々と誕生したのは、その背景に植民地主義による西欧列強の非西欧圏への侵略があった。日本も、この潮流の中で明治維新を迎え、かろうじて独立国家の体裁を整えて、世界デビューした。一八七二年の学制発布と、翌年の徴兵令は、国民国家の枢要な条件である、教育と軍隊からの国民化の第一歩であった。そしてそれからわずか三〇年足らずの

二　次の文章を読んで、問いに答えよ。

　『イーリアス』『オデュッセイア』や『古事記』を引くまでもなく、文学はその始まりから戦争を描いてきた。戦《いくさ》は人々の感情に直接的に語りかける。そこには漲《みなぎ》る勇気、正義への興奮、奉仕する満足などが混ざり合って、昂揚《こうよう》感や充実感に満たされ、緊張に満ちた異空間が現出するのである。しかし、戦争が終わり、打ち壊された家や町、荒らされた畑や牧場を過ぎ、家族や親しき人々との永遠の別れに逢着して、初めて人間は、人間性そのものへの懐疑へと導かれていく。勝利しても、敗北しても、残された者たちは、否が応でも絶望と虚無の淵《ふち》へ向かい合わなければならない。戦争はこうして人間の内面へと踏み入り、複雑に絡まりあった様々な感情を、語り出させていくのだ。もし文学が、人間を語る容れ物だとしたら、まさしく文学は戦争とともに歩んだのである。

　しかし、近代以降の戦争は、そのような「叙事詩的」、あるいは「牧歌的」な語りを超えてしまった。政治思想史のハンナ・アーレントは、国家の独立が国民国家の最大存立条件である限り、戦争に取って代わるものが現れることなど考えられないと断じた。アーレントは明晰に「戦争こそが社会システムの基礎なのであって、そのなかで他の第二次的な社会組織が抗争したり共謀したりしているのだ」と言っている。戦争そのものが政治の基礎となって諸状況をつくっている以上、戦争は国際政治に組み込まれていると、アーレントは主張した。国家の存立を第一義にするのは、自由や独立を望むからだと説明される。だが、それは国民という共同体を維持していくために、他の国民や民族を暴力的に抑圧するとも言い換えられる。幸福になりたいと素朴に思う欲望は、玉突きのように不幸を他者に送り付ける。戦争はまさしくそうやって送り付けられた不幸の連鎖によって勃発する。しかも、その最大受益者である国民もまた、戦時下には様々な権利を剥奪されて、自由を抑圧されていくのだ。

　第一次大戦直後、ドイツのヴァルター・ベンヤミンは、「戦争の暴力」には、「法を措定する性格が付随」していると書いている。他国から受けるであろう暴力への予感は怖れとなって、法をつくらずにはいられなくなる。法をつくればそれを維持するた地にある程度滞在すれば理解できるのに対して、第三部は「心」の問題であるので他者は採集も観察も不可能であり、「同郷人」が心の中で「心意現象」を観察するしか方法がないこと

問8　[B]・[C] に入れるのに、最も適当な語を、次のなかからそれぞれ選び、その番号をマークせよ。

1　目　　2　品　　3　口　　4　物　　5　手　　6　足

問9　本文の内容に合うものを、次のなかから一つ選び、その番号をマークせよ。

1　後世に伝わる資料としては、文字・モノ・記憶の三種に大別できるが、民俗学の「普通の人々」の「日々の暮らし」を考えるという目的からいうと文字資料が最適である。

2　柳田國男は、一揆に荒れ狂う近世農民という農民像は、その時代の支配階級が自分たちだけが読み書きできるのを幸いに事実を曲げてつくり出したものだと強く批判した。

3　私たちの「日々の暮らし」は、朝起きてから寝るまで無数の作法の組み合わせで成り立っており、当たり前の動作もその行為の背景には生物学的本能がかいま見えている。

4　柳田國男は、『蝸牛考』で「カタツムリ」を日本各地でどう呼んでいるかを調査して、その分布結果から京都に近いところほど古い言葉が残っていることを証明した。

5　「夜、爪を切ってはいけない」というのは「禁忌」という俗信もしくは心意現象であり、その土地で禁じられている行為であるので絶対に守らなければならない約束事である。

6　「民俗資料」とは私たちの暮らしそのものであるが、それを目・耳・心意の働きを中心にその土地と人との距離のありようでとらえたのが「三部分類」である。

問10　柳田國男の著作を、次のなかから一つ選び、その番号をマークせよ。

1　海上の道　　2　高野聖　　3　風の又三郎　　4　武蔵野　　5　夜明け前　　6　無常といふ事

問7　傍線㋒に「心意の問題はこの両者に比してなお面倒である」とあるが、その説明として、最も適当なものを、次のなかから選び、その番号をマークせよ。

1　第一部の「有形文化」は旅人学とも呼ばれ通りすがりの者でも簡単に理解できるものであり、第二部の「言語芸術」は口碑と名付けられているように耳によって誰でも採集できるのに対して、第三部は「心」の問題であるので当事者しか理解できず主観的になり学問的な客観性に欠けてしまうということ

2　第一部は民俗資料の採訪の基本で目の働きを重視したものであり、第二部は目の次に重要視されている耳を働かせたものであるのに対して、第三部は「禁忌」に象徴されるように不発言・不行為の「心意現象」を観察するため目と耳の働きに加え心の働きを同郷人どうしで確認しなければならないこと

3　第一部の「有形文化」とは村落や衣服などわれわれの生活に現れてくるので意識しなくても採集でき、第二部の「言語芸術」はその土地の同国人であれば誰でも理解できるのに対して、第三部は「心意現象」の問題であり同郷人でなければ理解できず郷土研究の意義の根本とも考えられているということ

4　第一部は体碑と呼ばれ「暮らし」に刻み込まれて他者も容易に観察できるもので、第二部は口碑と名付けられているようにその土地の言語が無意識のうちにしみ出てくるもので理解しやすいのに対して、第三部は心碑であり、各自の心の中にしまい込まれた「心意現象」であるので確認する方法がないこと

5　第一部は旅人学でその土地に定着しなくても採集できる民俗資料であり、第二部は寄寓者の学と名付けられるようにその土地に溶け込み方言の機微を完全に理解することで採集できる資料であるのに対して、第三部はいわゆる俗信なども含まれ同郷人でなければ理解ができない「心意現象」であること

6　第一部の「有形文化」は物体として目に見える存在なので誰にでも採集が可能であり、第二部の「言語芸術」はその土

問4　傍線㋐に「柳田國男は、これに『否』と答えたのである」とあるが、その理由として、最も適当なものを、次のなかから選び、その番号をマークせよ。

1　文字資料はリテラシーのある者だけが書き記し伝承できるものであり、庶民が自身の生活を記録することは困難なことから、日常生活のリアルな再現ができないという制約があるから

2　文字資料は「普通の人々」の「日々の暮らし」の断片を写してはいるが、それは文字資料というフィルターを通した姿に過ぎず、全体像を把握するためには複数の文字資料が必要になるから

3　文字資料は基本的に歴史学で取り扱われる資料であり、近世の農民が「風水虫害」などで苦しみ一揆を起こすような「特別の出来事」を知るには最適だが、普通の暮らしのありようを窺《うかが》うことはできないから

4　文字資料は過去を知るための素材としては適したものであるが、その書き手は文字を読み書きできる支配階層にほぼ限定されており、必然的に彼らの意識が色濃く反映したものとならざるを得ないから

5　文字資料は私たちの生活を一〇〇年後に伝えることが可能であるという点で優れているが、過去の文字資料は書き手が上流階層であったり、資料が断片的で不完全なものと言わざるを得ないから

問5　[A] に入れるのに、最も適当なものを、次のなかから選び、その番号をマークせよ。

1　未来への指向　　2　文化的特異性　　3　歴史的深度

4　将来への展望　　5　過去への退行　　6　資料的可能性

問6　傍線㋑に「『歴史』を一体どうやって引き出すのか」とあるが、柳田國男はどのような方法でそれを可能にしたか。最も適当な部分を、解答欄に合うように本文中から二十二字で抜き出して、始めと終わりの五字を書け。

〔解答欄〕　□□□□□～□□□□□方法

きた④トタン、学問的厳密さから遠ざかるように感じる向きもあるかもしれないが、ここで論じられているのは、あくまでサンプリングの技術的課題である。

どういうことか。たとえば、心意現象の一つに「禁忌」というものがある。「夜、爪を切ってはいけない」「山で『狼』と言ってはいけない」など、行為や発言の禁止という形で伝えられる民俗資料のことだ。これが一体いかにして観察・採集されるのか。というのも、モノや行為として可視化されるものなら、目によって採集されるが、「〇〇してはいけない」という不行為は、そのような観察ができない。口から語られる言葉なら、耳によって採集されるが、「〇〇と言ってはいけない」という不発言は、そのような聴取ができない。禁忌という営みは、行為で示されず、言葉でも語られないため、目や耳によるサンプリングが不可能なのだ。

では、これを一体誰が観察できるのか、というと、それは「〇〇してはいけない」「〇〇と言ってはいけない」と心の中で感じている当事者その人にほかならない。心に刻まれた民俗資料である「心意現象」は、それを心の中で感じて観察するほかなく、それができるのは当事者すなわち「同郷人」のみである、というわけだ。

このように、「民俗資料」すなわち私たちの日々の暮らしそのものを、その存在形態、感覚器官、採集主体の関連性に即して三つに大別し、データ収集のためのガイドラインとしたのが「三部分類」なのである。

（菊地暁『民俗学入門』による。なお一部を改めた）

問1　傍線①、④のカタカナを漢字に改めよ。楷書で正確に書くこと。

問2　傍線②、③の読み方をひらがなで書け。

問3　次の一文は、本文中の〈　1　〉～〈　6　〉のどこに入れるのが最も適当か。その番号をマークせよ。

ここで見いだされたのが「民俗資料」である。

柳田國男は、その方法論を開示した『民間伝承論』(一九三四年)において、次のように述べている。

自分はごく自然な順序に従うて案を立ててみた。すなわちまず目に映ずる資料を第一部とし、耳に聞える言語資料を第二部に置き、最も微妙な心意感覚に訴えて始めて理解できるものを第三部に入れるのである。目は採訪の最初から働き、遠くからも活動し得る。村落・住家・衣服、その他我々の研究資料で目によって採集せられるものははなはだ多い。目の次に働くのは耳であるが、これを働かせるには近よって行く必要がある。㋒心意の問題はこの両者に比してなお面倒である。自分は第一部を洒落《しゃれ》て旅人学と呼んでもよいといっている。通りすがりの旅人でも採集できる部門だからである。これに倣《なろ》うて第二部を寄寓者《きぐうしゃ》の学、第三部を同郷人の学ともいう。また第二部が口碑《こうひ》という語に当るところから第一部を体碑《たいひ》、第三部を心碑《しんひ》と呼んでもよいと思う。かく種々の名辞を附することができるが、各部をそれぞれその内容から考察することは必要なことである。第一部は、目に映じ、生活に現われる点から、有形文化とも生活技術誌あるいは生活諸相ともいい得る。[…]第二部は言語芸術あるいは口承文芸のすべてを網羅する。これは目の学問と違い、土地にある程度まで滞在して、その土地の言語に通じなければ理解できない部門である。[…]第三部にはいわゆる俗信なども含まれており、これは同郷人・同国人でなければ理解のできぬ部分で、自分が郷土研究の意義の根本はここにあるとしているところのものである。

ほぼ同じ内容を B を替え C を替え説明しているわけだが、整理すると以下のようになる。

第一部「有形文化」は、日々の暮らしの物質的な側面であり、物体として可視的に存在する故に、目によって観察され、旅人すなわち誰にでも採集が可能である。第二部「言語芸術」は、暮らしの中にある言葉の営みであり、口から語られ耳で聴きとられるものであるため、寄寓者すなわち当該言語理解者によって採集されなければならない。ここまでは、容易に了解されるだろう。

問題は、第三部「心意現象」である。心に刻まれ心で感じる資料、とは一体どういうことだろうか。「心」という言葉が出てか、という難題である。なんとなれば、私たちに「歴史」が刻み込まれていようが、そのふるまいはどこまでも「現在」に属しているからだ。〈　6　〉

柳田國男は、その読み解きの可能性を『蝸牛考《かぎゅうこう》』（一九三〇年）で鮮やかに提示した。「蝸牛」とは、「♪デンデンムシムシ、カタツムリ」のカタツムリのこと。柳田は、このカタツムリを何と呼ぶか、全国各地の報告を取り集めて検討した。その結果、歴史的に日本文化の中心である京都とその周辺では「デンデンムシ（デデムシ）」が主流だが、東西にやや離れていくと「マイマイ」が、さらに離れていくと「カタツムリ」が、さらに離れていくと「ツブリ」が、最後に、東北のはしと南西のはしにいくと「ナメクジ」が用いられている、という分布傾向を見出した。そして柳田はいう。「若《も》し日本が此様な細長い島で無かったら、方言は大凡《おおよそ》近畿をぶんまわし「コンパス」の中心として、段々に幾つかの圏を描いたことであろう」（「蝸牛考（二）」一九二七年）。カタツムリの方言分布は、京都を中心とした同心円と見なし得るわけであり、そこから、水の波紋が中心から周辺へ広がっていく様になぞらえ、中心部がより新しく、周辺がより古いという時代差を読み取ることが可能となる。空間的差異から時間的経過を捉えることも不可能ではないわけだ。

「民俗資料」は、それ自体はどこまでも「現在」に属するものでありながら、必ず「歴史」が刻み込まれており、そして、その「歴史」は単体からは不可視だが、大量の比較を通じて空間差から時間差を抽出することが可能となる。ここに、「特別な人々」の「特別な出来事」の記録たる文字資料の不完全性を補完し得る、「普通の人々」の「日々の暮らし」そのものである「民俗資料」、すなわち、「私（たち）という資料」の可能性が立ち上がるわけだ。

単体からは見えない歴史を、膨大なデータの比較から可視化させる。民俗学という企図にとって、「比較」は不可避の手続きであり、その適切な遂行のためには、「採集」すなわちデータ・サンプリングは、学の根幹に関わる重要課題となる。サンプルに問題があると、それに基づく比較操作、そこから得られる分析結果が覚束《おぼつか》ないものとなってしまう。そうした事態を避けるべく、資料の性質に相応《ふさわ》しいサンプリング・メソッドとして提起されたのが、「三部分類」とよばれる民俗資料の分類法だ。

関心は年貢がきちんと上がってくること、もし何かアクシデントが生ずると、やれ「一揆嗷訴」だ「風水虫害」だと、大慌てで収入の危機を文字に記すこととなる。こうして残された文字資料から、「天災に苦しみ、一揆に荒れ狂う」農民像が出来上がる。しかしそれは、文字資料というフィルターを通した近世農民の一側面に過ぎず、その全体像ではない。なるほど文字は便利ではあるが、「特別な人々」による「特別な出来事」の記録という本質的制約をはらみ、ゆえに「普通の人々」の「日々の暮らし」を解き明かすリソースとしては、不完全といわざるをえないのだ。

「文字資料」だけに頼ることは限界がある。ならば、その限界を突破するために、新たな資料の③沃野が切り拓《ひら》かれなければなるまい。〈　4　〉それは何か。「普通の人々」の「日々の暮らし」そのものであり、極論すれば、そうした暮らしを営む私（たち）自身のことだ。

なにゆえ私たちが「資料」なのか。順を追って説明しよう。私たちは「日々の暮らし」を営んでいる。この日常生活は、無数の作法の組み合わせで出来上がっている。朝起きて、顔を洗って、歯をみがいて服を着る。こうした一連のふるまいは生物学的本能ではなく、後天的学習によって獲得される。しかも、こうした所作は、いま現在の行為でありながら、確実に「　A　」を有している。たとえば、「箸を使う」という日々繰り返す当たり前の所作も、決して今この瞬間に自ら発明したものではなく、周囲の年長者たちに教えられたものであり、その年長者たちもそのまた年長者たちに教えられたものであり、という具合に、はるか以前に遡ることができる。言葉もそうだ。〈　5　〉私たちは、いまこの瞬間に語りながらも、その大部分は自分ではない過去の人々が作り、使い、伝えてきたものだ。このように、私たちの日々のふるまいは、いま現在の出来事でありながら、本当に自らの発明発見である部分はごくわずかで、その大部分を過去の人々に依拠している。私たち自身が「歴史」を宿した「資料」であるというのは、このような意味においてのことだ。

ここで厄介なのが、私たちに「歴史」が刻み込まれているというのは良いとして、その㋑「歴史」を一体どうやって引き出すの残っているというのは十分にありそうなことである。未来に伝えられる資料として、文字（記号）は第一に①オすべきものだ。

だが、それだけではない。私たちが使っている道具、施設といったモノも、私たちの生活を後世に伝える手がかりとなる。ほかにも、人々の脳裏に刻み込まれた記憶も、一〇〇年後に伝わるかもしれない。たとえ一人の人間が直接伝えることが困難でも、親から子へ、子から孫へと世代を超えて受け継がれ、後の世に伝えることが可能である。〈　1　〉

まとめると、時を超えて伝わる資料は、文字（記号）、モノ、（身体的）記憶の三種に大別できる。さらに先を急ぐと、文字（記号）を扱うのが文献史学（歴史学）、モノを扱うのが考古学、（身体的）記憶を扱うのが民俗学、ということもできる。

さてそれでは、さまざまな資料のうち、「普通の人々」の「日々の暮らし」を考えるのにふさわしいのはどれか、ということが問題となる。通常、歴史を調べる際に用いられるのは、史料すなわち文字資料だろう。なるほど文字資料は、文字を読むことで過去の出来事を知ることができ、しかも、往々にして年月日まで記され、過去を知るにはすこぶる便利な素材である。

〈　2　〉歴史学が実質的に文献史学すなわち文字資料の学であることも、故なきことではない。

だが、本当にそれだけで良いのか。そこから「普通の人々」の「日々の暮らし」を辿《たど》ることができるのか、というのがここでの問いだ。そして㋐柳田國男は、これに「否」と答えたのである。

「愛すべきわが邦《くに》の農民の歴史を、ただ一揆《いっき》嗷訴《ごうそ》と風水虫害等の連続のごとくしてしまったのは、遠慮なく言うならば記録文書主義の罪である」（『国史と民俗学』一九四四年）。柳田はそう②喝破した。「天災に苦しみ、一揆に荒れ狂う」という農民像は、あくまで文字資料の産物に過ぎない。なぜか。文字は、リテラシーすなわち文字を読み書きする能力のある者のみが残せる資料であり、その能力は時代を遡れば遡るほど「特別な人々」に限られていく。しかも、書き記される内容は、当たり前に繰り返される「日々の暮らし」よりも、書き残そうとする意志のはたらく「特別な出来事」に傾いていく。〈　3　〉

農民像に即していうと、近世の農民について書き残すのは読み書き能力を有する支配階層がほとんどで、彼らにとって最大の

国語

（八〇分）

解答に字数制限がある場合には、句読点・カッコも一マスとすること。
受験学部・受験方式によって、解答すべき問題を指定しているので注意すること。

全学統一方式（文系）	文学部以外	一　二　三
	文学部※	一　二　三　または　一　二　四
前期方式	APU	一　二　三

※文学部は二（現代文）と四（漢文）が選択問題。両方とも解答した場合は高得点の方を採用。

一　次の文章を読んで、問いに答えよ。

「普通の人々」の「日々の暮らし」、その来し方行く末を考えるのが民俗学の目的だとして、それはどのような対象に拠《よ》るべきだろうか。

試みに、いま、ここに生きている私たちの日々の暮らしが、一〇〇年後にどのような形で残されているのか、想像してみよう。

まず、私たち自身が書き残した文字、私たちをめぐって書き記された文字（戸籍や成績表や源泉徴収票やら）が一〇〇年後も

解答編

英語

I　解答

〔1〕　(A)—(4)　(B)—(3)　(C)—(1)　(D)—(3)

〔2〕　(1)—1　(2)—2　(3)—3　(4)—3　(5)—1

〔3〕—(2)

◆全　訳◆

≪アロラは開放型旅行会社の社長さん≫

5年ほど前に，誰をも受け入れる旅行会社を立ち上げたとき，ネハ=アロラ氏はことによると，世界で一番旅行したことのない旅行会社社主だったかもしれない。生まれ育ったインドで週末に数回旅をした以外，氏は家から遠いところに旅行したことはなかった。子どもの頃，アロラ氏は級友たちが家族で休暇に出かけ，帰宅して土産話をするのをじっと見つめていた。氏の外出は学校のピクニックか祖父母のところに遊びに行くかに限られていた。家族の休暇は現実的な選択肢だとは思えなかった。アロラ氏の父は目が不自由で，母は車椅子を使っているからである。

工学の学位課程を終えたあと，アロラ氏は首都ニューデリーに移り，電気通信会社に就職した。ついに2009年，家族で10日間のインド南部の旅をするのに十分な貯金ができた。お金で，両親が直面する旅行障壁を突破できたらいいと，氏は願った。それは間違っていた。「3,000キロ以上旅をしても，そこには立ち入れないとか，期待していたような経験ができないということになってしまうのです」と，アロラ氏は語った。

そのインド南部の旅でとりわけ厄介な事件を経た後，両親は旅に見切りをつけてしまったので，アロラ氏は解決策を模索し始めた。障碍をもつ人々の役に立つのを専門にする旅行会社はあったけれど，その大半は一つだけの障碍に的を絞っていた。アロラ氏には，両親を連れて快適，安全に旅ができるようにしてくれるものは何も見つからなかった。「話をする人はますます増えていったのですが，その人たちは全く旅行しないか，同じような難題に直面しているかのどちらかでした」と，氏は語った。「自分で旅行会社を始めるしかなかったのです，旅をしようとすれば」

世界保健機関によれば，10 億を超える人々，ということは世界の人口の約 15％が，何らかの形の障碍とともに暮らしており，可動性や認知の問題から，視覚，聴覚に障碍があることにまで及ぶ。加えて，20 億を超える人々が，連れ合い，子どもたち，世話をする人を含めて，誰かが障碍のあることで直接影響を受けている。にもかかわらず，誰もが，身体的な制約や，障碍，年齢にかかわらず，旅行施設やサービスをすべて利用することができる開放式観光は，一般的ではない。多くの障碍者にとって旅行は，難しいままである。利用しやすいサービスに関する情報がなく，差別があったり，必要を満たすホテルを見つけるのに手間がかかるためである。最近，一つの研究が明らかにしたのは，最高水準の居住環境整備がなされている国々，それは概ね最高水準の富裕度にある諸国であるが，そこでさえ，車椅子での利用のしやすさは，調査分析されたホテルの 30％でしか得られず，触ってわかる掲示や音声ガイドといった居住環境整備がなされているのは，5％かそれに満たない事例だということだった。

アロラ氏はこの格差を早くから知っていたけれども，2016 年になってはじめて，仕事を辞めて自分の会社を始める覚悟を決めたのであり，旅行をどんな障碍をもつ人にでも，もっと利用しやすくすることが目的であった。当初会社が提供したのは，ニューデリーでの日帰り旅行だったが，それ以降拡大を続け，欧州とアジア各地の 40 を超える目的地へ向けた開放型の団体旅行や特別仕様の旅を提供するまでになった。アロラ氏の旅行会社がどうして独特なのかといえば，それは，誰をも受け入れるかたちの経験が提供されるからである。「私たちは，様々な障碍をもつ人々と障碍のない人々を混ぜ合わせて，ともに旅してもらうのです」と，アロラ氏は語った。「だから，障碍はただの人間の特徴になるわけです。そんなものが，どのように旅をし，どこへ旅するかを決めたりはしないのですよ」

様々な障碍に対する居住環境整備を考慮することは，厄介なことになりかねないけれど，アロラ氏は自分のやり方が思いがけない驚きを生むと語る。ある旅行では，目の不自由な男の人がソフトウェアを作って，耳の不自由な女の人と交流し，他の人の手を借りたりはしなかった。別の旅行では，障碍のない観光客がアロラ氏に，自分は以前 4 回そこに来たことがあったけれど，今回は全く違って見えたと告げた。珍しいことではないのです，とアロラ氏は語る。たとえば，車椅子で行けるルートを計画したり，目の不自由な旅行者が団体にいるために触れて知るという経験を中心にしたりすることは，旅行者がそうなっていなければ見逃してしまいかねない細部を知る助けとなりうる。

同社の団体にいた人々は，旅行後も友人のままでいた。「ああ，この人も自分と同じなのだ，たまたま障碍があるだけなのだとわかるのです」と，アロラ氏は語り，ときには障碍のない旅行者が旅行後に，自分の職場をもっと障碍者に利用しやすくするにはどうすればいいかとか，障碍のある人を雇用するにはどうすればいいかといった問題を抱えて当社にやってくることもあると，言葉を継いだ。アロラ氏はまた，旅行をより包括的でアクセスしやすいものにする方法についてアドバイスを提供するために，政府，観光局，ホテル，NGOなどと相談して会社の範囲を拡大した。

実は，2020年の調査でわかったのだが，障碍者旅行市場は成長している。2018年から19年の間に，2,700万を超える障碍のある旅行者が，8,100万回旅行したのである。この顧客に応えるため，アロラ氏の会社はウェブサイトを作って，障碍者の利用しやすさにかかわる同社の情報が，より幅広く利用できるようにした。その結果，人々は独自の旅行計画を作ることができ，旅行会社に依存しなくなって，高くつくこともなくなりそうだ。お終いに，アロラ氏は，目的はあらゆる旅行会社と目的地が開放されることであり，そうなれば，自分の仕事は本当に不要になるだろうと語る。「最終的に，障碍者のための別の旅行会社は不要になります」と，アロラ氏は語った。「業界全体が誰をも受け入れるようになり，あらゆる人が旅行できるようにならないとね」

◀解　説▶

〔1〕 (A) 「なぜネハ=アロラ氏は旅行会社を始めそうにない人物だったのか」「会社を立ち上げそうにない理由」に関しては第1段第1文（When Neha Arora …）に「世界で一番旅行したことのない旅行会社社主」とある。選択肢はそれぞれ，

(1)「氏は南インドに行ったことがなかった」
(2)「氏は仕事でたっぷり稼いでいた」
(3)「氏の両親は氏の仕事の着想に賛成でなかった」
(4)「氏は地元外に，ほとんど行ったことがなかった」
の意味だから，正解は(4)だとわかる。

(B)「本文によれば，旅行が障碍者にとって不便である一つの理由とは何か」「不便な理由」に関しては第2段最終文（“You travel over …）に「そこには立ち入れないとか，期待していたような経験ができないということになってしまう」とある。選択肢はそれぞれ，
(1)「障碍者は付き添いする人とともに旅行しなければならない」
(2)「海外旅行をするのは，費用が高すぎる」
(3)「利用しやすい場所が十分にないので旅ができない」
(4)「場所を移動するごとに長時間かかる」
の意味だから，正解は(3)だとわかる。

(C)「アロラ氏の会社は他の旅行代理店とどう違うのか」「会社の違い」に関しては，第5段第3文（What makes Arora's …）に「アロラ氏の旅行会社がどうして独特なのかは，誰をも受け入れるかたちの経験が提供されるから」とある。第5段第1文（Although Arora saw …）末尾にも「旅行をどんな障碍をもつ人にでも，もっと利用しやすくする」とある。選択肢はそれぞれ，
(1)「その会社は，あらゆる人に役立ち，あらゆる人を歓迎する」
(2)「その会社は，障碍者を雇用する」
(3)「その会社は，旅行者に音声ガイドを提供する」
(4)「その会社は，とりわけ車椅子を利用する人に様々な旅行を提供する」
の意味だから，正解は(1)だとわかる。

(D)「アロラ氏の旅行会社の旅をした後，一部の人々は何をしてきたか」「旅行後の行動」に関しては終わりから2つ目の第7段第2文（“You realize, oh, …）に「自分の職場をもっと障碍者に利用しやすくするにはどうすればいいか…」などとある。選択肢はそれぞれ，
(1)「その人たちは，家族の高齢者にもっと旅するように奨励した」
(2)「その人たちは，同じ場所への旅を数回予約した」
(3)「その人たちは，自分の職場の多様性に関心をもつようになった」

(4)「その人たちは，地元で障碍者とともに進んで働くようになった」の意味だから，正解は(3)だと判断できる。

〔2〕 (1)「既存の旅行会社はネハ=アロラ氏の両親の必要を満たしてくれなかったので，氏は自分で会社を立ち上げた」 第3段最終文（"I had to …）に「旅行会社を始めるしかなかったのです，旅をしようとすれば」とあるので，一致。

(2)「アロラ氏が自分の会社を立ち上げたとき，近場の目的地までの一泊旅行を提供した」 第5段第2文（Initially, the company …）に「当初，会社が提供したのは，ニューデリーでの日帰り旅行だった」とあるので，不一致。

(3)「会社を立ち上げた後で，アロラ氏は世界中に友人ができた」 第7段第1文（People in the …）に，同社のグループ旅行に参加した人々は，旅行後も友人のままでいた，とあるが，アロラ氏に世界中で友人ができたかについては，不明と言うしかない。

(4)「政府や観光センターはそのウェブサイトで氏の会社を推薦している」 最終段第3文（To serve these …）には「アロラ氏の会社はウェブサイトを作って，障碍者の利用しやすさにかかわる同社の情報が，より幅広く利用できるようにした」とあるだけで「政府などの活動」については，不明と言うしかない。

(5)「アロラ氏は将来，業界に変化が起きて，誰をも受け入れる旅行が一般的になればいいと望む」 最終段最終文（"You want the …）に「業界全体が誰をも受け入れるようになり，あらゆる人が旅行できるようにならないと」とあるので，一致。

〔3〕 本文は，「開放型旅行会社を立ち上げた人物の，障碍者と旅行業への貢献」が話題であった。選択肢はそれぞれ，
(1)「障碍をもつ旅行者専用の新会社」
(2)「観光を障碍者に利用しやすくしようとしている事業主」
(3)「障碍によって影響を受けている世界中の多数の人々」
(4)「利用可能な旅を必要とする障碍をもつ旅行者の増加」
(5)「テクノロジーを使ってインドにプラスの変化を生み出す旅行会社」
の意味だから，正解は(2)だと判断できる。

II 解答

〔1〕(A)—(3)　(B)—(4)　(C)—(3)　(D)—(2)　(E)—(2)
(F)—(3)　(G)—(2)　(H)—(1)

〔2〕㋐—(3)　㋑—(3)　㋒—(2)　㋓—(2)　㋔—(3)

◆全　訳◆

≪赤ん坊にはあるがコンピュータにはないもの≫

科学技術の躍進によって，機械が私たちの声を識別して反応したり，顔を確認したり，違う言語で書かれた文を翻訳することさえ可能となった。しかし，こうした前進に注がれた研究資金すべてをもってしても，人工知能はいまだに新しい状況にすぐに対処することはできないし，自然言語を理解することも制限があるままである。心理学者のリンダ=B. スミス先生は，機械学習がこうした弱点を克服するには，赤ん坊と幼児の学習過程を模倣すればよいだろうと考えている。

では，子どもにあって，コンピュータにはないものは何だろう？　スミス先生は，人間の視覚学習の複雑な性質のおかげで，赤ん坊が物の名前や分類を，これまで人工知能の世界では達成できなかったやり方で，理解できるようになる様子を説明した。説明のために，先生は2歳児が初めて畑でトラクターが動いているのを目にする例を使った。「子どもがそのトラクターが動くのを見て，『トラクターだ』と繰り返し言われれば，おそらくは，それ以後，この2歳児はすべての種類のトラクターを識別できるようになるけれど，戦車やクレーンがトラクターだとは思わなくなるでしょう」と，先生は語った。児童心理学では，この現象は，形バイアスとして知られており，物に関する情報を，その色，大きさ，その他の物理的な特徴ではなく，形によって一般化する傾向をいう。機械学習の研究領域では，これはワンショットカテゴリー学習と呼ばれ，あるカテゴリーのただ一つの例についての情報を取り入れ，それをカテゴリー全体に推定して当てはめる能力のことである。もっとも，機械はまだそれができないでいるのだけれど。子どもは，この能力を生まれつきもっているわけではない。子どもはそれを生後30カ月以内に学習する。スミス先生は，形バイアスが通常の予想より6～10カ月早めに出現するように促す研修を調査する研究者の一人である。

初期の言語発達の探査は，スミス先生の説明では，学習過程の2つの部分を中心にする。それは，訓練データと学習を行う仕組みである。言語発達と物体学習を調べる著名な手法の一つは，赤ん坊の頭に装着したビデオカメラを使って，運動センサーを用いてその子の目の動きを追尾し，その子が実際に何を見ているかの生映像を記録する手法である。反対に，機械学習に使う訓練映像は，自然に生じた場面ではなく大人が撮影した写真である。「視覚的なカテゴリー学習が赤ん坊に生じる場合の経験は，コンピュータの視力を鍛えるために機械学習で使われている経験とは根本的に違っているのです」と，スミス先生は語った。そうした差異は，先生の言うことには，人間の視覚システムがなぜそれほどに高度なのか，赤ん坊がなぜ「一つの試行で物体の名称を学習できる」のかを説明するのに役立つかもしれない。

スミス先生の企画により，これまでに収集されたデータは，赤ん坊が大量の情報をほんのいくつかの顔，物体，カテゴリーに基づいて学習し，その学習は，様々な時点で変化することを示している。赤ん坊は，どのように自分の身体を動かしたり，配置したりするかに基づいて，学習用の独自のデータを生み出す。生後わずか数カ月間，自分の頭や体をほとんど操れないとき，赤ん坊は主に，自分の保護者の顔を見ている。しかし，一歳の誕生日が近づくにつれ，赤ん坊は手や物体のほうに関心を多く寄せるようになる。

研究者は食事の場面の時間に観察の中心を置いたと，スミス先生は説明した。「私たちは，食物や料理が含まれていれば，どんな出来事も食事時間とみなしたのです」 たとえば，食事時間には，犬が食物やシリアルを床で食べている場合も入っていた。大半の場面は雑然としていたとはいえ，いくつかの物体，たとえば，椅子やスプーン，ビンといった物は，子どもの視覚経験の最もありふれた品目であった。また，こうした手法によって，研究者はいつ子どもが物体のカテゴリーや個々の物体の名前を学習するかを確認することができた。結果は，子どもたちが最初に学習する名詞は，最も頻繁に目にした物体が中心だということだった。「このことが私たちに示唆しているのは，視覚的な浸透度は，来る日も来る日も，毎時間毎時間，幾多の多様な観点から生じるわけですが，それ自体が物体に関する視覚学習や，雑然とした部屋の中で物を見つけること，強力な視覚的な記憶を構築して，ついにはそれらと結びつく単語を獲得することにとって，決定的に重要であるかもしれないということなのです」と，スミス先生は語った。

先生の実験は，どのように赤ん坊の視覚経験が，時が経つにつれ変化していくのかや，物体を手の動きに従わせることが物体名の学習にどう影響するのかをも検証する。赤ん坊が一歳の誕生日に近づく頃までには，自分が目にしている物を手で触れることによって操り始め，ただ見ているだけではなくなる。「物を手で持ったり，目を向けたり，親がそれに名前をつけることによって，幼児はその場面で目につく一つ一つの物の具体的な映像を作り出すのです」と，スミス先生は語った。「親がそうした具体的な時点で物体に名付けると，その子は物体名を学習する可能性がはるかに大きくなるのです」 スミス先生の研究は今，文化や社会経済学が，こうした過程に果たす役割を検証している。

その研究によってスミス先生は，機械に赤ん坊の視覚映像を与えさえすれば，ワンショットカテゴリー学習を実際にするようになるかもしれないと確信するようになった。環境と視覚経験の役割を理解することは，新たな教育的介入に結びつき，学習に問題のある事態を抱える子どものためになる。そうした事態は言語と視覚学習に困難があることと関連しているからである。

◀解　説▶

〔1〕 (A)　空所を含む部分は「機械学習がこうした弱点を克服するには，赤ん坊と幼児の学習過程を（　　　）すればよいだろう」の意。空所部分には「取り入れる」といった意味の語が入ると読み取れる。選択肢はそれぞれ，(1)「変える」，(2)「支配する」，(3)「模倣する」，(4)「却下する」の意であるから，それに最も近いのは(3)である。

(B)　空所を含む部分は「(　　　)，先生は2歳児が初めて畑でトラクターが動いているのを目にする例を使った」の意。「例を挙げる」のは，例を挙げて論旨をわかりやすく説明するためであることが普通。選択肢はそれぞれ，(1)「結果を聞くやいなや」，(2)「再び」，(3)「同じく」，(4)「説明するために」の意であるから，そのような意味になっているのは(4)である。

(C)　空所を含む部分は「(子どもがそのトラクターが動くのを見て，『トラクターだ』と繰り返し言われれば，) それ以後，この2歳児はすべての種類のトラクターを（　　　）できるようになる」の意だから，空所には「認識できる」といった語が入るとわかる。選択肢はそれぞれ，(1)「混同する」，(2)「忘れる」，(3)「識別する」，(4)「要求する」の意であるから，正解は(3)に決まる。

(D)　空所を含む部分は「形バイアスが通常の予想より 6 ～10 カ月早めに（　　）するように促す」の意。スミス先生は，学習がどう形成されるかの研究をしているのだから，空所には「生じる」といった意味の語が入ると判断できる。選択肢はそれぞれ，(1)「休止する」，(2)「出現する」，(3)「消え失せる」，(4)「回帰する」の意であるから，正解は(2)だとわかる。

(E)　空所は，その前後の 2 文がどのような関係でつながっているかを示す語句が入る。前方には「子の目の動きを追尾し，その子が実際に何を見ているかの生映像を記録する」という赤ん坊の学習を調べる手法が記述され，後方には「自然に生じた場面ではなく大人が撮影した写真」を用いる機械学習の手法が提示されている。それらの関係は，「対照」である。選択肢はそれぞれ，(1)「加えて」，(2)「反対に」，(3)「代わりに」，(4)「実は」の意であるから，「対照」を示す(2)が正解。

(F)　空所を含む部分は「赤ん坊は，どのように自分の身体を動かしたり，配置したりするかに基づいて，学習用の独自のデータを（　　）する」の意。空所には「作成する」といった意味の語が入ると読み取れる。選択肢はそれぞれ，(1)「妥協する」，(2)「疑う」，(3)「生み出す」，(4)「無視する」の意であるから，正解は(3)だとわかる。

(G)　空所を含む部分は「赤ん坊が目にしている物を，物体を（　　）することによって操り始め，ただ見ているだけではなくなる」の意。空所には「いじる」といった意味の語を入れれば文意が通る。選択肢はそれぞれ，(1)「食べる」，(2)「手で触れる」，(3)「空想する」，(4)「欲する」の意であるから，正解は(2)に決まる。

(H)　空所を含む部分は「スミス先生は，機械に赤ん坊の視覚映像を与えさえすれば，ワンショットカテゴリー学習を実際にするようになるかもしれないと（　　）する」の意。よって，空所には「考える」といった意味の語が入ると読み取れる。選択肢はそれぞれ，(1)「確信する」，(2)「という可能性で混乱している」，(3)「という考えで打ちひしがれている」，(4)「かどうか確信がない」の意であるから，正解は(1)に決まる。

〔2〕 ㋐　該当部分は「この能力」という意味だから，下線部㋐の指示対象は直前の第 2 段第 5・6 文（In child psychology, … mastered this yet.）に述べられた子どもに関する「形バイアス」，すなわち「物に関する情報を，その色，大きさ，その他の物理的な特徴ではなく，形によって一般化する能力」であるとわかる。選択肢はそれぞれ，

(1)「顔を識別する技能」

(2)「物の名前を連呼する技能」

(3)「物理的形態に基づいて物を分類する技能」

(4)「色彩や大きさを考慮に入れて物を分類する技能」

という意味。よって，これらの中で上記の内容に最もふさわしいものは(3)だとわかる。

㋑　該当部分は「そうした差異」という意味だから，下線部㋑の指示対象は直前の第3段第4文（“The experience on …）に記述された「赤ん坊と機械の間の学習経験の差異」だと読める。選択肢はそれぞれ，

(1)「訓練データと学習メカニズムの異なる側面」

(2)「幼児が目にしている物を処理する様々な手法」

(3)「幼児と機械の学習メカニズムの差異」

(4)「幼児と大人が用いる人間の視覚システムの間の差異」

という意味。よって，これらの中で上記の内容に最もふさわしいものは(3)だとわかる。

㋒　該当部分は「こうした手法によって」という意味。よって，下線部㋒の指示対象は第5段第1～4文（The researchers focused … child's visual experience.）の「食事関連の時間を観察の中心とする手法」であるとわかる。選択肢はそれぞれ，

(1)「いつ犬が床で食事をするかを観察することによって」

(2)「どの食事関連品目が規則的に出現するかを観察することによって」

(3)「どれだけの混乱を幼児が食事時に引き起こすかを確認することによって」

(4)「どんな種類の食品や飲料を幼児が一番喜ぶかを確認することによって」

という意味。これらの中で上記の理解に最もふさわしいのは(2)である。

㋓　下線部㋓の指示対象は，直前の第5段第6文（Results showed that …）に記述された「子どもたちが最初に学習する名詞は，最も頻繁に目にした物体が中心だということ」である。選択肢はそれぞれ，

(1)「子どもたちが名詞を最初に耳にすること」
(2)「子どもたちが最もよく目にした物を学習すること」
(3)「子どもたちが雑然とした部屋で混乱していること」
(4)「子どもたちが食事時間の頻度を理解すること」
という意味。よって，これらの中で上記の内容に合致しているのは(2)だとわかる。

㋔　該当部分の指示対象は，直前の第6段第1～4文（Her experiments also … the object name.”）に述べられた「幼児が物体名を学習する過程」であると読み取れる。選択肢はそれぞれ，
(1)「機械学習の開発」
(2)「どの具体的時点に集中すればよいかを決めること」
(3)「どのように子どもたちが物と触れ合うことによって名称を学習するかということ」
(4)「『ワンショット』カテゴリーから視覚的なカテゴリー学習へと進歩すること」
という意味。よって，これらの中で上記の内容に最もふさわしいのは(3)である。

III　解答

〔1〕　㋐―(1)　㋑―(2)　㋒―(10)　㋓―(8)
〔2〕　㋕―(8)　㋖―(5)　㋗―(2)　㋘―(3)

◆全　訳◆

〔1〕≪病院で≫

A：「こんにちは，この病院の夏期ボランティア事業に応募しようかと思っているんですが」

B：「ありがたいです。新たなボランティアの方をいつも募集していますから。夏期事業では，ボランティアの方はたいがい10代後半なんです。年齢はそれくらいでしょうか？　ちょっと一応ね…」

A：「私，高校の最終学年ですから，問題ないです。応募の仕方を教えていただけませんか？」

B：「はい。応募は今月の25日まで受け付けています。ネット上で必要事項を記入していただき，先生からの推薦状を一通提出する必要があります」

A：「わかりました。ボランティアの勤務時間はどうなっていますか？」

B：「週に3日，午前9時から午後5時まで空けていただかないといけません。その間，ボランティアの方たちの大半は，患者さんを出迎えて，案内をすることになります」

A：「なるほど。実はもう一つ質問があります。8月に2週間家族で休暇を取る計画なんです。休暇をお願いすることはできるでしょうか？」

B：「すみません。ボランティアの方には夏中，予定を空けていただかないといけません。来年応募していただくほうがいいかもしれないですね」

A：「はい，わかりました。考えてみます。お時間を割いていただいて，ありがとうございました」

〔2〕 ≪銀行で≫

A：「わあ，見てよ。ATMに長〜い列！」

B：「また後で来ることにしたら？　本当に今日お金を引き出す必要があるの？」

A：「実は，通帳を更新しないといけなくて」

B：「うーん，ATMを使うのは楽かもしれないけど，列に並ばなくちゃいけないわけじゃないよ？　ネットで調べちゃえばいいんじゃない？　家にコンピュータ，あるよね」

A：「それって，口座にいくらあるのかネットでわかるってことかな？」

B：「そう。私はいつも家からインターネットバンキングしてる。言うほど難しくないよ。後ろの入り口近くにやり方のお知らせがあったから，これ，取っておいたよ」

A：「ありがとう！　ネットで登録してID取らなくちゃいけないのかな？」

B：「ご心配なく，私，解決するお手伝いするから。でも，自分のパスワードは自分で決めないといけないからね」

A：「わかった。すごく簡単そう。待った！　このお知らせによると，パスワードって，4文字しかないよ。それって，ちょっと危ないんじゃない？」

B：「違うよ。それPIN。それって，ATMに使う数字でしょ？　ネットのパスワードは少なくとも数字と記号が8つ必要なんだから。それから，Eメールに返事しないとアクセスできないよ。まるっきり安全だね」

A：「うーん，君にはいいだろうけど，私としては複雑すぎるような。列に並んで待つことにしようかなあ」

B：「そうですかあ。それなら，コーヒー，持ってくるよ」

◀解　説▶

〔1〕 ㋐ 「高校の最終学年」という返答にふさわしいのは，(1)「年齢はそれくらいでしょうか？」である。

㋑ 「週に3日，午前9時から午後5時まで空けて」という返答にふさわしい質問は，(2)「ボランティアの勤務時間はどうなっていますか？」である。

㋒ 「休暇をお願いすることはできるでしょうか？」という質問の前置きにふさわしいのは，(10)「8月に2週間家族で休暇を取る計画なんです」である。

㋓ 「休みは取れない」という情報を伝えた後に続く発言としては，(8)「来年応募していただくほうがいいかもしれないですね」がふさわしい。

残りの選択肢は，(3)「以前に経験がないといけませんか？」，(4)「どうしてボランティアに興味をお持ちになったのですか？」，(5)「理科の成績はいいです」，(6)「夕方に応急手当の講座を取るつもりです」，(7)「病院って，週末はたいてい本当に忙しいんですよ」，(9)「もっと科学の講座をいっぱい取って準備するといいですよ」の意。

〔2〕 ㋕ 「並ばなくてよい」に続くのは，(8)「ネットで調べちゃえばいいんじゃない？」であり，次の「コンピュータ，あるよね」にもうまくつながる。

㋖ 処理が難しそうな「インターネットバンキング」を勧めるにあたって続けるには，(5)「言うほど難しくないよ」がふさわしい。

㋗ 「パスワードがたった4文字」に続けるのにふさわしいのは，(2)「それって，ちょっと危ないんじゃない？」である。

㋘ 「複雑すぎる」に続くのは，インターネットバンキングはあきらめて，(3)「列に並んで待つことにしようかなあ」がふさわしい。

残りの選択肢は，(1)「それに，君はそれを忘れちゃった」，(4)「君はそんなにたくさん覚えられないよ」，(6)「どれだけ並んで待ったの？」，(7)「こんな指示書きわからないよ」，(9)「残念ながら，銀行はもうすぐ閉まります」，(10)「これに使えるコンピュータを持っていればなあ」の意。

Ⅳ　解答

(A)―(2)　(B)―(1)　(C)―(3)　(D)―(4)　(E)―(3)　(F)―(2)
(G)―(3)　(H)―(1)

◀解　説▶

(A)「こんなに高いビルは見たことがない」 than は比較級とともに用いる。tall の比較級は taller。ビルは単数形なので taller の前に冠詞 a がつく。よって，正解は(2)である。

(B)「言葉を学ぶ最善の方法の一つは，毎日少し話してみることである」主語が ways なので，述部には by … を用いる。よって，正解は(1)である。

(C)「上司はシフトの終わりまでに皿を洗ってほしいと思っている」want は目的語の後に不定詞が続く。よって，正解は(3)である。

(D)「その試合はとても退屈だった！」 game は bore の意味上の主語になるから，現在分詞になる。よって，正解は(4)である。

(E)「私は幼時から理科が楽しかった」 現在完了なので，起点を示す接続詞になる。よって，正解は(3)である。

(F)「これは私が探していた，まさにその本である」 for の目的語になる関係詞が入る。よって，正解は(2)である。

(G)「アーティストが展示されている花を活け直しているときに，私たちは店に入った」 全体の時制は過去。よって，正解は(3)である。

(H)「私の両親だけでなく，私も招待されている」 意味の中心は I なので，be 動詞は I に一致する。よって，正解は(1)である。

Ⅴ　解答

〔1〕 (A)―(1)　(B)―(3)　(C)―(2)　(D)―(4)　(E)―(2)
〔2〕 (A)―(2)　(B)―(2)　(C)―(1)　(D)―(4)　(E)―(3)

◀解　説▶

〔1〕 (A)「洞窟に入るときは（　　）が望ましい」 選択肢はそれぞれ，(1)「注意」，(2)「混沌」，(3)「公民権」，(4)「通貨」という意味。これらの中で「洞窟の中の行動」にふさわしいものは(1)である。

(B)「バスは20分（　　）で出る」 選択肢はそれぞれ，(1)「検査」，(2)「保険」，(3)「間隔」，(4)「孤立」という意味。これらの中で「バスの出発」にふさわしいのは(3)である。

(C) 「私は焼きたての（　　　）のパンの匂いが好きだ」 選択肢はそれぞれ，(1)「子羊」，(2)「一斤」，(3)「丸太」，(4)「肺」という意味。これらの中で「パン」にふさわしいのは(2)である。

(D) 「この旅は極端に（　　　）になるだろう」 選択肢はそれぞれ，(1)「一致する」，(2)「比喩的な」，(3)「静脈内の」，(4)「贅沢な」という意味。これらの中で「旅」にふさわしい形容詞は(4)である。

(E) 「この映画は私のとびきりお気に入りの（　　）だ」 選択肢はそれぞれ，(1)「愚行」，(2)「ジャンル」，(3)「リンネル，リネン」，(4)「誓い」という意味。これらの中で「映画」に結びつくものは(2)である。

〔2〕 (A) 「このレシピでは生のトマトを使うのがベストです」 選択肢はそれぞれ，(1)「固い」，(2)「新鮮な」，(3)「海外の」，(4)「通常の」という意味。これらの中で「生の」に近いのは(2)である。

(B) 「映像はきわめて見やすかった」 選択肢はそれぞれ，(1)「偶像」，(2)「画像」，(3)「侵略」，(4)「立腹」という意味。これらの中で「映像，写像」に近いのは(2)である。

(C) 「私は当時自分の務めを果たすことで頭がいっぱいだった」 選択肢はそれぞれ，(1)「関心がある」，(2)「好みである」，(3)「禁じられている」，(4)「圧倒されている」という意味。これらの中で「心を占める」に近いのは(1)である。

(D) 「これは義務だとはいえ，私は喜んで手を貸す」 選択肢はそれぞれ，(1)「目録」，(2)「用件，手数料」，(3)「指針」，(4)「必要条件」という意味。これらの中で「やらなければいけないこと」という意味をもつのは(4)である。

(E) 「その決断が公平だったかどうか，確信がない」 選択肢はそれぞれ，(1)「思いやりのある」，(2)「現代的な」，(3)「公正な」，(4)「ひどい」という意味。これらの中で「公平」に近いのは(3)である。

❖講　評

2023 年度は，長文 2 題による「読解力」を中心に，「コミュニケーション」「文法」「語彙」の各分野が試された。一方，「英作文」分野に関しては，出題されていない。

Ⅰの読解問題は，論説文による内容理解を試す出題。障碍者の旅行を容易にする「開放型旅行を運営する会社」が論じられ，「すべての人に開かれた社会」の実現という現代的な課題を見据えた文章が用いられた。〔1〕は，素直な出題で，実力が反映される設問だった。〔2〕も設問形式の複雑さはさておき，取り組みやすかったであろう。〔3〕では，誤って(4)を選んだ受験生が多かったかもしれない。単なる英語力ではなく，論旨を把握する力が試されている。

Ⅱの読解問題は，やはり論説文が使われ，「幼児の発達と同じ仕組みを機械学習に応用」するという，社会にAIが組み込まれていくことを前提とする文章であり，まさに21世紀的な話題であった。〔1〕の空所補充問題では(G)に手こずった受験生が多かったであろう。実は直前の engaging objects with their hands の理解が問われていたのである。〔2〕では，㋐が指示対象をかいつまんで理解する必要があったので，迷いやすかったかもしれない。

Ⅲは，特定の状況を設定した会話文が素材。〔1〕は「病院ボランティア」の話題だった。後半の空所補充は会話というより形容詞 available の理解が中心の出題であり，ややハイレベル。〔2〕は「インターネットバンキング」の話題であり，受験生にとってほぼ未知の領分だったので，力量が試されたことだろう。㋘を正解するには，発想の転換が必要だった。

Ⅳは，基本的な文法・語法の力を試す出題である。(B)は，これが正しい英文だと理解するには相当の学力を要する問題。(H)は，主語と動詞の一致という受験生の盲点を突く出題であった。

Ⅴは，語彙力を試す問題であるが，とりわけ〔1〕(D)(3) intravenous [intra＋vein＋ous] は，高難度の語彙。(E)の(2) genre も，「ジャンル」という語を知っていても，それがフランス語由来だと知らないと，発音できない厳しい語彙。〔2〕(C)は，選択肢が紛らわしいので，受験生は迷っただろう。(D)も，上級問題で，受験生には厳しかったと思われる。

全体として，まず語学の基礎である文法・語彙の力をもとに，必要な情報を収集し，論旨をしっかり理解する読解力，場面に応じたコミュニケーション力を養成することが求められる出題であった。大学で学ぶための基礎になる総合的な英語力を身につけるように，という強い メッセージである。しっかり受け止めて，努力を重ねていこう。

日本史

I 解答

(a)—(う)　(b)中宮寺　(c)恵慈　(d)—(い)　(e)裳階　(f)玄昉
(g)—(い)　(h)—(あ)　(i)フェノロサ　(j)法華寺　(k)淡海三船
(l)—(う)　(m)叡尊〔思円〕　(n)百万塔陀羅尼　(o)神宮寺

◀解　説▶

≪宮廷の女性による仏教信仰≫

(a)　(う)が正解。「大王天皇」は初の女性天皇である推古天皇。『天皇記』は，推古朝に聖徳太子や蘇我馬子によって編纂された歴史書であり，(あ)「帝紀」に類する天皇の系譜や皇位継承をまとめたものと考えられる。同時に(い)「旧辞」（朝廷の伝承・説話）にあたる『国記』も編纂された。

(b)　「『太子』の母」がヒント。中宮寺は聖徳太子が母の菩提を弔うために建立した法隆寺に隣接する尼寺である。

(c)　難問。恵慈（高句麗僧）は595年に来日，615年に帰国するまで聖徳太子の師として，三経義疏の編纂に助言するなど仏教興隆に尽し，遣隋使派遣など外交政策にも影響を与えたと考えられている。

(d)　下線部④の寺院は薬師寺（白鳳文化）である。薬師寺の伽藍配置の特徴は回廊の内に東塔と西塔の2つの塔があること。回廊の外に塔がある(う)東大寺（天平文化）と混同しないように注意しよう。なお，(あ)法隆寺（飛鳥文化），(え)四天王寺（飛鳥文化）である。

(e)　やや難問。「現存する三重塔」は薬師寺の東塔である（西塔は近年の再建)。裳階《もこし》（裳層）は建物を風雨から保護するために付けた庇であるが，屋根の軒との組み合わせが美しく，寺院建築に好んで使用されるようになった。

(f)　「聖武天皇」の時代，「失脚して筑紫に配された」がヒント。玄昉（法相宗の僧）は吉備真備らと共に遣唐使となり，帰国後は共に橘諸兄政権に参画して聖武天皇の仏教政策に影響を与えた。藤原仲麻呂が台頭すると失脚し筑紫観世音寺に左遷された。

(g)　(い)華厳経義疏が誤り。華厳宗が奈良時代に伝わり南都六宗の一つとして隆盛したことをヒントに選択しよう。華厳経は736年唐僧の道璿《どうせん》によって伝えられた。大仏（盧舎那仏）はその本尊であり，東大寺は華厳宗の総本山である。

(h)　(あ)が正解。「斑鳩寺」は法隆寺のこと。「八角形の堂」は夢殿で，その本尊は救世観音像である。北魏様式でクスノキの一木造。秘仏だったため幾重もの布で覆われ，金箔などの残存状態が良好であった。なお，(い)飛鳥寺釈迦如来像，(う)中宮寺半跏思惟像，(え)法隆寺百済観音像は，いずれも飛鳥文化の代表作である。

(i)　法隆寺夢殿の救世観音像を開扉したことがヒント。フェノロサはアメリカの思想家で，1878 年に来日して東京大学で哲学を講義した御雇外国人。日本美術に関心を持ち，1887 年岡倉天心らと東京美術学校を設立して日本画復興に尽力した。

(j)　やや難問。「光明子」がヒント。法華寺は光明皇后が「父・藤原不比等」の邸宅跡に創建した尼寺。

(k)　難問。「唐僧」は鑑真のことで，その伝記は『唐大和上東征伝』である。著者の淡海三船は奈良時代に活躍した文人。漢詩文にすぐれ，日本最古の漢詩集『懐風藻』の撰者という説もある。

(l)　(う)が正解。薬師寺の吉祥天像である。正倉院鳥毛立女屛風と共に天平期を代表する絵画。(あ)平螺鈿背《へいらでんはい》八角鏡，(い)螺鈿紫檀《らでんしたん》五弦琵琶，(え)漆胡瓶《しっこへい》は，いずれも正倉院宝物の代表作である。

(m)　下線部の「新たな官寺」は称徳天皇（孝謙天皇の重祚）が建立した西大寺である。叡尊は律宗の僧で民衆救済を掲げて西大寺（大和）を再興して戒律復興に尽し，後には北条時頼に招かれ鎌倉でも活躍した。

(n)　やや難問。百万塔陀羅尼は恵美押勝（藤原仲麻呂）の乱後，戦死者を供養するために道鏡の勧めで称徳天皇が発願して作製した。

(o)　神宮寺は神社の境内やその近隣に建立された寺院。外来宗教の仏教が伝統的な神祇信仰を包摂した神仏習合の実例で各地に建てられた。神宮寺は奈良時代初期から見られ，平安時代に入ると，ほとんどの神社に建てられるようになった。

II　解答

A．相良　B．南家　C．一向　D．大内義隆
E．府内　F．島津義久　G．評定所　H．五人組

(a)—(あ)　(b)—(え)　(c)伝馬　(d)—(う)　(e)—(い)　(f)—(あ)

(g)上杉治憲〔上杉鷹山〕

◀解　説▶

≪中世～近世の政治≫

A．やや難問。「肥後国」や分国法の「[A]氏法度」から連想して解答しよう。

B．藤原武智麻呂は南家の祖。藤原不比等の長男で仲麻呂の父。邸宅が弟房前（北家）の邸宅の南方にあったことに由来する。長屋王を斥け勢力を伸ばしたが，737年天然痘で他の三兄弟とともに亡くなった。

C．「[C]宗」「加賀」「[C]一揆」とあるので加賀の一向一揆（1488年）などを想起して解答しよう。史料は相良氏法度の一向宗の禁止条項である。

D．「勘合貿易」「フランシスコ=ザビエル」などがヒント。大内義隆は周防を中心に中国・九州地方を支配した戦国大名。ザビエルに布教を許可して西洋文化の輸入をはかった。1551年に家臣の陶晴賢の謀反により，自殺した。

E．府内（大分市）は大友氏の城下町。大友義鎮（宗麟）はザビエルを招いて布教を許可し，洗礼を受けて「フランシスコ」と称した。府内には宣教師の指導で病院・育児所・コレジオ（大学）などを建てた。

F．やや難問。「薩摩」「豊臣秀吉に降伏」がヒント。島津義久は豊後大友氏・肥前竜造寺氏・肥後の相良氏などを降伏させ，九州全土を平定した。1587年豊臣秀吉の九州征伐によって降伏。

G．「老中と三奉行が列席」がヒント。評定所は江戸幕府の最高裁決機関で老中と三奉行を中心に構成され，大名や旗本からの訴訟など重要事項を裁断した。

H．史料中の「其罪組中に及ぶべく候」や「百姓の相互監視を強化」がヒント。五人組は本百姓や町人を対象にし，五戸を基準とした末端の行政単位。寛永年間に全国的規模で整備され，キリシタン禁制・相互検察・納税などを連帯責任とした。

(a)　㋐が正解。難問。畠山重忠は平氏追討，奥州征討の功労者。源頼朝の信頼が厚かったが，北条氏と対立し1205年に滅ぼされた。なお，十三人合議制のメンバーは公家出身の大江広元・三善康信・中原親能《ちかよし》・二階堂行政，有力御家人の北条時政・北条義時・三浦義澄《よしずみ》・八田知家《ともいえ》・和田義盛・

比企能員・安達盛長・足立遠元《とおもと》・梶原景時である。

(b)　㋓が正解。難問。『相良氏法度』(1493～1555 年) は有力家臣 (国人など在地領主) らが決定した一揆契状を相良氏が承認したもので, 同類の『六角氏式目』(近江国) は六角義治が 1567 年, 国人領主ら重臣たちが要請した条項に起請文を書いて遵守を約定したものである。

(c)　難問。「宿駅間の貨客運送の助力」がヒント。伝馬は古代の律令制以来備えられた公用の馬のこと。戦国時代に大名らが領内の交通の便宜のため宿駅に常備し, 江戸幕府もそれを踏襲して五街道に設けた。徳川家康は 1601 年に東海道・中山道などの宿駅に伝馬役を申し付け, 一定数の馬を常備させた。

(d)　㋒が正解。林羅山の子なので鵞峰である。父羅山と共に『本朝通鑑』を編集したことを覚えていれば解答できる。㋐林子平は『海国兵談』で海防を説いたが寛政改革で処罰された仙台藩士。㋑林鳳岡 (信篤) は鵞峰の子。5 代将軍綱吉の命で湯島聖堂を建立し, 付属の聖堂学問所を統括する大学頭に任じられた。㋓道春は林羅山の法号 (法名) である。

(g)　「細井平洲」から想起するのは難しいが, 設問文の「米沢藩 (山形県)」「藩政改革を主導した藩主」で解答できる。上杉治憲 (鷹山) は織物業などの殖産興業に努め, また藩校の興譲館を設立し, 折衷学派の細井平洲を招いて文教政策を充実させた。

III　解答

A. 五箇条の誓文　B. 1885　C. 伊東巳代治
D. 1900　E. 文官任用令　F. 日比谷焼打ち
G. 赤旗　H. 1908　I. 内務　J. 上原勇作　K. 内大臣
L. 山本権兵衛

(a)—㋓　(b)—㋐　(c)—㋓　(d)—㋑　(e)—㋐　(f)—㋑　(g)—㋓
(h)立憲同志会

◀解　説▶

≪明治～大正時代前半の政治≫

〔1〕C. 伊東巳代治は憲法調査のために伊藤博文に随行して渡欧。帰国後は大日本帝国憲法の起草にあたった。後に枢密院顧問官として天皇制維持に尽力した。金融恐慌の際, 台湾銀行救済の緊急勅令案を拒否して第 1 次若槻礼次郎内閣を倒壊させたことを覚えておこう。

E．政党の「猟官運動」の背景には，従来の文官任用令（1893年）では中下級官僚は文官高等試験合格者に限ったが，高級官僚（各省庁の次官・局長など）の採用は自由任用であったという事情がある。第2次山県有朋内閣は1899年高級官僚も文官高等試験合格者に限るように改正し，政党勢力の官界進出を防止した。

(a)　㋓が正解。難問。消去法で対処しよう。政体書（1868年）により立法機関を議政官として上局と下局に分け，1869年下局を「公議所」とし，さらに同年に集議院と改称した。㋐枢密院（1888年）は憲法草案の最終審議のために設置，憲法制定後は天皇の最高諮問機関として緊急勅令などを審議した。㋑元老院は1875年大阪会議によって設置された立法機関。㋒右院は太政官の三院制（1871年）によって置かれた各省の諮問機関。

(b)　㋐が正解。「来日して諸法典整備に参与」に注意。シュタインは伊藤博文が渡欧して学んだウィーン大学教授で来日していない。㋑ボアソナードは政府に招かれて刑法・民法などを起草したフランス人法学者。㋒モッセと㋓ロエスレルは共にドイツ人法学者で来日して憲法起草にあたり助言を行った。

(c)　㋓が正解。難問。国民協会は1892年品川弥二郎内相による大選挙干渉で当選した議員らによって創設された。その後，1899年㋑帝国党に合流した。なお，㋐大成会は1890年に第一議会で藩閥政府を支持した吏党（翌年解散）。㋒対露同志会（1903年）は会長近衛篤麿を中心に結成された日露開戦を扇動した国家主義団体。

(e)　㋐が正解。樺山資紀は薩摩出身の海軍の軍人。第1次松方正義内閣の海軍大臣になり，第二議会で「蛮勇演説」を行い議会を紛糾させた（1891年）。また1895年には初代台湾総督となり，島民の反乱を鎮定した。なお，主な元老は伊藤博文・黒田清隆・山県有朋・松方正義・井上馨・西郷従道・大山巖・西園寺公望などである。

〔2〕G．難問。赤旗事件（1908年）は社会主義運動の弾圧事件。社会主義者の大杉栄・堺利彦・荒畑寒村らが「無政府共産」と書いた赤旗（革命の象徴）を掲げて行進し検挙された。第1次西園寺公望内閣は日本社会党を承認（1906年）するなど，社会主義に対する規制緩和を行っており，それが危惧され，露呈した事件であった。

I．「地方行政を司る」がヒント。地方改良運動は第2次桂太郎内閣のもとで1909年から内務省が中心となり，国家機関の末端としての町村を強化・再編する目的で推進された。

K．内大臣は1885年内閣制度の導入時にそれまで太政大臣であった三条実美の処遇のために設置された。宮中にあって天皇の側近として常侍輔弼する任務で，桂太郎は大正天皇のもとで内大臣兼侍従長に就任していた。

(f) ⓘが正解。古河財閥は，古河市兵衛が足尾銅山（栃木県）などの払い下げを受け，鉱山業を中心に成長した財閥。四大財閥はⓐ安田財閥，ⓤ三井財閥，ⓔ住友財閥，三菱財閥である。

(g) ⓔが正解。難問。山本達雄は銀行家出身の政治家。第2次西園寺公望内閣で日本勧業銀行総裁から蔵相に就任，行財政整理に取り組んだ。

(h) 桂太郎首相は護憲運動に対し，政権維持と議会運営の基盤として立憲国民党の脱党者らを中心に立憲同志会の結成を宣言した。同党は桂の死後，加藤高明を総裁として正式に組織された。

❖講 評

Ⅰ．女性天皇など宮廷の女性による仏教信仰をテーマにした文化史からの出題。立命館大学では定番の仏教史である。記述式の(c)「恵慈」，(e)「裳階」，(k)「淡海三船」などはやや難問であろう。(m)「叡尊」，(n)「百万塔陀羅尼」なども正確に書けるかがポイントである。(d)薬師寺の伽藍配置を選択する問題も対策を怠っていると苦戦する。(h)・(l)など視覚資料を使用した出題も見られ，普段から図説を使用した学習が必要である。

Ⅱ．肥後の相良氏の歴史をテーマに中世から江戸時代までの様々な内容を扱った問題。記述式の空欄補充Aの「相良」氏は戦国大名としてもマイナーな人物なのでやや難問。分国法の『相良氏法度』を想起できるかがポイント。D「大内義隆」，F「島津義久」，(g)「上杉治憲」は難問ではないが，しっかり漢字で書けるかが勝負どころ。また，(c)「伝馬」は設問の角度から想起するのはやや困難であった。(b)『相良氏法度』と同類の『六角氏式目』を選択するのもやや難問である。

Ⅲ．明治から大正時代前半までの立憲政治の展開をテーマにした政治史の問題。B「1885年」，D「1900年」，H「1908年」の西暦年をクリアできるかが勝負どころ。G「赤旗事件」はほとんどの教科書に掲載されていないので難問である。選択式の(a)「公議所」，(g)「山本達雄」は難問だが消去法で対処できる。

世界史

Ⅰ　解答

A．武　B．宗　C．貴　D．荘園　E．欧陽脩
F．南宋（宋も可）　G．郷紳　H．団練　I．新文化
J．1978

◀解　説▶

≪古代～現代における宗族とその変遷≫

A．やや難。武王は，放伐により殷の紂王を滅ぼして周を建国した。

C．魏の文帝が創始した九品中正により，中央に進出した豪族は上級官職を独占する貴族（門閥貴族）となり，貴族制を成立させることになった。こうした状況は「上品に寒門なく，下品に勢族なし」と風刺された。

D．東晋の成立以降，華北から江南への移民が増加すると貴族は彼らを小作人として収容し荘園を営んだ。

E．欧陽脩は『新唐書』『新五代史』を編纂した歴史学者。政治家としても活躍し，新法をめぐり王安石と対立したことでも有名である。

F．宋学（朱子学）は北宋の周敦頤にはじまり，南宋の朱熹（朱子）によって大成された。

G・H．「19世紀初頭の内陸地域の新開地で発生した反乱」とは白蓮教徒の乱（1796～1804年）を指しており，清の正規軍である八旗や緑営が鎮圧に苦しんだことから，地方の有力者である郷紳が農村の武装組織として団練を組織した。団練は難問。

J．やや難。1976年に「四人組」が逮捕された後に鄧小平が実権を握り，1978年には人民公社の解体や「経済特区」の設置などの改革・開放政策を提唱した。

Ⅱ　解答

A．植民地　B．日韓協約　C．義兵　D．統監
E．臨時政府　F．上海事変　G．ポツダム宣言
〔1〕東清鉄道　〔2〕閔　〔3〕金日成

◀解　説▶

≪朝鮮の暗殺事件と抗日運動≫

B．第 1 次日韓協約（1904 年）では，日本は韓国に対して，日本が推薦する財政や外交の顧問の任用を義務付け，第 2 次日韓協約（1905 年）では，日本は韓国を保護国化した。第 3 次日韓協約（1907 年）では，日本は韓国の内政権を掌握し，韓国軍の解散を行った。

C．1 つ目の空欄では判断に悩むが，2 つ目の空欄の直後に「闘争」という言葉があるため，ここから「義兵」と導ける。

E．大韓民国臨時政府は，三・一独立運動後上海に設立された。初代首班となったのが，後に大韓民国初代大統領に就任することになる李承晩である。

F．1931 年に起こった満州事変に対して上海では排日運動が激化し，翌 1932 年日本人僧侶殴打事件を契機として日本軍は上海で中国軍と衝突した。これを上海事変と呼ぶ。

〔1〕三国干渉後の 1896 年に清は満州里から綏芬河を結ぶ東清鉄道の本線の敷設権をロシアに与えた。その後，1898 年にこの中間地点にあるハルビンから南下して旅順・大連に至る支線の敷設権もロシアに与えている。

〔2〕閔妃は高宗の妃で，日清戦争で清が敗北するとロシアに接近を試みたが，日本公使の三浦梧楼の指揮した公使館守備隊，日本公使館員，大陸浪人らの王宮侵入によって暗殺された。姓が問われているので「閔」が正解である。

Ⅲ　解答

A．ビザンツ　B．ムアーウィヤ　C．マワーリー
D．シーア　E．ティグリス　F．バグダード
G．バラモン　H．ヒッポクラテス　I．医学典範
J．イブン=ルシュド　K．アリストテレス　L．ガザーリー
M．トレド
〔1〕―ウ　〔2〕―エ

◀解　説▶

≪イスラーム世界の学問の発展とその影響≫

A．正統カリフのウマルの時代にジハードが積極的に行われ，ヘラクレイオス 1 世時代のビザンツ帝国からシリアやエジプトを奪取した。

E・F．アッバース朝の第２代カリフのマンスールは，ティグリス川西岸に円形都市であるバグダードを建設した。バグダードでは第７代カリフのマームーンの時代に知恵の館と呼ばれる翻訳・研究機関が設置され，様々な文献がアラビア語に翻訳され研究が進んだ。

G．バラモン教の聖典『ヴェーダ』は複数あり，その最古のものが前1200～前1000年頃に成立した神々への賛歌集である『リグ=ヴェーダ』である。

L．ガザーリーは11～12世紀にセルジューク朝で活躍したイラン系イスラーム神学者。セルジューク朝の宰相ニザーム=アルムルクによって創始されたニザーミーヤ学院の教授として活躍し，神秘主義（スーフィズム）を取り入れたイスラーム思想を探究した。

M．イベリア半島のトレドやシチリア島のパレルモなどでアラビア語の文献がラテン語に翻訳され，古代ギリシア・ローマ文化が西ヨーロッパに逆輸入され，12世紀ルネサンスの背景となった。

〔1〕ウ．ニハーヴァンドの戦い（642年）で正統カリフ時代のイスラーム勢力に敗北したササン朝は，その後まもなく滅亡した（651年）。

〔2〕エ．サファヴィー朝は成立当初タブリーズを首都としたが，16世紀末，アッバース1世の時代にイスファハーンを首都とした。

Ⅳ 解答

A．インド=ヨーロッパ B．ケンブリッジ
C．トスカナ D．アーサー E．アルフレッド
F．ヘースティングズ G．百年 H．チョーサー I．デカメロン
J．パリ

〔1〕ベネディクト修道会 〔2〕アラリック王 〔3〕グリム兄弟
〔4〕インノケンティウス3世 〔5〕ジェームズ1世

◀解 説▶

≪中世ヨーロッパにおける言語≫

B．12世紀後半，パリ大学を模範として，独自のカレッジ（学寮）制をとるオクスフォード大学が設立された。13世紀はじめには，オクスフォード大学から学生と教師が分かれてケンブリッジ大学が成立した。

C．ダンテの『神曲』はトスカナ地方の方言であるトスカナ語で書かれた。ダンテはトスカナ地方の中心都市フィレンツェの出身。

G．エドワード3世は，母がフランス国王フィリップ4世の娘であったことからフランスの王位継承権を主張し，百年戦争が開始した。

H・I．ボッカチオの『デカメロン』は，黒死病の流行から逃れた10人が1日1話語るという構成をとっている。チョーサーの『カンタベリ物語』はカンタベリ聖堂へ参詣する途上で人々が語った話を集めたという構成をとっており，『デカメロン』の影響を受けている。

〔2〕やや難。西ゴート人を率いたアラリック王は410年にローマを略奪した後，イタリア南部に向かったがそこで没している。その後，西ゴート人はガリア西南部からイベリア半島にかけて418年に西ゴート王国を建国した。

〔3〕グリム兄弟はドイツの言語学者で，『グリム童話集』や『ドイツ語辞典』を編集したことで知られる。

〔4〕インノケンティウス3世は教皇権絶頂期の教皇で，アルビジョワ十字軍を主導したほか，第4回十字軍の提唱，第4回ラテラノ公会議の開催，フランチェスコ修道会の事実上の認可などを行った。

❖講　評

Ⅰ．宗族をテーマとして中国の社会経済史を中心に問われた。文化に関する設問もあり，これらの学習をおろそかにしていた受験生は苦戦したかもしれない。Aの武王は見逃しやすい事項で，Eの欧陽脩は漢字表記に注意が必要である。Hの団練は細かい歴史用語で難問であった。Jの1978年も年代問題としては難度が高い。得点差が開きやすい大問であった。

Ⅱ．朝鮮における暗殺と抗日運動をテーマに，近代から現代までの朝鮮史を中心に問われた。政治史が中心で対応しやすい問題が多く，漢字表記も〔2〕閔を除いて標準レベルであった。

Ⅲ．イスラーム世界の学問をテーマとして，古代ギリシアやイスラームの文化史を中心に基本的知識が問われた。Eのティグリスは地理的知識の理解が試された。HからMまで文化史が出題されているため，文化史の対策をしているかどうかがポイントとなる大問であった。

Ⅳ．中世ヨーロッパにおける言語の中から，特にラテン語と英語をテーマとして中世から近世にかけてのヨーロッパ史が問われた。〔2〕のアラリック王はやや難であったが，それ以外は基本的な用語が占めていた。ここでも文化史が散見されたが，いずれも基礎的知識で十分対応できる問題であった。

地理

I　解答

〔1〕A．一般　B．国土交通　C．5　D．センサス　E．オープン

〔2〕―(い)・(え)　〔3〕地理情報システム　〔4〕―(い)・(う)　〔5〕―(あ)

〔6〕―(か)　〔7〕(1)―(あ)　(2)―(え)　〔8〕(1)―×　(2)―○　(3)―○

◀解　説▶

≪地理情報と京都市付近の地理院地図読図≫

〔1〕A．一般図は，地表の事物を網羅的に表現した地図で，多目的に用いられる。

D．センサスは，国や特定地域における人口や農業，工業などに関する統計調査のこと。

〔2〕大縮尺の地図は，縮尺の分母が小さい地図であり，狭い範囲を詳しく表現している。選択肢中，建物の配置や企業名などが記された住宅地図と，地方公共団体の都市計画に利用される都市計画図が該当する。

〔3〕GIS は，Geographic Information System の略で，地理情報システムとも呼ばれる。ハザードマップやコンビニエンスストアの出店立案の作成など，幅広い分野で利用されている。

〔4〕桑畑の地図記号は，「平成 14 年図式」まで使用されていたが，養蚕業の衰退などを理由に「平成 25 年図式」で廃止された。コンビニエンスストアの地図記号は，地形図図式には存在しない。

〔5〕地図①の南側を東西に走る実線が，標準地図では  の JR 線（複線以上）で示されている。したがって，(あ)に該当する。軌道には，鉄道の線路が含まれる。

〔6〕最新の写真④では，北側を東西に幅の広い道路が走り，その道路につながるように，東側を南北に流れる河川に橋が架けられている。さらに，中心部には高層建物も多い。写真③では，北側の道路が狭く，橋も架けられておらず，高層建物も少ない。したがって，撮影時期が最も古い。一方，写真①では，北側の道路の拡幅が進み，橋も架けられているが，写真②では橋が架けられていない。したがって，写真①の方が，撮影時期が新しい。

〔7〕(1)　断面図は，始点付近が最も標高が高く，その後，谷を横切り再び高くなるが，中央部は比較的平坦な地形が続く。そして，終点付近で標高が高くなり，再び低くなっている。これに該当するのは㋐ a → b である。

(2)　傾斜角が大きいことは，勾配が急であることと同義であると考え，「2地点の標高差÷水平距離」により勾配を求める。

X：(46.3m－22.5m)÷4400m≒0.005

Y：(105.0m－63.9m)÷2500m≒0.016

Z：(111.5m－23.9m)÷6900m≒0.013

したがって，Y>Z>X となる。

〔8〕(1)　誤文。北東部に位置する「宝ヶ池駅」付近では，浸水深「1.0～2.0m」の区域内に指定避難所が設置されている。

(2)　正文。問題文中に示されている河川は，地図①上のA地点で合流したのち，南に向かって流れている。浸水深「2.0～3.0m」の区域は，いずれも河川に隣接する位置にみられる。

(3)　正文。「京都駅」の東方に，浸水深「2.0～3.0m」と人口「902～1286人」のメッシュが重なる区域はみられるが，「1287～2186人」のメッシュと重なる区域はみられない。

Ⅱ　解答

〔1〕A．アパラチア　B．シエラネヴァダ
C．サンアンドレアス　D．グレートプレーンズ

〔2〕イ．古生　ロ．混合　ハ．コーンベルト　ニ．プレーリー
ホ．綿花　ヘ．オガララ

〔3〕①―あ　②―お　〔4〕適地適作　〔5〕―㋑

〔6〕フィードロット　〔7〕牛乳：㋐　大豆：㋑

◀解　説▶

《アメリカ合衆国の自然と農業》

〔1〕A・〔2〕イ．アパラチア山脈は，古生代の造山運動によって形成された古期造山帯に分類される。なだらかな山脈で，周辺では石炭の産出量が多い。

C．サンアンドレアス断層は，プレートのずれる境界の代表例である。

D．グレートプレーンズは台地状の平原であり，半乾燥気候のもと，小麦の栽培や肉牛の飼育がさかんである。

〔2〕ロ・ハ．コーンベルトでは，とうもろこしや大豆の栽培と，豚や肉牛の飼育を組み合わせる混合農業がさかんである。

ニ．長草草原のプレーリーには，肥沃な黒土であるプレーリー土が分布し，小麦やとうもろこしの栽培がさかんである。

ホ．アメリカ合衆国の南東部には，コットンベルトと呼ばれる綿花地帯が広がる。近年は栽培作物の多角化が進み，綿花栽培の中心はテキサス州などに移動している。

へ．グレートプレーンズでは，オガララ帯水層にある地下水の過剰なくみ上げが続き，地下水の枯渇が問題となっている。

〔3〕①夏季に降水量が少なく，冬季に降雨がみられることから地中海性気候の特徴を示しており，大陸西岸のあ（シアトル）・う（サンフランシスコ）のいずれかとなる。シアトルよりも低緯度に位置するサンフランシスコは，冬季も比較的温暖で，夏季に亜熱帯高圧帯（中緯度高圧帯）の影響を強く受け，６～９月にほとんど降雨がみられない。①の雨温図は，冬季は寒冷で，夏季にも多少の降雨がみられることから，あ に該当する。なお，サンフランシスコの１月の平均気温は10.7℃，６～９月の降水量の合計は6.7mm である。

②降水量が比較的多く，最寒月平均気温が18℃以上であることから，熱帯気候の特徴を示している。したがって，お に該当する。お はマイアミであり，熱帯モンスーン気候に分類される。

〔4〕適地適作は，土地の自然条件や社会条件に応じて作物を栽培することであり，生産コストを抑えた農業経営を可能にする。

〔5〕大規模に冬小麦が栽培され，平均農場面積が最大のㄧがカンザス州，農場数が最多であり，一部では集約的な野菜・果実の栽培が行われていることから，農作物販売額の農場平均が最大の㋐がカリフォルニア州，㋒がジョージア州である。

〔6〕フィードロットでは，高密度で肉牛を飼育し，とうもろこしを中心とする高カロリーの濃厚飼料が与えられている。

〔7〕大豆は，南北アメリカで生産がさかんであるため㋑に該当する。主食として消費され，主に冷涼少雨の気候で栽培される小麦は，人口大国の中国・インドや，ヨーロッパのロシア・フランスが上位に入る㋒に該当する。葉たばこは，アフリカのジンバブエなど，温暖な気候が中心の㋓，よ

って牛乳はⓐに該当する。

Ⅲ　解答

〔1〕①―㋛　②―㋓　③―㋗　④―㋜　⑤―㋖
⑥―㋕　⑦―㋐

〔2〕A．サハラ　B．シルクロード　C．金　D．ラマ
E．チンツァン〔青蔵〕F．ノルウェー　G．スウェーデン

〔3〕―㋒　〔4〕CIS　〔5〕ハブ（空港）

〔6〕ドイツ：㋒　ブラジル：㋑

◀解　説▶

≪交通と都市≫

〔1〕④ラサは，標高3,000m以上に位置する中国チベット自治区の中心都市で，チベット仏教の聖地でもある。政治と宗教の中心地であるポタラ宮は，世界文化遺産に登録されている。

⑥ドバイは，アラブ首長国連邦最大の都市である。石油産出量の多い首都のアブダビに対して，港湾，ハブ空港，オフィスビルなどの建設を進め，貿易，金融業，観光業などに力を入れている。

〔2〕C．カルグーリーは，オーストラリア南西部に位置する，同国有数の金鉱都市である。

D．ラマとは，チベット語で「宗教上の師」を表す。

E．チンハイ（青海）省の省都シーニン（西寧）とラサを結ぶチンツァン（青蔵）鉄道は，総延長の約半分が標高4,000m以上の高原地帯を通る。

〔3〕イスラーム圏の旧市街には，迷路型の街路が多くみられる。袋小路が多く，防御機能を備えているといわれている。

〔6〕一般に，国土面積が広い国では空港数が多い一方，国内線の利用が多いため，国際線割合は低くなる。また，人口が多く経済発展を遂げた国では航空輸送量が大きくなる。空港数と航空輸送量がともに最大の㋐が，国土面積が広く経済大国のアメリカ合衆国，次に空港数が多い㋑が，面積が広い一方，経済発展の途上にあるブラジルとなる。残る㋒と㋓を比較して，空港数が多く旅客輸送量が大きい㋒が，面積・人口ともに韓国を上回るドイツ，㋓が韓国となる。

❖講　評

Ⅰ．地理情報と地図の知識に加え，京都市付近の地理院地図の読図について，地形断面図，ハザードマップの読み取りなどが出題された。経済センサスやオープンデータを問う〔1〕D・E，傾斜角を問う〔7〕(2)は，やや注意が必要であった。〔2〕は大縮尺の意味が理解できれば解答できる。〔5〕・〔6〕・〔8〕は慎重な読み取りを心がけたい。

Ⅱ．アメリカ合衆国の自然と農業について，自然地形名，農業区分，雨温図，農業統計などが出題された。〔3〕①の雨温図の判定は難問。あ・う 2都市の緯度の違いを踏まえ，気温や降水量を具体的にイメージしよう。サンフランシスコの南方に位置するカリフォルニア半島は砂漠気候区に属していることを想起したい。カンザス州の農業統計を問う〔5〕は注意を要したが，その他は基本的事項が問われていた。

Ⅲ．交通と深く結びついた世界の都市にからめて，都市の形態，空港数と航空輸送量統計などについて出題された。カルグーリーの金鉱を問う〔2〕C，ラマ教を問う〔2〕Dでは，やや細かい知識が問われた。〔6〕は国土面積や人口を判断基準に用いれば解答できる。その他は標準的な設問であった。〔1〕④で問われたラサは，2022年度学部個別配点方式〔Ⅲ〕でも出題されていることから，過去問演習が肝要である。

地形や都市，統計の知識を問う設問が頻出であるので，日頃の学習から地図帳や統計集を活用したい。

政治・経済

I

解答　〔1〕A．産業　B．万国郵便連合（一般郵便連合も可）
C．ハーグ　D．人道　E．2　F．WHO　G．民間
H．制裁
〔2〕イ．スイス　ロ．ジュネーブ
〔3〕人事院　〔4〕パンデミック　〔5〕―ⓐ

◀解　説▶

≪国連の専門機関と国際協力≫

〔1〕B．万国郵便連合（UPU）は1874年，万国郵便条約によって設立された国連の専門機関。本部はスイスのベルンに置かれている。設立時は一般郵便連合と称したので，こちらでも可。

C．1899年と1907年に万国平和会議がオランダのハーグで開催され，戦時国際法であるハーグ条約が採択された。

D．文民，負傷者や病人，捕虜の保護について規定し，また，武力紛争に際して適用される原則・規則を定めたハーグ条約やジュネーブ条約（赤十字条約）などの人道を基本原則として掲げた戦時国際法を総称して国際人道法と呼ぶ。

F．世界保健機関（WHO）は世界の人々の健康の達成を目的として1948年に設立された国連の専門機関。本部はスイスのジュネーブに置かれている。

G．国際民間航空機関（ICAO）は国際航空運送の安全に関する規則やガイドラインの作成などを行っている。1944年の国際民間航空条約に基づき設立された国連の専門機関。

〔3〕人事院は，国家公務員の任免・給与などの人事行政を司る行政委員会であり，公正と中立を確保する観点から，内閣から独立して権限を行使する。公務員は「全体の奉仕者」であるという理由から，労働三権のうち団体交渉権と争議権（団体行動権）が制限・禁止されている。その代償措置として人事院勧告制度があり，人事院は国家公務員の給与等の労働条件に関する勧告を国会及び内閣に対して行える。

〔4〕パンデミックは感染症や伝染病が世界的規模で流行し，多くの感染者や患者が発生する事態を指す言葉である。

〔5〕1989年に採択された国際人権規約の「市民的及び政治的権利に関する国際規約（＝B規約）」の第二選択議定書は，いわゆる「死刑廃止条約」と呼ばれるものである。

II 解答

〔1〕A．1963　B．系列　C．1985
D．NIES〔NIEs〕　E．1991　F．1999
G．社会的　H．コミュニティ
〔2〕企業集団　〔3〕資本金　〔4〕―ⓘ
〔5〕大規模小売店舗法　〔6〕―ⓤ　〔7〕―ⓔ

◀解　説▶

≪中小企業問題≫

〔1〕B．系列企業とは，親企業である大企業と，その傘下にある中小企業によって構成される企業のまとまりのこと。

D．NIES（NIEs）は発展途上国の中で急速な工業化で輸出競争力を強め，国際貿易で先進国と競合するようになった国や地域のことである。

E．1986年頃から続いたバブル経済は1991年に崩壊し，その後日本は不景気となり，平成不況と呼ばれた。

H．コミュニティ・ビジネスは地域の特産物，文化財，観光資源や人材などの資源を活用して地域の活性化や課題解決に取り組む企業のことである。

〔2〕企業集団は企業グループとも呼ばれ，高度経済成長期には，株式の相互持ち合い，融資関係，役員派遣などで緊密な関係を有する企業の集合体を形成していた。

〔3〕中小企業基本法では，卸売業の中小企業は資本金1億円以下または従業員数100人以下と定められている。製造業は同3億円以下または同300人以下，小売業は同5000万円以下または同50人以下，サービス業は同5000万円以下または同100人以下の企業が中小企業であると定義している。

〔4〕ⓘが適切。トヨタ自動車が生産管理の方法として用いているかんばん方式は，必要な物を，必要なときに，必要な量だけ作るというジャスト・イン・タイム方式の一つである。

〔5〕大規模小売店舗法は中小の小売業者を保護するために大型スーパーなど大規模小売店の中心市街地への出店を規制するものであった。これに代わって，大規模小売店舗の出店規制緩和と周辺地域の生活環境維持を目的とする大規模小売店舗立地法が制定された。

〔7〕㋓が適切。新興株式市場はベンチャー企業が多く上場している株式市場のこと。世界では NASDAQ などが有名。東京証券市場（東証）では JASDAQ や東証マザーズなどがあったが，2022 年に市場再編が行われ消滅した。現在の区分では，グロース市場が該当する。

Ⅲ 解答

〔1〕A．補正予算　B．特別会計　C．政府関係機関
D．郵便貯金　E．財投機関債　F．地方交付
G．国庫

〔2〕財政民主主義

〔3〕(a)硬直化　(b)クラウディング・アウト

〔4〕(a)—㋐・㋒　(b)—㋑　(c)逆進性　〔5〕—㋐

◀解　説▶

≪日本の財政制度≫

〔1〕A．国の予算には本予算，補正予算，暫定予算があるが，このうち補正予算は当初予算の成立後に発生した事由によって予定より支出が増大しそうな場合に組まれる予算のことである。

C．政府関係機関は株式会社日本政策金融公庫のように特別法によって設立された全額政府出資の法人のこと。こうした法人などに対する予算を政府関係機関予算という。

F・G．2000 年代，小泉政権下で実施された地方財政改革を三位一体改革と呼ぶ。それは，「地方交付税の見直し」，「国庫支出金の削減」，「国から地方への税源の移譲」の 3 つを同時に行うことにより，国からの依存財源を減らし，地方公共団体の自主財源を増やすというものであった。

〔2〕財政民主主義は，国の財政活動にあたり国民の代表で構成される国会での議決が必要であるという原則である。日本国憲法では「国の財政を処理する権限は，国会の議決に基いて，これを行使しなければならない」（第 83 条）と定められている。

〔3〕(b)　クラウディング・アウトとは，政府の大量国債発行によって金

融市場から資金が吸い上げられて金利が上昇し，民間投資が圧迫されることである。

〔4〕(a)　㋐・㋒が適切。㋑の関税は国税であるが間接税であり不適。㋓自動車税，㋔固定資産税は地方税で不適。

(b)　㋑が不適切。「水平的公平」は垂直的公平の誤り。公平な租税負担の原則には水平的公平と垂直的公平がある。前者は同一所得の者に対して同一額の税を課すべきだという原則，後者は所得の高い人に（担税能力に応じて）高率の税を課すべきだという原則であり，累進課税制度は後者の考え方によっている。

(c)　消費税が生活必需品にかかる場合，税負担率が高所得者よりも低所得者の方が高くなるという逆進性が問題となる。2015年に消費税率が8％から10％に上げられた際には，軽減税率が適用され，食料品を含む生活必需品の税率は元の8％に据え置かれた。

〔5〕㋐が適切。日本の一般会計予算は約110兆円（2022年度）。日本の経済規模に関する基礎的な数値を知っていれば，正答できる。

❖講　評

Ⅰ．国連経済社会理事会と連携して活動をしている専門機関についての出題であった。限られた範囲の出題であり，やや難しい問題が多く出題された。〔1〕〔2〕は，万国郵便連合（UPU），国際労働機関（ILO），世界保健機構（WHO），国際民間航空機関（ICAO）について，名称，本部の地名，活動内容などが問われている。教科書で扱われていないものも多く，資料集を用いて教科書の内容を補完し，知識の幅を広めるなどの対策が必要となる。

Ⅱ．大企業と中小企業の二重構造問題，近年の中小企業の動向などが出題されている。〔1〕では，中小企業基本法制定・改正，プラザ合意，平成不況の始まりの年が問われている。いずれも重要な年なので知っておきたい。立命館大学ではこのような出題が多いので，重要な法律，出来事の年を覚えることで各分野の歴史的推移をつかむようにしたい。また，〔1〕Gの「社会的」企業，Hの「コミュニティ」・ビジネスを解答する問題は難しかった。

Ⅲ．予算，国債，財政投融資など日本の財政制度全般についての知識が問われている。ほとんどが教科書に準拠した基本的な知識を問うており，全体的には標準的な難易度になっている。しかし，〔１〕Ｄの「郵便貯金」やＥの「財投機関債」を解答する問題はやや詳細な知識が必要であった。また，〔３〕(b)「クラウディング・アウト」は教科書ではあまり取り扱われていない専門用語なので難しかった。

数学

I

解答　ア．-1　イ．$\frac{5}{2}$　ウ．$-\frac{7}{2}$　エ．-4　オ．-8　カ．$\frac{2}{7}$

キ．-4　ク．2　ケ．3　コ．$x+1$　サ．$-x+5$　シ．5　ス．8

セ．※　ソ．$\frac{1}{4}$　タ．$\frac{3\sqrt{15}}{4}$　チ．$\frac{\overrightarrow{OA}-\overrightarrow{OB}}{2}$　ツ．2　テ．$\frac{\sqrt{15}}{8}$

※「セ」については，条件設定が不十分であったため，全員正解として扱うと大学から公表されている。

◀解　説▶

≪小問3問≫

〔1〕 3次方程式の解と係数の関係より

$$\alpha+\beta+\gamma=-\frac{2}{2}=-1 \quad \to ア$$

$$\alpha\beta+\beta\gamma+\gamma\alpha=\frac{5}{2} \quad \to イ$$

$$\alpha\beta\gamma=-\frac{7}{2} \quad \to ウ$$

(1)　$\alpha^2+\beta^2+\gamma^2=(\alpha+\beta+\gamma)^2-2(\alpha\beta+\beta\gamma+\gamma\alpha)$

$$=(-1)^2-2\times\frac{5}{2}=-4 \quad \to エ$$

(2)　$(\alpha-1)(\beta-1)(\gamma-1)=\alpha\beta\gamma-(\alpha\beta+\beta\gamma+\gamma\alpha)+(\alpha+\beta+\gamma)-1$

$$=\left(-\frac{7}{2}\right)-\frac{5}{2}+(-1)-1=-8 \quad \to オ$$

(3)　まず

$$\begin{aligned}(\alpha+\beta)(\beta+\gamma)(\gamma+\alpha)&=(-1-\gamma)(-1-\alpha)(-1-\beta)\\&=-(1+\gamma)(1+\alpha)(1+\beta)\\&=-\{1+(\alpha+\beta+\gamma)+(\alpha\beta+\beta\gamma+\gamma\alpha)+\alpha\beta\gamma\}\\&=-\left\{1+(-1)+\frac{5}{2}+\left(-\frac{7}{2}\right)\right\}=1\end{aligned}$$

次に

$$\frac{1}{\alpha\beta}+\frac{1}{\beta\gamma}+\frac{1}{\gamma\alpha}=\frac{\alpha+\beta+\gamma}{\alpha\beta\gamma}=\frac{-1}{-\dfrac{7}{2}}=\frac{2}{7}$$

よって

$$(\alpha+\beta)(\beta+\gamma)(\gamma+\alpha)\left(\frac{1}{\alpha\beta}+\frac{1}{\beta\gamma}+\frac{1}{\gamma\alpha}\right)=1\times\frac{2}{7}=\frac{2}{7}\quad\rightarrow カ$$

(4)　因数分解の公式

$$\alpha^3+\beta^3+\gamma^3-3\alpha\beta\gamma=(\alpha+\beta+\gamma)(\alpha^2+\beta^2+\gamma^2-\alpha\beta-\beta\gamma-\gamma\alpha)$$

より

$$\alpha^3+\beta^3+\gamma^3=(\alpha+\beta+\gamma)\{(\alpha^2+\beta^2+\gamma^2)-(\alpha\beta+\beta\gamma+\gamma\alpha)\}+3\alpha\beta\gamma$$

$$=(-1)\left\{(-4)-\frac{5}{2}\right\}+3\cdot\left(-\frac{7}{2}\right)=\frac{13}{2}-\frac{21}{2}=-4\quad\rightarrow キ$$

〔2〕 (1)　$y=-\dfrac{1}{2}x^2+3x-1$　……①

より　$y'=-x+3$

接点Aの x 座標を a とすると

$-a+3=1$　∴　$a=2$

したがって，接点Aの座標は

A$(2,\ 3)$　→ク，ケ

であり，接線の方程式は

$y-3=1\cdot(x-2)$　∴　$y=x+1$　……②　→コ

また，接線②に垂直で点Aを通る直線の方程式は

$y-3=-1\cdot(x-2)$　∴　$y=-x+5$　……③　→サ

(2)　点Bの座標はB$(0,\ 5)$ であるから，円の方程式は

$x^2+(y-5)^2=r^2$　（r は円の半径）

とおけて，これが放物線①とただ１つの共有点をもつとき，右図より

$r=\mathrm{AB}=2\sqrt{2}$

よって，求める円の方程式は

$x^2+(y-5)^2=8$　→シ，ス

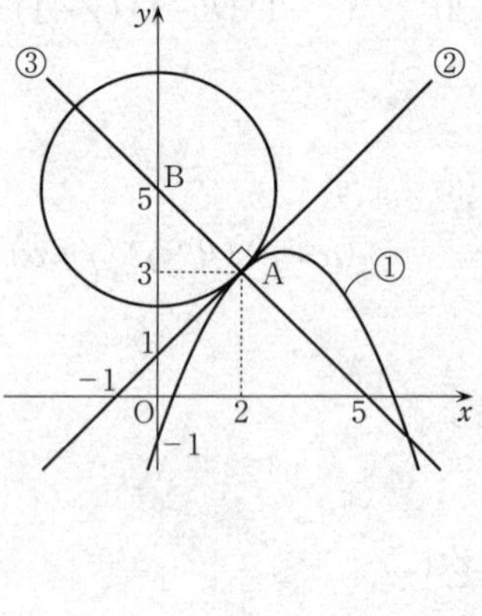

〔3〕　$|2\overrightarrow{\mathrm{OA}}-\overrightarrow{\mathrm{OB}}|=\sqrt{19}$ より

$|2\overrightarrow{\mathrm{OA}}-\overrightarrow{\mathrm{OB}}|^2=19$

$$4|\overrightarrow{OA}|^2-4\overrightarrow{OA}\cdot\overrightarrow{OB}+|\overrightarrow{OB}|^2=19$$

$$4\cdot 2^2-4\overrightarrow{OA}\cdot\overrightarrow{OB}+3^2=19$$

$$\overrightarrow{OA}\cdot\overrightarrow{OB}=\frac{6}{4}=\frac{3}{2}$$

よって，内積の定義より

$$\cos\angle AOB=\frac{\overrightarrow{OA}\cdot\overrightarrow{OB}}{|\overrightarrow{OA}||\overrightarrow{OB}|}=\frac{\frac{3}{2}}{2\cdot 3}=\frac{1}{4}\quad \to ソ$$

また，△OAB の面積は，面積公式より

$$\frac{1}{2}\sqrt{|\overrightarrow{OA}|^2|\overrightarrow{OB}|^2-(\overrightarrow{OA}\cdot\overrightarrow{OB})^2}=\frac{1}{2}\sqrt{2^2\cdot 3^2-\left(\frac{3}{2}\right)^2}=\frac{3\sqrt{15}}{4}\quad \to タ$$

別解　タ．三角比による面積公式を使うと

$$\frac{1}{2}OA\cdot OB\sin\angle AOB=\frac{1}{2}\cdot 2\cdot 3\sqrt{1-\left(\frac{1}{4}\right)^2}=\frac{3\sqrt{15}}{4}$$

次に，$(\overrightarrow{OP}-\overrightarrow{OA})\cdot(\overrightarrow{OP}+\overrightarrow{OB})=0$ より

$$(\overrightarrow{OP}-\overrightarrow{OA})\cdot\{\overrightarrow{OP}-(-\overrightarrow{OB})\}=0$$

であるから

$$\overrightarrow{OB'}=-\overrightarrow{OB}$$

を満たす点 B′ をとると，円の中心 C は線分 AB′ の中点であるから

$$\overrightarrow{OC}=\frac{\overrightarrow{OA}+\overrightarrow{OB'}}{2}=\frac{\overrightarrow{OA}-\overrightarrow{OB}}{2}\quad \to チ$$

また

$$\begin{aligned}|\overrightarrow{AB'}|^2&=|\overrightarrow{OB'}-\overrightarrow{OA}|^2\\&=|-\overrightarrow{OB}-\overrightarrow{OA}|^2\\&=|\overrightarrow{OB}|^2+2\overrightarrow{OA}\cdot\overrightarrow{OB}+|\overrightarrow{OA}|^2\\&=3^2+2\cdot\frac{3}{2}+2^2=16\end{aligned}$$

より

$$|\overrightarrow{AB'}|=\sqrt{16}=4$$

よって，円の半径は

$$\frac{|\overrightarrow{AB'}|}{2}=\frac{4}{2}=2\quad \to ツ$$

この円と辺 OB との交点 D について

$$\overrightarrow{\mathrm{OD}}=k\overrightarrow{\mathrm{OB}}\quad(0\leqq k\leqq 1)$$

とおき，円のベクトル方程式を満たすとすると

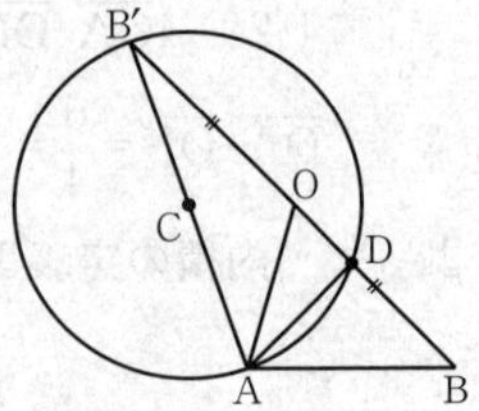

$$(\overrightarrow{\mathrm{OD}}-\overrightarrow{\mathrm{OA}})\cdot(\overrightarrow{\mathrm{OD}}+\overrightarrow{\mathrm{OB}})=0$$

$$(k\overrightarrow{\mathrm{OB}}-\overrightarrow{\mathrm{OA}})\cdot(k\overrightarrow{\mathrm{OB}}+\overrightarrow{\mathrm{OB}})=0$$

$$(k+1)(k\overrightarrow{\mathrm{OB}}-\overrightarrow{\mathrm{OA}})\cdot\overrightarrow{\mathrm{OB}}=0$$

$k+1\neq 0$ であるから

$$k|\overrightarrow{\mathrm{OB}}|^2-\overrightarrow{\mathrm{OA}}\cdot\overrightarrow{\mathrm{OB}}=0$$

$$k\cdot 3^2-\frac{3}{2}=0$$

よって　$k=\dfrac{1}{6}$

これは $0\leqq k\leqq 1$ を満たす。

したがって，△AOD の面積は，△OAB の面積の 6 分の 1 で

$$\frac{3\sqrt{15}}{4}\times\frac{1}{6}=\frac{\sqrt{15}}{8}\quad\to テ$$

II 解答

ア．$\dfrac{3}{5}$　イ．$\dfrac{2}{5}$　ウ．$\dfrac{4}{5}$　エ．$\dfrac{1}{5}$　オ．$\dfrac{17}{25}$　カ．$\dfrac{8}{25}$

キ．44　ク．80　ケ．青　コ．$\dfrac{9}{10}$　サ．$\dfrac{1}{10}$　シ．$\dfrac{89}{125}$　ス．$\dfrac{41}{50}$

セ．$\dfrac{117}{250}$　ソ．$\dfrac{204}{5}$　タ．30　チ．$\dfrac{296}{5}$　ツ．白　テ—(2)　ト—(2)

ナ．＞　ニ．＞

◀解　説▶

≪サイコロ投げゲームにおける戦略への確率の応用≫

〔1〕 赤を 1 回投げたとき

- 80 が出る確率は　$\dfrac{12}{20}=\dfrac{3}{5}$　→ア
- 160 が出る確率は　$\dfrac{8}{20}=\dfrac{2}{5}$　→イ

青を 1 回投げたとき

- 90 が出る確率は　$\dfrac{16}{20}=\dfrac{4}{5}$　→ウ

• 200 が出る確率は　$\dfrac{4}{20}=\dfrac{1}{5}$　→エ

赤を選択したことで後悔する場合を排反に場合分けすると

(i)　青の 200 が出る場合

(ii)　青の 90，赤の 80 が出る場合

であるから，赤を選択したことで後悔する確率は

$$\frac{1}{5}+\frac{4}{5}\times\frac{3}{5}=\frac{5+12}{25}=\frac{17}{25}\quad\text{→オ}$$

青を選択したことで後悔する場合は

青の 90，赤の 160 が出る場合

であるから，青を選択したことで後悔する確率は

$$\frac{4}{5}\times\frac{2}{5}=\frac{8}{25}\quad\text{→カ}$$

効用について

$$V_R=80\times\frac{3}{5}+160\times\frac{2}{5}-100\times\frac{17}{25}=48+64-68=44\quad\text{→キ}$$

$$V_B=90\times\frac{4}{5}+200\times\frac{1}{5}-100\times\frac{8}{25}=72+40-32=80\quad\text{→ク}$$

$V_R<V_B$ より，効用が大きいのは　青を選択したとき　→ケ

〔2〕　白を 1 回投げたとき

• 95 が出る確率は　$\dfrac{18}{20}=\dfrac{9}{10}$　→コ

• 205 が出る確率は　$\dfrac{2}{20}=\dfrac{1}{10}$　→サ

赤を選択したことで後悔する場合を排反に場合分けすると

(i)　白の 205 が出る場合

(ii)　白の 95，青の 200 が出る場合

(iii)　白の 95，青の 90，赤の 80 が出る場合

であるから，赤を選択したことで後悔する確率は

$$\frac{1}{10}+\frac{9}{10}\times\frac{1}{5}+\frac{9}{10}\times\frac{4}{5}\times\frac{3}{5}=\frac{25+45+108}{250}=\frac{178}{250}=\frac{89}{125}\quad\text{→シ}$$

青を選択したことで後悔する場合を排反に場合分けすると

(i)　白の 205 が出る場合

(ii)　白の95，青の90が出る場合

であるから，青を選択したことで後悔する確率は

$$\frac{1}{10}+\frac{9}{10}\times\frac{4}{5}=\frac{5+36}{50}=\frac{41}{50}\quad\rightarrow ス$$

白を選択したことで後悔する場合は

白の95が出て，青の200または赤の160が出る場合

であるから，白を選択したことで後悔する確率は

$$\frac{9}{10}\times\left(\frac{1}{5}+\frac{2}{5}-\frac{1}{5}\times\frac{2}{5}\right)=\frac{9}{10}\times\frac{5+10-2}{25}=\frac{117}{250}\quad\rightarrow セ$$

効用について

$$V'_R=80\times\frac{3}{5}+160\times\frac{2}{5}-100\times\frac{89}{125}=\frac{240+320-356}{5}=\frac{204}{5}\quad\rightarrow ソ$$

$$V'_B=90\times\frac{4}{5}+200\times\frac{1}{5}-100\times\frac{41}{50}=72+40-82=30\quad\rightarrow タ$$

$$V'_W=95\times\frac{9}{10}+205\times\frac{1}{10}-100\times\frac{117}{250}=\frac{855+205-468}{10}=\frac{592}{10}$$

$$=\frac{296}{5}\quad\rightarrow チ$$

$V'_W>V'_R>V'_B$ より，効用が大きいのは　白を選択したとき　→ツ

〔3〕　赤を選択した参加者が後悔する確率は

$\frac{17}{25}\left(=\frac{85}{125}\right)$ から $\frac{89}{125}$ に高く（大きく）なる。よって　(2)　→テ

青を選択した参加者が後悔する確率は

$\frac{8}{25}\left(=\frac{16}{50}\right)$ から $\frac{41}{50}$ に高く（大きく）なる。よって　(2)　→ト

効用への影響について

$V_R=44\left(=\frac{220}{5}\right)$，$V'_R=\frac{204}{5}$ より　$V_R>V'_R$　→ナ

$V_B=80$，$V'_B=30$　より　$V_B>V'_B$　→ニ

Ⅲ

解答　〔1〕　$a=9$ のとき，方程式①は

$$4^x-3\cdot2^{x+1}+8=0$$

$(2^x)^2-6\cdot 2^x+8=0$

$(2^x-2)(2^x-4)=0$

$2^x=2,\ 4$

よって　$x=1,\ 2$　……(答)

〔2〕 (1) 方程式①が $x=0$ を解にもつとすると

$1-2(a-6)+17-a=0$

$-3a+30=0$

よって　$a=10$　……(答)

(2) $a=10$ のとき，方程式①は

$4^x-4\cdot 2^{x+1}+7=0$

$(2^x)^2-8\cdot 2^x+7=0$

$(2^x-1)(2^x-7)=0$

$2^x=1,\ 7$

よって　$x=0,\ \log_2 7$

したがって，$x=0$ 以外の解は　$x=\log_2 7$　……(答)

〔3〕 $2^x=t$ とおくと，方程式①は

$t^2-2(a-6)t+17-a=0$　……②

よって，方程式①が実数解をもたないための必要十分条件は

方程式②が正の解をもたない

ことである。そこで

$f(t)=t^2-2(a-6)t+17-a$

とおくと

$f(t)=\{t-(a-6)\}^2-(a-6)^2+17-a$

$=\{t-(a-6)\}^2-a^2+11a-19$

であるから，$y=f(t)$ のグラフは

軸の方程式は　$t=a-6$

頂点の座標は　$(a-6,\ -a^2+11a-19)$

である。

方程式 $f(t)=0$ が正の解をもたないための a の値の範囲を調べる。

(i) $a-6>0$ のとき（$a>6$ のとき）

$-a^2+11a-19>0$ であればよいから

$a^2-11a+19<0$

ここで，$a^2-11a+19=0$ を解くと

$$a=\frac{11\pm\sqrt{45}}{2}=\frac{11\pm3\sqrt{5}}{2}$$

であるから，不等式の解は

$$\frac{11-3\sqrt{5}}{2}<a<\frac{11+3\sqrt{5}}{2}$$

いま $a>6$ のときであるから

$$6<a<\frac{11+3\sqrt{5}}{2}$$

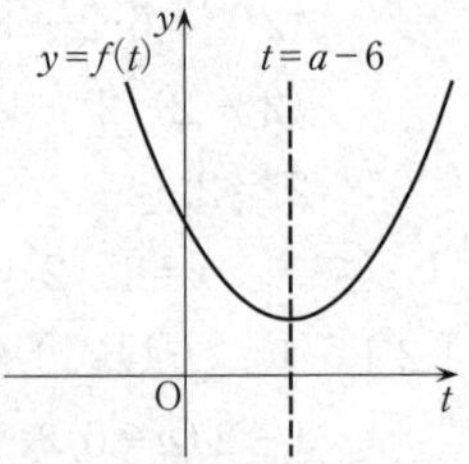

(ii)　$a-6\leqq0$ のとき（$a\leqq6$ のとき）

$f(0)=17-a\geqq0$ であればよいから

$$a\leqq17$$

いま $a\leqq6$ のときであるから　　$a\leqq6$

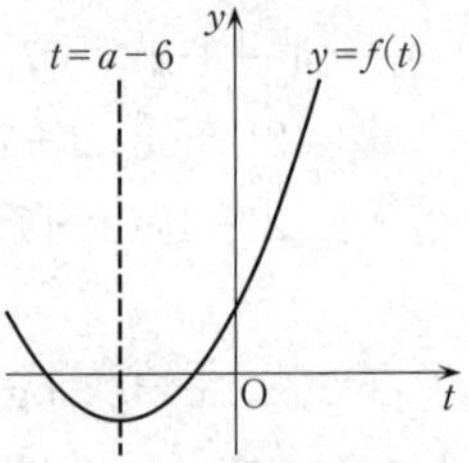

(i), (ii)より，求める a の値の範囲は

$$a<\frac{11+3\sqrt{5}}{2}\quad\cdots\cdots(答)$$

〔4〕　方程式①の異なる2つの解を α，β とすると，2^α，2^β は方程式②の解であるから，解と係数の関係より

$$2^\alpha+2^\beta=2(a-6),\quad 2^\alpha\cdot2^\beta=17-a$$

条件より，$\alpha+\beta=0$ であるから

$$17-a=2^\alpha\cdot2^\beta=2^{\alpha+\beta}=2^0=1$$

よって　　$a=16$　……(答)

$a=16$ のとき，方程式①は

$$4^x-10\cdot2^{x+1}+1=0$$

$$(2^x)^2-20\cdot2^x+1=0$$

$$2^x=10\pm\sqrt{99}=10\pm3\sqrt{11}$$

よって　　$x=\log_2(10\pm3\sqrt{11})$　……(答)

◀解　説▶

≪指数・対数の方程式，2次方程式≫

〔1〕，〔2〕は機械的な計算である。〔3〕は $2^x=t$ などとおいて，2次方程式の問題に帰着させることがポイントである。本問で扱ったような2次方程式の解についての問題は非常に大切で，2次関数のグラフを活用する

ことが重要である。軸の位置での場合分けも２次関数の重要事項である。〔４〕は方程式①と方程式②の関係に注意して，２次方程式の解と係数の関係を活用することがポイントである。

❖講　評

Ｉは小問３問の形式である。〔１〕は３次方程式の解と係数の関係の問題で基本的な問題であるが，式の展開や因数分解のしっかりとした基礎が問われている。〔２〕は放物線と直線および円などの位置関係の問題，および微・積分法の内容として接線や面積を求める問題である。ごく易しい問題であるが，図を描いて考えることができるかどうかが問われている。〔３〕はベクトルの内積の基本的な計算と円のベクトル方程式の問題である。これも基本的な内容ではあるが，円のベクトル方程式などは弱点になりやすいので注意が必要である。

Ⅱは例年，生活に密着したような問題を数学的に考察するというタイプの出題である。2023年度はサイコロ投げのゲームで，自分の選択を後悔しないための戦略を，確率を応用して考えるような内容である。問題文だけを見ると長文で一見難しそうに見えるが，一つ一つの問いはごく簡単な確率の計算問題で，見た目に惑わされないようにすることも大切である。とはいえ，確率の長文問題では問題になっているゲームの内容自体を理解するのが苦手という人も多いので，このような長文問題に慣れておく必要がある。

Ⅲのみ記述式の問題であるが，内容は指数・対数の方程式，２次方程式の解の考察といったもので典型的な問題である。問われている内容はどれも基本事項であるから確実に解けるようにしておきたい。

肢はなく、標準的。本文は長いが、設問の難易度としては標準的。全体として、やや難。

三の古文は、二〇二二年度と同様に鎌倉初期の仏教説話集『閑居友』が出典。本文は長いが、類推しやすい文章。問一の主語指摘はわかりやすい。標準的。問2の内容説明としての口語訳は平易。問3の助動詞の文法的説明も平易。問4の選択の口語訳の設問は、婉曲の助動詞「む」、重要古語の「覚ゆ」の理解がカギ。標準的。問5は省略語を選ぶもので、本文の構成を把握していれば間違うことはない。標準的。問6は記述式口語訳の設問。㋒「あぢきなし」は訳しにくく、やや難。㋓は呼応の副詞「よに」の訳の知識を持つか否かがポイント。標準的。問7の内容真偽は5の間違いが指摘できるかどうかがポイント。二つとも正答するのはやや難。全体としては標準的。

四の漢文は『却掃編』が出典。本文を読み解くのに力が必要。問1の②「適」を「たまたま」と読むのは難しい。問2の空所補充も文中に入れて文意が通じるかの判断が必要。やや難。問3の書き下し文も、文脈の正確な把握があって初めて正解にたどり着く。やや難。問4の内容真偽は標準的。全体として標準からやや難のレベル。

禁じられているのに、この石碑がどうしてそのままあってよいのか、いやあってはならない〉となるので、「此の石」と読む1が正解となる。

問4　文中の「苗仲先」は「適」（＝たまたま、ちょうどその時）長官になり、拓本を「数千本」も作った。そして、問3にあるように「石碑」がそのまま現存するのはおかしいと理屈をつけ、「立砕之」と唯一無二の作品を破壊する。この意図は、自らの手に入れた拓本の価値をさらに上げるためであった。この文脈に沿ったものは5である。1は後半の「将来は……噂が流れた」が不可。2は、「多くの士大夫……人物や詩文が嫌われ」が間違い。官僚も役人も法令に抵触して自分が巻き込まれるのを避けたのである。3は、最後の「文章の大部分を削ってから」が間違い。「但投其石」とあり、のちに苗仲先が堀から出して拓本を作っている事実に矛盾する。4は「数千本を作ったとたんに壊れてしまい」が間違い。

❖講　評

一の現代文は、菊地暁『民俗学入門』が出典。民俗学における民俗資料の大切さとデータ収集のための「三部分類」を説く文章。論旨は明瞭。問3の欠文挿入箇所、問4の内容説明はいずれも平易。問5の空所補充は6の「資料」という語に反応すると3を見落とす。やや難。問6の箇所指摘は具体例から一般論を引き出す。標準的。問7の内容説明は、各選択肢が長いが、本文通りの記述で標準的。問9の内容真偽も紛らわしい選択肢がなく、標準的。問10の文学史は消去法で解く。やや難か。全体的には標準レベル。

二の現代文は、中川成美『戦争をよむ』が出典。文学が戦争と歩んだ経緯と、その可能性・責務を説いた文章。抽象的で文章も長い。問1の欠文挿入箇所は標準的。問2の内容説明は選択肢に紛らわしいものがなく、標準的。問3の空所補充の設問はやや難。文学と戦争の関係性を「抜き差しならない」と修飾する。問1の挿入文に同じ表現があると気づくことで解けるだろう。問4の内容説明は文脈を丁寧に追う必要があり、やや難。問5の内容真偽は紛らわしい選択拓本を持って行き、すべてこれを売り、得たところ（金額）は計り知れない。

読み 東坡既に南に竄《ざん》せられ、議する者復た悉《ことごと》く其の為《つく》る所の文を除かんことを請ひ、詔して之に従はしむ。是《ここ》に於いて、士大夫の家に蔵する所既に敢へて出だす莫《な》く、吏《り》も禍《わざはひ》を畏れ、在る所の石刻多く毀《こぼ》たる。徐州の黄楼は東坡の作る所にして、子由之が賦《ふ》を為り、坡自ら書す。時に守たる者独り毀つに忍びず、但だ其の石を城濠の中に投じて、楼の名を観風に易《か》ふるのみ。宣和の末年、禁稍《やうや》く弛み、一時の貴遊東坡の文を蓄ふるを以て相尚《たふと》び、鬻《ひさ》ぐ者大いに售《か》はる。故に工人稍として濠中に就きて此の刻を摹《も》す。苗仲先なる者有りて適《たまたま》守と為《な》り、因りて命じて之を出だし、日夜摹印し、既に数千本を得たり。忽《たちま》ち僚属に語《つ》げて曰はく、「蘇氏の学、法禁尚ほ在り、此の石奈何《いかん》ぞ独り存せん」と。立ちどころに之を砕く。人石の毀たるるを聞きて墨本の価益《ますます》増す。仲先秩満ち、携へて京師に至り、尽《ことごと》く之を鬻《ひさ》ぎ、獲る所貲《はか》られず。

▲解　説▼

「却掃編」は宋の徐度の作品。清の乾隆帝の勅命で編纂された中国最大の叢書である『四庫全書』に収められている。

問1　①「悉」は「ことごとく」と読み、〝残らず、すべて〟の意、文中にある「尽く」も同様である。②「適」は「たまたま」と読み、〝ちょうど〟の意。

問2　冒頭に蘇東坡（＝蘇軾）が罪を得て南方に流され、作品が廃棄されたことが示されている。一方で、「時為守者独不忍毀」というようにその作品の価値を知るものもいた。その中で「宣和末年」に「稍く弛」むものとして考えられるものは6の「禁」（＝差し止め）である。空欄Aの後の「貴遊……相尚」からも、上流階級の人たちが蘇東坡の文章に価値を見いだしたことがわかるように、「禁」が弛んできたのである。正解は6。

問3　「奈何」は「いかんぞ……ん（や）」と読み、〝どうして……か、いや……ない〟と訳す反語の用法。目的語がある場合には「奈＋目的語＋何」と間にはさむ形になり、「……をいかんせん」と読む。ここでは何もはさまっておらず、目的語を取らないので1、3、4に絞ることができる。3は「禁ずるを法として」が語順からも語意からもおかしい。4は「此石」は「奈何独存」の主語にあたるので「石に」とは読めない。そして、文脈として〈蘇氏の学は、法律で

2と4である。5がやや紛らわしいが、娘の「銭一貫を拾い、かわりに九つの笊器を置いた」が間違い。銭一貫のうち、〈笊器九つ分のお金を取り、残りのお金はそのまま置いていた〉が本当のところである。

四

出典　徐度『却掃編』

解答

問1　①ことごとく　②たまたま

問2　6

問3　1

問4　5

◆全　訳◆

東坡はもはや罪を得て南方に流され、（このことを）決めた者たちは繰り返し蘇東坡の作った文章をことごとく取り除くことを要求して、勅令を出して従わせた。そこで、官僚の家に所蔵するものはもうわざわざ出すものはなく、役人も禍を恐れて、（東坡の文を刻んだ）石碑が多く壊された。徐州の黄楼は蘇東坡の作った作品で、蘇東坡の弟の子由（蘇轍）がこの詩文を作り、蘇東坡自らが書を書いた。その当時長官だった者がただ壊すに忍びなく、ただ石を都市の周囲や内部に作られた堀に投げ入れて、楼の名前を観風に変えただけだった。宣和の末年に、禁がようやく弛んで、ある一時期上流階級の人々が蘇東坡の散文を蓄えて、互いに讃え、売る者は非常に繁盛した。そのため職人は少しずつ堀の中に入っていき、東坡の石碑の拓本を作った。苗仲先という者がちょうど長官となり、そこで命令してこの石碑を（堀から）出し、昼も夜も拓本を作り、ついには数千本となった。すぐに部下に告げて言うことには、「東坡の学び（＝作品）は、やはり法律で禁じられているのに、この石碑だけがどうしてそのままあってよいのだろうか、いやあってはならない」と。すぐに、これを壊してしまった。人々が石碑が壊されたことを聞いて、拓本の価格はますます上がった。仲先は任期を終え、都に問2　傍線㋐の直前の文脈は、裕福な男が、馬と牛の会話を聞いて、いたたまれなくなったというものである。この男は、自分がこのままの生活を続けていると、仏道のうえでの罪業が積み重なると思ったのである。「身」は〝我が身〟、また、「敵」とは〝害、危害〟の意。〈財産が我が身に害になる〉という文脈は4が該当する。

問3　④「ぬ」は、直後に「山」という名詞が接続しているので連体形。連体形が「ぬ」の助動詞は、打消の「ず」で、正解は5。⑤「ぬ」は、活用形が終止形であることから完了の「ぬ」で、正解は6。⑦の「ける」は直後に「ほど」という名詞が接続するので、過去の助動詞「けり」の連体形で、3が正解。⑧の「たり」の意味には完了と存続の二つがあるが、ここでは活用形が連用形であることから、正解は4。

問4　父が娘を諭すために語った内容である。父は娘が自分たちの生活苦を考えるあまりに、笊器九つ分を落ちていたお金から取るような浅ましい心根を「かかる濁りある心」と言っているのである。「疎ましく覚ゆ」の「疎まし」は、現代語と同様、〝いやな感じだ、いとわしい〟という意、「覚ゆ」は重要古語で〝そのような気がする、自然に思われる〟意。これを正しく訳出できているのは1である。なお、「持たらむ」は「持てあり」または「持ちあり」が一語化した「持たり」未然形＋婉曲の助動詞「む」連体形で〝持っているような〟の意。

問5　空欄Aの直後に「これを聞き侍りしに」とあるのもヒントになるが、冒頭に「人の語り侍りしは」と「語り」の内容が呼応していることに気づく必要がある。正解は2。

問6　㋒「あぢきなし」とは〝道理に外れていてどうしようもない〟の意。この場面は、誠実に生き、赤貧のため亡くなった親子三人に比べて、自らの心根の「濁り」を嘆いている筆者を想像すること。悲しいけれども〝どうしようもない〟というのである。㋓「よにあらじ」の「よに」は呼応の副詞で、下部に打消を伴い、〝決して、全然〟の意。「あらじ」の「じ」は打消推量で〝決していないだろう、決していますまい〟と訳せばよい。

問7　2は第三段落「二人の人のいふやう、『誰を頼みて……おはせむ方にこそ慕ひ聞こえめ』」に合致している。4は後ろから三つめの段落の「これを聞き侍りしに……いかが侍るべからむと悲しくあぢきなし」と合致している。正解はどんなことをしようとして持っていた銭だったのだろう。親のものであったかもしれない、主人のものであったかもしれない。たとえ取るとしても、一つの笊器を置いて一つ分の値段を取るべきだった。いったいどんな人が、一人で笊器を九つも買うことがあるだろうか。このようなけがれた心を持つような者は、疎ましく思える。さあ早く、（銭を）みんな持って行って、元の銭と一緒に貫き戻して、（かわりに）笊器だけを取ってきなさい」と言う。娘が、（その場所に）戻ってみると、この銭が前と同じ状態であったので、元通りにして、笊器を取って帰宅すると、父と母が、両方とも合掌して、頭を垂れて死んでいた。「ああ、悲しいことだ。私もこのまま生きていて何になろうか」と言って、娘もそばに座って死んでしまったとか（いうことだ）。

これを聞くにつけて、気の毒で筆舌に尽くしがたいものでした。本当に、そのような心を持って、仏の道を願うべきなのに、我が身にはわずかに仏道を学ぶようにしているのだが、心は常に濁りに染まっているというのは、きっと三宝を欺く罪があるのだろう。いったい（後世は）どうなるのだろうかと悲しくどうにもならない。

あの昔の三人は、今はどのような菩薩になって、どこの仏の御国に（生まれて）いらっしゃるのでしょうか。「願わくは、私の心を憐れんで、瞬間瞬間ごとに彼らと同じようであろうとする心をください」と、心の中で祈りました。

それにしても、この人たちの姿を、絵に描いて売るという話がありました。おおよそ、中国では、このようなことには大変思いやりがあり、亡くなった後までも続くのでしょうか。この日本の国には、そのような人の姿の絵を、買う人は決していますまい。描いて売ろうとする人も、また、稀であるだろうか。

◀解　説▶

問1　動作の主体を尋ねる設問。①の「侍り」は文章冒頭で、省略されているものとして考えられるのは、6「作者」である。②の「あり」の主語は、話題になっている「卑しからぬ男」である。正解は1「男」。③の「侍る」は、会話の主である「二人の人」で、具体的には4「妻と娘」を指す。正解は4。⑥の「具す」は、前にさかのぼると、そもそも「笊器」を売りに行っているのが、「この娘にて売りに出だしけり」とある通り、3「娘」だとわかる。

打たれた傷跡がことさらに痛く辛くて、あまりに苦しくて、思い通り休むこともできない。明日はまた、どんなふうに使われるというのだろう。このことを思うとにもかくにも安らかに寝ることもできない」と言う。また、牛が言うことには、「そう、そのとおり。ああ、悲しいことだなあ。私が（前世の報いで）このような身（＝牛）に生まれたのだと思うけれども、さしあたっては、ただこの人への恨めしさは、どうしようもなく思われる」と言った。

このことを聞くと、（この男は）心の平静を保つこともできないくらいに悲しくて、妻と娘に言ったことには、「私は、今夜こっそりこの家を出ようと思うことがある。こんなこと（馬と牛の話を聞いたこと）があるのですよ。今から、このまま年月を重ねていくと、このようなことがもっと積もっていくのだろう。財産は自分にとって敵になるものに違いありません。この家を捨てて、どこへともなく行って、人のいないようなところの、静かな場所に行って、来世のことを思って暮らそうと思う。あなた方はここに留まるといい」と言ったところ、二人の人（＝妻と娘）が言ったことには、「（私たちは）誰を頼みにして生きている身だというので、（このまま）残っていることができるでしょうか、いやできません。どこへでも、（あなたが）いらっしゃる方に付いてまいります」と言う。「それならば、それがよいでしょう」と言って、親子三人は、こっそりと出て行ったのである。

そうして、はるか遠くに行って、思いもかけぬ山のふもとで、粗末な家を適当にこしらえて、笊器という竹で編んだ籠を一日に三つ作って、この娘に売りに行かせた。このようにして生計を立てていたが、あるとき、この笊器を買う人がいなかった。（娘は）むなしく帰宅した。また次の日の分（＝三つ）を、足して持って出たけれども、その日も買う人がいなかった。また次の日の分も加えて、（全部で）九つの笊器を持って行ったけれども、この日も買う人がいなかった。娘は、嘆いて、「もっぱらこうして（売れずに）日は過ぎる。私の父母の命も生きながらえるのが難しいだろう。どうしよう」と、思い悩んでいると、道に銭一千枚が落としてあった。この娘は、笊器をこの銭に結びつけて、笊器の値段を数えて、そこ（＝落ちていた銭）から取って、残りの銭と（九つの）笊器とを、元のところに置いてきたのである。

そうして（父母のもとに帰って）、このことを語ったところ、父は、大変驚いて言ったことには、「（その落とし主が）

問5　1は、最後の「人間性そのものを否定」が本文内容と乖離している。2は、「戦争」を通して「国民を幸福にしようとする」為政者を説く点が文脈と外れる。3は、第三段落後半の内容と符合しており、これが正解。4は、最後の「国家と戦争、……文学の力を以てしても変えられない」が本文に外れる。5は、「平和を希求」と「戦争を再生産する国家システム」の放棄とを結びつけている点が不可。

三

出典　慶政上人『閑居友』〈下七　唐土の人、馬・牛の物憂うる聞て発心する事〉

解答

問1　①―6　②―1　③―4　⑥―3

問2　4

問3　④―5　⑤―6　⑦―3　⑧―4

問4　1

問5　2

問6　㋒どうしようもない　㋓決していますまい（㋒・㋓とも十字以内）

問7　2・4

◆全　訳◆

（私が）中国におりましたときに、（その土地の）人が語っていましたことには、昔、この国に身分の低くない男がいた。その家はとても豊かであった。

ある秋の夜、高い建物に登って、月を眺めていたときに、夜も静まり、人も寝静まって、音もしない。このようなときに、そこにいた馬と牛が、話をしていた。馬が言うには、「ああ、悲しい。辛い。どんな（前世の）罪の報いとして、この人に使われて、昼は一日中というほどに、このように使われているのだろう。夜も、気持ちよく休むはずなのに、杖で後の「中野重治」が徳田秋声と武者小路実篤の微苦笑に「かすかな幸福」を感じたという文脈が挙げられる。筆者はこれを「文学が持つ力への信頼」と説く。正解は〈　5　〉である。

問2　傍線㋐の「それ」とは、「徴兵忌避は重罪」で「社会的にも制裁がある」ことを指している。筆者は「戦争に参加する理由」としては「社会的な制裁」だけではなく、〈他の要因〉があると考えている。それを次の段落（第七段落）で探る。筆者は、西川氏の説く「近代の戦争と文学の関係」の具体例として、「ナショナリズム」の「血肉」化を「異様なこととも思わなくなる」ことを示している。その事例として、第七段落三文目「格段のナショナリスト……メンタリティは、……それを受け入れたいとどこかで願う欲動と直結して、身体的な経験として国家への同一化を果たす」が挙げられる。この文脈に沿うのが、「人間的なメンタリティによって、国家への同一化が果たされている」と説く1である。

問3　空欄Aの直前は、「文学と戦争」との関係を「抜き差しならない」と説いている。「抜き差しならない」とは〝動きがとれない、どうしようもない〟意である。これは文学から戦争をみた時の関係性を示した語で、同じ表現が問1の挿入文に「抜き差しならない戦争と文学、国家と文学の紐帯」とある。「紐帯」とは、〝両者を結びつけるたいせつなもの。つながり〟の意である。文学が図らずも戦争に荷担してしまうという意味で、4「共犯」を選ぶ。

問4　問3で、「文学」が「戦争」と「共犯」関係を結ぶことを説いたが、「文学」が「戦争」との関係性を「打ち破っていく可能性」を持ち合わせることを、筆者は「文学的想像力」という言葉で説こうとしている。傍線㋑は直前に指示語「その」があり、「その」が指示するものは、直前の「自らが立つ場所への根本的な疑義」、あるいは「自ら自身に内在化された『国民化』への疑惑」である。これは前段落の中野重治の「肉感的」を説明した箇所の中で、「自分の身体の奥底から、自分の問題として他者を理解することはできるかという問い」と記されている。そして、これは「自分の身を賭して共感する人間性」と言い換えられて、それこそが「最強の理解」と記されている。これを説明した選択肢は2である。

問10　『海上の道』が柳田國男の著作で、正解は1。以下2『高野聖』は泉鏡花、3『風の又三郎』は宮沢賢治、4『武蔵野』は国木田独歩、5『夜明け前』は島崎藤村、6『無常といふ事』は小林秀雄がそれぞれ作者である。

二

出典　中川成美『戦争をよむ――70冊の小説案内』〈まえがき　文学は戦争とともに歩んだ〉（岩波新書）

解答

問1　5
問2　1
問3　4
問4　2
問5　3

◆要　旨◆

文学は戦争とともに歩んだ。近代になり、国民国家の最大存立条件が国家の独立となり、戦争が社会システム・政治の基礎となった。近代以降の文学は、戦争と関係のないところに戦争の根が秘匿されていることを見つめ、語るという過大な責務を負う。世界の戦争小説には戦争へ赴くことを「運命」として感受するメンタリティがあり、近代の文学は戦争とリンクせざるを得ない共犯関係があるが、それを打ち破る可能性も文学は持つ。文学的想像力で自らが立つ場所への疑義と自らに内在化された「国民化」への疑惑といった思索の困難を照らし出していく必要がある。

▲解　説▼

問1　挿入文の冒頭に「この」という指示語があることをヒントにして、「戦争」と「文学」という「抜き差しならない」関係を説いている箇所を探ればよい。この候補に挙がるのが、〈3〉と〈5〉である。その上で、挿入文の「国家と文学の紐帯を断つことに、文学が力を発揮してきた」という文脈に関連のある箇所としては、〈5〉のがその次の第十三段落の冒頭文で、「『歴史』は単体からは不可視だが、大量の比較を通じて空間差から時間差を抽出することが可能となる」の部分が「歴史」を引き出す（＝抽出する）方法に当たる。二十二字という制限字数もヒントになる。解答欄には、末尾に「方法」とあり、これに合うように「大量の比較〜を抽出する」を抜き出せばよい。

問7　「両者」とは、「目に映ずる資料」と「耳に聞える言語資料」である。これらと「心意の問題」の違いを考察する。「目に映ずる資料」は「通りすがりの旅人でも採集できる」部門で、「耳に聞える言語資料」は「その土地の言語に通じなければ理解できない」部門。この両者については採集・理解可能な部門だが、「心意現象」は、最後から二つ目の段落に説明されているように、「心の中で感じて観察するほかなく」、「観察できる」のは「当事者その人」すなわち「同郷人」のみである点が「面倒」なわけである。選択肢の5と6が紛らわしいが、「三部分類」が民俗資料の分類法であることから、「理解ができない」にとどまる5より「観察するしか方法がない」とする6の方が、「面倒」をよりよく説明している。

問8　慣用句の設問。「手を替え品を替え」とは、〝あの手この手と手法を変える〟様子。正解はBが5、Cが2である。

問9　各選択肢を吟味する。1は「民俗学」にとっての最適の資料を「文字資料」とした点が不可。傍線㋐に、柳田國男は「文字資料」が「普通の人々」の「日々の暮らし」を辿ることができるのかという問いに「否」と答えたとある。2は、「一揆に荒れ狂う近世農民という農民像」は「文字資料というフィルターを通した近世農民の一側面に過ぎず」と〈３〉の後の第八段落にあるが、その時代の支配階級が「事実を曲げてつくり出したものだ」という批判を柳田が行ったという内容はない。3は、当たり前の動作の背景にあるのが「生物学的本能」とするのが不可。「生物学的本能」ではなく、「後天的学習」と空欄Aの前文にある。4は、「京都に近いところほど古い言葉が残っている」が不可。〈６〉の後の第十二段落後ろから二つ目の文に「中心部がより新しく」とある。5は「心意現象」を「絶対に守らなければならない約束事」であるとする解釈は本文では示されていない。6は本文の最終段落と符合する内容であり、これが正解。

存在形態、感覚器官、採集主体の関連性に即して三つに大別し、データ収集のためのガイドラインとした。「三部分類」の中で、第三部の「心意現象」は、当事者による心に刻まれた現象であり、目や耳によるサンプリングができない。

▲解　説▼

問3　挿入文を読むと、直前の内容は「民俗資料」と対比された事柄が記されていると推察できる。本文を読み続けていくと、〈　4　〉のある第九段落で、〈　2　〉の段落以降に説明されている「文字資料」には限界があるとわかる。〈　4　〉に入れると、直後に「それ」が「『普通の人々』の『日々の暮らし』そのもの」と記されてあり、「民俗資料」に符合することがわかる。正解は〈　4　〉である。

問4　傍線㋐から、「文字資料」では「普通の人々」の「日々の暮らし」を辿れないことがわかる。そこで、「柳田國男」の言説を含む次の段落（第七段落）、それをまとめたその次の段落（第八段落）を考察していく。第七段落では「文字は、リテラシー……のある者のみが残せる資料」で、「特別な人々」による「特別な出来事」に傾くと記されている。同様の内容が、第八段落の最後の文に「文字は便利ではあるが、……『普通の人々』の『日々の暮らし』を解き明かすリソースとしては、不完全」とある。この内容に合致する選択肢は、4である。

問5　私たちの「日々の暮らし」の所作の性質を問うもの。空欄Aを説明するものとして、空欄の次の文に「箸を使う」という具体的な所作が「はるか以前に遡ることができる」ものとして挙げられている。また、一般論として同段落〈　5　〉の後に「私たちの日々のふるまい」が「その大部分を過去の人々に依拠している」と記されてもいる。ここから「私たちの日々のふるまい」が「資料」であることはわかるが、6の「資料的可能性」は「可能性」に違和感がある。一方で、続く傍線㋑の段落には、「私たち」のふるまいに「『歴史』が刻み込まれて」いると記されており、「資料」が3「歴史的深度」を有すると考える方が文脈として自然である。

問6　柳田國男の、〈「歴史」を引き出す方法〉を指摘する設問。傍線㋑の次の段落の具体的記述では、柳田が「カタツムリ」の呼び方を調査して、「空間的差異から時間的経過を捉え」たことを示している。これを一般論として説いたの

国語

一

出典 菊地暁『民俗学入門』〈終章 私(たち)が資料である。――民俗学の目的と方法〉(岩波新書)

解答

問1 ①推 ④途端

問2 ②かっぱ ③よくや

問3 4

問4 4

問5 3

問6 大量の比較~を抽出する(方法)

問7 6

問8 B―5 C―2

問9 6

問10 1

◆要 旨◆

「普通の人々」の「日々の暮らし」の来し方行く末を考えるのが民俗学である。民俗学は身体的記憶を扱う。さまざまな資料のうち、民俗学の資料としてふさわしいものは、文字資料よりも「暮らしを営む私(たち)自身」を扱った民俗資料である。民俗資料を採集する際には、「三部分類」とよばれる分類法がある。柳田國男は日々の暮らしそのものをその

■学部個別配点方式(文系型)　※ APU は英語重視方式

問題編

▶試験科目

【法・産業社会・国際関係(国際関係学専攻)・文・映像(文系型)・経営・政策科・総合心理・スポーツ健康科・食マネジメント学部，APU(英語重視方式)】

教　科	科　　目
外国語	コミュニケーション英語Ⅰ・Ⅱ・Ⅲ，英語表現Ⅰ・Ⅱ
選　択	日本史Ｂ，世界史Ｂ，地理Ｂ，政治・経済，「数学Ⅰ・Ⅱ・Ａ・Ｂ」から１科目選択
国　語	〔文学部以外，APU〕　国語総合，現代文Ｂ，古典Ｂ（漢文の独立問題なし） 〔文学部〕　国語総合，現代文Ｂ，古典Ｂ（漢文の独立問題あり。ただし現代文１題との選択）

【経済(経済専攻)学部】

教　科	科　　目
外国語	コミュニケーション英語Ⅰ・Ⅱ・Ⅲ，英語表現Ⅰ・Ⅱ
数　学	数学Ⅰ・Ⅱ・Ａ・Ｂ
国　語	国語総合，現代文Ｂ，古典Ｂ（漢文の独立問題なし）

▶配 点

学部		外国語	選択	数学	国語	合計
法・総合心理・スポーツ健康科		150	100		150	400
産業社会		150	200		150	500
国際関係（国際関係学専攻）		100	100		100	300
文	人間研究学域・日本文学研究学域・東アジア研究学域・言語コミュニケーション学域	100	100		200	400
文	日本史研究学域・国際文化学域・地域研究学域	100	200		100	400
文	国際コミュニケーション学域	200	100		100	400
映像(文系型)・政策科		100	150		100	350
経営	国際経営	200	100		100	400
経営	経営	120	150		100	370
経済（経済専攻）		100		150	100	350
食マネジメント		150	150		100	400
APU（英語重視方式）		150	(100)		(100)	250

▶備 考

- 「数学B」は「数列，ベクトル」から出題。
- 文学部の国語において，選択の現代文と漢文の両方を解答した場合は高得点の方を採用する。
- APUの英語重視方式は，英語・国語・選択科目の3教科すべてを受験し，「英語得点」+「国語または選択科目の高得点」の2教科で合否判定を行う。

英語

(80分)

I　次の文を読んで，問いに答えなさい。

In a tiny hotel at the back of a Wellington garden, a group of “guests” with shiny cigar-shaped[1] bodies and spiny[2] legs is making themselves at home. Once a fortnight the hotel’s owner, Holly Neill, briefly opens the door to look inside and check on her guests, each time experiencing the excitement of being able to spy on the shy, strange creatures inside. They are not paying guests nor are these ordinary hotels, but rather human-made houses for one insect, only found in New Zealand — the wētā. Increasingly, wētā hotels are appearing in gardens as New Zealanders begin to accept the bugs in their backyards — something that may also give the endangered species a chance at survival.

Forests, grasslands, caves, and mountains once were full of wētā, but their populations have suffered with the introduction of foreign pests[3] and loss of habitat due to dairy farming[4]. Sixteen of New Zealand’s wētā species are at risk, and the rest are classified as threatened or endangered. The largest species, the giant wētā (or wētāpunga), once abundant across parts of the North Island of New Zealand, is now found only on Hauturu-o-Toi (Little Barrier Island), a pest-free wildlife sanctuary off the east coast. The Mahoenui giant wētā was feared extinct until it was rediscovered in 1962, and now only exists in a very small area on the west coast.

“I think people hold them in high regard, and it’s almost a point of pride to have wētā in the garden,” says Neill, a keen conservationist and wildlife photographer. “It adds another dimension of appreciation of nature if you’re including the mysterious bugs that come out at night.”

Wētā belong to the same group of insects as crickets and grasshoppers, and there are between 70 and 100 species of wētā local to New Zealand. They are wingless and nocturnal[5], and some, including the wētāpunga, are among the heaviest insects in the world — comparable to the weight of a small bird.

Neill installed two wētā hotels on native tree trunks at the back of her garden just over a year ago, after discovering the hotels at many different sanctuaries. Within three months, she had her first guests. At one point she opened a hotel to find a wētā, a native cockroach, and a bee in the same room. “I felt like I was interrupting a bug meeting,” Neill laughs. When she first moved into the property, the garden was overgrown[6] with plants, where she found just three spiders hiding. She cleared the garden, set traps for predators, planted native trees, and installed the hotels. “I was shocked at how empty the garden was of life and then, since doing this, all the hotels became full. It was quite a rapid change.”

The hotels are made of wood and are designed to have entrance and exit tunnels large enough for the wētā to crawl into but small enough to stop a mouse from entering. To attract wētā, they must be dark during the day. “If you were to split a log and look at what they naturally do, it’s pretty similar to that,” says Steve Rawson of Swiss Wood Technicians. He began making wētā homes in 2016 for the Department of Conservation and in 2018 started selling them independently to the public, becoming one of many small businesses or community groups now doing so. Sales had been stable, but leading up to last Christmas, they sold roughly 40 hotels — double that of the previous year.

“We’ve noticed a real increase in sales, especially in the Wellington area,” something that Rawson says is due to education programmes at Wellington’s urban wildlife sanctuary Zealandia. “Before that, I think a lot of people would look at wētā and think 'Yuck[7], I don't want to go near them,' but they are actually amazing creatures, and they are not that horrifying at all."

The hotels were originally developed as a research aid around 1994 by Massey University ecologist and wētā expert Steve Trewick. Trewick is a scientist who has been so dedicated to the insect that a tree wētā, the Hemideina trewicki, was named after him.

A growth in higher education and deepening awareness of conservation problems could be prompting more interest in wētā and how to care for them, says Warren Chinn, an ecologist at the Department of Conservation. "I would also say that social media and the internet have been very beneficial to awareness of conservation values. The insects don't know that the hotels are artificial. They just know they're suitable."

The hotels are definitely helpful for maintaining wētā populations, particularly in urban environments, Trewick adds, and the growth in understanding biodiversity[8] and caring for it has the added effect of helping other species. Wētā hotels in private gardens achieve more than just helping protect wētā populations; they also satisfy the curiosity of creepy-crawly[9] fans. "I think that the most useful thing about the hotels is that people see that there is much more to the biology of our planet than they would otherwise see. Most New Zealand biology is out and about[10] at night. It's a window to that world," Trewick says.

(Adapted from a work by Eva Corlett)

(注)

1. cigar-shaped　葉巻のような形の

2. spiny　とげだらけの

3. pest　有害な虫や動物

4. dairy farming　酪農

5. nocturnal　夜行性の

6．be overgrown with～　～が一面に生い茂っている
7．yuck　気持ち悪い
8．biodiversity　生物多様性
9．creepy-crawly　這い回る虫
10. be out and about　動き回る

〔1〕本文の意味，内容にかかわる問い(A)～(D)それぞれの答えとして，本文にしたがってもっとも適当なものを(1)～(4)から一つ選び，その番号を解答欄にマークしなさい。

(A) What is one reason that the number of wētā is decreasing?
(1) Small birds compete for the same food supply.
(2) Their population grew too large to be sustainable.
(3) Dairy farmers kill them to protect their cows from disease.
(4) Animals from outside of New Zealand are invading their habitat.

(B) What does the article say about the design of wētā hotels?
(1) They were designed to have tunnels that protect the wētā.
(2) They were designed to be ecologically friendly Christmas presents.
(3) They were designed to allow plenty of light to enter the wētā hotel rooms.
(4) They were designed by the Department of Conservation in 2016 to be sold in stores by 2018.

(C) Why were wētā hotels first created?
(1) They were created for research.
(2) They were created to sell to the public.
(3) They were created to protect other insects.
(4) They were created as decorations for the garden.

(D) What benefit of wētā hotels is NOT mentioned in the article?

(1) They are reducing fear of the insects.

(2) They are helping other species of insects.

(3) They are encouraging more students to study biology.

(4) They are allowing wētā enthusiasts to satisfy their curiosity.

〔2〕次の(1)～(5)の文の中で，本文の内容と一致するものには1の番号を，一致しないものには2の番号を，また本文の内容からだけではどちらとも判断しかねるものには3の番号を解答欄にマークしなさい。

(1) Wētā are native to New Zealand.

(2) The Mahoenui giant wētā was first discovered in 1962.

(3) There has been an increase in property sales in the Wellington area.

(4) Ecologists think wētā hotels have become popular due to increasing interest in environmental issues.

(5) Wētā hotels are having little effect on preserving the species.

〔3〕本文の内容をもっともよく表しているものを(1)～(5)から一つ選び，その番号を解答欄にマークしなさい。

(1) How to build a wētā hotel in your garden

(2) Why wētā are an important species of insect for New Zealand

(3) How wētā hotels can help save other species of insects around the world

(4) The role that wētā hotels are playing in the protection of the insect

(5) The influence of higher education on people's interest in designing wētā homes

Ⅱ 次の文を読んで，問いに答えなさい。

Dogs often seem uncannily shrewd about[1] what we're trying to tell them. Several recent studies offer surprising insights regarding the ways our canine[2] companions are born to communicate with people. "Dogs' communicative skills uniquely qualify them to play the role that they do [(A)]," Emily Bray, a canine researcher at the University of Arizona, said, "Many of the tasks that they perform for us, now and in the past, such as herding, hunting, detecting, acting as service dogs, are made possible by their ability to understand our cues[3]." [(B)] Bray's most recent study, dogs can tell the difference between a clumsy[4] human who intends to give them a treat and a person who is withholding[5] that reward on purpose. The researchers set up an experiment: A person and a dog were separated by a plastic barrier, with a small gap in the middle just large enough for a hand to get through. It(あ) did not span the length of the room, however, so the dogs could go around it if they wanted. The human participants attempted to pass the dog a treat through the gap in three ways. First, they offered the treat but suddenly dropped it on their side of the barrier and said, "Oh no!" Next, they tried to pass the treat through the gap, but it was blocked. Lastly, they offered the treat but then pulled back their arm and laughed.

The experimenters tried this set-up on 51 dogs and timed how long it took each to walk around the barrier and bring back the treat. The results showed that the dogs waited much longer to retrieve[6] the treat when the experimenter had purposefully withheld it than when the experimenter dropped it or couldn't get it through the barrier. This(い) suggests dogs can understand the difference between humans' intended and unintended behavior and respond accordingly.

In an earlier study, Bray analyzed the [(C)] of 8-week-old puppies — 375 of them, to be precise. The puppies were being trained at Canine

Companions, a service-dog organization in California. They had grown up mostly with their litter mates[7], so they had little one-on-one contact with people. Bray's team put the puppies through a series of tasks that measured the animals' ability to interact with humans. They measured how long it took the puppies to follow an experimenter's finger as they were pointing at a hidden treat and how long they held eye contact with them. The team found that once an experimenter spoke to the dogs, saying, "Puppy, look!" and made eye contact, the puppies successfully reciprocated[8] that eye contact and could follow the gesture to locate the treats. "However, if you take away the eye contact and verbal cue and just give a gesture that looks the same, dogs are not as likely to understand it(う)," Bray said.

The researchers found that the puppies' performance on these tasks did not improve over the course of the experiment, suggesting this wasn't part of a learning process. [(D)] , the researchers believe dogs are born with the social skills they need to read people and understand our intentions. "We can assume that puppies started the task with the communicative ability necessary to be successful," Bray said. Furthermore, her team had access to each puppy's pedigree[9] so that they could [(E)] the 375 dogs were to one another. According to Bray, 40% of the variation in the puppies' performance could likely be explained by their genes, suggesting "genetics plays a large role in shaping an individual dog's understanding." She added, "Dogs' abilities can improve as they age, just as humans do." For example, in her study, she observed that some dogs tended to make eye contact with humans if they were unable to complete a task. While at first she believed the behavior was due to genetic factors, she quickly discovered that a higher proportion of adult dogs (え)exhibited this social skill in comparison to puppies.

Another research study [(F)] the idea that dogs are naturally programmed to be "human's best friend." This study compared 44 puppies raised with their litter mates at Canine Companions with little human interaction to 37 wolf puppies that received almost constant human care at a wildlife center in Minnesota, USA. The researchers tested how well the dogs and wolves could find a treat hidden in one of two covered bowls by following where the human participants were looking and at what they were pointing. The dog puppies were twice as likely as the wolf puppies to pick the right bowl, even though they'd spent [(G)] time around people. Many of the dog puppies ㋔<u>got it right</u> on the first try, suggesting they didn't need training to follow those human gestures.

"Dogs have naturally better skills at understanding humans' cooperative communication than wolves do, even from when they are puppies," Hannah Salomons, an animal researcher at Duke University who co-authored the study stated. "I would say, [(H)] our results, that nature is definitely playing a greater role than nurture[10] in this regard."

(Adapted from a work by Aylin Woodward)

(注)

1. uncannily shrewd about～　～を不思議なほど理解する
2. canine　イヌ科の
3. cue　合図
4. clumsy　ぎこちない，不器用な
5. withhold　差し控える，与えない
6. retrieve　見つけて取ってくる
7. litter mate　同じ母親から同時に生まれた動物の兄弟姉妹
8. reciprocate　応える，交わす
9. pedigree　血統
10. nurture　育ち，しつけ

〔1〕本文の [(A)] ～ [(H)] それぞれに入れるのにもっとも適当なものを(1)～(4)から一つ選び，その番号を解答欄にマークしなさい。

出典追記：Recent discoveries reveal how dogs are hardwired to understand and communicate with people — even at birth, Insider on September 16, 2021 by Aylin Woodward

(A) (1) alongside humans (2) as research subjects
(3) in the wild (4) with other canines

(B) (1) According to (2) Because of
(3) In place of (4) Similar to

(C) (1) appearance (2) behavior
(3) emotions (4) health

(D) (1) Besides (2) Ideally
(3) Instead (4) Likewise

(E) (1) control how friendly (2) influence how aggressive
(3) limit how attractive (4) measure how related

(F) (1) completely rejected (2) criticized
(3) further emphasized (4) minimized

(G) (1) far less (2) far more
(3) no amount of (4) the same amount of

(H) (1) based on (2) contrary to
(3) despite (4) due to

〔2〕下線部㋐～㋔それぞれの意味または内容として，もっとも適当なものを(1)～(4)から一つ選び，その番号を解答欄にマークしなさい。

㋐ It

(1) The gap in the barrier
(2) The space on either side of the barrier

(3) The obstacle between the human and the dog

(4) The obstacle between the human and the treat

ⓘ This

(1) The dog finding a way around the barrier

(2) The human dropping the treat by accident

(3) The dog not taking the treat from the human participant

(4) The dog waiting longer to take a treat when it was held back

ⓤ it

(1) pointing at the treat

(2) saying, "Puppy, look!"

(3) looking at the location of the treat

(4) making eye contact with the puppy

ⓔ exhibited this social skill

(1) made eye contact to ask for help

(2) followed the instructions of a human

(3) understood humans as a genetic ability

(4) signaled when they have completed a task

ⓞ got it right

(1) found a hidden treat on their own

(2) found a hidden treat after training

(3) found a hidden treat with the help of a human

(4) found a hidden treat with the help of other dogs

Ⅲ

〔1〕次の会話の㋐～㋓それぞれの空所に入れるのにもっとも適当な表現を⑴～⑽から一つ選び，その番号を解答欄にマークしなさい。

In the classroom

A：Ms. Jacobs, can I talk to you about something?

B：Sure.（ ㋐ ）

A：No, I think I understand what I have to do. I'm thinking about studying abroad in the USA next year, and I'd like to ask for your advice.

B：（ ㋑ ）Sounds exciting. Where in the USA are you thinking of studying?

A：I want to study in California, but I'm not really sure where in California. I've never been there, but I've heard it's a very big state and each region is different.

B：Yes, that's true. I'm from Southern California, near Los Angeles. For me, Northern California is almost a different state.

A：Really?（ ㋒ ）

B：Well, the weather is very different, for one. Northern California gets more rain than Southern California. And, the industries are different. Silicon Valley in the north is the technology area, while the movie and music industries are in the south.

A：（ ㋓ ）Japan is a small country compared to the USA, but there are big differences between cities like Osaka and Tokyo.

B：Yes, like that. The good news is that both Southern and Northern California have several top universities. Also, there is so much to do in both places. I'm sure you'll enjoy yourself whichever you choose.

(1) In what way?

(2) That's great, Rumiko.

(3) What about the food?

(4) When do you want to go?

(5) I wouldn't recommend that.

(6) That's an interesting comparison.

(7) Why don't you study in Europe instead?

(8) Did you forget to bring your textbook again?

(9) Do you have a question about the homework?

(10) I liked Los Angeles better than San Francisco.

〔2〕次の会話の ㋕ ～ ㋘ それぞれの空所に入れるのにもっとも適当な表現を(1)～(10)から一つ選び，その番号を解答欄にマークしなさい。

Catching a shuttle bus

A：Excuse me. Do you know where I can catch a shuttle bus to the ABC Hotel?

B：All the hotel shuttle buses make the same stops along the airport terminal road. You have to cross the street and look for the shuttle bus sign.

A：Do you mean where those people are waiting over there?

B：No, that's a taxi stand.（ ㋕ ）The one for the shuttle bus is further down the road.

A：Thanks for your help. I'm sure I'll find it. Do you know how often the shuttle buses come?

B：（ ㋖ ）Does your hotel have a website? You can check when the next one is coming. The buses come at different times depending on the traffic.

A：I don't know if it does. I didn't even think about checking the website.

B：You can check on the airport website as well. Again, it's case by case depending on the hotel.

A：(　㋗　) I was just so busy getting ready for my flight.

B：How long will you be in town?

A：I'm just here for the weekend. I'm going to a friend's wedding. (　㋘　)

B：Actually, I live here. I'm waiting for a friend to pick me up. I hope you enjoy your trip.

A：I'm sure I will. Thanks for all of your help.

(1) How about you?
(2) Do you live here?
(3) It depends on the hotel.
(4) They come every 15 minutes.
(5) You need to sign in for the bus.
(6) You can catch the shuttle from there.
(7) It has a picture of a taxi on the sign.
(8) I need to be back at work on Monday morning.
(9) I guess I should have checked before I got here.
(10) OK, I'll look at the website after I get to the airport.

Ⅳ 次の(A)～(H)それぞれの文を完成させるのに，下線部の語法としてもっとも適当なものを(1)～(4)から一つ選び，その番号を解答欄にマークしなさい。

(A) I cannot speak Spanish, but I managed to make myself ______.

(1) to understand (2) understand

(3) understanding (4) understood

(B) Daniel was really satisfied with the local food ______ a visit to Europe.

(1) during (2) in

(3) when (4) while

(C) One problem with these plans ______ they are beyond our proposed budget.

(1) are that (2) is that

(3) so that (4) that

(D) The manager ordered that the food ______ to the office as soon as possible.

(1) be delivered (2) delivering

(3) to be delivered (4) was delivered

(E) That building is ______ the tallest building in the world at present.

(1) by far (2) far

(3) most (4) the most

(F) If you had started one hour earlier, you ______ your assignment by the deadline.

(1) will finish (2) will have finished

(3) would finish (4) would have finished

(G) My parents bought me two books, neither ________ I have read yet.

(1) at which　　(2) for which
(3) of which　　(4) to which

(H) It is ________ that I can hardly work.

(1) a very hot day　　(2) not a hot day
(3) such a hot day　　(4) too hot a day

V

〔1〕次の(A)～(E)それぞれの文を完成させるのに，下線部に入れる語としてもっとも適当なものを(1)～(4)から一つ選び，その番号を解答欄にマークしなさい。

(A) The student has a strong ________ to be a doctor and help sick children.

(1) admission　　(2) determination
(3) possession　　(4) proportion

(B) After losing some weight, the man had to ________ his belt.

(1) tease　　(2) thump
(3) tighten　　(4) tumble

(C) Japan's rainy season usually lasts about 45 days and causes extreme ________ to many people.

(1) apology　　(2) authority
(3) devotion　　(4) discomfort

(D) The farmer needed to ________ some of the water from the field.

(1) dismiss　　(2) distract
(3) downsize　　(4) drain

(E) The lawyer told Tom that the ______ against him was serious.

(1) adoption　　(2) allegation

(3) analogy　　(4) artistry

〔2〕次の(A)〜(E)の文において，下線部の語にもっとも近い意味になる語を(1)〜(4)から一つ選び，その番号を解答欄にマークしなさい。

(A) Her effort on the project was appreciated by her colleagues.

(1) admired　　(2) debated

(3) described　　(4) judged

(B) I spent a miserable weekend alone at home.

(1) a depressing　　(2) a memorable

(3) a typical　　(4) an abnormal

(C) I'm amazed by the quantity of information in this article.

(1) abundance　　(2) accuracy

(3) analysis　　(4) authority

(D) It would be misleading to argue that computer games have no effect on children.

(1) astonishing　　(2) deceptive

(3) pointless　　(4) preferable

(E) We had no quarrel with the company.

(1) alliance　　(2) dispute

(3) plot　　(4) purchase

日本史

(80分)

I　次の文章〔1〕・〔2〕を読み，空欄 [A] ～ [E] にもっとも適切な語句を記入し，かつ(a)～(j)の問いに答えよ。

〔1〕 日本列島に水稲農耕が伝わったのは縄文時代の終末である。水稲農耕は弥生時代に北海道①と南西諸島②を除く日本列島の各地に普及した。水田跡は静岡市の [A] 遺跡で初めて発掘されたが，その後，各地で見つかっている。水稲農耕に用いる各種の農具も普及し，当初は木製や石製の農具主体であったが，弥生時代後期には鉄製農具の使用も進んだ③。水稲農耕の普及とともに，農耕と関係する祭祀に使用されたと考えられる [B] など，新たな青銅製祭祀具が出現し，西日本を中心に普及する。[B] には農耕と関係する絵画④が描かれるものも少なくない。古墳時代以降，農耕に関する祭祀は重要な位置を占め，律令制下では天皇が執り行う重要な祭祀⑤となった。

(a) 下線部①に関連して，弥生時代と同時代の北海道にみられる文化を何と呼ぶか。

(b) 下線部②に関連して，南西諸島では稲作が導入される12世紀頃から政治的・軍事的拠点が形成される。これを何と呼ぶか。もっとも適切なものを下から一つ選び，記号で答えよ。

㋐ グスク　　㋑ 按司　　㋒ 水城　　㋓ コタン

(c) 下線部③に関して，石包丁に代わって，イネの収穫具として登場する鉄製農具は何か。もっとも適切な語句を答えよ。

(d) 下線部④に関して，[B] に描かれた絵画に存在する作業の種類は何か。もっとも適切なものを下から一つ選び，記号で答えよ。

㋐ 田植え　　㋑ 稲刈り　　㋒ 脱穀　　㋓ 田起こし

(e) 下線部⑤に関して，毎年秋に行われる，穀物の収穫を感謝する宮中祭祀で，その日が現在「勤労感謝の日」として受け継がれているものを何と呼ぶか。

〔2〕 鎌倉時代後半から室町時代にかけて，⑥［　C　］と呼ぶ，同じ耕地で1年間に2回異なる作物を作る耕作方法が普及していく。場合によっては，1年間に3回異なる作物を作ることも可能になった。同じ耕地で多くの作物を作るためには，耕地の施肥を増やす必要があり，刈り取った草葉を耕地に埋め，発酵させて肥料とする［　D　］と呼ばれる方法や，⑦下肥も普及していった。江戸時代にはいると，特産物の商品生産としても農業が奨励され，穀物などの食料以外に，⑧織物の原料となる作物も栽培された。肥料は，自給でなく購入して使用する場合もあり，⑨購入された肥料は［　E　］と呼ばれた。このような農業の発達に伴い，牛馬を利用した耕作法の普及や⑩農耕具の改良も進んだが，18世紀にはいると，天候不順による大規模な飢饉が繰り返された。

(f) 下線部⑥に関連して，鎌倉時代から江戸時代に，この耕作方法を用いて栽培された代表的な作物の組み合わせとして，もっとも適切なものを下から一つ選び，記号で答えよ。

㋐ 米と小豆　　㋑ 米と粟　　㋒ 米と大豆　　㋓ 米と麦

(g) 下線部⑦に関して，下肥とは何か。もっとも適切なものを下から一つ選び，記号で答えよ。

㋐ 草木灰　　㋑ 人糞尿　　㋒ 厩肥　　㋓ 油粕

(h) 下線部⑧に関連して，室町時代には朝鮮から輸入していたが，江戸時代から河内や尾張を主要産地として国内での生産が進んだ布は何か。もっとも適切なものを下から一つ選び，記号で答えよ。

㋐ 絹布　　㋑ 麻布　　㋒ 綿布　　㋓ 亜麻布

(i) 下線部⑨に関して，江戸時代には海産物の加工品も肥料として大量に流通していた。房総の九十九里浜などで大量にとれた海産物を原料として商品化された肥料は何か。

(j) 下線部⑩に関連して，江戸時代に普及した，刃先が3～4本に分かれる深耕用の農具を何というか。

Ⅱ　次の史料〔1〕～〔5〕を読み，（a）～（o）の問いに答えよ。なお，史料は読みやすく改めている箇所がある。

〔1〕「自力作善の人は，ひとへに他力をたのむこころ欠けたるあひだ，弥陀の本願にあらず。しかれども，自力のこころをひるがへして，他力をたのみたてまつれば，真実報土の往生をとぐる①なり。煩悩具足のわれらは，いづれの行にても生死をはなるることあるべからざるを哀れみたまひて，願をおこしたまふ本意，悪人成仏のためなれば，他力をたのみたてまつる悪人，もとも往生の正因なり。よりて，[A]だにこそ往生すれ，まして悪人は」と仰せさふらひき。

〔2〕薬師経の七難の内，五難たちまちに起こり，二難なお残せり。いはゆる他国侵逼の難②，自界叛逆の難なり。大集経の三災の内，二災早く顕はれ一災未だ起こらず。いはゆる兵革の災なり。金光明経③の内，種種の災過（禍）一一起こるといへども，他方の怨賊国内を侵掠する。この災未だ露はれず，この難未だ来たらず。仁王経の七難の内，六難今盛にして一難未だ現ぜず。いはゆる四方の賊来って国を侵すの難なり。

〔3〕年ニソヘ，日ニソヘテハ，物ノ[B]ヲノミ思ツヅケテ，老ノネザメヲモナグサメツツ，イトド，年モカタブキマカルママニ，世中モヒサシクミテ侍レバ，昔ヨリウツリマカル[B]モアハレニオボエテ，神ノ御代ハシラズ，人代トナリテ神武天皇ノ御後百王トキコユル，スデニノコリスクナク，八十四代ニモ成ニケル中ニ，保元ノ乱イデキテノチノコトモ，マタ世継ガ物語④ト申モノカキツギタル人ナシ。

〔4〕明年，室町殿より唐船を渡らせらるべきの由，御沙汰に及び，大内左京大夫⑤に仰せ合せらると云々。楠葉入道，当年八十六歳なり。両度唐船に乗る者なり。今日これと相語れり。唐船の理（利）は生糸に過ぐべからざるなり。唐糸⑥一斤二百五十目なり。日本の代五貫文なり。西国の備前・備中に於いては，銅一駄の代は十貫文なり。唐土の明州・雲州に於いて糸ニこれを替へば，四十貫五十貫ニ成る者なりと云々。

〔5〕 示ニ云ハク，学道ノ最要ハ，[C] コレ第一ナリ。

大宋⑦ノ人，多ク得道スルコト，皆 [C] ノ力ナリ。一文不通ニテ，無才愚鈍ノ人モ，[C] ヲ専ラニスレバ，多年ノ久学聡明ノ人ニモ勝レテ出来スル。シカレバ，学人祗管打坐シテ他ヲ管ズルコトナカレ。仏祖ノ道ハ只 [C] 也。他事ニ順ズベカラズ。

語群

あ 東大寺	い 興福寺	う 薬師寺	え 東寺
お 延暦寺	か 金剛峯寺	き 醍醐寺	く 知恩院
け 建仁寺	こ 永平寺	さ 本願寺	し 建長寺
す 久遠寺	せ 天竜寺	そ 相国寺	

(a) 下線部①に関連して，10世紀後半に，『池亭記』の著者が著した，最初の往生伝を何というか。

(b) [A] にあてはまる，もっとも適切な語句を答えよ。

(c) 史料〔1〕に引用された言葉を発した人物をまつる堂が発展した寺院として，もっとも適当なものを語群から一つ選び，記号で答えよ。

(d) 下線部②に関連して，史料〔2〕が成立した14年後，「他国侵逼の難」が起こった。この事件を何というか，元号を付して答えよ。

(e) 下線部③に関連して，この経典に依拠して，奈良時代に建立された寺院を何というか。漢字3文字で答えよ。

(f) 史料〔2〕の著者が建立した寺院として，もっとも適切なものを語群から一つ選び，記号で答えよ。

(g) [B] にあてはまる，もっとも適切な語句を答えよ。

(h) 下線部④の「世継ガ物語」が意味する，紀伝体の歴史物語を何というか。

(i) 史料〔3〕の著者が所属した寺院として，もっとも適切なものを語群から一つ選び，記号で答えよ。

(j) 下線部⑤に関連して，こののち大内氏と貿易の主導権を巡って争ったのは，何氏か。

(k)　下線部⑥の「唐糸」など，この当時貿易で中国からもたらされた品々を総称して何とよんだか，**ひらがな**で答えよ。

(l)　史料〔4〕の著者が所属した寺院として，もっとも適切なものを語群から一つ選び，記号で答えよ。

(m)　[C]　にあてはまる，もっとも適切な語句を答えよ。

(n)　下線部⑦に関連して，「大宋」より来朝し，北条時頼の帰依を受けて，建長寺の開山となった僧は誰か。

(o)　史料〔5〕の言葉を発した人物が開創した寺院として，もっとも適切なものを語群から一つ選び，記号で答えよ。

Ⅲ　次の文章〔1〕・〔2〕を読み，空欄　[A]　～　[E]　にもっとも適切な語句を記入し，かつ(a)～(o)の問いに答えよ。

〔1〕　韓国南東部の国際貿易都市・釜山には，古代以来の歴史が深く刻まれている。ここでは15世紀以降の釜山の歴史から日本との関わりを見ていくことにする。

1419年，朝鮮が倭寇の根拠地とみなした対馬を襲撃した応永の外寇が終息して以降，日朝貿易はふたたび活発化した。対馬からほど近い釜山は倭船の入港地の一つとなり，15世紀末には450名ほどの日本人が住みついた。これらの入港地と首都漢城には，使節の接待や貿易のための施設として　[A]　が置かれた。釜山の　[A]　は，1510年に日本人居留民が起こした三浦の乱により一時閉鎖されるものの，豊臣秀吉の朝鮮侵略まで存続した唯一のものだった。

豊臣秀吉の朝鮮侵略では，釜山は最初の上陸地，戦場となった。このときの釜山鎮の攻防戦では，朝鮮軍約3,000名が戦死し，約500名が捕虜①となった。以後，朝鮮全土へ戦火を広げた７年にも及ぶ朝鮮侵略で，釜山は人的・物的補給基地としての役割を担わされることとなった。

その後，対馬藩の仲介により1607年に朝鮮使節が来日して国交が復活する②と，ふたたび釜山に　[A]　が設置され，江戸時代を通じて唯一の外交窓口となった。約11万坪の広大な敷地には対馬藩の役人③が派遣されて外交実務や漂流民送還業務にあたったほか，日朝貿易に携わる商人など，総勢500～700名が滞在しており，江戸時代最大の海外日本人居留地となった。朝鮮からの使節は1811年④

まで計12回におよんだが，朝鮮側では日本からの使節の首都漢城への入城を許さず，対馬藩を介した日本側との交渉は釜山のみで行われた。

（a）　下線部①に関して，朝鮮侵略で日本に連行された被虜人は数万人におよぶといわれるが，なかには陶工も含まれていた。かれらによって生産された陶磁器として**適切でないもの**を下から一つ選び，記号で答えよ。

㋐　萩焼　　㋑　薩摩焼　　㋒　瀬戸焼　　㋓　唐津焼

（b）　下線部②に関連して，この二年後，対馬の宗氏と朝鮮との間で締結され，対馬の外交・貿易上の特権を定めた約条の名称を干支で答えよ。

（c）　下線部③に関連して，1703年から1705年に対馬藩の役人として釜山に滞在して自ら朝鮮語を学び，のちには藩直営の朝鮮語通訳養成所を作った儒者は誰か。もっとも適切なものを下から一つ選び，記号で答えよ。

㋐　室鳩巣　　㋑　木下順庵　　㋒　雨森芳洲　　㋓　貝原益軒

（d）　下線部④に関連して，1811年以降も幕府では朝鮮使節の派遣要請を行おうとしていたが実現には至らなかった。このうち，第十二代将軍襲封にともない，経費削減のために大坂への使節招聘を提案していた老中は誰か。

〔2〕　1876年，朝鮮に開国を強要した［　B　］条規において「年来両国人民通商ノ地」であることを理由に釜山は⑤開港地となり，［　A　］が置かれた場所が日本人専管居留地に指定された。以後，⑥公用・商用で渡航する日本人が増え，開港直後は80名ほどであった居留民も，1910年には２万人を超える数となった。

居留民の増加につれて居留地の範囲も拡大し，裁判所，学校，病院，寺社，⑦郵便局などの施設がつくられていった。なかでも釜山駅は⑧日露戦争後の1908年に全面開通した，⑨釜山と首都漢城とをつなぐ京釜鉄道の起点となり，1906年に開通していた，漢城と開城・平壌・新義州とをつなぐ鉄道と合わせ，約950kmに及ぶ朝鮮半島を縦断する鉄道網の始点となった。これらは，同じく日露戦争時に建設された⑩安東－奉天間の軍用鉄道とともに，戦争遂行のための人的・物的輸送手段を確保するために建設が急がれたものだったが，のちには旅客輸送に拡大され，⑪関釜連絡船経由で日本－朝鮮半島－満州をつなぐ大動脈となった。

1910年，⑫日本が大韓帝国を植民地にすると，釜山居住の日本人も増加の一途をたどり，1942年には28万人を超えて，朝鮮総督府が置かれた京城を上回る，最大の日本人人口を有する都市となった。また釜山港埋立や絶影島大橋架橋などの土木工事や，沿岸部に建設された⑬紡織・ゴム工場に従事する朝鮮人労働者も流入し，京城，平壌に次ぐ第三の都市へと変貌を遂げていった。その中心となったのが旧居留地を拡張した日本人集住地区であり，朝鮮最大の土地所有者として営農・灌漑・金融を行った国策会社［　C　］会社の釜山支店もこの集住地区の中心部に建てられた。さらに釜山居住の日本人資本家は，北部の東莱や海岸部の海雲台，松島に温泉街や海水浴場を整備し，市街地は拡大していった。

他方，日本の植民地統治は当初，憲兵警察下での強権的支配の武断政治が行われたが，1919年，それに抵抗する⑭三・一独立運動が朝鮮全土で展開した。総督府は憲兵・軍隊を動員して厳しく弾圧し，釜山の憲兵警察も日本人集住地区に置かれていた。その後，統治方針が変更され，憲兵警察は廃止されたが，日本語教育の重視など同化政策が推進され，1930年代になると，日本語常用の徹底，神社参拝，創氏改名などを強要する［　D　］政策がとられた。

1945年，日本の敗戦とともに朝鮮は解放され，多くの日本人は釜山港から日本へ引き揚げることとなった。解放後の朝鮮半島では，1948年，ソ連軍占領地域に朝鮮民主主義人民共和国が，アメリカ軍占領地域に大韓民国がそれぞれ建国され，南北分断が決定的になった。⑮戦争が勃発すると，釜山には朝鮮全土からの避難民が押し寄せ，休戦後もこの地にとどまる人びとも多かった。離散家族にとって絶影島大橋は再会を約した場所でもあった。この間，日本との交流は途絶えたままだったが，1965年に大韓民国との間で［　E　］条約が締結され国交が回復すると，釜山－下関間の定期運航も復活し，ふたたび日本からの玄関口の一つとなった。

（e）　下線部⑤に関連して，釜山以外の開港地は同条約第五款で「京圻忠清全羅慶尚咸鏡五道ノ沿海ニテ通商ニ便利ナル港口二個所ヲ見立タル後地名ヲ指定スヘシ」とされた。この規定にもとづき元山，仁川が開港することとなったが，仁川の開港は，1882年に起こった親日派勢力に反対する軍隊の反乱によって，1883年まで延期となった。この事件の名称を答えよ。

（f）　下線部⑥に関連して，真宗大谷派僧侶の兄とともに，1897年に釜山経由で朝鮮に渡った奥村五百子は，帰国後の1901年，日清戦争の戦死者の遺族や傷病兵救済のための女性団体を結成した。1942年まで継続したこの女性団体の名称として，もっとも適切なものを下から一つ選び，記号で答えよ。

Ⓐ 大日本国防婦人会　　Ⓘ 愛国婦人会

Ⓤ 新婦人協会　　Ⓔ 大日本婦人会

(g) 下線部⑦に関連して，朝鮮には在朝鮮日本郵便局が設置されたが，釜山への月一回の日朝定期航路を最初に開通させ，郵便輸送を担当した郵便汽船三菱会社の創設者は誰か。

(h) 下線部⑧に関連して，戦争勃発直後の1904年，日本の軍事行動に必要な便宜の提供を大韓帝国政府に認めさせ，朝鮮半島の軍事基地化を図った取り決めの名称を答えよ。

(i) 下線部⑨に関連して，京釜鉄道株式会社創立委員長，取締役会長を歴任した人物は，第一国立銀行の創設者としても知られている。この実業家は誰か。

(j) 下線部⑩に関連して，この鉄道路線は日露戦争後の1906年に設立された半官半民会社に吸収された。この半官半民会社の正式名称を答えよ。

(k) 下線部⑪に関連して，京釜鉄道開通の年に運航が始まった関釜連絡船は，1906年の鉄道国有法により国有化された。この鉄道国有法を公布したときの内閣総理大臣は誰か。

(l) 下線部⑫に関連して，韓国併合に先立つ1907年，日本は協約を締結して内政権を掌握し，韓国軍隊の解散を約させたが，この契機となったのは韓国皇帝の国際会議への密使派遣が発覚したことであった。この国際会議の名称は何か。もっとも適切なものを下から一つ選び，記号で答えよ。

Ⓐ ワシントン会議　　Ⓘ ハーグ万国平和会議

Ⓤ ジュネーブ国際会議　　Ⓔ ヴェルサイユ会議

(m) 下線部⑬に関連して，1917年に朝鮮最初の紡績工場が釜山に設立されたが，日本で制定されていた労働者保護法は植民地に適用されず，劣悪な労働環境に置かれていた。1911年に制定された，この労働者保護法は何か。

(n) 下線部⑭に関連して，三・一独立運動直後，『中央公論』誌上に「対外的良心の発揮」を発表し，武断政治や同化主義を批判した，大正デモクラシーを主導した東京帝国大学教授は誰か。もっとも適切なものを下から一つ選び，記号で答えよ。

㋐　吉野作造　　㋑　河上肇

㋒　柳宗悦　　㋓　美濃部達吉

（ｏ）　下線部⑮に関連して，このときの国連軍最高司令官は敗戦後の日本占領の責任者でもあったが，この人物は誰か。

世界史

（80分）

Ⅰ　次の文章を読んで空欄に最も適切な語句を記入せよ。

日本の図書館に行くと，膨大な数の書籍が日本十進分類法（ＮＤＣ）の三桁の番号によって整理されている。分類表の123を例にすると，百の位の１が大区分「哲学」を，十の位の２が「哲学」の中の中区分「東洋思想」を，一の位の３が「東洋思想」の中の小区分「経書（儒学の基本文献)」を示すといった具合である。書物はいうなれば人の営みの記録であるから，図書の分類方法を見ることでその時代の学術や思想などの様子を窺うことができる。

ＮＤＣは十進分類とあるようにまず全体を10の大区分に分ける十部分類であるのに対して，中国の伝統的図書分類は当初六部分類で，その後の学術の展開をうけて唐代に四部分類となった。中国最古の図書目録は前１世紀末の『七略《しちりゃく》』である。『七略』自体は残っていないが，それを基本的に踏襲した［　A　］著の『漢書』の第三十巻芸文志《げいもんし》によってその概要がわかる。『漢書』芸文志の図書分類は，次ページの図のように，六つの大区分（｢略｣）にまず分けて，それをさらに小区分（｢家｣）に分けるものだった。ちなみに，『七略』は，六つの「略」に加えて総論に当たる「輯《しゅう》略」があったので「七」略なのである。

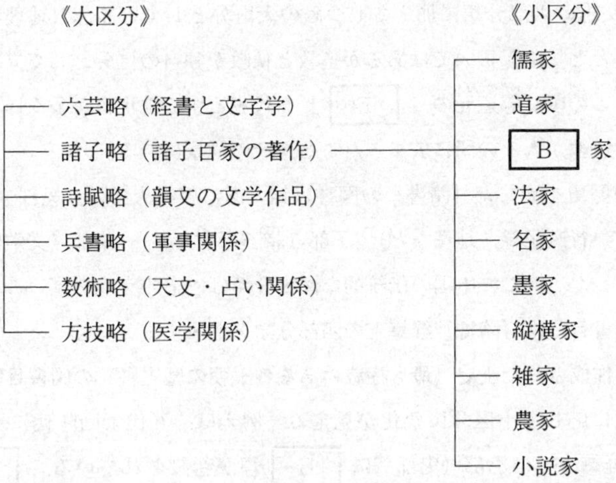

図：『漢書』芸文志の図書分類（小区分は諸子略以外は省略）

経書が六芸略として六部分類の筆頭になっているのは，儒学が漢王朝の官学とされたためである。また，いわゆる兵家に相当する兵書略が大区分の一つとして立てられているのも，七大国を中心に諸国が抗争した［ C ］時代における軍事重視の反映であろう。

この六部分類は三国時代の『中経新簿』では四部分類になっている。『漢書』芸文志の六芸略と詩賦略はそのまま甲部・乙部とされ，残る諸子略・兵書略・数術略・方技略が丁部としてひとまとめにされた上で，新たに歴史関係の大区分が丙部として新設された。秦漢帝国の出現によって行政制度が高度に発展し，それに関わる文書や記録が集積されていったことがその背景にある。［ D ］が記した『史記』は，『漢書』芸文志ではもと魯国の年代記であった『春秋』と同じ［ E ］略の春秋家に分類されていたが，ここにいたって丙部に分類されることになった。歴史書が四部分類の一つとなったということは，とりもなおさず歴史学が独立した学問として認知されたことを意味する。

ところが，この四部分類への変更は一気には進まず，南朝宋の『七志《しちし》』では『漢書』芸文志の六部分類に逆戻りしている。ただし，『漢書』芸文志の六芸略に相当する『七志』経典志の中には六芸・小学・史記（歴史書の意味）・雑伝という小区分が設定されていて，歴史学の独立は維持されている。『七志』で注目されるのは，

『漢書』芸文志の六部分類に加えて七つめの大区分として図譜志（地理関係）が新設されたことと，附録扱いではあるが道教と仏教が独自の区分として立てられたことである。この頃，酈道元《れきどうげん》の『 [F] 』を代表とする地理書が多く作られると共に，仏教と道教が人々の間に広まったことがその背景にある。

隋王朝の歴史を記した『隋書』の図書目録である経籍志では，経部（経書など），史部（史書，行政記録，地理など），子部（諸子百家など），集部（文学作品）の四部分類となった。ここに中国の伝統的な図書分類は一応の完成を見，これ以降に作成された図書目録は『隋書』経籍志の四部分類を継承する。

この後に作成された正史（最も権威のある各王朝の歴史書）の図書目録ではその時代の状況に応じて小区分に変化が見える。例えば，五代十国時代に編纂された『旧唐書』経籍志では乙部（史部）に [G] 類が新設されている。 [G] 体こそが歴史記録の原初的な形でありながら，ここまで歴史叙述の方式として独立した区分は設定されていなかった。しかし，この叙述方式が隋唐に至るまでの時期に再評価され，その方式で叙述された歴史書が増加したためだろう。その延長上に [H] 著の『資治通鑑』は登場したのである。清代に編纂された『明史』芸文志では，経類（経部）に [I] 類という小区分が新設された。 [I] とは朱熹が重視した書籍の総称で，元代に朱子学が科挙の試験科目として採用されたことをうけて関連書籍が多く出版されたのだろう。さらに，『隋書』経籍志で附録とされていた道教・仏教が，『明史』芸文志では子類（子部）に道家類・釈家類として立てられ，やっと四部分類の中に正規の位置を獲得した。

このような四部分類による書籍収集の集大成が，清代に完成した『 [J] 』に他ならない。

Ⅱ　次の1～5の各文章は，近代中国において著名な5人の人物について述べたものである。これらの文章を読んで空欄に最も適切な語句を記入せよ。

1. [A] は1865年に安徽省で生まれた。1887年に天津武備学堂を卒業した後，ドイツ留学などを経て，軍人・政治家としてのキャリアを歩んだ。清末に [B] の部下となり，辛亥革命後は陸軍総長に就任したが，帝政復活に反対して下野した。1916年に [B] が没すると，北京で内閣を組織して国務総理に就任し武力統一政策を進める一方，日本との連携を強化して，寺内内閣から巨額の西原借款を導入するなど日本に大きく依存する姿勢を強めた。1919年の [C] 運動では打倒の対象とされ第一線を退いたが，1924年に臨時執政に返り咲き，1926年には [D] によって「民国以来最も暗黒な日」と評された三・一八事件で [E] らが指導する学生運動を弾圧した。ただし，満州事変勃発後は日本人との交流を一切拒み，1936年に上海で没した。

2. [D] は1881年に紹興で生まれた。裕福だった家庭が没落した後に官費で日本に留学し仙台医学専門学校に学んだが，文学を志して中退した。1909年に帰国した彼は地元の中学校で生物科の教師となり，中華民国成立後は教育部事務官として北京に移り住んだ。民国初期の混迷期は彼にとっても「寂寞《せきばく》」の時代だったが，やがて [E] や [F] らが編集した雑誌『新青年』に『故郷』などの作品を発表し，鋭い社会・文化批評を通じて新思潮の担い手の一人となった。1930年代に到ると中国左翼作家連盟の指導的役割を果たす一方で，清水安三や内山完造らの日本人とも密接な交流を維持した。1936年に上海で病没した。

3. [G] は1887年に寧波で生まれた。1908年に日本の陸軍士官学校に留学し，卒業後は陸軍第十三師団高田野戦砲兵第十九連隊の士官候補生として大日本帝国陸軍で訓練を重ねた。この間，中国革命同盟会にも参加した。1911年の帰国後は辛亥革命に加わり，1923年には孫文の命を受けてソ連の軍制を視察し，翌年には [H] 軍官学校長に就任した。孫文没後は北伐軍総司令官として中国の武力統一を目指した。統一中国の出現を望まない日本は [I] 出兵を繰り返したが，1928年には北京を攻め落とし北伐を完了した。この前年，彼は宋美齢と結婚した。こうして名門宋家の婿として，また孫文の「義弟」としての名声を獲得した彼は，更に妻に倣ってメソジスト教会で洗礼を受け欧米からの宗教的な共感をも確保した。1937年からの日中戦争に際しては中華民国最高指導者として苦戦を耐え抜き勝利へ導いたが，戦後に共産党との内戦に敗北して台湾へ逃れた。台湾では1975年に死去するまで独裁体制を敷いた。

4. [E] は1889年に河北省で生まれた。天津の北洋法政専門学堂在学中に今井嘉幸や吉野作造など日本人クリスチャン学者に感化され，1913年に来日して早稲田大学に留学し，社会的福音派の安部磯雄らに師事した。大隈重信内閣が [B] 政権に突き付けた対華二十一ヶ条要求に抗議して帰国した後，[F] らとともに新文化運動を推進した。また，ロシア革命による庶民やボリシェビズムの勝利をも宣揚した。こうして，彼は活動の重心を啓発から実践へと次第に移し，コミンテルンの指導下で陳独秀らと連携して中国共産党を組織した。第一次国共合作に際しては，孫文の「連ソ・容共・扶助工農」政策を受けその推進に尽力したが，国共分裂後の1927年にソ連に内通した罪で張作霖によって処刑された。

5. [F] は1891年に松江府で生まれ安徽省で育った。14歳の時に，厳復《げんぷく》が翻訳した『天演論』（原著はトーマス=ハックスレー『進化と倫理』）にみられる「適者生存」の考えに感銘を受けたという。1910年に米国に留学し，まずコーネル大学で農学を，ついでジョン=デューイの下でプラグマティズム哲学を学び，1917年にはコロンビア大学で哲学博士の学位を取得した。米国留学中の1917年，『新青年』に「文学改良芻議」を発表して口語体による文学を提唱した。帰国後，[J] 大学教授に登用された。[E] たち同志が次第に無政府主義や共産主義に接近することに反発した彼は，中国史や伝統思想の研究へと向かい，また政治的改良主義を主張した。満州事変後は基本的に [G] に協力する姿勢を示しつつも，抗日を理由とした独裁強化を批判し，民衆の政治参加を説いた。日中戦争勃発後の1938年には駐米大使に任命され，民主派外交官として対中世論形成に影響を与えた。中華人民共和国の成立前夜に米国へ亡命したが，1958年以降は台湾に移住して学術界を中心に活躍し，1962年に没した。

Ⅲ　次の文章を読んで空欄に最も適切な語句を記入し，下線部についてあとの問いに答えよ。

今日，世界の音楽は，ドレミファで始まる音階と五線譜に書かれる楽譜を基本としている。これらは，西洋音楽が生み出し世界に広めたシステムである。

西洋音楽の出発点はグレゴリオ聖歌〔1〕にあると言われる。これは，ひとつの旋律によって歌われるカトリック教会のラテン語による聖歌であり，7世紀ごろに成立した。この聖歌は，9世紀にカール大帝のもと花開いた[A]=ルネサンス期に2つの旋律で歌われるようになり，さらに紙に書き記されるようになった。

中世における西洋音楽は，13世紀半ばにパリに完成した[B]建築の代表とされるノートルダム大聖堂を中心にその活動が展開されたため，ノートルダム楽派と呼ばれる。この時期，数多くの教会音楽が作曲され共有された。これらの教会音楽は「音を楽しむ」ものではなく，「神の国の秩序を音で表現する」ものであった。中世の大学の教養課程である[C]科の中で，音楽は幾何学，代数学，天文学と並ぶ数学的学問と位置付けられていたが，その源流は音楽を数学の一種と考えた古代ギリシア〔2〕にまで遡る。中世の教会音楽は三拍子系で作曲されていたが，それは父と子と聖霊を同質とみなす[D]説を具現したものだった。

このような音楽観が大きく変化するのが，14世紀にはじまるイタリア=ルネサンス期である。十字軍を契機として発展した[E]貿易は，イタリアの諸都市を富ませ，商人層の勢力を拡大させた。それを背景に起こった文芸，美術の世界における新たな潮流〔3〕は，音楽の世界にも現れた。14世紀前半に「高音と低音の数的比率」と説明されていた「ハルモニア（ハーモニー）」は，15世紀末には「美しい響き」と定義されるようになる。世俗の曲の旋律を教会音楽に組み入れることが流行し，「（神への）畏れ」よりも「（人生の）喜び」を感じさせる旋律が増加した。

17世紀から18世紀にかけての西洋音楽は[F]音楽と呼ばれるが，実はその現れ方はひとつではない。ブルボン家やハプスブルク家などの絶対王政下の国家では，王権を誇示する巨大な宮殿が建設され，王を賛美するため宮廷で奏でられる音楽が盛んに作られた。代表的な音楽家としては，エステルハージ家の宮廷からイギリス王室の宮廷に移って活躍した「水上の音楽」の作曲者[G]や，フランスのルイ14世に重用され，彼のために多くのオペラを作曲したフィレンツェ出身のリュリなどが挙げられる。その一方で，プロテスタント文化圏では教会を中心に神との結びつきを通した音楽共同体が形成されており，その中からバッハにより「神の秩序」を重んじる多くの教会音楽が生み出された。［ F ］音楽には，このように２つの方向性を見て取ることができる。

18世紀半ばから，ヨーロッパでは［ H ］音楽が花開く。この時期，勢力を伸ばしていたブルジョワ市民層が音楽界に参入し，音楽家たちの活動に，宮廷や貴族のサロンに加えて演奏会（コンサート）という新しい場が加わった。演奏会というシステムが最初に広がったのは，他のヨーロッパ諸国に先駆けて市民革命を経験したイギリスであり，そこで成功を収めたのが「交響楽の父」と呼ばれるハイドンであった。同時代に活動したザルツブルク出身の［ I ］は，ヨーロッパ各地の宮廷，サロン，演奏会を旅してまわった。彼は「フィガロの結婚」のような貴族社会を風刺したオペラも制作している。［ H ］音楽を集大成したと言われるベートーヴェン〔4〕は，貴族をパトロンに持ちつつ，宮廷に仕えることなく音楽活動を行った。19世紀前半には，演奏会の興隆に加え，楽譜を購入し家庭あるいは仲間内で演奏を楽しむ市民層が，楽譜の出版から楽器のレッスンまで大きな音楽市場を形成するようになっていた。

19世紀のヨーロッパではロマン主義音楽が展開されるが，これも当時の政治状況を反映し多様な現れ方を示した。19世紀前半には，ポーランド出身のショパンやハンガリー出身のリストがパリのサロンや演奏会で人気を競った一方，ドイツ語圏ではバッハの「マタイ受難曲」が100年ぶりに演奏され，ドイツの文化ナショナリズムの中にバッハとドイツ=ロマン主義が位置付けられた。イタリアではヴェルディがオペラで祖国への愛とイタリア統一を訴えた。また19世紀後半には，オーストリア=ハンガリー帝国の支配下にあったチェコ出身の［ J ］が，交響曲「わが祖国」に民謡の旋律を取り入れ祖国の独立を願った。同じくチェコ出身のドヴォルザークやフィンランド出身のグリークなども，民族独立を訴える「国民楽派」の一員に数えられる。

その一方で，19世紀後半のヴェルディのオペラ「アイーダ」，20世紀前半のプッチーニのオペラ「蝶々夫人」「トゥーランドット」など，「オリエント（東洋）」を舞台としたオペラ〔5〕も作曲されている。これは，西洋音楽がヨーロッパ列強諸国による植民地拡大とともに世界各地に広がったことの反映でもある。カトリック教会から始まった西洋音楽は，社会の変化とともに王侯貴族・市民層へと広がり，ついには世界各地の固有の音楽をも飲み込んでいったのである。

〔1〕 グレゴリオ聖歌は，ゲルマン人への布教活動を推進したグレゴリウス1世が作ったという伝説がある。このゲルマン人のうちで，元々パンノニアを本拠地としていた部族を何というか。

〔2〕 万物の根源を「数」と考えた数学者ピタゴラスは，弦の長さを半分にすると音が1オクターブ高くなることを発見した音響学者でもあった。彼のように万物の根源は何かを探求することから始まった古代ギリシアの哲学を何というか。

〔3〕 ルネサンス期イタリアを代表するミケランジェロやラファエロは，現ヴァチカン市国にあるカトリック総本山の大聖堂再建にも携わっていた。その大聖堂を何というか。

〔4〕 ベートーヴェンはロマン主義の先駆者でもあった。彼が交流を持ったロマン主義初期の詩人・作家であり，ヴァイマル公国の宰相でもあった人物は誰か。

〔5〕 このような想像上の「オリエント（東洋)」を舞台にした芸術作品の中に潜む偏見を，著書『オリエンタリズム』で明らかにしたパレスチナ生まれのアメリカ人文学研究者は誰か。

Ⅳ　次の文章を読んで空欄に最も適切な語句を記入し，下線部についてあとの問いに答えよ。

東アフリカは，9世紀以降，ムスリム商人やユダヤ商人の到来によって，インド洋交易の拠点として発展していった。この一帯では，ショナ語を含む [A] 諸語を用いる集団とイスラーム〔1〕を信仰するアラブ人などが入り混じり，スワヒリと呼ばれる独自の文化圏が形成されるに至った。以下，東アフリカに栄えた港町や王国を概観していこう。

モガディシュ（モガディシオ）は現ソマリアに位置する港町である。ある史料は，14世紀のモガディシュのスルタンがアフロ=アジア語族の [B] 語系（派）に含まれるアラビア語を解し『クルアーン』を唱えていることを報告しており，同地がイスラーム化していたことを物語る。また，ユダヤ教やキリスト教，イスラームの聖地である [C] 産の外衣などの輸入品が，インド洋交易を通じてモガディシュにもたらされていた。

現ケニアの港町である [D] についての最古の記録は，[E] 人が築いたシチリア王国においてルッジェーロ2世の命令によって12世紀半ばにつくられた地理書と地図の中に見られる。ポルトガルの航海者 [F] は，1498年にこの地を訪れてムスリムの水先案内人を雇い，インド西南岸〔2〕に到達し，インド航路の開拓に成功した。日本にキリスト教を伝えたことで知られる [G] 会の宣教師フランシスコ=ザビエルもここに立ち寄り，船中で死亡した信者をポルトガル人墓地に埋葬している。

現在タンザニアに属している [H] 島には，イランのシーラーズ〔3〕から七艘の船でやって来た七人の移住者のひとりがこの島に拠点を築いたという伝承が残されている。この地を拠点とした [H] 王国は，象牙や奴隷，金〔4〕の交易で繁栄したが，ポルトガルの侵攻や内陸部の遊牧民の侵入によって16世紀に滅亡した。

ザンベジ川の南に広がる一帯には，ショナ人が建てた [I] 王国が11世紀から15世紀にかけて栄えた。ショナ人は現在の [J] に巨大な石造建築遺跡を建設した。ユネスコの世界文化遺産に登録されているこの大 [J] 遺跡からは，インドのガラス玉や中国の陶磁器〔5〕が出土しており，内陸に位置するこの地もまたインド洋交易の影響を受けていたことがわかる。

19世紀以降，東アフリカはヨーロッパ列強によるアフリカ分割の対象地の一つとなった。モガディシュは，しばらくの間イタリアに領有されるに至り，ケニアや［ J ］はイギリスによって統治されるようになった。タンザニアの本土やルワンダ，ブルンジは，ドイツの東アフリカ植民地として第一次世界大戦を迎えることとなる。

〔1〕 イスラーム，特にスンナ派においては，ムスリムが信者として信じ行うべきことを六信五行と総称している。この六信に含まれないものを次の中から1つ選び記号で答えよ。

ア．アッラー

イ．定命

ウ．天使

エ．預言者

オ．礼拝

〔2〕 インド西南岸に位置し，胡椒やインド綿織物の輸出で栄えた海港都市はどこか，次の中から1つ選び記号で答えよ。

ア．カリカット

イ．コルカタ

ウ．チェンナイ

エ．デリー

オ．ムンバイ

〔3〕 シーラーズは現在，イランのファールス州の州都である。同州内にはダレイオス1世によって建設され，アレクサンドロス大王によって破壊された都市の遺跡が残っている。その都市を何というか。

〔4〕 西アジアでは，金貨が鋳造された。特に初期イスラーム時代において，官僚や軍人に対して貨幣で支払われた俸給のことをアラビア語で何というか。

〔5〕 陶磁器を輸出した中国の国際貿易港の一つで，北宋期の1087年に市舶司が置かれ，元代には南海交易で栄えた現福建省の海港都市はどこか。

地理

（80分）

Ⅰ　地図史に関する次の文と地図をよく読んで，〔1〕～〔9〕の問いに答えよ。なお，地図中と文中の記号（X・Y）は対応している。

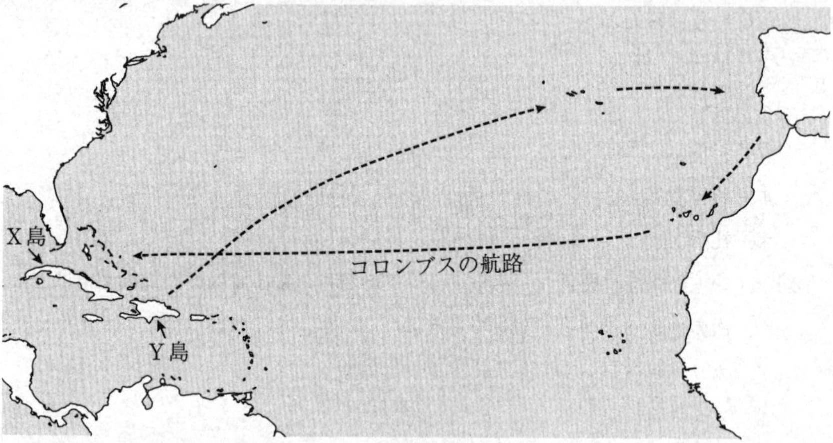

地図史に関して，ヨーロッパを中心に概観する。ヨーロッパでは，紀元前3世紀ごろのギリシャで地球球体説が提唱されるようになり，［　A　］や［　B　］が世界地図を作成した。［　A　］は，エジプトにおいて地球の円周を測ったことでも知られている。また天文学・地理学者であった［　B　］は，独自の地図投影法を考案し，経線・緯線(a)入りの世界地図を作成した。しかし，中世のヨーロッパでは，このような世界地図にかわって，当時，支配的であったキリスト教の世界観を反映した世界地図が主流となった。そうした世界地図は，キリスト教の聖地［　イ　］を中心に陸地と海洋を配置した円盤状の図像が特徴的で，［　ロ　］マップと呼ばれている。ただし，［　B　］の世界地図はイスラム世界に伝わっていたとされ，アラブ人の地理学者イドリーシーが12世紀半ばに作成した世界地図に，その影響が認められる。その後，イスラム世界との接触や東方との貿易などが盛んになったことをきっかけ

に，ヨーロッパで再び[B]の世界地図が知られるようになった。

15世紀のヨーロッパは大航海時代を迎え，地理的知識が一挙に拡大した。当初，ヨーロッパ大陸よりも西側については未知の部分が多かった。15世紀後半の天文学・地理学者であったトスカネリの地図やマルティン＝[C]が作成した現存する最古の地球儀をみても，海洋を挟んでヨーロッパの西側には「黄金の国」としてジパングはあるが，南北アメリカ大陸は描かれていなかった。コロンブスは，こうした世界地図に影響を受けて西回りでインドを目指したと考えられている。地図に示された，彼が率いた船団のおおよその航路をたどると，1492年８月にスペイン南部を出港し，まずアフリカ大陸北西部の沿岸を南流する[ハ]海流上にある島に寄港した。そこから大西洋を西進し，同年10月に西インド諸島に到着したとされる。彼は，(b)X島やY島などを探索し，この地域をアジアの一部と考え，スペインへの帰路についた。この航海をきっかけに南北アメリカ大陸の調査が重ねられ，世界地図に両大陸が描かれるようになった。

16世紀後半以降のヨーロッパでは，(c)メルカトル図法の世界地図をはじめ，(d)さまざまな投影法にもとづく地図が作成された。また，複数の地図を１冊の本に収録した地図帳の刊行も増加した。その後，近代的な測量が実施されるようになったことで，地図の精度が飛躍的に向上した。そして19世紀に入ると，主題図の地図表現についても進展がみられた。たとえば，コロプレスマップ（[甲]）や等値線図，(e)ドットマップなどを用いて，国や地方の人口・経済・社会現象にかかわる統計地図がフランスやイギリスなどで作成された。さらに20世紀後半になると，情報通信や航空宇宙技術の急速な発達によって地図作成の方法は大きく変わることになる。地球観測衛星による遠隔探査（[乙]），GPSなどの(f)全球測位衛星システムによる測量，そして地理情報システムの利用は，地図の更新を容易なものにした。現在は，地球上のさまざまな自然環境や社会経済の地域的な状況を観測し，得られた地理情報をオンラインで共有できるようになっている。

〔1〕　文中の[A]～[C]に当てはまる最も適切な人名を答えよ。

〔2〕　文中の[イ]～[ハ]に当てはまる最も適切な地名または語句を答えよ。

〔3〕　文中の[甲]・[乙]に当てはまる最も適切な別称を答えよ。

〔解答欄〕　甲：＿＿＿＿図

　　　　　乙：＿＿＿＿センシング

〔4〕 下線部(a)に関して，次の(1)・(2)に答えよ。

(1) 夏至の時に太陽が真上を通過する緯線は何と呼ばれるか，最も適切な語句を答えよ。

(2) 旧グリニッジ天文台の対蹠《たいせき》点に最も近い国はどこか，国名を答えよ。

〔5〕 下線部(b)に関して，この2島には，植民地から独立した3か国がある（2022年4月現在)。このうち公用語がスペイン語の国は何か国あるか，数字で答えよ。

〔6〕 下線部(c)に関して，投影面の形状に基づき分類すると，どの図法に分類されるか，最も適切なものを次の選択肢の中から1つ選び，符号で答えよ。

(あ) 円錐図法　　(い) 円筒図法　　(う) 平面図法

〔7〕 下線部(d)に関して，正距方位図の説明として，**誤っているもの**を，次の選択肢の中から1つ選び，符号で答えよ。

(あ) 地図の周辺ほど，形のひずみが大きくなる。

(い) 地図上の任意の2点間を結んだ直線は大圏航路を示す。

(う) 北極点を中心に描いた地図が国際連合の旗に使用されている。

(え) 地図の中心からみた方位は正しく描かれている。

〔8〕 下線部(e)に関して，ドットマップによって表現される内容として最も適切なものを，次の選択肢の中から1つ選び，符号で答えよ。

(あ) オーストラリアの牛と羊の分布

(い) 北アメリカ大陸の年平均気温の分布

(う) 都道府県別の人口密度

(え) 世界三大宗教の伝播経路

〔9〕 下線部(f)に関して，次の(1)・(2)に答えよ。

(1) このシステムの略称をアルファベットで答えよ。

(2) 日本が独自に運用し，日本上空の軌道を通る測位衛星システムは何と呼ばれるか，最も適切な名称を答えよ。

Ⅱ　ヨーロッパの河川①～④に関する次の地図と文をよく読んで，〔1〕～〔6〕の問いに答えよ。なお，地図中と文中の記号（A～E）は対応している。

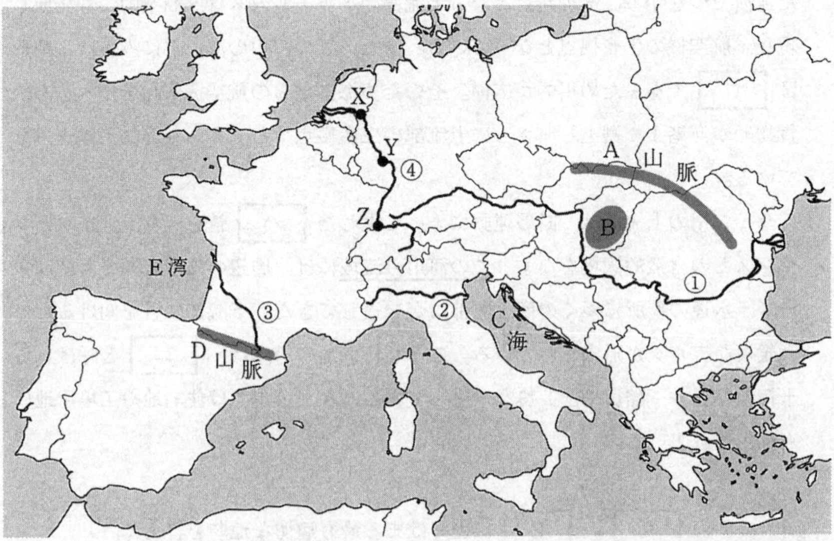

編集部注：実際の問題はカラー印刷。

①　ドイツ南西部に源を発するドナウ川は，アルプス山脈と [A] 山脈との間を通過し，黒海へと注ぎ込む。(a)流域内において，粒の細かい土が風に運ばれ堆積した土壌が厚く分布する地域は小麦などの栽培に適している。とくにハンガリー平原の東側は [B] と呼ばれ，穀倉地帯となった。またこの河川は，複数の国々を流れ，内陸水運の大動脈として重要である。なお河口部のデルタには，大小の湖沼で構成される湿地が広がり，そうした自然環境は国際条約で保全の対象となっている。

②　ポー川は，(b)イタリア北部に広がるパダノ＝ヴェネタ平野を流れ，[C] 海に注ぐ。パダノ＝ヴェネタ平野は，この河川が多くの土砂を運搬することで形成された [イ] 平野であり，そこは肥沃な農業地帯となっている。また自動車企業の立地や水力発電による電力供給によって，流域に位置するいくつかの都市の工業化が進んだ。現在，これらの都市は，イギリス南西部からイタリア北部にいたる工業地帯の一角をなしている。

③ [D] 山脈からはじまるガロンヌ川は，フランス南西部を貫流し，その河口部でジロンド川と称され，[E] 湾に流入する。地中海とは17世紀に建設された運河でつながる。その起点となる上流部のトゥールーズは，商業的にも発展し，現在，航空機の生産拠点となっている。また，この河川の河口部にみられる地形は [ロ] であるため川幅が広い。そのため海外からの航空機部品を積み込んだ貨物船が河港まで遡上し，さらに上流部の生産拠点へとそうした部品が輸送されている。

④ ライン川の上流部は，断層運動によって生じた [ハ] 帯を流れ，ドイツとフランスとの自然的国境をなす。この河川の流域(c)には，周辺の鉱産資源とも結びついて，水運の要所に多くの商工業都市が発達してきた。下流部に目を向けると，大規模なデルタが形成されている。こうした低地の沿岸は，[ニ] と呼ばれる干拓地となり，酪農や園芸農業が盛んであるほか，近年では住宅地や工場用地にも利用されている。

〔1〕 文中の [A] ～ [E] に当てはまる最も適切な地名を答えよ。

〔2〕 文中の [イ] ～ [ニ] に当てはまる最も適切な語句を答えよ。

〔3〕 地図中の①～④の河川沿いに位置する都市として，最も適切なものを，次の選択肢（あ～え）の中から1つずつ選び，それぞれ符号で答えよ。

① あ イスタンブール　　い スコピエ
　 う プラハ　　え ベオグラード

② あ ジェノヴァ　　い タラント
　 う トリノ　　え フィレンツェ

③ あ ナント　　い ボルドー
　 う マルセイユ　　え ルアーヴル

④ あ デュッセルドルフ　　い ハノーファー
　 う ハンブルク　　え ミュンヘン

〔4〕 下線部(a)に関して，次の(1)・(2)に答えよ。

(1) このような土壌は何と呼ばれるか，最も適切な名称をカタカナで答えよ。

(2) この流域における粒の細かい砂のおもな供給源は何か，簡潔に述べよ。

〔5〕 下線部(b)に関して，次の(1)・(2)に答えよ。

(1) この平野でみられ<u>**ない**</u>ケッペンの気候区分は何か，次の選択肢の中から1つ選び，符号で答えよ。

(あ) Cs　　(い) Cw　　(う) Cfa　　(え) Cfb

(2) この平野に関する説明として，正しいものを，次の選択肢の中から1つ選び，符号で答えよ。

(あ) 北緯40度線が通る。

(い) ミストラルが吹く。

(う) 稲作が行われている。

(え) オリーブの主産地である。

〔6〕 下線部(c)に関して，次のグラフは地図中の●（X～Z）に示される観測地点における流量（m^3/秒）の各月の平均を年平均に対する比で表したものである。観測地点Zのグラフはどれか，(あ)～(う)の中から1つ選び，符号で答えよ。

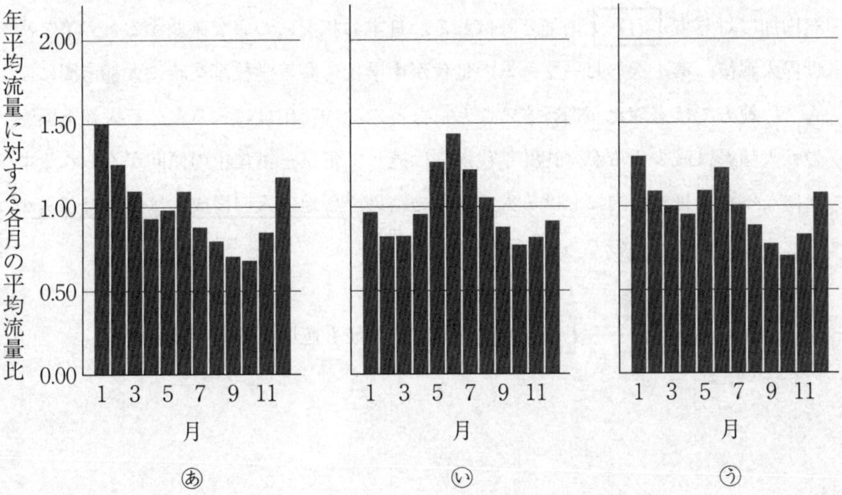

Global Runoff Data Centre の資料（過去10年間のデータ）をもとに作成

Ⅲ　人口に関する次の文をよく読んで，〔1〕～〔5〕の問いに答えよ。

人口が急増する現象を人口 [A] と呼び，それには産業革命期の欧米を中心としたものと，第二次世界大戦後の発展途上国を中心としたものがある。後者を詳しくみると，1950年時点では約25.3億人であった世界人口が，1985年には約48.7億人に，そして2020年には約77.9億人へと急増し，2055年には約99.6億人になると推計されている。こうした現象は，高い出生率が維持されたまま，医療や衛生状態の改善によって，死亡率が低下することによって起こる。このような人口の推移を一般化した人口 [B] モデルでは，出生率と死亡率の差である自然増加率に着目して，(a)多産多死型の第1段階，多産少死型の第2段階，少産少死型の第3段階，静止人口の第4段階が仮定されてきた。

上述の人口の自然動態を反映して，(b)世界の人口分布には空間的な差異が生じている。これに加えて，紛争あるいは飢餓で国を離れることを余儀なくされる [C] や，就労機会の多い国への移民などの(c)国際的な人口移動も，世界人口における地域差の原因である。このような人口移動による転入と転出の差による人口増加は，自然増加に対して [D] 増加と呼ばれる。日本の状況について確認すると，第二次世界大戦後，第1次ベビーブームの世代が中学校・高等学校卒業時に大都市圏に流入し，地方では過疎化が進行することになった。1970年代に入ると，三大都市圏への転入超過は減少するが，1980年代からは概して東京一極集中の傾向がみられるようになった。日本国内における人口移動の結果，(d)各地の人口構成には大きな差異が生じることになったのである。

〔1〕　文中の [A] ～ [D] に当てはまる最も適切な語句を答えよ。

〔2〕 下線部(a)に関して，次のグラフ㋑～㋥は，1950年，1985年，2020年，2055年の世界全体の人口ピラミッドである。これらを古いものから新しいものへと並べた場合に正しいものを，下の選択肢（(あ)～(か)）の中から1つ選び，符号で答えよ。

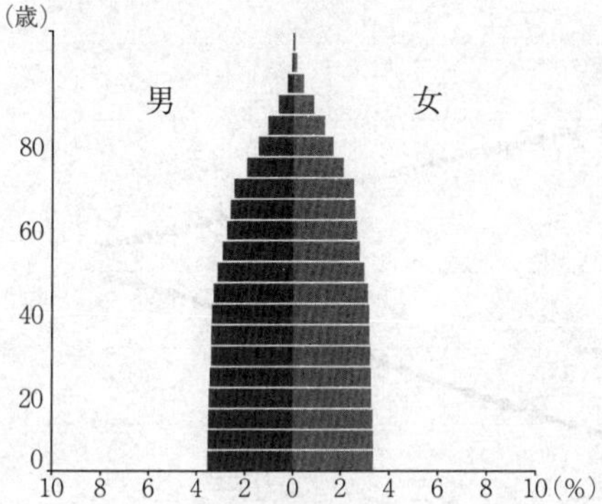

㋑

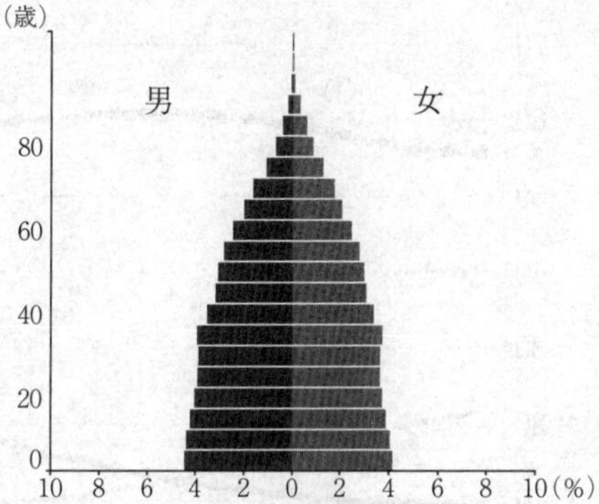

㋺

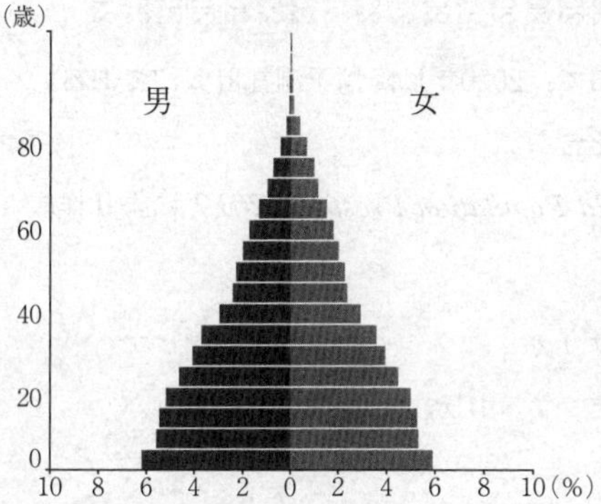

㋩

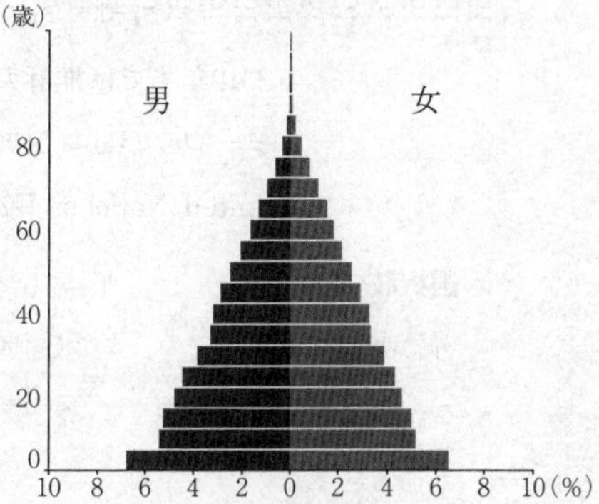

㋥

1985年までは推計人口で，2020年以降は予測推計人口である。

United Nations, *World Population Prospects 2019* により作成

(あ) ㋑→㋺→㋩→㋥　　(い) ㋑→㋺→㋥→㋩　　(う) ㋺→㋑→㋥→㋩

(え) ㋺→㋑→㋩→㋥　　(お) ㋥→㋩→㋺→㋑　　(か) ㋥→㋩→㋑→㋺

〔3〕 下線部(b)に関して，次の(1)～(3)に答えよ。

(1) 世界6州ごとの人口推移（世界総人口に占める割合）を表した次の折れ線グラフのうち，①・②はどの州のものか，下の選択肢（ⓐ～ⓕ）の中から最も適切なものをそれぞれ1つずつ選び，符号で答えよ。

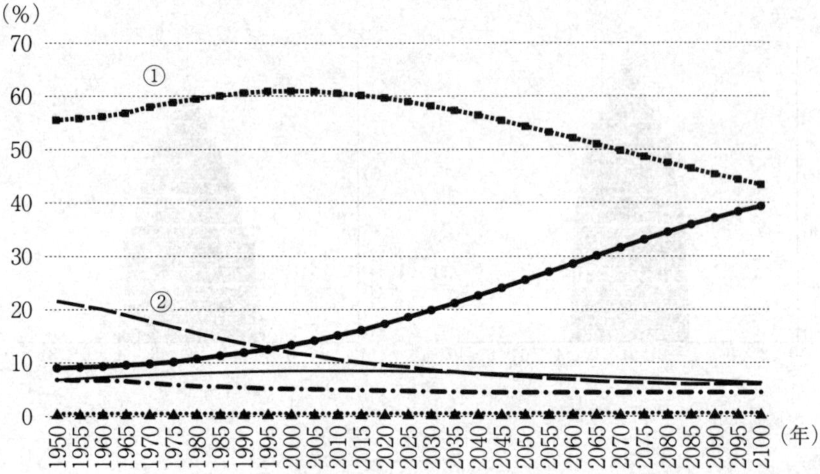

2019年までは推計人口で，2020年以降は予測推計人口である。

ヨーロッパはロシアを含む。

United Nations, *World Population Prospects 2019* により作成

選択肢

ⓐ アジア　　ⓘ アフリカ　　ⓤ オセアニア

ⓔ アングロアメリカ　　ⓞ ラテンアメリカ　　ⓚ ヨーロッパ

(2) 次の表はアジアとアフリカにおける1950年，2020年，2090年の国別人口について，上位3か国を順に並べたものである。表中のⓐ～ⓤに当てはまる最も適切な国名をそれぞれ答えよ。なお，国名は2020年時点のものである。

1950年

	第1位	第2位	第3位
アジア	中国	㋐	日本
アフリカ	㋑	㋒	エチオピア

2020年

	第1位	第2位	第3位
アジア	中国	㋐	インドネシア
アフリカ	㋑	エチオピア	㋒

2090年

	第1位	第2位	第3位
アジア	㋐	中国	パキスタン
アフリカ	㋑	コンゴ民主共和国	エチオピア

1950年は推計人口で，2020年以降は予測推計人口である。

United Nations, *World Population Prospects 2019* により作成

(3)　次の９つのグラフは，アメリカ合衆国，エチオピア，フィリピンの３か国の1950年，1985年，2020年の人口ピラミッドである。エチオピアとフィリピンはどれか，最も適切なものを１つずつ選び，それぞれ符号（㋐〜㋒）で答えよ。

㋐
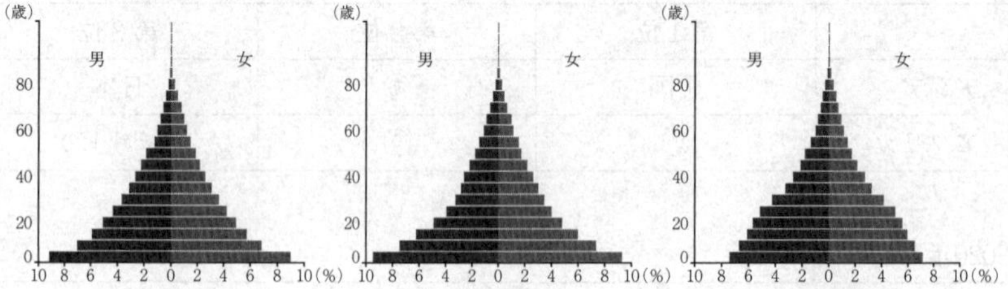

1950年　1985年　2020年

㋑
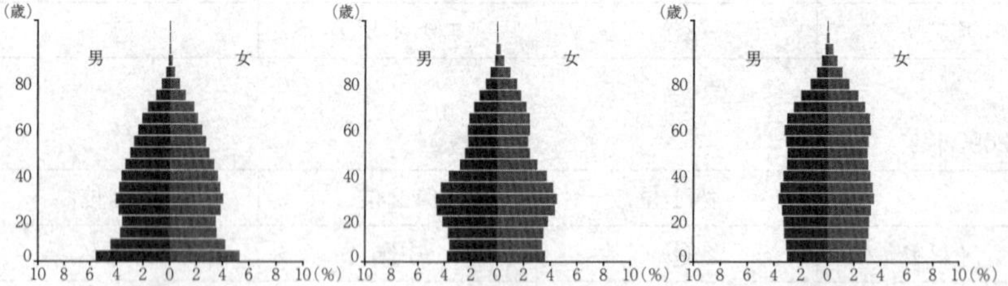

1950年　1985年　2020年

㋒
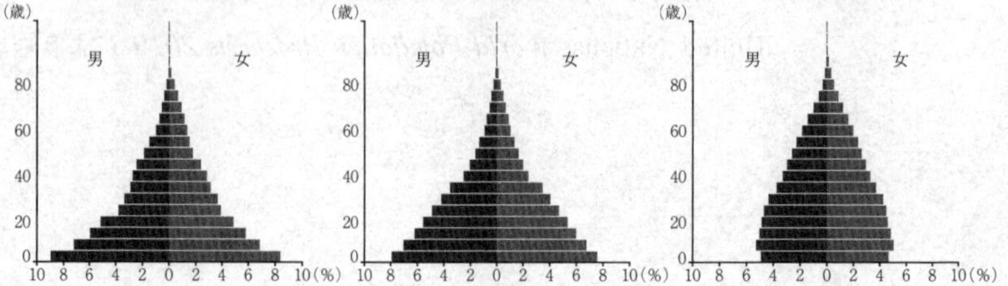

1950年　1985年　2020年

1985年までは推計人口で，2020年は予測推計人口である。

United Nations, *World Population Prospects 2019* により作成

〔4〕 下線部(c)に関して，国際人口移動に関する次の(1)〜(3)の文で正しいものには○印を，誤っているものには×印を記せ。

(1) ハワイには日系人のコミュニティがある。

(2) ＥＵの拡大により，同域内での経済格差は減少し，労働力移動も縮小傾向にある。

(3) 2020年時点で，日本で最も多く働く外国人の国籍はブラジルである。

〔5〕 下線部(d)に関して，日本の人口に関する次の(1)〜(3)の文で正しいものには○印を，誤っているものには×印を記せ。

(1) 国勢調査（2020年）によると，東京圏（東京都，神奈川県，埼玉県，千葉県）の人口は，全国の約５割を占めている。

(2) 国勢調査（2020年）によると，都道府県別の老年人口比率（％）の最大値と最小値の差は，40ポイント以上ある。

(3) 老年人口比率が50％を超え，社会的共同生活の維持が困難になっている集落は，限界集落と呼ばれる。

政治・経済

（80分）

Ⅰ　次の文章を読んで，あとの問いに答えよ。

国民の政治的な自由が保障され，競争的な選挙がある政治体制は一般に [A] 体制（リベラル・デモクラシー）と呼ばれ，日本や欧米諸国などで採用されている。この体制は，大きく議院内閣制と大統領制とに分けることができる。

議院内閣制はイギリスで発展したもので，有権者が選挙を通じて議員を選出し，多くの場合，議会の過半数を占める政党ないし政党集団が内閣①を組織する。議院内閣制は，1742年に下院の不信任にしたがい総辞職した [B] 内閣に由来するとされる。この体制では，内閣が議会を基盤にして作られることから，立法権と行政権は密接な関係にあるといわれる。

他方，大統領制は，行政府の長である大統領②と立法府の議員を有権者が別々に選ぶ仕組みであり，大統領と議会は相互に独立した関係③にある。たとえばアメリカ合衆国では，行政府の長である大統領は [C] を通した間接選挙で選ばれる。大統領は議会の解散権をもたず，議会も大統領への不信任決議権をもたないが，大統領に非行が認められた場合には，下院の訴追にもとづく上院の [D] 決議で解任される。

だが，世界にはこうした政治体制をとらない国も多く存在している。たとえば社会主義④国である中国⑤では権力集中体制がとられており，[E] が最高の決定機関にあたる。このもとに行政を担当する [F] と，司法を担当する最高人民法院が置かれている。政党間の競争が存在せず，中国共産党が全人民の指導的な役割を担っている点に，欧米諸国との大きな違いがある。

また，第二次世界大戦後に独立したいくつかの国々では，経済開発を優先する政治体制が敷かれ，人々の自由や権利が著しく制限されていた。経済発展のために政治参加を抑制するこうした体制は [G] と呼ばれる。しかし，1980年代から1990年代にかけて，経済の発展に伴い，韓国やフィリピン，インドネシアなどでは，市民の政治的自由を求める運動がひろがり，民主化⑥が進められることになった。

〔1〕 [A] ～ [G] にあてはまるもっとも適切な語句を記入せよ。なお，**AとCは漢字6字，Bはカタカナ6字，Dは漢字2字，Eは漢字8字，Fは漢字3字，Gは漢字4字**で答えよ。

〔2〕 下線部①に関して，日本でも，国民が内閣総理大臣を直接選挙で選ぶべきだといった議論がある。こうした主張を[　　]論という。空欄にあてはまるもっとも適切な語句を**漢字4字**で答えよ。

〔3〕 下線部②に関して，アメリカ合衆国の歴代大統領についての説明として，**適切でないもの**を下から一つ選び，記号で答えよ。

㋐ 第45代大統領に就任したトランプは，パリ協定からの離脱を表明するなど，その過激な発言と自国第一主義的な態度が注目を集めた。

㋑ レーガンは強いアメリカを再生するべく軍事力強化をはかった。また，規制緩和をすすめるその経済政策は「レーガノミクス」と呼ばれた。

㋒ 第32代大統領のローズヴェルトは失業者救済策，農産物の価格支持などを含むニューディール政策を打ち出し，その経済政策は「修正資本主義」ともいわれ，「小さな政府」による不況の克服をめざした。

㋓ トルーマンはヨーロッパやアジア諸国が共産主義化することを恐れ，「封じ込め政策」をとった。

〔4〕 下線部③に関して，三権分立を唱え，アメリカ合衆国憲法にも影響を与えたフランスの思想家の著書を下から一つ選び，記号で答えよ。

㋐『法の精神』　　㋑『リバイアサン』

㋒『統治二論』(『市民政府二論』)　　㋓『社会契約論』

〔5〕 下線部④に関して，マルクスやエンゲルスはオーエンやサン=シモン，フーリエらの社会主義思想を「[　　]」と批判し，「科学的社会主義」を確立した。空欄にあてはまるもっとも適切な語句を**漢字7字**で答えよ。

〔6〕 下線部⑤に関して，[イ]特別行政区は1997年にイギリスから中国に返還された地域である。また，[ロ]特別行政区は1999年にポルトガルから中国に返還された地域である。[イ]と[ロ]にあてはまるもっとも適切な語句を記入せよ。なお，**イは漢字2字，ロはカタカナ3字**で答えよ。

〔7〕 下線部⑥に関して，2011年にチュニジアでは民衆が独裁政権を打倒し，この動きはアフリカや中東に広まっていった。この一連の民主化運動のことを

［　　］という。空欄にあてはまるもっとも適切な語句を**5字**で答えよ。

Ⅱ　次の文章を読んで，あとの問いに答えよ。

日本は，1980年代以降，金融の国際化に対応するため，護送船団方式と呼ばれてきた金融機関への保護政策を転換し，金融制度の規制緩和，「金融の自由化」を進めた。

1992年の金融制度改革関連法により，銀行業務と証券業務との間の業務分野の自由化が推進され，子会社を通じて相互の業務に参入できるようになった。1993年には定期性預金，1994年には流動性預金の金利も自由化された。そして，イギリスの［ A ］政権が行った証券制度改革を模範として，1990年代後半から［ B ］を推進した。1997年には外国為替管理法が改正され，外国為替業務や外貨両替業務の自由化が推進された。

「金融の自由化」を境に，①公定歩合の上下が銀行の貸出金利と連動しなくなった。金融政策の手法も大きく変わり，今日では②公開市場操作が主流となっている。

バブル崩壊後の金融不安を背景に，大量の回収困難な貸出金，すなわち［ C ］を抱えた銀行は，③自己資本比率規制もあり，融資に消極的になった。1998年制定の［ D ］法で金融機関の破綻処理と混乱期の預金者保護が行われた。

一方，1996年から［ E ］が凍結されていたが，金融システムが安定してきたこともあって2005年から全面解禁された。これによって，金融機関が破綻した場合の預金者の保護が，一つの金融機関につき預金元本［ F ］万円とその利子までに制限されることとなった。

日本銀行（日銀）は，1990年代末から続いたデフレからの脱却を目的に，政策金利としての「無担保［ G ］翌日物」金利をゼロにすることを誘導目標とするゼロ金利政策を実施した。その後，日本銀行当座預金（日銀当座預金）残高に誘導目標を変更し，［ H ］政策を実施した。さらに，2013年には消費者物価の対前年上昇率［ I ］%とする物価安定目標を掲げ，2016年には④マイナス金利政策も導入した。

近年は銀行の余剰資金が低金利で貸し出され，民間の経済部門（金融機関を除く）が保有している［ J ］が増加する異次元金融緩和政策が進められている。一方，マネタリーベース（日銀が供給する通貨と金融機関が開設する日銀当座預金）

をもとに市中銀行は投資を行い，信用創造⑤によって預金額をさらに増やしている。

〔1〕［　A　］～［　J　］にあてはまるもっとも適切な語句を記入せよ。なお，**A は人名の姓をカタカナ，B は10字，C・D・H は漢字 4 字，E・G・J はカタカナ，F と I は算用数字**で答えよ。

〔2〕 下線部①に関して，今日では，日銀は公定歩合を「［　　　］および基準貸付利率」と呼んでいる。空欄にあてはまるもっとも適切な語句を**漢字 5 字**で答えよ。

〔3〕 下線部②に関して，景気が悪い時の日銀のオペレーションについて，次の文の［　イ　］，［　ロ　］にあてはまる語句の組み合わせとして，もっとも適切なものを下から一つ選び，記号で答えよ。

> 景気が悪くデフレーションの時は，［　イ　］。その結果，短期金融市場での資金量が増加し，企業や個人への［　ロ　］。

㋐　イ　市中銀行が持っている国債などを買い入れる
　　ロ　貸出金利が上がる

㋑　イ　市中銀行が持っている国債などを買い入れる
　　ロ　貸出金利が下がる

㋒　イ　国債などを売却する
　　ロ　貸出金利が上がる

㋓　イ　国債などを売却する
　　ロ　貸出金利が下がる

〔4〕 下線部③に関して，国際的な取引を行う銀行が守るべき国際的な基準を［　　　］規制という。空欄にあてはまるもっとも適切な語句を記入せよ。なお，**英語略称のアルファベット（大文字）3 字**で答えよ。

〔5〕 下線部④に関して，**適切でないもの**を下から一つ選び，記号で答えよ。

㋐　マイナス金利の導入によって，市中銀行の日銀当座預金の一部にマイナス金利が適用される。

㋑　マイナス金利の導入によって，個人の預金の一部にマイナス金利が適用される。

　㋒　マイナス金利政策のねらいは，市中銀行が貸出を増やすことで通貨量を増加させることにある。

　㋓　マイナス金利政策が導入されるまでは，市中銀行は，日銀当座預金から収益を得ることができた。

〔6〕　下線部⑤に関して，支払準備率５％，最初の預金（本源的預金）100万円のとき，最大限を貸出に回した場合，信用創造額は［　　］万円になる。空欄にあてはまる値を**算用数字**で答えよ。

Ⅲ　次の文章を読んで，あとの問いに答えよ。

国際連合（国連）は６つの主要機関で構成されている。その中でも，国際平和と安全に責任を持つ安全保障理事会（安保理）は最も重要な役割と権限を有しており，①国連事務総長の任命を総会に勧告する任務も担っている。

安保理は，②膠着《こうちゃく》した戦争を停戦へと導くことがある。それとは裏腹に，③武力攻撃を容認することもある。

湾岸戦争は，安保理が武力攻撃を容認した事例である。湾岸戦争は，［ A ］への武力侵攻を行ったイラクを多国籍軍が撃退した戦争であった。

日本政府もこの戦争を支持し，巨額の資金提供を行った。けれども，人的貢献が不在であると批判された。そこで日本政府は，自衛隊の掃海艇を［ B ］湾に派遣し，機雷除去にあたらせた。［ イ ］年には国連平和維持活動協力法（ＰＫＯ協力法）を成立させた。この法律で，自衛隊が最初に派遣された国は［ C ］であった。

［ ロ ］年９月11日，アメリカ同時多発テロ事件が発生した。アメリカのブッシュ大統領はテロとの戦いを宣言した。国連安保理もこれを支持し，テロに対してあらゆる手段を用いて戦うことを容認した。④ブッシュ政権は同盟国とともに［ D ］を攻撃した。同年，日本政府はテロ対策特別措置法を制定し，アメリカが行う対テロ戦争で［ X ］を行った。

他方，国連安保理の存在意義が問われる事態が発生することもある。

［ ハ ］年，アメリカ軍とイギリス軍が国連安保理の決議がないままイラクを攻撃した。イラクが大量破壊兵器を隠しもっているというのが攻撃の理由であった。国際世論の中にはアメリカの⑤単独行動主義に対する批判もあったが，日本の小泉首

相は，いち早くブッシュ大統領への支持を表明した。だが，大量破壊兵器は発見されなかった。

〔1〕 イ ～ ハ にあてはまる**西暦を算用数字**で記入せよ。

〔2〕 A ～ D にあてはまる語句を記入せよ。なお，**Aは国名をカタカナ5字**，**Bはカタカナ4字**，**Cは国名をカタカナ**，**Dは国名をカタカナ7字**で答えよ。

〔3〕 下線部①に関して，2017年に就任した第9代事務総長を下から選び，記号で答えよ。

㋐ コフィー＝アナン　㋑ アントニオ＝グテーレス
㋒ パン＝ギムン　㋓ クルト＝ワルトハイム

〔4〕 下線部②の代表例として，1988年に安保理決議を受け入れて停戦が実現した ・イラク戦争をあげることができる。空欄にあてはまる**国名をカタカナ**で答えよ。

〔5〕 下線部③に関して，1950年に勃発した では，安保理決議を経て，アメリカを中心とする「国連軍」が派遣された。空欄にあてはまる語句を下から一つ選び，記号で答えよ。

㋐ アルジェリア戦争　㋑ 中東戦争
㋒ 朝鮮戦争　㋓ ベトナム戦争

〔6〕 下線部④に関して，当時， D を支配していたのはどの政権か。下から一つ選び，記号で答えよ。

㋐ アサド政権　㋑ カダフィ政権
㋒ フセイン政権　㋓ タリバン政権

〔7〕 X にあてはまるもっとも適切な語句を下から一つ選び，記号で答えよ。

㋐ 後方支援　㋑ 先制攻撃　㋒ 前線支援　㋓ 停戦工作

〔8〕 下線部⑤に関して，単独行動主義の対義語は多国間主義である。多国間主義に相当する語句としてもっとも適切なものを下から一つ選び，記号で答えよ。

㋐ バイラテラリズム　㋑ トライラテラリズム
㋒ マルチラテラリズム　㋓ ユニラテラリズム

数学

(80 分)

次のⅠ，Ⅱ，Ⅲの設問について解答せよ。ただし，Ⅰ，Ⅱについては問題文中の [　　] にあてはまる適当なものを，解答用紙の所定の欄に記入せよ。なお，解答が分数になる場合は，すべて既約分数で答えること。

Ⅰ

〔1〕 次の問いに答えよ。

(1) $3^x + 16 \cdot 3^{-x} = 8$ であるとき，$27^x - 9^{x+1}$ の値は [ア] である。

(2) $\left(\dfrac{3}{5}\right)^{20}$ を小数で表すと，0 でない数字が初めて現れるのは，小数第 [イ] 位である。ただし，$\log_{10}2 = 0.3010$，$\log_{10}3 = 0.4771$ とする。

(3) $x > 0$，$y > 0$ で，$2x + y = a$（a は定数）であるとき，$\log_2 x + \log_2 y$ は，$x =$ [ウ] で最大値 [エ] をとる。

〔2〕 θ を $0 \leqq \theta < \pi$ とする。$\cos\theta + \sin\theta = -\dfrac{\sqrt{2}}{2}$ であるとき，この式を満たす角 θ は [オ] の範囲にある。[オ] は次の選択肢から正しいものを 1 つ選び番号で答えよ。

【選択肢】
① $0 \leqq \theta < \dfrac{1}{4}\pi$
② $\dfrac{1}{4}\pi \leqq \theta < \dfrac{1}{2}\pi$
③ $\dfrac{1}{2}\pi \leqq \theta < \dfrac{3}{4}\pi$
④ $\dfrac{3}{4}\pi \leqq \theta < \pi$

このとき，$\sin 2\theta$，$\cos 2\theta$ の値を求めると，$\sin 2\theta =$ [カ]，$\cos 2\theta =$ [キ] であり，$\theta =$ [ク] となる。

また，次の式の値を求めると，

$$\cos\theta - \sin\theta = \boxed{\text{ケ}}$$
$$\cos^3\theta - \sin^3\theta = \boxed{\text{コ}}$$
$$\cos^5\theta - \sin^5\theta = \boxed{\text{サ}}$$

である。

〔3〕 変量 x と変量 y のデータの組が表のように与えられている。k は $1 \leqq k \leqq 5$ を満たす整数とし，x を横軸，y を縦軸にとった座標平面上の点を $\mathrm{P}_k = (x_k,\ y_k)$ で表す。例えば，$k = 3$ のとき，$\mathrm{P}_3 = (90,\ 100)$ となる。

表

k	1	2	3	4	5
x	50	70	90	80	60
y	40	60	100	70	50

（1） x の平均値 $\overline{x}$ は $\boxed{\text{シ}}$，分散 $s_x{}^2$ は $\boxed{\text{ス}}$ である。

（2） x と y の共分散 s_{xy} は $\boxed{\text{セ}}$ である。

（3） 座標平面上の5つの点 P_k にできるだけ合うように引いた直線が $y = ax + b$（a，b は定数）で表されるとする。この直線上の点は $\mathrm{Q}_k = (x_k,\ ax_k + b)$ で表される。ここで，「できるだけ合うように」とは，以下の2つの条件を満たすことである。

条件1　この直線が x と y の平均値による点 $(\overline{x},\ \overline{y})$ を通る。

条件2　$L = \mathrm{P}_1\mathrm{Q}_1{}^2 + \mathrm{P}_2\mathrm{Q}_2{}^2 + \mathrm{P}_3\mathrm{Q}_3{}^2 + \mathrm{P}_4\mathrm{Q}_4{}^2 + \mathrm{P}_5\mathrm{Q}_5{}^2$ ……①

が最小となる。

ここで，座標平面上に P_k，Q_k，点 $(\overline{x},\ \overline{y})$ と $y = ax + b$ の関係を示すと，図のようになる。

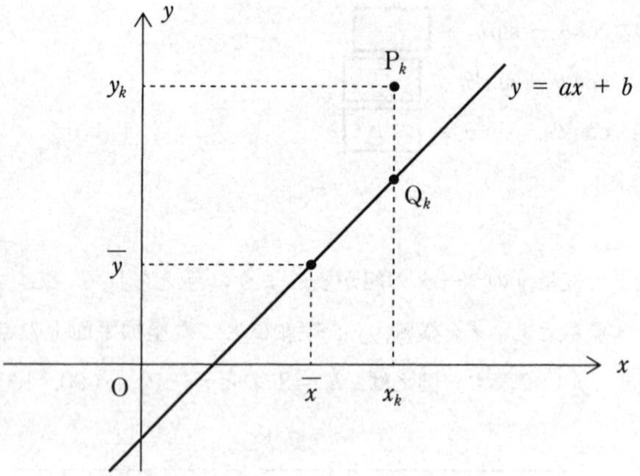

図

条件 1 より，$\overline{y} = a\overline{x} + b$ なので，$b = -a\overline{x} + \overline{y}$ ……②

となる。式②より，点 $\mathrm{Q}_k = (x_k,\ a(x_k - \overline{x}) + \overline{y})$ である。よって，

$$\mathrm{P}_k\mathrm{Q}_k{}^2 = \left| y_k - \{ a(x_k - \overline{x}) + \overline{y} \} \right|^2$$
$$= (y_k - \overline{y})^2 - 2a(x_k - \overline{x})(y_k - \overline{y}) + a^2(x_k - \overline{x})^2 \quad \cdots\cdots ③$$

となる。ここで，式①と式③から，数値を用いず，$s_x{}^2$，s_{xy}，a，y の分散 $s_y{}^2$ を用いて L を表すと，

$$L = 5\left(\boxed{\text{ソ}}\ a^2 - \boxed{\text{タ}}\ a + s_y{}^2 \right)$$

となる。

（4）　条件 2 より L が最小となるように a と b の値を求めると，

$a = \boxed{\text{チ}}$，$b = \boxed{\text{ツ}}$ となる。ただし，$\boxed{\text{チ}}$，$\boxed{\text{ツ}}$ は $s_x{}^2$，$s_y{}^2$，s_{xy} を用いず数値で答えよ。

Ⅱ　ある地域に2つのカレー店AとB（以下，店A，店Bとする）がある。店Aと店Bが自分の店の利益を最大にするためにそれぞれの販売量（皿数）を同時に決定する。店Aの販売量を x，店Bの販売量を y とするとき，いずれの店もカレー1皿当りの価格は，

$$1000 - x - y$$

の式で与えられるものとする。カレーの販売により得られるそれぞれの店の売上高は，（売上高）=（価格）×（販売量）で表される。また，カレーを販売するのにかかるすべての費用を総費用と呼ぶ。1皿当りの総費用は店Aが100であるのに対して，店Bは $100 + z$ である（z は正の実数)。なお，価格と販売量は正の値とする。

〔1〕 $z = 30$ のとき，店Aと店Bの販売量について考えよう。

まず，店Aの販売量に注目する。店Aの売上高は $(1000 - x - y)x$，店Aの総費用は $100x$ なので，店Aの利益は（売上高）−（総費用）で計算できる。よって，店Aの利益 P_A は

$$P_A = \left(\boxed{\text{ア}} - \boxed{\text{イ}}\,x - \boxed{\text{ウ}}\,y \right) x$$

となる。この式を x について整理し平方完成すると，店Aの利益は x が

$$x = \frac{\boxed{\text{エ}} - \boxed{\text{オ}}\,y}{\boxed{\text{カ}}} \cdots\cdots ①$$

のときに最大となる（ここで x は小数第1位を四捨五入した整数値)。この式①は店Bの販売量 y に対して，店Aの利益を最大にする店Aの販売量を表しており，「y に対する店Aの最適反応販売量」と呼ばれる。例えば，店Bの販売量が100皿のとき，店Aは $\boxed{\text{キ}}$ 皿販売することで利益を最大にできることを示している。

次に，店Bの利益 P_B を考えると，同様に「x に対する店Bの最適反応販売量」は，

$$y = \frac{\boxed{\text{ク}} - \boxed{\text{ケ}}\,x}{\boxed{\text{コ}}} \cdots\cdots ②$$

で示される。

店Aと店Bは同時に販売量を決めるため，互いに他店の販売量を確認したうえで自分の店の販売量を決めることはできないが，式②から店Aは店Bの最適反応販売量を正しく予想でき，同様に式①から店Bは店Aの最適反応販売量を正しく予想できる。このとき，式①と式②を同時に満たす販売量は，相手の最適反応販売量に対して互いが最適に反応した結果の販売量となり，店Aの販売量は [サ] 皿，店Bの販売量は [シ] 皿である。

〔2〕 $z = 180$ のとき，〔1〕と同様に考えると，互いが最適反応販売量を正しく予想しあうことができるので，店Aの販売量は [ス] 皿，店Bの販売量は [セ] 皿となる。

Ⅲ　△ABCにおいて，$AB = 8$，$BC = 5$，$CA = 7$ である。辺AB上に点Pを，辺AC上に点Qを，△APQと△ABCの面積の比が1：2になるようにとる。ただし，点Pと点B，点Qと点Cは一致しない。このとき，次の問いに答えよ。

〔1〕 $\cos\angle BAC$ の値および△ABCの面積 S を求めよ。

〔2〕 $AP = x$，$AQ = y$ とおくとき，xy の値を求めよ。

〔3〕 △APQの外接円の半径 R の最小値を求めよ。

〔4〕 △APQの外接円の半径 R が最小となるとき，△APQの内接円の半径 r を求めよ。

問4　本文の内容に合うものを、次のなかから一つ選び、その番号をマークせよ。

1　闘争する者の我が身を忘れた行為により、その家族に危害が及ぶことは、誰でも避けたいと思っているが、主君に仕える身では、しばしばそれが忘れられがちである。

2　国を治める者は、我が身や肉親よりも、主君としての立場を重んじ、刑法によって厳格に犯罪を取り締まるとともに、極力闘争を避けることが必要である。

3　闘争する者は、我が身ばかりか、肉親や主君までも忘れる者であり、自己を君子に、他人を小人と見なして、他人に危害を及ぼすという大きなまちがいを犯す。

4　幼いブタやイヌが親のもとを離れないことで危険を避けるように、人間も幼い頃は肉親によって守られていたことを知り、その恩を忘れないようにしなければならない。

5　闘争する者に不可欠な資質は、ふだんの鍛錬を怠ることなく、主君の命に従って、いつでも我が身を犠牲にして、国のために戦う意志をもっていることである。

君子ヲ一与二小人一相賊害スル也。下以テ忘レ二其ノ身ヲ一、内以テ忘レ二其ノ親ヲ一、上以テ忘ルルハ二其ノ君ヲ一、豈ニ不二過チノ甚シキモノナラ一矣《や》哉。

（『荀子』による）

注　少頃＝少しの間。　家室＝家族。　内＝ここでは「中」の意味。
乳彘＝幼いブタ。　乳狗＝幼いイヌ。　賊害＝危害を加える。

問1　傍線①の「行其少頃之怒而喪終身之軀」の書き下し文として、最も適当なものを、次のなかから選び、その番号をマークせよ。

1　其の少頃《けい》の怒りを行ひて終身の軀《からだ》を喪《うしな》ふ
2　行きて其れ少頃の怒りありて喪ふは終身の軀なり
3　其の少頃の怒りにして終身の軀を喪ふを行ふ
4　行きて其れ少頃の怒りありて終身の軀を喪ふ
5　行ふこと其れ少頃にして之れ怒りて終身の軀を喪ふ
6　其の少頃に行き之れ怒りて喪ふは終身の軀なり

問2　傍線②の「不若」、③の「自」の読み方を、送りがなを含めて、それぞれひらがなで書け。

問3　［A］、［B］に入れるのに、最も適当な組み合わせを、次のなかから選び、その番号をマークせよ。

1　A＝多　B＝寡　　2　A＝寡　B＝多　　3　A＝親　B＝疎　　4　A＝疎　B＝親
5　A＝是　B＝非　　6　A＝非　B＝是　　7　A＝美　B＝醜　　8　A＝醜　B＝美

四　次の文章を読んで、問いに答えよ（設問の都合上、訓点を省略した部分がある）。

闘《フ》者《ハ》、忘《ルル》㆓其《ノ》身《ヲ》㆒者也、忘《ルル》㆓其《ノ》親《ヲ》㆒者也、忘《ルル》㆓其《ノ》君《ヲ》㆒者也。①行其少頃之怒而喪終身之軀。然《ルニ》且《ツ》為《サバ》㆑之《ヲ》是《レ》忘《ルル》㆓其《ノ》身《ヲ》㆒也。家室立《チドコロニ》残《そこなハレ》、親戚不㆑免《レ》㆓乎刑戮《りくヨリ》㆒。然《ルニ》且《ツ》為《サバ》㆑之《ヲ》是《レ》忘《ルル》㆓其《ノ》親《ヲ》㆒也。君上之所《ニシテ》㆑悪《ム》也、刑法之所㆓大《イニ》禁《ズル》㆒也。然《ルニ》且《ツ》為《サバ》㆑之《ヲ》是《レ》忘《ルル》㆓其《ノ》君《ヲ》㆒也。下忘《レ》㆓其《ノ》身《ヲ》㆒、内忘《レ》㆓其《ノ》親《ヲ》㆒、上忘《ルルハ》㆓其《ノ》君《ヲ》㆒、是《レ》刑法之所《ニシテ》㆑不《ル》㆑舎《ゆるサ》也、聖王之所㆑不《ル》㆑畜《やしなハ》也。乳彘《てい》不㆑触《レ》㆑虎《ニ》、乳狗《こう》不《ルハ》㆓遠遊《セ》㆒、不《レバ》㆑忘《レ》㆓其《ノ》親《ヲ》㆒也。人也《や》、下忘《レ》㆓其《ノ》身《ヲ》㆒、内忘《レ》㆓其《ノ》親《ヲ》㆒、上忘《ルレバ》㆓其《ノ》君《ヲ》㆒、則《チ》是《ノ》人也《や》而曾《すなはチ》狗彘《ニ》之《レ》②不㆑若也。凡《ソ》闘《フ》者《ハ》、必《ズ》③自以《テ》為《シ》㆑［A］《ト》而以《テ》㆑人《ヲ》為《ス》㆑［B］《ト》也。己《ハ》誠《ニ》［A］《ニシテ》、人《ハ》誠《ニ》［B］《ナレバ》也、則《チ》是《レ》己《ハ》君子《ニシテ》而人《ハ》小人也。以《テ》㆓

5　命を捨てて子供を愛せよという仏の教えを重んじてきたが、親子の情愛に縛られると精進ができないと悟ったから

問4　傍線㋑の「つれなくながらへば」を十五字以内で、㋒の「あらましかば」を十二字以内で、それぞれ現代語訳せよ。

問5　傍線㋓の「各々、川の端に立ち並び、目も放ち奉らず」とはどういうことか。最も適当なものを、次のなかから選び、その番号をマークせよ。

1　京の宿所に急ぎ戻って家族を供養しようという母の決意に対して、乳母の女房たちが川辺で整列して称賛していた。
2　母が、亡くなった家族の供養を川辺で始めようとするので、乳母の女房たちが手順に誤りはないか見守っていた。
3　自分が死ぬと誰が家族を供養するのかと不安になった母に対して、乳母の女房たちが心配ないと安心させていた。
4　悲しみのあまりに母が後を追って入水することを未然に防ごうと、乳母の女房たちが川辺で並んで見張っていた。
5　仏の教えに背いた自分は罪を重ねて生きていくのだと悟った母を、乳母の女房たちが川辺に集まり注視していた。

問6　本文の内容に合うものを、次のなかから二つ選び、その番号をマークせよ。

1　ただ一人でも子供を連れて参詣していれば、たとえ敵から逃げられなくても子供と一緒に死ねたのにと、母は悔やんだ。
2　参詣や精進をしても意味がまったくなかったと母が八幡大菩薩を恨むことは、失礼で強く非難されるべきものだった。
3　供養のために嵯峨・太秦の寺を訪れた母は、寺の法師に取り入ろうとして容姿にも気を遣い、自ら髪を切り落とした。
4　罪が積もることを感じながら生きるより、無上道に入って供養しようと母は決意し、輿に乗らず歩いて帰ることにした。
5　ここで出家しても来世で家族と再会できなければ意味がないと気づいた母は、宿所に戻り家族を供養しようと決意した。
6　輿に乗るように見せかけて川に飛び込んだ母の体は、石を袂に入れていたために、ふたたび浮かび上がってこなかった。

問7　『保元物語』より成立の古い作品を、次のなかから一つ選び、その番号をマークせよ。

1　義経記　　2　将門記　　3　曾我物語　　4　太平記　　5　武家義理物語

精進＝心身を清め不浄を避けること。　乙若・天王＝子供の名。　仏神三宝＝ここではすべての神仏のこと。

無上道＝仏道。

問1 傍線①の「拾ひ入れ」、②の「参り」、③の「思ひ」、④の「始め」の主体の組み合わせとして、最も適当なものを、次のなかから選び、その番号をマークせよ。

1 ①＝子供たち　②＝判官殿　③＝子供たち　④＝母
2 ①＝母　②＝子供たち　③＝母　④＝子供たち
3 ①＝母　②＝母　③＝子供たち　④＝八幡大菩薩
4 ①＝母　②＝母　③＝子供たち　④＝母
5 ①＝子供たち　②＝子供たち　③＝母　④＝母

問2 傍線⑤の「らむ」、⑥の「なり」、⑦の「し」、⑧の「るる」の文法的意味として、最も適当なものを、それぞれ次のなかから選び、その番号をマークせよ。

1 意志　2 受身　3 現在推量　4 完了　5 断定　6 過去

問3 傍線㋐の「愚かなれ」と考えた理由として、最も適当なものを、次のなかから選び、その番号をマークせよ。

1 一日中煩悩にとらわれて生きるのは辛く、煩悩を捨てて入水しようとしたが、実際は恐怖で体が動かないと知ったから
2 川原の石の数は家族の思い出の数に及ばないと気づいたが、それは仏の教えを理解していなかったためと納得したから
3 一昼夜の間でも無数の物思いがあるという仏の教えを以前は疑っていたが、家族を失った今はその通りだと思ったから
4 八幡詣でに子供を一緒に連れて行くのはやっかいと感じていたが、連れて行かなかった自分の判断を後悔したから

我が身の嘆きを数へむには、川原の石は尽くるとも、なほいかばかりか積《つ》もらまし。判官殿は六十三、七、八十まである人もあるぞかしと、思へば惜しき齢《よはひ》なり。いはむや、子供の行く末は、まだ遥かなる程ぞかし。憂き世に㋑つれなくながらへば、子供の年を数《かぞ》へても、今年はそれはいくつそれはいくつ、子供に似たる人を見ても、㋒あらましかばと恋しくは、斬りけむ者の恨めしさよ。⑧斬らるる子供のいたはしさよ。思ひ続けて一時《ひととき》も、世にあるべしとも思《おぼ》えず。心に任せぬ世間のならひなれば、一日片時《へんし》もつれなく命ながらへて、積もらむ罪こそ恐ろしけれ。されば、ただ、水の底へも入りなばやと思ふぞとよ。『この身の命を惜しまず、ただ無上道《むじやうだう》を願ふべし』とこそ、仏も説かせたまひたれ」など、うち口説き、泣く泣く宣ひて、とみにも輿に乗りたまはず。

乳母《めのと》の女房より始めて、口々に申しけるは、「一方ならぬ御嘆き、さこそは思し召すらめども、古より今に至るまで、夫に後れ、子に別るるならひ、実に多しといへども、たちまちに命を捨つる事、惣《そう》じて、例《ためし》なき事にこそ。それよりもただ疾《と》う疾う御宿所へ帰らせたまひて、面々の御孝養《けうやう》をも営ませたまはめ。水の底へ思し召し入りなば、御身の罪障の深くおはしまさむのみにもあらず、判官殿・幼き人々の御菩提をば、誰かは弔ひ奉るべきや」など、さまざまに慰め申して、㋓各々、川の端に立ち並び、目も放ち奉らず。

母、うちうなづいて、「実に身を捨てたりとも、後の世にて行き会ふ事のなからむには、何かはせむ。さらば、京へ帰るにてこそあらめ」とて、輿に乗らむと立ち寄らせたまへば、皆心安くて立ち退き、川を渡らむとする紛れに、走り違ひて、岸より川へ飛び入りたまふ。乳母の女房、「あな、心憂や」とて、続きて川へぞ入りにける。石は袂《たもと》に入れたまひぬ。二目とも見えず、水の底に沈みたまひけるこそ悲しけれ。

（『保元物語』による）

注　母＝為義の妻。　八幡＝石清水八幡宮。　この者ども＝為義と妻との間の子供たち。　家嫡＝本家の跡継ぎ。

三

次の文章を読んで、問いに答えよ。

（戦に敗れた判官源為義《ためよし》が処刑されたことを、為義の妻は石清水八幡宮へ参詣した帰りに知る。同時に、宿所にいた四人の子供も捕らえられ船岡山で処刑されたと聞き、船岡山に行きたいと嘆く。）

母、桂川の端に輿《こし》かき据ゑ、川を渡らむとしける装ひの紛れに、輿の内より這《は》ひ出でて、人にも知られず、石を懐に拾ひ入れ①て、泣く泣く宣《のたま》ひけるは、「今朝、八幡《やはた》へ参りつるに、この者ども慕ひつれども、皆具せば、伴の者もなし。一人二人はかたうらやみなりと思ひて、振り捨てて参りつる②をば、いかに恨めしと思ひつらむ③。かかるべしとだに知りたらば、皆具してぞ参らまし。せめては一人なりとも相具したらば、たとひ逃れは果てずとも、手を取り組みてもいかにもなりなまし。今朝を限りにてありけるよ。『幼き者どもの寝ねたる形を見て物へ出でず』と言ひならはせる諺《ことわざ》は、実《まこと》なりけるぞや。げにや、八幡大菩薩は、源氏の家に生まるるをば、末々までも守らむと誓はせたまふとこそ聞け。これは正《まさ》しき家嫡《けちゃく》なり。たとひ幼き者なりとも、捨てさせたまふ恨めしさよ。かくあるべしと知るならば、なじかは八幡へ参りけむ。この程、精進始めし④も、判官殿の御祈り、子供が祈りのためぞかし。今朝しも八幡へ参らずは、子供の最後の名残をば、いま一度は惜しみてまし。くやしかりける物詣でよ」と宣ひけるこそせめてなれ。

また、泣く泣く宣ひけるは、「船岡山へ行きてむ。空しき屍《かばね》をも見ばやと思へども、今は、定めて、犬も烏も引き散らしぬらむ⑤。かしこここより、かはゆげなる死骸どもを求め出だして、これは乙若よ、かれは天王よ、など見むも、目も当てられじなれば、泣く泣く行かじと思ふなり⑥。はかなきためし、よその哀れと聞き置きしは⑦、船岡山の事なりけり。嵯峨・太秦に参りて、様を変へむと思へども、為義が妻の見目の良くて悪しくてなど、法師ばらの沙汰せむ事も心憂し」とて、輿かきが刀を乞ひて、自ら髪を切り落とし、あまたに結ひ分け、仏神三宝に手向け奉り、石を包み具して、川の中へぞ入れてける。

『人一日一夜を経るにだに、八億四千の思ひあり』と、仏の説かせたまふを、何事にかはさまではと、思ひけるこそ愚かなれ㋐。

4　「感染爆発」に対し、急激な発生と破壊をともなう危険な状態となるとイメージすること

5　「患者集団」に対し、リンクが追える集団として確認できる陽性の集団であるとイメージすること

問4　［ A ］に入れるのに、最も適当な語を、次のなかから選び、その番号をマークせよ。

1　精神構造　　2　言語活動　　3　認知活動　　4　社会活動　　5　行動変容

問5　本文の内容に合うものを、次のなかから一つ選び、その番号をマークせよ。

1　これまでメディアはそのままカタカナ語を多用する傾向があったが、新型コロナ禍の中で感染拡大を防ぐための緊急性もあり、さらにカタカナ語は増えてしまった。

2　カタカナ語を用いることによって現れる意味の乖離は、人々の社会生活に害悪を生み出すことから、できるかぎり的確な漢字表記に言い換えるべきである。

3　新語であるカタカナ語は人により理解の偏りを生むといったデメリットがあり、メディアなどがこの言葉を用いる際には何を意味するのかを丁寧に説明すべきである。

4　欧米でも訳出に関する問題は日本と同様に起きており、例えば social distancing と physical distancing の定義が見直されて広まっている。

5　日本では「オーバーシュート」を「感染爆発」と訳さないことによって、多くの人々が陥るであろうパニックを完全に回避することができた。

さを皆で慎重に検討すべきであり、また導入後も、意味の手厚い説明を心がけるべきだろう。

（古田徹也『いつもの言葉を哲学する』による。なお一部を改めた）

問1 傍線㋐に「この指摘を安易に一般化すること」とあるが、その説明として、最も適当なものを、次のなかから選び、その番号をマークせよ。

1 「オーバーシュート」という言葉を旧来の漢字や平仮名語表記に言い換えること
2 言葉の印象は時間とともに変化するのに、現在の感覚に合わせてすぐに翻訳すること
3 疫学上の平仮名表記は特に分かりにくいので、漢字やカタカナを使った表記にすること
4 分野によって様々な意味をもつような新奇な言葉を使うよりも耳慣れた語に訳出すること
5 メディアが発信した新型コロナに関するカタカナ語をそのまま使い続けること

問2 次の一文は、本文中の〈 1 〉〜〈 6 〉のどこに入れるのが最も適当か。その番号をマークせよ。

そうでなければ、新奇な言葉を人々に押しつけているだけであり、急に降って湧いた言葉に当惑する人を徒《いたずら》に増やすことになってしまう。

問3 傍線㋑に「特定のイメージ」とあるが、その具体的な説明として、最も適当なものを、次のなかから選び、その番号をマークせよ。

1 「濃厚接触」に対し、濃厚なスキンシップや親密な内容の会話であるとイメージすること
2 「社会的距離」に対し、人々の間に精神的距離や社会的な差が存在するとイメージすること
3 「都市封鎖」に対し、各国政府が外国人に対し全面的に出入国を禁止するとイメージすること

あけることを指すのに対して、social distancing の方は、外出を控えるとか、ミーティングをウェブ会議システムを使ってオンラインで行うなどの社会行動を指す、という具合である。〈 4 〉

ともあれ、ここまで確認してきたのは、ひとつには、耳慣れない言葉を馴染《なじ》みの言葉の組み合わせ――「濃厚接触」、「都市封鎖」、「社会的距離」等々――に安易に置き換えるのは危険だということである。カール・クラウスの指摘を借りるなら、馴染みの言葉は「すでにありとあらゆる仕事や関係に奉仕してきた」のであって、私たちに(イ)特定のイメージを自ずと喚起するものだ。そして、そのイメージによって、私たちを誤った理解や行動へと導きかねないのである。〈 5 〉

ただ、かといって、「ロックダウン」や「クラスター」、あるいは「ソーシャルディスタンス」といったカタカナ語を無闇に生み出して、丁寧な説明もなく濫用するのも問題だ。それは、私たちの間に理解の偏りやコミュニケーション不全を生み、適切な行動をとれなくさせかねない。実際、二〇二一年九月に公開された文化庁「国語に関する世論調査」の結果を見ても、特にこれらのカタカナ語に関しては、世間に広まってから相当時間が経った後も、世代間で理解の程度や馴染み具合などに大きな開きがあることがうかがえる。

lockdown の訳語としては「都市封鎖」よりも「ロックダウン」の方が適当だろう、と先に述べたのは、「都市封鎖」というショッキングな言葉は人々に誤ったイメージを与え、混乱を呼び込む可能性があるからだ。その点では、先述の「オーバーシュート」という言葉の使用も、「感染爆発」という言葉が人々に引き起こしかねないパニックを避けつつ、落ち着いた A を促せたのだ、という見方もありうる。本当にそういう効果があったかどうかはともかくとして、カタカナ語にも一定のメリットを見出せることは確かだ。そして繰り返すように、一定のデメリットもやはり存在する。〈 6 〉

銘記すべきなのは、カタカナ語であれ何であれ、新語の導入には理解の偏りや誤解といった副作用がある、ということだ。だとすれば、副作用をできるだけ抑えられるように、公共性の高い領域において新語を導入する際には、はじめのうちにその適切き去りになり、十分な理解に基づく適切な行動が阻害されたり、相互的なコミュニケーションに齟齬《そご》が生じるというのは、歓迎すべき状況ではない。

いま、「濃厚接触」や「都市封鎖」を問題のある訳語として取り上げたが、同様に訳語の選択がまずいものとしては、「社会的距離」も挙げられる。これは social distance（ソーシャルディスタンス）の訳語であり、疫学の分野では新型コロナ禍以前から、たとえば新型インフルエンザの流行を抑えるための非薬物的な介入手段を指す際などに用いられてきた。具体的には、人と人の間に一定の距離をあける（social distancing）という手段である。

しかし、「社会的距離」という日本語は、人とのそうした物理的な距離というよりも、社会において人々の間に存在する精神的な距離感、貧富の差、差別といったものを容易に連想させるだろう。実際、「社会的距離」という言葉自体は、二〇世紀前半にはすでに社会学上の概念として知られていたものだ。人間生態学や都市社会学の生みの親であるＲ・Ｅ・パーク（一八六四―一九四四）は、地元住民とよそ者、教師と生徒、ソーシャルワーカーと社会福祉支援を必要とする人など、個人間や集団間の理解の程度、あるいはそこに存在する親近感ないし敵対的感情の度合いを指すものとして、この「社会的距離（social distance）」概念を提唱し、社会調査などへの応用を図っている。

以上のことを踏まえるなら、ウイルスの感染拡大を防ぐ手段としての social distancing は、「社会的距離の確保」ではなく、「対人距離の確保」などと訳すのが適当であるはずだ。欧米でも、social distance ないし social distancing という言葉が人々の間の精神的な距離を連想させることが問題視されており、たとえば世界保健機関（ＷＨＯ）では二〇二〇年三月頃から、social distancing を physical distancing（物理的距離、身体的距離）という言葉に置き換える動きが見られた。また、アメリカのジョンズ・ホプキンス大学のウェブサイトでは、感染抑制のための二種類の異なる手段として、social distancing と physical distancing をあらためて定義し直している。すなわち、後者の physical distancing が文字通り物理的に人との距離を

「濃厚接触」は、キスやハグなどのまさに「濃厚」な交わりやスキンシップを容易に連想させる言葉だ。他方、疫学上の専門用語としての「濃厚接触」は、同じ部屋のなかで一定時間会話を交わすことといった、文字通りの意味では触れてすらいないケースも指す。そして、この意味の乖離《かいり》は、実際に害悪をもたらしたと思われる。「濃厚接触」という言葉と、食卓を囲んだりおしゃべりをしたりといった営みは通常は結びつかない。それゆえ、危険と思わずにそうした営みを続けた人々が、少なくとも当初は多くいたことだろう。

　専門用語の訳語をめぐる同様の問題は、「都市封鎖」にも当てはまる。これは英語の lockdown の訳語としてしばしばメディアなどで用いられる言葉だ。しかし、「封鎖」という強い言葉で私たちが連想する状況とは異なり、新型コロナ対策のために世界各国で実施されてきた lockdown は、広く住民の外出や都市の機能への制限を指す言葉であって、国や地域によって実施の形態はさまざまだ。たとえば、都市間の住民の移動を完全に禁止するのではなく、さまざまな例外を設けたり、夜間の外出を制限したりする程度の形態もある。したがって、個々の国や地域が lockdown の名の下に具体的に何をしているのかを追わなければ、この言葉が指すものも見えてはこない。〈　２　〉

　その意味では、lockdown をそのままカタカナに変換した「ロックダウン」の方が、意味が不明瞭な分、むしろ適切な訳語だと言えるだろう。ただし、専門家や政治家、行政、メディアなどがこの言葉を用いる際には、折にふれて繰り返し、これが何を意味するのかを丁寧に説明しなければならない。〈　３　〉

「クラスター」という言葉も同様だ。原語である英語の cluster は、一般的な言葉としては、「(ブドウなどの)房」や「集団」、「群発」といったものを意味するが、疫学において disease cluster と呼ばれるものは、「リンクが追える集団として確認できた陽性者の一群」、またはそうした一群の発生自体を意味する。したがって「クラスター」というカタカナ語は、たんに「患者集団」という日本語に置き換えうるものではなく、その点では有益な言葉だと言える。

　しかし、「クラスター」とは何なのかよく分からないという人は、私の身の回りにもまだ数多く存在する。そうした人々が置

二　次の文章を読んで、問いに答えよ。

二〇二〇年、新型コロナ禍が広がるなかで、「オーバーシュート」や「クラスター」、「ロックダウン」といった新しいカタカナ語が次々に登場し、メディアから洪水のように夥《おびただ》しく発信されたのは記憶に新しいところだ。

たとえば「オーバーシュート（overshoot）」は、「目標を外すこと」や「行き過ぎること」などを意味する英語の一般的な言葉だが、特に工学や経済学などにおいては、それぞれの分野に固有の意味をもつ専門用語としても用いられてきた。しかし、新型コロナ禍においてはある時期、専《もっぱ》らウイルスの感染者数が指数関数的に増加することを指す言葉として感染症対策の専門家が使用し、政治家、行政、メディアなども多用していた。

そうだとすれば、次のような指摘が当然出てくるだろう。なにもわざわざ「オーバーシュート」という分かりにくいカタカナ語——しかも、分野によって異なる意味をもつ言葉——など使わずとも、たんに「感染急増」や「感染爆発」などと言えばよかったではないか、と。

「オーバーシュート」という言葉に関しては、この指摘は正鵠《せいこく》を得ていると言えるだろう。ただ、(ア)この指摘を安易に一般化することはできない。すなわち、新型コロナ禍がらみの新しいカタカナ語はすべて旧来の漢字や平仮名を用いた表記に言い換えればよい、という話になるわけではないのだ。〈　1　〉

たとえば、「濃厚接触」という言葉が、疫学上の専門用語である close contact の訳語として、やはり専門家や政治家、行政、メディアを通じ世間に流布した。しかし、「濃厚接触」と聞いて普通はどういうことを連想するだろうか。——現在では、この言葉は感染症にかかわる特殊な言葉としてよく知られているから、この言葉から受ける印象は以前とは相当変わったと言えるかもしれない。だが、二〇二〇年初頭の頃を思い出してほしい。メディアで「屋形船で濃厚接触」といった言葉が躍っていたとき、私たちは苦笑しながらそれを見聞きしていなかっただろうか。

4　ピラミッド　　5　パッチワーク　　6　コミュニケーション

問9　傍線㋔に「南郭は自分の資質にかなった道を選んで、詩人としての生涯をまっとうした」とあるが、南郭のこの選択に影響を与えたと思われる師徂徠の教えはどのようなものであったか。それを端的に述べている一文を抜きだして、その始めと終わりの五字を書け。

問10　本文の主旨として、最も適当なものを、次のなかから選び、その番号をマークせよ。

1　伊藤仁斎と荻生徂徠の儒学本然の回復の試みは、おのおの別の方法と道筋をたどりながら、結果的に同じ結論に達した。
2　伊藤仁斎と荻生徂徠の朱子学解読は、前者は古代中国の修辞の学習から始め、後者は人間の真実への深い省察に努めた。
3　伊藤仁斎と荻生徂徠の学問の可能性は、太宰春台の経義派、服部南郭の詩文へと継承され、近世の学術を豊かにした。
4　伊藤仁斎と荻生徂徠の朱子学批判は、人間本来の情や気質を肯定することによって、江戸の文運を促す機縁となった。
5　伊藤仁斎と荻生徂徠の本来の儒学追究の営みは、科学的な思考と柔軟な態度によって、近代を先取りすることになった。

問11　日常の卑俗や人情の真実を伝えること、世態風俗を描くのが文学の使命である、と説いた近代の小説家であり、評論家・劇作家・教育者・英文学者・翻訳家でもあった人物を、次のなかから一人選び、その番号をマークせよ。

1　二葉亭四迷　　2　森鷗外　　3　坪内逍遙　　4　中江兆民　　5　仮名垣魯文　　6　尾崎紅葉

2　理論や学説を発展するものと見ず、そこに述べられている命題を不変の絶対的なものとする考え方や態度

3　現実世界では、悪が善よりも、苦が快よりも支配的であるというように、物事の悪い面ばかりを見る考え方や態度

4　少数の特権階級が支配者たることを認める主張で、転じて、少数の選良だけが文化に参与しうるとする考え方や態度

5　主義や理想にこだわらず現実に即して事を処理する傾向で、既成事実への屈服や、日和見主義にも通じる考え方や態度

問5　[A]、[B]に入れるのに、最も適当な四字熟語を、それぞれ次のなかから選び、その番号をマークせよ。

1　温故知新　2　写実主義　3　勧善懲悪　4　武断主義
5　悪人往生　6　復古主義　7　文芸復興　8　耽美主義

問6　傍線㋒に「仁斎の信念」とあるが、表現分野に活かされた伊藤仁斎の、ものの見方や考え方について、簡潔に表現している部分を、本文中から十字で抜きだして書け。

問7　傍線㋓に「流蛍は最後に漢の成帝のいます宮殿へと飛んでゆく」とあるが、「流蛍篇」の作者服部南郭の思いをくみとった筆者の解釈として、最も適当なものを、次のなかから選び、その番号をマークせよ。

1　涼しさを感じさせる季節にもかかわらず、帝の愛をえた元気な女性のように、蛍が秋風をものともせずに飛んでゆく。

2　この秋の夜、悲運の女性の化身のような蛍が、風に吹き流されて、揺らめきながら、恋しい帝のもとへと飛んでゆく。

3　秋冷の風情に満ちた夜景のなか、きらびやかな衣装の宮女たちが帝の宮殿へと急ぐように、蛍が乱舞して飛んでゆく。

4　秋の澄んだ空気のなか、帝をめぐる争いに疲れきった二人の女性のように、二匹の蛍がもつれあいながら飛んでゆく。

5　かすかに涼風が感じられる季節、一年ぶりで出会った牽牛と織女を想わせる蛍が、時を惜しむように大空を飛んでゆく。

問8　[C]に入れるのに、最も適当な語を、次のなかから選び、その番号をマークせよ。

1　デフォルメ　2　ファッション　3　チャンネル

資質にかなった道を選んで、詩人としての生涯をまっとうした。知識人たちの共感を得たことが、そのことを可能にしたといえるだろう。

（鶴ヶ谷真一『記憶の箱舟』による。なお一部を改めた）

注　朱子学＝南宋の朱子（朱熹《しゅき》）が大成した儒学の体系。江戸幕府に導入され、官学となった。

荀子＝中国戦国時代の思想家。性悪説を唱えた。

画屏＝絵の描いてあるついたて。　軽羅の小扇＝薄い絹布の小さい扇。

太宰春台＝江戸中期の儒学者。経書・経済に通じていた。

問1　傍線①、③の読み方をひらがなで書け。

問2　傍線②、④のカタカナを漢字に改めよ。楷書で正確に書くこと。

問3　傍線㋐の「それ」の指示内容として、最も適当なものを、次のなかから選び、その番号をマークせよ。

1　朱子学が聖人の言葉を歪曲したこと
2　伊藤仁斎が朱子学から脱皮したこと
3　荻生徂徠が古代中国の言語に習熟したこと
4　伊藤仁斎と荻生徂徠が朱子学解読のために多くの試みをしたこと
5　伊藤仁斎と荻生徂徠が本来の儒学に回帰するために長い歳月を要したこと
6　伊藤仁斎と荻生徂徠が朱子学を解釈するためにさまざまな探求をしたこと

問4　傍線㋑の「教条主義」の意味として、最も適当なものを、次のなかから選び、その番号をマークせよ。

1　人格のすぐれた君主・為政者が徳をもって人民を教化し、仁政を施すべきであるとする考え方や態度頭にこの詩があったと知られる。南郭は帝の寵愛を趙《ちょう》飛燕《ひえん》に奪われた班婕妤《はんしょうよ》の立場から詠じているという（『江戸詩人選集』第三巻の注による）。一読して、これが現実にはない場景を描いた詩であることが明らかだろう。冒頭の「珠簾」は真珠をつづったすだれ、つづく「玉階」は玉をしきつめたきざはし。二句めに「秋蛍」とあるが、日本なら蛍は夏のものであるはず。㋓流蛍は最後に漢の成帝のいます宮殿へと飛んでゆく。いずれも中国の古典詩にみえる詩句をもちきたって、美しいイメージの［C］を作りあげている。南郭はまさに古文辞派の提唱する、唐詩の詩句を用いて偽唐詩をものすることに④シュワンを示した。

　このような古文辞派の理想は矛盾をはらんでいた。盛唐の詩風がいかに美しく格調高いものであっても、その格調とは詩の本質である心情の自然な発露をさまたげる形式主義ではないのか……。当然ながら、やがてはこうした批判を受けることになるのだが、しかしそれはそれとして、疑いなく詩才にめぐまれた南郭のような詩人が、そのような詩篇の創作をなぜ生涯つづけたのか、つづけられたのか、という疑問が残る。

　その生き方は、宝暦以後輩出する文人たちに一つの理想像を提供するものであった。古文辞派の文学活動――古語の使用を通じて想像の中で古人になるという営為――が、元文から宝暦にかけて「世ノ人其ノ説ヲ喜ンデ習フコト、信ニ狂スルガ如シト謂《い》フベシ」（那波魯堂《なわろどう》「学問源流」）と評されるまでに有した魅力、南郭が古文辞派最大の詩人への道を歩んだのは、資質に恵まれると同時に、彼こそが最も強くその魅力に惹《ひ》かれ、それを必要としたからに相違ない。彼の文学活動には、古文辞派における文学の意味が凝集していることが予想されるのである。（日野龍夫「擬古主義とナルシシズム」）

　徂徠没後、その門流は経義派と詩文派に分かれたが、太宰春台《だざいしゅんだい》（一六八〇―一七四七）の継承した経義派はとだえ、南郭の詩文派が、芸術に流れた少なからぬ儒者たちの共感を得た。背景には、固定した体制に拘束され深い挫折感をかこつ知識人の存在があった。儒者の本分である「治国安天下」つまり国を治め天下を安んじることの実効性がすでに失われたとき、徂徠の志向した先王の道はとだえ、審美的な自己救済のイメージが詩を彩ることになった。ほかの可能性があったとしても、㋔南郭は自分のされます。それから六経（六つの経書。易経・詩経・書経・礼記・楽経・春秋）をご覧になれば、誰彼の注のない本文ばかりでも十分に理解されるはずです。

荻生徂徠による古文辞派の場合、詩文における徂徠の後継者であった服部南郭《はっとりなんかく》（一六八三―一七五九）の活躍がめざましい。南郭の校訂による『唐詩選』が享保九（一七二四）年正月に刊行され、徂徠はその四年後に亡くなるが、古文辞派が模範と仰いだ盛唐詩のこの詩集は、十九世紀中葉までに六万部以上を売り上げたと推測され、その派の隆盛を示すことになる。

（徂徠によって）一たび詩文の道で自己を生かす喜びを覚え、しかも文業を知識人の営為として正当化する根拠を与えられた漢学書生たちは、享保から宝暦・明和・安永にかけて堰《せき》を切ったように詩文に③赴いた。漢詩の趣味が日本の社会に定着するのは実にこの時期からである。（日野龍夫「儒学から文学へ」）

古文辞派の創始者・徂徠が、古代中国の言語すなわち古文辞の学習によって先王の道に同化しようとしたように、南郭は李白や杜甫に代表される盛唐の詩風を模倣することによって、唐代の文人と自己を同一化しようとした。

流蛍篇《りゅうけいへん》

珠簾白露《しゅれんはくろ》　玉階《ぎょくかい》の光《ひかり》
秋蛍《しゅうけい》を添《そ》え得《え》て　夜正《よるまさ》に涼《すず》し
点点《てんてん》　風《かぜ》に随《したが》いて流《なが》れて定《さだ》まらず
亦《ま》た高樹《こうじゅ》を追《お》って昭陽《しょうよう》に入る

（真珠のすだれ、白くひかる露、そして玉のきざはしに映る月光、さらに秋の蛍を加えて、秋の夜はまさに涼やかだ。点々と風に吹き流されてゆらめきながら、昭陽殿を包む高い樹々にゆらゆらと飛んでゆく。）

これは唐の詩人、王建の「宮詩二首」その二に「銀燭《ぎんしょく》秋光　画屏《がへい》に冷ややかなり、軽羅の小扇流蛍を撲《う》つ、玉階の夜色　涼しきこと水の如し、臥《ふ》して看《み》る　牽牛《けんぎゅう》織女星」とあり（『三体詩』七絶）、流蛍・玉階・涼の語が共通することから、南郭の念えられ、父母から産みつけてもらった先天的なもので、その気質を個人の修養によって変化させる、などということは、宋儒（朱子学者）のくだらない妄説というもので、できないことを人に押しつける、無理の至りというものです。気質はどんなことをしても変化させることのできないものです。米はいつまでも米、豆はいつまでたっても豆です。ただその生まれついての気質をうまく養い育てて、そのものの持つ特性を十分に発揮できるようにするのが学問というものです。（中野三敏氏による現代語訳）

これを読むと、徂徠がなぜ世にもてはやされたのかがわかるような気がする。誰もがおそらく、規範に縛られたような気持が、思わずほっとゆるむのを感じたのだろう。この『答問書』には、読書についての助言も散見される。

とにかく、「学問は飛耳長目の道」と荀子《じゅんし》も言っております。この国にいながら、知らぬ他国のことどもを聞き及ぶのは、ちょうど耳に翼がはえて飛んで行くようなもので、現代に生まれて、数千年も昔のことを目に見るように知ることは、長い目を持ったようなものという意味です。ですから見聞があらゆる事実に広く行きわたっているのを学問と言うので、学問は歴史に極まることになります。その学識が古今和漢へ通じていないと、すべてにこの国の現代の風俗を基準にして物を見るだけのことで、それこそ本当に井の中の蛙です。

あるいは――

書物の中でわからないところがあると、退屈になってきます。そんな時は、わからないところはそのまま飛ばして先へ進むと、あとでわかってくるものです。

外国語の本を読むときの助言としても有効のようだ。取りつきにくい漢籍については――

それには、まず本文のみをざっと読むつもりで、『春秋左氏伝』『史記』『漢書』の類の、それほど深い意味のない書物ばかりをご覧になるのがよいかと思います。そのように学ぶうちに、文字というものに慣れ、文面の意味を取ることにも習熟ないずれも五十歳前後であったことにも(ア)それはうかがわれる。

伊藤仁斎（一六二七―一七〇五）は朱子学にたいして三つの批判を表明する。第一は、本来は豊かで自由である人間の欲望を抑制し、「天理」とされる静止した状態を理想とする朱子学の理念を誤りとする。第二は、いわば世界を構造化するための基本原理である「理」によって人事の統制をはかるという抽象主義を非とし、思想は事実の裏付けをもって初めて正しいとする実証主義を主張。高遠な理念よりも日常的な常識を尊重するとともに、確かな事実に至るための博捜を重んじた。第三は、抽象論から生まれる朱子学の(イ)教条主義と厳格主義を批判。人間には「理」によっては割り切れない面があり、善・悪によって切り捨てるのではなく、それぞれの立場を認める②カンヨウさこそが孔子の教えであるとした。このように朱子学を批判し、儒学本然の回復を主張した仁斎の学説は古義学といわれ、 A という朱子学の規定から文学を解放し、人情の表出と情の真実を伝えるのがすぐれた文学であるとの見解を示した。

日常卑俗の中にこそ人間の真実はあるというのが、(ウ)仁斎の信念であった。生前、全国に門弟三千といわれた伊藤仁斎の多大な影響についてはすでに言うまでもないとしても、それが西鶴、近松、芭蕉に代表される元禄期 B の一因となったであろうことを考えると、その影響の大きさと深さが改めて思われる。朱子学によって卑俗とされた人情の表現を、ありのままこそが貴いとするその教えは多くの作者を励まし、やや大げさにいえば自由の高揚へと導いた。

仁斎よりも一世代ほど後の荻生徂徠（一六六六―一七二八）は、仁斎の朱子学批判を継承し、さらに敷衍《ふえん》して世に広めたといえる。先の仁斎についての説明と重なる部分の多い言葉をここにくり返すよりも、徂徠が庄内藩酒井家の家老の質問に答えた『答問書』を引用する。朱子学を信奉する家老に、徂徠は学問の要旨を懇切にわかりやすく説いている。現代語訳で――

ご自分の気質が悪いと、たいへん気に病んでおられるご様子きかせていただきました。自分の欠点を知るということはよいことではありますが、気質についてあまり気に病みすぎるのはかえってよくありません。人の気質というものは、天から与

国語

（八〇分）

解答に字数制限がある場合には、句読点・カッコも一マスとすること。
受験学部・受験方式によって、解答すべき問題を指定しているので注意すること。

方式		
学部個別配点方式	文学部以外	一　二　三
	文学部※	一　二　三　または　一　二　四
英語重視方式	ＡＰＵ	一　二　三

※文学部は二（現代文）と四（漢文）が選択問題。両方とも解答した場合は高得点の方を採用。

一　次の文章を読んで、問いに答えよ。

伊藤仁斎《いとうじんさい》と荻生《おぎゅう》徂徠《そらい》は、十三世紀宋代に成立した朱子学という思想体系を、十八世紀日本の現実において読み解く試みにいどんだ。それは朱子学によって「歪曲された」聖人の言葉に、本来の意味をよみがえらせようとする試みであり、すぐれた資質をもってしても思索に長い歳月を要する探究でもあった。仁斎が煩悶①をかさねた末に朱子学から脱皮し、徂徠が古文辞（古代の修辞）を学んで、つまり古代中国の言語の習熟を通して、古人の意識を追体験するがごとき半生の末に独自の解釈に至ったのが、

解答編

英語

I

解答 〔1〕 (A)—(4) (B)—(1) (C)—(1) (D)—(3)

〔2〕 (1)—1 (2)—2 (3)—3 (4)—1 (5)—2

〔3〕—(4)

◆全 訳◆

≪ウェタホテルが昆虫の保護に果たしている役割≫

ウェリントンの庭の裏手にある小さなホテルで，ツヤのある葉巻状の胴体とトゲだらけの脚をもつ団体「客」がくつろいでいる。2週間に一度，ホテルの持ち主のホリー=ニール氏は，ほんの束の間扉を開けて中をのぞき，客を確認し，毎回，中にいる人見知りで風変わりな生き物をひそかに見ることができる興奮を味わう。客は支払いをしないし，このホテルも普通のホテルとは違って，ある昆虫の人工の収容所なのである。その虫はニュージーランドにしかいない，ウェタである。ウェタのホテルは庭の中にどんどん増えており，このところニュージーランド人たちはその虫を自宅の庭に受け入れるようになっているのである。絶滅に瀕する生物に生き延びる機会を与えることにもなりそうなわけである。

森林，草原，洞窟，山地はかつて，ウェタがあふれていたが，その個体群は外来の有害生物の導入と，酪農による生息地消失とで，害を被った。ニュージーランド産ウェタのうち16種が危機に瀕しており，それ以外も危機種，あるいは絶滅危惧種に分類されている。最大の種，ジャイアント・ウェタ（あるいはウェタプンガ）は，かつてニュージーランドの北島地域全体にたくさんいたが，今ではハウトゥル（リトルバリア島）でしか見られない。そこは，東岸沖の有害生物のいない野生生物保護地区である。マホエヌイジャイアント・ウェタは，絶滅が危惧されていたが，1962年に再発見され，現在西岸のごく狭い地域にしかいない。

「人々はウェタを大切にしていると思いますし，庭にウェタがいるのを，誇りに思っているくらいです」と語るニール氏は，熱心な保護活動家であり，野生生物写真家である。「異次元の自然理解が加わりますよ，もしも夜にやってくる謎の昆虫を仲間に入れるならね」

ウェタはコオロギやキリギリスと同じ昆虫群に属しており，ニュージーランドに特有のウェタは70～100種いる。この虫は翼がなく，夜行性で，一部はウェタプンガを含めて，世界で最も重い昆虫の一つである。その重さは小型鳥類に匹敵する。

ニール氏はほんの一年ほど前にその庭の裏手の在来種の木の幹に，2つのウェタホテルを設置した。たくさんの異なる保護地域でホテルを発見したからである。3カ月もしないうちに最初の客を迎えた。ある箇所では，ホテルを開けてみたら，ウェタと，在来種のゴキブリ，ミツバチが同じ部屋にいたこともあった。「虫たちの会合を邪魔しているみたいな気がしました」とニール氏は笑う。その土地に初めて引っ越してきたとき，庭には植物が一面に生い茂っていて，そこでは3匹のクモが潜んでいるのを発見できただけだった。氏は，庭を刈り，捕食者を取る罠を仕掛け，在来樹木を植え，ホテルを設置した。「衝撃を受けました。庭には生物が空っぽだったのですから。それからすぐ，こんなふうにしてからは，ホテルは全部満杯になったのです。本当に急速の変化でした」

ホテルは木材でできていて，入り口と出口のトンネルは，ウェタが這い込めるくらいの広さはあるが，ハツカネズミが入るには狭すぎる大きさになっている。ウェタを引き寄せるには，日中は暗くないといけない。「丸太を割って中が本来どうなっているかを見たとしましょう。それに実にそっくりですよ」と，「スイス木工」のスティーブ=ローソン氏は語る。氏は2016年にウェタの住みかを環境保全省用に作り始め，2018年に独自に一般向けにも販売し始め，それには多くの小企業や地域集団が加わり，今も続いている。販売は安定していたが，この前のクリスマスまでには，おおよそ40台も売れた。前年の2倍である。

「私たちが気付いたのは，特にウェリントン地区の販売の実際の増加です」。それは，ウェリントンの都市野生生物保護地域のジーランディアの教育事業のおかげだとローソン氏が語る事態である。「それ以前には，思うに，多くの人々がウェタを見て，『気持ちが悪い，近寄りたくない』と思っていたんですけれど，ウェタは実際はすばらしい生き物で，そんなに怖くなんか全然ありませんよ」

ホテルは1994年頃に，元々研究補助物としてマッセー大学の生態学者でウェタの専門家，スティーブ=トレウィック先生によって開発された。先生はその昆虫にあまりに没頭したため，ツリーウェタの学名 Hemideina trewicki に，その名が入っているほどの科学者である。

高等教育の成長と，保護問題への意識の高まりによって，ウェタとその保護方法への関心が高まっていることがあると，環境保全省の生態学者，ウォレン=チン氏は語る。「ソーシャルメディアとインターネットが保護価値の認識に大変有益だったとも言えますね。昆虫はホテルが人の手によるものだとはわかりません。ただ，好ましいというのがわかるだけです」

ホテルはウェタの個体群を維持するのに，特に都市環境では，とても有益であり，生物多様性の理解とそれに対する配慮の増大は，他の生物を救うというさらなる効果もあると，トレウィック先生は付け加える。個人の庭のウェタホテルが成し遂げたことは，ウェタの個体群を保護するのに役立つだけにとどまらない。それは「這い回る虫ファン」たちの好奇心を満足させもする。「思うに，ホテルの一番有益なところは，地球の生物には，さもなければ，わからなかっただろうということがたくさんあることを人々が知ることですね。ニュージーランドの生物の大半は夜間に動き回ります。その世界への窓口になるわけですから」と，トレウィック先生は語る。

◀解　説▶

〔1〕 (A) 「ウェタが減っている一つの理由とは何か」「ウェタ減少」に関しては第2段第1文（Forests, grasslands, caves …）に「外来の有害生物の導入と，酪農による生息地消失」とある。選択肢はそれぞれ，

(1)「小さな鳥類が同じ食物源を巡って争う」

(2)「その個体群は大きくなりすぎて，維持できなかった」

(3)「酪農家が牛を病気から守るために虫を殺す」

(4)「ニュージーランドの外部から来た動物が生息地を侵害している」

の意味だから，正解は(4)だとわかる。

(B) 「本文はウェタホテルのデザインをどう述べているか」「ホテルデザイン」に関しては第6段に記述があり，第1文（The hotels are made …）に「入り口と出口のトンネルは，ウェタが這い込めるくらいの広さは

あるが，ハツカネズミが入るには狭すぎる大きさになっている」とある。選択肢はそれぞれ，

⑴「それらは，ウェタを守るトンネルがつくよう設計された」

⑵「それらは，環境に優しいクリスマスプレゼントになるよう設計された」

⑶「それらは，ウェタホテルの部屋にたっぷり光線が入るよう設計された」

⑷「それらは，2018 年頃に店頭で販売されるよう，環境保全省によって 2016 年に設計された」

の意味だから，正解は⑴に決まる。

(C) 「最初，ウェタホテルはなぜ製作されたのか」「最初のホテル」に関しては第 8 段第 1 文（The hotels were …）に「元々研究補助物として…開発された」とある。選択肢はそれぞれ，

⑴「それらは研究のために作成された」

⑵「それらは一般向けに販売するために作成された」

⑶「それらは他の昆虫を保護するために作成された」

⑷「それらは庭の飾りのために作成された」

の意味だから，正解は⑴だとわかる。

(D) 「ウェタホテルの利点として本文に言及のないものはどれか」「ホテルの利点」に関しては第 7 段（“We’ve noticed a …）と最終段（The hotels are …）に記述されている。選択肢はそれぞれ，

⑴「それは，昆虫への恐怖心を減らしている」

⑵「それは，他の昆虫の助けになっている」

⑶「それは，より多くの学生が生物学を学ぶよう奨励している」

⑷「それは，ウェタファンがその好奇心を満足させられるようにしている」

の意味だから，本文に直接の記述がないのは⑶であると判断できる。

〔2〕⑴「ウェタはニュージーランドの在来生物である」 第 4 段第 1 文（Wētā belong to …）に「ニュージーランドに特有のウェタは 70～100 種いる」とあるので，一致。

⑵「マホエヌイジャイアント・ウェタは 1962 年に初めて発見された」第 2 段最終文（The Mahoenui giant wētā …）に「1962 年に再発見され」

とあるので，不一致。

(3) 「ウェリントン地域の不動産販売数は増加した」 第6段最終文（Sales had been …）の記述は，「ウェタホテル」の話なので，不動産販売については不明というしかない。

(4) 「生態学者は，ウェタホテルは，環境問題への関心の高まりのおかげで，人気が出たと考えている」 終わりから2番目の第9段第1文（A growth in …）に「保護問題への意識の高まりによって，ウェタとその保護方法への関心が高まっている」とある。よって，一致。

(5) 「ウェタホテルは生物を保護するのにほとんど影響を与えていない」 最終段第1文（The hotels are …）末尾に「他の生物を救うというさらなる効果もある」とあるので，不一致。

〔3〕 選択肢はそれぞれ，

(1)「庭にウェタホテルを作るには」

(2)「ウェタはなぜニュージーランドにとって重要な昆虫なのか」

(3)「ウェタホテルはどうして世界中の他の昆虫を救うのに役立つか」

(4)「ウェタホテルが昆虫の保護に果たしている役割」

(5)「人々がウェタの家を設計するのに関心を抱くことに及ぼす高等教育の影響」

の意味。本文は，ウェタホテルがウェタを守ること，ひいては環境を守ることにどう役立っているかを話題にしている。そうなっているのは，(4)である。

II 解答

〔1〕 (A)―(1) (B)―(1) (C)―(2) (D)―(3) (E)―(4) (F)―(3) (G)―(1) (H)―(1)

〔2〕 ㋐―(3) ㋑―(4) ㋒―(1) ㋓―(1) ㋔―(3)

◆全 訳◆

≪イヌの人との交流能力は生まれつき≫

イヌはよく，人が言おうとしていることを不思議なほど理解するように思われる。いくつかの最近の研究は，どうしてイヌ科の我が友人たちが生まれつき，人と意思伝達ができるのかに関して，驚くべき洞察を提供してくれる。「イヌの意思伝達能力は，イヌが人の隣で果たしている役割をするだけの資格を特別に与えてくれるのです」と，エミリー=ブレイ先生という，アリゾナ大学のイヌの研究者は語った。「今も昔も，人のためにイヌの果たす仕事の多く，たとえば，群れの番をしたり，狩りをしたり，探査したり，介助犬の務めをしたりといったことは，人の合図を理解する能力によって，可能となるのです」。ブレイ先生の最新研究によれば，イヌはご褒美をくれようとしているけれどそれが下手な人と，わざとその褒美を与えない人との違いがわかるそうだ。研究者は実験を行った。人とイヌとがプラスチックの仕切りで隔てられ，真ん中に片手がちょうど通るだけの隙間を開けておいた。しかし，仕切りは部屋全体には及んでおらず，イヌはそうしたければ，それを迂回することができた。人間の被験者はイヌにご褒美を隙間から3種の方法で渡そうとした。最初は，ご褒美を差し出したが，仕切りのこちら側で不意に落とし，「おっとっと！」と言った。次は，ご褒美を隙間から渡そうとするが，つっかえてしまった。最後は，ご褒美を差し出しはしたけれど，その後腕を引っ込めて，笑い声を上げた。

実験者がこの設定を51頭のイヌで試し，それぞれが仕切りを迂回してご褒美を見つけて取ってくるのにかかった時間を計測した。結果は，イヌは実験者が意図的にご褒美を与えない場合は，実験者が落とした場合や，仕切りを通せなかった場合より，はるかに長い時間待ってから取ってきたことを示していた。このことが示唆しているのは，イヌは人の意図的行動と意図しない行動の間の違いを理解し，それに従って反応できるということである。

以前の研究では，ブレイ先生は8週齢の仔犬たちの行動を分析した。375頭の仔犬である，細かく言えば。仔犬は，ケイナイン・コンパニオンズという，カリフォルニア州の介助犬組織で訓練を受けていた。イヌはたいてい，同時に生まれたイヌとともに成犬になっていたので，人と一対一の接触をすることはほとんどなかった。ブレイ先生の研究チームは，仔犬に一連の課題をこなすように仕向けて，人間と関わる能力を測定した。実験者が隠されたご褒美を指したときに，仔犬が実験者の指を追うのにどれぐらい時間がかかるか，どれぐらい実験者と目を合わせるかを彼らは測った。チームは，実験者がイヌに話しかけ，「ワンちゃん，ほら！」と言い，目を合わせた途端，仔犬は首尾よく見つめ返して，ご褒美のありかを示す動作を追いかけることができることを発見した。「でも，目も合わせず，言葉の合図もせず，ただ見かけの同じ動作をしても，イヌはそれがわからないようなのです」と，ブレイ先生は語った。

研究者が見出したのは，こうした課題に関する仔犬の成績は，実験が進んでいくうちに向上することはなく，こうしたことは学習過程の一環ではないらしいということだった。それどころか，研究者の考えでは，イヌは生まれつき，人の言葉を読み取り，意図を理解するのに必要な社交技能をもっているのである。「仔犬が課題を始めたときに，うまくやれるだけのコミュニケーション能力をもっていたと考えられるのです」と，ブレイ先生は語った。そのうえ研究チームはそれぞれの仔犬の血統を知ることができたので，375 頭のイヌが互いにどれだけ近縁なのかを知ることができた。ブレイ先生によれば，仔犬の成績の変動の 40％が，おそらく遺伝子によって説明でき，「遺伝が個々のイヌの理解力を形成するのに大きな役割を果たしている」ことが示唆されている。「イヌの能力は年齢が進むにつれ，向上します。人とちょうど同じですね」と，先生は重ねて言う。たとえば，先生の研究では，一部のイヌは課題をやり遂げられないと人と目を合わせる傾向があることが観察された。はじめはその行動は遺伝的要因によると先生は考えたが，幼犬に比べ成犬が高い割合でこの社会的な技能を示すことを，先生はすぐさま発見したのだった。

もう一つの研究では，イヌは生まれつき「人の最良の友」になるようにプログラムされているという考え方をいっそう強調した。この研究では，同時に生まれた仔犬とともに，ほとんど人間との交流のないまま，ケイナイン・コンパニオンズで飼育された 44 頭の仔犬が，アメリカ・ミネソタ州の野生生物センターでほぼ常時人間による保育を受けた 37 頭の仔オオカミと比較された。研究者は，イヌとオオカミがどれだけうまく，ご褒美を発見できるかを検査した。ご褒美は中が見えない 2 つのボウルのうちのどちらかに隠されていて，人間の被験者がどこを見ているか，どれを指さしているかを追うことでわかるようにしたのである。仔犬は仔オオカミの 2 倍の確率で正しい方のボウルを選んだ。仔犬の方が人の周囲で過ごす時間は，はるかに少なかったのに，である。仔犬の多くは，最初の試行でうまくやったのであり，そうした人の動作を追うのに，訓練は必要ないことが示唆されたのだった。

「イヌはオオカミよりも生まれつき，仔犬の頃から人間の協調的な意思伝達を理解するのが上手なのです」と，ハンナ=サロモンズ先生は述べた。

先生はデューク大学の動物研究者であり，この研究論文の共著者である。「言ってみれば，私たちの成果に基づくと，この点では生まれは明らかに育ちより大きな役割を果たしているわけです」

◀解　説▶

〔1〕 (A)　空所を含む部分は「イヌの意思伝達能力は，イヌが（　　　）で果たしている役割をするだけの資格を特別に与えてくれる」の意。「イヌの人との意思伝達」が話題なのだから，人との関わりを示す表現がふさわしい。選択肢はそれぞれ，(1)「人の隣で」，(2)「研究対象として」，(3)「野生で」，(4)「他のイヌ科動物とともに」の意であるから，正解は(1)に決まる。

(B)　空所を含む部分は「ブレイ先生の最新研究（　　　）」の意。その後には，研究の成果の記述が続く。選択肢はそれぞれ，(1)「～によれば」，(2)「～のせいで」，(3)「～の代わりに」，(4)「～に似て」の意であるから，研究成果の導入にふさわしいのは(1)だとわかる。

(C)　空所を含む部分は「8週齢の仔犬たちの（　　　）を分析した」の意。この段に記述される内容は，イヌが人との関係でどのような振る舞いをしたかである。選択肢はそれぞれ，(1)「外見」，(2)「行動」，(3)「情緒」，(4)「健康」の意であるから，正解は(2)だとわかる。

(D)　空所の前後の叙述の流れは，「こうしたことは学習過程の一環ではないのである。（　　　）イヌは生まれつき，…必要な社交技能をもっている」となる。選択肢はそれぞれ，(1)「加えて」，(2)「理想的には」，(3)「それどころか」，(4)「同様に」の意であるから，最もふさわしいのは(3)だとわかる。

(E)　空所を含む部分は「研究チームはそれぞれの仔犬の血統を知ることができたので，375頭のイヌが互いに（　　　）ことができた」の意。選択肢はそれぞれ，(1)「どれだけ友好的かを左右する」，(2)「どれだけ攻撃的であるかに影響する」，(3)「どれだけ魅力的かを制約する」，(4)「どれだけ近縁かを知る」の意。「血統」からわかるのは「近縁性」であるから，正解は(4)である。

(F)　空所を含む部分は「もう一つの研究は，イヌは生まれつき『人の最良の友』になるようにプログラムされているという考え方を（　　　）」の意。選択肢はそれぞれ，(1)「完全に否定した」，(2)「批判した」，(3)「いっそう強調した」，(4)「最小化した」の意。この第 5 段最終文（Many of the …）の結論「人の動作を追うのに，訓練は必要ない」から，正解は(3)だとわかる。

(G) 空所を含む部分は「仔犬の方が人の周囲で過ごす時間は，（　　）だったのに（仔犬は仔オオカミの 2 倍の確率で正しい方のボウルを選んだ)」の意。選択肢はそれぞれ，(1)「はるかに少ない」，(2)「はるかに多い」，(3)「全くない」，(4)「同じくらい」の意。「譲歩」の意味にふさわしいのは(1)だと判断できる。

(H) 空所を含む部分は「私たちの成果（　　），この点では生まれは明らかに育ちより大きな役割を果たしている」の意。選択肢はそれぞれ，(1)「～に基づくと」，(2)「～とは反対に」，(3)「～にもかかわらず」，(4)「～のおかげで」の意。「育ちより生まれ」という結論は，「研究成果」に支えられているのだから，正解は(1)に決まる。

〔2〕 ㋐ 下線部㋐の指示対象は直前の第 1 段第 5 文（The researchers set …）にある barrier「(人とイヌとを隔てる）仕切り」である。選択肢はそれぞれ，

(1)「仕切りの隙間」

(2)「仕切りの両側の空間」

(3)「人とイヌの間の障害物」

(4)「人とご褒美の間の障害物」

という意味。よって，これらの中で barrier に最もふさわしいのは(3)である。

㋑ 下線部㋑の指示対象は直前の第 2 段第 2 文（The results showed …）に記述された「イヌの待ち時間の違い」である。選択肢はそれぞれ，

(1)「イヌが仕切りを迂回する通路を見つけること」

(2)「人がご褒美をたまたま落としたこと」

(3)「イヌが人間の被験者からご褒美を受け取らなかったこと」

(4)「イヌがご褒美を与えるのを控えられると，待ち時間が延びたこと」

という意味。よって，これらの中で「待ち時間が違うこと」を表しているのは(4)だとわかる。

㋒ 該当部分は「ただ見かけの同じ動作をしても，イヌはそれがわからない」という意味だから，下線部㋒の指示対象は「同じ見かけの動作」であ

る。選択肢はそれぞれ,
(1)「ご褒美を指さすこと」
(2)「『ワンちゃん，ほら！』と言うこと」
(3)「ご褒美のありかの方を見ること」
(4)「仔犬と目を合わせること」
という意味。動作の内容は直前の第 3 段第 6 文（The team found …）にthe gesture to locate the treats とある。よって，正解は(1)に決まる。
㋓　該当部分は「この社会的な技能を示す」という意味。this の指示対象は直前の第 4 段第 7 文（For example, in …）に記述された「課題をやり遂げられないと，人と目を合わせる」といった行動だとわかる。選択肢はそれぞれ,
(1)「助けを求めて目を合わせた」
(2)「人間の指示に従った」
(3)「人間の言うことを遺伝的な能力であると解した」
(4)「課題をやり遂げてしまうと信号を出した」
という意味。よって，これらの中で最もふさわしいものは(1)である。
㋔　該当部分は，仔犬の多くは，最初の試行で「うまくやった」という意味。第 5 段第 3 文（The researchers tested …）から，その試行とは「ご褒美の発見」であり，その方法は「人間がどこを見るか，どれを指さしているかを追うこと」である。選択肢はそれぞれ,
(1)「独力で隠されたご褒美を発見した」
(2)「訓練の後で隠されたご褒美を発見した」
(3)「人間の助けを借りて隠されたご褒美を発見した」
(4)「他のイヌの助けを借りて隠されたご褒美を発見した」
という意味。前述の検討から，正解は(3)に決まる。

III　解答

〔1〕　㋐—(9)　㋑—(2)　㋒—(1)　㋓—(6)
〔2〕　㋕—(7)　㋖—(3)　㋗—(9)　㋘—(1)

◆全　訳◆

〔1〕　≪教室で≫
A：「ジェイコブス先生，ちょっとお話があるんですけれど」
B：「ええ。宿題のことが聞きたいのかな？」

A：「いいえ，しなくてはいけないことはわかっていると思います。来年アメリカに留学しようかなと思っていて，先生にアドバイスをいただきたくて」

B：「ルミコさん，すばらしい。ワクワクするね。アメリカのどこに留学しようとしているのかしら？」

A：「カリフォルニア州で勉強したいです。でも，カリフォルニア州のどこかは，実ははっきりしてなくて。行ったことがないですし，でもとても大きな州で，地域それぞれ違うって聞いているので」

B：「そう，その通りです。私は南カリフォルニアの出身，ロサンジェルスの近く。私には，北カリフォルニアって，別の州みたいなものね」

A：「本当ですか？　どんなふうに，ですか？」

B：「えーと，気候は全然違う，が一つ。北カリフォルニアは南カリフォルニアより雨が多いし。産業も違うの。北のシリコンバレーはテクノロジー地区，でも映画と音楽産業は南部ね」

A：「そんな比較って，面白いです。日本って，アメリカに比べると狭いですけど，大阪と東京じゃ，ずいぶん違います」

B：「そうね，そのようなものかな。南カリフォルニアと北カリフォルニアは両方ともいくつか一流大学があるっていうのは，いい知らせかな。それに，両方の地区ともにできることは山ほどありますよ。楽しめること間違いなし，どっちを選んだにしてもね」

〔2〕　≪シャトルバスに乗りに≫

A：「すみません。ABC ホテルに行くシャトルバスって，どこから出ているかわかりますか？」

B：「ホテルのシャトルバスは皆，空港ターミナル道沿いの同じところに停車するんです。道を渡って，シャトルバスの標識を探すといいです」

A：「あの人たちがあそこで待っているところのことですか？」

B：「いや，あそこはタクシー乗り場です。標識にタクシーの絵が描いてあるでしょ。シャトルバス乗り場は，道のもっと先です」

A：「どうもありがとうございます。わかると思います。シャトルバスって，どれくらい出ているかご存じですか？」

B：「ホテル次第ですね。ホテルにウェブサイトがあるのでは？　次がいつ来るのか調べてみては。バスは，道路の具合で来る時間が違いますから」

A：「あるかどうか，わかりません。ウェブサイトを調べるだなんて考えもしませんでした」

B：「空港のウェブサイトも調べるといいですよ。繰り返しになるけれど，ホテル次第，ケースバイケースです」

A：「ちゃんと調べてから来ればよかった。飛行機に乗る準備で手一杯だったもので」

B：「町にはどのくらいいるんですか？」

A：「ちょっと週末だけです。友人の結婚式に出ようとしてて。ところで，あなたは？」

B：「実は，ここの人間です。友人が迎えに来てくれるのを待ってるところです。楽しい旅行になるといいですね」

A：「はい，そうだといいですね。いろいろと，どうもありがとうございました」

◀解　説▶

〔1〕 (あ) 次の「いいえ，しなくてはいけないことはわかっている」という返答にふさわしい質問は，(9)「宿題のことが聞きたいのかな？」である。

(い) 「アメリカに留学しようかな」に対する，先生の返答としてふさわしいのは，(2)「ルミコさん，すばらしい」である。

(う) 「気候は全然違う」という返答にふさわしい発言は，(1)「どんなふうに，ですか？」である。

(え) 先行する「南北カリフォルニアの対比」に続くのにふさわしいのは，(6)「そんな比較って，面白いです」である。

残りの選択肢は，(3)「食べ物はどうですか？」，(4)「行きたいのはいつですか？」，(5)「それは勧めません」，(7)「代わりにヨーロッパに留学するのはどうですか？」，(8)「また教科書を持って来るの，忘れたの？」，(10)「私はロサンジェルスの方がサンフランシスコより気に入っていた」の意。

〔2〕 (か) 「あそこはタクシー乗り場」に続くのにふさわしいのは，(7)「標識にタクシーの絵が描いてあるでしょ」である。

(き) 後の「ホテルのウェブサイトで調べる」と符合する発言は，(3)「ホテル次第ですね」である。

㋗「飛行機に乗る準備で手一杯だったもので」に先行するのは，(9)「ちゃんと調べてから来ればよかった」という反省の弁である。

㋘「実は，ここの人間です」という返答にふさわしい問は，(1)「ところで，あなたは？」である。

残りの選択肢は，(2)「こちらにお住まいですか？」，(4)「15分おきに出ます」，(5)「バスのことだと，サインインしないといけません」，(6)「そちらからシャトルに乗れます」，(8)「月曜の朝に仕事に戻らないといけません」，(10)「了解です，空港に着いたらウェブサイト，見ておきます」の意。

Ⅳ　解答

(A)―(4)　(B)―(1)　(C)―(2)　(D)―(1)　(E)―(1)　(F)―(4)
(G)―(3)　(H)―(3)

◀解　説▶

(A)「私はスペイン語を話せないが，どうにか通じた」 can make *oneself* understood in *X* で「*X* で話が通じる」の意となる。よって，正解は(4)である。

(B)「ダニエルはヨーロッパ訪問の間，地元の料理に本当に満足した」 続くのが名詞句なので，選択肢の中で「〜の間に」という意味になる前置詞を探せばよい。それは(1)である。

(C)「これらの計画の一つの問題は，提案した予算をオーバーすることである」 they are 以下が補語の名詞節になるようにすればよい。そうなっているのは(2)である。

(D)「部長は料理をできる限り早く職場に配達するよう命じた」 order に続く that 節中の動詞は，仮定法現在＝原形になる。よって，正解は(1)である。

(E)「その建物は，現在飛び抜けて世界で最も高い建物である」 最上級を修飾できるのは，選択肢の中では(1)のみである。

(F)「一時間早く始めていれば，締め切りまでに宿題を片付けられただろうに」 仮定法過去完了の帰結節は，would have *done* となるので，正解は(4)である。

(G)「うちの両親が本を2冊買ってくれたが，そのどちらもまだ読んでいない」 非制限関係詞だから，neither of which ≒ and neither of them と考えると，正解は(3)だとわかる。

(H)「あまりに暑い一日だったので，とても勉強できない」 いわゆる such ～ that 構文を用いればよいとわかれば，正解は(3)に決まる。

V 解答

〔1〕 (A)―(2) (B)―(3) (C)―(4) (D)―(4) (E)―(2)
〔2〕 (A)―(1) (B)―(1) (C)―(1) (D)―(2) (E)―(2)

◀解　説▶

〔1〕 (A)「その学生は，医者になって病気の子どもたちを助けたいという強い（　　）をもっている」 選択肢はそれぞれ，(1)「入場許可」，(2)「決意」，(3)「所有」，(4)「比率」という意味。これらの中で文意に沿うのは(2)だとわかる。

(B)「幾分やせた後，その男はベルトを（　　）せねばならなかった」 選択肢はそれぞれ，(1)「いじめる」，(2)「ドンと殴る」，(3)「締める」，(4)「転がす」という意味。これらの中で「体重減」の結果にふさわしいのは(3)である。

(C)「日本の梅雨はたいてい 45 日ほど続き，多くの人にとって大変な（　　）を引き起こす」 選択肢はそれぞれ，(1)「弁解」，(2)「権威」，(3)「献身」，(4)「不快感」という意味。これらの中で「梅雨が引き起こす」のにふさわしいのは(4)である。

(D)「農民は畑から一定の水を（　　）する必要があった」 選択肢はそれぞれ，(1)「解雇する」，(2)「気を散らせる」，(3)「小型化する」，(4)「排水する」という意味。これらの中で「畑の水」に対して行うにふさわしいのは(4)である。

(E)「弁護士はトムに，あなたに対する（　　）は重大ですと告げた」 選択肢はそれぞれ，(1)「採用」，(2)「申し立て」，(3)「類比」，(4)「芸術家としての手腕」という意味。これらの中で「弁護士の話」にふさわしいのは(2)である。

〔2〕 (A)「計画への彼女の尽力は，同僚から感謝された」 選択肢はそれぞれ，(1)「賞賛された」，(2)「議論された」，(3)「記述された」，(4)「判定された」という意味。これらの中で「感謝された」に近いのは(1)である。

(B)「私は惨めな週末を自宅でひとりぼっちで過ごした」 選択肢はそれぞれ，(1)「滅入る」，(2)「記憶に残る」，(3)「よくある」，(4)「異常な」という意味。これらの中で「嫌な，ひどい」の意味に近いのは(1)である。

(C)「この記事の情報量には仰天です」　選択肢はそれぞれ，(1)「豊富」，(2)「正確」，(3)「分析」，(4)「権威」という意味。これらの中で「量の多さ」を表しているのは(1)である。

(D)「コンピュータゲームは子どもに影響がないと論じるのは，誤解を招くだろう」　選択肢はそれぞれ，(1)「驚くべき」，(2)「人をだますような」，(3)「無意味な」，(4)「好ましい」という意味。これらの中で「誤解を生む」に近いのは(2)である。

(E)「私たちはその会社に何の文句もなかった」　選択肢はそれぞれ，(1)「同盟」，(2)「争い」，(3)「筋書き」，(4)「購入」という意味。これらの中で「口論，苦情」に近いのは(2)である。

❖講　評

2023年度も，長文2題による「読解力」を中心に，「コミュニケーション」「文法」「語彙」の各分野の力が試された。一方で，英作文力を問う出題はない。

Ⅰの読解問題は，「ニュージーランドの昆虫保護」をめぐる論説文の内容理解を試す出題。現代の自然保護のあり方をユーモアを交えて論じる，英国の新聞記事だった。設問では〔1〕(B)が，本文の具体的な記述をまとめた選択肢を選ばせる問いになっていて，迷った受験生もいただろう。(D)は本文全体を読まねばならず，負担が重かっただろう。また〔2〕(4)が，本文の主旨の理解が問われる厳しい出題だった。

Ⅱの読解問題は，「イヌ」論だが，話題が身近な分，実験の細かい設定を読み取れるかによって，力の差が出やすかっただろう。設問では，〔1〕(D)は厳しい出題。(F)も，相当後まで読む必要があり，実力が問われた。〔2〕㋒と㋔は，内容理解を問う良問で，ここで差が開いたかもしれない。

Ⅲは，コミュニケーションの基礎力を試す出題である。〔1〕は「留学」の話題で，なじみのある話だったため，取り組みやすかっただろう。〔2〕は「空港」の話題で，こちらは，そもそもシャトルバスを知っていることが前提で，ややハードルが高かったかもしれない。㋖は，直前の疑問文につられて(4)にしやすい紛らわしい問題で，引っかかってしまった受験生も多かっただろう。

Ⅳは，基本的な文法・語法の力を試す出題である。準動詞や接続詞，仮定法，比較，関係詞といった，基本中の基本が問われた。文法学習の重要性を再認識するように，という声が聞こえてくるような出題だった。

Ⅴは，語彙力をみる問題であるが，読解問題の語彙レベルをはるかに超える出題であることに注意。〔１〕(B)はどの選択肢もかなり高レベル。(E)は，「高度な語彙は正解にならない」という俗説を打ち砕く出題。〔２〕(A)は，標準語彙の正確な理解が問われた良問で，差がついたかもしれない。

全体として，英文の内容をしっかりと読み取り，表現の意味内容まで理解する力が求められる出題であった。英作文以外の高校の履修範囲全般にわたって，十分な実力をつけることが求められていると言えるだろう。覚悟を決め，日々の努力をしっかり重ねよう。

日本史

I

解答　A．登呂　B．銅鐸　C．二毛作　D．刈敷　E．金肥
(a)続縄文文化　(b)—(あ)　(c)鉄鎌　(d)—(う)　(e)新嘗祭
(f)—(え)　(g)—(い)　(h)—(う)　(i)干鰯　(j)備中鍬

◀解　説▶

≪弥生～江戸時代の農業≫

〔1〕A.「水田跡」「静岡市」がヒント。登呂遺跡は弥生後期の遺跡。1947～50年の発掘調査で杭や矢板で区画された広大な面積の水田跡のほか，高床倉庫跡，木製農耕具などが発見された。

(a)　水稲耕作がおよばなかった北海道では依然，サケ・マスなどの食料採集文化が7世紀頃まで続いた。それを続縄文文化という。なお，沖縄などの西南諸島でも水稲耕作はおよばず，漁労を中心とする食料採集生活が営まれ，こちらは貝塚文化（南島文化）と呼んでいる。

(b)　(あ)が正解。グスク（城）は聖域などを取り込んだ城。沖縄本島では(い)按司と呼ばれる首長の城塞として発達した。(う)水城は白村江の敗戦後，唐・新羅の侵攻に備えて大宰府北方につくられた水をたたえた堤防。(え)コタンはアイヌの集落のこと。

(c)　弥生時代の中期までは石包丁による穂首刈りで収穫したが，弥生後期になり収量が増加すると鉄鎌が登場し，根刈りで収穫するようになった。

(d)　(う)が正解。銅鐸に描かれている農作業は竪杵と臼（木臼）で籾殻をすって粒を分ける「脱穀（精米）」の様子である。兵庫県桜ヶ丘遺跡出土の銅鐸の絵が有名。

(e)　「毎年秋に行われる」「勤労感謝の日」がヒント。新嘗祭は秋に収穫を感謝する祭。現在の11月23日勤労感謝の日の前身である。なお，春（旧暦2月4日）にその年の豊作を祈る祈年祭も覚えておこう。

〔2〕D.「刈り取った草葉を耕地に埋め」がヒント。刈敷は入会地で草葉を刈り取り，作物栽培の前に土中に敷き込んで肥料とした。また植物栽培に欠かせないカリウムを供給するため草木灰も普及した。

E．金肥は干鰯・油粕などの購入肥料。江戸時代に入ると，新田開発によ

る入会地の減少で刈敷などの自給肥料不足が生じたこと，また収益性の高い木綿などの商品作物の栽培がさかんになったことから，速効性の高い金肥が利用されるようになった。

(f)　㋓が正解。二毛作において米の裏作として栽培される代表的な作物は麦である。麦は古代より畑作で最も多く栽培された作物。中世以降の灌漑技術の発達が，水田の米と畑作の麦という二毛作を可能にした。

(g)　㋑が正解。下肥は人間の排泄物である「人糞尿」を腐熟させて使用する自給肥料。中世に入り京都や奈良など都市近郊の野菜生産地の増加にともない，速効性のある肥料として下肥の需要が高まった。なお，㋒厩肥は牛馬の糞尿を利用したものである。

(h)　㋒が正解。綿布は木綿糸で織った布。綿布は保温性・吸湿性などにすぐれて衣料として受容が高まり，戦国期に三河などで栽培されはじめ，近世では畿内や東海地方など全国に特産地が生まれた。

(i)　干鰯は鰯を日干しにした乾燥肥料。鰯漁がさかんな九十九里浜や三陸方面で金肥として商品化され，関西地方などの綿作の速効肥料として供給された。菜種などを絞った油粕，鰊などの魚を煮て油をしぼりとった〆粕も代表的な金肥として覚えておこう。

(j)　備中鍬は刃先が「３～４本に分かれる」フォーク状の鍬で，従来の風呂鍬（平鍬）よりも田の荒起しや肥料の鋤き込みに適し，深耕用農具として広く普及した。

II　解答

(a)日本往生極楽記　(b)善人　(c)―さ　(d)文永の役
(e)国分寺　(f)―す　(g)道理　(h)大鏡　(i)―お　(j)細川氏
(k)からもの　(l)―い　(m)坐禅　(n)蘭溪道隆　(o)―こ

◀解　説▶

≪中世の仏教≫

(a)　やや難問。「最初の往生伝」をヒントに『日本往生極楽記』を想起しよう。『池亭記』（随筆）の著者は慶滋《よししげの》保胤《やすたね》である。『往生要集』の著者・源信とも交友があり，『日本往生極楽記』（985年頃成立）は空也・行基・聖徳太子ら45人の往生が記された往生伝の先駆的著書である。

(b)　史料〔１〕は親鸞の弟子・唯円が著した『歎異抄』の一節。悪人正機説を説いた部分である。「善人」は善行をつむ人のこと，一方の「悪人」は煩悩に苛まれる凡夫のことで，その悪人こそが阿弥陀仏の救済の対象であると説いている。

(c)　さの本願寺が正解。「引用された言葉（悪人正機説）を発した人物」は親鸞である。親鸞の死後，京都東山大谷の地に御影堂が建てられ，鎌倉末期より本願寺と称するようになり，浄土真宗の本山となった。

(d)　史料〔2〕は日蓮が著した『立正安国論』の一節である。1260年に北条時頼に献上した著書で，「他国侵逼の難」は蒙古襲来を予言したとして有名。「成立した14年後」は1274年，「元号を付して」とあるので最初の襲来である「文永の役」が正解。なお，二度目の襲来は1281年の弘安の役である。

(e)　やや難問。「金光明経」の正式名称は金光明最勝王経という。鎮護国家の思想を説いた経典で，これを読経すれば諸天善神が国土や民を守護すると説いた。これに依拠して発せられたのが国分寺建立の詔（741年）である。なお，国分寺の正式名称は金光明四天王護国之寺といった。

(g)　やや難問。史料〔3〕は慈円の『愚管抄』の一節である。「道理」とは歴史から見いだした必然的な道筋を表現した言葉。史料が『愚管抄』と推測でき，それが「道理」と末法思想による歴史哲学書であることを想起できれば解答できる。

(h)「世継ガ物語」（『世継物語』）は『大鏡』の別称である。『大鏡』は和文の紀伝体で書かれた歴史物語。大宅世継と夏山茂樹の対談形式によって藤原道長の栄華を批判的な視点で描いている。『今鏡』『水鏡』『増鏡』と続く四鏡の最初である。

(i)　難問。史料〔3〕『愚管抄』の筆者・慈円は天台座主であった。天台座主とは比叡山延暦寺の最高職。平安時代以降は皇族や公家出身者の子弟が補任されることが多く，慈円も関白藤原忠通の子で兄は摂政・関白・議奏公卿の九条兼実である。

(j)　細川氏は堺商人と結んで日明貿易を担った守護大名である。1523年に勘合を査証する港・寧波で大内氏に敗れて貿易から退いた（寧波の乱）。

(k)　日明貿易などで中国から輸入される品を一括して唐物と呼んだ。遣唐使が盛んに派遣された奈良時代以来，唐からの輸入品は高級文化財の基準となり，唐朝が滅んでからも中国からの輸入品を総称して「唐物」と表記し，和訓（日本読み）で「からもの」と呼んだ。

(l)　難問。い の興福寺が正解。史料〔4〕は『大乗院寺社雑事記』からの引用で筆者は尋尊《じんそん》（関白・一条兼良の子）である。尋尊は興福寺に所属する別坊（小寺院）・大乗院の門跡（住職）である。なお，『大乗院寺社雑事記』は山城の国一揆の内容がよく出題されるので注意しよう。

(m)　やや難問。史料〔5〕は『正法眼蔵随聞記』からの引用。曹洞宗の開祖・道元の語録を弟子の懐奘《えじょう》が筆録したもの。坐禅を修行の第一とすべきことが説かれている部分。史料中の「祇管打坐」（只管打坐）は「ひたすら坐禅」すること。道元は坐禅を通して高い悟りの境地に到達することを目指した。

(n)　蘭溪道隆は南宋の臨済宗の僧侶。北条時頼の帰依を受けて建長寺の開山となった。なお，北条時宗の招きで来日し，円覚寺の開山となった無学祖元と混同しないように注意しよう。

Ⅲ　解答

A．倭館　B．日朝修好　C．東洋拓殖　D．皇民化　E．日韓基本

(a)―㋒　(b)己酉　(c)―㋒　(d)水野忠邦　(e)壬午事変〔壬午軍乱〕　(f)―㋑
(g)岩崎弥太郎　(h)日韓議定書　(i)渋沢栄一　(j)南満州鉄道株式会社
(k)西園寺公望　(l)―㋑　(m)工場法　(n)―㋐　(o)マッカーサー

◀解　説▶

≪近世～近現代の日朝関係≫

〔1〕A．倭館は室町時代に日朝貿易の拠点として朝鮮が設けた，日本人「使節の接待や貿易のための施設」である。富山浦（後の釜山）・塩浦・乃而浦《ないじほ》の三浦に置かれた。

(a)　㋒が正解。瀬戸焼は鎌倉時代に道元の関係者・加藤景正が入宋して学んだ技術で創始したと伝えられている。中世において日本で唯一の釉薬《うわぐすり》をかける焼き物。瀬戸焼は尾張国・愛知県瀬戸市が産地で，焼き物の代名詞「瀬戸物」の由来となった。

(c)　㋒が正解。雨森芳洲は木下順庵門下の朱子学者で対馬藩の外交官として活躍。新井白石（正徳の治）の通信使の聘礼改革において，国書の将軍の宛名を「日本国大君」から「日本国王」へ変更することに猛反対した。

(d)　「十二代将軍」「老中」がヒント。水野忠邦はもと浜松藩主。12 代将軍徳川家慶のもとで天保改革（1841～43 年）を推進。厳しい改革で反感

を買い，上知令の失敗により失脚した。

〔2〕B．日朝修好条規（1876 年）は前年の江華島事件をきっかけに結ばれ，釜山などの開港，日本の領事裁判権や関税免除の特権を朝鮮に認めさせた不平等条約である。

C．やや難問。「朝鮮最大の土地所有者」「国策会社」がヒント。東洋拓殖会社（東洋拓殖株式会社）は 1908 年に設立され，朝鮮総督府の土地調査事業と連動して土地収奪を行い，広大な農地を所有して小作制大農場の経営，その他水利事業・貸付事業などを展開し，植民地朝鮮の経済的支配を担った。

D．「日本語常用の徹底，神社参拝，創氏改名」がヒント。皇民化政策は天皇制のもと朝鮮人を同化させ戦争協力を強要した政策。1940 年より創氏改名を行い，朝鮮人固有の姓を日本式氏名に変更させた。

E．日韓基本条約は 1965 年に佐藤栄作内閣と朴正熙政権の間で調印された。韓国併合以前の諸条約の失効が取り決められ，大韓民国政府を朝鮮にある唯一の合法的な政府と確認し，国交が回復した。

(e)「1882 年に起こった親日派勢力に反対する軍隊の反乱」がヒント。壬午事変（壬午軍乱）は保守派の大院君が親日派の閔妃一派を斥けようとしたが清国の介入で失敗した事件。日本は朝鮮との間に済物浦条約を結び，賠償金の支払いや公使館護衛の軍隊駐留権を得た。

(f)　(い)が正解。難問。奥村五百子《いおこ》は北清事変（1900 年）に慰問使として従軍した経験から「戦死者の遺族や傷病兵救済」のために，女性団体として愛国婦人会（1901 年）を設立した。日露戦争の影響で会員は増大し，慰問袋の作成や兵士の送迎などで戦意を高揚させた。第二次世界大戦下に(あ)大日本国防婦人会（1932 年結成）などと共に(え)大日本婦人会（1942 年）に統合された。なお，(う)新婦人協会（1920 年）は市川房枝らが結成した婦人参政権などを求める団体。

(g)「郵便汽船三菱会社」から三菱の創設者岩崎弥太郎を想起しよう。
土佐藩郷士出身の実業家で幕末の土佐藩の通商を担い，1873 年に海運会社の三菱商会を創設し，1875 年三菱汽船会社に拡張発展。台湾出兵・佐賀の乱・西南戦争などの軍事輸送で急成長した。

(h)　日韓議定書（1904 年）は日本の韓国の植民地化の第一歩となった協約。日露戦争勃発直後，韓国の厳正中立の立場を無視して漢城を占領し，軍事基地の提供などを認めさせた。

(j)　南満州鉄道株式会社はポーツマス条約で獲得した東清鉄道の南満州支線をもとに設立された（1906年）。初代総裁は後藤新平である。大連に本社を置いて設立され，鉄道のほか鉱山・製鉄業なども経営し満州支配に大きな影響をもった。

(k)　鉄道国有法（1906年）は第1次西園寺公望内閣が公布。主要幹線の私鉄17社を買収し，鉄道の90％を国有として統一的な路線網を確立した。

(l)　(い)が正解。「韓国皇帝の国際会議への密使派遣が発覚」がヒント。第3次日韓協約の契機となったハーグ密使事件を想起しよう。第2次日韓協約で外交権を奪われた韓国皇帝は，1907年オランダのハーグで開催された万国平和会議に密使を派遣，日本の不当な支配を抗議したが列国に無視された。

❖講　評

Ⅰ．立命館大学定番の農業史で基礎的な内容で構成されているので全問正解も可能である。記述式は(e)「新嘗祭」，(i)「干鰯」など基礎的用語を誤字なく記述できるかがポイント。また選択式の(b)グスク，(d)脱穀などをクリアして完答を目指したい。

Ⅱ．〔1〕『歎異抄』，〔2〕『立正安国論』，〔3〕『愚管抄』，〔4〕『大乗院寺社雑事記』，〔5〕『正法眼蔵随聞記』を引用した問題。立命館大学では頻出の仏教史だが，〔3〕・〔4〕・〔5〕の引用部分は教科書や史料集にほとんど掲載されていないので苦戦する。記述式は(a)『池亭記』から慶滋保胤を，または「最初の往生伝」をヒントに想起できるか，(e)金光明経の名称から金光明四天王護国之寺＝「国分寺」と連想できるかがポイント。寺院名を選択する(i)「延暦寺」，(l)「興福寺」は難問で，史料や設問文から推測できるかがポイントである。全体的にやや難問で点差がつく問題である。

Ⅲ．朝鮮の釜山をテーマにした日朝関係史の問題。釜山をテーマにした特殊な構成だが，ほとんどが基礎的な内容なので高得点を目指したい。記述式のC「東洋拓殖会社」，(b)己酉約条などは誤字に注意。選択式の(f)愛国婦人会は難問。

世界史

I　解答

A．班固　B．陰陽　C．戦国　D．司馬遷　E．六芸　F．水経注　G．編年　H．司馬光　I．四書　J．四庫全書

◀解　説▶

≪中国の図書分類≫

A．『漢書』は後漢の班固が編纂した前漢の紀伝体の歴史書。

B．難問。諸子百家の中で《小区分》にあげられていないのは兵家と陰陽家だが，リード文に「いわゆる兵家に相当する兵書略が大区分の一つとして立てられている」とあり，兵家は図の《大区分》「兵書略（軍事関係）」に相当すると考えられる。このためBは陰陽家と判断したい。

E．難問。リード文に「『春秋』と同じ」とあり，『春秋』は「経書」のうち五経の一つである。図の《大区分》に「六芸略（経書と文字学）」とあるので，『春秋』は六芸略に分類されたと判断できる。

F．北魏の酈道元の『水経注』は，既存の地理書である『水経』（河川の地理書）に注釈を加えたものである。酈道元から判断することはやや難であるが，「地理書」という表現から判断したい。

G．最初の空欄で判断するのは難しいが，２つ目の空欄の直後「体」と，「その延長上に…『資治通鑑』は登場したのである」という表現から，『資治通鑑』が記された編年体と判断できる。

I．Gと同じく最初の空欄での判断は難しいが，２つ目の空欄の後の「朱熹が重視した書籍の総称」という表現から四書と判断できる。

II　解答

A．段祺瑞　B．袁世凱　C．五・四　D．魯迅　E．李大釗　F．胡適　G．蔣介石　H．黄埔　I．山東　J．北京

◀解　説▶

≪近代中国における著名な５人の人物≫

A・C．リード文の前半で判断するのは難しいが，「西原借款」「1919年

の［C］（五・四）運動では打倒の対象とされ」から，五・四運動の際の軍閥政府の指導者を問われていると気づけば，北洋軍閥安徽派の段祺瑞を導くことができる。

B．段祺瑞が袁世凱の部下であったことは細かいが，「帝政復活」という表現から袁世凱を想起しよう。またリード文４の「大隈重信内閣が［B］政権に突き付けた対華二十一ヶ条要求」という表現からも袁世凱と判断できる。

D．リード文１ではなく，リード文２の「『新青年』に『故郷』などの作品を発表」という表現から魯迅を導こう。

E．同じくリード文１から判断するのではなく，リード文４の「ロシア革命による庶民やボリシェビズムの勝利をも宣揚した」「陳独秀らと連携して中国共産党を組織した」という表現から，北京大学でマルクス主義の紹介を行った李大釗と判断できる。

F．これもリード文２ではなく，リード文５の「『新青年』に「文学改良芻議」を発表して口語体による文学を提唱した」という表現から，胡適と判断できる。

G．リード文３の「孫文没後は北伐軍総司令官として中国の武力統一を目指した」という表現から，蔣介石と判断できる。

J．北京大学は新文化運動や五・四運動の中心となった。胡適の他，陳独秀や李大釗も北京大学教授として活躍している。

III　解答

A．カロリング　B．ゴシック　C．自由７
D．三位一体　E．東方〔レヴァント〕　F．バロック
G．ヘンデル　H．古典派　I．モーツァルト　J．スメタナ
〔1〕ランゴバルド〔ロンバルド〕人　〔2〕イオニア自然哲学
〔3〕サン=ピエトロ大聖堂　〔4〕ゲーテ　〔5〕サイード

◀解　説▶

≪中世～現代における西洋音楽関連史≫

C．自由７科（リベラル=アーツ）は，文法・修辞・弁証（論理）の初級３学科（言語的学問）と，算術・幾何学・天文・音楽の上級４学科（数学的学問）で構成された中世の大学の一般教養科目である。

D．ニケーア公会議（325年）で正統とされたアタナシウスの説は，コン

スタンティノープル公会議（381年）で再確認され三位一体説として完成した。その後アウグスティヌスが理論化し，正統教義の基礎となった。

F・G．バロック音楽は，豪華・華麗な様式を特徴としており，「音楽の父」とされるバッハや，「水上の音楽」で有名なヘンデルがその代表である。

H・I．古典派音楽は，調和や形式美を特徴としており，「交響楽の父」とされるハイドンや，ヨーゼフ２世などの宮廷で活躍したモーツァルト，フランス革命期やナポレオン時代に活躍したベートーヴェンがその代表である。

J．国民楽派は，国家や民族のアイデンティティの表現を特徴としており，スメタナ，ドヴォルザーク，グリークの他，「展覧会の絵」で有名なロシアのムソルグスキーなどが知られる。

〔1〕難問。パンノニア（ドナウ川中流域）を元々本拠地としていたゲルマン人はランゴバルド人。グレゴリウス１世（位590～604年）は北イタリアにランゴバルド王国（568～774年）を建てていたランゴバルド人に対して布教活動を行った。なお，ヴァンダル人も一時パンノニアに定住したことがあるが，グレゴリウス１世の時代にはすでに王国（ヴァンダル王国；429～534年）は滅亡している。

〔4〕ゲーテは『ファウスト』『若きウェルテルの悩み』などを代表作とするロマン主義の先駆者。「ヴァイマル公国の宰相」からゲーテを想起するのはやや難であろう。

〔5〕難問。サイードは，『オリエンタリズム』で先進国の支配が後進国の文化をゆがめている状態を批判するポスト=コロニアル研究を行った。

Ⅳ　解答

A．バントゥー　B．セム　C．イェルサレム
D．マリンディ　E．ノルマン
F．ヴァスコ=ダ=ガマ　G．イエズス　H．キルワ　I．モノモタパ
J．ジンバブエ

〔1〕―オ　〔2〕―ア　〔3〕ペルセポリス　〔4〕アター　〔5〕泉州

◀解　説▶

≪東アフリカに栄えた港町や王国≫

A．スワヒリ語は，バントゥー諸語やアラビア語などの外来語を取り入れ

て成立した。
B．アフロ=アジア語族は，西アジアから北アフリカにかけて使われている言語系統の総称を指す。アラビア語を含むセム語系（派）のほか，エジプト語系（派）やチャド語系（派）が該当する。
D・F．リード文「1498年にこの地を訪れて…インド西南岸に到達」という表現から，マリンディ経由でインド西岸のカリカットに到達したヴァスコ=ダ=ガマの業績を想起したい。
H．難問。「現在タンザニアに属している」「島」という表現から，東アフリカの海港都市のうち，キルワとザンジバルが島であることを思い出せばその2択までは絞れる。しかし「イランのシーラーズ…伝承が残されている」「16世紀に滅亡した」からキルワを導くのは難しいだろう。
〔1〕オ．六信はアッラー・定命・天使・預言者・来世・啓典を指す。礼拝は五行の一つであり，残りは信仰告白・メッカ巡礼・断食・ザカート（喜捨）である。
〔4〕アッバース朝の衰退により俸給制であるアター制が機能しなくなると，ブワイフ朝は軍人に土地の徴税権を与えるイクター制を創始した。
〔5〕やや難。「北宋期の1087年に市舶司が置かれ」「現福建省」から泉州が正解。北宋期には明州（寧波）にも市舶司が設置されているが，設置は999年のことであり，また明州は現在の浙江省にあたるため不適となる。

❖講　評

Ⅰ．中国の図書分類をテーマとして中国の文化史が問われた。Bの陰陽家とEの六芸略はリード文や図を読み取る力が要求される問題で，難度が高かったと思われる。思考力が試される形式の出題であるため今後とも注意していきたい。Gの編年体やⅠの四書は基本的知識であるが，複数ある空欄を検討する必要があった。

Ⅱ．近代中国における著名な5人の人物をテーマに，新文化運動期から北伐期までの中国史が問われた。同じ空欄が複数のリード文にまたがっているため，どの空欄から解く手掛かりを見つけられるかがカギとなる。Aの段祺瑞，Eの李大釗の漢字表記に注意が必要であった。

Ⅲ．西洋音楽をテーマとして，中世から現代までの西洋文化史が問われた。Fのバロックから Jのスメタナまでは西洋音楽からの出題であったが，こうした音楽史は意外と見逃しやすい分野なので得点差が生じたと思われる。また，〔1〕ランゴバルド人や〔4〕ゲーテは基本的知識であるが，問われ方が難しい。〔5〕サイードは 2003 年に死去した研究者で，現代史を相当丁寧に学習していないと記述法で答えるのは難しい。

Ⅳ. 東アフリカの海港都市や王国に関して広く問われた。アフリカをきちんと学習していないと対応できない問題がほとんどのため得点が伸びにくかったと思われる。また，Hのキルワと〔5〕の泉州も難しい。

地理

I

解答　〔1〕A．エラトステネス　B．プトレマイオス
C．ベハイム

〔2〕イ．エルサレム　ロ．TO〔OT〕　ハ．カナリア

〔3〕甲．階級区分（図）　乙．リモート（センシング）

〔4〕⑴北回帰線　⑵ニュージーランド

〔5〕2　〔6〕—Ⓘ　〔7〕—Ⓘ　〔8〕—あ

〔9〕⑴GNSS　⑵みちびき

◀解　説▶

≪地図史と地図≫

〔1〕A．エラトステネスは，ギリシャの天文学者・地理学者であり，2地点間の距離と太陽の高度差を用いて地球の円周の長さを求めた。

B．プトレマイオスは，ギリシャの天文学者・地理学者であり，経緯線を用いた世界地図を円錐図法により作成した。

〔2〕イ・ロ．TO（OT）マップは，中世ヨーロッパに作成され，地球球体説を否定するキリスト教の世界観を反映した地図である。聖地エルサレムを中心として，水域を示す周辺部のOと中心部のTが組み合わされている。

ハ．カナリア海流は，大西洋東部の中・低緯度の海域を南下する寒流で，アフリカ大陸の北西に位置するスペイン領カナリア諸島付近を流れる。

〔3〕甲．コロプレスマップ（階級区分図）は，値をいくつかの階級に塗り分けて表現した地図であり，相対分布図に用いられる。

乙．遠隔探査（リモートセンシング）は，人工衛星などから地表面の様子を探査する技術のことで，植生，災害状況，環境の変化などを探査する。

〔4〕⑴　緯度が約23度26分で，太陽が1年に1度真上を通過する緯線を回帰線といい，夏至の時に太陽が真上を通過する緯線を北回帰線，冬至の時に太陽が真上を通過する緯線を南回帰線という。

⑵　旧グリニッジ天文台は経度0度・北緯51度付近に位置し，対蹠点は経度180度・南緯51度付近で，ニュージーランド付近の海域となる。

〔5〕X島は，キューバが位置するキューバ島，Y島は，ハイチとドミニカ共和国が位置するイスパニョーラ島である。いずれの国でも旧宗主国の言語が公用語に指定されており，キューバとドミニカ共和国ではスペイン語，ハイチではフランス語が公用語である。

〔6〕メルカトル図法は，円筒図法によって作成された正角図法に該当し，赤道が円筒に接していると仮定して投影されている。

〔7〕㋑誤文。正距方位図法は，中心から任意の点までの距離と方位が正しい図法である。この2点を結んだ直線は大圏航路と呼ばれ，2点間の最短経路を示す。

㋒正文。国際連合の旗は，北極点を中心に南緯60度までの範囲を正距方位図法で示した世界地図を，オリーブの葉が囲むデザインである。

〔8〕ドットマップは，数量を点で表し，点の粗密で分布を示した地図であり，㋐を表現するのに用いられる。㋑は等値線図，㋒はコロプレスマップ（階級区分図），㋓は流線図で表現される。

〔9〕(1)　GNSSは，Global Navigation Satellite Systemの略で，人工衛星の電波を受信することで地球上の位置を正しく求めるしくみの総称である。そのうち，アメリカ合衆国が運用するものをGPSという。

(2)　みちびきは，日本が2010年から運用している測位衛星システムである。日本付近の上空を周回し，GPSを補完している。

Ⅱ　解答

〔1〕A．カルパティア〔カルパート〕　B．プスタ
C．アドリア　D．ピレネー　E．ビスケー

〔2〕イ．沖積（堆積も可）
ロ．エスチュアリー〔エスチュアリまたは三角江〕
ハ．地溝（ライン地溝も可）　ニ．ポルダー

〔3〕①―㋓　②―㋒　③―㋑　④―㋐

〔4〕(1)レス　(2)大陸氷河の末端に形成された堆積物。

〔5〕(1)―㋑　(2)―㋒　〔6〕―㋑

◀解　説▶

≪ヨーロッパの河川を中心とした地誌≫

〔1〕D．フランスとスペインの国境をなすのは，ピレネー山脈である。

〔2〕イ．河川によって運搬された土砂が堆積することで形成された平野

は，沖積平野である。扇状地，氾濫原，三角州などがみられる。

ロ．エスチュアリーは，河口部に海水が浸入してラッパ状となった入り江である。湾奥に広がる平野を後背地として，港湾都市が発達しやすい。

ニ．ポルダーはオランダの国土の約4分の1を占める干拓地のことである。

〔3〕①ベオグラード（㊁）は，セルビアの首都である。

②トリノ（㋒）は，イタリア北西部に位置し，自動車産業が発達している。

③ボルドー（㋑）は，フランス南西部に位置し，ワインの生産で有名。

④デュッセルドルフ（㋐）は，ドイツ有数の商工業都市であり，日本企業も多数進出している。

〔4〕氷河時代，ドイツ北部から東欧にかけて大陸氷河が広がり，末端部には氷河により削られた砂などが堆積した。その後，それらが風によって運ばれ堆積したものがレス〔黄土〕である。ハンガリー東部の長草草原であるプスタにはレスが堆積し，肥沃な土壌となっている。

〔5〕(1)　パダノ=ヴェネタ平野の北部にはCfb（西岸海洋性気候），南西部にはCs（地中海性気候）が分布している。さらに，南東部にはCfa（温暖湿潤気候）がみられ，イタリア北部から黒海沿岸にかけて広がっている。Cw（温暖冬季少雨気候）はみられない。

(2)　㋐誤文。北緯40度は，イタリア半島の南部を通過する。

㋑誤文。ミストラルは，フランス南部のローヌ河谷を吹く，寒冷な北風である。

㋒正文。パダノ=ヴェネタ平野は，Cfaの分布が示す通り夏に高温となるため，混合農業の一環として，ポー川の水を利用した稲作が行われる。

㊁誤文。オリーブは，イタリア半島南部，夏季に乾燥する地中海性気候の地域での栽培がさかんである。

〔6〕ライン川は，アルプス山脈を水源とし，北流して北海に注ぐ。Z（バーゼル）は3地点中で最も上流の，アルプス山脈の北側に位置することから，アルプス山脈での融雪に伴い，春に増水が顕著となる㋑に該当する。

Ⅲ　解答

〔1〕A．爆発　B．転換　C．難民　D．社会

〔2〕—㋔

〔3〕(1)①—㋐　②—㋕　(2)㋐インド　㋑ナイジェリア　㋒エジプト

(3)エチオピア：Ⓐ　フィリピン：Ⓤ

〔4〕(1)―○　(2)―×　(3)―×　〔5〕(1)―×　(2)―×　(3)―○

◀解　説▶

≪人　口≫

〔2〕人口ピラミッドは，性別・年齢構成別の人口構成を示し，発展途上国の多産多死型の人口動態では，すそ野が広い富士山型となる。その後，経済発展に伴う年少人口割合の低下，老年人口割合の上昇により，すそ野の狭い富士山型（ピラミッド型），釣鐘型，つぼ型へと移行する。設問の図を比較すると，すそ野が最も広い㊁が1950年，次に広い㊇が1985年に該当し，最も年少人口割合が低く釣鐘型の㋑が2055年，残る㋺が2020年に該当する。

〔3〕(1)　①2020年時点で世界人口の約60％を占めることから，人口大国の中国・インドなどを含むアジア（ⓐ）に該当する。

②1950年時点では人口が2番目に多い一方，その後は割合が低下していることから，産業革命期に人口が増加したものの，第二次世界大戦後に少子高齢化が進行するヨーロッパ（ⓚ）に該当する。

(2)　Ⓐ2020年時点でアジア第2位（13.8億人）の人口を擁するインドに該当する。

Ⓘ2020年時点でアフリカ最大（2.1億人）の人口を擁するナイジェリアに該当する。

Ⓤ2020年時点でアフリカ第3位（1.0億人）の人口を擁するエジプトに該当する。

(3)　一般に，経済発展が遅れている国・地域ほど出生率が高く，年少人口割合が高くなる傾向にある。3カ国中，1人当たり国民総所得が最小であるエチオピア（836ドル）がⒶに該当する。次に小さいフィリピン（3,553ドル）がⓊ，最大のアメリカ合衆国（64,310ドル）がⒾに該当する（2020年）。

〔4〕(1)　正文。19世紀後半以降，サトウキビ農園の労働者として日本からハワイに多くの人々が移住した。現在，移民の子孫を中心に，日系人コミュニティが形成されている。

(2)　誤文。2000年代，EU加盟国が旧社会主義国である東欧諸国まで拡大したことで，経済格差は拡大するとともに，高水準の賃金を求める東欧諸国から西欧諸国への移住者も増加した。

⑶　誤文。日本で働く外国人労働者の国籍で，最も多いのはベトナムであり，全体の26.2％を占める（厚生労働省2020年）。

〔5〕⑴　誤文。東京圏の人口は約3,691万人であり，全国に占める割合は約29.3％である（2020年）。

⑵　誤文。老年人口比率が最も高い秋田県（37.5％）と最も低い沖縄県（22.6％）の差は，14.9ポイントである（2020年）。

⑶　正文。

❖講　評

Ⅰ．地図の歴史と地図の知識について，海流名，対蹠点，公用語，図法，統計地図，地理情報の活用などが幅広く出題された。〔5〕や〔9〕⑵では，やや細かい知識が求められたが，それ以外は標準的な設問であった。地図の歴史に関する人名は，学習が手薄になりやすいので対策に努めたい。

Ⅱ．ヨーロッパの河川にからめて，自然地形，都市，土壌，気候区分，河川流量などが出題された。〔3〕③は，紛らわしい選択肢も含まれているので，地図帳で位置を確認したい。〔4〕⑵の論述問題は標準的な知識で対応できる。〔5〕⑴はイタリア北部に分布する温暖湿潤気候に気付けるかがポイント。〔6〕は，北海道などと同様に春の融雪で河川が増水することを想起できなければ，消去法での判別は難しいであろう。その他は，標準的な設問である。

Ⅲ．人口について，人口ピラミッド，世界の州別人口推移，国際人口移動，日本の人口などが，多くの図表を用いて出題された。ただし，基本的事項を問う設問が中心である。〔5〕⑴は，東京都の人口が1,400万人（2020年）であることから，東京圏で全国の5割を占めるとは考えにくい。⑵は，正文ならば，老年人口比率が10％と50％の都道府県が存在することになると考えて，誤文と判定したい。

地形や都市，統計の知識を問う設問が頻出であるので，日頃の学習から地図帳や統計集を活用したい。

政治・経済

I　解答

〔1〕A．自由民主主義　B．ウォルポール
C．大統領選挙人　D．弾劾　E．全国人民代表大会
F．国務院　G．開発独裁
〔2〕首相公選（論）〔3〕―㋒〔4〕―㋐〔5〕空想的社会主義
〔6〕イ．香港　ロ．マカオ〔7〕アラブの春

◀解　説▶

≪各国の政治体制≫

〔1〕A．空欄の直後に「リベラル・デモクラシー」とあるので，自由民主主義が正解となる。

B．ウォルポール内閣は下院による不信任決議にしたがって総辞職し，これ以来，内閣は議会（特に下院）の信任の下に組織されるという議院内閣制が定着した。

C．アメリカの大統領は4年ごとに間接選挙で選出される。各州で有権者により選出された大統領選挙人（一部の州を除き1票でも多く得た候補がその州の大統領選挙人をすべて獲得するという勝者総取り方式が採用されている）が大統領を選出するという方法で，合計538人の大統領選挙人の過半数を獲得した候補者が大統領になる。

E・F．中国では毎年一回開催される全国人民代表大会（全人代）が国家の最高決定機関。常設機関として常務委員会が置かれ，憲法改正，法律の制定，国家主席の選出，国民総理（首相）などの権限を有している。全人代の下におかれる国務院は最高行政機関であり，他国での内閣にあたる。また，最高司法機関として最高人民法院が置かれている。

G．韓国の朴正熙政権，フィリピンのマルコス政権，インドネシアのスハルト政権などは経済開発を優先して国民の自由を弾圧する強権的な政治を行った。こうした政治体制は開発独裁と呼ばれる。

〔2〕国民が内閣総理大臣を直接選挙で選ぶべきだという考え方は首相公選論と呼ばれる。日本の場合は憲法で「内閣総理大臣は，国会議員の中から国会の議決で，これを指名する」（第67条1項）と定められているので，

実現には憲法改正が必要となる。

〔3〕㋒が不適切。「小さな政府」は大きな政府の誤り。「修正資本主義」は政府が積極的に市場に介入する経済政策である。

〔4〕㋐が適切。三権分立を説いたのはモンテスキュー。その著書は㋐『法の精神』である。

〔5〕資本主義の科学的分析に基づき社会主義への必然的移行を説いた科学的社会主義と対比し，サン=シモンやフーリエなどの社会主義を空想的社会主義と呼んで批判した。

〔7〕「アラブの春」はアラブ，北アフリカにおける長期独裁政権を崩壊に導いた民主化運動のこと。2011 年のチュニジアのベンアリ政権が打倒されたこと（ジャスミン革命）が発端となり，その後，エジプト・ムバラク政権，リビア・カダフィ政権が倒された。

II 解答

〔1〕A．サッチャー　B．日本版金融ビッグバン
C．不良債権　D．金融再生　E．ペイオフ
F．1000　G．コール　H．量的緩和　I．2　J．マネーストック

〔2〕基準割引率　〔3〕―㋑　〔4〕BIS　〔5〕―㋑　〔6〕1900（万円）

◀解　説▶

≪日本の金融と金融改革≫

〔1〕A・B．イギリスでは 1980 年代にサッチャー首相により市場の規制緩和や国営化政策が断行され（サッチャリズム），その一つとして金融大改革（金融ビッグバン）が実施された。これを模範として日本では 1997 年，橋本龍太郎内閣が（金融市場の）フリー，フェア，グローバルをスローガンとする日本版金融ビッグバンを打ち出した。

C・D．バブル崩壊により不良債権（回収困難な貸出金）を抱えて破綻した金融機関に対して円滑な破綻処理を実施するため，1998 年に金融再生法が制定された。

E・F．ペイオフは，金融機関が破綻した場合，預金者に一定額の払い戻しをする制度。1996 年から凍結されていたが，2005 年から全面解禁され，一金融機関の預金につき 1000 万円とその利子までが保護されることになった。

G・H．無担保コール翌日物金利は，インターバンク市場（金融機関どう

しの資金市場）の一つであるコール市場における，一日で満期を迎える超短期の担保を預けずに行う取引の金利である。日本銀行は政策金利（誘導目標金利）であるこの金利をゼロに誘導するゼロ金利政策を実施したが，景気の悪化とデフレの進行が止まらないため，誘導目標を日本銀行当座預金勘定残高に変更した（量的緩和策）。

Ｉ．2013年に消費者物価上昇率を２％とする物価安定目標が掲げられた。このように政府や中央銀行が物価上昇率に対して一定の目標を定め，金融政策を行うことをインフレ・ターゲットという。

〔３〕㋑が適切。景気が悪くデフレーションの時は，資金を市場に供給するために買いオペ（資金供給オペレーション）が行われる。したがって，イは「市中銀行が持っている国債などを買い入れる」が正しい。また，買いオペによりインターバンク市場に資金が供給されると政策金利が低下し，それとともに企業や個人への「貸出金利が下がる」ことになる。

〔４〕BISはスイスのバーゼルに本部がある国際決済銀行のことで，BIS規制とは，国際業務を行う銀行は自己資本比率が８％以上でないといけないというBISが定めたルールのことである。

〔５〕㋑が不適切。日本銀行は「銀行の銀行」と呼ばれているように，金融機関を対象として銀行業務を行っている。したがって「個人の預金の一部にマイナス金利が適用される」というのは誤り。マイナス金利は「市中銀行の日銀当座預金の一部に」適用されている。

〔６〕支払準備率＝r，本源的預金＝Cとしたとき，信用創造額＝$C \div r - C$で計算される。したがって，100万円÷0.05－100万円＝1900万円となる。

Ⅲ　解答　〔１〕イ．1992　ロ．2001　ハ．2003

〔２〕Ａ．クウェート　Ｂ．ペルシャ　Ｃ．カンボジア　Ｄ．アフガニスタン

〔３〕―㋑　〔４〕イラン　〔５〕―㋒　〔６〕―㋓　〔７〕―㋐　〔８〕―㋒

◀解　説▶

≪国連安全保障理事会と地域紛争≫

〔２〕Ａ・Ｂ．1991年に始まった湾岸戦争はイラクによるクウェート侵攻をきっかけにして起きた。この戦争に際し，日本は巨額な資金提供を行ったが自衛隊派遣など人的貢献を行わなかったことでアメリカから批判を受

けた。こうしたことから日本政府は，湾岸戦争後の1991年に自衛隊法を根拠に掃海艇をペルシャ湾に派遣した。また，翌1992年，自衛隊の海外派遣を認めたPKO（国連平和維持活動）協力法を制定した。

C．PKO協力法に基づき自衛隊が最初に海外派遣されたのは，カンボジアであり，カンボジア暫定統治機構（UNTAC）というPKOに参加した。

D．2001年に起きたアメリカ同時多発テロ事件を受け，アメリカのブッシュ大統領は「テロとの戦い」を宣言し，同年，タリバン政権が支配するアフガニスタンを攻撃し，アフガニスタン戦争が起こった。続いて2003年にイラク・フセイン政権の保有するとされる大量破壊兵器破棄を理由にアメリカはイギリスとともに国連安全保障理事会の決議を得ないまま攻撃を加え，イラク戦争が起こった。

〔4〕1980年のイラクによるイランへの奇襲攻撃をきっかけにイラン・イラク戦争が勃発した。しかし，1988年に安全保障理事会の決議を受け入れる形で停戦が実現した。

〔5〕㋒が適切。朝鮮戦争において派遣された「国連軍」は，国連憲章第7章に基づいた安全保障理事会が指揮する正式な国連軍ではないが，国際連合は決議でその名称の使用を認めている。

〔6〕㋓が適切。タリバン政権への軍事攻撃からはじまったアフガニスタン戦争は2021年まで20年間続いた。その後タリバンが復権し，イスラム原理主義に基づく統治が行われ，現在，女性の就学・就労を制限するなど人権問題が深刻化している。

〔7〕㋐が適切。テロ対策特別措置法は，アメリカの対テロ戦争であるアフガニスタン戦争を後方支援するために制定された。これによりインド洋に自衛隊の給油艦が派遣された。

〔8〕㋒が適切。単独行動主義はユニラテラリズム，多国間主義はマルチラテラリズムである。

❖講　評

Ⅰ．イギリスの議院内閣制，アメリカの大統領制，中国の権力集中体制，発展途上国に見られた開発独裁など各国の政治体制に関する出題である。問題の大半は教科書レベルの標準的な内容であったが，〔1〕Aの「自由民主主義」，Bの「ウォルポール」，〔5〕「空想的社会主義」を解答する問題はやや難しかった。ただ，Aは空欄直後に「リベラル・デモクラシー」とあるので解答は推察できただろう。

Ⅱ．日本の金融制度，1990年代以降の金融の自由化，2013年以降の日本銀行による金融政策が出題されている。教科書に記載されていない事項も少なからず出題され，やや難しい内容となっている。特に〔1〕Bの「日本版金融ビッグバン」，Dの「金融再生」法，Hの「量的緩和」政策，Jの「マネーストック」を記述する問題は，詳細な知識がないと解答できず，深い学習が必要だった。また，〔6〕信用創造額の計算問題は頻出傾向なので計算式は知っておかなければならない。

Ⅲ．国連安全保障理事会の役割と活動をテーマにして湾岸戦争，アフガニスタン戦争，イラク戦争に関する知識が問われている。内容的には教科書レベルの標準的な問題が多いが，各戦争が起こった年・原因・経過・日本の対応（PKO協力法・テロ対策特別措置法・イラク復興特別措置法による自衛隊派遣）などをまとめ，理解するようにしたい。〔2〕Dと〔6〕については，2021年のアフガニスタンからの米軍撤退，その後のタリバンの復権による女性への人権弾圧のニュースが報じられることも多く，こうした時事問題に関心を持って学習していれば容易に解答できただろう。

数学

I

解答　ア．-80　イ．5　ウ．$\dfrac{a}{4}$　エ．$2\log_2 a-3$　オ―④

カ．$-\dfrac{1}{2}$　キ．$\dfrac{\sqrt{3}}{2}$　ク．$\dfrac{11}{12}\pi$　ケ．$-\dfrac{\sqrt{6}}{2}$　コ．$-\dfrac{3\sqrt{6}}{8}$　サ．$-\dfrac{11\sqrt{6}}{32}$

シ．70　ス．200　セ．280　ソ．$s_x{}^2$　タ．$2s_{xy}$　チ．$\dfrac{7}{5}$　ツ．-34

◀解　説▶

≪小問3問≫

〔1〕(1)　$3^x+16\cdot3^{-x}=8$ より

$$(3^x)^2-8\cdot3^x+16=0$$

$$(3^x-4)^2=0 \qquad \therefore \quad 3^x=4$$

よって

$$27^x-9^{x+1}=(3^x)^3-9\cdot(3^x)^2$$
$$=4^3-9\cdot4^2=(4-9)\cdot4^2=-80 \quad \to ア$$

(2)　$\left(\dfrac{3}{5}\right)^{20}$ を小数で表すと，0でない数字が初めて現れるのが小数第 n 位だとすると

$$\frac{1}{10^n}\leqq\left(\frac{3}{5}\right)^{20}<\frac{1}{10^{n-1}}$$

$$\log_{10}\frac{1}{10^n}\leqq\log_{10}\left(\frac{3}{5}\right)^{20}<\log_{10}\frac{1}{10^{n-1}}$$

$$-n\leqq20\log_{10}\frac{3}{5}<-(n-1)$$

ここで

$$20\log_{10}\frac{3}{5}=20\log_{10}\frac{6}{10}$$
$$=20(\log_{10}2+\log_{10}3-1)$$
$$=20(0.3010+0.4771-1)=-4.438$$

であるから

$$-n \leqq -4.438 < -(n-1)$$

$$n \geqq 4.438 > n-1$$

よって　　$n=5$　→イ

(3)　　$\log_2 x + \log_2 y = \log_2 xy$

底2（>1）であるから，$\log_2 xy$ が最大となるのは xy が最大となるときである。

ここで，$2x+y=a$ より

$$xy = x(a-2x)$$

$$= -2x^2 + ax$$

$$= -2\left(x-\frac{a}{4}\right)^2 + \frac{a^2}{8}$$

また，$x>0$，$y>0$，$2x+y=a$ より

$$0<x<\frac{a}{2}$$

であるから，$\log_2 x + \log_2 y = \log_2 xy$ は

$$x=\frac{a}{4}\quad \to ウ$$

のとき，最大値

$$\log_2 \frac{a^2}{8} = 2\log_2 a - 3\quad \to エ$$

をとる。

〔2〕　$\cos\theta + \sin\theta = -\dfrac{\sqrt{2}}{2}$ より

$$\sqrt{2}\sin\left(\theta+\frac{1}{4}\pi\right) = -\frac{\sqrt{2}}{2}$$

$$\sin\left(\theta+\frac{1}{4}\pi\right) = -\frac{1}{2}\quad \cdots\cdots①$$

$0 \leqq \theta < \pi$ より　　$\dfrac{1}{4}\pi \leqq \theta + \dfrac{1}{4}\pi < \dfrac{5}{4}\pi$　……②

①，②より　　$\theta + \dfrac{1}{4}\pi = \dfrac{7}{6}\pi$

よって　　$\theta = \dfrac{7}{6}\pi - \dfrac{1}{4}\pi = \dfrac{11}{12}\pi$　→ク

したがって，角 θ のある範囲は

④：$\frac{3}{4}\pi \leqq \theta < \pi$　→オ

このとき

$$\sin 2\theta = \sin\frac{11}{6}\pi = -\frac{1}{2} \quad \to カ$$

$$\cos 2\theta = \cos\frac{11}{6}\pi = \frac{\sqrt{3}}{2} \quad \to キ$$

また

$$\begin{aligned}\cos 2\theta &= \cos^2\theta - \sin^2\theta \\ &= (\cos\theta + \sin\theta)(\cos\theta - \sin\theta) \\ &= -\frac{\sqrt{2}}{2}(\cos\theta - \sin\theta) = \frac{\sqrt{3}}{2}\end{aligned}$$

より　$\cos\theta - \sin\theta = -\frac{\sqrt{3}}{\sqrt{2}} = -\frac{\sqrt{6}}{2}$　→ケ

次に

$$\begin{aligned}\cos^3\theta - \sin^3\theta &= (\cos\theta - \sin\theta)(\cos^2\theta + \cos\theta\sin\theta + \sin^2\theta) \\ &= (\cos\theta - \sin\theta)\left(1 + \frac{1}{2}\sin 2\theta\right) \\ &= -\frac{\sqrt{6}}{2}\cdot\left(1 - \frac{1}{4}\right) = -\frac{3\sqrt{6}}{8} \quad \to コ\end{aligned}$$

別解　コ．$\cos^3\theta - \sin^3\theta = (\cos\theta - \sin\theta)^3 + 3\cos\theta\sin\theta(\cos\theta - \sin\theta)$

$$\begin{aligned}&= \left(-\frac{\sqrt{6}}{2}\right)^3 + 3\cdot\left(-\frac{1}{4}\right)\cdot\left(-\frac{\sqrt{6}}{2}\right) \\ &= -\frac{6\sqrt{6}}{8} + \frac{3\sqrt{6}}{8} = -\frac{3\sqrt{6}}{8}\end{aligned}$$

最後に

$$\begin{aligned}&\cos^5\theta - \sin^5\theta \\ &= (\cos^3\theta - \sin^3\theta)(\cos^2\theta + \sin^2\theta) + \sin^3\theta\cos^2\theta - \cos^3\theta\sin^2\theta \\ &= (\cos^3\theta - \sin^3\theta)(\cos^2\theta + \sin^2\theta) - \sin^2\theta\cos^2\theta(\cos\theta - \sin\theta) \\ &= -\frac{3\sqrt{6}}{8}\cdot 1 - \left(-\frac{1}{4}\right)^2\cdot\left(-\frac{\sqrt{6}}{2}\right) \\ &= -\frac{3\sqrt{6}}{8} + \frac{\sqrt{6}}{32} = -\frac{11\sqrt{6}}{32} \quad \to サ\end{aligned}$$

別解 サ．$\cos^5\theta-\sin^5\theta$

$$=(\cos^4\theta-\sin^4\theta)(\cos\theta+\sin\theta)+\sin^4\theta\cos\theta-\cos^4\theta\sin\theta$$

$$=(\cos^2\theta+\sin^2\theta)(\cos^2\theta-\sin^2\theta)(\cos\theta+\sin\theta)$$

$$-\sin\theta\cos\theta(\cos^3\theta-\sin^3\theta)$$

$$=1\cdot\frac{\sqrt{3}}{2}\cdot\left(-\frac{\sqrt{2}}{2}\right)-\left(-\frac{1}{4}\right)\cdot\left(-\frac{3\sqrt{6}}{8}\right)$$

$$=-\frac{\sqrt{6}}{4}-\frac{3\sqrt{6}}{32}=-\frac{11\sqrt{6}}{32}$$

〔3〕 (1) x の平均値は

$$\bar{x}=\frac{1}{5}\sum_{k=1}^{5}x_k$$

$$=\frac{1}{5}(50+70+90+80+60)=\frac{350}{5}=70 \quad →シ$$

x の分散 $s_x{}^2$ は

$$s_x{}^2=\frac{1}{5}\sum_{k=1}^{5}(x_k-\bar{x})^2$$

$$=\frac{1}{5}\{(-20)^2+0^2+20^2+10^2+(-10)^2\}$$

$$=\frac{1}{5}(400+0+400+100+100)=\frac{1000}{5}=200 \quad →ス$$

(2) y の平均値は

$$\bar{y}=\frac{1}{5}\sum_{k=1}^{5}y_k$$

$$=\frac{1}{5}(40+60+100+70+50)$$

$$=\frac{320}{5}=64$$

よって，x と y の共分散 s_{xy} は

$$s_{xy}=\frac{1}{5}\sum_{k=1}^{5}(x_k-\bar{x})(y_k-\bar{y})$$

$$=\frac{1}{5}\{(-20)\cdot(-24)+0\cdot(-4)+20\cdot36+10\cdot6+(-10)\cdot(-14)\}$$

$$=\frac{1}{5}(480+0+720+60+140)=\frac{1400}{5}=280 \quad →セ$$

(3)　定義および問題文中の計算より

$$L=\sum_{k=1}^{5}\mathrm{P}_k\mathrm{Q}_k{}^2$$
$$=\sum_{k=1}^{5}\{(y_k-\overline{y})^2-2a(x_k-\overline{x})(y_k-\overline{y})+a^2(x_k-\overline{x})^2\}$$
$$=\sum_{k=1}^{5}(y_k-\overline{y})^2-2a\sum_{k=1}^{5}(x_k-\overline{x})(y_k-\overline{y})+a^2\sum_{k=1}^{5}(x_k-\overline{x})^2$$
$$=5s_y{}^2-2a\cdot 5s_{xy}+a^2\cdot 5s_x{}^2$$
$$=5(s_y{}^2-2as_{xy}+a^2s_x{}^2)$$
$$=5(s_x{}^2a^2-2s_{xy}a+s_y{}^2)\quad \text{→ソ，タ}$$

(4)　(1), (2), (3)の結果より

$$L=5(s_x{}^2a^2-2s_{xy}a+s_y{}^2)$$
$$=5(200a^2-2\cdot 280a+s_y{}^2)$$
$$=5\left\{200\left(a-\frac{7}{5}\right)^2-200\left(\frac{7}{5}\right)^2+s_y{}^2\right\}$$

よって，L が最小となる a の値は

$$a=\frac{7}{5}\quad \text{→チ}$$

このとき，b の値は

$$b=-a\overline{x}+\overline{y}=-\frac{7}{5}\cdot 70+64=-34\quad \text{→ツ}$$

II　解答

ア．900　イ．1　ウ．1　エ．900　オ．1　カ．2
キ．400　ク．870　ケ．1　コ．2　サ．310　シ．280
ス．360　セ．180

◀解　説▶

≪２つの店が互いに相手の販売量を予想して自分の販売量を考える問題≫

〔1〕　店Aの利益 P_A は

$$P_A=(1000-x-y)\times x-100x$$
$$=(900-x-y)x\quad \text{→ア～ウ}$$
$$=-x^2+(900-y)x$$
$$=-\left(x-\frac{900-y}{2}\right)^2+\left(\frac{900-y}{2}\right)^2$$

よって，店Aの利益が最大となる x は

$$x=\frac{900-y}{2} \quad \cdots\cdots ① \quad \to エ〜カ$$

$y=100$ のときは　　$x=\frac{900-100}{2}=400$　→キ

次に，$z=30$ より，店Bの利益 P_B は

$$\begin{aligned} P_B &= (1000-x-y)\times y-130y \\ &= (870-x-y)y \\ &= -y^2+(870-x)y \\ &= -\left(y-\frac{870-x}{2}\right)^2+\left(\frac{870-x}{2}\right)^2 \end{aligned}$$

よって，店Bの利益が最大となる y は

$$y=\frac{870-x}{2} \quad \cdots\cdots ② \quad \to ク〜コ$$

①より　　$2x+y=900$

②より　　$x+2y=870$

これを解いて

$x=310$　→サ　　$y=280$　→シ

〔2〕　$z=180$ のとき，店Bの利益を $P_B{}'$ とおくと

$$\begin{aligned} P_B{}' &= (1000-x-y)\times y-280y \\ &= (720-x-y)y \\ &= -y^2+(720-x)y \\ &= -\left(y-\frac{720-x}{2}\right)^2+\left(\frac{720-x}{2}\right)^2 \end{aligned}$$

よって，店Bの利益が最大となる y は

$$y=\frac{720-x}{2} \quad \cdots\cdots ③$$

①より　　$2x+y=900$

③より　　$x+2y=720$

これを解いて

$x=360$　→ス　　$y=180$　→セ

Ⅲ　解答　〔1〕　余弦定理より

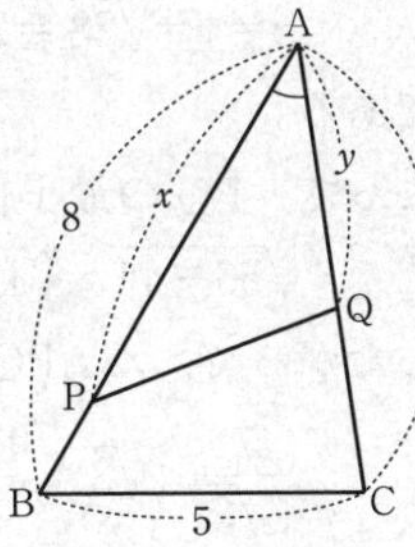

$$\cos\angle\mathrm{BAC}=\frac{8^2+7^2-5^2}{2\cdot8\cdot7}$$

$$=\frac{88}{2\cdot8\cdot7}=\frac{11}{14}\quad\cdots\cdots(答)$$

△ABC の面積 S は

$$S=\frac{1}{2}\cdot8\cdot7\sin\angle\mathrm{BAC}$$

$$=\frac{1}{2}\cdot8\cdot7\sqrt{1-\left(\frac{11}{14}\right)^2}$$

$$=\frac{1}{2}\cdot8\cdot7\cdot\frac{5\sqrt{3}}{14}=10\sqrt{3}\quad\cdots\cdots(答)$$

〔2〕　△APQ の面積を T とすると

$$T=\frac{1}{2}xy\sin\angle\mathrm{BAC}\qquad(\because\quad\angle\mathrm{PAQ}=\angle\mathrm{BAC})$$

$T=\frac{1}{2}S$ より

$$\frac{1}{2}xy\sin\angle\mathrm{BAC}=\frac{1}{2}\times\frac{1}{2}\cdot8\cdot7\sin\angle\mathrm{BAC}$$

$$xy=28\quad\cdots\cdots(答)$$

〔3〕　正弦定理より

$$\frac{\mathrm{PQ}}{\sin\angle\mathrm{PAQ}}=2R$$

であるから

$$R=\frac{\mathrm{PQ}}{2\sin\angle\mathrm{PAQ}}=\frac{\mathrm{PQ}}{2\cdot\frac{5\sqrt{3}}{14}}=\frac{7}{5\sqrt{3}}\mathrm{PQ}$$

ここで，余弦定理より

$$\mathrm{PQ}^2=x^2+y^2-2xy\cos\angle\mathrm{PAQ}$$

$$=x^2+y^2-\frac{11}{7}xy$$

$$=x^2+y^2-44\quad(\because\quad xy=28)$$

であり，さらに相加平均・相乗平均の関係より

$$x^2+y^2 \geqq 2xy=2\cdot 28=56$$

等号成立の条件は

$$x=y=\sqrt{28}=2\sqrt{7}<7$$

である。

よって，PQの最小値は

$$\sqrt{56-44}=\sqrt{12}=2\sqrt{3}$$

したがって，△APQの外接円の半径 R の最小値は

$$\frac{7}{5\sqrt{3}}\cdot 2\sqrt{3}=\frac{14}{5} \quad \cdots\cdots(\text{答})$$

〔4〕 $x=y=2\sqrt{7}$ のとき，△APQの面積に着目すると

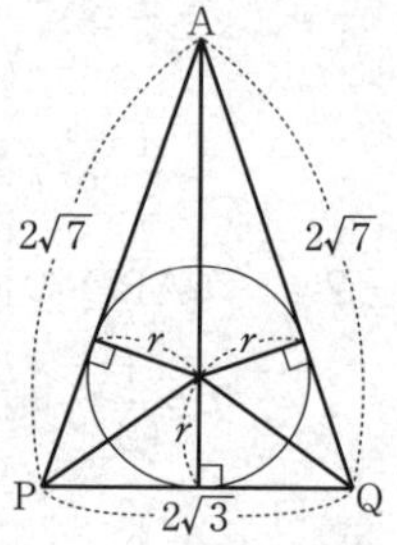

$$\frac{1}{2}r\left(2\sqrt{7}+2\sqrt{7}+2\sqrt{3}\right)=5\sqrt{3}$$

よって

$$r=\frac{5\sqrt{3}}{2\sqrt{7}+\sqrt{3}}$$

$$=\frac{5\sqrt{3}\left(2\sqrt{7}-\sqrt{3}\right)}{28-3}$$

$$=\frac{2\sqrt{21}-3}{5} \quad \cdots\cdots(\text{答})$$

◀解　説▶

≪三角形の面積公式および外接円と内接円≫

三角比の基本問題である。〔1〕，〔2〕は余弦定理と面積公式の公式確認問題。〔3〕で相加平均・相乗平均の関係を使うが，典型的な用い方で難しいところはない。〔4〕も三角形の内接円の半径を面積を利用して求める基本問題である。

❖講　評

Ⅰは小問3問の形式である。〔1〕は指数の計算，常用対数と桁数の問題，対数関数の最大・最小問題といった典型的な基本問題である。〔2〕は三角関数の基本的な計算問題であるが，基本的な計算力が不足していると苦労するだろう。〔3〕はデータの分析の基本問題である。(3)・(4)は

データの組の関係を最小二乗法と呼ばれる手法で1次関数に近似する問題だが，誘導に従って解けば難しいところはない。

Ⅱは2つの店が互いに相手の販売量を数学的に予想して自分の販売量を決めるという実生活に関係するような問題である。例年このような形で出題されるが，たいてい誘導に従っていけば難しくなく，数学の内容としては易しい2次関数の最大・最小の初歩的な問題である。

Ⅲのみ記述式の問題で，三角比の基本問題である。余弦定理，正弦定理，面積公式と三角形の外接円・内接円の半径の求め方を知っていれば問題はない。途中，相加平均・相乗平均の関係を使うが，典型的な用い方であるから困るところはないだろう。

外は、本文にない記述が含まれる。標準的。問7の文学史の設問はやや難。全体として標準レベル。

四の漢文は、性悪説を唱えた荀子による『荀子』が出典。冒頭の一文の理解がカギ。問1の書き下し文は、「行」と「喪」が置き字「而」を挟んで対応していることをつかむ。やや難。問2の「不若」「自」の読みは頻出。問3の空所補充は「自」「己」と「人」について、AとBが対になっていることをつかんで、文脈から判断する。標準的。問4の内容真偽は、順序を追って文脈をたどれば正解できる。標準的。全体として標準レベル。

ない内容。4は後半の「人間も幼い頃は」以下の記述が本文にない。5については、本文と合致する点がない。

❖講　評

一の現代文は、鶴ヶ谷真一『記憶の箱舟』が出典。伊藤仁斎と荻生徂徠が朱子学を読み解き、後世に影響を与えたことを記した文章。論旨が明瞭で読みやすい。問3の指示内容は平易。問4の語意は、「厳格主義」と相まって文脈から類推可能。標準的。問5の空所補充は、Aがやや難。直前の「善・悪によって切り捨てる」との関連に気づけるかがカギ。問6の箇所指摘は十字の制限字数がヒント。標準的。問7の内容説明は文脈の正しい把握が必要。標準的。問8の空所補充の設問は、消去法で選べばよい。やや難。問9の徂徠の教えの箇所指摘は標準的。問10の主旨の設問は文章全体の把握がカギで標準的。問11の文学史はやや難。全体として標準レベル。

二の現代文は、古田徹也『いつもの言葉を哲学する』が出典。新語の導入における慎重さと手厚い意味の説明の必要性を説く。具体例が多く示されたわかりやすい文章。問1の内容説明は、直前の具体例をもとに抽象化を図った選択肢を選ぶ。文脈の正確な把握が必要。標準的。問2は挿入箇所の直前の内容と挿入文が文脈上破綻していないものを選ぶ。標準的。問3の内容説明は、本文中に記述のないものを省く。標準的。問4の空所補充も5「行動変容」以外には文脈が破綻する。標準的。問5の内容真偽の設問は、一つ一つ細部まで不適切な記述がないか丁寧な検討が必要。やや難。全体を通しては、標準的。

三の古文の出典は、軍記物語の『保元物語』。リード文から情報をしっかりと把握する。文章量が多いが、丁寧に文脈を追うことで正解にたどり着く。問1の人物指摘は3と4に絞って、④で「八幡大菩薩」か「母」かを見分ける。「始め」と敬語が使われていない点からも④が選べる。標準的。問3の内容説明は、文脈を追うことで正解できる。標準的。問4の口語訳は、接続助詞の「ば」が順接仮定条件である点を理解して訳す。標準的。問5の内容説明は、第三・四段落を精読して正解につなげる。標準的。問6の内容真偽は、文章全体の把握を確認する設問。正解の1と6以の軀《からだ》を喪ふ。然るに且つ之を為さば是れ其の身を忘るるなり。家室立ちどころに残《そこな》はれ、親戚刑戮《けいりく》より免れず。然るに且つ之を為さば是れ其の親を忘るるなり。君上の悪《にく》む所にして、刑法の大いに禁ずる所なり。然るに且つ之を為さば是れ其の君を忘るるなり。下其の身を忘れ、内其の親を忘れ、上其の君を忘るるは、是れ刑法の舎《ゆる》さざる所にして、聖王の畜《やしな》はざる所なり。乳彘《てい》虎に触れず、乳狗《こう》遠遊せざるは、其の親を忘れざればなり。人や、下其の身を忘れ、内其の親を忘れ、上其の君を忘るれば、則ち是《こ》の人や曾《すなは》ち狗彘に之《し》れ若かざるなり。凡そ闘ふ者は、必ず自ら以て是と為し人を以て非と為すなり。己は誠に是にして、人は誠に非なれば、則ち是れ己は君子にして人は小人なり。君子を以て小人と相賊害するなり。下以て其の身を忘れ、内以て其の親を忘れ、上以て其の君を忘るるは、豈《あ》に過ちの甚《はなは》しきものならずや。

▲解　説▼

『荀子』は中国戦国時代の思想家である荀子による思想書。「性悪説」が説かれている。

問1　「行」と「喪」が、助字である「而」で対比の関係となっていることをつかめるかどうかがポイント。「行」と「喪」はいずれも動詞で、本文では「行ふ」「喪ふ」と読めることから書き下し文としては1が正解とわかる。

問2　頻出語の「読み」を問うもの。②「不若」は頻出で「しかず」と読む。〝～には及ばない〟意である。「若」は「し」を送り仮名にして「もし」と読む場合や、二人称代名詞で「なんぢ」と読む用法もある。③「自」も「みづから」「おのづから」「～より」など多数の読みがあるが、ここでは〝その人自身〟を意味する「みづから」と読むことがわかる。「自」と「人」、「己」と「人」という対も読みの根拠になる。

問3　一読してAとBが対をなしていることがわかるだろう。問2と同様「自」がA、「人」がB、ということで、直後の「己」―「君子」、「人」―「小人」の対比から判断して、「君子」である「己」が「是」で、「小人」である「人」が「非」であると類推できる。正解は5である。

問4　3が、冒頭の「闘者、……忘其君者也」と合致し、最後から二文目の「以君子……相賊害也」とも符合することから、正解とわかる。各選択肢を見ると、1は「誰でも避けたい」以下の記述が本文には見当たらない。2は本文には

四

出典　荀子『荀子』〈巻第二　栄辱編第四〉

解答

問1　1

問2　②しかざる　③みづから

問3　5

問4　3

◆全　訳◆

闘争する者は、我が身を忘れた者であり、我が親を忘れた者であり、我が主君を忘れた者である。（闘争すると）少しの間の怒りを爆発させて一生を台無しにしてしまうことになる。それなのになおかつこれを行うのは我が身を忘れているのである。（また、）家族がたちまち損なわれ、親戚も刑罰や殺戮を免れない。それでもなおかつこれを行うのは、我が親を忘れているのである。（さらに、）主君の憎むことで、刑法の厳禁していることである。それでもなおかつこれを行うのは、我が主君を忘れているのである。下は我が身を忘れ、内は我が親を忘れ、上は我が主君を忘れるのは、国の刑法が許さないことであって、聖王でも（国民として）養うものではない。幼いブタが虎に近寄らず、幼いイヌが遠くへは遊びに行かないのは、その親のことを忘れないからである。（しかし、）人間でありながら下には一身を忘れ、内にはその親のことを忘れ、上にはその主君のことを忘れるようなことでは、（人であっても）イヌやブタにも及ばないのである。およそ闘争する者は、必ず自分は正しく他人が間違っていると考えるのである。（しかし、）自分が本当に正当で、他人が本当に間違っているのならば、自分は君子で他人は小人であることになる。（すると、その争いは、）君子でありながら小人と互いに危害を加え合うことになる。下に我が身を忘れ、内はその親を忘れ、上はその主君を忘れるというようなことは、どうしてひどい間違いではなかろうか、いやひどい間違いである。

読み　闘ふ者は、其の身を忘るる者なり、其の親を忘るる者なり、其の君を忘るる者なり。其の少頃《けい》の怒りを行ひて終身問4 ポイントになる語は、㋑では「つれなし」「ながらふ」の二語と順接仮定条件を表す「ば」、㋒は反実仮想の「ましかば」である。㋑「つれなし」は〝平気だ〟、「ながらふ」は〝生きながらえる・長生きする〟意。ここでは〝平気で生きながらえたならば〟と訳す。㋒については、「あら」の主語が自分の子供であることを確認。直訳すると〝もし子供がいたならば〟の意だが、この場合の「あり」は〝生きている〟がふさわしい。そこで〝もし生きていたならば〟と訳す。㋑・㋒とも「ば」が順接の仮定条件であることに注意すること。

問5 傍線㋓のある第四段落の直前の第三段落には、母の思いが記されている。母は、夫や子供たちが斬られたことで「一時も、世にあるべしとも思えず」や「水の底へも入りなばや」など悲観的な心情を吐露している。これを受けて第四段落には「乳母の女房」をはじめとして、母をなだめる者たちの様子が描かれている。その思いは母の入水を止めることである。この思いに沿う選択肢は4である。最終段落で母が「輿に乗らむと立ち寄らせたまへば、皆心安くて立ち退き」という表現からも、周りの人たちが母が入水するのではと思っていたことがわかる。

問6 1の内容が第一段落の「せめては一人なりとも……なりなまし」と合致している。また、6は、最終段落の「輿に乗らむと……水の底に沈みたまひける」と合致している。正解は1と6である。他の選択肢の間違い部分について、2は後半の「失礼で強く非難されるべき」といった記述が本文にはない。3は「寺を訪れた母は……容姿にも気を遣い」が外れる。第二段落に「為義が妻の見目の良くて悪しくてなど、法師ばらの沙汰せむ事も心憂し」とある。4は、最後の「輿に乗らず歩いて帰ることにした」が間違い。5は、「宿所に戻り家族を供養」するように皆が申し上げたのであって、母は帰るふりをして川へ入水している。

問7 『保元物語』は鎌倉初期の軍記物語。1『義経記』は室町初期成立、2『将門記』は平将門の反乱の顛末を記した軍記物で乱の直後に成立といわれており、これが正解。3『曾我物語』は鎌倉中期以降に成立。4『太平記』は室町初期に成立。5『武家義理物語』は江戸時代の浮世草子で井原西鶴の作。ジャンルごとの著名な作品については、時代を確認しておきたい。

で、夫に先立たれ、子供に先立たれた例は、まことに多いが、すぐさま命を捨てることは、だいたい、稀なことですよ。それよりもひたすら早くお家にお帰りになって、皆様のご供養をお営みください。入水などなさろうものなら、御自身の罪障が深くおなりになるだけではなく、判官殿や幼い子供たちの菩提を、誰が弔い申し上げることができるのですか」など、あれこれ慰め申して、おそばの者たちはそれぞれ、川辺に立ち並んで、（母が入水しないように）目も放さず見張り申し上げる。

母は、うなずいて、「確かに自分が死んだとしても、後世で（夫や子供たちに）行き会うことがないようなら、どうしようもない。それでは、京に帰るのがよかろう」と言いながら、輿に乗ろうと立ち寄りなさったので、皆安心して退き、川を渡ろうとするどさくさに紛れて、（母は）入れ違いに走って、岸から川へ飛び込みなさる。乳母の女房も「ああ、つらいこと」と言って、続け様に川へ入ったのだった。（母は）石を袂に入れなさっていた。二度と見えないで、水の底に沈みなさったのは悲しいことだ。

◀解　説▶

『保元物語』は鎌倉前期に成立した軍記物語。『平家物語』より早く成立したものと考えられている。

問1　①は冒頭にある主語の「母」、②は直前文の「八幡へ参りつる」とも呼応しており、「母」が主語。③は直前の「いかに恨めし」から「子供たち」が主語とわかる。そこで3と4に絞れるが、④の「精進」を始める主語になれるのは、「母」であり、「八幡大菩薩」だとつじつまが合わない。正解は4である。

問2　助動詞の文法的意味を問う問題。いずれも迷う選択肢がなく、平易。

問3　㋐「愚かなれ」とは、母の自分への思いである。それは仏の説いた「人一日一夜を経るにだに、八億四千の思ひあり」について、「何事にかはさまで」（＝どうしてそれほどまで）〝思い悩むことがあろうか〟と思っていたことに対して、母は自分が愚かで思い至らなかったのだと気づいたのである。夫と子供が「処刑された」ことについては、リード文にも記されている。選択肢でこの心情に近いものは、3である。

してのことだ。よりによって今朝八幡へ詣でなかったならば、子供との最後の名残を、今一度惜しむことができたのに。悔しいことになった物詣でであることよ」などとおっしゃるのは本当に切実だ。

また、泣く泣くおっしゃるには「船岡山へ行ってみよう、空しい死骸であっても見たいと思うが、今頃は、きっと、犬やからすが引き散らしていることだろう。あちこちから、見るに堪えない屍体を探し出して、これは乙若だよ、あれは天王だよ、などと見るのも、目も当てられないだろうから、泣く泣く行かないでおこうと思うのだ。はかないことのたとえと、他人事の悲哀として聞いていたのは、（我が身にとっては）まさに船岡山のことだったのだ。嵯峨や太秦に詣でて、出家しようと思うが、為義の妻の見た目の良いの悪いのと、法師たちの話題になるのもつらい」と言って、輿を担ぐ人の刀を求めて、自分で髪を切り落とし、たくさんに結い分けて、仏神に手向け申し上げ、石を包み込んで、川の中へ投げ入れた。

「『人が一日一夜過ごすのでさえも、八億四千の物思いがある』と、仏様が説いておられたのを、どうしてそこまで（たくさん）あろうかと、思っていたのはおろかだった。我が身の嘆きを数えてみると、川原の石を数えきっても、まだいったいどれほど積もるだろうか（まだ足りない）。判官殿は六十三歳、七、八十まで生きる人もいるのだと思えば惜しい年齢だ。ましてや、子供たちの将来は、まだまだはるか先まであることだ。つらいこの世で何もなかったかのように長生きしたら、（亡き）子の年を数えては、（生きていれば）今年はあの子はいくつ、この子はいくつ、我が子に似ている子供を見つけては、あの子が生きていればと恋しくては、（子を）斬ったとかいう者が恨めしいことよ。斬られた子が不憫なことよ。こんな辛い思いを続けて一時たりとも、この世に生きていようなどとは思えない。思い通りにならないのが世の常なので、一日やほんの少しの間でも平気で生きながらえて、積もるであろう罪がおそろしい。だから、ただ、入水して果てたいと思うのだよ。『今の世の生に執着せず、ただ仏道に生きることを願うべきだ』などと、仏様も説いておられる」と、くどくどと、泣く泣くおっしゃって、すぐには輿にお乗りにならない。

乳母の女房をはじめ、口々に申したのは、「大変なお嘆きようで、そのように思し召すでしょうが、昔から今に至るま

三

出典　『保元物語』〈下　為義の北の方身を投げたまふ事〉

解答

問１　４

問２　⑤－３　⑥－５　⑦－６　⑧－２

問３　３

問４　㋑平気で生きながらえたならば（十五字以内）　㋒もし生きていたならば（十二字以内）

問５　４

問６　１・６

問７　２

◆全　訳◆

母は、桂川の河原に輿を下ろし、川を渡ろうとした準備に紛れて、輿の中から這い出て、誰にも知られず、石を拾って懐の中に入れて、泣く泣くおっしゃったことには、「今朝、石清水八幡宮に参ったときに、この子供たちが（一緒に連れて行ってと）後を追ったけれども、皆を連れて行けば、伴の者もいない（＝四人全員は連れて行けない）。（かといって）一人二人（を連れて行くの）は（残された子が）かえってうらやましがると思って、振り切って出てきたのを、（子供たちは）どんなに恨めしく思っただろう。こんなことになるだろうと知ってさえいたなら、皆を連れて参詣しただろうに。せめて一人でも連れて出ていたならば、たとえ逃げおおせずとも、手を取ってどうにでもなった（＝一緒に死ぬこともできた）のに。今朝が最後の別れであったなんて。『幼い者の寝姿を見ては外出しない』とよく言うことわざは、本当のことだったのだ。まことに、八幡大菩薩は、源氏の家に生まれた者を、末代まで守ろうと約束なさっていると聞く。この子たちは由緒正しい本家の跡継ぎだ。たとえ幼い者たちだとは言っても、お見捨てになるのは恨めしいことよ。こんなことになろうと知っていたら、どうして八幡へ参詣しただろうか。この度、精進を始めたのも、判官殿や、子供の無事を祈念とができる。今回は挿入文冒頭の「そうでなければ」が表す内容を前文から確認し、文意がつながる箇所を判断する。〈３〉に入れると、「そうでなければ」の指示内容が〈新奇の言葉を用いる際に（言葉の意味を）丁寧に説明しなければ〉となり、それでは「新奇な言葉（＝「ロックダウン」）を人々に押しつけているだけ」ということで文意が通じるので、〈３〉が正解と判断できる。

問３　１の「濃厚接触」には、第六段落から「親密な内容の会話」は含まれていない。２の「社会的距離」については第十二段落で「社会において人々の間に存在する精神的な距離感……を容易に連想させる」とあり適切と言える。３は第七段落から、「外国人に対し全面的に出入国を禁止する」が外れる。４は「破壊をともなう危険な状態」が外れる。５は第九段落に合わない。

問４　「オーバーシュート」という言葉の使用が、促したものを探る。それは「落ち着いた」に修飾されるもので、１の「精神構造」、２の「言語活動」、３の「認知活動」では文意が通らない。４「社会活動」ならば文意は通るが、どのようなものなのかイメージできない。５の「行動変容」のみが、適切な言葉の使用で人々が冷静になって行動を起こしたと文意も通り、イメージもはっきり持てる言葉である。

問５　１の〈従前のメディアのカタカナ語多用の傾向〉についての記述はない。２の「漢字表記に言い換えるべき」は、「濃厚接触」などの例から「問題のある訳語」とされているので、不適切。３は、最後から三つ目の段落と、まとめになる最終段落の記述に符合しており、これを正解とする。４は、「訳出に関する問題」が誤り。もともとの「social distance ないし……連想させること」（第十三段落）という言葉の「特定のイメージ」が問題視されているのである。５は「オーバーシュート」がパニックを「完全に回避することができた」とあるのが、空欄Ａの次の文の「そういう効果があったかどうかはともかくとして」に合わないので不適切。

二

出典　古田徹也『いつもの言葉を哲学する』〈第三章　新しい言葉の奔流のなかで〉（朝日新書）

解答

問1　4
問2　3
問3　2
問4　5
問5　3

◆要　旨◆

耳慣れない言葉を馴染みの言葉の組み合わせに安易に置き換えるのは危険だ。なぜなら馴染みの言葉は、私たちに特定のイメージを自ずと喚起するものだからだ。そうかといって、カタカナ語を無闇に生み出して、丁寧な説明もなく濫用するのも問題だ。どんな言葉でも新語の導入には理解の偏りや誤解といった副作用があるので、公共性の高い領域における新語の導入については、はじめのうちにその適切さを皆で慎重に検討すべきだ。そして、導入後も意味の手厚い説明を心がけるべきだ。

▲解　説▼

問1　傍線㋐の「この指摘」とは前段落二文目「なにもわざわざ……カタカナ語……など使わずとも、たんに……などと言えばよかったではないか」である。これを一般化したものが傍線㋐の直後の表現「新しいカタカナ語はすべて旧来の漢字や平仮名を用いた表記に言い換えればよい」である。これをさらに抽象・一般化した説明を選択肢から探せばよい。これは、要するに〈新しい言葉〉を〈旧来の言葉〉に言い換えることを主張しているわけで、4が該当する。

慌てて「平仮名表記」の3を選ばないようにしたい。

問2　欠文挿入箇所を問う設問では、挿入文のキーワードに着目して、挿入時に文意が通じるか否かで正解を見極めるこ問8　問7でも明らかなように南郭の詩は、「中国の古典詩にみえる詩句をもちきたって、美しいイメージ」をつくり出す「偽唐詩」である。王建の詩に見える「流蛍」「玉階」「涼」の語を用いて、王建の詩とは別の「現実にはない場景」を描写したというのだから、これをカタカナ語でたとえるとすれば、さまざまな布片を継ぎ合わせる意の5「パッチワーク」が適切。

問9　荻生徂徠の教えを指摘する箇所指摘の設問。「資質にかなった道を選んで、詩人としての生涯をまっとうした」という傍線㋔そのものがヒントになっている。本文では徂徠の教えは「学問の要旨」「読書」について記されているが、「資質」に触れた箇所は第四段落の「学問の要旨」を述べた『答問書』の記述である。その中でも最後の文「ただその生まれついての気質をうまく養い育てて、そのものの持つ特性を十分に発揮できるようにするのが学問」は傍線㋔の生き方に合致するものである。始めと終わりの五字を抜き出すと、「ただその生~ものです。」が正解となる。

問10　第一段落の、二人が「朱子学……を、……日本の現実において読み解く試みにいどんだ」こと、第二段落末の伊藤仁斎が「朱子学の規定から文学を解放し、人情の表出と情の真実を伝えるのがすぐれた文学」だとみなしたという記述、傍線㋒の次文「伊藤仁斎の多大な影響……それが西鶴、近松、芭蕉に代表される元禄期……その影響の大きさと深さが改めて思われる」、また、傍線③を含む日野龍夫の引用文「(徂徠によって)……漢学書生たちは……詩文に赴いた」といった記述に着目する。二人はいずれも「朱子学批判」が念頭にあったことを考え合わせて、4を正解とする。

問11　設問文がヒントになるが、正確な知識を必要とする設問。「日常の卑俗や人情の真実を伝えること、世態風俗を描くのが文学の使命である」とは、坪内逍遙の『小説神髄』にある「小説の主脳は人情なり、世態風俗これに次ぐ」を受けた文言である。正解は3「坪内逍遙」である。

の徂徠は、仁斎の朱子学批判を継承し、さらに敷衍して世に広めた。それは、古文辞の学習により先王の道に同化しようとしたもので、規範に縛られたような気持ちをゆるめるものだった。徂徠の後継者の服部南郭は、盛唐の詩風を模倣した。その模倣には矛盾が含まれていたが、芸術に流れた知識人たちの共感を得て、詩人としての生涯をまっとうした。

◀解　説▶

問3　指示内容の設問。傍線㋐の直前の「いずれも」が指すのが仁斎と徂徠とわかれば、選択肢は4・5・6に絞れる。「五十歳前後」に仁斎が「朱子学から脱皮」、徂徠が「独自の解釈に至った」という文脈である。「五十歳前後」という年齢が表している内容として適当な選択肢は、「長い歳月」であろう。正解は5である。

問4　「教条主義」という語の意味を説明する設問。直後に「厳格主義」があり、「人間には『理』によっては割り切れない面があり、……カンヨウさこそが孔子の教え」とある記述に「反する」内容を選べばよい。この観点から選択肢を見ると、2が該当するとわかる。

問5　空欄Aは朱子学の規定で、問4にある「教条主義」や「厳格主義」「善・悪によって切り捨てる」と関連する内容であるはず。すると、3「勧善懲悪」が符合することがわかる。伊藤仁斎の「全国に門弟三千」が下地になって元禄期に「西鶴、近松、芭蕉」が生まれたのである。三人をまとめると、空欄Bには7「文芸復興」が入る。直接的ではないにしろ、伊藤仁斎が元禄文芸復興に一役買ったという文脈である。

問6　伊藤仁斎の「ものの見方や考え方」の箇所を指摘する設問。仁斎の考え方は第二・三段落にいくつも記されているが、十字の条件を満たすものは、第三段落の最後の文にある「ありのままこそが貴い」だけである。「表現分野に活かされた」と設問文にあるので、「表現を……とするその教え」がヒントになる。

問7　南郭の「流蛍篇」についての筆者の解釈は傍線㋓の段落に書かれている。「帝の寵愛を趙飛燕に奪われた班婕妤の立場から詠じている」ものとあること、「高樹を追って昭陽に入る」が「成帝のいます宮殿へと飛んでゆく」に相当することから、2が適切。

国語

一

出典 鶴ヶ谷真一『記憶の箱舟』〈3　読書の変容――素読から草双紙を経て近代読者の成立まで　仁斎と徂徠による朱子学批判〉（白水社）

解答

問1　①はんもん　③おもむ
問2　②寛容　④手腕
問3　5
問4　2
問5　A―3　B―7
問6　ありのままこそが貴い
問7　2
問8　5
問9　ただその生～ものです。
問10　4
問11　3

◆要　　旨◆

伊藤仁斎と荻生徂徠は、朱子学を十八世紀日本の現実において読み解く試みに挑んだ。仁斎は朱子学の「理念」「抽象主義」「教条主義と厳格主義」を批判し、人情の表出と情の真実を伝えるのがすぐれた文学との見解を示した。一世代後

2022年度

問題と解答

■全学統一方式（文系）　※ APU は前期方式（スタンダード３教科型）

問題編

▶試験科目

教科	科目
外国語	コミュニケーション英語Ⅰ・Ⅱ・Ⅲ，英語表現Ⅰ・Ⅱ
選択	日本史Ｂ，世界史Ｂ，地理Ｂ，政治・経済，「数学Ⅰ・Ⅱ・Ａ・Ｂ」から１科目選択
国語	〔文学部以外，APU〕　国語総合，現代文Ｂ，古典Ｂ（漢文の独立問題なし） 〔文学部〕　国語総合，現代文Ｂ，古典Ｂ（漢文の独立問題あり。ただし現代文１題との選択）

▶配点

<table>
<tr><th colspan="2">学部</th><th>外国語</th><th>選択</th><th>国語</th><th>合計</th></tr>
<tr><td colspan="2">法・産業社会・映像・経営・政策科・総合心理・経済・スポーツ健康科・食マネジメント・APU</td><td>120</td><td>100</td><td>100</td><td>320</td></tr>
<tr><td colspan="2">国際関係（国際関係学専攻）</td><td>150</td><td>100</td><td>100</td><td>350</td></tr>
<tr><td rowspan="2">文</td><td>国際文化学域・国際コミュニケーション学域</td><td>150</td><td>100</td><td>100</td><td>350</td></tr>
<tr><td>その他の学域</td><td>120</td><td>100</td><td>100</td><td>320</td></tr>
</table>

▶備考

- ２月２日実施分を掲載。
- 「数学Ｂ」は「数列，ベクトル」から出題。
- 文学部の国語において，選択の現代文と漢文の両方を解答した場合は高得点の方を採用する。

英語

(80分)

I 次の文を読んで，問いに答えなさい。

In 16th-century Europe, Sofonisba Anguissola and Lavinia Fontana learned to paint and earned widespread praise for their work. Their names and reputations were known around the world. Then they were forgotten. For over a century, these female Renaissance[1] painters remained in obscurity[2], ignored by many historians and unknown to the general public. Anguissola's works were even incorrectly credited to famous male artists.

Born around 1535 in northern Italy, Anguissola came from a wealthy family. Then, as now, wealth opened doors. "Women who were lucky enough to be born into families with a certain amount of money would at least get some education. There was no free education back then," says Ann Harris, an art historian.

The oldest of seven, Anguissola had five sisters, and her father had certain ideas about how to raise a young woman. Ideally, aristocratic[3] women should be educated and able to do practically everything — paint, compose poetry, sing, play instruments and engage in clever, entertaining discussion. As with many other aristocratic families, the defining social beliefs of that era governed Anguissola's parents' decision to educate their many daughters in keeping with the changing trends. Around age 10, however, Anguissola's father and mother sent her and one of her sisters off to study under a local painter for a few years. This decision to let them apprentice[4] with a painter was almost revolutionary[5]. Later, Anguissola's training continued under a different artist; at one point, even the famous Italian artist Michelangelo judged and praised her work.

The daughter of an aristocrat, Anguissola could not sell her paintings as that would have been unacceptable, given her social status. Instead, she produced portraits, "a whole series of self-portraits — which are very interesting because they're so diverse in the way that she presents herself — which her father would then give to people who would then perhaps give him something back," Harris adds.

Soon enough, Anguissola was rubbing shoulders with[6] a royal family. In 1559, she was invited to work at the royal household of Philip II in Spain. "She wasn't hired as an in-house artist, as a man would have been," Harris says, "but she gave drawing lessons to the queen." Her position paid well. While she continued to produce paintings, her artistic work was hampered[7] by her duty to serve the queen. Anguissola didn't sign the works she produced during that period, and she never received payment specifically for her art; the unsigned pieces and lack of receipts made her Spanish paintings extremely difficult for historians to track. She left the Spanish royal household in the early 1570s and went on to live a very remarkable life. And it seems her success motivated others, noted Harris. "The incredible wealth her talents gained for her must have inspired other fathers with talented daughters to think of training them in hopes of similar success."

Another aristocrat artist, Lavinia Fontana, appeared on the artistic scene in the 1570s. Born in Bologna, Italy in 1552, she was the child of a painter, who taught his daughter the art form. Like Anguissola, she was highly educated. Unlike Anguissola, Fontana made a substantial income that wasn't tied to a royal. "She was the first woman artist to have a relatively normal career," Harris says, in that she was paid to paint a wide range of works, which was unusual, and she operated out of her own studio.

She didn't limit herself to painting objects or portraits, though she did gain fame for her portraits of influential people. She also painted landscapes, sacred scenes, and religious pieces. What's even more remarkable were the dynamics[8] of her household. "Lavinia Fontana was professionally active before her marriage to a minor painter," writes Harris. Her husband, with whom she had 11 children, "is said to have agreed to assist his wife's career after their marriage. Since his career never developed at all, he apparently did just that. His wife did not simply contribute to the family income; she became its chief source."

As it was rare at that time for women to be professional painters, Fontana and Anguissola inspired many. But they had detractors[9], too. For example, one historian wrote that Fontana could not handle painting very large images. And in a review of an exhibition of Anguissola's works an art critic wrote, "What's especially annoying is the way this show aims to represent her as more impressive than she is. Anguissola was a painter of the second rank." Harris acknowledges that some of Anguissola's work may not make "the best case," but she points to a few ambitious pieces the artist created before she was met with the limitations of court life. If she had been practicing, rather than giving drawing lessons to royals, Harris says, "who knows how else Anguissola would have matured?"

We may overstate[10] the level of the works of the pioneers, Harris notes, but early women painters made others consider the possibility of pursuing their own careers, eventually leading to female artists whose work "absolutely can compete with anybody's." "So, it's a complicated business," she adds, "but you've got to begin somewhere."

(Adapted from a work by Nneka McGuire)

(注)

1. Renaissance　ルネサンス，学問・芸術の革新運動
2. in obscurity　世に知られずに
3. aristocratic　貴族の
4. apprentice　弟子入りする

出典追記：These female artists were forgotten－and one woman's work was even credited to men. Now, an exhibit is making amends., The Lily on December 4, 2019 by Nneka McGuire, The Washington Post

5. revolutionary　画期的な
6. rub shoulders with　〜と付き合う
7. hamper　じゃまする，妨げる
8. dynamics　関係性
9. detractor　中傷する人
10. overstate　大げさに言う，誇張する

〔1〕本文の意味，内容にかかわる問い(A)〜(D)それぞれの答えとして，本文にしたがってもっとも適当なものを(1)〜(4)から一つ選び，その番号を解答欄にマークしなさい。

(A) Why were both artists ignored by historians until recently?

(1) The text does not state the reasons.
(2) Historians were unwilling to track their paintings.
(3) It was only acceptable for men to be professional artists in the 16th century.
(4) Historians discovered that famous male painters had actually created their works.

(B) How was Sofonisba Anguissola's education different from that of most other aristocratic women?

(1) It was possible because of her social skills.
(2) She was highly educated in a variety of subjects.
(3) Her parents decided to follow the trends of the day.
(4) Her parents allowed her to study and work with professional painters.

(C) Why was it difficult for Anguissola to further her painting skills during her time in Spain?

(1) She was not inspired to paint.

(2) She had teaching responsibilities.

(3) She was too busy working as an in-house artist.

(4) She was not able to apprentice with another painter.

(D) In response to the art critic's opinion, what does Ann Harris emphasize?

(1) That Anguissola should have practiced painting more.

(2) That early women artists were as good as the male masters.

(3) That early women artists were role models for other women.

(4) That Anguissola's choice to work with the royal family was not a mature decision.

〔2〕次の(1)～(5)の文の中で，本文の内容と一致するものには1の番号を，一致しないものには2の番号を，また本文の内容からだけではどちらとも判断しかねるものには3の番号を解答欄にマークしなさい。

(1) Both artists had fathers who were painters.

(2) Both women were able to generate wealth because of being artists.

(3) Unlike women artists before her, Lavinia Fontana was able to have more independence in her career.

(4) Fontana's family life was typical of that era.

(5) Fontana's husband was not pleased about his wife earning more money than he did.

〔3〕本文の内容をもっともよく表しているものを(1)～(5)から一つ選び，その番号を解答欄にマークしなさい。

(1) How two Renaissance artists became forgotten

(2) Family challenges of two forgotten Renaissance artists

(3) Acknowledging the careers of two pioneer Renaissance artists

(4) The influence of royal families on the success of Renaissance artists

(5) The importance of education and wealth for the success of early Renaissance artists

Ⅱ　次の文を読んで，問いに答えなさい。

Nobody likes being on hold listening to an annoying tune interrupted every 20 seconds by a robotic voice saying, "Your call is important to us. Please stay on hold and a customer service representative will be with you shortly." Absolutely not!

As hard as companies make it to speak to a live telephone operator, they do actually care about customer service. Angry customers who hang up after 27 minutes on hold are more likely to say bad things about that company online or switch to (A) . It's called the "economic cost of waiting." Recently, there's been some surprising research into the psychology of waiting and what types of music and messaging make the on-hold experience more or less painful. (B) , the biggest innovations[1] in the design of telephone hold systems have been the "estimated time" and "place in line" messages, techniques perfected by theme parks, places so famous for everyone having to wait in line.

According to a 2007 study comparing different types of (C) , the most useful trick for keeping people calm while on hold was to tell them their place in line. In the experiment, 123 callers were put on hold for two minutes. One third of them listened to hold music, a third got music interrupted by messages apologizing for the wait, and the last group heard music with occasional status updates[2]: "You are the 4th caller in line... You are the 3rd caller in line..., etc." Asked afterward about their experience, the people who received the status updates were the most satisfied. It wasn't necessarily that they(あ) perceived[3] the wait to be shorter than the other groups, but that the sense of progress was comforting. "It is not an issue of time but an issue of sensing a hindrance[4]," study author Anat Rafaeli told the American Psychological Association. "What makes me happy is when I realize that I am getting closer to [(D)] and getting what I wanted."

But what about the hold music itself? Do different types of hold music affect callers differently? A 2014 study asked if pop songs with positive messages could improve the moods of callers waiting on a customer service hotline[5]. It turned out that they(い) don't. Hearing "pro-social"[6] music like Michael Jackson's "Heal the World" just made frustrated callers even more frustrated. Then there's the question of whether popular songs are a better distraction than elevator music[7]. Another study found that people subconsciously use background music as a [(E)], sensing the length of each song and adding them up to perceive total wait time. Since familiar pop songs are more "accessible to memory," the authors wrote, they're more closely tied to a time interval, and wait times are perceived as longer than with unfamiliar songs.

All of this research makes you wonder, though, why the on-hold experience delivered by so many companies is still so awful. For answers, we contacted a company that creates custom hold music and messaging for businesses. Rich Moncure, the president, calculates average wait times to determine the right mix of music and messaging. "The goal of our industry is to make hold time seem shorter than it is," says Moncure, adding that variety is the key(う). "If it's music only, we change it every two minutes. If you let that music keep playing, whatever the music is, that makes the whole time seem longer. At a call center, if your average wait time is 10 minutes, then you never want any piece of music to repeat itself," says Moncure, "because once callers start hearing a loop[8], their sense that they're [(F)] increases."

It's easy to understand why companies would want to aim for <u>this</u>㋓. So what explains the low-quality, constantly looping music and dull messages that are on almost every company phone system? For Moncure, it comes down to laziness and one particular technological problem. [(G)], too many companies simply use the default[9] hold music that comes with their phone system. Moncure calls it "canned" music, and while some people strangely love it, much of it is annoying and repeats forever.

But even if a company creates a reasonably inoffensive modern jazz playlist for their hold music, their phone system technology can still make it [(H)]. Most call centers, for example, rely on Voice over Internet Protocol (VoIP) phone systems. These internet-based systems are designed to send the human voice across digital networks in little packets of data. That works well for the sound of the operator's voice but is a poor channel for music. Moncure says that the audio range on VoIP calls is very narrow and strong in the mid-range, which explains why high and low tones come through as unclear. "It's absolutely an artistic decision that <u>we</u>㋔ have to make, but there's also a technical element," says Moncure. "My industry needs to make sure from a technical viewpoint that the hold music will actually work within the small amount of data that VoIP allows for."

No doubt the hold experience will continue to improve with time. Until then, customers should consider the limitations many companies face, and, in turn, companies must respect their customers' limited time and patience.

(Adapted from a work by Dave Roos)

(注)

1. innovation　革新
2. status update　状況の最新情報
3. perceive　〜であると気づく

出典追記：Why Do We Find Waiting on Hold So Irritating?, HowStuffWorks by Dave Roos

4．hindrance　障害物

5．hotline　ホットライン，直通電話

6．pro-social　向社会的な，他者に恩恵を与えるような

7．elevator music　(エレベーターの中で流すような)耳に心地よい音楽

8．loop　反復，繰り返し

9．default　初期設定の

〔1〕本文の (A) ～ (H) それぞれに入れるのにもっとも適当なものを(1)～(4)から一つ選び，その番号を解答欄にマークしなさい。

(A)　(1) a competitor　(2) a different live telephone operator
　(3) an e-mail message　(4) the chat support option

(B)　(1) Besides hold music　(2) In contrast
　(3) Once again　(4) Regarding telephone operators

(C)　(1) leisure activities　(2) on-hold messages
　(3) product satisfaction　(4) sales techniques

(D)　(1) hearing my favorite song　(2) knowing my status
　(3) passing this barrier　(4) switching companies

(E)　(1) kind of internal clock　(2) means to feel better
　(3) source of inspiration　(4) way to forget the time

(F)　(1) advancing in line　(2) being redirected
　(3) being taken care of　(4) still waiting

(G)　(1) Basically　(2) In addition
　(3) On the contrary　(4) Similarly

(H)
(1) a slightly more acceptable experience
(2) full of strange song choices
(3) hard to listen to
(4) repeat songs too often

〔2〕下線部㋐～㋔それぞれの意味または内容として，もっとも適当なものを(1)～(4)から一つ選び，その番号を解答欄にマークしなさい。

㋐ they
(1) callers who heard an apology
(2) callers who only listened to hold music
(3) callers who knew their place in the queue
(4) callers who were frustrated by the experience

㋑ they
(1) songs
(2) callers
(3) listeners
(4) musicians

㋒ the key
(1) the way to get higher profits
(2) the way to become an industry leader
(3) the way to choose the best kind of music to play
(4) the way to keep customers from becoming impatient

㋓ this
(1) creating original hold music
(2) increasing the amount of hold music
(3) adjusting people's feelings toward being on hold
(4) doing more research on why on-hold waiting remains unpleasant

㋔ we

(1) the operators who answer calls

(2) the companies that purchase telephone systems

(3) the companies that design the hold messaging systems

(4) the technicians who install the internet and phone lines

Ⅲ

〔1〕次の会話の㋐～㋓それぞれの空所に入れるのにもっとも適当な表現を(1)～(10)から一つ選び，その番号を解答欄にマークしなさい。

At a coffee shop

A: What's the matter? You seem awfully quiet today.

B: So it shows, huh? Actually, there's something I want to ask you about.

A: Sure, you know you can count on me. What is it?

B: Actually it's about Ken. (㋐)

A: That's right.... I remember him. Wait a minute, you're turning red? (㋑) I think that's great.

B: I guess it's pretty obvious, huh? I want to ask him out on a date, but I'm not sure how to do it.

A: I know it's scary, but why don't you just ask him?

B: The thing is that I haven't seen him since the end of last semester. He's not in any of my classes right now.

A: (㋒)

B: I think I would be more comfortable asking him in person. And I don't know his number anyway.

A: Hmm... that's tough. Wait a minute! He always studies on the third floor of the library. Why don't you see if you can find him there?

B: Oh, goodness! (㋓) But I guess I had better go do it.

(1) Why are you so angry?

(2) How about calling him?

(3) Here's his phone number.

(4) Suddenly I don't feel so sure.

(5) Thanks for that information!

(6) Now I feel eager to talk to him.

(7) He's my research partner in our history class.

(8) OK, now I think I understand how you're feeling.

(9) You know, the guy from our math class last semester.

(10) Yesterday we got into a huge fight about the money he owes me.

〔2〕次の会話の ㋕ ～ ㋘ それぞれの空所に入れるのにもっとも適当な表現を(1)～(10)から一つ選び，その番号を解答欄にマークしなさい。

At a national park

A：Good morning, madam. Welcome to Glacier National Park.

B：Thank you. I have a reservation for tonight at the Mountain Lodge. (㋕)

A：Well, madam, the area for parking your car is right over there. That's also where you can get a free, open-air shuttle bus directly to your lodge. You'll have a fantastic view.

B：(㋖) I have two young children, and I have quite a lot of luggage.

A：Yes, I understand, but we're trying to reduce traffic and noise in the park so we don't frighten the wildlife. (㋗)

B：Well, that's all very good. But it'll be very difficult to unload everything and take care of the kids at the same time.

A：Don't worry, madam. There are several members of the staff who will meet you when you park. They will give you all the help you need.

B：I see. Will we have to wait very long for the next shuttle?

A：No, madam. (　㋘　)

B：That's great! Now I understand. I'm very excited about staying in this beautiful park. Thank you very much for your help.

A：You're welcome. Have a great stay with your family. I'm sure it will be an experience you'll never forget!

(1) They depart every ten minutes.
(2) I would really love to walk there.
(3) Can you tell me how to get there?
(4) Shuttle busses only run once a day.
(5) Do you mean I can't drive there myself?
(6) I'm sure my luggage will fit in the bus.
(7) You can buy your ticket when you get on.
(8) The electric bus is very comfortable and quiet.
(9) I'm sure you will love walking and won't get lost.
(10) Since the weather is so bad, they have been cancelled.

Ⅳ　次の(A)～(H)それぞれの文を完成させるのに，下線部の語法としてもっとも適当なものを(1)～(4)から一つ選び，その番号を解答欄にマークしなさい。

(A) What is this long list of words ________?

(1) for　　(2) necessary
(3) says　　(4) writing

(B) If you have any questions, please feel free to ________ the office.

(1) contact　　(2) contact for
(3) contact in　　(4) contact to

(C) His suitcase had a tag with his name ________ on it.

(1) been printed　　(2) prints
(3) printed　　(4) printing

(D) ________ a little more care, I could have avoided the mistake.

(1) Because of　　(2) In spite of
(3) Thanks to　　(4) With

(E) How dare ________ that to me?

(1) can you say　　(2) do you say
(3) will you say　　(4) you say

(F) I am tired because I have been reading ________ a thousand pages a week.

(1) all the more　　(2) as many as
(3) many more　　(4) more and more

(G) ________ did she dream that she was to become an astronaut.

(1) Enough　　(2) Even
(3) Little　　(4) Though

(H) The task ________ they are responsible is still left undone.

(1) at which (2) for which

(3) of which (4) which

V

〔1〕次の(A)～(E)それぞれの文を完成させるのに，下線部に入れる語としてもっとも適当なものを(1)～(4)から一つ選び，その番号を解答欄にマークしなさい。

(A) This animal rescue center relies on ________ from local citizens to survive.

(1) ancestors (2) donations

(3) manners (4) politics

(B) The deadline is tomorrow, so let's put away our phones to avoid further ________.

(1) possession (2) preservation

(3) procrastination (4) proportion

(C) ________ the powder in a glass of water.

(1) Accuse (2) Deprive

(3) Dissolve (4) Mount

(D) They proved that the antique was ________.

(1) deliberate (2) genuine

(3) mature (4) tame

(E) The unhappy situation I found myself in could only be described as a serious ________.

(1) prance (2) predicament

(3) preposition (4) prom

〔2〕次の(A)～(E)の文において，下線部の語にもっとも近い意味になる語を(1)～(4)から一つ選び，その番号を解答欄にマークしなさい。

(A) The arctic environment created problems for the team.

(1) artificial　(2) desert

(3) polar　(4) training

(B) It was an adorable performance by the children.

(1) a delightful　(2) a diligent

(3) a peculiar　(4) a persuasive

(C) We need to modify the materials.

(1) adapt　(2) distribute

(3) guarantee　(4) minimize

(D) The apartment buildings surround and dwarf the nearby houses.

(1) dignify　(2) disguise

(3) displace　(4) dominate

(E) The latest developments were jeopardizing our plans.

(1) assuring　(2) magnifying

(3) popularizing　(4) threatening

■日本史■

（80 分）

Ⅰ 次の文章を読み，空欄 [A] ～ [J] にもっとも適切な語句を記入し，かつ（a）～（e）の問いに答えよ。

旧石器時代，新石器時代という時代名称は一つの時代名称を二つに分けたものであり，世界の多くの地域で使用されている。日本列島においては，旧石器時代に続く時代名称は縄文時代である。世界的にみて，新石器時代は地質学上の完新世以降に相当するが，縄文時代は地質学上の [A] 世から完新世にかけて存続する点，新石器時代とは異なっている。一般に，新石器時代は磨製石器①や土器②の使用，動物の飼育や農耕の開始が重要な要素となるが，縄文時代は，農耕が十分に普及していないとみなされている。その一方で，土器の使用は，日本列島においては地質学上の [A] 世にさかのぼることが確実である。

日本列島における旧石器時代の存在は，[B] 県にある岩宿遺跡の発見③によって明らかになる。日本の旧石器時代の遺跡からは，石器の一部を磨いている [C] 石斧が出土する。これを旧石器時代のものとはみなさない意見もあったが，現在ではこのような石器も旧石器時代に存在することが確定している。

縄文時代に関しては，[D] 石斧と呼ばれる土掘具とみなされる石器④が数多く存在することから，これを使用した原始的農耕が存在したという説は戦前から強く主張されてきた。戦後，縄文時代の原始的農耕の解明が進められ，植物の栽培⑤が進んでいたことは確実になっている。

2021年，縄文時代の遺跡群が世界遺産に登録されたが，これは17の遺跡から構成される。このなかには，[E] 県にある大湯環状列石や，巨大なクリの木の柱で知られる [F] 県にある三内丸山遺跡なども含まれている。また，津軽半島の西南部に位置する [G] 遺跡で出土した土器は，形象性に富んだ縄文晩期のもので，[G] 式土器と呼ばれている。この遺跡からは，人間を象ったような土製品である [H] も出土している。このように，世界遺産に登録された地域の縄文時代の遺跡群には，多くの時間と労力を必要とする創作物や構築物が含まれており，安定した社会組織と技術力に裏付けられた精神性に富んだ社会の実態をうかがうことができる。

一方，この時代には広範囲におよぶ交易も行われていた。ガラス質で加工に適した黒曜石は，長野県の［ Ｉ ］峠や大分県の姫島など，特定の地点で産出し，出土する遺跡の分布から交易の範囲が想定される。同様に，新潟県の姫川流域で産出する緑色の［ Ｊ ］も，東日本をはじめ広範な地域に分布している。

（a） 下線部①に関連して，磨製石器はどれか。もっとも適切なものを下から一つ選び，記号で答えよ。

あ 石匙　　い 石鍬　　う 石皿　　え ナイフ形石器

（b） 下線部②に関連して，縄文時代にもっとも一般的に存在する土器の種類はどれか。もっとも適切なものを下から一つ選び，記号で答えよ。

あ 注口土器　　い 甕形土器　　う 高坏形土器　　え 深鉢形土器

（c） 下線部③に関する説明として，もっとも適切なものを下から一つ選び，記号で答えよ。

あ 岩宿遺跡は相沢忠洋が発見した。

い 岩宿遺跡では，関東ローム層よりも古い地層から石器が発見されたことから，旧石器時代の遺跡であることが判明した。

う 岩宿遺跡では約３万６千年前よりも古い石器が発見されたことから，旧石器時代の遺跡であることが判明した。

え 岩宿遺跡からは，のちに旧石器時代の人骨も発見された。

（d） 下線部④に関連して，土掘具と考えられる石器はどれか。もっとも適切なものを下から一つ選び，記号で答えよ。

あ

い

う

え

写真あ〜え：新潟県長岡市教育委員会

(e)　下線部⑤に関連して，縄文時代晩期とされる水田跡が発見された遺跡はどれか。もっとも適切なものを下から一つ選び，記号で答えよ。

㋐　登呂遺跡　　㋑　唐古・鍵遺跡

㋒　菜畑遺跡　　㋓　池上曽根遺跡

Ⅱ　次の文章〔1〕・〔2〕を読み，空欄 [A] ～ [J] にもっとも適切な語句・人名・数字などを記入し，かつ(a)～(e)の問いに答えよ。

〔1〕　1429年に中山王 [A] の統一によって成立した琉球王国は，16世紀初頭に最盛期を迎え，薩摩の大名 [B] 氏ら南九州の諸勢力は，対琉球貿易での優位を得るため，琉球王国への臣従化を表明した。同じ頃，朝鮮王朝にも，対馬をはじめとする九州，西国の地域権力からひっきりなしに通交使節が訪れたが，その多くが「偽使」であった。

こうした「偽使」を排すべく，すでに15世紀には「日本国王」とされた8代将軍 [C] の要請により，朝鮮王朝から発給された通交証明である牙符（通信符）の制度が導入されていたが，1493年の [D] の政変を機とする「2人の将軍」の分立状況①を経て，幕府将軍家の保有した国家的な外交権は，地域権力のもとに分有されていくこととなった。

1510年，朝鮮半島での日本人居留港であった [E] の「恒居倭」が対馬島主 [F] 氏の支援を得て蜂起するが， [F] 氏が朝鮮王朝との通交権を集中独占できた背景には，周防の大内氏②や豊後の [G] 氏といった西国の地域権力が牙符を融通したためと考えられる。

[E] の乱後， [F] 氏は大内氏の助力を得て日本国王使派遣を実現するが，壬申約条によって通交権は縮減され，その後，大内氏や [G] 氏と偽日本国王使を仕立てて約条撤回交渉を繰り返した。

(a)　下線部①に関連して，11代将軍として，足利義澄を擁立したのは誰か。もっとも適切な人名を下から一つ選び，記号で答えよ。

㋐　細川政元　　㋑　山名持豊　　㋒　畠山満家　　㋓　斯波義廉

(b)　下線部②に関連して，[D]の政変で追われたが，1508年，大内義興の助力で上洛して将軍に復し，遣明船派遣に際しても大内氏を優遇した人物は誰か。もっとも適切な人名を下から一つ選び，記号で答えよ。

㋐　足利義視　　㋑　足利義満　　㋒　足利義稙　　㋓　足利義維

〔2〕　中国では半世紀におよぶ③明清交替の激動期を経て，17世紀後半に清による中国支配が確立した。わが国では17世紀後半は江戸幕府4代将軍家綱の時代で，その治世はまさにこの中国の激動期と重なっている。

この時代は，積極的な外交は避けられ，1653年にはかつて山田長政が活躍したことのある[H]の国王からの書簡も，公式には受取りを謝絶している。しかし，[H]からの交易船は「唐船」として受け入れるなど，通商関係は維持された。一方，対ヨーロッパ関係では，イギリス，デンマーク，フランスなどが通商を求め，幕府内で議論はあったものの，④[I]以外とは関わらないという消極路線が堅持された。

家綱治世下の最大の外交問題は，明清交替にともなう対琉球問題であった。中国皇帝からの冊封を受けつつ，[J]年の薩摩藩の侵攻によって幕府支配下にもおかれるという，二重支配下にあった琉球との関係は，じつに微妙な問題を含むこととなった。それまで明を宗主国としていた琉球は，やがて正式に清に帰順した。これに先だって，薩摩藩は⑤琉球から日本へ送られる使節が，辮髪や服制の強要を受けないかとの危惧を幕府に伝え，その指示を仰いだが，現実にはこうした事態は起こらなかった。

(c)　下線部③に関連して，この時期に明の遺臣として台湾を拠点に活動した軍人を題材とした，近松門左衛門の作品は何か。もっとも適切なものを下から一つ選び，記号で答えよ。

㋐　『国性爺合戦』　　㋑　『冥途の飛脚』

㋒　『武道伝来記』　　㋓　『武家義理物語』

(d)　下線部④に関連して，平戸におかれていた[I]商館が長崎出島に移されたのは何年か。もっとも適切なものを下から一つ選び，記号で答えよ。

㋐　1613年　　㋑　1616年　　㋒　1635年　　㋓　1641年

(e) 下線部⑤に関連して，徳川将軍の代替わりごとに，琉球国王が江戸に送った使節を何というか。もっとも適切なものを下から一つ選び，記号で答えよ。

あ 通信使　　い 朝貢使　　う 謝恩使　　え 慶賀使

Ⅲ 次の文章〔1〕・〔2〕を読み，空欄 A ～ G にもっとも適切な語句・人名・数字などを記入し，かつ(a)～(m)の問いに答えよ。

〔1〕 江戸時代の身分といえば，一般的には「士農工商」といわれることが多いが，この言葉は中国の古典・歴史書①などに由来する「民全体」を意味するもので，日本では，17世紀前半頃に身分全体を表す言葉としても用いられるようになったと考えられている。

たとえば，1603～04年に長崎でイエズス会宣教師によって編纂・刊行された『 A 辞書』には「士農工商」という言葉も収録されており，「サブライ・ノウニン・ダイク②・アキビト」とされている。ここでは「サブライ」と「ノウニン」の区分も明確になっているが，豊臣秀吉が1588年に発した「百姓は農具さへもち，耕作専に仕り候へハ，子々孫々まで長久に候」という文言で知られる B 令などの一連の「兵農分離」政策③の影響が早くも反映されていることが分かる。近江聖人として名高い C も，『翁問答』のなかで「士は卿大夫につきそひて政の諸役をつとむる，さぶらひのくらゐ也。物作を農といひ，しょくにんを工と云，あき人を商と云」と述べていて，「士農工商」の「四民」で身分全体を捉える見方が，この書の成立した1640年頃にはある程度普及していたことが見てとれる。

ただし，江戸時代の身分は「士農工商」といわれたとしても，実際は支配階級の「士」と被支配階級の「農工商」の間にある身分差こそが絶対的なもので，「農工商」は必ずしも序列を表したものではなかった。『翁問答』も「農工商の三はおしなべて庶人のくらゐ」としている。また，「士」「農」「工」「商」のなかにもそれぞれ細かい序列・身分差が存在しており，これらに収まらない多様な職能集団④や，「士農工商」のさらに下位におかれた被差別身分⑤も存在していた。このほか，支配階級の身分としては，「士」以外にも朝廷⑥や寺社がそれぞれ独自の身分秩序を有していた。

18世紀後半になってくると,「士」身分が売買され,「農工商」から「苗字帯刀」を許されるものが出てくるなど，身分の流動化が激しくなっていく。こうした流動化に危機感を抱き，あるべき身分秩序の厳格化を唱える学者も登場してくる⑦。「士農工商」という言葉が江戸時代の身分秩序であるとする見方は，むしろこの過程でしだいに定着していったと考えられる。

（a） 下線部①に関連して,「夫れ楽浪海中に倭人有り，分かれて百余国と為る」という一節を含む１世紀に成立した中国の歴史書のなかにも,「士農工商」の言葉が見られる。その書物名を答えよ。

（b） 下線部②に関連して,「工」の代表として「ダイク」が登場しているのは，16～17世紀が城郭建築の大変盛んな時期であったからと考えられている。織田信長が1576年に近江に築いた城郭はどれか。もっとも適切なものを下から一つ選び，記号で答えよ。

㋐ 清洲城　　㋑ 長浜城　　㋒ 安土城　　㋓ 坂本城

（c） 下線部③に関連して，武家奉公人が町人・百姓になることや，百姓が商人・職人になることを禁じた法令が出されている。結果的に「兵農分離」を促進することになった，この法令を何というか。漢字３文字で答えよ。

（d） 下線部④に関連して，こうした「多様な職能集団」の一つとして，神職などの宗教者をあげることができる。地方神職の多くは，ある宗家の配下に組織され，独自の身分秩序を有していた。その宗家として，もっとも適切なものを下から一つ選び，記号で答えよ。

㋐ 土御門家　　㋑ 賀茂家　　㋒ 真継家　　㋓ 吉田家

（e） 下線部⑤に関連して，死牛馬の処理などとともに，被差別身分の人々に強いられた役は何か。もっとも適切なものを下から一つ選び，記号で答えよ。

㋐ 助郷　　㋑ 普請　　㋒ 行刑　　㋓ 運脚

（f） 下線部⑥に関連して，幕府が朝廷を監視・統制するためにおかれ，公家から２名が任用された役職を何というか。

（g） 下線部⑦に関連して，こうした学者の１人として,『勧農或問』『正名論』などを著し，君臣上下の名分を正すことの重要性を説いた，後期水戸学の創始者と目される人物がいる。その人物は誰か。

〔2〕 政治的統一をめざす明治政府は，1869年の版籍奉還⑧によって藩主と藩士の主従関係を解消し，藩主を公卿らとともに［　D　］族，藩士・旧幕臣らを士族とした。同時に「農工商」は平民とされ，苗字や身分を超えた通婚・職業選択の自由も認められて，いわゆる「四民平等」といわれる世になった。また，［　E　］年には身分解放令（賤称廃止令）が出され，それまで被差別民に与えられてきた「えた・非人」の称を廃止し，身分・職業ともに制度の上では平民同様とすることとされた。

ついで出された徴兵告諭⑨は「世襲坐食ノ士ハ其禄ヲ減ジ，刀剣ヲ脱スルヲ許シ，四民漸ク自由ノ権ヲ得セシメントス。是レ上下ヲ平均シ人権ヲ斉一ニスル道ニシテ，則チ兵農ヲ合一ニスル基ナリ。是ニ於テ，（　X　）ハ従前ノ（　X　）ニ非ズ，（　Y　）ハ従前ノ（　Y　）ニアラズ⑩，均シク皇国一般ノ民ニシテ国ニ報ズルノ道モ固ヨリ其別ナカルベシ」とのべ，徴兵制実施のためにも身分の撤廃が重要であることが強調されている。

こうして江戸時代までの身分制度はしだいに解体されていくこととなるが，とりわけ大きな変容を迫られたのが士族であった。明治維新ののちも，士族は大幅に収入が減ぜられたとはいえ，［　D　］族とともに［　F　］を与えられ，依然として経済的特権は維持された。しかしながら，その支出が政府の財政を大きく圧迫したため，政府は1876年には強制的に［　F　］制度を廃止して，かわりに年間支給額の数年分を一度に支払う制度⑪に切り替えた。こうして同年に出された廃刀令とともに，士族は特権をほとんど奪われることとなった。

このような状況に不満を覚えた士族のなかには，反政府暴動を起こすものもあった。1876年には熊本で［　G　］党が組織され，廃刀令発布に憤慨して熊本鎮台を襲った事件が勃発，これに呼応して秋月の乱や萩の乱⑫が起こったが，いずれも鎮圧された。士族の多くは没落していったものの，一方では［　D　］族・士族・平民の族籍が戸籍に記載される⑬など，族籍による差別はその後も根深く残り続けた。

（h） 下線部⑧に関連して，この結果，藩主が新たに任ぜられた職名を何というか。

（i） 下線部⑨に関連して，「徴兵告諭」に基づき，翌年には徴兵令が公布されたが，徴兵令を発案するなど近代的軍制の創設に尽力し，1869年に反対派士族に襲われた人物は誰か。

（j） 下線部⑩に関連して，（　X　）（　Y　）にあてはまる語句の組み合わせとして，もっとも適切なものを下から一つ選び，記号で答えよ。

ⓐ X 兵　Y 農　　ⓘ X 上　Y 下

ⓤ X 士　Y 民　　ⓔ X 士　Y 農

（k） 下線部⑪に関連して，この制度によって，金禄公債証書が発行された。この証書を元手に［D］族が中心になって1877年に設立した国立銀行を何というか。

（l） 下線部⑫に関連して，秋月の乱と萩の乱それぞれの指導者の組み合わせとして，もっとも適切なものを下から一つ選び，記号で答えよ。

ⓐ 江藤新平・板垣退助　　ⓘ 宮崎車之助・前原一誠

ⓤ 大井憲太郎・河野広中　　ⓔ 副島種臣・榎本武揚

（m） 下線部⑬に関連して，前年に制定された戸籍法に基づいて，1872年には最初の全国的な戸籍が作成された。地域別に国民一人ひとりを記載した最初の近代的戸籍ではあるが，身分差別を残すことになったといわれるこの戸籍は，何と呼ばれるか。

世界史

(80分)

I　次の文章を読んで空欄に最も適切な語句を記入し，下線部についてあとの問いに答えよ。

古代東南アジアの歴史は，多少の考古資料が存在するものの，現地の文献史料が少なく，同時代の他の文化圏の記録によって解明されることが多い。それらのなかで，歴代王朝の正史を始めとする中国史料は有力な根拠とされる。

前2世紀末に前漢の武帝がベトナム中部に侵攻して [A] 郡を設置すると，次第に東南アジア諸国を経由してインドまで通ずる径路が開拓され，3世紀ごろになると，いわゆる「海のシルクロード」が形成される。それは [A] 郡から，インドシナ半島のメコン川下流域において1世紀頃に建国された [B] を経由し，インドへ到達するルートであった。

その後，7世紀に中国で隋唐の統一帝国が成立し国際交易が盛んになると，ペルシアやアラブの貿易船が中国に来航するようになった。それによって海上交通がより重視され，貿易ルートの主流はマラッカ海峡へと移動し，その影響を受けて寄港地であった [B] は衰退していく。

この時代の海上交易路を利用して，インドへ向かった中国の仏教僧侶が義浄三蔵である。彼は先達である玄奘三蔵よりも30歳あまり年少で，玄奘が陸路でインドとの間を往復したのに対し，<u>海路で中国ーインド間を往復した。</u>〔1〕

彼は玄奘のインドへの旅立ちから四十数年後の671年に，広州からペルシア船に乗って南下し，当時スマトラ島南部で台頭していたシュリーヴィジャヤ王国に滞在した。ここで [C] 語（梵語）を学習しインド訪問の準備をすると，シュリーヴィジャヤ王国の王の援助を得て，<u>マラユ国を経由</u>〔2〕し，673年にインドに上陸する。その後，玄奘が学んだナーランダー僧院で勉学し，山賊に襲われるなどの災難にも見舞われるが，多くの経典を得て，685年に帰国の途についた。

しかし，義浄はすぐには中国へ帰国せず，シュリーヴィジャヤ王国に7年も滞在し，その間に『 D 』・『大唐西域求法高僧伝』などの著作を執筆している。この間，689年に広州に一時帰国し，翻訳助手を募集して引き返しているが，そもそも彼が長期にわたり同国に滞在した理由は明らかではない。義浄は最終的に694年に帰国し，翌年，洛陽に向かうと，大周帝国皇帝である E が都の城門で直々に彼を出迎えた。これらのいきさつから，彼は海外滞在中に母国との連絡を保ち，帰国の準備を慎重に行っていたことが推測される。

義浄の著作『 D 』は，玄奘の『大唐西域記』が旅路の諸国・地域の情報を詳細に集めた地理書の性格を有するのに対して，〔3〕インド・東南アジアの仏教教団の実際の生活様式を細かに叙述した点に特徴がある。同書には，ナーランダー僧院などのインドのしきたりを中国の仏教教団のそれと対比して，後者が誤りであると非難する記述が多い。

例えば食事の作法について，インドの僧院では，各自が事前に手を洗って椅子に座り，一定の適切な距離を保って食事をするのに対し，中国では，大勢が膝をつき合わさんばかりに並んで座って食事をする。これは不浄の伝染に注意を払わず，仏典の所説に背く，といった類いである。

それ故，同書は社会史の分野に寄与する有益な著作とされるが，〔4〕『大唐西域記』のような旅行記を期待すると，いささか異なる印象を読者に与えるのである。ちなみに現在の陝西省西安市に残る唐代の建造物，大雁塔と小雁塔は，前者が玄奘，後者が義浄にゆかりの建物である。

〔1〕 こうした交易ルート上には， B や後述するシュリーヴィジャヤなど，港を拠点に成立・発展した国家やその連合体が形成された。こうした国家を総称して何というか，漢字4文字で記せ。

〔2〕 マラユ国は，義浄がインドから帰国する途中に立ち寄った時には，独立を失ってシュリーヴィジャヤ王国の都になっていた。この都がおかれていたスマトラ島東南部に位置する港町の名を記せ。

〔3〕 (a) 東南アジアに広がったのは主に上座部仏教であるが，義浄はシュリーヴィジャヤ王国は大乗仏教であると記述している。同じく大乗仏教を信仰する王国で，ジャワ島から起こり，9世紀にシュリーヴィジャヤ王国を支配した王朝を記せ。

（b）（a）の王朝がジャワ島中部に建造した仏教寺院ボロブドゥールの回廊の浮彫には，古代インドの詩人ヴァールミーキの作品と伝承される叙事詩が描かれている。この作品は何か。

〔4〕『大唐西域記』の旅を題材にして，明の呉承恩が編纂した口語長編小説は何か。

Ⅱ　次の文章を読んで空欄に最も適切な語句を記入し，下線部についてあとの問いに答えよ。

2022年2月に冬季五輪の開催を予定している北京は，すでに2008年8月に夏季五輪を開催した実績を持つ〔1〕。北京はこれにより近代五輪史上初めて夏季と冬季の両大会を開催する都市となる。五輪という大型イベントの開催にあたっては，様々なシステムやインフラの整備が不可欠である。以下，北京の首都機能を支える様々な要素の中から，立地条件と物流に着目し，その都市としての特徴を歴史的に概観する。

宋以前の歴代中国王朝が都を置いた長安や洛陽などが中国の中央部に位置しているのに比べると，華北平原の東北端に位置する北京は中国の辺境に近い場所に偏っているように見える。ところが視点を東部ユーラシア全域にまで広げてみると，遼河平原とその先に広がる東北アジア地域〔2〕，モンゴル高原とその先に広がる西北内陸地域，そして華北平原とその先に広がる中国本土地域という3つの地域がこの場所で境を接しており，北京はまさしくその要衝に位置していることが分かる。そのため，近世以降ここに都をおいたのは，いずれも遊牧地域と農耕地域の両方にまたがる版図を領有し，従来の中国王朝の枠組みを超える規模を持つ国家であった。

その最初は契丹（遼）であり，936年に獲得した［　A　］州の支配拠点とするため，10世紀半ばにここを五京の一つである燕京とした。次いで華北全域を領有した金は，1153年にここを中都と名付けて王朝の国都と定めた。そして中国全土の統一を間近に控えた元の世祖［　B　］が，1264年にここに新たな都城を建設して［　C　］と名付け，ユーラシアの東西にまたがる広大な帝国の中心として位置づけた。続く明の建国当初には，太祖洪武帝によって南京に都が置かれたものの，成祖永楽帝がモンゴル遠征の拠点とするため，1421年，当時北平と呼ばれていたかつての［　C　］に遷都し，ここを北京と改称した。1644年に明のあとを継いだ清も引き続き北京を首都としたため，北京は契丹（遼）以来の五朝にわたる都として，また遊牧文化と農耕文化が交錯する国際都市として繁栄し続けた。

歴代の中国の首都には巨大な官僚機構と常備軍が置かれたため，首都とその周辺に居住する人口が100万人を超えることもしばしばであった。ところが14世紀以降の長期的な気候の変動〔3〕などのさまざまな要因によって，北京周辺地域は中国中南部と比べて相対的に農業生産力が低下していた。そのため，膨大な人口を養うための食糧や，都市のシステムを支えるインフラ整備に必要な物資を，水運によって供給する体制を構築することは不可欠であった。例えば，元の［ B ］の時代には，暦法の改訂などに活躍した［ D ］によって，城内の人工湖と大運河を直結する新たな運河が建設され，［ E ］半島の沿岸を航行する海運をも併用して，江南の物資を直接［ C ］に輸送するシステムが構築された。それゆえに，元末に白蓮教などの宗教結社が起こした［ F ］の乱など華北や江南の各地で相次いだ反乱によって水運が途絶すると，首都機能はたちまち麻痺してしまったのである。

20世紀に入り，近代国家として発足した中華民国，そしてそれに続く中華人民共和国の時代になっても，北京は引き続き首都あるいはそれに準ずる重要な役割を担い，政治・外交・文化のかなめとなってきた。地理的に見て北京はやや内陸に位置しているが，すでに前近代から運河によって天津〔4〕（直沽《ちょくこ》）に直結しており，外洋に面した天津が北京の外港として機能することによって，近代都市の発展に不可欠な港湾機能を北京が備えるに至った。

北京の繁栄は，水を介して外部とつながることによってもたらされ，その意味において，北京は「水の都」でもあったのである。

〔1〕　この年，夏季五輪を控えて世界中の注目が集まる中，中国からの分離独立を求めるチベット人の大規模な運動が起こった。この運動の鎮圧を命じた中国国家主席は，後に習近平を後継者として引退したが，この人物は誰か。

〔2〕　この地域において，1616年に女真族の国を建てたヌルハチが，1625年に都をおいた都市を何というか。ホンタイジによって改められた後の都市名で答えよ。

〔3〕　近年，グローバルな気候変動に対する危機感が高まっている。2015年に開催されたＣＯＰ21において採択された温暖化防止のための枠組みを何というか。

〔4〕　1885年，天津において清仏戦争の講和条約が締結された。この時にフランスとの交渉に臨んだ清側の担当者は誰か。

Ⅲ　次の文章を読んで空欄に最も適切な語句を記入し，下線部についてあとの問いに答えよ。

シチリア島の西部，サン・ヴィート・ロ・カーポというリゾート地では毎年，クスクス・フェスティバルが開催される。クスクスとは，硬質小麦を小さな粒状に丸めた，パスタの一種とされる。クスクスはシチリア島だけでなく，モロッコ〔1〕やアルジェリア，チュニジアなどの北アフリカ西部（アラビア語で「日の没する土地」を意味する「［ A ］」という地域名で呼ばれる）でもよく食べられている。またサルデーニャ島〔2〕で食べられるフレグラというパスタも，クスクスと同様小さな粒状である。

このように，現在のクスクスは地中海西部沿岸部で広く食べられるが，その起源は［ A ］地域と考えられている。イタリアのパスタとクスクスはどんな関係があるのだろうか。どちらも小麦（特に硬質小麦）を材料とし，食べられる地域も近い(部分的には重なる)。ファーティマ朝の初代カリフの侍医が書いた書物によると，アラビア語でイトリヤと呼ばれたパスタは，イーストを入れないパンと同じ生地で作り，水・湯で調理するものであるという。イトリヤの語源はギリシア語〔3〕で，香辛料などを入れたパンケーキを意味する。パレスティナ地域のアラム語では，イスラーム時代以前からイトリヤが細長いパスタを意味した。

13世紀，マリーン朝やムワッヒド朝時代に書かれた料理書は，パスタの一種としてクスクスに触れている。この中でクスクスの調理法がいくつも挙げられており，人気料理だったことがわかる。一方，同じく13世紀にアイユーブ朝〔4〕時代のエジプトで書かれた料理書には，［ A ］地域の文献に出てこないシャイーリーヤというパスタがクスクスの一種として登場する。エジプト以東には［ A ］地域の食文化はあまり浸透しなかったが，クスクスは別だった。これは，東方に移住した［ A ］地域出身者が故郷の味を懐かしんで作るようになったからという。1489年にエジプト〔5〕で没したあるアンダルス〔6〕出身者は，故郷の食べ物を懐かしむ詩でクスクスを挙げている。

一方，イタリアでも小麦は古代から食され，南イタリア〔7〕やシチリア島に植民したギリシア人を通じ，パンの製法を取り入れており，現在のラザーニャに近い調理法も知っていたらしい。4世紀以降にローマ帝国へゲルマン民族〔8〕が侵入すると，パン以外の調理法はすたれた。しかし11～12世紀以降にはイタリア各地でパスタが食べられるようになる。12世紀の地理学者イドリーシー〔9〕は，当時のシチリア島でパスタが盛んに生産され，南イタリアなどのキリスト教徒居住地域，さらにイスラーム世界へと輸出されたと述べている。つまり，シチリア島や南イタリアでパスタ（乾燥パスタと思われる）が生産され，食べられた。またシチリア島の乾燥パスタは，イタリア北部の港町ジェノヴァ〔10〕にも輸出された。これはやがて，ジェノヴァの特産品にもなっていく。

イタリアの乾燥パスタはイスラーム世界で食べられるクスクスなどと密接な関係があった。ただし乾燥パスタが南イタリアで普及したのと異なり，ジェノヴァ以外のイタリア北中部ではあまり普及しなかった。これは，イタリア北中部で乾燥パスタの材料となる硬質小麦が入手困難だったからである。そこではポー川流域の平野部〔11〕を中心に軟質小麦が生産されていた。そのため家庭や店で小麦粉を練って作る生パスタが，11～12世紀から食べられるようになったと考えられる。

中世後期のイタリアでは，パスタは湯やスープで茹でられ，バターやチーズをかけて食べられた。この食べ方は，同時代のイスラーム世界とほぼ共通している。例えばアンダルスでは，ヒヨコ豆より少し大きなクスクスをスープで煮込み，粉チーズをかけて食べた。中世イタリアでは，現代のパスタの調理に使用されるいくつかの食材が知られていなかったため，調理法が異なった。

こうした食材の第一は砂糖である。既に中世のシチリア島やキプロス島でもサトウキビは生産されたが，より多く入手できるようになるのは16世紀以降，スペイン支配下のカリブ海の島々やポルトガル支配下のブラジルでプランテーションが始まってからである。第二の食材には唐辛子が挙げられ，南イタリアがその生産地となっていく。第三の食材はトマトである。トマトは16世紀前半に中南米からスペイン〔12〕経由でヨーロッパにもたらされた。当初は観賞用だったが，17世紀末にトマトソースが発明され，18世紀後半までにはパスタと不可分のものとなった。

現在，パスタは世界中で愛されており，クスクスも徐々に知名度が上がっている。冒頭で紹介したサン・ヴィート・ロ・カーポのクスクス・フェスティバルは，知名度向上のための努力の一環といえる。一方で， B は19世紀以降に A 地域の多くを植民地として支配したため， A 地域からの移民によりクスクスが知られるようになった。このため2006年の調査では， B 人が食堂に入って食べたい料理の第2位がクスクスだったという。

〔1〕 モロッコの国名の由来とされる，ムラービト朝の都の名は何か。

〔2〕 1720年にサルデーニャ島とイタリア半島の一部を領土に成立したのがサルデーニャ王国である。そのイタリア半島の領土のうち，サルデーニャ王家の発祥地にもかかわらず，1860年，他国に割譲された地域はどこか。

〔3〕 線文字Bがギリシア語を表記していることを明らかにした人物は誰か。

〔4〕 アイユーブ朝の創始者サラディン（サラーフ=アッディーン）は1187年にイェルサレムを征服した。これに対応して実施された十字軍は，一般に第何回の十字軍とされるか。

〔5〕 1489年当時にエジプトを支配していた王朝は何か。

〔6〕 アンダルスは，イベリア半島のイスラーム支配地域を指す。イベリア半島のイスラーム支配地域を奪回するため，8世紀から続いたキリスト教徒の戦いを何というか。

〔7〕 南イタリアの中心都市ナポリは，古代ギリシア人が建設した植民市を起源とする。ギリシア植民市時代のナポリは何という名称であったか。

〔8〕 ローマ帝国に侵入してきたゲルマン民族について，以下の問いに答えよ。

（a） 北アフリカを征服した人びとは何人と呼ばれるか。

（b） 410年のローマ略奪後，ガリア南西部に移動した人びとは何人か。

〔9〕 ノルマン=シチリア王のルッジェーロ2世は，イドリーシーに対し，2世紀頃のギリシア人天文学者・地理学者だった人物が作成したものを凌駕する世界地図の作成を命じた。このギリシア人天文学者・地理学者とは誰か。

〔10〕 ジェノヴァとともに地中海交易で繁栄し，1284年の海戦でジェノヴァに敗北したイタリア中西部の港町はどこか。

〔11〕 ポー川流域の平野部の諸都市は，12～13世紀にロンバルディア同盟を結成した。ロンバルディア同盟の中心都市の一つで，後にヴィスコンティ家・スフォルツァ家の支配下で公国を形成した都市はどこか。

〔12〕 1521年にスペイン人コルテスによって滅ぼされた国の首都はどこか。

Ⅳ　次の文章を読んで空欄に最も適切な語句を記入し，下線部についてあとの問いに答えよ。

2021年7月，アメリカ南部の街シャーロットビルにおいて，南北戦争〔1〕で合衆国を脱退した南部連合を率いたロバート＝E＝リー将軍の銅像が公園から撤去された。これはリー将軍が奴隷制度を擁護していたという理由で，その銅像を撤去するよう求めてきた市民の要求に対応したものである。またこの出来事は，2020年，アメリカ中西部のミネアポリスで，黒人男性が白人警察官に首を押さえつけられて死亡した事件をきっかけとして拡大した反差別運動，「ブラック・ライヴズ・マター（ＢＬＭ)」運動と連動している。

これまで，のちにノーベル平和賞を受賞した［　A　］牧師らが人種差別撤廃を含めた広い運動〔2〕を展開した。一方でＢＬＭ運動は，本来人の命を守るべき警察官が黒人の命を奪ったという不公正について社会正義を問う運動として，アメリカ各地への広がりを見せている。とりわけ，これまで歴史上の英雄と見なされてきた人物を再評価し，差別や奴隷制度を象徴する像を撤去したり破壊したりする行動が広まっている。1492年に現在のバハマ諸島に属する［　B　］島に上陸し，当時未知であったアメリカの存在を広くヨーロッパに知らしめた［　C　］の像がアメリカ各地に設置されていたが，それらの破壊が相次いだ。また合衆国初代大統領であるジョージ＝ワシントン〔3〕の像も抗議者によって破壊された。ワシントンは大農園を所有し，多くの奴隷を使役していた人物でもある。さらにアメリカ自然史博物館の入り口に立っていたセオドア＝ローズヴェルト大統領〔4〕の像も問題視された。これは馬に乗るセオドア＝ローズヴェルト大統領が両脇に先住民男性と黒人男性を従えたもので，先住民と黒人が劣っているという考え方を示しているとして撤去された。またプリンストン大学では，ウッドロー＝ウィルソン大統領〔5〕の名前を冠した研究所の名称から彼の名前を外した。大統領に就任する前にプリンストン大学の学長であったウィルソンが，人種差別的な考え方の持ち主であったためである。

セオドア＝ローズヴェルト大統領像

編集部注：著作権の都合により，類似の写真と差し替えています。
ユニフォトプレス提供

このような動きは世界中に広がっている。イギリスのブリストルでは，奴隷商人の銅像が抗議者によって台座から引きずりおろされ，海に投げ込まれた。またベルギーでは，アフリカ大陸中央にあった D 自由国を私有地とし，住民の虐殺など過酷な統治を行ったレオポルド２世像が撤去された。さらにイギリスではチャーチル首相〔6〕の銅像に「人種差別主義者」という落書きがされ，イギリス人企業家でありケープ植民地首相としてイギリス帝国主義政策を推進した E の銅像が撤去された。そして西アフリカのある大学のキャンパスでは， F の理念をかかげてインド独立運動を率いたガンディーの像が撤去された。ガンディーが南アフリカ〔7〕に住んでいた時，アフリカの黒人に対して侮蔑的な言葉を用いていたことが問題視されたためである。イギリスの植民地支配と闘い，インドの独立を勝ち取った偉人のイメージが強いガンディーであるが，アフリカでの評判は異なる。

像の破壊や落書きなどを伴うこのような運動に対して反感を抱く人もいる。また，人種差別的な側面があれば過去の功績をすべて否定するような態度に対する批判もある。一方，人権問題を重視する人々にとって，これらの運動は，これまで無視されてきた黒人や先住民などのマイノリティ（少数派）の声を取り入れ，多様な文化的背景を持つ人々が互いの存在と文化を承認しあう G 主義の考え方を反映するものと受け止められている。この考え方は，元イギリス植民地であった H では国是とされているが，その隣国アメリカでは社会の分断をもたらすものと捉えられることも多い。しかしその一方，実質的な人種差別が社会に根強く残っていると多くの人が感じているのもまた事実である。

マイノリティへの差別問題はアメリカのみならず，世界各地それぞれの歴史的文脈の中で取り組むべき問題という意識が広がっている。日本もその流れと無縁ではいられない。

〔1〕 この戦争に先立ち，『アンクル=トムの小屋』を発表して奴隷制度の悲惨さを世に広めた人物の名前を答えよ。

〔2〕 この運動が盛んだったころ，貧困の解消や人種差別の廃止などを目指したジョンソン大統領の政策を何計画と呼ぶか，答えよ。

〔3〕 この人物が活躍した独立戦争において，1781年にアメリカ・フランス連合軍がイギリス軍を包囲し，降伏させた戦いの名前を答えよ。

〔4〕 この人物が推進した政策を次の中から一つ選び，記号で答えよ。

ア．アメリカ=スペイン（米西）戦争を主導した。

イ．善隣外交を主導し，中南米諸国との関係改善に努めた。

ウ．中国や中南米などへの経済進出を進めるドル外交を展開した。

エ．パナマ運河の工事を開始するなどカリブ海政策を推進した。

〔5〕 この人物とともに第一次世界大戦後のパリ講和会議を主導したイギリス首相の名前を答えよ。

〔6〕 1943年11月に，この人物がフランクリン=ローズヴェルト大統領，蔣介石とともに参加し，第二次世界大戦における日本の無条件降伏などについて話し合った首脳会談の名前を答えよ。

〔7〕 南アフリカ共和国で，1991年に廃止された非白人に対する人種差別的隔離政策の名前を答えよ。

地理

（80分）

I　富士山に関する次の文と地図①～④をよく読んで，〔1〕～〔11〕の問いに答えよ。

日本列島は，環太平洋造山帯に属する [A] 列島で，海洋プレートである太平洋プレートと [B] 海プレートが，大陸プレートである北アメリカプレートとユーラシアプレートの下に沈み込む「 [甲] 境界」付近に位置する。海洋プレートが大陸プレートに沈み込む境界では，トラフや海溝(a)が形成されている。北アメリカプレートとユーラシアプレートの境界は，日本列島の地質を東西に分断する大地溝帯(b)の西縁にあたる [C] －静岡構造線であるとされている。これらの境界域では，地殻変動もはげしく， [D] が地表に噴出して形成された地形である，火山もみられる。

日本一の高さを誇る円錐形の [E] 火山である富士山は，1707年を最後に，約300年間噴火していない。この間，富士山周辺ではさまざまな開発が行われており，東西を結ぶ重要な道路や鉄道の幹線(c)もある。

古来，富士山はその雄大な姿などから日本の象徴的存在として親しまれ，多くの観光客や登山者が訪れてきた。2013年に富士山は， [F] の世界遺産委員会によって「富士山－信仰の対象と芸術の源泉」として，世界遺産への登録が決定された(d)。その中には，歌川広重の浮世絵にも描かれた三保松原(e)（地図①のX）が含まれている。

富士山周辺の地形を観察するために，国土地理院(f)が提供する『地理院地図』の代表的な地図である標準地図を表示し（地図①），標高500 m ごとの色別標高図（地図②）をグレースケールで作成した。地表面の傾きを示した陰影起伏図（地図③）は， [イ] の方向から地表面に向かって光を当てた状態を想定し，凹凸のある地表面が白黒の濃淡で表現されている。地図①～③を含む範囲を3次元で示したのが，地図④である（高さを4倍に表現した）。

地図①

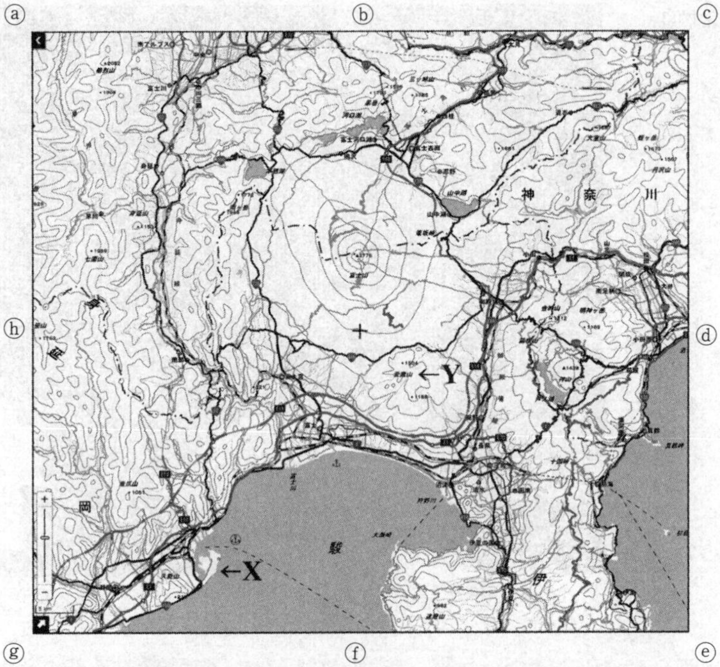

地図②

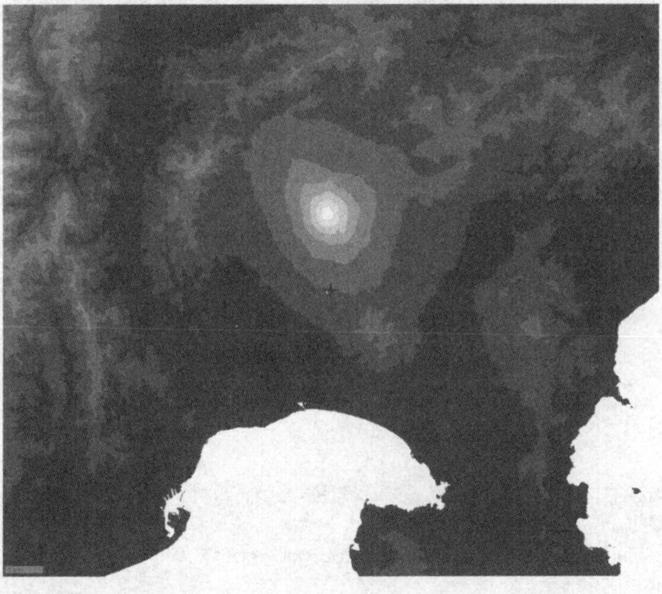

地図③

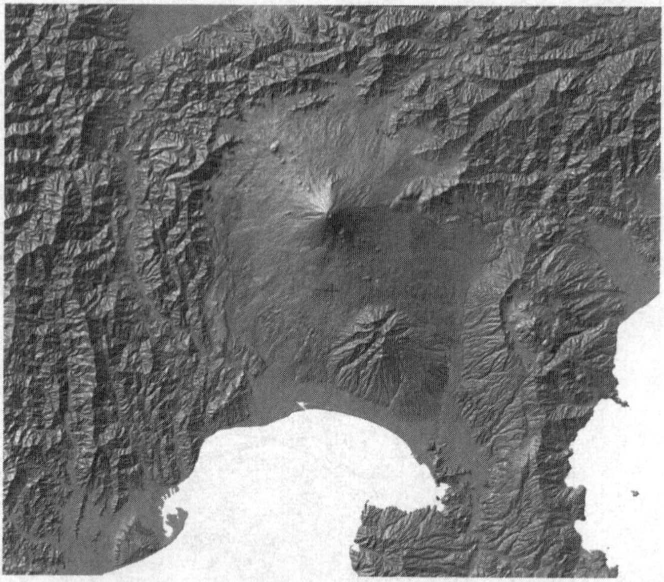

地図④

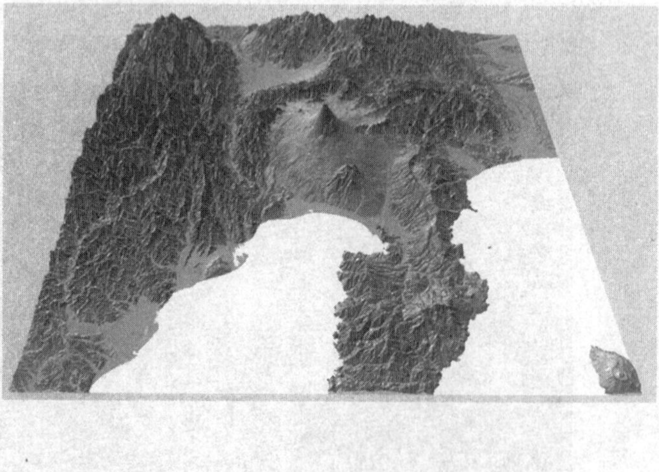

編集部注：前ページ地図①の実際の問題はカラー印刷。カラー図版は以下に掲載。
https://akahon.net/kkm/rit/rit_2022_0202_geo_q.pdf

〔1〕 文中の［A］～［F］に当てはまる最も適切な語句または地名を答えよ。

〔解答欄：A. ＿＿状　E. ＿＿層〕

〔2〕 文中の［甲］に当てはまる最も適切な語句を，次の選択肢の中から1つ選び，符号で答えよ。

(あ) 狭まる　(い) 広がる　(う) ずれる

〔3〕 文中の［イ］に当てはまる方位を，八方位で答えよ。

〔4〕 下線部(a)に関して，［B］海プレートとユーラシアプレートの境界付近に位置するトラフと海溝の名称を，それぞれ答えよ。

〔5〕 下線部(b)に関して，この大地溝帯は何と呼ばれているか，その名称をカタカナで答えよ。

〔6〕 下線部(c)に関して，地図①をよく読んで，愛鷹《あしたか》山（地図①のY）の南に描かれている5つの主要な鉄道と道路を北から南に並べた場合，最も北に位置するものと，最も南に位置するものはどれか。次の選択肢の中から1つずつ選び，符号で答えよ。

(あ) 国道1号　(い) 新東名高速道路　(う) 東海道新幹線

(え) 東海道本線　(お) 東名高速道路

〔7〕 下線部(d)に関して，この世界遺産は，自然遺産，文化遺産，複合遺産のいずれであるか，次の選択肢の中から1つ選び，符号で答えよ。

(あ) 自然遺産　(い) 文化遺産　(う) 複合遺産

〔8〕 下線部(e)に関して，次の(1)・(2)に答えよ。

(1) 三保松原の地形は何か，最も適切な名称を答えよ。

(2) 三保松原と同じ形態の地形に分類されるものを，次の選択肢の中から1つ選び，符号で答えよ。

(あ) 江の島　(い) 御前崎

(う) 佐田岬半島　(え) 野付崎（野付半島）

〔9〕 下線部(f)に関して，国土地理院はどの省の機関か，省名を答えよ。

〔10〕 地図①の範囲で，始点と終点を，それぞれ図幅の南西角（ⓖ）－北東角（ⓒ），西端（ⓗ）－東端（ⓓ），北西角（ⓐ）－南東角（ⓔ），北端（ⓑ）－南端（ⓕ）とし，いずれも地図の中心十字線を通る，4枚の地形断面図を作成した。横軸は水平方向を表わす。西－東（ⓗ－ⓓ）の断面図と，北－南

(ⓑ－ⓕ) の断面図はどれか，最も適切なものを１つずつ選び，符号で答えよ。なお，縦横比は断面図ごとに異なる。

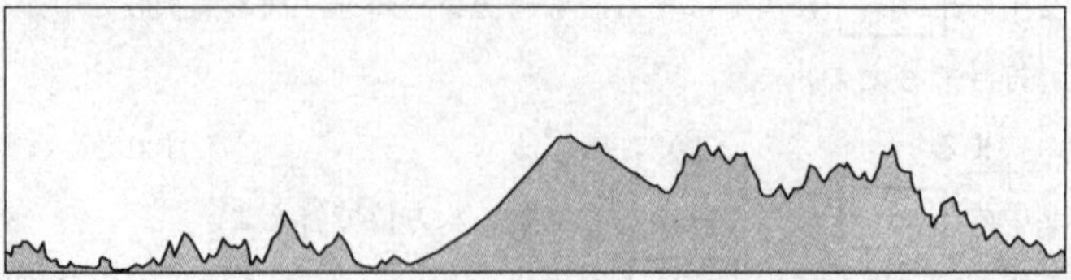

あ

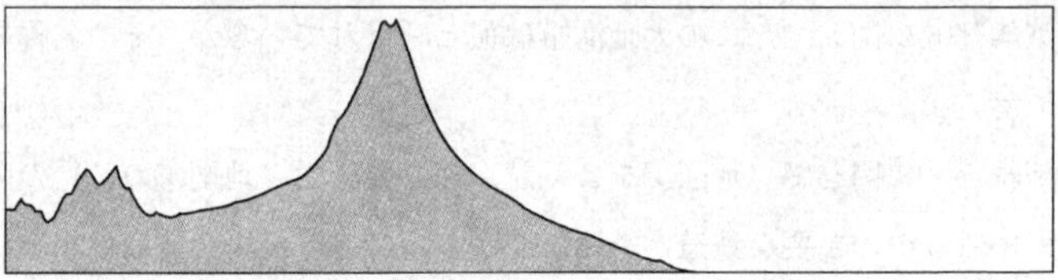

い

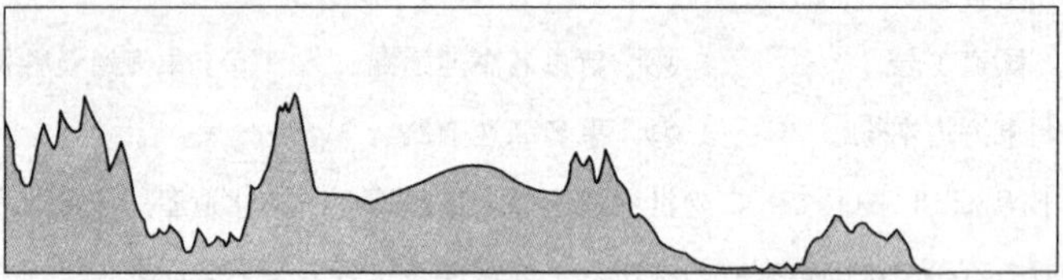

う

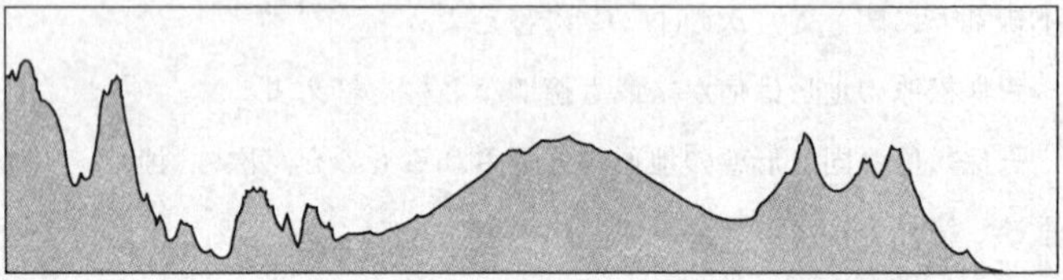

え

〔11〕 3次元で表現した地図④をもとに，東西南北4方位から次の側面図(あ)～(え)を作成した。真東からみた3次元地図の側面図はどれか，符号で答えよ。

(あ)

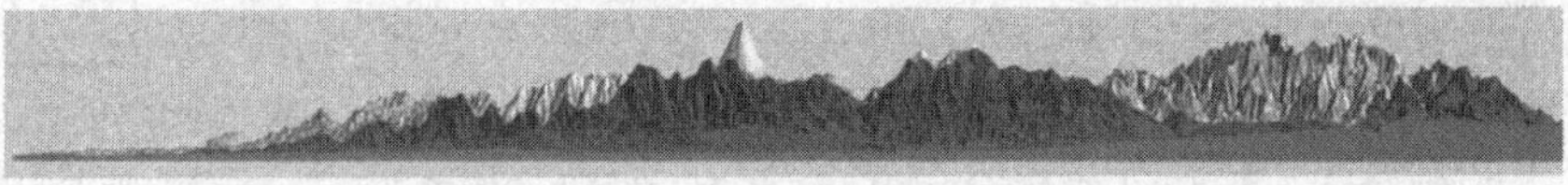

(い)

(う)

(え)

Ⅱ　アメリカ合衆国に関する次の文をよく読んで，〔1〕～〔9〕の問いに答えよ。

はじめに，移民による建国と多民族社会の形成について概観したい。17世紀のヨーロッパからの移民は，北アメリカ大陸に植民地の建設をはじめた。18世紀後半になると，東部に位置する［イ］の州がイギリス植民地からの独立をはたし，アメリカ合衆国が誕生した。アメリカ合衆国は，移民の増加とともに新しく領土を獲得し，農地を拡大(a)していった一方で，先住民は土地を奪われ，辺境の土地へと追いやられた。1840年代には，カリフォルニアへの大規模な人口流入を招いた［A］がおこったことや，1860年代以降，一定期間の定住と農業を行った者に公有地を無償であたえる［B］法が実施されたことで，荒野との境である［C］は西部へとさらに移動した。最終的に，1890年に［C］の消滅が発表された。アメリカ合衆国が現在の50州(b)となったのは，20世紀後半のことである。

独立当初，移民の多くはイギリス出身の白人であった。その流れをくむ人々は，集団の特徴を示す英単語の頭文字をとって［D］と呼ばれ，国の政治や経済，そして文化の中心的な役割を担っていった。また，アフリカ系の人々は，南北戦争の頃まで，奴隷としておもに農業に従事していた。19世紀後半には，国土の拡大や経済の発展を背景に，ヨーロッパからの移民が急増した。20世紀後半以降は，ラテンアメリカやアジアからの移民の流入が顕著である。なお，2015年現在，ヒスパニックの人口は，総人口の約［ロ］割を占めている。このように時代ごとに出身地の異なる移民が流入したことで，アメリカ合衆国の人種・民族構成は多様化してきた。

次に，アメリカ合衆国における多民族社会について考えてみる。従来は，移民の融合した社会が理想として描かれてきた。しかし，現在は，人々の個々の文化や慣習を尊重し共生する社会が目指され，そうした社会の状態は［E］にたとえられることもある。アメリカ社会は移民の受け入れに対して寛容である一方で，少数派への偏見・差別は根深く，依然として解消されていない。アフリカ系の人々への差別に関しては，1950年代から1960年代にさかんになった［F］運動によって，雇用や教育，選挙での法的な平等が保障されるようになったものの，最近でも，人種差別に対して「Black Lives Matter」と訴える抗議活動が，全米各地に広がりをみせた。

アメリカ合衆国における人々の人種・民族的な状況(c)を分布図にすると，そこに，さまざまな空間スケールでの地域的偏在があることに気づく。とくに，大都市でみられる少数派の人々の集住は，都市の内部構造とも関係する。たとえば，都市社会学者のバージェスは，1920年代にシカゴを事例として［ G ］構造モデルを提唱した。それによると，都市中心部のすぐ外側には，工場や住宅の混在する地区が広がる。当時，そうした地区には，国内外から流入した人々が，人種や民族ごとに集まって暮らしていた。戦後，(d)郊外化が進展するにつれて，(e)地区内で人口減少が生じ，建物の老朽化や治安の悪化といった問題が表面化するようになった。しかし，さまざまな理由で，そこに少数派の人々が取り残されるか，あるいは新たに流入することで，集住が維持されてきたと考えられる。くわえて，白人の占める割合の高かった郊外で，近年，少数派の人々の進出や集住の傾向もみられる。

最後に，アメリカ合衆国の経済と移民との関係についてふれておきたい。グローバル化の進展する現代において，アメリカ合衆国では，多くの企業が研究開発に力を入れて高度な独自技術や付加価値の高い製品を生み出しており，［ H ］集約型産業の発展が著しい。そのため，(f)先端技術産業の集積する都市には，世界中から高い専門性を有した移民の技術者が集まっている。他方で，国内の農業や製造業，サービス業についても，多くの移民の労働者によって支えられている側面がある。アメリカ合衆国の経済発展において，多様な人々の受け入れが，その原動力となっている現実があるといえよう。

〔1〕 文中の［ イ ］に当てはまる州の数を，次の選択肢の中から1つ選び，符号で答えよ。

(あ) 10　　(い) 13　　(う) 19　　(え) 24

〔2〕 文中の［ ロ ］に当てはまる数値を，次の選択肢の中から1つ選び，符号で答えよ。

(あ) 2　　(い) 4　　(う) 6　　(え) 8

〔3〕 文中の［ A ］～［ H ］に当てはまる最も適切な語句を答えよ。

〔4〕 下線部(a)に関して，18世紀後半から19世紀前半にかけて実施された公有地の分割によって，どのような形態の村落が形成されたか，最も適切なものを次の選択肢の中から1つ選び，符号で答えよ。

(あ) 円村　　(い) 塊村　　(う) 散村　　(え) 路村

〔5〕 下線部(b)に関して，次の(1)・(2)に答えよ。

(1) 次の表は，その右の図に示された5つの州を対象として，標高の平均値と最高値をまとめたものである。カリフォルニア州はどれか，表中の(あ)～(お)の中から１つ選び，符号で答えよ。

州	平均値（m）	最高値（m）
(あ)	885	4,419
(い)	580	6,190
(う)	336	509
(え)	2,044	4,210
(お)	275	2,026

*Statistical Abstract of the United States 2021*により作成

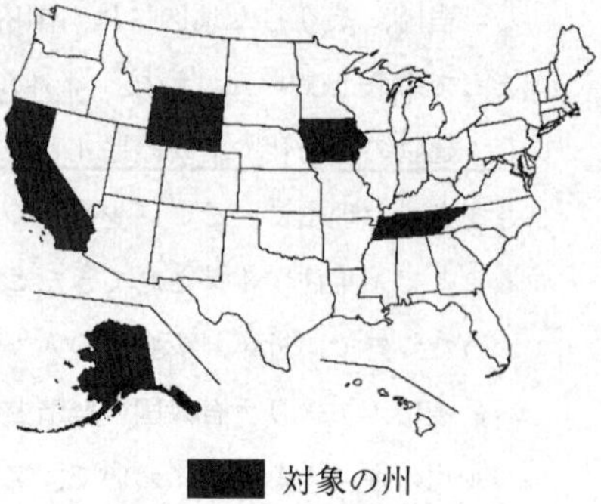

(2)　次の表は，その右の図に示された４つの地区（北東部，中西部，南部，西部）を対象として，総人口に占める各地区の人口割合を年別にまとめたものである。南部はどれか，表中の(あ)～(え)の中から１つ選び，符号で答えよ。

（単位：%）

年	(あ)	(い)	(う)	(え)
1920	32	31	28	9
1940	30	32	27	11
1960	29	31	25	16
1980	26	33	22	19
2000	23	36	19	22
2020	21	38	17	24

注）合計が100%にならない年がある。
U.S. Census により作成

〔6〕　下線部(c)に関して，次の主題図は，各州のアフリカ系，中国系，ドイツ系，日系，ヒスパニック，フランス系の人口比率について，それぞれ比率の高い上位10州までを示している。アフリカ系，日系，フランス系の主題図はどれか，(あ)～(か)の中から１つずつ選び，符号で答えよ。

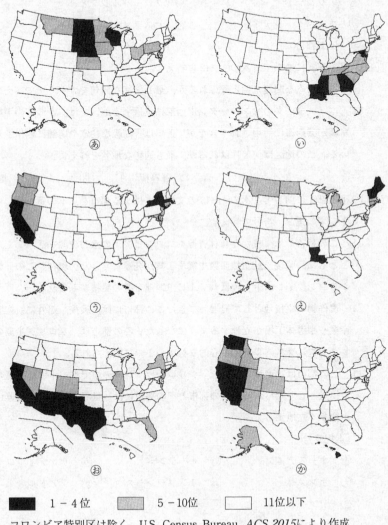

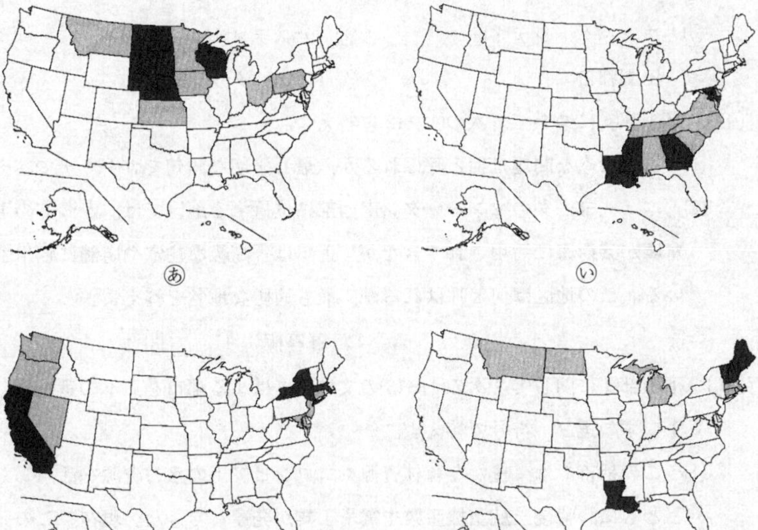

コロンビア特別区は除く。U.S. Census Bureau, *ACS 2015*により作成

〔7〕 下線部(d)について，1980年代以降に大都市の郊外において商業施設やオフィスの集積する地区が新しく形成されてきたことが，新聞記者ガローによって示された。このような地区は何と呼ばれるか，最も適切な語句を，次の選択肢の中から1つ選び，符号で答えよ。

㋐ エッジシティ　　㋑ グローバルシティ
㋒ コンパクトシティ　　㋓ サスティナブルシティ
㋔ 田園都市　　㋕ ニュータウン

〔8〕 下線部(e)について，次の(1)・(2)に答えよ。

(1) このような問題は何と呼ばれるか，最も適切な語句をカタカナで答えよ。

(2) ニューヨークのマンハッタン南西部に位置する地区では，かつての工場や倉庫が芸術家に活用されてきたが，近年は，高級な住宅や店舗に転用されている。この地区は何と呼ばれるか，最も適切な地名を答えよ。

〔解答欄：(1)____問題　(2)____地区〕

〔9〕 下線部(f)に関して，次の(1)〜(3)の文に当てはまる都市を，下の選択肢の中から1つずつ選び，符号で答えよ。

(1) この都市では，豊かな森林資源やコロンビア川の水力資源を活用した工業とともに，戦後，航空機産業や電子工業が発達してきた。現在，この一帯はシリコンフォレストと呼ばれ，ＩＣＴ関連企業の集積がみられる。

(2) 農作物の集積地として発展してきたこの都市には，戦後，郊外に航空宇宙産業や半導体工場が立地するようになった。この都市は，フロリダ半島のエレクトロニクスベルトの中心的な都市の1つに数えられる。

(3) この都市は，湾奥に位置し，シリコンヴァレーの中でも，半導体生産の一大拠点として知られる。この都市とその周辺には，世界的なＩＣＴ関連企業が数多く立地する。

[選択肢]

㋐ オースティン　　㋑ オーランド　　㋒ サンディエゴ
㋓ サンノゼ　　㋔ サンフランシスコ　　㋕ シアトル
㋖ デンヴァー　　㋗ ヒューストン

Ⅲ　カカオ豆の産地に関する次の文と地図をよく読んで，〔1〕～〔10〕の問いに答えよ。なお，地図中と文中の番号（①～⑫）は対応している。

近年，チョコレート商品の多様化は著しく，カカオ豆への注目が高まりをみせている。(a)チョコレートや飲料の原料となるカカオ豆はどこで生産されているのだろうか。

カカオ栽培の広がりは，ヨーロッパ諸国の植民地支配によるところが大きかった。嗜好《しこう》品であるカカオを自国の植民地に持ち込み，商品作物として栽培させたのである。カカオ生育の最適な条件は高温多湿であるが，直射日光をきらうため，バナナとともに栽培されたり，高木の育つ熱帯雨林とその周辺を農場とすることが多い。

(b)次の3枚の地図は，アフリカ・アジア・ラテンアメリカでカカオ豆を生産している主要な国を示したものである。なお，各地図中央の横線は赤道を示している。

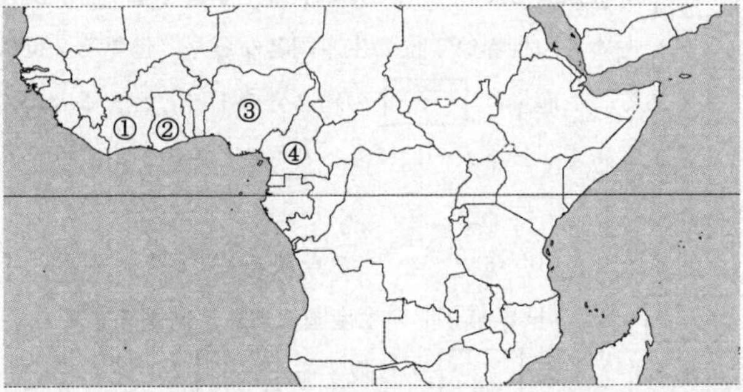

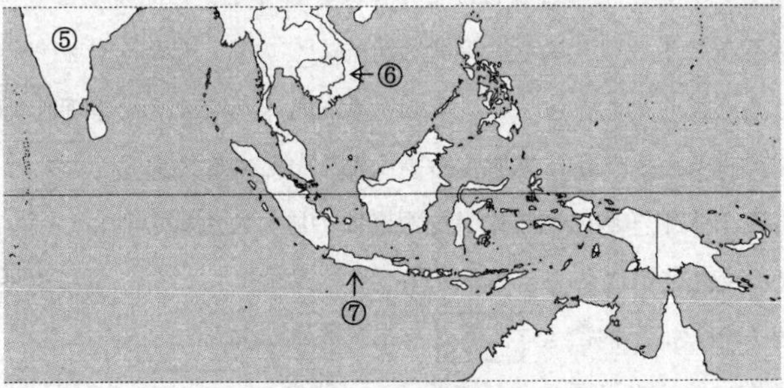

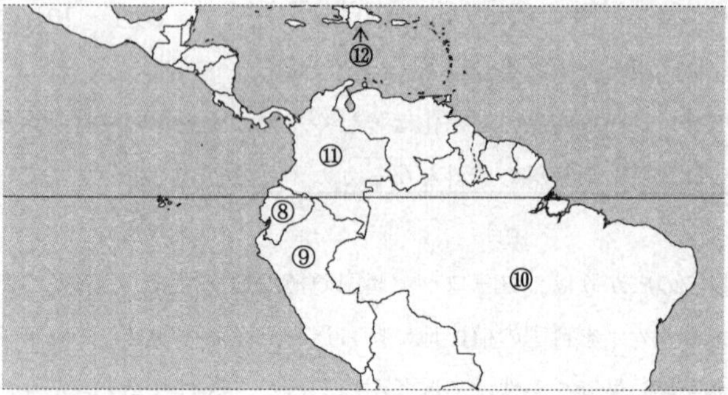

1つ目の地図から順にみていこう。アフリカで目につくのは，［ A ］湾岸の諸国である。①・②・③・④の生産量は，世界的にみてもとくに多い。［ イ ］は，1960年に［ 甲 ］から独立して以来，カカオ豆の生産量を増やし，2018年現在では全世界の約3割を占める，世界第1位の生産国となった。世界第2位は［ イ ］の隣国［ ロ ］である。生産量は［ イ ］の約2分の1にとどまるものの，日本の輸入量に占める割合は高く，日本人の口にもっともなじみのあるカカオといってよいだろう。

次いでアジアでは，⑤・⑥・⑦などでも栽培されているが，［ ハ ］は，［ イ ］・［ ロ ］に次ぐ世界第3位の生産国である。同国の主要な栽培地域はスラウェシ島であるが，首都［ B ］の位置する［ C ］島にも農場がある。

最後にラテンアメリカに目をむけてみよう。カカオ豆の原産地ともいわれる南アメリカ大陸北部にも，世界有数の産地が分布している。世界全体からみると，生産量は必ずしも多くないが，⑧・⑨・⑩は代表的な産地である。首都［ D ］がアンデス山脈中の標高2,800 m に位置する高山都市として知られる［ ニ ］では，国土の西部にあたる太平洋側の熱帯雨林や氾濫原の肥えた土壌を利用して，バナナとともにカカオが栽培されている。同国のバナナとカカオ豆の輸出量は世界上位である。南アメリカ大陸では，他にも［ ホ ］（⑪）などに産地がある。

他方，中央アメリカ諸国ならびに西インド諸島の［ E ］海諸国にも，産地が分布している。なかでも，イスパニョーラ島の東部に位置する［ ヘ ］共和国（⑫）の生産量は群を抜いており，周辺島嶼《とうしょ》国の追随を許さない。ただし，(c)夏季を中心に発達する熱帯低気圧の影響で，甚大な農作被害を受けることもある。

各地で生産されたカカオ豆の国際的な取引では，生産者から製造会社にいたるまでのあいだに，多くの業者が介在する。産地と品質にこだわる製造会社の中には，(d)カカオ豆の生産された農場を特定することができる利点を求めて，生産者や現地の組合などと直接契約を結ぶケースも増加している。生産地の多くは開発途上国に分布しており，(e)国際的な流通の過程で損なわれる生産者の利益を保護するべく，公正な取引をめざす取り組みも進められるようになった。また，(f)生産地の農家やその周辺の施設に宿泊して，収穫作業やチョコレートづくりを体験するなど，観光事業との連携も広がりをみせており，産地への注目はますます高まっている。

〔1〕文中の［A］～［E］に当てはまる最も適切な地名を答えよ。

〔2〕文中の［イ］～［ニ］に当てはまる国について，その位置（地図中の番号）と国名を答えよ。

〔3〕文中の［ホ］・［ヘ］に当てはまる国名を答えよ。

〔4〕文中の［甲］に当てはまる国名を答えよ。

〔5〕 下線部(a)に関して，チョコレート飲料のほかに，カカオ豆を原料とする飲料は日本で一般に何と呼ばれているか，最も適切な名称を答えよ。

〔6〕 下線部(b)に関して，この3枚の地図の上辺と下辺の破線は，南北ともに同じ緯度を示している。この緯度はおおよそ何度か，5の倍数で答えよ。

〔7〕 下線部(c)に関して，この地域で発生し，一定以上の風速に発達した熱帯低気圧は何と呼ばれているか，最も適切な名称を答えよ。

〔8〕 下線部(d)に関して，カカオ豆のような原料や食品の流通経路を追跡できる状態は一般に何と呼ばれているか，最も適切な名称をカタカナで答えよ。

〔9〕 下線部(e)に関して，公正な価格にもとづく取引によって，生産者に適正な利益を還元することを目的とした貿易は一般に何と呼ばれているか，最も適切な名称をカタカナで答えよ。

〔10〕 下線部(f)に関して，このような農村地域における体験型観光は一般に何と呼ばれているか，最も適切な名称を答えよ。　〔解答欄：＿＿ツーリズム〕

政治・経済

(80分)

Ⅰ　次の文章を読んで、あとの問いに答えよ。

第二次世界大戦後に生じたアメリカとソ連の対立関係は，やがて「冷戦」と呼ばれるようになった。この対立は，①米ソ両国の熾烈《しれつ》な核軍拡競争を中心として，両者の同盟国や友好国も加わる巨大な軍事的緊張関係へと組織化されるとともに，米ソそれぞれが掲げる政治的・経済的なイデオロギーの優劣をめぐる争いとしても展開された。

冷戦対立はまず，ドイツを最前線としてヨーロッパを東西に分断した。敗戦国ドイツは1949年までに西ドイツと東ドイツという形で分断国家を形成するにいたった。そして，東ヨーロッパの大半はソ連の軍事的な支配下に置かれ，ソ連の後押しを受けた現地勢力が支配体制を構築し，ソ連型の社会主義国家の建設を進めていった。西ヨーロッパ諸国は②アメリカが提案した大規模な援助計画に参加しつつ，資本主義経済体制のもとで戦後の経済復興を進めた。こうしてヨーロッパは，東西二つの陣営に分断されたのである。ヨーロッパの戦後処理と復興のあり方をめぐって生じた米ソの対立は，まもなくヨーロッパの外部にも拡散していった。それとともにヨーロッパ諸国のほとんどは1940年代末から1950年代半ばにかけて，③東西二つの軍事同盟へと組織化されていった。

第二次世界大戦後，新たに誕生した国々もまた，冷戦に大きな影響を受けた。内戦を経て［ A ］が支配を確立した中国は当初，ソ連と緊密な同盟関係を形成したが，やがて1960年代に両国の関係は悪化し，中ソ対立へと陥った。日本の支配から解放された朝鮮半島は南北の分断国家となり，東西両陣営による代理戦争の舞台となった。イギリス，フランス，オランダといったヨーロッパ諸国による植民地支配から解放されたアジアの国々の中には，冷戦に翻弄《ほんろう》されつつも，米ソによる二極的な国際システムに対して積極的に異議を唱える国もあった。④このような動きの一環として1955年に開催された会議は，その開催地名から［ B ］会議とも呼ばれている。

冷戦対立はときに緩和，ときに激化しつつ継続した。1953年にスターリンが死去したあと，後継者の地位についたフルシチョフは冷戦対立にかかわって，「[C]」を掲げたが，1961年，米ソは分断されたドイツの都市 [D] をめぐって激しく対立し，翌1962年にはソ連によるミサイル基地の建設をめぐって，[E] 危機が生じた。

その後，1960年代の半ばから1970年代前半には，東西間での [F] が進展した。米ソ間の [F] は軍備管理面で成果をもたらした。さらに，東西ヨーロッパ間での安全保障のための対話の場として，⑤ヨーロッパ安全保障協力会議（欧州安全保障協力会議もしくは全欧安全保障協力会議とも呼ぶ）も開催された。大きな成果を上げたかにみえた [F] であったが，⑥1979年12月のソ連によるアフガニスタン侵攻を境として，米ソ関係は再び厳しい対立状態に陥った。しかし，1980年代の半ば，ソ連ではゴルバチョフ政権が成立し，以後，冷戦は急速に終結へと向かった。⑦1989年，東欧諸国の体制変化とソ連支配からの離脱を経て米ソ対立は急速に解消していき，米ソ首脳は同年12月，公式に冷戦終焉《しゅうえん》を宣言した。1990年にはヨーロッパ分断の象徴であった東西ドイツが統一され，1991年末にはソ連そのものが解体されたことで，米ソという二つの超大国が世界規模で対立を繰り広げた時代は，完全に終焉したのである。

〔1〕 [A] ～ [F] にあてはまる語句を記入せよ。なお，**Aは漢字5字**，**Cは漢字4字**，**BとDとFはカタカナ**，**Eはカタカナ4字**で答えよ。

〔2〕 下線部①に関して，米ソ両国は，それぞれが保有する膨大な核兵器の管理や削減のために交渉を行った。冷戦中に米ソ二国間で締結された核兵器削減のための条約としては [　　] 全廃条約がある。空欄にあてはまる語句（英語略称）を**アルファベット（大文字）3字**で答えよ。

〔3〕 下線部②に関して，この大規模な援助計画は一般に，[　　] と呼ばれている。空欄にあてはまる語句を**カタカナ8字（「・」「＝」「-」を用いる場合，それらは字数には含めない）**で答えよ。

〔4〕 下線部③に関して，この二つの軍事同盟のうち一方はすでに解散した。しかし，もう一方の [　　] 機構は現在も存続している。空欄にあてはまる語句を**漢字**で答えよ。

〔5〕 下線部④に関して，この会議に参加した国々の多くは，対立する米・ソいずれの勢力にも属さないという立場をとり，1961年にはベオグラードで開催され

た第１回 □ 会議にも参加した。空欄にあてはまる語句を**漢字７字**で答えよ。

〔６〕 下線部⑤に関して，冷戦終結後にこの会議が発展して形成された組織を何というか。英語略称を**アルファベット（大文字）４字**で答えよ。

〔７〕 下線部⑥に関して，このような状態は □ と呼ばれた。空欄にあてはまる語句を**漢字３字**で答えよ。

〔８〕 下線部⑦に関する下の文章のうち，適切なものを一つ選び，記号で答えよ。

㋐ 1989年，ポーランド，ウクライナ，チェコスロバキアなどの東ヨーロッパ諸国では社会主義体制が崩壊し，複数政党制や市場経済の導入などが行われた。このできごとは「東欧革命」とも呼ばれる。東欧革命はおおむね平和的な体制変革をもたらしたが，ルーマニアのように流血の事態が生じた国もあった。

㋑ 1989年12月，アメリカのブッシュ大統領とソ連のゴルバチョフ書記長はヤルタ会談で冷戦の終結を公式に宣言した。ゴルバチョフはその後も国内改革を進めたが，これに抵抗する保守派は1991年夏にクーデターを起こした。このクーデターは失敗したが，その過程でゴルバチョフも実権を失った。

㋒ 東西に分断されていたドイツでは，1990年に東ドイツが西ドイツに編入される形で国家統一が実現した。統一ドイツを含むＥＣ（ヨーロッパ共同体）加盟国は，1993年にはＥＵ（ヨーロッパ連合）を発足させ，その後は冷戦時代にソ連陣営に属していた東ヨーロッパ諸国も含む形で，地域の統合を推し進めていった。

Ⅱ　次の文章を読んで，あとの問いに答えよ。

図１

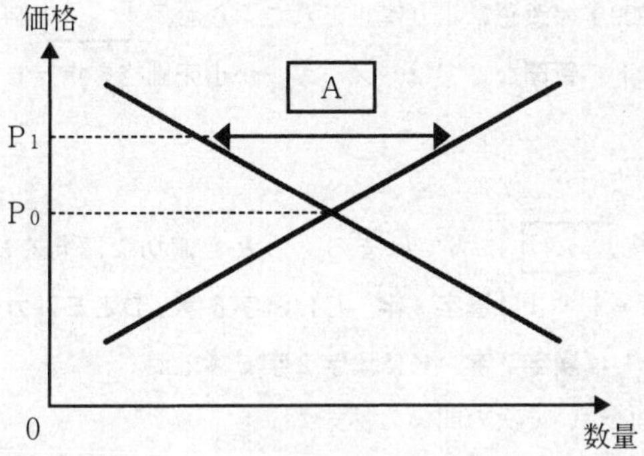

図１は，完全競争市場におけるある商品の需要曲線と供給曲線①を表している。

価格が上がれば買い手が減って需要量は減少し，売り手が増えて供給量は増加する。逆に価格が下がれば需要量は増加し，供給量は減少する。また，価格は市場での需給関係で変動し，価格P_1のとき，図の ⟷ で示される量の [A] が生じ，価格は需要量と供給量が等しくなるP_0に落ち着く。この価格P_0を [B] という。市場における需要と供給を調整するこのような価格のはたらきを，価格の [C] といい，市場機構（市場メカニズム）ともいう。

実際には，この市場機構では解決できない限界がある。これを市場の失敗②といい，その原因の一つとして，少数の大企業によって市場が支配される寡占《かせん》化をあげることができる。

寡占市場では，次のような企業同士の結合がみられる。同一産業の企業間で，価格や生産量などの協定が結ばれるカルテル，同一産業の大企業が合併により市場支配をめざす [D] ，異業種にまたがる多数の企業を子会社化し，傘下におさめるコンツェルンなどである。

寡占市場では，業界でもっとも有力な企業が [E] となって価格を決定し，他の企業がそれに追随することがある。このようにして決まる価格を [F] といい，価格が下がりにくいという性質③がある。また [F] のもとでは，広告・宣伝などの [G] 競争が行われる傾向がある。

寡占市場のさまざまな弊害を取り除くために1947年に独占禁止法が制定され，独立行政委員会の [H] がその運用を行っている。1997年の改正では，戦後，ＧＨ

Qによる占領政策である［ I ］以来禁止されていた［ J ］の創設が可能となった。一方で，カルテルの適用除外として認められていた合理化カルテル・［ K ］カルテルは，1999年の改正により廃止された。なお，［ L ］制度によって，書籍雑誌，音楽ソフト，新聞などでは，メーカーが小売価格を指定して商品を販売することができる。

〔1〕［ A ］～［ L ］にあてはまるもっとも適切な語句を記入せよ。なお，**A・B・F・I・Jは漢字4字，Cは漢字6字，DとEはカタカナ，Gは漢字3字，HとLは漢字7字，Kは漢字2字**で答えよ。

〔2〕 下線部①について次の問いに答えよ。

図2

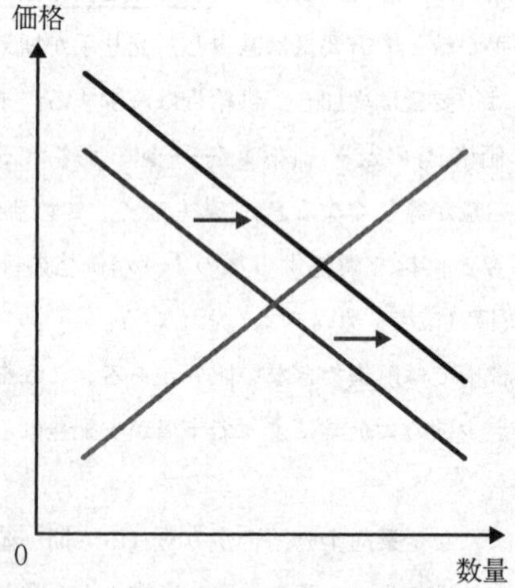

（a） 図2は価格が同じでも需要が変化する状況を表している。このような変化の要因として，**適切でないもの**を下から一つ選び，記号で答えよ。

(あ) 国民の所得が増加した。

(い) この商品の原材料費が上昇した。

(う) この商品の代替品が値上りした。

(え) この商品が健康増進に効果があることが分かって，人気が出た。

（b） 価格の変動によって商品の需要や供給がどれほど変化したかを示す数値

を価格弾力性といい，これを式で表すと次のようになる。

価格弾力性＝｜需要（供給）の変化率／価格の変化率｜

この値が1より小さいと「弾力性が小さい」といい，1より大きいと「弾力性が大きい」という。価格弾力性の説明として，**適切でないもの**を下から一つ選び，記号で答えよ。

㋐　一般に，米のような生活必需品は，需要の価格弾力性が小さい。

㋑　需要の価格弾力性が大きい商品は，需要曲線の傾きはゆるやかになる。

㋒　一般に，代替品が存在する商品は，需要の価格弾力性が小さくなる。

㋓　嗜好品は価格の変動が需要に大きな影響を与えやすい。そのため，嗜好品は需要の価格弾力性が大きいといえる。

〔3〕　下線部②に関して，これは（a）外部経済，（b）外部不経済により生じる場合がある。（a）（b）それぞれの例示として，もっとも適切なものを下から一つずつ選び，記号で答えよ。

㋐　化学工場から排出される煙に含まれる有害物質が原因で，多数の周辺住民に健康被害が生じた。

㋑　安い輸入品が流入してきたため，国産の商品の売り上げが減少した。

㋒　ある会社の技術やノウハウが，産業集積地域内に広がり，それをもとに低コストで新たな発明が行われた。

㋓　地震災害に備えて地震保険に加入する世帯の割合が増えた。

〔4〕　下線部③に関して，このような価格の性質を，価格の［　　］という。空欄にあてはまる語句を**漢字5字**で答えよ。

Ⅲ　次の文章を読んで，あとの問いに答えよ。

多様な価値観や利害関係をもつ人々が共生する民主的な社会が営まれるためには，人々が幅広く意見を出し，それが実際の政治に反映されることが望ましい。選挙は政治参加の代表例の一つだが，特定の利益を代表する団体①が政党や政府機関に働きかけることも一種の政治参加であり，アメリカ②ではロビイストと呼ばれる代理人が政治家に働きかけることも多い。さらに近年では，人権や福祉，文化などのさまざまな分野でＮＰＯと呼ばれる団体③が世界各地で活動しており，政治や行政に直接・間接に関与している。

人々の意見は，マスメディアが行う世論調査によって内閣や政党の支持率，あるいは政策への賛否などとして数値化され，政府や行政組織に影響を与えてきた④。しかし，近年は新聞の発行部数やテレビの視聴率が低迷する一方で，ブログやＳＮＳ（ソーシャルネットワーキングサービス）など，インターネット上での意見表明や議論が政治に大きな影響を与えることも少なくない。そうした状況を背景に，日本でも2013年からはインターネットを利用した選挙運動⑤が解禁された。

ＳＮＳ上での書き込みやネットショッピングの購入履歴などの大量の情報⑥が集約され，瞬時に双方向的な情報のやりとりができる点で，インターネットは従来のマスメディアと異なる利便性をもつが，個人情報の漏洩《ろうえい》やデジタルコピーによる権利の侵害⑦など，新たな社会問題も起きている。その意味で，マスメディア時代のメディアリテラシーや関連諸制度の更新が必要となっているといえよう。

〔1〕　下線部①に関して，このような団体に**あてはまらないもの**を一つ選び，記号で答えよ。

㋐　日本消費者連盟　　　㋑　日本道路公団
㋒　日本商工会議所　　　㋓　全国農業協同組合連合会
㋔　日本医師会

〔2〕　下線部②に関して，アメリカの政治制度についての以下の説明の［イ］～［ホ］にあてはまる適切な語句を下の語群から一つずつ選び，記号で答えよ。

アメリカ大統領は，連邦議会の上下両院が可決した法案に［イ］を発動したり，法案や予算の審議を要請する［ロ］を連邦議会に送付したりするほか，連邦最高裁判所の判事を任命するなどの権限をもっている。それに対して連邦議会の［ハ］は大統領が締結した条約の［ニ］のほか，政府高官や連邦最高裁判所判事の人事への同意権を持ち，連邦最高裁判所は［ホ］によって大統領の行政や連邦議会の立法をチェックすることで，三権の抑制と均衡が保たれている。

Ⓐ 枢密院　　Ⓘ 教書　　Ⓤ 下院
Ⓔ 指名権　　Ⓞ 拒否権　　Ⓚ 親書
Ⓚ 刑事補償請求権　　Ⓚ 解散権　　Ⓚ 上院
Ⓚ 詔書　　Ⓢ 違憲審査権　　Ⓢ 弾劾裁判権
Ⓢ 勧告権　　Ⓢ 承認権

〔3〕 下線部③に関して，日本ではこうした団体に法人格を与えて社会貢献活動を促し，公益の増進に寄与することを目的として1998年に［　　］法が制定された。空欄にあてはまる語句を**漢字9字**で答えよ。

〔4〕 下線部④に関して，情緒や感情によって人々を動かして多数の支持を得ようとする大衆迎合的な政治手法を何というか。もっとも適切なものを下から一つ選び，記号で答えよ。

Ⓐ コミュニズム　　Ⓘ ポピュリズム
Ⓤ ナショナリズム　　Ⓔ マネタリズム
Ⓞ キャピタリズム　　Ⓚ エスノセントリズム

〔5〕 下線部⑤に関する説明として，適切なものを一つ選び，記号で答えよ。

Ⓐ 政党・候補者がインターネット上で自らへの投票を呼びかけることができるのは，選挙運動期間中に限られる。

Ⓘ 満18歳未満の人も，インターネット上であれば選挙運動をすることができる。

Ⓤ インターネット上での選挙運動を行うには，事前に選挙管理委員会にマイナンバーを届け出る必要がある。

Ⓔ インターネット上の選挙運動に限って，選挙違反での連座制は適用されない。

〔6〕 下線部⑥に関して，各種企業やサービス提供者などが，複雑化した現代社会の動向や特徴をとらえるために分析・活用している大量の情報を何というか。**カタカナ6字（「・」「＝」「-」を用いる場合，それらは字数には含めない）**で答えよ。

〔7〕 下線部⑦に関して，以下の文章の［ A ］～［ D ］にあてはまるもっとも適切な語句を記入せよ。なお，**Dは漢字6字**で答えよ。

現代社会では，インターネット上の著作物も含めて，デザインやアイデアなどの知的財産をどのように保護していくかが課題となっている。知的財産権には著作権のほか，産業にかかわる権利として，形や組み合わせなどを工夫した考案に関する［ A ］権や，商品やサービスに使用するマークに関する［ B ］権，モノの外観・デザインに関する［ C ］権などがあり，2005年には東京高等裁判所内に，高度な専門知識が必要な訴訟を迅速に処理するための［ D ］裁判所が設置された。

数学

(80分)

次のⅠ，Ⅱ，Ⅲの設問について解答せよ。ただし，Ⅰ，Ⅱについては問題文中の $\boxed{\quad}$ にあてはまる適当なものを，解答用紙の所定の欄に記入せよ。なお，解答が分数になる場合は，すべて既約分数で答えること。

Ⅰ

〔1〕 50以下の自然数を全体集合とし，その部分集合で以下の8つの集合を考える。

$$A = \{\, p \mid p \text{ は素数} \}$$

$$B_k = \{\, q \mid q = 7m + k,\ m \text{ は整数} \}$$

ただし，k は0以上6以下の整数とする。

なお，集合 C に対して，その要素の個数を $n(C)$ で表すものとする。

(a) $n(A) = \boxed{\text{ア}}$ である。

(b) $n(B_k)$ が最大となる k は $\boxed{\text{イ}}$ であり，$n\left(A \cup B_{\boxed{\text{イ}}}\right) = \boxed{\text{ウ}}$ となる。

(c) $x \in B_3$，$y \in B_5$ のとき，これらの積 $x \times y$ は7で割って $\boxed{\text{エ}}$ 余る数となる。また，$a \in A$，$x \in B_3$ で，これらの積 $a \times x$ が7で割って3余るときの a の値は $\boxed{\text{オ}}$ と $\boxed{\text{カ}}$ である。

〔2〕 a，b を実数とする。3次方程式 $x^3 + ax^2 + bx - 6 = 0$ ……① について，

(a) 3次方程式①が，$1 + i$ を解にもつとき，$a = \boxed{\text{キ}}$，$b = \boxed{\text{ク}}$ である。

(b) 3次方程式①が，-1 と 2 を解にもつとき，$a = \boxed{\text{ケ}}$，$b = \boxed{\text{コ}}$

であり，残りの解は $x=$ サ である。

（c）　3次方程式①が，$x=$ サ を解にもつとき，a を用いて b を表し，①を整理すると，

$\left(x+\text{シ}\right)\left\{x^2+\left(\text{ス}\right)x-\text{セ}\right\}=0$ となる。ただし，シ は整数とする。

$x=$ サ 以外の2つの解を2乗して加えると4になるとき，$a=$ ソ，$b=$ タ である。

〔3〕　1辺の長さが4である正三角形ABCについて，辺BCを1：3に内分する点をP，3：1に内分する点をQとすると，線分APと線分AQの長さはともに チ で，ベクトル $\overrightarrow{AP}$ とベクトル $\overrightarrow{AQ}$ の内積 $\overrightarrow{AP}\cdot\overrightarrow{AQ}$ の値は ツ である。

したがって，$\sin\angle PAQ=$ テ となり，△APQの外接円の半径は ト である。

その外接円の中心をOとすれば，$\overrightarrow{AO}=$ ナ $(\overrightarrow{AB}+\overrightarrow{AC})$ となる。

Ⅱ　ある飲食店について，1日当たりの費用，売り上げ，価格，そしてこれらの変数で定まる利益を考える。ここでは，利益を除く変数はすべて正の値をとるとする。

費用は，固定費用と可変費用の和からなる。固定費用は，来店客数と関係のない設備・家賃・従業員の人件費などの費用である。可変費用は，1日当たりの来店客数に比例する食材などの費用である。

固定費用は 20000，可変費用は来店客単位当たり 500，1日当たりの来店客数を $x\ (x > 0)$ とすると，費用 y は，

$$y = 20000 + 500x \ \cdots\cdots ①$$

となる。

〔1〕　提供される料理は1種類で，その価格を z とすると，来店客数 x の式は，

$$x = 150 - \frac{1}{10}z \ \cdots\cdots ②$$

と表される。費用 y の式①に，この来店客数 x の式②を代入すると，

$$y = \boxed{\text{ア}}$$

となる。売り上げ R は，（価格）×（来店客数）とすると，z を用いて，

$$\mathrm{R} = \boxed{\text{イ}}$$

と表される。利益 G は，（売り上げ）－（費用）とすると，z を用いて，

$$\mathrm{G} = \boxed{\text{ウ}}\,z^2 + \boxed{\text{エ}}\,z - \boxed{\text{オ}}$$

と表される。この式より，G が最大となるときの価格は $\boxed{\text{カ}}$ であり，このときの利益は $\boxed{\text{キ}}$ である。また，来店客数は $\boxed{\text{ク}}$ である。

〔2〕　次に来店客数が，$\alpha\ (\alpha \geqq 0)$ だけ減少するときを考える。α を価格に左右されない数とし，価格 z と来店客数 x の式は，

$$x = 150 - \alpha - \frac{1}{10}z$$

と表される。このときの利益 G_1 を〔1〕と同様に考えると，G_1 は z と α を用いて

$$\mathrm{G}_1 = \boxed{\text{ケ}}\,z^2 + \left(\boxed{\text{コ}}\right)z + \left(\boxed{\text{サ}}\right) \ \cdots\cdots ③$$

となる。G_1 が最大となるときの価格 z_1 は，α を用いて，

$$z_1 = \boxed{\text{シ}} \ \cdots\cdots ④$$

となる。 $\boxed{\text{シ}}$ より，α が 0 から 10 に変化するとき，G_1 が最大となるときの価格は $\boxed{\text{ス}}$ 下がる。

④のとき，最大の利益 H は，

$$H = \boxed{\text{セ}}\,\alpha^2 - \boxed{\text{ソ}}\,\alpha + \boxed{\text{タ}}$$

となる。この式を用いると，α が 0 から 10 に変化するとき，最大の利益は $\boxed{\text{チ}}$ 減少する。

Ⅲ　図のような東西 6 本，南北 6 本の道がある。A さんは X 地点を出発し最短経路を進み Y 地点に到着する。また，P 地点と Q 地点にはそれぞれ書店 P と書店 Q があり，その地点を通る場合は必ずその書店に立ち寄り，書店 P では確率 $\frac{1}{2}$ で，書店 Q では確率 $\frac{2}{3}$ で本を買うものとする。なお，X 地点から Y 地点への最短経路の選び方はすべて同様に確からしいとする。なお，A さんは X 地点を出発するとき，本を持っておらず，途中で買った本は Y 地点まで持っていくと考える。次の問いに答えよ。

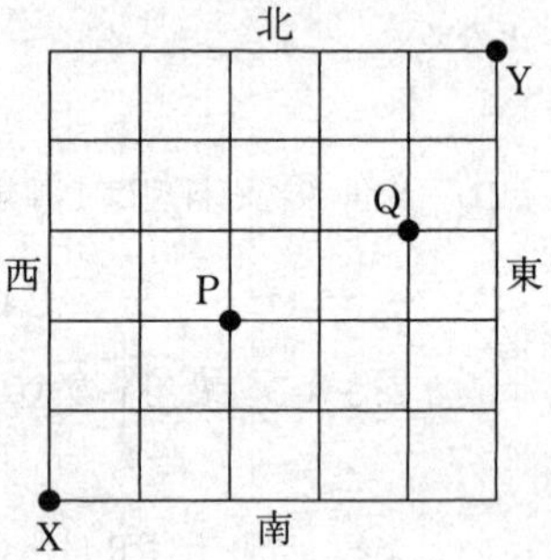

図

〔1〕 A さんが P 地点を通り Y 地点に到着する最短経路は何通りあるか。

〔2〕 A さんが Q 地点を通り書店 Q で本を買い，Y 地点に到着する確率を求めよ。

〔3〕 Y 地点に到着した A さんが書店 P，書店 Q の少なくともどちらかの書店に立ち寄っていた確率を求めよ。

〔4〕（a） Y 地点に到着した A さんが本を持っている確率を求めよ。

（b） Y 地点に到着した A さんが本を持っていなかったとき，書店 P に立ち寄っていた確率を求めよ。

5　梁君は、狩猟を妨げた行人に激怒したが、公孫襲に諭されて、民を大事にするのが君主のあるべき姿だと悟り、有益な話を聞けたことに心から感動した。

6　梁君は、公孫襲を試そうとして故意に行人に矢を向けたところ、公孫襲が斉の景公の故事を用いて真剣な態度で諫めたので、良い臣下を持ったことに大変喜んだ。

問1　傍線①の「所以」、③の「与」の読み方を、それぞれひらがなで書け。③は送りがなも含めること。

問2　傍線②の「今必使吾以人祠乃且雨」の書き下し文として、最も適当なものを、次のなかから選び、その番号をマークせよ。

1　今必ず吾を使ひて人を以て祠らしめて乃ち且《しばら》く雨ふれば
2　今必ず吾をして人を以て祠り乃ち且く雨ふらしむれば
3　今必ず吾を使はして人を以て祠り乃ち且《まさ》に雨ふらんとせしむれば
4　今必ず吾をして人を以て祠らしめて乃ち且に雨ふらんとせば
5　今必ず吾に使ひして人を以て祠り乃ち且《か》つ雨ふれば
6　今必ず吾をして人を以て祠り乃ち且つ雨ふらしむれば

問3　［A］に入れる語として、最も適当なものを、次のなかから選び、その番号をマークせよ。

1　虎狼　2　白雁　3　燕雀　4　亀鶴　5　竜鳳　6　狐狸

問4　本文の内容に合うものを、次のなかから一つ選び、その番号をマークせよ。

1　梁君は、狩猟で白雁を射ようとしたところ、行人の妨害に遭ったので、逆上して射殺そうとしたが、公孫襲の説得を受け入れ、行人を車に乗せて宮殿へ帰った。
2　斉の景公は、ひでりが三年も続いたため占ったところ、民を犠牲にして天を祠れば雨が降るというお告げを得たので、その通りにすると果たして大雨が降った。
3　梁君は、狩猟の邪魔をした行人を射殺そうとしたが、公孫襲に制止されて気勢をそがれたので、怒りの矛先を公孫襲に向け、車から降ろして処罰を下した。
4　公孫襲は、斉の景公が民を犠牲にするのを避け、自らを犠牲にして天を祠った結果、雨が降ったという故事を用いて、白雁のために行人を殺そうとした梁君を諫《いさ》めた。

対《こたヘテ》曰《ハク》、「昔斉《ノ》景公之時、天大《イニ》旱《ひでりスルコト》三年。卜《うらなヒテ》レ之《ヲ》曰《ハク》、『必《ズ》以《テ》レ人《ヲ》祠《まつラバ》乃《チ》雨《フラント》。』景公下《リ》レ堂《ヨリ》頓首《シテ》曰《ハク》、『凡《ソ》吾《ノ》①所‐以二求《ムル》レ雨《ヲ》者《は》、為《ため》二吾《ガ》民《ノ》一也。②今必使吾以人祠乃且雨、寡人将《ニ》ト二自《ラ》当《タラント》レ之《ニ》。』言未《ダ》レシテ卒《をハラ》而天大《イニ》雨《フルコト》方千里《ナル》者《は》、何《ゾ》也《や》。為下有《リテ》レ徳二於天《ニ》一而恵《ムガ》中於民《ニ》上也。今主君以《テ》二白雁之故《ヲ》一、而《シテ》欲《ス》レ射《ント》レ人《ヲ》。襄謂《おもへラク》主君《ハ》無《シト》レ異《ナル》二於 A《ニ》一矣。」梁君援《とリ》二其《ノ》手《ヲ》一③与上《リテ》レ車《ニ》帰《リ》、入《リ》二廟門《ニ》一、呼《ビテ》二万歳《ト》一曰《ハク》、「幸《ヒナル》哉《かな》。今日也《や》他人猟《シテ》皆得《ルモ》二禽獣《ヲ》一、吾猟《シテ》得《テ》二善言《ヲ》一而帰《ルト》。」

（『新序』による）

注　梁＝戦国時代の魏国の別名。　御＝車馬を操縦する者。　公孫襲＝人名。　撫矢＝矢を手でおさえる。
忿然＝激しく怒るようす。　斉景公＝春秋時代の斉国の君主。　頓首＝何度も頭を地面に打ちつける敬礼。
寡人＝諸侯の謙遜した自称。　廟＝祖先の霊を祭る建物。

2　親王の伝に「煩ひ多し」と記載があるように、幾多の困難を乗り越えて、親王は大陸各地で仏教の布教をしていた。

3　『閑居友』の作者は、志半ばで亡くなった親王の魂を供養するため伝から引用し、その最期を後世に伝えようとした。

4　既にある書物に収載されている伝の再録だという非難を避けるため、『閑居友』の作者は既知の伝からの引用を避けた。

5　作者は、自分の文章が拙いという欠点を補うため、『閑居友』を書く時に昔の人の名文からの引用を積極的に行った。

6　『発心集』は読み手が結縁するため伝から引用したが、世の人や『閑居友』の作者はそのやり方に疑念を持っている。

問8　[E]に入る『発心集』の作者の名前を、次のなかから選び、その番号をマークせよ。

1　紀貫之　　2　信濃前司行長　　3　鴨長明　　4　世阿弥　　5　吉田兼好

四

次の文章を読んで、問いに答えよ（設問の都合上、訓点を省略した部分がある）。

梁《りやう》君出猟シテ、見ル二白雁ノ群ヲ一。梁君下リレ車ヨリ彀《ひ》キレ弓ヲ欲スレ射ントレ之ヲ。道ニ有リ二行ク
者一、梁君謂《い》フモ二行ク者ニ止マレト一、行ク者不レ止マラ、白雁ノ群駭《おどろ》ク。梁君怒リ、欲スレ射ント二
行ク者ヲ一。其ノ御《ぎよ》公孫襲下リレ車ヨリ撫《ぶ》シテレ矢ヲ曰ハク、「君止《や》メヨト。」梁君忿《ふん》然トシテ作《な》シテレ
色ヲ而怒リテ曰ハク、「襲不シテレ与《くみ》セ二其ノ君ニ一而顧《かへ》ツテ与スルハ二他人ニ一、何ゾ也《や》ト。」公孫襲

2 弘法大師の真言の教えは全く分からなかったから
3 あらゆる仏の教えを学んだが体得していないから
4 日本の仏教のあり方そのものに疑問を感じたから
5 道詮律師や弘法大師の教えに納得していないから

問4 傍線㋒の「涙かきやりがたし」、㋕の「そばむる言葉かな」を、それぞれ十字程度で現代語訳せよ。〔解答欄：各十二字〕

問5 傍線㋓の「あぢきなし」の説明として、最も適当なものを、次のなかから選び、その番号をマークせよ。

1 親王は、菩薩が姿を変えて自分の信仰心を試したことに少しも気づかなかったため、うかつだったと深く反省した。
2 親王は、必死に仏の教えを求める自分の信仰心をもてあそぶ菩薩に対して、理不尽さとともに激しい怒りを感じた。
3 親王は、自分では気づかなかった器量の小ささを菩薩に指摘されたことに対し、悔しくやるせない気持ちになった。
4 親王は、菩薩が自分の信仰心につけ込み鬼神に姿を変えて現れたことに対し、著しく道理に反していると憤慨した。
5 親王は、菩薩の難題に即座に答えられなかったため、修行がまだ不十分だったと気づき、苦々しく情けなく感じた。

問6 傍線㋔の「あはれに侍り」の説明として、最も適当なものを、次のなかから選び、その番号をマークせよ。

1 あと少しで真理にたどり着ける直前で虎に襲われ亡くなってしまった親王の運命に、命のはかなさを感じている。
2 日本を離れてまで仏の教えを学ぼうとした親王の信仰心が誰にも知られていないことに、虚しさを感じている。
3 天竺に渡った大唐や新羅の人々の伝は多くの書物に記載があるが、親王の伝は記載がないことに失望している。
4 日本では大勢の家臣に敬われていた親王が、異国の地で孤独のうちに最期を迎えたことに、無常を感じている。
5 仏の教えを学ぼうと各国を巡り僧に教えを乞うも満足な答えを得られなかった親王の生涯に、深く同情している。

問7 本文の内容に合うものを、次のなかから二つ選び、その番号をマークせよ。

1 円載和尚は、仏道修行のために唐土に渡ってきた親王の力になろうと帝に頼み込み、親王は法味和尚に師事できた。

（『閑居友』による）

注　玄奘・法顕＝ともに当時の中国からインドへ仏教を学びに行った僧。　新羅＝古代朝鮮半島にあった国の名。
　儲けのすべらぎ＝皇太子のこと。　この書＝『閑居友』をさす。　書き記せる奥ども＝各説話の末尾。
　天竺・震旦・日域＝それぞれ、インド、中国、日本を指す。　ひと筆＝説話を要約したダイジェスト。
　結縁＝仏の道に縁を結ぶこと。　草隠れなき陰＝あの世。

問1　[A]、[B]、[C]、[D]に入れるのに、最も適当な組み合わせを、次のなかから選び、その番号をマークせよ。

1　A＝給は　B＝侍り　C＝給ひ　D＝給へ
2　A＝侍ら　B＝侍り　C＝給ひ　D＝給ひ
3　A＝給は　B＝給ひ　C＝給ひ　D＝給ひ
4　A＝侍ら　B＝給ひ　C＝侍り　D＝給ひ
5　A＝給は　B＝侍り　C＝侍り　D＝給へ
6　A＝侍ら　B＝給ひ　C＝侍り　D＝給へ

問2　傍線㋐の「飾りを落とし」の説明として、最も適当なものを、次のなかから選び、その番号をマークせよ。

1　派手な衣装を脱ぎ質素な生活をすること　　2　髪を剃り世俗を捨てて出家をすること
3　親王から臣下に降り楽な身になること　　4　虚飾を払いありのままの自分になること
5　冠の飾りを外して学業に専念すること

問3　傍線㋑の「唐土にぞ渡り給ひける」の理由として、最も適当なものを、次のなかから選び、その番号をマークせよ。

1　国内では世俗に囚《とら》われてしまい修行できないから

渡り給ひける道の用意に、大柑子《かんじ》を三つ持ち給ひたりけるを、飢《つか》れたる姿したる人、出で来て乞ひければ、取り出でて、中にも小さきを与へ給ひけり。この人、「同じくは、大きなるをあづからばや」と言ひければ、「我は、これにて末も限らぬ道を行くべし。汝は、ここの人なり。さしあたりたる飢ゑをふせぎては足りぬべし」とありければ、この人、「菩薩の行《ぎやう》は、さることなし。汝、心小さし。心小さき人の施す物をば受くべからず」とて、かき消ち失せにけり。親王、あやしくて、「化人《けにん》の出で来て、我が心をはかり給ひけるにこそ」と、悔しく、(エ)あぢきなし。

さて、やうやう進み行くほどに、つひに虎に行き遇ひて、むなしく命終はりぬとなむ。

このことは、親王の伝にも見え侍らねば、記し入れぬるなるべし。

昔のかしこき人々の、天竺に渡り給へることを記せる書《ふみ》にも、大唐・新羅の人々は数あまた見え侍れど、この国の人は一人も見えざんめるに、この親王の思ひ立ち給ひけむ心のほど、いといとあはれにかしこく侍り。昔は、儲けのすべらぎにて、百の官に仰がれきといへども、今は、道のほとりの旅の魂として、一人いづくにか赴き給ひけむと、(オ)返す返すあはれに侍り。

さても、『発心集』には、伝記の中にある人々あまた見え侍るめれど、この書には伝に載れることをば入るることなし。かつは、かたがたはばかりも侍り。また、世の中の人のならひは、わづかにおのれが狭く浅くものを見たるままに、「これはそれがしが記せるものの中にありしことぞかし」など、よにもたやすげに言ふ人もあるべし。また、もとより筆を執りてものを記せる者の心ざしは、「我、このことを記し留めずは、後の世の人、いかでかこれを知るべき」と思ふより始まれるわざなるべし。いはんやまた、古き人の心も巧みに言葉もととのほりて記せらむを、今あやしげに引きなしたらむもいかがと覚え侍り。

また、この書き記せる奥どもに、いささか天竺・震旦・日域の昔の跡を、ひと筆など引き合はせたることの侍るは、「これを端にて知り初むる縁ともやなり侍らむ」など、思ひ[D]て、つかうまつれるなり。[E]は、人の耳をも喜ばしめ、また結縁にもせむとてこそ、伝の中の人をも載せけむを、世の人のさやうには思はで侍るにならひて、かやうにも思ひ侍るなるべし。ゆめゆめ草隠れなき陰にも、(カ)「我をそばむる言葉かな」とは、思ふまじきなり。

3　日本語の「水」には「熱くない（常温　冷温）」という意味が含まれているが、これは英語の「water」の意味とずれており、同じずれが「臣民」と「subject」の間にも起こっている。

4　「人民」であれば独立戦争や市民革命を戦って憲法を制定し国をつくることができるが、日本国の場合、「臣民」という役割を与えられたため自ら国をつくることができなかった。

5　戦後「臣民」を「国民」に置き換え、日本国憲法で「国民」を主権者としたが、「国民」は英語では「nation」や「national」と訳し分ける必要がある。

三　次の文章を読んで、問いに答えよ。

　昔、真如親王といふ人いまそかりけり。平城《へいぜい》天皇の第三の親王なり。いまだ頭下ろし［A］ぬ前には、高岳の親王とぞ申しける。㋐飾りを落とし給ひて後は、道詮律師に会ひて三論宗を極め、弘法大師に従ひて真言を習ひ給ひけり。「法門ともにおぼつかなきこと多し」とて、つひに㋑唐土《もろこし》にぞ渡り給ひける。宗叡僧正ともなひ給ひけるが、宗叡は、「文殊の住み給ふ五台山、拝まむ」とて行き給ふ。親王は、もの習ふべき師を尋ね給ひけるほどに、昔、この日本の国の人にて円載和尚といひし人の、唐に留まりたりけるが、親王の渡り給ふよしを聞きて、帝に奏したりければ、帝あはれみて、法味和尚といふ人に仰せつけられて、学問ありけれど、心にもかなはざりければ、つひに天竺にぞ渡り給ひにける。「錫杖《しやくぢやう》を突きて、脚にまかせて一人行く。理《ことはり》にも過ぎて煩ひ多し」など侍るを見るにも、悲しみの㋒涙かきやりがたし。玄奘・法顕などの昔の跡に思ひ合はするにも、さこそは険しく危うく［B］けめと、あはれなり。

　さて、帰り給ふべきほども過ぎぬれば、「生き死にわきまへがたし」とて、細かにぞ尋ねありける。唐土の返事に、「天竺に渡り給ふほどに、道にて終はり給ふよし、ほのかに聞く」と［C］けるにぞ、初めて、魂をうつし給ふよしを知りにける。

5　日本語には江戸時代まで「臣民」という言葉がなく、急ぎ思いついて「subject」を誤って「臣民」と訳したため、英語に訳そうとするとあてはまる語がないということ

問4　傍線㋒に「言葉が表す概念や思考を相対化する」とあるが、その説明として、最も適当なものを、次のなかから選び、その番号をマークせよ。

1　母語を学ぶことにより自国の言語の思考の枠組みを知り、歴史に関しても客観的な観察が可能となり、歴史を相対化できるということ

2　母語の思考の枠組みとは相違する外国語の枠組みを頭の中に組み立てることにより、自らの言語である母語の思考の枠組みを見直すこと

3　外国語を学ぶことにより、言葉の表す概念や思考をより理解することができるようになり、そのことで言葉を大切にするようになること

4　母語の表す概念や思考を知ることにより、知らず知らずのうちに自らに組み込まれている考え方に気づくことができ、歴史の矛盾も知ること

5　言葉を大切にして考えることにより、自らの存在と他者を相対化することができ、様々な概念や思考をより理解することが可能となること

問5　本文の内容に合うものを、次のなかから一つ選び、その番号をマークせよ。

1　日本国憲法の「国民」は法律レヴェルではなくて憲法レヴェルの概念であるため、他国の人びとのように国際法などの法律によって、国籍を剝奪されたりすることがない。

2　日本語を観察すると他国には存在しない「国民」のようなおかしな言葉が見つかるが、これは近代以前の日本の人々が天皇に平伏し、従ってきた歴史を表すものである。

を真似たというのは問題があるということ

4 「国民」とは国家の存在により成立している語であり、さらにその「国民」が国家を造るという説明は、どちらが先かも分からず、論理的に問題があるということ

5 「国民」は集合名詞で一人一人を指す語ではなく、ある国家を構成する人びと全体であり、その「国民」が国家を構成するというのは論理的に問題があるということ

問2 [A] に入れるのに、最も適当なものを、次のなかから選び、その番号をマークせよ。

1 国民は国家の上位概念であるはずだ　　2 国民は国家の下位概念であるはずだ

3 国民は法律レヴェルの概念であろう　　4 国民は憲法レヴェルの概念であろう

5 国民は国籍保有者の枠に収まる　　6 国民は国籍保有者の枠に収まらない

問3 傍線㋑に「あてはまる単語がない」とあるが、その説明として、最も適当なものを、次のなかから選び、その番号をマークせよ。

1 「臣民」に近い意味の言葉として「subject」が存在するが、「subject」は「主題」「対象」という意味も含んでいるため、「臣民」にぴったりあてはまる語ではないということ

2 「臣民」は統治される人々という意味があり「subject」の訳となるが、「臣民」には統治する側の役人も入っているので、英語にしようとするとあてはまる語がないということ

3 「臣民」は天皇に従って生きる民という意味をもっており、欧米においては天皇ではなく王侯による統治であったため、英語にするとちょうどあてはまる語がないということ

4 「臣」と「民」はそもそも意味的に相反する語がくっついたものであり、言葉として異質であるため、正確に英語に訳そうとするとちょうどあてはまる語がないということ

民」と訳すのだ、ということにしたのです。こういうわけで、「臣民」を逆に、英語に訳そうとすると、㋑あてはまる単語がない。

さっきの「水」と「water」みたいになっている。

戦後、「臣民」という言葉はなしにして、「国民」という言葉に置き換えた。「国民は主権者です」という文章も、書き加えた。でも日本国憲法をみると、第一条から第八条までは天皇の規定が書いてあり、「国民統合の象徴」ということになっている。天皇は、国民の一人なのか国民でないのか、あいまいです。それは、天皇は「臣民」ではなかったことが、尾をひいているのです。

このように、「臣民」という言葉のルーツをたどると、天皇をふつうの人間を超えた存在としてまつり上げようとした明治政府の意図に気づくことができる。すると、「臣民」→「国民」という日本語につきまとう、思考の枠組みから自由になれる。言葉を大事にし、言葉のことを考え、㋒言葉が表す概念や思考を相対化するとは、このように、自分が知らず知らずのうちに組み込まれている考え方のシステムに気づくきっかけとなるものなんです。

（橋爪大三郎『人間にとって教養とはなにか』による。なお一部を改めた）

問1　傍線㋐に「非論理な循環論になってしまっている」とあるが、その説明として、最も適当なものを、次のなかから選び、その番号をマークせよ。

1　憲法においては、人民が国家を造ったとしなければならないところを、日本国では国民と記載しており、これでは国民が憲法より上か下かわからないということ

2　「国民」には主権者という意味まで含まないのに、日本国憲法に「われわれ国民は、主権者で、日本国を造りました」という説明があり矛盾しているということ

3　他の国の憲法には「国民」にあたる言葉はないのに、日本国は勝手に「国民」という言葉を作り出した上に外国の憲法

　じゃあどうして、こんなおかしな言葉が憲法に記されることになったのか。それを明らかにするには、明治時代にまでさかのぼる必要があります。明治維新のあと日本は、近代国家にならねばと、大日本帝国憲法（帝国憲法）を制定した。この憲法には、「臣民」という言葉が頻出する。

「臣民」は、「臣」＋「民」。実は、明治政府による造語です。「民」はまあ、わかりやすい。人民、つまりふつうの人びとのことですね。英語だと、peopleである。「臣」は、王侯に仕える役人のこと。中国では、人民を統治する役割だった。

　中国語では、「臣」と「民」は相反するもので、一緒にすることはないのですが、それをくっつけて「臣民」という言葉をつくった。なぜひとまとめにしたかというと、「天皇に従う」という関係をはっきりさせるため。帝国憲法は、天皇を主権者と定めている。そもそも憲法がある前から、天皇は日本を統治していた。人びと（臣民）は、それに従っていた。そういうストーリーが必要だったからです。人民は、国をつくる。王様なんかいなくても。国をつくると決め、必要なら独立戦争や市民革命を戦って、憲法を制定する。そこには、「われわれ人民は、これから国をつくります」と書いてある。その国にいる人間はすべて、人民。さきほどのべた通りだ。

　臣民は、違う。臣民＋天皇、で国である。臣民だけでは、国をつくることができない。よって臣民は、国の主人公でも主権者でもない。天皇がいなければ、何もできない。きみたちはおとなしく、天皇に従っていなさい。そして、天皇のもとで働く政府の偉いさんに従っていなさい。きみたちは、人民と違うのだから。――これが、帝国憲法が言っていることです。天皇こそが無上の存在であり、その前に「臣民」が平伏している。「臣民」には、政府の役人（統治する側）も一般の人びと（統治される側）もいるわけだが、そのことに文句を言わない。こういう国の成り立ちを語っているのが、「臣民」という言葉なんです。

　さて、この「臣民」という言葉は、江戸時代まで存在しなかった。それが急に思いつかれたのは、英語でいう「subject」から来ている。「subject」は辞書をみると、「主題」「対象」「臣下」などいろいろ意味がある。ここでは「臣下」、王様の命令を聞いて、統治される人びと、という意味ですね。日本語に、これにちょうどあたる言葉がなかった。そこで、「subject」を「臣民」ではない。どの言語にも、そもそも「国民」という概念がない。これは、大事な点です。

「人民」と「国民」は違う。「人民」は、国家があろうとなかろうと、「人民」。だから、「われわれ人民は、国家を造りました」と言うことができる。これは、ロックやルソーなどの思想家が唱えた「人民主権」の思想の基本。近代国家を支える基本概念です。けれども「国民」は、国家がなければ、「国民」でない。国家に依存している存在です。

日本国憲法は、外国の憲法を真似して、外国の憲法と同じことを言おうとし、「われわれ国民は、主権者で、日本国を造りました」みたいな文章をつくった。でもこれは、「われわれタマゴは、主権者で、ニワトリを造りました」みたいな、㋐非論理な循環論になってしまっている。だから日本語で憲法を読んでも、憲法のことがよくわからないのです。

そんなことを言っても、英語の辞書をみると、「国民」＝「nation」と載っているではないか。でも、「nation」は、集合名詞で、一人ひとりの人間を指すことができないのです。ある国を構成する人びとをまとめて、「nation」という。

その一人ひとりを指したいときには、「national」といいます。これは、国籍保有者、という意味です。「Japanese national」なら、日本国籍の保有者。「American national」「French national」とは、「アメリカ国籍の保有者」「フランス国籍の保有者」という意味です。

「国籍保有者」なら、「国民」と大して変わらないじゃないか、と思わないで下さい。「国籍保有者」なら、国籍法などの法律によって、国籍を与えたり剝奪したりすることができます。でも、日本国憲法の国民というのは、（本来なら）法律レヴェルではなくて憲法レヴェルの概念（のはず）で、「国籍保有者」の枠に収まりません。じゃあ国民は、憲法より上なのか下なのか。いろいろに考えられますが、要するに、日本語でははっきりしないのです。

こう考えてみると、小学校や中学校で習った「国民主権」という言葉も、ほんとうに理解するのはむずかしいです。国民に主権があるのなら、[A]。でも、「国民」という言葉は、その成り立ちからして、「まず国があった」という考え方である。国が先か、国民が先か、わけがわからない。

二 次の文章を読んで、問いに答えよ。

言語はそれぞれ異なります。発音が違う。単語が違う。文法が違う。使っている文字だって違うかもしれない。

英語など、多くのヨーロッパ諸国の言語は、ローマ字のアルファベットを用いる。日本語は、「ひらがな」「カタカナ」「漢字」を用いる。それ以外にもアラビア文字やキリル文字など、じつに多様です。だから外国語を学ぶには、まず、その言語の音の体系（日本語でいう「五十音」に当たるもの）から覚えなくてはいけない。

でも本当に大事なのは、こうした違いではありません。言葉の表す「概念」が言語によって異なる。この点こそが重要なのです。日本語と英語を比べてみます。たとえば、日本語の「水」を、英語で「water」というと習う。じゃあ「お湯」は英語で何というか。「hot water」だ。おや、と思いませんか？

日本語では、水を熱したものを「熱い水」とはいわない。「お湯」という。「お湯」でないものが、「水」。つまり、日本語の「水」の概念には、「熱くない（常温 冷温）」という意味が含まれている。これは、英語の「water」とずれている。熱い水は、「hot water」。「water」は冷たかろうと熱かろうと「water」なのだ。ということは、「水」＝「water」なのではないのです。

「水」と「water」ならばまだ平和な話です。へえ、そうなんだ、ですむ。しかし、言語と言語の間には「概念の違い」があるという前提を意識して外国語に接してみると、これまで見過ごしていた重大なことがらに気づくことがあります。

その代表格は、私が思うに、「国民」という言葉です。じつは英語に、「国民」をさす単語がありません。フランス語にもドイツ語にもない。アメリカ合衆国憲法の前文を見てみます。

冒頭、日本国憲法でいう「前文 日本国民は」のところには、「We the People of the United States」とある。「People」だから「人びと」。いや、もっとはっきり「人民」を意味する。訳すると「われわれアメリカ合衆国の人民は」と書いてある。「国民は」ではないのです。アメリカ合衆国憲法にかぎらず、フランス共和国憲法は「Le peuple français（フランスの人民）」、ドイツ連邦共和国基本法では「das Deutsche Volk（ドイツの人びと）」と書いてある。主権者なのは「人民」であって、「国

3　ルソーのいう「一般意志」に相当し、人間社会の多様な文化や生き方、思想・信条の最大公約数を基準にして定められた民主主義の社会に普遍の価値基準

4　文化や生き方、思想・信条が異なっていても、人間が自由を求める存在であるという思想は民主主義社会において決して制限されるべきではないという価値基準

5　文化や生き方、思想・信条に左右されることなく、お互いの自由を尊重し、侵害しないためにルソーやヘーゲルが構想した時代や地域を超えた共通の価値基準

問10　本文の内容に合うものを、次のなかから一つ選び、その番号をマークせよ。

1　「存在の承認」はその人が価値のある行動をしたかどうかに関係なく与えられるもので、親が子に無条件の愛情をそそぐように親密な人に対する承認をいう。

2　一定のケアが必要な人々に「行為の承認」を与えることは必ずしも適当でないと考える人も、決して「存在の承認」を与えないという立場をとることはない。

3　ルソーのいう「一般意志」とはみんなの意志のことで、それはお互いの自由を尊重し、侵害しないために定められた、私たちすべての社会共通のルールである。

4　人助けをしたのに相手や周囲がその善意に気づかず評価されないことがあるが、親密な人にその行為の価値を理解してもらえれば自信を持って生きていくことができる。

5　民主主義社会では自分の価値観で自由に生きても、お互いの多様なあり方を認め合い、善悪の基準に従った道徳的な行為をすることで自由と承認が両立する。

6　価値観が多様化した現代でも、お互いの価値観を尊重し善悪の価値基準に沿った行動を心がければ、民主主義社会を発展させていくことは十分に可能である。

問7 傍線㋒に「『行為の承認』の可能性を広げてくれます」とあるが、その説明として、最も適当なものを、次のなかから選び、その番号をマークせよ。

1　認められるための行為の価値基準が明確になることで、困っている人を助けたりすることが偽善ではないかという危惧がなくなるということ

2　認められるための行為の価値基準が明確になることで、他人から受ける称賛が民主主義社会共通の価値観に基づくものだという確信がえられるということ

3　認められるための行為の価値基準が明確になることで、相手がこちらの善意に気づかなくても周りの人から行為の承認が得られるようになるということ

4　認められるための行為の価値基準が明確になることで、自分の行為が価値あるものであることを称賛の有無にかかわらず確信できるようになること

5　認められるための行為の価値基準が明確になることで、価値観の多様化や自由な生き方が否定されなくなり、普遍的自己承認が得られやすくなるということ

問8 [B] に入れるのに最も適当なものを、次のなかから選び、その番号をマークせよ。

1　親和的な　　2　倫理的な　　3　個人的な　　4　社会的な　　5　合法的な

問9 傍線㋓に「この価値基準」とあるが、その説明として、最も適当なものを、次のなかから選び、その番号をマークせよ。

1　他人の迷惑にならないかぎり人間が自由を求めることは妨げられないことなど、文化や生き方、思想・信条が異なっていても、ほとんどの人が認めることのできる価値基準

2　他人の迷惑にならないかぎり思想や宗教は尊重されるので、たとえ自らの思想、宗教では許されないものであっても批判してはならないという価値基準

し、自由に生きるための道が示されているのです。

（山竹伸二『ひとはなぜ「認められたい」のか――承認不安を生きる知恵』による。なお一部を改めた）

問1　傍線①、④の読み方をひらがなで書け。

問2　傍線②、③のカタカナを漢字に改めよ。楷書で正確に書くこと。

問3　傍線㋐に「存在の承認」とあるが、そのなかで「人権の承認」とは異なるものを、本文中から十六字でそのまま抜き出して、始めと終わりの五字を書け。

問4　次の一文は、本文中の〈 1 〉～〈 5 〉のどこに入れるのが最も適当か。その番号をマークせよ。

それは、「ありのままの存在」をお互いに認め合わなければ実現しないのです。

問5　傍線㋑に「その存在そのものを否定し、役に立たない、有害というレッテルを貼り、命さえも無残に奪おうとする」とあるが、このような行為に陥らないようにするには、社会にとって何が必要であると筆者は考えているか。最も適当な箇所を本文中から十八字でそのまま抜き出して、始めと終わりの五字を書け。

問6　［A］に入れるのに、最も適当なものを、次のなかから選び、その番号をマークせよ。

1　自由と存在の葛藤は、自由と「存在の承認」
2　自由と存在の葛藤は、思想と「行為の承認」
3　存在と承認の葛藤は、出自と「存在の承認」
4　存在と承認の葛藤は、出自と「行為の承認」
5　自由と承認の葛藤は、自由と「存在の承認」
6　自由と承認の葛藤は、自由と「行為の承認」

人を助けたり、苦しんでいる人を慰めれば、相手に感謝され、周囲の人たちにも称賛されるでしょう。これは、[B]行為の価値が認められたわけですから、「行為の承認」が充足された状態です。

　また、陰ながら誰かを助けた場合、相手はこちらの善意に気づかないし、周囲も知らないので誰もほめてくれません。しかし、自分でその行為の価値を理解していれば、「自分はよいことをしている、役立っている」と信じることができます。「どんな人でも〝よい行為〟だと認めるはずだ」と確信できれば、普遍的自己承認が得られるのです。

　以上のことから、現代社会における「自由と承認の葛藤」の意味が見えてきます。

　私たちの社会は民主主義の社会であり、自分なりの価値観で自由に生きることが認められています。お互いの多様なあり方を認め合うことで、自由を確保し、「存在の承認」を得ているのです。そこには自由と「存在の承認」（人権の承認）を保証するためのルールが設けられており、それは誰もが納得するような善悪の価値基準に基づいています。当然ですが、㋓この価値基準は、趣味や思想・宗教、生き方にまで口出しするようなものではなく、価値観の多様化や自由な生き方を否定しません。それは、自由を守るために最低限必要な善悪の価値基準なのです。

　したがって、この共有された価値基準に沿った行動は必ず評価されますし、「行為の承認」を得ることができます。もちろん、ルールを守っただけではなかなか評価されませんが、積極的に困っている人を助ければ、たいていの人は称賛するでしょう。つまり、価値観が多様化し、承認の基準が不透明なこの時代にあっても、この善悪の基準に沿った道徳的な行為だけは、承認される可能性が高いのです。

　価値観の多様化と自由への道は、一見すると、承認への欲望と矛盾し、自由と承認の葛藤、承認不安の増大は必然のように見えます。自由への欲望を満たせば承認への欲望が満たされず、承認を満たすには自由を犠牲にするしかない。そう思っている人も多いでしょう。しかし、ルソーやヘーゲルが構想した民主主義社会の原理には、自由と承認が両立する道が、承認不安を緩和

「存在の承認」が保証されれば、私たちは自由に生きることができます。あるがままの自分が否定されないのですから、それも当然のことでしょう。だから、「存在の承認」は自由の承認でもあるのです。そこに自由と承認の葛藤はありません。［ A ］の葛藤であり、自由な行為に対する価値評価が問題になるときにのみ、顕在化するのです。

相互に自由を認め合い、「存在の承認」を保証し合うためには、一定のルールが必要になります。それは、個人の自由を侵害しないためのルールであり、他人に迷惑をかけない、傷つけない、といったような、誰もが納得できるようなルールでなければなりません。〈 4 〉

このようなルールを④措定するには、一定の価値基準を共有している必要があります。これは多様な価値観を認め合うことと矛盾するように思えるかもしれません。しかし、生き方や思想、信条、ライフスタイルなどの価値観が異なっていても、善悪に関わる価値については、必ず一定の共通了解が可能です。〈 5 〉

たとえば、人間は自由を求める存在であり、他人の迷惑にならないかぎり、誰もそれを邪魔したり批判することはできない、困っている人、苦しんでいる人は助けるべきだ、といったような考え方、価値判断は、たとえ文化や生き方、思想・信条が異なっていても、ほとんどの人が納得するでしょう。こうした価値の共有に基づいたルールは、大勢の人が望んでいること、みんなの意志として共通了解されるはずなのです。

ルソーはこうしたみんなの意志のことを、「一般意志」と呼んでいます。民主主義社会の基本は、お互いの自由を尊重し侵害しないためのルールを決めるところにあります。自由を守るためのルールがなければ、それぞれが自分勝手な自由を主張し、他人の自由や迷惑など考えずに行動し、社会は混乱してしまうでしょう。そのルールの基準となるのが「一般意志」なのです。

このようなルールの基本にある価値観の共有は、ただ自由を擁護し、「存在の承認」を保証するだけでなく、認められるための行為の価値基準を明確にし、㋒「行為の承認」の可能性を広げてくれます。

他人に迷惑をかけないことは当然であり、ルールを守っただけなら、特に評価されることはありません。しかし、困っているても、あるいは高齢者、子ども、女性、障害者であっても、その存在をありのまま認める場合です。

　これは、民主主義の根幹をなす人権の承認であり、親密な関係ではない見知らぬ人々に対する「存在の承認」と言えるでしょう。

　私たちは親密な人たちに対しては甘いし、無条件に認めてしまうところがあります。これに対して、見知らぬ人々、特に価値観の異なる人々に対しては、無関心であったり、否定的であったり、厳しい態度をとる人も少なくありません。価値観が異なれば、「行為の承認」の基準も異なり、異なる価値観を認めれば、自分の行為や存在を否定することにもなりかねない、そんな危機感があるからで、これも承認不安が生み出す異質な存在への嫌悪なのです。〈　1　〉

　また、価値観が異なるというより、一定のケアが必要な人々に対しても、同じ理由から差別をする人がいます。この感情が危険な水域に入ると、許しがたい②ボウキョさえ生じます。①その存在そのものを否定し、役に立たない、有害というレッテルを貼り、命さえも無残に奪おうとするのです。

　ヒトラーは、ユダヤ人だけでなく、膨大な数の障害者を収容所に送っています。これは③ユウセイ思想に基づく政策ですが、まさにこれは「存在の承認」の完全な否定です。〈　2　〉

　今日のように、多様な人々が集う共生社会においては、外国人や高齢者が激増し、異文化間、世代間における価値観のギャップはますます大きくなりつつあります。また、患者、障害者との共生も、私たちの社会の重要な課題となっています。そうした中で、お互いに「存在の承認」を与え合うことは、もはや避けることのできない問題と言えるでしょう。

　本人の意志や行為では変えられないような、出自、年齢、性別、障害などは、決して否定されるべきではありません。どんな肌の色であろうと、どんな思想や信仰、趣味、感受性を持っていようと、それだけで存在そのものが否定されるなど、あってはならないことなのです。

　他人に対して意図的に迷惑をかけないかぎり、誰もが「存在の承認」を保証される必要があります。〈　3　〉

呼んでおくことにします。

一方、誰かになぐさめてもらった経験は、自分が相手に受け入れられていると感じるので、やはり「認められた」感じがするものです。これは行為の価値が評価されているわけではありません。同じように、誰かと話があい、共感してもらった場合でも、やはり自分が認めてもらえたような気がして嬉しくなります。特に行為で評価されなくても、趣味や考え方が近かったり、気が合うだけでも、相手の承認を感じることはできるのです。

そこには飾らない①素の自分、「ありのままの自分」でいられる気楽さ、安心感があります。無理をしなくてもよい、相手に合わせなくてもよい、そういう自由の感覚があるのです。それは「行為の承認」とはちがって、特に価値のある行為は必要ないし、自分という存在そのものが受け入れられたように感じるため、「存在の承認」と呼ぶことができるでしょう。

このように、私たちが「認められたい」欲望を満たす場合、認められるのが自分の行為なのか、それとも自分の存在なのかによって、二つに分けることができます。それが「行為の承認」と「存在の承認」なのです。

ヘーゲルはお互いの自由を認め合うことを民主主義社会の基本原理に据えましたが、それは個人の生き方や考え方を認めあうということであり、価値観の多様化を肯定することを意味します。

また、個人の自由を認めるということは、その人がどのような価値観、ライフスタイルであっても受け入れるということ、あるがままの存在をそのまま承認するということです。これは㋐「存在の承認」を与えることに他なりません。「存在の承認」に、価値のある行為をしたかどうかは関係ありません。その人がどのような行為をしようと、どのような考え方をしようと、他人の迷惑にならないかぎりは認める、ということなのです。

「存在の承認」の原型は親和的承認です。私たちは家族、親友、恋人など、親密な関係における無条件の承認のことを親和的承認と呼び、きわめて重視してきました。その内実は、愛情に基づく存在そのものへの承認です。

しかし、「存在の承認」には親和的承認とは異なるものもあります。それは、人種や民族、生まれ、貧富、生き方が違ってい

国語

（八〇分）

解答に字数制限がある場合には、句読点・カッコも一マスとすること。
受験学部・受験方式によって、解答すべき問題を指定しているので注意すること。

全学統一方式（文系）	文学部以外	一　二　三
	文学部※	一　二　三　または　一　三　四
前期方式	APU	一　二　三

※文学部は二（現代文）と四（漢文）が選択問題。両方とも解答した場合は高得点の方を採用。

一　次の文章を読んで、問いに答えよ。

勉強やスポーツ、仕事の成績などで認めてくれる人たちは、その成績には価値がある、と思っています。だから成績がよいと称賛するわけです。困っている人を助けたり、みんなのために頑張った場合にも、感謝されて、その功績が称《たた》えられると思いますが、この場合も、そのような行為に価値がある、とみんなが思っているから、高く評価されるのです。

このように、ある行為の価値が評価されるような承認は、行為が承認の対象となっているので、とりあえず「行為の承認」と

解答編

■英語■

I **解答** 〔1〕 (A)—(1)　(B)—(4)　(C)—(2)　(D)—(3)

〔2〕 (1)—3　(2)—1　(3)—1　(4)—2　(5)—3

〔3〕—(3)

◆全　訳◆

≪二人の先駆的ルネサンスの画家の業績≫

16世紀のヨーロッパで，ソフォニスバ=アンギッソラとラビニア=フォンタナは絵画を学び，その作品は広く好評を博した。二人の名声は世界中に知れ渡った。それから彼女らは忘れられた。100年以上も，このルネサンスの女流画家たちは無名のまま，多くの歴史家によって無視され，一般大衆に知られることはなかった。アンギッソラの作品は誤って有名男性画家の作とされさえした。

1535年頃，北イタリアに生まれたアンギッソラは，裕福な家庭の出であった。よって今の世と同様，富が門戸を開いたのだった。「運よく一定の資金を有する家庭に生まれた女性は，少なくともある程度の教育が受けられたのです。当時，無償の教育はなかったのですから」と，美術史家のアン=ハリス先生は語る。

子ども7人の一番の年長として，アンギッソラには5人の妹がいたが，父親には若い女性の育て方に定見があった。理想的には，貴族の婦人は教育を受けてほとんど何でもできるようになるのが望ましい。絵を描き，詩を詠み，歌を歌い，楽器を奏で，才知ある，楽しげな語らいができるようにというのである。他の貴族の家庭同様，その当時の截然たる社会通念が指し示すまま，アンギッソラの両親は，数多い娘たちに変わりゆく流行に遅れないよう教育を施す決心をした。しかし，10歳頃，アンギッソラの父と母はアンギッソラ本人と妹の一人を，数年間地元の画家の元で学ぶよう送り出した。娘たちを画家に弟子入りさせるこの決断は，画期的と言ってもよかった。後にも，アンギッソラの修業は別の画家の元で続き，あるとき，高名なイタリアの画家，ミケランジェロさえも，その作品を鑑定し賞賛したほどであった。

貴族の娘アンギッソラは，その絵画を売り出すことはできなかった。その社会的身分を考えれば，そんなことは許されるはずもなかったからである。そのかわり，アンギッソラは肖像画を描いた。「一連の自画像は，とても興味深いものがあります。自分自身を表現する方法がきわめて多様だからですが，それを父親がまず人に贈呈して，もらった人が次に何かをお返しにくれたのでしょうね」と，ハリス先生は付け加えた。

すぐさま，アンギッソラは王室と付き合うことになった。1559 年に，スペインのフェリペ 2 世の王室に仕えるよう招かれたのである。「アンギッソラは専属画家として雇われたのではありません。男性のようにはいかなかったのです」と，ハリス先生は語る。「アンギッソラは女王にデッサンの手ほどきをしたのです」 立場上，給料はよかった。絵画を制作し続けてはいたが，女王に仕えるという務めのために，作品の芸術性は妨げられた。アンギッソラはこの時期の作品に署名を入れることはなく，自分の芸術活動のためだけに向けられた報酬を受け取ることは一度もなかった。署名がなされず，受取証もないため，アンギッソラのスペイン時代の絵画は歴史家にはきわめて追跡が困難になった。1570 年代初めにアンギッソラはスペイン王室を離れ，実に驚くべき生活に乗り出した。その成功が他の人の励ましになったようだと，ハリス先生は指摘した。「アンギッソラの才能によって得られた信じがたい資産が，才能あふれる娘たちをもつ他の父親たちに，同じ成功を願って娘たちを教育しようと思うきっかけを与えたのです」

もう一人の貴族画家のラビニア=フォンタナは，1570 年代に美術界に登場した。1552 年にイタリアのボローニャに生まれたフォンタナは画家の娘であり，父から芸術形式の手ほどきを受けた。アンギッソラ同様，フォンタナも高い教養をもっていた。アンギッソラとは違い，フォンタナは王室とは無縁の，かなりの収入があった。「フォンタナは，女流画家として初めて，比較的普通の職業生活を営んだのです」と，ハリス先生は言う。フォンタナは，代金をもらって広範な作品を描いたからである。それはまれなことだったのであり，また，フォンタナは自分自身のアトリエを運営していた。

フォンタナは静物や肖像を描くだけにとどまらなかった。とはいっても，名声を得たのは重要人物の肖像画だったのだけれど。フォンタナは風景画や，聖書の場面，宗教画も描いた。さらに驚くべきは，その家庭の関係性であった。「ラビニア=フォンタナは，無名の画家と結婚した時点ではすでに職業画家として活動していました」と，ハリス先生は記す。夫との間に，フォンタナは 11 人の子をもうけたのだが，その夫は「結婚後，妻の仕事に協力することで合意していたと言われています。夫の名声は全く上がらなかったのだから，どうやらその通りにしたのでしょうね。妻が家庭の収入に貢献しただけではなかったのです。主な収入源になったのです」。

女性がプロの画家になることは当時まれだったので，フォンタナとアンギッソラは，多くの人を鼓舞することになった。しかし，中傷する人もいた。例えば，ある歴史家は，フォンタナは巨大画面を描くのは手に負えなかったと書いた。また，アンギッソラの作品の展覧会評で，ある美術評論家は，「とりわけ不快なのは，この展覧会がアンギッソラを実際以上に印象的だと表現しようとしていることである。アンギッソラは二流の画家だった」と書いた。ハリス先生は，アンギッソラの作品の一部には，「絶品」ではないものもあるかもしれないことは認めているけれども，アンギッソラがいくつかの野心的な作品を生み出したあとに，宮廷生活の制約を受けたと指摘している。もしもアンギッソラが修業を続け，王室にデッサンの手ほどきをしていなければと，ハリス先生は語る。「アンギッソラがどんな異なった成熟を見せたか誰にわかるというのでしょう」

先駆者たちの作品の水準を大げさに言いすぎているかもしれないけれどと，ハリス先生は言う。初期の女流画家のおかげで，他の人々が自分自身の仕事を追求する可能性を考慮するようになり，最終的に「誰にも一歩も引けを取らない」作品を生み出せる女流画家が出てきたのである。「だから，やっかいなことなのですが」と，先生は付け加える。「でも，どこかで始めないといけないのです」

◀解　説▶

〔1〕 (A) 「なぜ二人の画家は最近まで歴史家によって無視されたのか」

「歴史家による無視」に関しては，第 1 段第 4 文（For over a…）に「このルネサンスの女流画家は無名のまま，多くの歴史家によって無視さ

れ」とあるが，無視された理由は明記されていない。選択肢はそれぞれ，
(1)「本文に理由は述べられていない」
(2)「歴史家は二人の絵画を追跡する気がなかった」
(3)「16 世紀には男性がプロの画家になることしか認められていなかった」
(4)「歴史家は有名な男性画家が実は二人の作品を作っていたことに気づいた」
の意味である。(2)は第 5 段第 6 文（Anguissola didn't sign …），(3)は第 8 段第 1 文（As it was …），(4)は第 1 段最終文（Anguissola's works were …）にそれぞれ一致せず，正解は(1)であるとわかる。

(B)「ソフォニスバ=アンギッソラの教育は，他の大半の貴族の婦人たちとはどのように違っていたのか」「教育の違い」に関しては，(注) 4 を含む第 3 段第 5 文（This decision to …）に「娘たちを画家に弟子入りさせるこの決断は，画期的と言ってもよかった」とある。選択肢はそれぞれ，
(1)「彼女の社交的技法のせいでそれが可能になった」
(2)「彼女はさまざまな科目で高い教養があった」
(3)「彼女の両親が当時の流行に倣うことに決めた」
(4)「彼女の両親が，彼女がプロの画家の元で勉強し仕事をすることを認めた」
の意味だから，正解は(4)であるとわかる。

(C)「なぜアンギッソラにとって，スペインにいたときに絵画技術を深めることが難しかったのか」「スペイン時代」に関しては，(注) 7 を含む第 5 段第 5 文（While she continued …）に「女王に仕えるという務めのために，作品の芸術性は妨げられた」とある。選択肢はそれぞれ，
(1)「アンギッソラは絵を描く気になれなかった」
(2)「アンギッソラは教育の責任があった」
(3)「アンギッソラは専属画家として務めを果たすのにあまりに忙しかった」
(4)「アンギッソラは別の画家に弟子入りすることができなかった」
の意味だから，正解は(2)だとわかる。第 5 段第 3 文（"She wasn't hired …）より，彼女は専属画家でなかったので，(3)は誤りである。

(D)「美術評論家の意見に答えて，アン=ハリス先生は何を強調しているか」「美術評論家への反論」に関しては，第 8 段および最終段に記述があ

り，最終段第 1 文（We may overstate …）に「初期の女流画家のおかげで，他の人々が自分自身の仕事を追求する可能性を考慮するようになった」と記述されている。これが(3)に一致する。選択肢はそれぞれ，

(1)「アンギッソラはもっと絵画の修業をすべきだったこと」

(2)「初期の女流画家が男性の巨匠と同じだけ優れていたこと」

(3)「初期の女流画家は他の女性のお手本であったこと」

(4)「アンギッソラの王室の元で働くという決断は，熟した判断ではなかったこと」

の意味である。(3)以外の選択肢に関する記述はない。

〔2〕 (1)「二人の画家には，画家の父がいた」 アンギッソラの父については第 4 段第 1 文（The daughter of …）から貴族であることはわかる。そこで「画家ではない」と思うかもしれないが，第 6 段第 1・2 文（Another aristocrat artist, … the art form.）にあるように，フォンタナも貴族の娘で父は画家のため，貴族だから画家ではないとは限らない。よって，真偽不明。

(2)「二人の女性は画家になることで財産を築くことができた」 アンギッソラについての第 5 段最終文（“The incredible wealth …），フォンタナについての第 6 段第 4 文（Unlike Anguissola, Fontana …）の記述より一致。

(3)「以前の女流画家とは異なり，ラビニア=フォンタナは，仕事でより自立することができた」 第 5 段第 6 文（Anguissola didn’t …）・同段最終文（“The incredible …）にあるように，アンギッソラはかなりの収入を得たがそれは作品に対する対価ではなかった。第 6 段第 4・5 文（Unlike Anguissola, … her own studio.）の「フォンタナは女流画家として初めて，比較的普通の職業生活を営んだ」「王室とは関係ない収入を得た」から，アンギッソラも含め過去の画家と異なり，自分の作品に対してお金が支払われた初めての女流画家がフォンタナだということがわかる。(3)にある independence というのは自分の作品に対して対価が支払われることを指すと考えると，本文に一致。

(4)「フォンタナの家庭生活は，その当時の典型であった」 第 6 段最終文（“She was the …）および第 7 段第 3 ～最終文（What’s even more … its chief source.”）の内容に，不一致。

(5)「フォンタナの夫は妻が自分より稼ぐことが不快であった」 第7段第5・6文（Her husband, with … did just that.）にフォンタナの夫に関する記述があるが，妻が自分より稼ぐことが「不快だった」かどうかについての記述はない。よって，真偽不明。

〔3〕 選択肢はそれぞれ，

(1)「どうして二人のルネサンスの画家は忘れられたのか」

(2)「二人の忘れられたルネサンスの画家の家族問題」

(3)「二人の先駆的ルネサンスの画家の業績を認める」

(4)「ルネサンスの画家の収めた成功への王室の影響」

(5)「初期のルネサンスの画家の成功に教育と財産がもった重要性」

という意味。本文は，第1段第4文（For over a…）および最終段第1文（We may overstate …）にあるように，歴史に無視されてきた二人の先駆的ルネサンス画家は，その後世への影響においても重要で正しく評価されるべきであることを述べている。よって，正解は(3)だとわかる。

II 解答

〔1〕 (A)—(1)　(B)—(1)　(C)—(2)　(D)—(3)　(E)—(1)　(F)—(4)　(G)—(1)　(H)—(3)

〔2〕 ㋐—(3)　㋑—(1)　㋒—(4)　㋓—(3)　㋔—(3)

◆全　訳◆

≪なぜ電話で待たされるといらつくのか≫

誰だって，待たされている間に，20秒おきにロボットの声で「お電話ありがとうございます。まもなくカスタマーサービス担当者が対応しますので，それまでしばらくお待ちください」と言われて中断される煩わしい曲を聞くのが，好きではない。絶対そうだ！

人間のオペレーターと話すのを難しくしているのは企業なのだけれど，実はカスタマーサービスを大切にしている。27分の保留の後で怒って電話を切った顧客は，その企業の悪口をネット上で言いふらすか，競争相手に乗り換えるかする可能性が高い。それは「待機の経済的費用」と言われている。最近，待機の心理と，どんな音楽や伝言文が保留経験のつらさを，高めたり和らげたりするのかを調べた，ある驚くべき研究が出た。保留音楽に加え，電話の待機設定の最大の革新は，「推定時間」と「何番目」のお知らせであった。それは，誰もが列に並んで待たなければならないことであまりに有名な場所である，テーマパークで完成した技術である。

さまざまな種類の保留の際の伝言文を比較した2007年の研究によれば，保留中に平静を保ってもらうのに最も有効な方策は，順位が何番目かを知らせることだった。実験では，123人が電話で2分保留にしておかれた。そのうち3分の1が保留用の音楽を聴き，3分の1が音楽の間に，お待たせして申し訳ありませんという言葉を聞かされ，残りは音楽を聴きながら，折々の状況の最新情報が挟まれた。「4番目におつなぎします…3番目におつなぎします」といった具合に。その経験について後に聞かれると，状況の最新情報をもらった人々が一番満足していた。必ずしも待ち時間が減るとわかるわけではないにしても，進んでいるという感覚で気が楽になるのである。「時間の問題ではなく，障害物に当たっている感覚の問題なわけです」と，研究の著者，アナト=ラファエリ先生は，米国心理学会に語っている。「満足感が得られるのは，自分がこの障壁を乗り越えて，欲しいものが手に入るのに近づいているとわかる場合です」

しかし，保留音それ自体はどうなのか。保留音楽が違えば，聞いている人に与える影響も違うのか。2014年の研究は，前向きな言葉の流行歌がカスタマーサービスのホットラインで待ち受けている人の気分をよくするかどうかを調べた。結果は，しない，だった。「向社会的な」音楽，例えばマイケル=ジャクソンの「ヒール・ザ・ワールド」といった曲は，腹を立てている電話の相手を一層腹立たしくするだけだった。それから，流行歌は，耳に心地よい音楽よりも気晴らしとして優れているのかという問題がある。別の研究で，人々は無意識にBGMを体内時計に準じるものとして使い，それぞれの歌の長さを感じて，それらを合計し，待ち時間全体を知ることがわかった。著者の言うことには，なじみのある流行歌は「記憶を使いやすい」ので，それらは時間の長さとより密接に結びついていて，なじみのない曲より待ち時間を長く感じるそうだ。

とはいえ，こうした研究はすべて，きわめて多くの企業が与える待たされる経験が，なぜ依然としてとても忌み嫌われるのかという疑問を生む。答えを求め，私たちは，企業向けの専用保留音楽・伝言文を作成する会社に連絡した。リッチ=モンキュール氏が社長であるが，同氏は平均待ち時間を計算し，音楽と文言の適切な組み合わせを決める。「私たちの業界の目標は，実際より待ち時間を短く感じてもらうことです」と，モンキュール氏は語り，多様性が鍵を握ると，続けて語った。「音楽だけだと，2分ごとに切り替えます。音楽を流し続けておくと，どんな音楽だったとしても，全体の時間を長く感じるようになってしまいます。コールセンターで，平均待ち時間が10分だとすれば，どんな楽曲であれ，繰り返してはいけません」と，モンキュール氏は語る。「なぜなら，繰り返しを聞いた途端，電話の相手は自分が待たされているという感覚を強めてしまうのです」

なぜ企業がこうしたことを手にしたがっているのかは，たやすく理解できる。では，常に反復される質の悪い音楽とつまらない文言が，ほぼすべての企業の電話システムに採用されていることをどう説明するのだろう。モンキュール氏によると，それは怠慢と一つの特定の技術的な問題に帰着する。そもそも，あまりに多くの企業が初期設定のまま，電話機についている待ち時間用音楽を使っているだけである。モンキュール氏はそれを「缶詰（あらかじめ録音された）」音楽と呼んでいるのだが，一部の人々は奇妙にもそれが大好きである一方，その多くは神経を逆なでし，果てしなく繰り返される。

しかし，企業が保留音楽用に，適度に神経に障らないモダンジャズの曲目リストを作ったとしても，電話システムの技術のせいでそれがやはり聞き取りにくいということにもなりかねない。例えば，大半のコールセンターは，「ボイスオーバーインターネットプロトコル（VoIP）」電話システムに依存している。このインターネットに依拠するシステムは，人間の声を小さなデータパケットに入れてデジタルネットワーク上で送り出すように設計されている。オペレーターの声には，それはよく機能するのだが，音楽を不得手とする回路なのだ。モンキュール氏は，VoIP通話の音域はきわめて狭くて中音域に強いので，それで高音と低音は不明瞭になってしまうことが説明できると語る。「私たちが下さなくてはいけないのは，確かに芸術的な決断ではありますが，技術的な要因もあるわけです」と，モンキュール氏は語る。「私の業界は技術的な観点から，確実に保留音楽がVoIPに対処可能な少量のデータに収まるよう，実際に機能させる必要があるのです」

疑いなく，電話で待たされる経験は，時間とともに改善され続けるだろう。それまで，顧客は多くの企業が直面する制約に配慮しなくてはいけないし，また企業の側でも，顧客の限られた時間と堪忍袋とを尊重しなければばならない。

◀解　説▶

〔1〕 (A)　空所を含む部分は「27分の保留の後で怒って電話を切った顧客は，その企業の悪口をネット上で言いふらすか，（　　）に乗り換えるかする可能性が高い」の意。電話での怒りが相手の企業に向けられるというこの記述から，空所には「別の企業」の意味の語が入るとわかる。選択肢はそれぞれ，(1)「競争相手」，(2)「別の人間のオペレーター」，(3)「電子メールの通信」，(4)「チャットサポートのオプション」の意であるから，(1)がふさわしいとわかる。

(B)　空所を含む部分は「（　　），電話の待機設定の最大の革新は，『推定時間』と『何番目』のお知らせであった」の意。空所直前の文（Recently, there's …）の記述は「最近，待機の心理と，どんな音楽や応答メッセージが保留経験のつらさを，高めたり和らげたりするのかを調べた，ある驚くべき研究が出た」である。保留音と応答メッセージという研究対象のうち，空所後には応答メッセージに関する記述しかないので，「保留音」に関わる表現が入るとわかる。選択肢はそれぞれ，(1)「保留音楽に加え」，(2)「反対に」，(3)「再度」，(4)「オペレーターに関して」の意。上記の検討から，最もふさわしいのは，(1)だと判断できる。

(C)　空所を含む部分は「さまざまな種類の（　　）を比較した2007年の研究によれば，保留中に平静を保ってもらうのに最も有効な方策は，順位が何番目かを知らせることだった」の意。保留中「順位が何番目かを知らせること」は，応答メッセージの一つである。選択肢はそれぞれ，(1)「余暇活動」，(2)「保留の際の伝言文」，(3)「製品満足度」，(4)「販売手法」の意。したがって，(2)が正解となる。

(D)　空所を含む部分は「満足感が得られるのは，自分が（　　）して，欲しいものが手に入るのに近づいているとわかる場合です」の意。空所直前の文（"It is not …）に「時間の問題ではなく，障害物に当たっている感覚の問題なわけです」とあるのだから，空所には「障害物を乗り越える」といった意味の語句が入ると読み取れる。選択肢はそれぞれ，(1)「大好きな歌を聴くこと」，(2)「自分の状況を知ること」，(3)「この障壁を乗り越えること」，(4)「会社を乗り換えること」の意であるから，正解は(3)である。

(E)　空所を含む部分は「別の研究で，人々は無意識にBGMを（　　　）として使い，それぞれの歌の長さを感じて，それらを合計し，待ち時間全体を知ることがわかった」の意。よって，空所には「時間を計るもの」を表す語句が入るとわかる。選択肢はそれぞれ，(1)「一種の体内時計」，(2)「気分がよくなる手段」，(3)「ひらめきの元」，(4)「時間を忘れる方法」の意であるから，(1)がふさわしいとわかる。

(F)　空所を含む部分は「繰り返しを聞いた途端，電話の相手は自分が（　　　）という感覚を強めてしまう」の意。loopは保留音の繰り返しのことである。空所直前の文（If you let …）に，どんな音楽でもずっと流れていれば時間が長く感じる旨の内容があることから，「待たされている」感覚であるとわかる。選択肢はそれぞれ，(1)「順番が早くなること」，(2)「転送されること」，(3)「処理されていること」，(4)「まだ待たされていること」の意。よって，正解は(4)に決まる。

(G)　空所を含む部分は「(　　　)，あまりに多くの企業が初期設定のまま，電話機についている待ち時間用音楽を使っているだけである」の意。空所直前の文（For Moncure, …）の説明的内容で，それと明確な論理的結合は読み取れない。選択肢はそれぞれ，(1)「そもそも」，(2)「加えて」，(3)「それどころか」，(4)「同様に」の意。(1)以外は，明確な論理的関係を示すので，ふさわしくないとわかる。

(H)　空所を含む部分は「企業が待ち時間用音楽用に，適度に神経に障らないモダンジャズの曲目リストを作ったとしても，電話システムの技術のせいでそれがやはり（　　　）ということにもなりかねない」の意。ほぼすべての企業が質の悪い音楽を保留音として使っている理由として第6段第3文（For Moncure, …）でモンキュール氏が「一つの特定の技術的な問題」を挙げていることから，空所には「よく聞こえない」といった趣旨の表現が入れば，文意が通る。選択肢はそれぞれ，(1)「少しは受け入れやすい経験」，(2)「奇妙な選曲にあふれた」，(3)「聞き取りにくい」，(4)「あまりに頻繁に歌を繰り返す」の意であるから，正解は(3)になるとわかる。

〔2〕　㋐　該当部分は「必ずしも待ち時間が減ると，彼らがわかるわけではない」という意味。下線部は，直前の文（Asked afterward about …）のthe people who received the status updatesを受けていると読み取れる。選択肢はそれぞれ，

(1)「謝罪を聞いた電話のかけ手」
(2)「保留音だけを聞いた電話のかけ手」
(3)「列の順位を知った電話のかけ手」
(4)「その経験に腹を立てた電話のかけ手」
という意味。したがって，正解は(3)だとわかる。

㋑　下線部は直前の文（A 2014 study …）の pop songs with positive messages を指していて，that 節以降は they don't improve the moods of callers の省略になっている。選択肢はそれぞれ，
(1)「歌」
(2)「電話のかけ手」
(3)「聞き手」
(4)「音楽家」
という意味だから，正解は(1)に決まる。

㋒　the key とは「鍵，鍵となる重要な要素」の意。何の鍵となるのかが問われている。原則として直前部分の内容を指示する。下線部の直前部分（"The goal of our … than it is,"）には「私たちの業界の目的は，実際より待ち時間を短く感じてもらうことです」とあることから考える。選択肢はそれぞれ，
(1)「高い利潤を上げる方法」
(2)「業界の指導者となる方法」
(3)「かけるのに最適の音楽を選ぶ方法」
(4)「顧客の堪忍袋の緒が切れないようにする方法」
という意味。よって，正解は(4)だとわかる。

㋓　this は基本的に，直前の内容を受ける。ここでは「企業の目的」になる事態のことだから，直前からそれにふさわしい内容を探ればよい。直前の第5段（All of this …）には，企業向けの専用保留音と応答メッセージを作成する会社の，実際より待ち時間を短く感じてもらうための取り組みが書かれている。選択肢はそれぞれ，
(1)「独自の保留音楽を創作すること」
(2)「保留音楽の量を増やすこと」
(3)「待たされることに対する人々の感情を調節すること」
(4)「なぜ保留待機が不快のままであるのかに関する調査をもっと行うこ

と」

という意味。よって，ふさわしい内容は(3)だとわかる。

㋔　この発言の主体はモンキュール氏である。よって，ここでの「私たち」とは，モンキュール氏のような企業向けの専用保留音と応答メッセージを作成する会社の人々だとわかる。選択肢はそれぞれ，

(1)「電話に応答するオペレーター」

(2)「電話システムを購入する企業」

(3)「保留の応答メッセージシステムを設計する企業」

(4)「インターネットと電話回線を設置する技術者」

という意味。よって，上記の検討に合致しているのは(3)だと判断できる。

III　解答

〔1〕　㋐―(9)　㋑―(8)　㋒―(2)　㋓―(4)

〔2〕　㋕―(3)　㋖―(5)　㋗―(8)　㋘―(1)

◆全　訳◆

〔1〕　≪喫茶店にて≫

A：「どうしたの？　今日，えらくおとなしいようだけど」

B：「あ，わかっちゃったの？　実は，ちょっと聞きたいことがあるんだけど」

A：「どうぞ。力を貸してあげようじゃない。で，何？」

B：「実は，ケンのことなんだけど。あの，前の学期の数学のクラスの男子」

A：「確かにね…。覚えていますとも。あれ待って，赤くなってるの？　あそっか，もう気持ちわかったから。それって，いいじゃない」

B：「もう，バレバレよね？　ケンをデートに誘いたいんだけど，でもどうすればいいかわかんなくて」

A：「気後れするよねえ。でも，本人にちょっと聞いてみたらどう？」

B：「実はね，先学期の終わりからケンに会ってないの。今は，私の授業にはいないの」

A：「電話してみたらどう？」

B：「私，本人に直接聞くほうがいいかな。それに，どのみち私，番号知らなくて」

A：「ううん…ついてないなあ。待て待て！　ケンはいつも図書館の３階

で勉強してるんだよ。そこにいるかどうか，見てみたら」

B：「ええ，そうなんだ！　急に心配になってきた。でもやっぱり行ってみよう」

〔2〕 ≪国立公園にて≫

A：「どうも，おはようございます。グレイシャーナショナルパークへ，ようこそ」

B：「どうも。今夜，マウンテンロッジを予約しているのですが。そこまでどう行けばいいか，教えてください」

A：「ええっと。車は，すぐそこに駐車してください。で，そこから，無料の屋根なし型の往復バスで直接ロッジに行けます。眺めが素晴らしいですよ」

B：「自分の車でそこまでは行けないってことですか。小さい子どもが二人と，荷物が山ほどあるんです」

A：「あ，それはわかりますが，公園内の交通と騒音を減らして，野生動物を驚かすことがないよう努めておりまして。電動バスは，とても快適で静かですよ」

B：「それは，大変結構。でも，ちょっと無理な相談ね。何もかも全部荷を降ろして，同時に二人の子どもの面倒を見るのは」

A：「ご心配には及びません。職員が数名おりまして，駐車の際にお出迎えします。すべて必要なお世話を致しますので」

B：「わかりました。長いこと待たないといけませんか，次のバスまで」

A：「いえ，そんなことはありません。10分おきに出ます」

B：「素晴らしい！　これで大丈夫。すごくわくわくしています。こんなきれいな公園に泊まれるんですからね。お世話かけました。ありがとう」

A：「どういたしまして。ご家族でごゆっくりお過ごしください。忘れられない経験になること請け合いです！」

◀解　説▶

〔1〕 ㋐　返答が「確かにね…。覚えていますとも」になるような情報が示されているのだから，そうした発言はKenについての補足情報となる(9)「あの，前の学期の数学のクラスの男子」である。

㋑　Kenについて話し始めたBに対するAの空所直前の「あれ待って，

赤くなってるの？」という発言から，「(Bは) Kenのことが好きになった」という趣旨の発言がくるとわかる。それは(8)「あそっか，もう気持ちわかったから」である。

㋒　Aの発言の次にBの「私，本人に直接聞くほうがいいかな」という発言が続くということは，「直接聞く」以外の行動を示す内容の発言がくるはず。そのような発言は，(2)「電話してみたらどう？」である。

㋓「でもやっぱり行ってみよう」と続くからには，「やめておこうかな」といった趣旨の発言がくるはず。それは，(4)「急に心配になってきた」である。

残りの選択肢は，(1)「どうしてそんなに腹を立てているのか？」，(3)「ほら，その人の電話番号」，(5)「知らせてくれてありがとう！」，(6)「これでその人と話したい気がする」，(7)「その人は，歴史の授業の私の共同研究者です」，(10)「昨日，私たちは私が彼に貸したお金の件で大げんかした」の意。

〔2〕　㋕　直後のAの，車の駐車区域とロッジに直接行く往復バスについての発言（「車は，すぐそこに駐車してください」以下）から，Bは(3)「そこまでどう行けばいいか，教えてください」と，問うたことがわかる。

㋖　直前のAの発言から「バスで行ってくれ」と言われたことをつかむ。それに対してBは直後の発言で，小さな子どもがいて荷物も多いと言っていることから，(5)「自分の車でそこまでは行けないってことですか」とすれば，対話がうまくつながる。

㋗　往復バス利用をBにお願いしているAの発言で，直前の「公園内の交通と騒音を減らそうとしている」に続く内容としてふさわしいのは，(8)「電動バスは，とても快適で静かですよ」である。

㋘　直前にBから「長いこと待たないといけませんか」と問われたのだから，バスの発着頻度を示す情報がくるとわかる。また，直後にBは「素晴らしい」と言っているので，長いこと待つ必要がないことを知らせる内容である。Aのそのような発言としてふさわしいのは，(1)「10分おきに出ます」である。

残りの選択肢は，(2)「本当にそこを散歩したいです」，(4)「往復バスは1日に一本しか出ません」，(6)「間違いなく，私の荷物はバスにぴったり収まります」，(7)「乗るときに切符を買えます」，(9)「きっと散歩がお気に召すでしょうし，道に迷ったりなんかしませんよ」，⑽「天気がこんなに悪いので，キャンセルになってしまいました」の意。

Ⅳ　解答

(A)―(1)　(B)―(1)　(C)―(3)　(D)―(4)　(E)―(4)　(F)―(2)
(G)―(3)　(H)―(2)

◀解　説▶

⒜「この長い単語表は何に使うのか」 What for で「どんな目的で」の意味になる。(1) for が正解である。

⒝「疑問がありましたら，遠慮なく担当にお尋ねください」 contact は他動詞なので前置詞はつけずに目的語をとる。よって，正解は⑴である。

⒞「彼のスーツケースには，名前が印刷された札がついていた」 付帯状況の with で，his name とそのあとの動詞の関係が受動であるので過去分詞の⑶ printed を選ぶ。his name was printed on the tag が with の後に埋め込まれていることがわかるかどうかが，正解の鍵。

⒟「もう少し注意していれば，間違いを避けられたのに」 could have *done* と仮定法過去完了になっていることから，実際には間違いを避けられなかったという文脈に合い，「～であるなら」という条件を示す意味がある⑷ With が正解。

⒠「よくも私にそんなことが言えるものだ」 dare は助動詞で「あえて～する」の意だということを理解していれば，How dare S V となるので，正解は⑷に決まる。

⒡「うんざりです。1 週間に 1000 ページも読んだのですから」 ⑵ as many as＋数字で，「～ものたくさんの」という意味になる。⑴「やはり」，⑶「さらにたくさんの」，⑷「ますます」の意。

⒢「自分が宇宙飛行士になるなど，彼女は夢にも思っていなかった」 did she という倒置形から，空所には強調のために前に出る否定語であり，「全く～しない」という意味の⑶が入ることをつかむ。

⒣「あの人たちが責任を負っている業務は，まだなされていない」 They are responsible for the task. を，関係詞によって主語である task に結びつければ，the task for which … となる。よって，正解は⑵である。

V 解答

〔1〕 (A)―(2)　(B)―(3)　(C)―(3)　(D)―(2)　(E)―(2)

〔2〕 (A)―(3)　(B)―(1)　(C)―(1)　(D)―(4)　(E)―(4)

◀解　説▶

〔1〕 (A) 「この動物救護センターは，切り盛りを地元の市民の方々からの（　　）に頼っている」 選択肢はそれぞれ，(1)「祖先」，(2)「寄付」，(3)「作法」，(4)「政治」という意味。これらの中で survive「何とかやっていく」のに必要なのは「運営資金」となる(2)である。

(B) 「締め切りは明日ですから電話を片付けましょう，これ以上の（　　）がないように」 選択肢はそれぞれ，(1)「所有」，(2)「保存」，(3)「遅れ」，(4)「比率」という意味。これらの中で「電話を片付けることで防止できる事態」にふさわしい行為を表しているのは，(3)である。

(C) 「一杯の水に粉末を（　　）なさい」 選択肢はそれぞれ，(1)「～を告発する」，(2)「～を奪う」，(3)「～を溶かす」，(4)「～を載せる」という意味。これらの中で意味が通るのは(3)だけである。

(D) 「その骨董が（　　）だとその人たちは証明した」 選択肢はそれぞれ，(1)「慎重な」，(2)「本物の」，(3)「成熟した」，(4)「人に慣れた」という意味。これらの中で「骨董」の記述と文の内容にふさわしいものは，(2)のみ。

(E) 「私が陥った不幸な状況とは，深刻な（　　）としか言えないものだった」 選択肢はそれぞれ，(1)「跳ね回り」，(2)「苦境」，(3)「前置詞」，(4)「舞踏会」という意味。これらの中で「不幸な状況」にふさわしいものは(2)だけである。

〔2〕 (A) 下線部は「北極の」の意。選択肢はそれぞれ，(1)「人工の」，(2)「砂漠」，(3)「極地の」，(4)「訓練」という意味だから，意味が最も近いのは(3)だとわかる。

(B) 下線部は「かわいらしい」の意。選択肢はそれぞれ，(1)「うれしい，魅力的な」，(2)「勤勉な」，(3)「奇妙な」，(4)「説得力のある」という意味だから，意味が近いのは(1)だけであろう。

(C) 下線部は「～を変更する」の意。選択肢はそれぞれ，(1)「～を合わせて変える」，(2)「～を配分する」，(3)「～を保証する」，(4)「～を最小にする」という意味だから，意味が最も近いのは(1)だとわかる。

(D) 下線部は「～を小さく見せる」の意。選択肢はそれぞれ，(1)「～に威厳をつける」，(2)「〜を変装させる」，(3)「〜を置き換える」，(4)「〜を見下ろす」という意味である。アパートの周囲の家々に対する表現だから，意味が最も近いのは(4)だとわかる。

(E)　下線部は「危うくする」の意。選択肢はそれぞれ，(1)「保証する」，(2)「拡大する」，(3)「大衆化する」，(4)「脅かす，怯えさせる」という意味だから，意味が最も近いのは(4)だとわかる。

❖講　評

2022年度も，長文2題による「読解力」を中心に，「コミュニケーション」「文法」「語彙」の各分野が試された。一方，「英作文」分野に関しては出題されていない。

Ⅰの読解問題は，論説文による内容理解を試す出題。「ルネサンスの女流画家」が論じられ，歴史に埋もれた女性を発掘するという，ジェンダー視点を感じる内容で，先駆的な女性の業績の現代的意義が書かれていた。〔1〕の(A)は，「本文に書かれていない」という答えであり，従来にない選択肢だった。〔2〕の(1)は文脈からは読み取りにくい内容で，迷った受験生も多かっただろう。

Ⅱの読解問題は，やはり論説文が使われ，「電話の保留待機問題」を取り上げた，しゃれっ気たっぷりの文章が素材だった。〔1〕の空所補充問題では直前の部分からの推測が難しい(G)に手こずった受験生が多かっただろう。〔2〕㋓も，明瞭な指示対象を特定しにくく，正解に達するのに苦労した人が多かっただろう。

Ⅲは，特定の状況を設定した会話文が素材。〔1〕はなかなか微妙な「恋」の話題だったので，心情の揺れをつかむことが必要で，必ずしも平易とはいえない問題だった。〔2〕は「子連れでの旅先」の話題であり，日常で想定できる状況で，取り組みやすかっただろう。最初の㋕を入れられれば，後はすんなり埋められただろう。

Ⅳは，基本的な文法・語法の力を試す出題である。(A)は英文の意味がわかるには相当の学力を要する。(E)や(F)で盲点を突かれた受験生が多かったのではないだろうか。

Ⅴは，語彙力を試す問題であるが，とりわけ〔1〕(B)は，正解以外は旧センター試験の語彙だとはいえ，難問。(E)はさらに選択肢全部が難しい。

〔2〕(D)では「こびと」という言葉の意味を知っていても，文全体の意味を捉えにくいという意味で，難問。(E)も上級問題で，受験生には厳しかっただろう。

全体として，まず語学の基礎である文法・語彙の力をもとに，必要な情報を収集していく読解力，状況をつかめるコミュニケーション力を養成することが求められる出題であった。大学で学ぶための基礎になる総合的な英語力を身につけるように，という強いメッセージである。しっかり受け止めて，日々努力を重ねよう。

日本史

I

解答　A．更新　B．群馬　C．局部磨製　D．打製
E．秋田　F．青森　G．亀ヶ岡　H．土偶　I．和田
J．ひすい〔硬玉〕

(a)—う　(b)—え　(c)—あ　(d)—い　(e)—う

◀解　説▶

≪旧石器～縄文時代の遺跡と遺物≫

A．更新世は完新世の前の地質学上の名称。約260万年前から1万年前までの時代。氷期と間氷期が繰り返された氷河時代にあたり，考古学上の旧石器時代に相当する。

B．岩宿遺跡は，群馬県新田郡笠懸町（現：みどり市）に所在する，日本で初めて旧石器時代の存在が確認された遺跡。

C．難問。「石器の一部を磨いている」がヒント。後期旧石器時代には刃先部分を研磨した局部磨製石斧などもあった。

D．「土掘具」がヒント。打製石斧（石鍬《いしぐわ》）はヤマイモなど根茎類の採取に使用されたと考えられる。

E．大湯環状列石は秋田県にある配石遺跡。多数の自然石を円形に配置した祭祀的な遺構と推定されている。環状列石は，縄文中期～晩期にかけて東北地方や北海道に分布する。

F．三内丸山遺跡は，青森県青森市に所在する，縄文時代前期から中期の大集落遺跡。大型掘立柱建物や大型竪穴住居，また500個以上の土偶などが発見された。クリの管理栽培のほか，ヒョウタン・マメなどの栽培も確認されている。

G．「津軽半島の西南部」から青森県を想起し，「形象性に富んだ縄文晩期」がヒントで亀ヶ岡式土器とわかる。青森県の亀ヶ岡遺跡は縄文晩期の集落遺跡。磨消《すりけし》縄文で装飾された精巧な亀ヶ岡式土器が出土する。

H．「人間を象ったような土製品」がヒント。土偶は女性像が多く，生殖・豊穣などを祈る呪術的用途で作られたと考えられている。東日本に多く分布し，ゴーグルをつけたような遮光器土偶が亀ヶ岡遺跡や恵比須田遺

跡（宮城県）などから出土している。

Ｉ．和田峠（長野県）は本州中央の八ヶ岳周辺の火山地帯に位置し，黒曜石の豊富な産地。なお，大分県姫島，佐賀県腰岳，熊本県阿蘇山，北海道十勝岳・白滝などの産地も覚えておこう。

Ｊ．「新潟県の姫川流域」がヒント。ひすい（硬玉）は日本では唯一糸魚川市周辺（姫川流域）を原産地とし，装身具の勾玉などの石材として利用された。北陸地方をはじめ東日本に広く分布し，青森県三内丸山遺跡や北海道南部でも発見されている。

(a)　㋒が正解。石皿はすり石とともに木の実などをすりつぶす磨製石器である。㋐石匙《せきひ (いしさじ)》　　（石小刀《いしこがたな》の別称）は動物の皮はぎやナイフとして使用した打製石器。㋑石鍬は主に土掘りに利用する打製石器。㋓ナイフ形石器は旧石器時代に刃物や槍先などに用いられた打製石器。

(b)　㋓が正解。縄文時代にもっとも多いのは煮沸用に適した深鉢形土器である。尖底や丸底などがある。なお，㋐注口土器は縄文後期～晩期にかけて東北を中心に東日本でつくられた。㋑甕形土器や㋒高坏形土器は弥生土器の特徴。

(c)　㋐が正文。相沢忠洋は行商しながら考古学の研究を続けていた無名の青年であった。1946 年群馬県岩宿の崖の断面から人為が施された黒曜石片を発見した。

㋑誤文。「関東ローム層よりも古い地層」が誤り。それまで人類生息以前と考えられていた関東ローム層（火山灰による赤土層）の中から石器が発見された。

㋒誤文。「約３万６千年前よりも古い石器」が誤り。岩宿遺跡の調査の結果，出土した石器は約２～３万年前の遺物と考えられている。旧石器時代の日本の遺跡は約３万６千年前以降の後期旧石器時代（更新世末期）のものが多い。

㋓誤文。岩宿遺跡からは人骨は発見されていない。

(d)　㋑が正解。空欄Ｄと合わせて打製石斧の写真を選べばよい。打ち欠いて剝離された部分などから判断できる。直接握ったり，柄を装着して使用したと考えられている。

(e)　㋒が正解。菜畑遺跡は佐賀県唐津市にある縄文晩期から弥生前期の遺跡。また，縄文水田の遺跡として福岡県板付遺跡も有名なので覚えておこう。なお，(あ)登呂遺跡（静岡県）は弥生後期の水田遺跡，(い)唐古・鍵遺跡（奈良県）と(え)池上曽根遺跡（大阪府）は弥生時代の代表的な環濠集落として覚えておこう。

II 解答

A．尚巴志　B．島津　C．足利義政　D．明応
E．三浦　F．宗　G．大友
H．タイ〔シャム，アユタヤ朝〕　I．オランダ　J．1609
(a)―(あ)　(b)―(う)　(c)―(あ)　(d)―(え)　(e)―(え)

◀解　説▶

≪室町時代～江戸時代前半の外交関係≫

〔1〕A．尚巴志は沖縄県南部佐敷《さしき》の領主（按司）から中山王となり，分立抗争していた北山・南山を滅ぼし，1429年琉球で初めての統一王朝を建てた。明との朝貢貿易や東南アジアとの中継貿易を推進した。

B．島津氏は鎌倉時代に薩摩国島津荘の地頭となり，後に薩摩・大隅・日向国の守護となった。室町時代には坊津を拠点に琉球との交易を行った。

C．8代将軍足利義政は朝鮮王朝に通信符（通交証）を求め，象牙製の円筒形のものを造給された（現存していない）。

D．やや難問。明応の政変（1493年）は管領細川政元が10代将軍足利義《よし》稙《たね》を廃位し，11代将軍足利義澄《よしずみ》を擁立した事件。

E．「1510年」「日本人居留港」「蜂起」をヒントに三浦の乱を想起しよう。三浦は日朝貿易が行われた塩浦（蔚山《うるさん》）・富山浦（釜山）・乃而浦（薺浦《せいほ》）の3つの港湾。日本人使節のための倭館が置かれ活発に交易が行われた。1510年に朝鮮側の貿易統制に対して宗氏も加担した「恒居倭」（居留日本人）が蜂起し，三浦の乱が起こった。

F．宗氏は中世以来の対馬の領主・守護。日朝貿易の仲介として文引（渡航許可証）を発給して貿易管理権を掌握し，文引発給手数料などで多大な利益を得た。

G．「豊後」（大分県）がヒント。大友氏は鎌倉時代以来の豊後国の守護。キリシタン大名となった大友義鎮（宗麟）の時代に全盛期を築いた。

(a)　やや難問。(あ)が正解。細川政元は管領細川勝元の子。明応の政変で足利義稙を廃位した。

(b)　やや難問。(う)が正解。10代将軍足利義稙は足利義視の子。明応の政

変で廃位されたが，細川政元が殺されると一時将軍に返り咲いた。しかし，地位は安定せず各地に流浪を重ね「流れ公方」と呼ばれた。

〔2〕H.「山田長政」がヒント。シャム（現在のタイ）には 17 世紀前半に朱印船が渡航し，首都アユタヤには山田長政ら日本人が居住する日本町が形成され栄えた。

I．鎖国体制を想起すれば判断できる。オランダは 1600 年リーフデ号の豊後漂着を契機に，1609 年平戸に商館を開設して交易が始まった。布教と貿易を一体化しない新教国（プロテスタント）であったことから幕末まで交易が続いた。

J．琉球王国は 1609 年の薩摩藩（島津家久）の侵攻以後，薩摩藩の支配下となり検地も実施された。なお，1609 年は，平戸にオランダ商館が設置され，朝鮮と対馬藩宗氏が己酉約条を結んだ外交上重要な年である。

(c)　(あ)が正解。『国性《こくせん》爺《や》合戦』は近松門左衛門の時代物浄瑠璃の代表作。「明の遺臣として台湾を拠点に活動した軍人」は鄭成功《ていせいこう》である。明の遺臣の父と，日本人の母の間に生まれた鄭成功は，明の再興に尽力して明皇帝の姓（国姓）である朱を賜ったので「国性（姓）爺」と呼ばれ，現在でも中国・台湾では英雄視されている。なお，(い)『冥途の飛脚』は近松門左衛門の世話物浄瑠璃。(う)『武道伝来記』と(え)『武家義理物語』は井原西鶴の武家物の浮世草子。

(d)　(え)が正解。出島には 1636 年からポルトガル人を収容したが，1639 年のポルトガル人来航禁止後の 1641 年，平戸のオランダ商館が移され，バタビア（現在のジャカルタ）に本拠をもつオランダ東インド会社の日本支店となった。なお，鎖国政策に関連しては，(あ) 1613 年は禁教令が全国に出された年，(い) 1616 年はヨーロッパ船の入港を平戸・長崎に限定した年，(う) 1635 年は日本人の海外渡航と海外居住者の帰国を全面禁止した年である。

(e)　(え)が正解。「徳川将軍の代替わりごと」に派遣された琉球王国の使者は慶賀使である。琉球国王の代替わりごとに派遣された(う)謝恩使と混同しないように注意しよう。なお，(あ)通信使は将軍の代替わりごとに朝鮮国王から派遣された慶賀の使者である。

Ⅲ 解答

A．日葡　B．刀狩　C．中江藤樹　D．華　E．1871
F．秩禄　G．敬神

(a)漢書　(b)—㋒　(c)人掃令　(d)—㋓　(e)—㋒　(f)武家伝奏　(g)藤田幽谷
(h)知藩事　(i)大村益次郎　(j)—㋒　(k)第十五国立銀行　(l)—㋑
(m)壬申戸籍

◀解　説▶

≪近世～近代の身分制≫

〔1〕A.『日葡《にっぽ》辞書』はキリシタン版の代表例で，日本語3万2800語をポルトガル語で説明した辞書。当時の標準語や九州の方言などがイエズス会式のローマ字で収録されており，中世から近世の日常口語を知る貴重な史料である。

B.「1588年」「兵農分離」と引用された史料文から刀狩令と判断できる。豊臣秀吉は兵農分離政策の一環として刀狩令を発令し，方広寺の大仏殿建立を口実に農民から武器を取り上げた。

C.「近江聖人」『翁問答』がヒント。中江藤樹は17世紀前半に活躍した陽明学者。はじめ朱子学に傾倒したが，後に陽明学に転じその開祖となった。郷里の近江に私塾の藤樹書院を創立，門弟に岡山藩主池田光政に仕えた熊沢蕃山がいる。

(a)　『漢書』は後漢の班固が撰集した前漢の正史。その「地理志」の中に，設問の史料文にある紀元前1世紀頃の日本列島の様子が記されている。「士農工商」の言葉は『漢書』の「食貨志」の中に見られる。

(b)　㋒が正解。安土城は琵琶湖の東岸に面した水陸交通の要衝に築造された。近世城郭建築の基本となった五層七重の天守閣をもつ最初の城郭。1582年本能寺の変に際して焼失した。

(c)　豊臣秀吉が1591年に出した人掃令は身分統制令とも呼ばれるが，「漢字3文字」なので注意しよう。翌年には関白豊臣秀次が朝鮮出兵の人員確保のために再び人掃令を発令した。

(d)　やや難問。㋓が正解。吉田家は室町後期に吉田兼倶が大成した唯一神道の宗家。本姓は卜部氏であったが，吉田神社（京都）の神主であったことから吉田氏を名乗った。江戸幕府は神職統制をはかるため，神道界を主導していた吉田家に神職への免状発行権を認め，全国の神社支配を担わせた。なお，㋐土御門家は平安中期の安倍晴明の子孫で陰陽道を家業とする公家。(い)賀茂家は安倍氏とともに平安中期に活躍した陰陽家。(う)真継《まつぎ》家は鋳物師を支配した下級公家。

(e)　(う)が正解。江戸時代の被差別身分の人々はえた（穢多）・非人と呼ばれた。彼らは死牛馬の処理のほか，牢屋の番人や行刑（死刑執行）などに従事させられた。えたの身分は固定されたが，転落者の非人は旧身分への復帰が認められていた。なお，(あ)助郷は宿場の人馬不足を補充する負担（助郷役），またはそれを課せられた村のこと。(い)普請は主に土木建築に従事すること。(え)運脚は古代律令制度において，農民が庸・調などを中央に運搬すること。

(f)　武家伝奏は朝幕間の連絡事務にあたった公家の役職。幕府が常時 2 名を選出して役料を負担し，京都所司代や老中と連携させて朝廷統制をはかった。

(g)　難問。藤田幽谷は後期水戸学の創始者で，彰考館の総裁となり『大日本史』の編纂に尽力し，列強が迫る対外的危機を背景に尊王攘夷を主張した。その子に藤田東湖（『弘道館記述義』）や，弟子に水戸学の波及に努めた会沢安（正志斎，『新論』）がいる。

〔2〕D．華族は 1869 年の版籍奉還の際に藩主や公卿らに与えた身分呼称。士族や平民の上に位置する階層で，1884 年の華族令で特権的身分として確立された。戦後，日本国憲法で廃止された。

E．やや難問。1871 年に身分解放令（賤称廃止令）が出され，被差別身分を廃止して平民同様としたが，具体的施策はなかったため，社会的差別は継続した。

F．「1876 年」「廃止」をヒントに秩禄処分を想起して解答しよう。版籍奉還の際に華・士族に支給された禄米（家禄）と，維新の功労者に支給された賞典禄を合わせて秩禄といった。

G．敬神党（神風連）は，熊本の神道理念による復古的攘夷主義を掲げた不平士族の政治団体。廃刀令に反対して蜂起したが熊本鎮台兵によって鎮圧された。

(h)　版籍奉還を契機に置かれた知藩事は，明治政府の地方長官で，旧藩主がそのまま任命されて旧領地の藩政にあたった。家禄（給与）は年貢収入の 10 分の 1 を政府から支給され，藩財政とも切り離された。知藩事は 1871 年の廃藩置県で解任されて東京居住を命じられ，代わって中央政府から府知事・県令が派遣された。

(i)　大村益次郎（村田蔵六）は長州藩出身の兵学者で，大坂の適塾で学んだ。長州藩の兵制改革に尽力し，新政府の兵部大輔として近代的軍制を構想したが，反対派士族に襲撃されて亡くなった。その遺志は山県有朋によって引き継がれ実現した。

(j)　難問。㋒が正解。国民皆兵制の前提として士農工商の身分を四民平等とするので，「武士は従来の武士ではなく，平民（農工商）も従来の平民ではない」という意味。Xは「士」でYは「民」（平民＝農工商）となる。

(k)　やや難問。1876 年国立銀行条例の改正により，金禄公債証書による出資が認められ，公債の給付を受けた華族（旧大名）や士族らを中心に銀行設立ブームが起こった。第十五国立銀行（後に十五銀行）は，1877 年岩倉具視を中心に多数の華族の出資で創設された当時最大の国立銀行であった。その出資で西南戦争の戦費調達や日本鉄道会社の設立（1881 年）・経営を担った。

(l)　㋑が正解。秋月の乱（福岡県）の指導者は宮崎車之助《しゃのすけ》である。西郷隆盛の征韓論に賛同，征韓論が敗れると熊本の敬神党や萩の前原一誠らと連携し，敬神党の挙兵に呼応して蜂起した。萩の乱の指導者は前原一誠で，明治政府の参議・兵部大輔を歴任したが上層部と合わず辞職，帰郷して不平士族を率い敬神党・秋月の乱に呼応して蜂起した。

(m)　1872（明治５）年の干支にちなんで壬申戸籍という。明治政府が作成した最初の全国的統一戸籍である。しかし，身分解放令が発布されているにもかかわらず，一部に社会的身分の差別事項が記載されたため現在は閲覧が禁止されている。

❖講　評

Ⅰ．立命館大学では頻出で定番の原始時代からの出題。過去問対策をしっかりやっていれば高得点も期待できる。記述法はほとんど基礎的知識で解答できるが，C「局部磨製」石斧は難問。Eの大湯環状列石の所在地として「秋田」県を正答できるかがポイントである。選択法では(b)深鉢形土器，(c)岩宿遺跡に関する正文選択問題を正答できるかが勝負どころである。

Ⅱ．外交中心の問題で，政治や文化の内容も問われている。全体的に基礎的知識で占められているので高得点を期待したい。記述法ではD「明応」の政変，H「タイ」，J「1609」年などをミスなく正答できるかがポイント。選択法では明応の政変の内容として(a)細川政元や(b)足利義稙を，また，文化史の内容である(c)『国性爺合戦』を正答できるかがポイント。

Ⅲ．近世から明治維新期までの時代区分で身分制とその解体をテーマにした問題。記述法ではA「日葡」辞書の漢字が正確に書けるか，C「中江藤樹」は陽明学者のヒントがないので，「近江聖人」や『翁問答』から判断できるかがポイントである。また，E「1871」年，(a)『漢書』，(c)人掃令，(k)「第十五国立銀行」などを正答できるかが勝負どころ。(g)「藤田幽谷」は難問である。選択法では(d)吉田家，(j)徴兵告諭の空欄に入る語句の組み合わせは難問である。

世界史

I

解答　A．日南　B．扶南　C．サンスクリット
D．南海寄帰内法伝　E．則天武后

〔1〕港市国家　〔2〕パレンバン　〔3〕(a)シャイレンドラ朝
(b)ラーマーヤナ　〔4〕西遊記

◀解　説▶

≪中国史料から見た古代の東南アジア≫

A．日南郡は武帝が前111年に南越を滅ぼして設置した南海9郡のうちの一つだが，リード文に「ベトナム中部」とあるので日南郡に限定される。

B．扶南は5世紀頃が全盛期だが，7世紀にはクメール人の真臘（カンボジア）に滅ぼされている。

E．リード文中の空欄Eの前に「大周帝国皇帝」とあるので，唐を中断して周（武周）と国号を改め，自ら即位した則天武后を導ける。また，リード文から義浄の帰国は694年とわかるので，周の存続期間である690～705年とも重なる。

〔1〕港市国家として知られる扶南ではオケオが，シュリーヴィジャヤ王国では都でもあったパレンバンが，それぞれ中心的港市である。

〔2〕やや難問。「マラユ国」からパレンバンを導くのは困難だが，問題文中の「シュリーヴィジャヤ王国の都」「スマトラ島東南部に位置」からパレンバンを導ける。

〔3〕(a)　問題文の「大乗仏教を信仰する王国」「ジャワ島から起こり」から，シャイレンドラ朝を導きたい。また，(b)の問題文に「ボロブドゥール」と記されているので，これを建造したシャイレンドラ朝と結びつく。

(b)　難問。問題文の「詩人ヴァールミーキ」「叙事詩」から『ラーマーヤナ』を導けるが，細かい知識を必要とする。『マハーバーラタ』とともにサンスクリット文学の双璧をなす『ラーマーヤナ』は，東南アジア地域の影絵や舞踏などの題材となっている。

〔4〕呉承恩が編纂したことは細かいが，玄奘の旅と，明代に成立した口語長編小説から『西遊記』を連想できるだろう。『西遊記』は『三国志演

義』『水滸伝』『金瓶梅』とともに明代の四大奇書の一つ。

II 解答

A．燕雲十六 B．フビライ〔クビライ〕 C．大都
D．郭守敬 E．山東 F．紅巾
〔1〕胡錦濤 〔2〕盛京 〔3〕パリ協定 〔4〕李鴻章

◀解 説▶

≪北京に着目した契丹～現代の中国史≫

A．契丹は後晋の建国を助けた代償として燕雲十六州を獲得した。

E．山東半島はやや細かいが，江南から黄河河口域までの中国大陸沿岸を想起すると，該当しそうな半島は山東半島しかない。

F．紅巾の乱（1351～66年）の主な指導者は，白蓮教徒を率いた韓山童や子の韓林児。

〔1〕胡錦濤《こきんとう》は2003～13年まで国家主席を務め，国際社会における中国の存在感を高めた人物で，2010年には日本を抜いて世界第2位の経済大国へ中国を押し上げた。

〔2〕盛京は中国東北地方の都市で，現在名は瀋陽。なお，ヌルハチが1616年に建てた女真族の国は後金で，ホンタイジが1636年に清に改称，1644年には3代順治帝が北京に遷都している。

〔3〕やや難。COP21は国連気候変動枠組み条約第21回締約国会議。パリ協定では，温室効果ガスの排出量を21世紀後半には実質ゼロにする目標を掲げ，削減目標を5年ごとに更新することが決められた。

〔4〕李鴻章は日清戦争後の下関条約（1895年），義和団事件後の北京議定書（辛丑和約，1901年）でも全権を務めている。

III 解答

A．マグリブ B．フランス
〔1〕マラケシュ 〔2〕サヴォイア
〔3〕ヴェントリス 〔4〕第3回 〔5〕マムルーク朝
〔6〕レコンキスタ〔国土回復運動〕〔7〕ネアポリス
〔8〕(a)ヴァンダル人 (b)西ゴート人 〔9〕プトレマイオス 〔10〕ピサ
〔11〕ミラノ 〔12〕テノチティトラン

◀解　説▶

≪食材から考える古代～現代初頭の地中海世界≫

B．フランスはシャルル 10 世時代の 1830 年にアルジェリアに出兵し，1881 年にはチュニジアを保護国にしており，1904 年の英仏協商ではモロッコの支配的地位も獲得している。

〔2〕サルデーニャ王国が中部イタリア併合の代償として，1860 年にフランスに割譲した地域はサヴォイアとニースがあるが，問題文に「サルデーニャ王家の発祥地」とあるので，サヴォイアとわかる。

〔4〕第 3 回十字軍（1189～92 年）は計 7 回の十字軍のなかでも規模が大きく，イギリス王リチャード 1 世（獅子心王）をはじめ，フランス王フィリップ 2 世，神聖ローマ帝国皇帝フリードリヒ 1 世が参加している。

〔5〕オスマン帝国（1300 年頃～1922 年）のセリム 1 世（在位 1512～20 年）が，マムルーク朝を滅ぼしてエジプトを支配下に置いたのは 1517 年なので，1489 年当時のエジプトを支配していたのはマムルーク朝（1250～1517 年）と判断できる。

〔6〕レコンキスタを主導したのはカスティリャ王国やアラゴン王国である。両王国の統合（1479 年）により成立したスペイン王国がナスル朝の首都グラナダを攻略して，1492 年にレコンキスタは完結している。

〔8〕(a)　ヴァンダル人はカルタゴの故地にヴァンダル王国（429～534 年）を建国しているが，6 世紀には東ゴート王国とともにビザンツ帝国のユスティニアヌス 1 世に滅ぼされている。

(b)　問題文の「410 年のローマ略奪」から，西ゴート人と判断したい。ローマ略奪を指導していたのはアラリック王であり，西ゴート人はその後，ガリア南西部を含むイベリア半島の大半を支配して西ゴート王国（418～711 年）を建てている。

〔9〕イドリーシーはモロッコ出身の地理学者だが細かい人名。ここは，問題文中の「2 世紀頃のギリシア人天文学者・地理学者」から直接，アレクサンドリアで活躍したプトレマイオスを想起したい。

〔10〕ジェノヴァとともに地中海貿易や東方貿易で繁栄したイタリアの代表的港市としては，ピサとヴェネツィアがあるが，問題文の「イタリア中西部の港町」からピサを導きたい。

〔11〕問題文中の「ヴィスコンティ家・スフォルツァ家の支配下で公国を

形成」からミラノに限定されるが，知識としては細かい。北イタリアのポー川流域の平野部（ロンバルディア平原）に位置した内陸都市なので，金融業や毛織物業で繁栄したミラノを想起できる。

Ⅳ　解答　A．キング　B．サンサルバドル　C．コロンブス
D．コンゴ　E．セシル=ローズ〔ローズ〕
F．非暴力・不服従（サティヤーグラハも可）　G．多文化　H．カナダ
〔1〕ストウ　〔2〕偉大な社会計画　〔3〕ヨークタウンの戦い
〔4〕—エ　〔5〕ロイド=ジョージ　〔6〕カイロ会談
〔7〕アパルトヘイト政策

◀解　説▶

≪反差別運動の高揚から見たアメリカ近現代史≫

B・C．コロンブスはスペイン女王イサベルの援助を受けて1492年8月にパロス港を出港，同年10月にサンサルバドル島に上陸している。

D．コンゴ自由国は1885年に形式的な独立国として成立したが，1908年以降はベルギー領となり，1960年に独立している。

E．セシル=ローズはケープ植民地首相だった1895年に，トランスヴァール共和国北方の内陸部に自らの名にちなんだローデシアを建国している。

H．多文化主義を国是としている国にはカナダやオーストラリアなどがあるもののかなり細かい。ただ，リード文には空欄Hの前に「元イギリス植民地」，後に「その隣国アメリカ」とあるので，カナダを選べる。

〔2〕下線部の「人種差別撤廃を含めた広い運動」とは，公民権運動のこと。ジョンソン大統領（在任1963～69年）は偉大な社会計画をうたって貧困の解消や人種差別撤廃を目指したが，ベトナム戦争への本格的な参戦により目ぼしい成果とはならなかった。

〔3〕ヨークタウンはヴァージニア州にある港。アメリカ独立戦争（1775～83年）における主な戦いとしては，開戦時のボストン郊外におけるレキシントンの戦い，コンコードの戦い（いずれも1775年）もある。

〔4〕エ．正答。

ア．不適。アメリカ=スペイン（米西）戦争は1898年の出来事なので，当時の大統領はマッキンリー（在任1897～1901年）。

イ．不適。善隣外交を主導したのはフランクリン=ローズヴェルト大統領

（在任 1933～45 年）。

ウ．不適。ドル外交を展開したのはタフト大統領（在任 1909～13 年）。

〔7〕アパルトヘイト政策の撤廃運動を指導したのは黒人のマンデラである。アパルトヘイト政策の撤廃を実現した当時の白人大統領はデクラーク。

❖講　評

Ⅰ．中国の歴史史料を参考に古代の東南アジアが問われた。主に現在のベトナムやインドネシア地域から出題されているが，関連して古代中国やインドに関する設問も含まれている。交易に関する内容が多いこともあり，政治史以外に経済や文化に関する小問が目につく。シュリーヴィジャヤ王国の都パレンバンを問う〔2〕はやや細かく，〔3〕(b)の『ラーマーヤナ』自体は基本用語だが，問題文のヒントから導くのは難しい。

Ⅱ．2022 年に冬季五輪が開催された北京に着目しながら，契丹から現代までの中国史が問われている。現代史まで含まれていることもあり，政治史以外に経済史や国際史に関する設問も設定されている。現在の国家主席である習近平の前の国家主席だった胡錦濤を問う〔1〕は意外に盲点であり，漢字表記に注意が必要である。また，〔3〕のパリ協定は 2015 年の出来事なので時事的であり，差がつきやすい。

Ⅲ．パスタという食材をテーマに，古代から 19 世紀までの地中海世界に関する設問で大問が構成されている。政治史からの出題が多いが経済や文化に関する設問も含まれており，アメリカ大陸に関わる設問も 1 問みられる。また，地域名や都市名の位置などに関する設問が目立ち，地図こそ使用されていないが地理的知識の有無が差を生みやすい。難問と呼べるほどの設問は見受けられず，完答を目指したい。

Ⅳ．人種差別をテーマにアメリカの近代・現代史を問う大問。リード文には 2021 年に関する記述が含まれているが，設問としては主に 18～20 世紀末までの内容が扱われており，うち 2 問は 15 世紀の内容である。政治・外交を中心に社会や文化に関するアメリカ史で構成されているが，インドやアフリカに関する設問もみられる。Hのカナダはかなり時事的だがリード文から国を特定することができる。全問中唯一の選択法である〔4〕に関しては，大統領とその外交政策を組み合わせて把握できているかがポイントとなる。

地理

I 解答

〔1〕A．弧（状） B．フィリピン C．糸魚川
D．マグマ E．成（層）
F．ユネスコ〔UNESCO，国連教育科学文化機関〕
〔2〕―㋐ 〔3〕北西
〔4〕トラフの名称：南海トラフ
海溝の名称：南西諸島海溝（琉球海溝も可）
〔5〕フォッサマグナ 〔6〕北：㋑ 南：㋓ 〔7〕―㋑
〔8〕(1)砂嘴 (2)―㋓ 〔9〕国土交通省
〔10〕西―東：㋓ 北―南：㋑ 〔11〕―㋒

◀解　説▶

≪日本の地体構造と富士山周辺の地理院地図読図≫

〔1〕A．日本列島は，プレートの沈み込み帯に形成される海溝の大陸側に，並行して弓なりに連なる島列である弧状列島（島弧）にあたる。

D．マグマは地下深部で生じた溶融状態の造岩物質であり，地表に達することで火山活動が生じる。

E．成層火山は，中心火口から噴出した溶岩流や火山砕屑物が交互に堆積した円錐形の複成火山で，富士山はこの代表例である。

〔2〕日本付近はおおむね，海洋プレートの太平洋プレートとフィリピン海プレートが，大陸プレートの北アメリカプレートとユーラシアプレートに沈み込む，狭まる境界にあたる。

〔3〕地図③では，中央に位置する富士山の北西斜面が明るく，南東斜面が暗くなっているため，北西方向から光を当てた状態とわかる。

〔4〕紀伊半島の南東沖から四国の南沖にかけては南海トラフが，南西諸島の南東沖には南西諸島海溝が位置し，いずれもフィリピン海プレートとユーラシアプレート境界にあたる。

〔5〕フォッサマグナは，本州の中央部を南北に走る地溝帯である。東縁は火山噴火などで不明瞭であるが，西縁は糸魚川-静岡構造線とよばれる大断層線で，本州弧を東北日本弧と西南日本弧に分けている。

〔6〕新東名高速道路は東名高速道路のバイパス路線として建設されたことから，より内陸部や山間部を通り，最も北に位置する道路と考える。▬▭▬は JR 線（複線以上）を示す。在来線である東海道本線は，東海道新幹線と比べて海岸部や平野部の市街地を通り都市間を縫うように走っていると考えられ，最も南に位置する JR 線にあたる。

〔7〕富士山は，日本人の自然観や文化に大きな影響を与えてきたとされ，ユネスコの世界遺産委員会によって，「富士山ー信仰の対象と芸術の源泉」として 2013 年に文化遺産に登録された。

〔8〕砂嘴は，沿岸流によって砂礫が細長く堆積した地形で，海に突出するようにのびたものをいう。日本では地図①Xの三保松原のほか，北海道の野付崎（野付半島）などが代表例である。

〔9〕国土地理院は，国土交通省に属する政府機関で，国土の測量や各種調査，地図製作などを行う。

〔10〕西ー東：西部は尾根と谷が交互に分布し，中央部は富士山の南面山腹，東部は箱根山付近の尾根と谷，東端は海洋となっており，え⃝に該当する。

北ー南：北部は河口湖付近の尾根と谷，中央部は富士山の山頂付近，南部は海洋となっており，い⃝に該当する。

〔11〕真東からみた側面図では，地図④の北部の比較的標高の高い関東山地が側面図の右側，富士山が側面図の中央，地図④の南部の比較的標高の低い伊豆半島や大島が側面図の左側にみられることから，う⃝に該当する。

II　解答

〔1〕ーい⃝　〔2〕ーあ⃝

〔3〕A．ゴールドラッシュ　B．ホームステッド　C．フロンティア〔開拓前線〕　D．WASP〔ワスプ〕　E．サラダボウル　F．公民権　G．同心円　H．知識

〔4〕ーう⃝　〔5〕(1)ーあ⃝　(2)ーい⃝

〔6〕アフリカ系：い⃝　日系：か⃝　フランス系：え⃝

〔7〕ーあ⃝　〔8〕(1)インナーシティ（問題）　(2)ソーホー（地区）

〔9〕(1)ーか⃝　(2)ーい⃝　(3)ーえ⃝

◀解　説▶

≪アメリカ合衆国の地誌≫

〔2〕ヒスパニックは，ラテンアメリカのスペイン語圏からのアメリカ合衆国への移住者のことで，2015年には総人口の17％程度であったが，2020年には総人口の18.7％に達している。

〔3〕A．1848年にカリフォルニアで金鉱が発見され，多くの人々が流入した。

B．ホームステッド法は，5年間定住し開拓を行えば公有地の無償交付が受けられる自営農創設のための制度である。

C．フロンティアとよばれる開拓地と未開拓地の境界は，東から西へ移動し，19世紀末に消滅した。

D．WASPは，アメリカ合衆国の政治・経済・文化の中核を占める，白人（White），アングロサクソン（Anglo-Saxon），プロテスタント（Protestant）の人々をさす。

E．多様な文化や慣習を尊重し共生する社会はサラダボウルにたとえられ，多文化主義社会の理想とされる。

F．1950年代から60年代の公民権運動によって，アフリカ系黒人への差別を撤廃し，雇用や教育，選挙などでの平等が，法律のうえでは保障されるようになった。

G．バージェスはシカゴを事例に，都市の内部構造として，都心からの距離によって同心円状に機能分化が進む同心円構造モデルを提唱した。

H．航空宇宙，情報処理，ソフトウェア開発など，専門的知識や最先端の高度な技術を必要とする産業を知識集約型産業という。

〔4〕公有地の分割制度はタウンシップ制とよばれ，約800m四方の農地に1農家が入植したため，家屋が1戸ずつ分散する散村形態となった。

〔5〕(1)　カリフォルニア州は，新期造山帯のシエラネヴァダ山脈などが分布し最高地点は4,000mを超えるが，セントラルヴァレーなどの低地もあるため，標高の平均値は900m弱となり，㋐に該当する。なお，アメリカ合衆国最高峰のデナリ山が位置するアラスカ州が㋑，中央平原のアイオワ州が㋒，新期造山帯のロッキー山脈が通るワイオミング州が㋓，古期造山帯のアパラチア山脈が通るテネシー州が㋔となる。

(2)　比較的早い時期から移民がみられた南部は，1920年時点から人口割合が比較的高く，近年はサンベルトとよばれ産業発展にともない人口増加率も高く，(い)に該当する。なお，中西部が(あ)，北東部が(う)，西部が(え)となる。

〔6〕アフリカ系はかつて綿花などのプランテーション労働力として強制移住させられたため南部（南東部）で比率が高く(い)，日系はハワイ州や西部で比率が高く(か)，フランス系は北東部のセントローレンス川流域やミシシッピ川流域で比率が高く(え)に，それぞれ該当する。なお，中国系が(う)，ドイツ系が(あ)，ヒスパニックが(お)となる。

〔7〕エッジシティは，自動車交通網や通信網の発達を背景に郊外に新たに形成された，住宅，商業，業務など自立的機能をもつ都市のこと。

〔8〕(1)　インナーシティ問題は，早くから開発が進んだ都心周辺部において，高所得者層や若年層の郊外流出にともない，人口減少や高齢化，建物の老朽化，治安悪化などが生じることをいう。

〔9〕(1)　シアトルは，ワシントン州の中心都市で，航空機産業や紙・パルプ工業などが発達する。

(2)　オーランドは，フロリダ州に位置し，ウォルトディズニーワールドなどが立地する観光都市であるほか，先端技術産業が集積しタンパとともにエレクトロニクスベルトとよばれる。

(3)　サンノゼは，カリフォルニア州中部のサンフランシスコ湾奥に位置し，先端技術産業が集積するシリコンヴァレーの中心都市である。

III　解答

〔1〕A．ギニア　B．ジャカルタ　C．ジャワ　D．キト　E．カリブ

〔2〕（位置・国名の順に）イ．①・コートジボワール　ロ．②・ガーナ　ハ．⑦・インドネシア　ニ．⑧・エクアドル

〔3〕ホ．コロンビア　ヘ．ドミニカ　〔4〕フランス　〔5〕ココア

〔6〕20度　〔7〕ハリケーン　〔8〕トレーサビリティ

〔9〕フェアトレード　〔10〕グリーン（ツーリズム）

◀解　説▶

≪カカオ豆の生産地と国際流通≫

〔1〕～〔3〕A．ギニア湾岸諸国はカカオ豆の主産地で，生産量世界第1位のコートジボワール（イ．①），第2位のガーナ（ロ．②），第4位のナ

イジェリア（③），第5位のカメルーン（④）が位置する。

B・C．生産量世界第3位はインドネシア（ハ．⑦）で，首都ジャカルタはジャワ島に位置する。

D．生産量世界第7位はエクアドル（ニ．⑧）で，首都キトはアンデス山脈の高山都市として知られる。

E．カリブ海諸国ではドミニカ共和国（ヘ．⑫）での生産が多い。

（生産量はいずれも2018年）

〔4〕フランス語で「象牙海岸」を意味するコートジボワールは，1960年にフランスから独立した。

〔6〕3枚の地図ともに中央の緯線は赤道にあたるため，これと南北回帰線（23.5度）との位置関係から判断する。

〔7〕ハリケーンは，カリブ海やメキシコ湾付近で発生，発達する熱帯低気圧をいう。

〔8〕トレーサビリティは，食品流通の安全な管理を行うため，食品が生産，加工，販売され消費者に届くまでの流通経路の追跡が可能な状態をいう。

〔9〕フェアトレードとは，おもに発展途上国における産物の生産者に適正な利益を還元することを目的に，適正な価格で取引を行う貿易のこと。

〔10〕グリーンツーリズムは，農山漁村地域の生活や文化などの観光資源を活かした体験型の余暇活動をいう。

❖講　評

Ⅰ．日本の地体構造と地形についての標準的な知識だけでなく，富士山周辺の地理院地図（標準地図，色別標高図，陰影起伏図）を利用した地形断面図や3次元地図の側面図などの読図技能も幅広く試された。〔1〕・〔4〕・〔5〕・〔8〕・〔9〕の用語や地名は教科書レベルの知識で解答できる。〔7〕の富士山が自然遺産ではなく文化遺産であることはよく出題される。〔6〕・〔10〕・〔11〕は少し時間をかけてもよいので，慎重な読図を心がけたい。

Ⅱ．アメリカ合衆国に関するリード文が示され，開拓の歴史，人種・民族とその分布，地域別の地形的特徴や人口変化，都市問題，先端技術産業の集積する都市などについて出題された。統計表や分布図を使用した設問も複数みられた。多くの設問では標準的な知識の理解が試されているが，〔6〕の主題図の中国系と日系の区別は難しい。〔9〕は文章から都市を選択する設問で，地図は使用されていないが，地図上の位置も把握しておきたい。

Ⅲ．世界のカカオ豆の生産地と国際流通に関するリード文が示され，主要生産国とその地図上での位置や関連事項，トレーサビリティやフェアトレードといった流通に関する近年の動向などについて幅広く出題された。国名の判定は，リード文中と地図中の番号が対応しているため，取り組みやすいといえる。統計知識を必要とする設問もあり，日常の学習から統計集などを活用して，基礎的な統計知識の習得にも努めておきたい。

全体の問題分量や難易度ともに，例年どおりの出題内容といえる。大問別の難易度は，Ⅰが標準，Ⅱがやや難，Ⅲがやや易である。

政治・経済

I 解答

〔1〕A．中国共産党　B．バンドン　C．平和共存
D．ベルリン　E．キューバ　F．デタント
〔2〕INF 〔3〕マーシャル・プラン 〔4〕北大西洋条約
〔5〕非同盟諸国首脳 〔6〕OSCE 〔7〕新冷戦 〔8〕―㋒

◀解　説▶

≪米ソ冷戦の展開≫

〔1〕A．第二次世界大戦後，中国では毛沢東率いる中国共産党と蔣介石率いる国民党との間で内戦（国共内戦）が続いたが，中国共産党が1949年に勝利を収め，中華人民共和国の建国を宣言した。

B．1955 年に開催された第 1 回アジア・アフリカ会議は，インドネシアのバンドンで開催されたことからバンドン会議と呼ばれている。この会議では「平和十原則」が宣言された。

C．平和共存とは，異なる社会体制をとる国が軍事的な対決に至らずに平和的に共存できるという考え方で，1956 年，ソ連のフルシチョフが対米外交の基本政策として打ち出したもの。

D・E．1961 年，ドイツの都市ベルリンをめぐって東西陣営の対立が強まり，ベルリンの壁が建設された。翌年生じたキューバ危機は，キューバにソ連がミサイル基地を建設中であることが発覚し，米ソの対決が核戦争寸前にまで至った危機のこと。

F．デタントとは緊張緩和のこと。1960 年代半ばから 70 年代前半にかけて米ソ間ではデタントが進展したが，1979 年のソ連のアフガニスタン侵攻によって米ソの対立が再び深まり，新冷戦と呼ばれる状態となった。

〔2〕1987 年，米ソ両国間で締結された INF（中距離核戦力）全廃条約は，冷戦期にあって米ソが配備済みの核兵器の破棄や将来的な保有の禁止を決めた条約であった。しかし，2019 年，アメリカのトランプ政権は同条約の破棄をロシアに通告し，同年失効した。

〔3〕マーシャル・プランは，アメリカのマーシャル国務長官が発表したヨーロッパの戦後経済復興を支援するための援助計画。その背景には，ヨ

ーロッパにおける共産主義勢力の拡大を防ぐという狙いがあった。

〔4〕北大西洋条約機構の略称はNATO。冷戦終結後の1990年代になって，バルト三国や東欧諸国が次々加盟し，2022年2月現在30カ国で構成されている。また，NATOに対抗して結成されたワルシャワ条約機構は，1991年ソ連崩壊の直前に解体した。

〔5〕第1回非同盟諸国首脳会議は，1961年にユーゴスラビアの首都ベオグラードで開催された。非同盟主義を外交政策に掲げる，東西両陣営に属さない第三世界勢力の25カ国が参加し，平和共存や反植民地主義が宣言された。

〔6〕OSCEが適当。1995年発足のOSCE（欧州安全保障協力機構）は，欧州における地域的安全保障機構である。1975年にソ連を含むヨーロッパ諸国とアメリカなど35カ国によって開催されたCSCE（全欧安全保障協力会議）が前身となっている。

〔8〕㋒が適切。

㋐不適。「ウクライナ」は旧ソ連の一部だったので，東ヨーロッパの国であるという記述は誤り。

㋑不適。「ヤルタ会談」ではなくマルタ会談が正しい。

II　解答

〔1〕A．超過供給　B．均衡価格　C．自動調節機能（自動調整作用・自動調節作用なども可）　D．トラスト　E．プライスリーダー　F．管理価格　G．非価格　H．公正取引委員会　I．財閥解体　J．持株会社　K．不況　L．再販売価格維持

〔2〕(a)—㋑　(b)—㋒　〔3〕(a)—㋒　(b)—㋐　〔4〕下方硬直性

◀解　説▶

≪市場メカニズム，市場の失敗≫

〔1〕A．図1のうち右上がりが供給曲線，右下がりが需要曲線を示している。Aは価格P_1のときの供給量から需要量を差し引いた超過供給部分である。

E・F．寡占市場において市場占有率（シェア）が高く，他企業の価格設定に対して影響力を有する企業をプライスリーダー（価格先導者）という。プライスリーダーが価格を引き上げ，他企業がこれに追随して形成される価格のことを管理価格という。

H．公正取引委員会は独占禁止法を運用するため，内閣府の外局に設置されている行政委員会で，他の国家機関から独立性を保って活動している。

I・J．GHQ（連合国軍最高司令官総司令部）による財閥解体指令に基づき，独占禁止法および過度経済力集中排除法が制定（1947年）された。制定当初の独占禁止法では持株会社の設立が禁止されていたが，1997年の改正により持株会社の設立が解禁された。

L．独占禁止法では，例外的に新聞，書籍，音楽CDの販売に関し，メーカーが小売価格を決め，それを販売店に強要することができる。これを再販売価格維持制度という。

〔2〕(a)　ⓘ不適切。「原材料費が上昇」した場合，右上がりの供給曲線は左にシフト（平行移動）する。

(b)　ⓤ不適切。需要の価格弾力性は，設問の式で表されるように，価格の変化が需要量をどれくらい変化させるかを示す指標である。一般に生活必需品は需要の価格弾力性が小さく，需要曲線の傾きは急である。反対に嗜好品（ぜいたく品）は需要の価格弾力性が大きく，需要曲線の傾きは緩やかである。ⓤの「代替品が存在する商品」（たとえばバターという商品はマーガリンという代替品が存在する）の場合，その商品（バター）は価格が高くなればいつでも代替品（マーガリン）に切り替えることができるので，需要の減少幅（変化率）が大きくなる。したがって，需要の価格弾力性は大きい。

〔3〕(a)　ⓤが適切。外部経済は，ある経済主体の行動が市場を経由しないで他の経済主体に利益を与えること。

(b)　ⓐが適切。外部不経済は，ある経済主体の行動が市場を経由しないで他の経済主体に不利益（損失）を与えること。外部不経済の典型例としては公害の発生がある。

ⓘ・ⓔは市場内で生じているので，(a)，(b)のどちらにも当てはまらない。

III　解答

〔1〕―ⓘ

〔2〕イ―ⓞ　ロ―ⓘ　ハ―ⓚ　ニ―ⓢ　ホ―ⓢ

〔3〕特定非営利活動促進　〔4〕―ⓘ　〔5〕―ⓐ　〔6〕ビッグデータ

〔7〕A．実用新案　B．商標　C．意匠　D．知的財産高等

◀解　説▶

≪情報社会における政治参加≫

〔1〕下線部①の「特定の利益を代表する団体」は圧力団体（利益団体）を指している。圧力団体とは，自己の特殊利益を実現するために政府，議会，政党などに働きかけて影響力を行使する団体のことである。㋑日本道路公団は国の特殊法人であったが，2005 年に分離・民営化された。

〔2〕イ・ロ．アメリカ大統領は法案拒否権を有している。大統領が（過半数の賛成で）上下院を通過した法案に対して拒否権を発動した場合，両院の３分の２以上の多数で再可決しなければその法案は発効しない。また，大統領は教書送付権を有している。教書は連邦の状況についての報告や政策提案に関する文書であり，大統領が議会に対して法案提出権を有さない代わりに教書を議会に送付することができる。

ハ・ニ．アメリカでは，イギリスや日本のような下院優越の原則は採用されておらず，上院は大統領による高級官吏の任命や条約の締結に対する承認権をもっている。

〔5〕㋐が適切。2013 年の公職選挙法改正によってインターネットによる選挙運動が解禁され，政党や候補者は選挙運動期間中であれば，インターネットを通じて自らへの投票を依頼することができるようになった。

〔7〕Ａ～Ｃ．知的財産権（知的所有権）は，創造活動によって生み出された成果物を創作者の財産として保護する権利のこと。GATT ウルグアイ・ラウンドでもこの権利に関する国際協定づくりが協議された。知的財産権には，特許権（発明）以外に，実用新案権，商標権，意匠権，著作権などがある。

Ｄ．知的財産高等裁判所は，情報化の進展とともに知的財産権をめぐる訴訟が急増したため，2005 年に東京高等裁判所の特別支部として設置された。この裁判所が扱う事件は，主として知的財産に関わる民事訴訟の控訴審である。

❖講　評

Ⅰ．第二次世界大戦後の米ソ冷戦構造の形成からその終焉までの過程を問う国際政治からの出題。教科書に準拠した内容の問題が中心であり，〔1〕Ｃのフルシチョフの「平和共存」を答える問題や〔8〕の短文選択問題など一部でやや詳細な知識を要する出題もみられる。なお，記述法では多くの問題で文字・字数指定がなされており，これがヒントになって解答できる場合があるので，じっくりと考えて解答したい。

Ⅱ．市場機構と市場の失敗に関連する出題。需要・供給曲線のグラフを用いた出題を含め，市場メカニズムについての基礎的な知識と理解力があれば容易に解ける問題が多かった。しかし，〔1〕Lの「再販売価格維持」制度を解答する問題はやや詳細な知識が必要であった。また，〔2〕(b)はやや難しい問題であったが，需要の価格弾力性についてある程度の知識があれば消去法で解答できる。

Ⅲ．情報社会における政治参加をテーマとする出題。インターネットの発達が社会や政治に与える影響など今日的な問題を取り上げており，やや難しい問題も多く出題された。〔3〕は漢字9字の指定があるので，「特定非営利活動促進」法を答えなければならず，NPO 法は正解とはならないので難しかった。〔5〕の 2013 年から解禁されたインターネットを利用した選挙運動についての内容や，〔7〕の知的財産権のうち，A．「実用新案」権，B．「商標」権，C．「意匠」権を問う問題は詳細な知識が必要で難しかった。

数学

I 解答

ア．15　イ．1　ウ．21　エ．1

オ．29　カ．43（オ・カは順不同）　キ．-5

ク．8　ケ．2　コ．-5　サ．-3　シ．3　ス．$a-3$　セ．2

ソ．3　タ．-2　チ．$\sqrt{13}$　ツ．11　テ．$\dfrac{4\sqrt{3}}{13}$　ト．$\dfrac{13\sqrt{3}}{12}$　ナ．$\dfrac{13}{48}$

◀解　説▶

≪小問 3 問≫

〔1〕 (a)　集合 A の要素（50 以下の素数）を書き出すと

$$2,\ 3,\ 5,\ 7,\ 11,\ 13,\ 17,\ 19,\ 23,\ 29,\ 31,\ 37,\ 41,\ 43,\ 47$$

の 15 個であるから　　$n(A)=15$　→ア

(b)　$B_0=\{7m\,|\,m=1,\ 2,\ \cdots,\ 7\}$ であるから　　$n(B_0)=7$

$B_1=\{7m+1\,|\,m=0,\ 1,\ 2,\ \cdots,\ 7\}$ であるから　　$n(B_1)=8$

$B_2=\{7m+2\,|\,m=0,\ 1,\ 2,\ \cdots,\ 6\}$ であるから　　$n(B_2)=7$

$B_3=\{7m+3\,|\,m=0,\ 1,\ 2,\ \cdots,\ 6\}$ であるから　　$n(B_3)=7$

$B_4=\{7m+4\,|\,m=0,\ 1,\ 2,\ \cdots,\ 6\}$ であるから　　$n(B_4)=7$

$B_5=\{7m+5\,|\,m=0,\ 1,\ 2,\ \cdots,\ 6\}$ であるから　　$n(B_5)=7$

$B_6=\{7m+6\,|\,m=0,\ 1,\ 2,\ \cdots,\ 6\}$ であるから　　$n(B_6)=7$

であるから，$n(B_k)$ が最大となる k は　　$k=1$　→イ

また，$A\cap B_1=\{29,\ 43\}$ であるから　　$n(A\cap B_1)=2$

よって

$$n(A\cup B_1)=n(A)+n(B_1)-n(A\cap B_1)=15+8-2=21\quad\text{→ウ}$$

(c)　$x\in B_3$，$y\in B_5$ のとき

$$x=7m+3,\ y=7n+5\quad（n \text{ は整数}）$$

であるから

$$x\times y=(7m+3)(7n+5)=49mn+35m+21n+15$$
$$=7(7mn+5m+3n+2)+1$$

$7mn+5m+3n+2$ は整数なので，$x\times y$ を 7 で割った余りは　　1　→エ

次に

$B_0 \cup B_1 \cup B_2 \cup B_3 \cup B_4 \cup B_5 \cup B_6 = \{1, 2, 3, \cdots, 50\}$ （全体集合）

であることに注意する。

$x \in B_3$, $z \in B_k$ のとき

$$x = 7m + 3,\ z = 7l + k \quad (l \text{は整数})$$

であるから

$$x \times z = (7m+3)(7l+k) = 7(7ml + km + 3l) + 3k$$

よって，$x \times z$ を 7 で割った余りは $3k$ を 7 で割った余りに等しい。

$3k$ を 7 で割った余りは

$k=0$ のとき　$3k=0$　7 で割った余りは　0

$k=1$ のとき　$3k=3$　7 で割った余りは　3

$k=2$ のとき　$3k=6$　7 で割った余りは　6

$k=3$ のとき　$3k=9$　7 で割った余りは　2

$k=4$ のとき　$3k=12$　7 で割った余りは　5

$k=5$ のとき　$3k=15$　7 で割った余りは　1

$k=6$ のとき　$3k=18$　7 で割った余りは　4

以上より，$a \in A$, $x \in B_3$ のとき，$a \times x$ が 7 で割って 3 余るので

$$a \in A \cap B_1 = \{29, 43\}$$ →オ，カ（順不同）

別解 オ・カ．$a \in A$, $x \in B_3$ のとき

$$a \times x = a(7m+3) = 7am + 3a$$

であるから，$a \times x$ を 7 で割った余りは $3a$ を 7 で割った余りに等しい。

そこで，$3a$ の値をすべて書き出すと

6, 9, 15, 21, 33, 39, 51, 57, 69, 87, 93, 111, 123, 129, 141

このうち，7 で割って 3 余るのは

$$87 = 7 \times 12 + 3,\ 129 = 7 \times 18 + 3$$

の 2 つであるから，求める a の値は

$$a = 29,\ 43$$

〔2〕 $x^3 + ax^2 + bx - 6 = 0$ ……① ただし，a, b は実数である。

(a) 3 次方程式①が，$1+i$ を解にもつとき

$$(1+i)^3 + a(1+i)^2 + b(1+i) - 6 = 0$$

$$(-2+2i) + a \cdot 2i + b(1+i) - 6 = 0$$

$$(b-8) + (2a+b+2)i = 0$$

$b-8$, $2a+b+2$ は実数だから

$$b-8=0 \quad \text{かつ} \quad 2a+b+2=0$$

よって　$a=-5,\ b=8$　→キ，ク

(b)　3 次方程式①が，-1 と 2 を解にもつとき

$(-1)^3+a(-1)^2+b(-1)-6=0$ より　$a-b-7=0$

$2^3+a\cdot 2^2+b\cdot 2-6=0$ より　$2a+b+1=0$

連立方程式を解いて　$a=2,\ b=-5$　→ケ，コ

このとき，3 次方程式①は

$$x^3+2x^2-5x-6=0 \qquad (x+1)(x-2)(x+3)=0$$

よって，残りの解は　$x=-3$　→サ

(c)　3 次方程式①が，$x=-3$ を解にもつとき

$$(-3)^3+a(-3)^2+b(-3)-6=0 \qquad \therefore\ b=3a-11$$

よって，3 次方程式①は

$$x^3+ax^2+(3a-11)x-6=0$$

$$(x+3)\{x^2+(a-3)x-2\}=0 \quad \text{→シ〜セ}$$

$x=-3$ 以外の 2 つの解を α，β とすると，α，β は 2 次方程式

$$x^2+(a-3)x-2=0$$

の解であるから，解と係数の関係より

$$\alpha+\beta=-a+3,\ \alpha\beta=-2$$

$\alpha^2+\beta^2=4$ とすると，$(\alpha+\beta)^2-2\alpha\beta=4$ より

$$(-a+3)^2-2\cdot(-2)=4 \qquad \therefore\ a=3 \quad \text{→ソ}$$

よって　$b=3a-11=-2$　→タ

〔3〕　右図のように，点 A から辺 BC に下ろした垂線の足を M とすると，BP＝PM＝MQ＝QC＝1 であるから

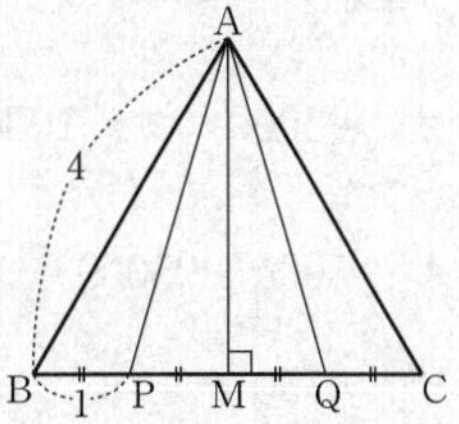

$$\mathrm{AM}=\sqrt{\mathrm{AB}^2-\mathrm{BM}^2}=\sqrt{4^2-2^2}=2\sqrt{3}$$

$$\mathrm{AP}=\mathrm{AQ}=\sqrt{\mathrm{PM}^2+\mathrm{AM}^2}$$

$$=\sqrt{1^2+(2\sqrt{3})^2}=\sqrt{13} \quad \text{→チ}$$

次に

$$|\overrightarrow{\mathrm{PQ}}|^2=|\overrightarrow{\mathrm{AQ}}-\overrightarrow{\mathrm{AP}}|^2$$

$$=|\overrightarrow{\mathrm{AQ}}|^2-2\overrightarrow{\mathrm{AP}}\cdot\overrightarrow{\mathrm{AQ}}+|\overrightarrow{\mathrm{AP}}|^2$$

より

$$2^2=(\sqrt{13})^2-2\overrightarrow{\mathrm{AP}}\cdot\overrightarrow{\mathrm{AQ}}+(\sqrt{13})^2 \qquad \therefore\ \overrightarrow{\mathrm{AP}}\cdot\overrightarrow{\mathrm{AQ}}=11 \quad \text{→ツ}$$

したがって

$$\cos\angle \mathrm{PAQ}=\frac{\overrightarrow{\mathrm{AP}}\cdot\overrightarrow{\mathrm{AQ}}}{|\overrightarrow{\mathrm{AP}}||\overrightarrow{\mathrm{AQ}}|}=\frac{11}{\sqrt{13}\sqrt{13}}=\frac{11}{13}$$

であるから

$$\sin\angle \mathrm{PAQ}=\sqrt{1-\cos^2\angle \mathrm{PAQ}}=\sqrt{1-\left(\frac{11}{13}\right)^2}=\frac{\sqrt{48}}{13}$$

$$=\frac{4\sqrt{3}}{13}\quad \to テ$$

△APQ の外接円の半径を R とすると，正弦定理より

$$2R=\frac{\mathrm{PQ}}{\sin\angle \mathrm{PAQ}}=\frac{2}{\frac{4\sqrt{3}}{13}}=\frac{13}{2\sqrt{3}}$$

$$\therefore\quad R=\frac{13}{4\sqrt{3}}=\frac{13\sqrt{3}}{12}\quad \to ト$$

右図より

$$\overrightarrow{\mathrm{AO}}=\frac{R}{\mathrm{AM}}\cdot\frac{\overrightarrow{\mathrm{AB}}+\overrightarrow{\mathrm{AC}}}{2}=\frac{\frac{13\sqrt{3}}{12}}{2\sqrt{3}}\cdot\frac{\overrightarrow{\mathrm{AB}}+\overrightarrow{\mathrm{AC}}}{2}$$

$$=\frac{13}{48}(\overrightarrow{\mathrm{AB}}+\overrightarrow{\mathrm{AC}})\quad \to ナ$$

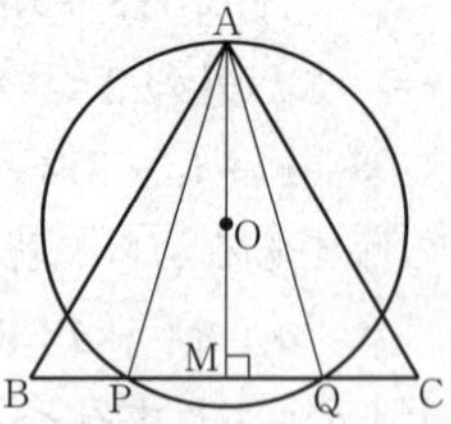

II 解答

ア．$95000-50z$　イ．$150z-\frac{1}{10}z^2$　ウ．$-\frac{1}{10}$　エ．200

オ．95000　カ．1000　キ．5000　ク．50　ケ．$-\frac{1}{10}$　コ．$200-\alpha$

サ．$500\alpha-95000$　シ．$1000-5\alpha$　ス．50　セ．$\frac{5}{2}$　ソ．500　タ．5000

チ．4750

◀解　説▶

≪ある飲食店の価格などの変数と利益との関係≫

〔1〕 費用 y は

$$y=20000+500x=20000+500\left(150-\frac{1}{10}z\right)$$

$=95000-50z$　→ア

売り上げ R は

$$R=z\times x=150z-\frac{1}{10}z^2\quad\text{→イ}$$

利益 G は

$$G=R-y$$

$$=\left(150z-\frac{1}{10}z^2\right)-(95000-50z)$$

$$=-\frac{1}{10}z^2+200z-95000\quad\text{→ウ〜オ}$$

$$=-\frac{1}{10}(z-1000)^2+5000$$

よって，利益 G が最大となるときの価格 z は

$z=1000$　→カ

このときの利益 G は　　$G=5000$　→キ

来店客数 x は　　$x=150-\frac{1}{10}\times 1000=50$　→ク

〔2〕　このときの費用を y_1 とすると

$$y_1=20000+500x=20000+500\left(150-\alpha-\frac{1}{10}z\right)$$

$$=95000-500\alpha-50z$$

売り上げを R_1 とすると

$$R_1=z\times x=(150-\alpha)z-\frac{1}{10}z^2$$

利益 G_1 は

$$G_1=R_1-y_1$$

$$=\left\{(150-\alpha)z-\frac{1}{10}z^2\right\}-(95000-500\alpha-50z)$$

$$=-\frac{1}{10}z^2+(200-\alpha)z+500\alpha-95000\quad\text{→ケ〜サ}$$

$$=-\frac{1}{10}\{z-(1000-5\alpha)\}^2+\frac{5}{2}\alpha^2-500\alpha+5000$$

よって，利益 G_1 が最大となるときの価格 z_1 は

$z_1=1000-5\alpha$　→シ

$\alpha=0$ のとき $z_1=1000$，$\alpha=10$ のとき $z_1=950$ であるから，価格 z_1 は

$$1000-950=50 \quad \to ス$$

下がる。

上の計算より，最大の利益 H は

$$H=\frac{5}{2}\alpha^2-500\alpha+5000 \quad \to セ〜タ$$

$\alpha=0$ のとき $H=5000$，$\alpha=10$ のとき $H=250$ であるから，最大の利益 H は

$$5000-250=4750 \quad \to チ$$

減少する。

Ⅲ

解答　〔1〕　X地点からP地点への最短経路が

$$\frac{4!}{2!\cdot 2!}=6 \text{ 通り}$$

その各々に対して，P地点からY地点への最短経路が

$$\frac{6!}{3!\cdot 3!}=20 \text{ 通り}$$

であるから，P地点を通りY地点に到着する最短経路は

$$6\times 20=120 \text{ 通り} \quad \cdots\cdots(\text{答})$$

〔2〕　X地点からY地点に到着する最短経路の総数は

$$\frac{10!}{5!\cdot 5!}=\frac{10\cdot 9\cdot 8\cdot 7\cdot 6}{5\cdot 4\cdot 3\cdot 2\cdot 1}=252 \text{ 通り}$$

Q地点を通り，Y地点に到着する最短経路は

$$\frac{7!}{4!\cdot 3!}\times\frac{3!}{1!\cdot 2!}=35\times 3=105 \text{ 通り}$$

よって，Q地点を通り，Y地点に到着する確率は

$$\frac{105}{252}=\frac{5}{12}$$

したがって，Q地点を通り書店Qで本を買い，Y地点に到着する確率は

$$\frac{5}{12}\times\frac{2}{3}=\frac{5}{18} \quad \cdots\cdots(\text{答})$$

〔3〕　P地点を通り，Y地点に到着する最短経路は

$$\frac{4!}{2!\cdot 2!}\times\frac{6!}{3!\cdot 3!}=120\text{ 通り}$$

Q地点を通り，Y地点に到着する最短経路は

$$\frac{7!}{4!\cdot 3!}\times\frac{3!}{1!\cdot 2!}=105\text{ 通り}$$

P地点とQ地点の両方を通り，Y地点に到着する最短経路は

$$\frac{4!}{2!\cdot 2!}\times\frac{3!}{2!\cdot 1!}\times\frac{3!}{1!\cdot 2!}=6\times 3\times 3=54\text{ 通り}$$

よって，P地点またはQ地点を通り，Y地点に到着する最短経路は

$$120+105-54=171\text{ 通り}$$

したがって，書店P，書店Qの少なくともどちらかに立ち寄る確率は

$$\frac{171}{252}=\frac{19}{28}\quad\cdots\cdots(\text{答})$$

〔4〕 (a) (i)書店Pで本を買う確率は

$$\frac{120}{252}\times\frac{1}{2}=\frac{60}{252}$$

(ii)書店Qで本を買う確率は

$$\frac{105}{252}\times\frac{2}{3}=\frac{70}{252}$$

(iii)書店P，Qの両方で本を買う確率は

$$\frac{54}{252}\times\frac{1}{2}\times\frac{2}{3}=\frac{18}{252}$$

(i)〜(iii)より，Y地点に到着したとき本を持っている確率は

$$\frac{60}{252}+\frac{70}{252}-\frac{18}{252}=\frac{112}{252}=\frac{4}{9}\quad\cdots\cdots(\text{答})$$

(b) 2つの事象 E, F を次のように定める。

E：Y地点に到着したとき本を持っていない。

F：書店Pに立ち寄る。

求めたいものは，条件付き確率 $P_E(F)=\dfrac{P(E\cap F)}{P(E)}$ である。

(a)の結果より　　$P(E)=1-\dfrac{4}{9}=\dfrac{5}{9}$

次に，$P(E\cap F)$ を計算する。すなわち，書店Pに立ち寄って，かつ，Y地点に到着したとき本を持っていない確率を求める。

このとき，次の排反な２つの場合

（i）　書店Ｐ，Ｑの両方に立ち寄ったが，いずれでも本を買っていない。

（ii）　書店Ｐに立ち寄ったが本を買わず，書店Ｑには立ち寄っていない。

が考えられる。そこで，それぞれの確率を計算する。

(i)の場合の確率は　$\dfrac{54}{252}\times\dfrac{1}{2}\times\dfrac{1}{3}=\dfrac{9}{252}$

(ii)の場合の確率は　$\dfrac{120-54}{252}\times\dfrac{1}{2}=\dfrac{33}{252}$

よって　$P(E\cap F)=\dfrac{9}{252}+\dfrac{33}{252}=\dfrac{42}{252}=\dfrac{1}{6}$

以上より，求める条件付き確率は

$$P_E(F)=\frac{P(E\cap F)}{P(E)}=\frac{\frac{1}{6}}{\frac{5}{9}}=\frac{3}{10}\quad\cdots\cdots(答)$$

◀解　説▶

≪最短経路の問題，確率，条件付き確率≫

〔1〕の最短経路の場合の数の問題は頻出であるが，〔2〕以降は，確率や条件付き確率の問題なので注意が必要である。特に，本問の確率は，交差点に到達するごとに次の進路を確率的に選択するのではなく，「Ｘ地点からＹ地点への最短経路の選び方はすべて同様に確からしい」という設定に注意する必要がある。〔2〕，〔3〕は通常の確率の問題で，最短経路の場合の数を考えた上で，本を買う確率を考量すればよい。〔4〕は条件付き確率の問題である。(a)はあとの(b)で用いる確率を求めるだけであるが，(b)では，書店Ｐに立ち寄って，かつ，Ｙ地点に到着したとき本を持っていない確率を求める際に，書店Ｑに立ち寄った場合と，立ち寄らなかった場合に分けて考える必要があるので要注意である。

❖講　評

Ⅰは小問3問で，〔1〕は集合と，整数で割った余りによる整数の分類の問題で，思考力を必要とするやや難しい問題である。〔2〕は3次方程式の典型的な問題である。〔3〕は三角比とベクトルの融合問題であるが，これも基本的な問題である。

Ⅱは費用，売り上げ，価格と利益の関係を考察するという経営学・経済学のような問題であるが，数学の内容としては簡単な2次関数の最大・最小の問題である。一見難しそうに見えるかもしれないが，指示に従って解答していけば困るところはない。

Ⅲは典型的な最短経路に関する問題であるが，確率と条件付き確率の問題も絡んでいる。特に，確率の設定で，交差点に到達するごとに次の進路を確率的に選択するのではなく，「X地点からY地点への最短経路の選び方はすべて同様に確からしい」という設定は要注意である。場合分けをする必要がある設問もあり，やや難しい問題と言える。

取り組みが必要。全体として標準的。

四の漢文は、前漢の劉向による説話『新序』。問1の③「与」は知識問題。漢文選択者では必須。問2の書き下し文はやや難。「祠」を使役で読めれば正解につながる。問3の空所補充は正確な論旨の把握が必要。選択肢の動物がもつ意味の理解も必要。標準的。問4の内容真偽も論旨の把握が必須だが、選択肢が見分けやすいため標準的。全体として標準的。

「怒りの矛先を公孫襲に向け」が間違い。4は「自らを犠牲にして天を祠った」が間違い。5は本文通りで正解。6は「公孫襲を試そうとして故意に行人に矢を向けた」が間違い。

❖講　評

一の現代文は、「存在の承認」の大切さと、自由と承認の両立を説いた文章。論旨は明瞭で把握しやすい文章である。問3・問5の箇所指摘は、制限字数がヒントとなり、容易。問4の欠文挿入箇所は冒頭の「それ」が指す主語の確定が大切。標準的。問6の空所補充は前後の論旨がしっかり読み取れていないと迷う。やや難。問7の内容説明は標準的。問8の空所補充は「行為」の意味を考える設問。直前にある具体例から決定する。やや難。問9の内容説明は、1と5で迷う。二つの選択肢を比べて、本文により沿っているものを選ぶことになる。やや難。問10の内容真偽は標準的。全体として標準的。

二の現代文は、言語による「概念」の違いを前提に外国語に接すると重大なことがらが見えてくるという文章。問1の内容説明は「非論理」「循環論」の確認で正解できる。標準的。問3の内容説明は、紛らわしい選択肢が多い。中国における「臣」「民」の語意が示す具体例の意味をしっかり把握すること。やや難。問4の内容説明も「相対化」を押さえることで選べる。標準的。問5の内容真偽は、選択肢を見比べ、筆者の主張を踏まえたものを選ぶ必要がある。標準的。全体として標準的。

三の古文は、鎌倉時代初期の仏教説話集『閑居友』が出典。本文が長く、本格的な読み取りが必要。問1の「給ふ」「侍り」を入れる敬語の問題は、行為の主体を押さえること。Cの理解が正誤の分かれ道。標準的。問2「飾りを落とし」は知識問題。必須。問3の理由説明は4と5で迷う。直前にある「おぼつかなき」の理解がポイント。標準的。問4の口語訳、問5・問6の内容説明も標準的。問7は丁寧な読みが必要。あらかじめ選択肢を頭に入れてから解答する方がよい。内容が詳細にわたるので、やや難。問8の『発心集』の作者を問う文学史は標準的。文学史は必須なので、ち雨ふらん』と。景公堂より下り頓首して曰はく、『凡《およ》そ吾の雨を求むる所以は、吾が民の為《ため》なり。今必ず吾をして人を以て祠らしめて乃ち且《まさ》に雨ふらんとせば、寡人将に自ら之に当たらんとす』と。言未だ卒《を》はらずして天大いに雨ふること方千里なるは、何ぞや。天に徳有りて民に恵むが為なり。今主君白雁の故を以て、而《しか》うして人を射んと欲す。襲 謂《おもへ》らく主君は虎狼に異なる無し」と。梁君其の手を援《と》り与《とも》に車に上りて帰り、廟門に入り、万歳と呼びて曰はく、「幸ひなるかな。今日や他人猟して皆禽獣を得るも、吾猟して善言を得て帰る」と。

▲解　説▼

問1　①「所以」は「ゆゑ(え)ん」と読む頻出語で、ここでは〝理由〟の意。
③「与」はここでは「ともに」と読む。ほかにも本文にある「与す(くみす)」や「与る(あずかる)」といった読みでも頻出する語。

問2　句法の知識が決め手になる。「使」は使役の意で、「使AB」で「AをしてB(せ)しむ」と読み、〝AにBさせる〟と訳す。「且」は再読文字で、「まさに〜(せ)んとす」と読み、〝今にも雨が降りそうだ〟と訳せる。王である「吾」が、人に祠らしめる(＝〝人に祈願させる〟)ことで、雨が降るということを表している。ここでは「Bせしむ」の内容が問われている。〝人に祈願させる〟(4「祠らしめて」)のは王としてありうることだが、〝雨を降らせる〟(2・6「雨ふらしむれば」)は、「天」に行為をさせることになり、文脈に合わない。そこで正解は4と決まる。

問3　車馬を操縦する公孫襲の思いを読み取る。主君の梁君が、白雁を射るために、通りがかった人に止まるように指示した。その指示に従わなかったことに腹を立てて、梁君がその人を射ようとした。このことに対する公孫襲の思いは、梁君の今しようとしている行為は、自分の思いが通らなければ暴力的にことをなそうとしていることにほかならないというものである。これでは、1「虎狼」と変わらないではないですか、というのである。ここに挙げられた選択肢で、〈暴力的〉なイメージをもつ動物を選べばよい。

問4　1は「行人の妨害に遭った」が間違い。2は「民を犠牲にして天を祠れば雨が降る」というお告げが間違い。3は

問3　1
問4　5

◆全　訳◆

梁君は猟に出て、白雁の群れを見つけた。梁君は車から降りて弓を引いてこれを射ようとした。道行く人がいたので、梁君はその人に止まるように言ったが、その人は止まらず、白雁の群れは驚い（て逃げてしまっ）た。梁君は怒り、その人を射ようとした。車馬を操縦する公孫襲という者が車から降り矢を手で押さえて、「王様おやめください」と言った。梁君は激しく怒った様子で血相を変えて「襲は自分の君主の味方をせずに反対に他人の肩を持つというのは、どういうことだ」と怒って言った。公孫襲が答えて言うことには、「昔斉の景公という国王の時代に、世の中は大変な日照りが三年続きました。これを占ったことには、『人が祈願すればきっとそこで初めて雨が降るに違いない』ということでした。景公は堂（＝君主の座っているところ）から降りて何度も頭を地面に打ちつけて敬礼して、『そもそも私が雨を求める理由は、私の国の人民のためである。今必ず私が人に祈願させると雨が降るのなら、私は自らこの任に当たろうと思う』と言いました。（その）言葉が終わらないうちに大雨が千里四方に降った、（これは）どういうことでしょうか。天に徳があり（その徳を）人民に恵んだためです。今王様は白雁を逃がしたということで、人を射ようとなさいました。私襲が思うに（それでは）王様は虎や狼と変わりありません」。梁君はその（公孫襲の）手を取ってともに車に上がって帰り、先祖を祭る建物に入り、万歳を唱えて、「幸せだ。今日は他の人が猟をして皆鳥やけだものを得たが、私は猟をして素晴らしい言葉を得て帰ったのだ」と言った。

読み　梁《りやう》君出猟して、白雁の群を見る。梁君車より下り弓を彀《ひ》き之を射んと欲す。道に行く者有り、梁君行く者に止まれと謂《い》ふも、行く者止まらず、白雁の群駭《おどろ》く。梁君怒り、行く者を射んと欲す。其の御《ぎよ》公孫襲車より下り矢を撫《ぶ》して曰はく、「君止《や》めよ」と。梁君忿《ふん》然として色を作《な》して怒りて曰はく、「襲其の君に与《くみ》せずして顧《かへ》つて他人に与するは、何ぞや」と。公孫襲対《こた》へて曰はく、「昔斉の景公の時、天大いに旱《ひでり》すること三年。之を卜《うらな》ひて曰はく、『必ず人を以て祠《まつ》らば乃段落は、親王の持っていた「大柑子」を欲しがった人に、小さな柑子をあげようとした親王の心根を「汝、心小さし」と心を見すかした「飢れたる姿」の人への感情である。さらに本文を読み進めると、この「飢れたる姿」の人が「菩薩」であるとわかる。ここまで理解すると、正解は3とわかる。語意だけの解釈では5も適切に思えるが、内容にある「まだ不十分だった」は、修行についての感情なので外す。

問6　傍線㋔「あはれに侍り」とは、「親王」へ抱く作者の思いである。直前の「親王」の、かつては皇太子としてたくさんの役人に仰がれていた境遇が、現在は「道のほとりの旅の魂」になっていることへの思いである。客死した霊魂への作者の思いとして適切なものを探ると、4の「無常を感じている」が合致する。

問7　1は第二段落の三文目「昔、この日本の国の人……学問ありけれど」の内容に符合しており、正解。2は最後の「大陸各地で仏教の布教をしていた」が外れる。親王は唐土（中国）や天竺（インド）に渡ったが、それは「布教」のためではなく、自ら仏教を求めていた、つまり求道のためである。3は「親王の魂を供養するため伝から引用」が間違い。第七段落に「このことは、親王の伝にも見え侍らねば、記し入れぬる」とある。4は第九段落の「この書には伝に載れることをば入るることなし。かつは、かたがたはばかりも侍り……言ふ人もあるべし」の記述と合致しているので、正解。5に当たる記述は文中にはなく、6は作者が『発心集』の引用方法についての「疑念」は述べていないので外れる。

問8　『発心集』は鎌倉時代初期の仏教説話集で、作者は3「鴨長明」である。

四

出典　劉向『新序』

解答

問1　①ゆゑん〔ゆえん〕　③ともに

問2　4

はならない（＝思わないでほしい）。

▲解　説▼

出典は鎌倉時代初期の仏教説話集である『閑居友』。本文の前半は真如親王の仏教をきわめようという姿勢を、後半は作者が執筆に当たる基本姿勢を示したものである。

問1　空欄A～Dに尊敬・謙譲の二つの意味をもつ「給ふ」と、丁寧の「侍り」を入れる敬語の設問。主語と文脈から検討する。Aには、主語が「真如親王」であることから、尊敬語「給は」が入る。これで選択肢を1・3・5に絞る。Bには、「険しく危うく」に接続する語で、地の文であり、この感情を抱くのが作者であることから、「侍り」が入る。Cには、「唐土の返事に」という言葉から、「あり」が入る。ここではその丁寧語である「侍り」が入る。この三つが決まることで5が正解と決まる。ちなみにDには、主語が作者で、「思ひ」に接続する語であることから、下二段活用の謙譲の補助動詞である「給へ」が入る。

問2　「飾り」とは〝頭髪、髪〟の意。これを「落とし」というのであるから、2「髪を剃り……出家をする」が正解とわかる。文脈においても「親王」であった人が「道詮律師」「弘法大師」に師事するということが示されている。

問3　傍線㋑の直前に「法門ともにおぼつかなき」とある。その「法門」とは「道詮律師」の「三論宗」、「弘法大師」の「真言」を指すと考えられる。4と5が紛らわしいが、「法門」が「おぼつかなき」とは、〝よくわからない〟ということで、「教えに納得していない」の5が正解である。

問4　㋒「かきやる」とは〝手で払いのける〟意。払いのけるのは「涙」なので、〝涙をぬぐいきれない〟と訳すことができる。

㋕「そばむ」は〝非難する〟意。傍線全体で、〝非難する言葉だなあ〟の意。ここでは、鴨長明がそう思うことがあってはならない、つまり、そう思ってほしくないと言っている。

問5　傍線㋓「あぢきなし」という感情は、直前の「化人の出で来て……我が心をはかり給ひける」を受けている。第五そのようなことではない。あなたは、心が小さい。心の小さな人がくれるものを受け取るつもりはない」と言って、一瞬のうちに消えてしまった。親王は、不思議に思って、「菩薩が出てきて、私の心の大きさをおはかりになったのだなあ」と、悔しく、情けない思いがする。

さて、どんどん進んでいくうちに、とうとう虎に行き会って、（親王は）むなしく命を終えたということだ。

このことは、親王の伝記にも見えませんので、記して入れておいたのだろう。

昔の立派な人々が、インドにお渡りになったことを記した文書にも、唐・新羅の人々は数多く見えますが、この国（＝日本）の人は一人も見えないようなのに、この親王の思い立ちなさった心の様子は、全くすばらしく恐れ多いものです。（親王は）昔は、皇太子で、多くの官職（の人々）に仰がれたと言っても、今は、道のほとりの客死した霊魂として、一人でどこに赴きなさったのだろうかと、返す返す無常でございます。

それにしても、『発心集』には、伝記の中に記されている人々がたくさん見えますようですが、この書物（＝『閑居友』）には伝に載っていることを入れることはない。一方では、方々に遠慮もございます。また、世間の人の常として、わずかに自分が狭く浅くものを見たままに、「これは誰々が記したものの中にあったことだよ」など、世にもたやすく言う人もいるようだ。また、もとから筆を執ってものを記している人の心持ちは、「私が、このことを記し留めねば、後世の人が、どうしてこのことを知ることができるだろうか」と思うところから始まったことだろう。ましてや、昔の人が心情を巧みに言葉も整えて記しているようなものを、今更怪しく引用し直すというのもどうかと思われるのです。

また、この書き記した（各説話の）末尾に、少しばかりインド・中国・日本の昔の事跡を、要約して引き合わせたものがありますのは、「これを端緒に（読者がこの本に載っている人々を）知り始めるご縁ともなるでしょうか」などと、思い申し上げて、お作り申し上げるのです。鴨長明は、人の耳をも喜ばせ、また縁を結ばせようと思って、伝の中の人を載せたようですが、世の中の人がそんなふうには思わないでいますことが常で、このようにも（＝既に誰々が記したものの中にあった、とも）思うようです。決してあの世でも（＝あの世の鴨長明も）、「私を非難する言葉だなあ」とは、思って

問8　3

◆全　訳◆

昔、真如親王という人がいらっしゃった。平城天皇の第三の皇子である。まだ出家していらっしゃらない前には、高岳の皇子と申し上げた。髪を剃り出家なさって後は、道詮律師に会って三論宗をきわめて、弘法大師に従って真言宗を習いなさった。

（親王は）「仏の教えが（三論・真言の）両宗とも納得できない点が多い」と思って、とうとう中国にお渡りになった。宗叡僧正と一緒に渡られたが、宗叡は、「文殊菩薩の住んでいらっしゃる五台山を、拝もう」と言ってお行きになる。親王は、物事を習うのに適当な師をお探しになっていたが、昔、この日本の国の人で円載和尚といった人が、唐にとどまっていたのだが、親王が渡っていらっしゃったことを聞いて、帝に申し上げたところ、帝が感心して、法味和尚という人にお命じになって、学問をしたけれど、満足できなかったので、ついにインドにお渡りになった。

「錫杖（＝僧侶の持つ杖）を突いて、脚にまかせて一人で行く。理屈以上に煩わしいことが多い」など（の言葉）がありますのを見るにつけて、悲しみの涙をぬぐいきれない。玄奘・法顕法師などの昔の跡に思いをいたすのにも、さぞ険しく危険でございましたでしょうと、感動する。

さて、（親王が）帰国なさるはずの期間も過ぎてしまったので、「（親王の）生き死には判別しがたい」と言って、事細かに照会した。中国の返事には、「（親王は）インドにお渡りになるときに、道中でお亡くなりになったことを、かすかに聞いている」とありましたことで、はじめて、お亡くなりになったことがわかったのである。

（親王が）お渡りになった道中の支度として、大きな蜜柑を三つ持っていらっしゃったのを、疲れた姿をした人が、出てきて欲しがったので、（親王は蜜柑を三つ）取り出して、中でも小さいものをお与えになった。この人は、「同じようなら、大きなものをいただきたい」と言ったので、「私は、これから終わりのわからない道中を行くことになるのだ。あなたは、この場所のかただ。さしあたっての飢えを防ぐことで事足りるだろう」と言ったところ、この人は、「菩薩の行は、相対化」とあるのが、「概念や思考」の「相対化」とずれている。

問5　筆者の主張に合致する選択肢を選ぶことになる。本文の筆者の主張は第五段落の〈言語間の概念の違いを意識することで、見えてくることがある〉ということ。また、それは最終段落で、「言葉が表す概念や思考を相対化する」ことにより、知らないうちに組み込まれている考え方のシステムに気づくきっかけになる、と記されている。この前提を踏まえて選択肢を丁寧に見ていく。第十二段落にあるように「国民は、憲法より上なのか下なのか……日本語でははっきりしない」ということで、1のように〈国籍の剝奪〉に焦点を当てたものは内容としては外れる。2は後半の「日本の人々が……歴史を表すもの」と「歴史」に焦点を当てている点が外れる。3は第五段落の「言語と言語の間には……重大なことがらに気づくことがあります」という筆者の主張を具体的に表した例として適切である。4は「『臣民』という……自ら国をつくることができなかった」ことに焦点は当てられていない。5も「国民」を英語で訳し分ける必要性について説いている点が本文の主張とはずれている。

三

出典　慶政上人『閑居友』＜一　真如親王、天竺にわたり給ふ事＞

解答

問1　5

問2　2

問3　5

問4　㋒涙をぬぐいきれない（十字程度）　㋕非難する言葉だなあ（十字程度）

問5　3

問6　4

問7　1・4

論」と筆者は指摘しているのである。この内容は第十二段落の最後に「国民は、憲法より上なのか下なのか……要するに、日本語でははっきりしない」と記されている。この内容に符合する選択肢は4である。

問2　空欄Aの直後には「でも」と逆接の文がつながっており、「国民」という言葉の前提として「まず国があった」という考え方が示されている。そうならばAには、「国」より「国民」が先だという内容が入るはずである。このことを表した選択肢は、1の「国民は国家の上位概念であるはずだ」である。

問3　英語では「臣民」にあたる言葉がないことの理由を説明する問題。第十七・十八段落を通して、英語に直そうにも直せない事情をくみ取る。英語の「subject」の意味には「臣下」(＝〝統治される人びと〟)という意味の語があるが、それを明治の帝国憲法下で、拡大解釈をして「臣民」と訳すことに決めた。日本における「臣民」という言葉は〈政府の役人(臣)も一般の人びと(民)も同時に示す〉言葉であるため、英語には直すことができないということになるのである。これを選択肢で言い表しているものは2である。1は「subject」という単語に意味が複数あるために、あてはまる語がないというわけではないので、不適。3は「天皇ではなく王侯による統治であったため」がずれている。「天皇」と「王侯」の性質の違いのせいで訳せないわけではない。4は「臣」と「民」は中国で言うところの相反する意味の語ではあるが、それを日本は意図的につくり上げたわけで、「言葉として異質であるため」という部分が理由の説明にはならないので、間違い。5は「誤って『臣民』と訳した」が間違い。最後から三つめの段落には「……と訳すのだ、ということにした」とある。

問4　傍線㋒のポイントは「概念や思考」の「相対化」とは、どのようなことなのかという点であり、その点を記している選択肢を選ぶ。傍線㋒の直前にある「思考の枠組みから自由になれる」が「相対化」の具体的な表現であると気づけば容易。1は「歴史」の相対化について述べており、ポイントがずれている。2は本文の流れに沿っており、言葉の「思考の枠組み」について焦点が絞られているので、正解となる。3は最後の「言葉を大切にするようになる」こと、思考の相対化とは別次元の内容である。4も「歴史の矛盾も知る」が不要である。5は「自らの存在と他者をって生きていくことができるとある。5は第二十七・二十九段落の内容に符合しており、これが正解。6は、本文が「民主主義社会を発展させていくこと」という話題に触れていないことから、不可。

二

出典 橋爪大三郎『人間にとって教養とはなにか』〈第4章 辞書・事典でしか学べないこと〉（SB新書）

解答

問1 4
問2 1
問3 2
問4 2
問5 3

◆要 旨◆

言葉の表す「概念」は言語によって異なる。この前提を意識して外国語に接すると、重大なことがらが見えてくる。代表例として、他国には概念がない「国民」という言葉が挙げられる。「国民」という言葉は、憲法より上なのか下なのか、日本語でははっきりしない。さかのぼると「国民」は、戦後になって「臣民」という言葉を置き換えたもので、その「臣民」という言葉は、明治政府による帝国憲法の下で「天皇に従う」という関係を持たされた言葉だとわかる。言葉が表す概念や思考を相対化すると、知らないうちに組み込まれた考え方のシステムに気づくきっかけになるのだ。

▲解 説▼

問1 「非論理」とは〝論理的でない〟様子。「循環論」とは〝堂々巡りの議論〟のこと。本文では、国民が先か、日本国が先かという堂々巡りの議論になってしまっていること。「人民」ではなく「国民」という語を使うことで、日本国憲法において「日本国」が先か、「国民」が先か、わからなくなっていることを指している。これを「非論理」「循環

6になる。「自由と承認の葛藤」とは、自由と「行為の承認」のどちらを優先すべきかということである。これは確かに「自由な行為に対する価値評価が問題になるときにのみ、顕在化する」ものであり、挿入して文意も通じる。

問7　傍線㋒の「行為の承認」の可能性の広がりについては、次の第二十四・二十五段落に具体的に述べられている。「苦しんでいる人を慰め」て「相手に感謝され」ることや、「行為の価値を理解してい」ることで「陰ながら誰かを助け」ることにより「自分はよいことをしている」と信じることができるようなことである。これらを一般論として示している選択肢を選べばよく、4が当てはまる。

問8　空欄Bに入る語は、前文の「困っている人を助けたり……称賛される」から判断する。この具体例はいわゆる〈人助け〉に当たるものだから、2「倫理的な」が当てはまる。また、問9とも関連するが、この「行為の承認」は「善悪」と深く関係しており、その点もヒントになる。3が紛らわしいが、「困っている人を助けたり、苦しんでいる人を慰め」る主体は、「個人」に限らない（国家や組織・団体が主体ということもありうる）ので、不適と判断したい。

問9　傍線㋓「この価値基準」とは、直前の「誰もが納得するような善悪の価値基準」を指す。このことから1と5が正解の候補に挙がる。1が第二十七段落の内容をほぼくんだもので正解。5は「共通の価値基準」を「自由」だけに絞り、「存在の承認」について触れていない点が不可。なお、2は「思想」「宗教」について「自らの思想……批判してはならない」という文脈はないので外す。3は価値基準が、民主主義の社会に「普遍」としている点が不可。4は「制限されるべきではない」というものを「思想」に限定している点が不可。

問10　各選択肢のうち、本文に合致しない点を見ていくと、1は「存在の承認」の「親和的承認」の部分だけを見たものにとどまっており、不可。2は第十四段落におけるヒトラーの例に矛盾するので、不可。3の「一般意志」とは、第二十一段落に「価値の共有に基づいたルール」とあり、次段落に「自由を守るためのルール」とある。これは「私たちすべての社会共通のルール」とまでは言えないので、不可。4は「親密な人にその行為の価値を理解してもらえれば」という前提が不可。第二十五段落には「自分でその行為の価値を理解していれば」という前提の中で、自信を持

「存在の承認」の保証だけでなく、行為の価値基準を明確にする。ルソーやヘーゲルが構想した民主主義の原理には、自由と「存在の承認」を保証するルールがあり、それは誰もが納得する善悪の価値基準に基づいている。自由と承認とは両立するものなのだ。

▲解　説▼

問3　傍線㋐「存在の承認」の原型は、第八段落に「親和的承認」と示され、それと異なるものが第十段落に「人権の承認」と示されている。設問は「人権の承認」とは異なるものを指摘するものなので、「親和的承認」の具体的な記述を抜き出すことができればよい。これは第八段落の末尾に「愛情に基づく存在そのものへの承認」と記されている。字数制限もヒントにすることができる。

問4　挿入文の冒頭の「それ」が指す内容を明らかにすることがポイント。「それ」は、「ありのままの存在」をお互いに認め合わなければ実現しないものであり、逆に言うと「ありのままの存在」を互いに認め合うことで、「実現」するものである。それこそが「存在の承認」であることは明らか。「存在の承認」が話題になっている第十八段落の前に挿入するのがふさわしい。そこで挿入文は〈　3　〉に入ることがわかる。

問5　傍線㋑のような「差別」をしないために〈社会にとって必要なこと〉を問う設問。一般論として、第十五段落に「共生社会」では「価値観のギャップ」が大きくなるが、「患者、障害者との共生」も「社会の重要な課題」であると述べられている。その上で「お互いに『存在の承認』を与え合うこと」は「避けることのできない問題」だとしている。ここから、〈社会にとって必要なこと〉とは「お互いに『存在の承認』を与え合うこと」であるとわかる。

問6　空欄Aの後に「自由な行為に対する価値評価が問題になるときにのみ、顕在化する」とあるので、Aに入る「葛藤」(=〝いずれを取るべきか迷うこと〟)は、何かと「行為の承認」に関するものであることはわかる。そこで、選択肢は2・4・6の三つに絞れる。葛藤をおこすものが、2「思想」や4「出自」であってはいけないことは、第十六段落に記されているので、「行為の承認」と葛藤をおこすものは「自由」になるはずである。そうなると、正解は

国語

一

出典　山竹伸二『ひとはなぜ「認められたい」のか――承認不安を生きる知恵』〈第1章　なぜ「認められたい」のか？―承認欲望の現象学・第5章「認められたい」社会〉（ちくま新書）

解答

問1　①す　④そてい
問2　②暴挙　③優生
問3　愛情に基づ～のへの承認
問4　3
問5　お互いに「～え合うこと
問6　6
問7　4
問8　2
問9　1
問10　5

◆要　旨◆

「認められたい」欲望を満たす「承認」には、「行為の承認」と「存在の承認」がある。「存在の承認」のうち、「人権の承認」は民主主義の根幹をなすものであり、誰もが「存在の承認」を保証される必要がある。「存在の承認」は自由の承認でもあるが、これを保証するためには一定の価値基準の共有とルールが必要である。このルールの価値観の共有は、

■学部個別配点方式(文系型)　※ APU は英語重視方式

問題編

▶試験科目

【法・産業社会・国際関係(国際関係学専攻)・文・映像(文系型)・経営・政策科・総合心理(文系型)・スポーツ健康科・食マネジメント学部, APU(英語重視方式)】

教　科	科　　目
外国語	コミュニケーション英語Ⅰ・Ⅱ・Ⅲ，英語表現Ⅰ・Ⅱ
選　択	日本史Ｂ，世界史Ｂ，地理Ｂ，政治・経済，「数学Ⅰ・Ⅱ・Ａ・Ｂ」から１科目選択
国　語	〔文学部以外，APU〕　国語総合，現代文Ｂ，古典Ｂ（漢文の独立問題なし） 〔文学部〕　国語総合，現代文Ｂ，古典Ｂ（漢文の独立問題あり。ただし現代文１題との選択）

【経済(経済専攻)学部】

教　科	科　　目
外国語	コミュニケーション英語Ⅰ・Ⅱ・Ⅲ，英語表現Ⅰ・Ⅱ
数　学	数学Ⅰ・Ⅱ・Ａ・Ｂ
国　語	国語総合，現代文Ｂ，古典Ｂ（漢文の独立問題なし）

▶配　点

学　部		外国語	選　択	数　学	国　語	合　計
法・総合心理（文系型）・スポーツ健康科		150	100		150	400
産業社会		100	200		100	400
国際関係（国際関係学専攻）		100	100		100	300
文	人間研究学域・日本文学研究学域・東アジア研究学域・言語コミュニケーション学域	100	100		200	400
文	日本史研究学域・国際文化学域・地域研究学域	100	200		100	400
文	国際コミュニケーション学域	200	100		100	400
映像(文系型)・政策科		100	150		100	350
経営	国際経営	200	100		100	400
経営	経　営	120	150		100	370
経済（経済専攻）		100		150	100	350
食マネジメント		150	150		100	400
APU（英語重視方式）		150	(100)		(100)	250

▶備　考

- 「数学B」は「数列，ベクトル」から出題。
- 文学部の国語において，選択の現代文と漢文の両方を解答した場合は高得点の方を採用する。
- APUの英語重視方式は，英語・国語・選択科目の3教科すべてを受験し，「英語得点」+「国語または選択科目の高得点」の2教科で合否判定を行う。

英語

(80分)

I　次の文を読んで，問いに答えなさい。

Most of us don't have many close friends at work: We consider most of the people we work with co-workers or strangers. On average, people have five friends at work, but we usually don't include them among our closest relationships. In fact, only 15% meet the definition of a "real friend" according to a Yale School of Management study. Put differently, most people only actually have one real friend at work. Why is it so hard to have friends at work? And if it's so difficult, is it even worth it?

Employees often don't have a lot of choice about whom they interact with at the office. Teammates, office neighbors, and bosses are frequently assigned. This feature of work relationships is one of the reasons making friends at work can be more difficult than making friends "in the wild." Another reason the workplace is unfavorable to friendship is its transactional[1] nature. In exchange for a salary, employees agree to work a certain number of hours or to produce a set quantity of a product. But in friendship, people help out their friends because they need it, not because they expect something in return.

Work life is primarily a pursuit of instrumental[2] goals, such as making money, while our friendships are about affect[3]—love, joy, and shared sorrow. Indeed, money and social connection are conflicting values, according to a study by Fred Grouzet, a psychologist at the University of Victoria, and his colleagues. The research asked 1,854 university students living in Australia, Egypt, China, the United States, and South Korea, among other places, to rate how important 57 different goals were to them. The goals covered multiple areas, including safety, popularity, self-acceptance, and community. Based on the answers, the researchers created a diagram. Goals that people rated similarly, such as physical health and safety, were close together. Values that were rated differently (if one was very important, the other tended to be less important) were farther apart in the diagram. Based on the findings, the research concluded that financial success and socializing[4] can be conflicting values across cultures.

Furthermore, dozens of psychology experiments have found that thinking about or physically touching money makes people less generous, less helpful, and less likely to socialize. People are happiest when they are socializing. But simply mentioning money can make people change their priorities, says Cassie Mogilner Holmes, a professor at UCLA. Holmes gave 318 adults three minutes to create as many three-word sentences as possible from a specific set of words. Some of the participants in the study were given words that had to do with money, such as “price.” Others were given words that had to do with time, such as “clock.” A third group was given neutral words. When interviewed after the task, the group that had words related to money reported being more likely to work and less likely to socialize than groups that used words about either time or random things, such as “socks.”

In fact, the increasingly transactional nature of work may partly explain the decline in work friendships, says Wharton School professor Adam Grant. Historically, it was far more common for work and personal lives to overlap. In 1985, nearly half of Americans had a close friend at the office. By 2004, only 30% reported having a workplace friend. If we compare generations, 54% of people graduating from high school in 1976 placed value on finding a job where they could make friends. Among members of Generation X[5] who graduated between 1989 and 1993, it was 48%. Among millennials[6], it dropped to 41%. At the same time, the value placed on leisure time has consistently increased — almost doubling from 1976 to 2006. As Grant wrote, "When we see our jobs primarily as a means to leisure, it's easy to convince ourselves that efficiency should take priority at work so we have time for friendships outside work." Increasingly, people work to afford a holiday. The conflict between instrumentality and affect can lead people to avoid work friends altogether or to worry that a friendly hello in the hallway has hidden motives. It can also make it hard to manage and maintain office friendships.

Having said that, people need work friends. The evidence is clear: Having work friends has benefits. Employees who report having close friends at work are more efficient, more satisfied with their job, and less likely to get in accidents at work. Social support from co-workers reduces job stress, helps people cope with work and time pressures, reduces work-family conflict, and helps people guard against burnout[7]. Most of these benefits, though, come from having a few close friends at work. People don't need to be friends with everyone. They need one or two close friends. One way of overcoming many of the tensions that can arise between the instrumental nature of work and the emotional connection we need from work friends is to try to draw clear lines between what's work and what's not. But making sure you have conversations that are simply a friendly chat or sending an email to say hello with no agenda[8] can help make sure your work friends stay friends.

(Adapted from a work by Marissa King)

(注)

1. transactional　取引的な
2. instrumental　実利的な，道具的な
3. affect　感情
4. socializing　(多くの人との) 交流，ひとづきあい
5. Generation X　ジェネレーションX世代 (1960年代初期～1970年代半ばに生まれた人々)

出典追記：Social Chemistry : Decoding the Patterns of Human Connection by Marissa King, Dutton

6. millennials　ミレニアル世代（1980年代初期～2000年代初期に生まれた人々）

7. burnout　極度の疲労

8. with no agenda　議題抜きで，特に話しあうことがなくても

〔1〕本文の意味，内容にかかわる問い(A)～(D)それぞれの答えとして，本文にしたがってもっとも適当なものを(1)～(4)から一つ選び，その番号を解答欄にマークしなさい。

(A) In Professor Holmes' experiment, how did the people who used money-related words differ from the other two groups?

(1) They focused more on doing their work.

(2) They focused more on friendships at work.

(3) They focused more on the meanings of their words.

(4) They focused more on how much money they would receive.

(B) In what way do the generations mentioned in the article differ?

(1) Older generations had more friends at work.

(2) Younger generations are less efficient at work.

(3) Older generations valued free time more highly.

(4) Younger generations find it easier to make friends at work.

(C) What benefit that comes from having friends at work does the writer mention?

(1) Employees are less likely to suffer from overwork.

(2) Employees will appreciate their leisure time more.

(3) Employees are more likely to earn a higher salary.

(4) Employees can keep a clear line between work and private life.

(D) What is one reason NOT mentioned to explain why it is hard to be friends with people you work with?

(1) Workers do not decide who they work with.

(2) We do not know if people at work have secret intentions.

(3) The purpose of work and the nature of friendship can be in conflict.

(4) It can be difficult to make friends with people of different generations.

〔2〕次の(1)～(5)の文の中で，本文の内容と一致するものには1の番号を，一致しないものには2の番号を，また本文の内容からだけではどちらとも判断しかねるものには3の番号を解答欄にマークしなさい。

(1) People are willing to accept a lower salary if they can have friends at work.

(2) People from East Asian countries rated self-acceptance more highly than other people.

(3) Professor Holmes asked the participants to create three sentences each in three minutes.

(4) People from older generations earned more money when they were young than young people do today.

(5) According to the article, it is enough to have at least one good friend at work.

〔3〕本文の内容をもっともよく表しているものを(1)～(5)から一つ選び，その番号を解答欄にマークしなさい。

(1) Work life has varied and changing goals.

(2) Friendship is essential for mental health.

(3) Friendship at work is changing with generations.

(4) Making friends in the workplace can be difficult but it is worth it.

(5) Friends at work are important but we can also find them in our free time.

Ⅱ　次の文を読んで，問いに答えなさい。

Hidden deep in robotics labs around the world, a new generation of intelligent machines is learning to breed and evolve. Just like humans, these robots are able to "give birth" to new versions of themselves, with each one better than (あ) the last. They are precise, efficient and creative — and scientists say they could some day help save humanity. It might sound like something from a science fiction novel, but robot evolution is an area that has been explored in earnest ever since mathematician John von Neumann showed how a machine could replicate[1] itself in 1949.

Researchers at universities in the EU and the UK have spent the past four years, and a lot of money, working on the first fully autonomous[2] system to [(A)] robot colonies. They imagine such robots being sent into space to explore distant planets and to construct space habitats for humans to live in. The idea is that two robots known to be suited to a particular environment would combine their "genes" — or in this case, their computer code — to produce a 3D-printed "robot child" that has the best features of both "parents." "I think [(B)] what we're doing is actually 'breeding' robots," says Alan Winfield, professor of robot ethics[3] at the University of the West of England. "The system will basically mix the 'DNA' of two successful parent robots to create the design for a new child robot, then print out all the parts, and put it together completely by itself without any human participation at all," explains Professor Emma Hart, at Edinburgh Napier University.

As part of the Autonomous Robot Evolution (ARE) project, the team has created a fully autonomous system called RoboFab that (い)does just that. Each of the robots it produces has a digital clone that undergoes rapid evolution in a simulated[4] world, while its physical counterpart[5] is tested in real-world environments. New generations of robots are then 3D-printed after combining the most successful features of a virtual “mother” and physical “father,” as well as from two virtual parents or two physical parents. “You can imagine all of that taking place inside a box, like a factory,” says Hart. “You could send this factory to space, and rather than having to predesign your robot and hope it works when it arrives, you get the factory to design robots, build them and test them out while (う)there. It would recycle ones that don’t work, and then create new robots that are better than the previous generation.”

Cambridge University has [(C)] by creating a “mother” robot that can build its own “children,” test which ones do best, then modify their design. Such techniques could help with everything from the exploration of Mars to asteroid mining[6] and the construction of space habitats without the need to involve humans. NASA already has a seat on the advisory board[7] of the ARE project in order to explore [(D)]. Its researchers are hoping self-replicating robots could help with search and rescue missions, as well as during deep sea dives to build offshore oil rigs[8].

[(E)], there are still major issues with robot breeding. Right now, about six robots can be printed each day, featuring basic premade sensors wired into a solid “skeleton.” The machine’s arms sometimes struggle to connect some of the sensors to the batteries, with the wiring becoming mixed up and requiring human assistance. Rapid advances in 3D printing, automated assembly, and batteries could soon solve (え)these issues and help create machines far superior to any existing Mars rover[9]. For instance, 3D printers — once used to create low-quality plastic prototypes[10] — are increasingly able to print using a range of materials. This would allow robots to integrate the wiring into the printing process. Meanwhile, lighter sensors and batteries could allow for the creation of smaller robots able to [(F)] during search and rescue missions, which the current rovers are too large to manage.

One technological advance Winfield is cautious about is artificial intelligence (AI). "We've already passed the point where humans can actually understand how an AI works, and ㋔<u>that</u> is a problem," he says. "As an engineer, you want to be able to understand what you've built.... It might be OK in the lab, but I think it would be very dangerous to do in the real world. You never quite know what's going to happen."

George Zarkadakis, an AI engineer, adds, "How much [(G)] the robots? It's an important question that should be answered. Let's say, for instance, we send robots to the asteroid belt to mine an asteroid. What if, in the course of their evolution, they find the best way to do their work is to throw an asteroid into the path of Earth's orbit. Could we stop it?" In the end, the world will have to decide whether the benefits of [(H)] outweigh the risks. If we are ever going to live on a planet other than Earth, we may just have to depend on robot colonies to survive.

(Adapted from a work by Ellie Zolfagharifard)

(注)

1. replicate 複製する
2. autonomous 自律的な，自動制御可能な
3. ethics 倫理
4. simulated 仮想の
5. counterpart 対応するもの
6. asteroid mining 小惑星で鉱物を採掘すること
7. advisory board 諮問委員会（助言を与える組織）
8. oil rig 油田掘削機
9. rover 探査車
10. prototype 試作品

出典追記：The British engineers creating robots that 'breed', The Telegraph on March 14, 2021 by Ellie Zolfagharifard

〔1〕本文の (A) ～ (H) それぞれに入れるのにもっとも適当なものを(1)～(4)から一つ選び，その番号を解答欄にマークしなさい。

(A)　(1) defend Earth by using　　(2) design and build
　　(3) protect humans from　　(4) research the history of

(B)　(1) a good description of　　(2) a minor part of
　　(3) a moral problem with　　(4) an unexpected result of

(C)　(1) opposed the idea of robot breeding
　　(2) perfected the breeding process
　　(3) taken the opposite approach
　　(4) used a similar method

(D)　(1) how to begin the project
　　(2) safety conditions for astronauts
　　(3) the potential of the technology
　　(4) the surface features of Mars

(E)　(1) Additionally　　(2) Alternatively
　　(3) However　　(4) Therefore

(F)　(1) carry more people
　　(2) communicate better with humans
　　(3) cope with extreme temperatures
　　(4) crawl into tight spaces

(G)　(1) ambition do we have for
　　(2) control do we have of
　　(3) desire do we have to build

(4) financial investment do we have in

(H) (1) building bigger robots

(2) creating self-replicating machines

(3) discovering new asteroids

(4) researching in low Earth orbit

〔2〕下線部㋐～㋔それぞれの意味または内容として，もっとも適当なものを(1)～(4)から一つ選び，その番号を解答欄にマークしなさい。

㋐ the last

(1) the final version of the robots

(2) the previous version of the robots

(3) the final step in the evolution process

(4) the previous step in the evolution process

㋑ does just that

(1) sends out digital codes

(2) constructs space habitats

(3) creates robots with no human help

(4) investigates the ethics of breeding robots

㋒ there

(1) in space

(2) on Earth

(3) in the box

(4) in the virtual world

㋓ these issues

(1) difficulties regarding wiring

(2) potential dangers to humans

(3) problems with the life of batteries

(4) issues with the speed of improvement in 3D printing

㋔ that

(1) the fact that too many people understand how AI works

(2) the fact that AI is going to confuse the lab and the real world

(3) the fact that advances in AI have gone past human understanding

(4) the fact that humans have not been cautious enough about developing AI

Ⅲ

〔1〕次の会話の㋐～㋓それぞれの空所に入れるのにもっとも適当な表現を(1)～(10)から一つ選び，その番号を解答欄にマークしなさい。

Hiking in the mountains

A：Shall we stop here for a while? It looks like a good place for a break.

B：Sure. Let's do that. (㋐) It'll take at least three more hours to get down again before sunset.

A：That's a good point. It'd be pretty scary trying to get back down this path in the dark.

B：It certainly would. (㋑)

A：Really? On this mountain?

B：No, not here. I was on a hiking holiday in Malaysia. I didn't realize how quickly it gets dark there compared to Japan.

A：That makes sense. It's closer to the equator, isn't it? Were you by yourself?

B：Thankfully not. (㋒) None of us were experienced hikers though, so it was still quite scary. After the sun went down, we got lost a couple of times. Our smartphones had no internet connection, and nobody had thought to bring a paper map.

A：It sounds like you hadn't really prepared very well. Did you have to sleep on the mountain?

B：No, we managed to find the right path in the end. That was really lucky, as we hadn't taken much food or water with us. We all felt so relieved when we finally saw the lights of the village.

A：I'm not surprised! (㋓)

B：Definitely not. Talking of which, we should probably get started again. Otherwise the same thing might happen to us!

(1) My brother was with me.
(2) Was your hotel in that village?
(3) Which path should we take here?
(4) I'm hungry enough for breakfast now.
(5) We should make it a quick one, though.
(6) I was on holiday with a group of friends.
(7) I heard there are bears on this mountain.
(8) I don't suppose you'll make that mistake again.
(9) Actually, that happened to me a few years ago.
(10) That's why you should always take lots of water.

〔2〕次の会話の㋕～㋘それぞれの空所に入れるのにもっとも適当な表現を(1)～(10)から一つ選び，その番号を解答欄にマークしなさい。

In the library

A：Hi! I just moved to this city, and I'd like to apply for a library card. (㋕)

B：Do you have two forms of identification on you? You also need something to show where you currently live.

A：Let me see. I have identification, but nothing with my new address on it.

B：In that case, you'll need to come back when you have something that can prove your current address.

A：Wait! How about my apartment contract? (㋖) Will that be alright?

B：If it has your name on it, I think that will be alright.

A：Here's my driver's license, student ID, and my new contract.

B：OK, those will do fine. (㋗)

A：Thanks. Is it alright to use one of the desks over there to do that?

B：Sure. Let me make copies of your documents while you are writing.

A：No problem.

[*a few minutes later*]

B：Here's a temporary library card till we issue an official one. It'll be mailed to your new address. (㋘)

A：So, I can borrow books using this card from today?

B：Absolutely. Would you like a map of the library?

A：That'd be great. Thank you so much for all your help.

(1) Do I need it now?

(2) My rent is 400 dollars.

(3) How much will it cost?

(4) Are you a student here?

(5) Please fill out this form.

(6) Please wait for 30 minutes.

(7) It has my new address on it.

(8) It usually takes about a week.

(9) Could you tell me what I need?

(10) You can pick it up in two weeks.

Ⅳ　次の(A)～(H)それぞれの文を完成させるのに，下線部の語法としてもっとも適当なものを(1)～(4)から一つ選び，その番号を解答欄にマークしなさい。

(A) According to the research, anyone deprived ______ sleep can become annoyed.

(1) from　　(2) of
(3) to　　(4) with

(B) The student ______ studied but got a good grade on the test.

(1) hard　　(2) hardly
(3) more　　(4) most

(C) ______ is the temperature outside today?

(1) How many　　(2) How much
(3) What　　(4) Which

(D) ______ the scientists' best efforts, the question remains unanswered.

(1) As far as　　(2) Despite
(3) Even though　　(4) In addition to

(E) I received a survey from the high school I went to, ______ how much I had enjoyed my school days.

(1) asked　　(2) asking
(3) being asked　　(4) had asked

(F) The new park has become a place ______ attracts a lot of young people.

(1) what　　(2) where
(3) which　　(4) whose

(G) This book is about ancient and modern philosophy and is difficult to ＿＿＿＿.

(1) being understood　(2) understand
(3) understanding　(4) understand it

(H) This new school has courses for children and adults ＿＿＿＿.

(1) alike　(2) either
(3) neither　(4) unlike

V

〔1〕次の(A)～(E)それぞれの文を完成させるのに，下線部に入れる語としてもっとも適当なものを(1)～(4)から一つ選び，その番号を解答欄にマークしなさい。

(A) Recently, many countries have introduced ＿＿＿＿ on smoking in public places.

(1) a ban　(2) a hook
(3) a knock　(4) an enemy

(B) The doctor explained the most common ＿＿＿＿ of the disease.

(1) beasts　(2) hatches
(3) symptoms　(4) vowels

(C) That was definitely a ＿＿＿＿ book, but I enjoyed it all the same.

(1) hasty　(2) naked
(3) spiral　(4) weird

(D) I fell down the stairs and got a ＿＿＿＿ on my leg.

(1) blade　(2) blast
(3) blaze　(4) bruise

(E) Every morning in fall, fog would ______ the valley.

(1) burglarize (2) engulf

(3) hone (4) stab

〔2〕次の(A)～(E)の文において，下線部の語にもっとも近い意味になる語を(1)～(4)から一つ選び，その番号を解答欄にマークしなさい。

(A) The company has discovered vast resources below the Earth's surface.

(1) economic (2) enormous

(3) environmental (4) essential

(B) She is one of the most famous warriors in the country's history.

(1) entertainers (2) novelists

(3) scholars (4) soldiers

(C) His speech at the meeting stirred the audience.

(1) stimulated (2) strained

(3) strengthened (4) stressed

(D) I wonder who smashed these plates.

(1) scratched (2) shattered

(3) specified (4) stacked

(E) There is no doubt that was a noble thing to do.

(1) a harmless (2) a hazardous

(3) a humiliating (4) an honorable

日本史

(80分)

Ⅰ　次の文章〔1〕～〔5〕を読み，(a)～(o)の問いに答えよ。

〔1〕　①2度にわたる遷都を経て，二十数年ぶりに派遣されたこの遣唐使には，学問僧や留学生などが随行した。僧の一人は翌年に帰国して新たな宗の基盤を築き，やがて他の宗の僧と教学上の論争を展開した。②いま一人は，唐の都・長安で当時隆盛していた新たな仏教を受学し，2年後に帰国した。このとき同時に帰国した留学生は，③帰国から36年後に生じた政変に巻き込まれて流罪となり，伊豆に送られる途中病死した。

〔2〕　④朝鮮半島の情勢が緊迫するなかで遣唐使が派遣され，翌年帰国したが，その帰国を待たずに，新たな遣唐使が送られた。2年連続しての派遣は，当時の朝廷における外交方針をめぐる意見の対立を反映したと見る向きもある。このとき，⑤遣唐使の代表を務めたのは，かつて遣隋使とともに留学生として大陸に渡り，帰国後国博士に任じられた人物で，今回は帰国することなく，唐で客死した。

〔3〕　前回の派遣より33年を経て派遣されたこの遣唐使は，⑥律・令ともに揃った法の完成を伝えることを目的としたとする意見もある。以後，⑦それまでと異なる新たな国号を用いることになる。ただ，このとき中国は，唐に代わった周という王朝の時代で，その皇帝は女性であった。帰国に際して，この遣唐使は，⑧かつての戦乱で捕虜となっていた日本人を連れ帰った。

〔4〕　このときの遣唐使にともない，約20年前に中国に渡っていた留学生や学問僧が帰国し，⑨翌年来日した婆羅門（インド）や林邑（ベトナム）の僧とともに，当時の文化の発展に大きな影響を及ぼした。しかし，ちょうどこの遣唐使が帰国した頃，大宰府で疫病が発生し，その災禍はしだいに広まり，⑩政権を担当し

ていた官人が相次いで死去して，政権が代わることになった。

〔5〕 このときの遣唐使派遣では，⑪かつて留学生として唐に渡った経験のある人物が副使に任ぜられ，⑫『後漢書』などの文献をもち帰ったと考えられる。また，35年程前の遣唐使に随行して唐に渡り，⑬唐の宮廷で重用されていた人物を連れ帰ることは，船の漂流により果たせなかったが，⑭それまで幾度か渡海を試みていた唐の僧を招聘することになった。

(a) 下線部①に関連して，この期間に生じた出来事として，もっとも適切なものを下から一つ選び，記号で答えよ。

㋐ 新しい都で，国分寺・国分尼寺の建立や盧舎那大仏の造立が命じられた。

㋑ 遷都に反対する勢力により，新都造営の責任者が暗殺され，天皇の弟が処罰された。

㋒ 和同開珎という新しい貨幣が鋳造され，遷都事業の費用に充てられた。

㋓ 初めて全国的な戸籍が作成され，班田事業の推進がめざされた。

(b) 下線部②に関連して，この僧の著書で，仏教が儒教や道教よりも優れていることを説いたものを何というか。その書名を答えよ。

(c) 下線部③の「政変」の名称を答えよ。

(d) 下線部④に関連して，この当時，唐と結んで隣国との関係を優位に進めようとしていた，朝鮮半島の王朝の名称として，もっとも適切なものを下から一つ選び，記号で答えよ。

㋐ 高句麗　　㋑ 渤海　　㋒ 新羅　　㋓ 百済

(e) 下線部⑤の人物は誰か。

(f) 下線部⑥の法典について述べた文として，もっとも適切なものを下から一つ選び，記号で答えよ。

㋐ この法典の編纂には，刑部親王や藤原不比等が従事した。

㋑ この法典は，律・令ともに10巻で構成された。

㋒ この法典は，完成後約40年を経て施行された。

㋓ この法典は伝存しないが，官撰の注釈書『令義解』により復元される。

(g) 下線部⑦に関連して，このとき初めて「日本」という国号を用いるが，それまではどのように表記されていたか。漢字1文字で答えよ。

(h)　下線部⑧の「戦乱」の名称を答えよ。

(i)　下線部⑨に関連して，このとき来日した婆羅門の僧は，のちに東大寺・盧舎那大仏開眼供養の開眼師を務めた。この大仏開眼会のとき皇位についていた天皇は誰か。

(j)　下線部⑩に関連して，このとき死去した官人の子が3年後に引き起こした反乱について述べた文として，**適切でないもの**を下から一つ選び，記号で答えよ。

㋐　この反乱を引き起こした人物は，大宰府の官人として左遷されていた。

㋑　この反乱を起こした人物は，当時の政権で重用されていた僧行基の排斥を要求した。

㋒　この反乱はまもなく鎮圧され，引き起こした人物は五島列島で捕えられ処罰された。

㋓　この反乱に際して，ときの天皇は平城京を離れ，それから数年の間，遷都を繰り返した。

(k)　下線部⑪に関連して，この人物は，やがて生じた争乱ののち，重祚した天皇の信任を得て右大臣の地位に昇った。この人物は誰か。

(l)　下線部⑫の『後漢書』の一節として，もっとも適切なものを下から一つ選び，記号で答えよ。

㋐　国王帥升ら，生口百六十人を献じ，請見を願ふ。

㋑　山島に依りて国邑を為す。旧百余国，漢の時朝見する者あり。

㋒　順帝の昇明二年，使を遣して上表して曰く，封国は偏遠にして，藩を外になす。

㋓　鬼道を事とし，能く衆を惑はす。年すでに長大なるも，夫壻無し。

(m)　下線部⑬の人物が詠んだ，「天の原　ふりさけ見れば」で始まる望郷の歌が収められた，最初の勅撰和歌集を何というか。

(n)　下線部⑭に関連して，この僧が創建し，平城宮の朝集殿を移建した講堂が現存することで知られる寺院を何というか。

(o)　〔1〕から〔5〕の番号の文章を時代順に並べたとき，第三番目にくる文章を番号で答えよ。

Ⅱ 次の文章〔1〕～〔3〕を読み，（a）～（o）の問いに答えよ。

〔1〕 室町時代には，芸能①や優れた技能で将軍に仕える［ A ］衆と呼ばれる者たちがいた。足利義政に見出された［ B ］阿弥は東山山荘の庭園を造った。こうした優れた作庭技術をもつ者たちは［ C ］河原者とも呼ばれた。

このほかにも，水墨画や連歌を得意とし，将軍所蔵の名品②を鑑定・管理した［ D ］阿弥や，池坊専慶とともに立花で知られる［ E ］阿弥などがいる。彼らのなかには賤民身分の者もいたが，剃髪し阿弥号を名乗ることで身分差を超え活躍した。

（a） 下線部①に関連して，室町時代以前から存在する芸能として**適切でないもの**を下から一つ選び，記号で答えよ。

㋐ 白拍子　㋑ 傀儡　㋒ 千秋万歳　㋓ 義太夫節

（b） 空欄［ A ］にあてはまる，もっとも適切な語句を答えよ。

（c） 空欄［ C ］にあてはまる，もっとも適切な語句を答えよ。

（d） 下線部②に関連して，この品々には対外貿易で輸入された書画や陶磁器が多く含まれ，座敷飾りなどに用いられた。これらの舶来品を総称して何というか。漢字２文字で答えよ。

（e） 空欄［ B ］・［ D ］・［ E ］にあてはまる語句の組み合わせとして，もっとも適切なものを下から一つ選び，記号で答えよ。

㋐ B 善　D 能　E 立　㋑ B 立　D 善　E 能

㋒ B 能　D 立　E 善　㋓ B 善　D 立　E 能

〔2〕 喫茶・飲茶の習慣は古代に中国から茶とともに伝わり，中世に入ると寺院では茶を薬としても用いた。また，貴族や武士の間では茶寄合が行われ，茶の品種をあてる闘茶という遊興が流行した。

室町時代後半になると，茶会において簡素な趣向を特徴とする侘茶③が生まれ，これを千利休④が茶の湯として大成した。「茶湯ハ［ F ］宗ヨリ出タルニ依テ，僧ノ行ヲ専ニスルナリ，［ G ］・紹鷗⑤，皆［ F ］宗也」（『山上宗二記』）とあるように，茶の湯では仏教との関係が強調された。また，茶の湯は戦国大名や天下人の愛好するところとなり，とくに豊臣秀吉は大規模な茶会を何度も催したり⑥，「黄金茶室」をつくらせるなど，茶の湯を大いに保護した。

(f)　下線部③に関連して，空欄[G]には，侘茶の祖とされる人物の名前が入る。その人名を答えよ。

(g)　下線部④に関連して，この人物の趣向で建てられたと伝わる，現存する茶室の所在地として，もっとも適切なものを下から一つ選び，記号で答えよ。

　あ　摂津国天王寺　　　　い　山城国山崎

　う　大和国今井　　　　　え　河内国富田林

(h)　空欄[F]にあてはまる，もっとも適切な語句を漢字1文字で答えよ。

(i)　下線部⑤に関連して，この人物が拠点とした町では，豪商たち36人による自治的な都市運営が行われた。その自治組織の名称として，もっとも適切なものを下から一つ選び，記号で答えよ。

　あ　年行司　　い　会合衆　　う　年寄衆　　え　月行事

(j)　下線部⑥に関連して，1587年，身分に関係なく参加を認めた大茶会が開かれた場所として，もっとも適切なものを下から一つ選び，記号で答えよ。

　あ　醍醐寺　　い　伏見城　　う　北野天満宮　　え　聚楽第

〔3〕　室町時代に建立された建造物には，前代までの様式を踏襲すると同時に，それを重層的に組み合わせたものや，それぞれの要素を取り入れて新たな様式に発展させたものが見られた。

　足利義満が建立した金閣は，初層から第三層まで様式が異なり，その初層は，⑦平安時代以来の流れをくむ様式をとるが，⑧第三層の様式は，足利義政の建てた銀閣の上層にも採り入れられている。

　銀閣のある足利義政の山荘は，その死後に寺院とされ，[H]（通称　銀閣寺）と呼ばれた。この寺院には，⑨この時代に出現した建築様式で建てられた書斎をもつ持仏堂が遺され，書斎には，[I]と呼ばれるつくり付けの机が設けられている。

(k)　下線部⑦の様式を何というか。

(l)　下線部⑧の様式が見られる建造物としてもっとも適切なものを下から一つ選び，記号で答えよ。

㋐　蓮華王院本堂　　　　㋑　円覚寺舎利殿

㋒　観心寺金堂　　　　㋓　浄土寺浄土堂

(m)　空欄 [H] にあてはまる，もっとも適切な語句を答えよ。

(n)　下線部⑨の持仏堂を何というか。

(o)　空欄 [I] にあてはまる，もっとも適切な語句を答えよ。

Ⅲ　次の文章〔1〕・〔2〕を読み，空欄 [A] ～ [I] にもっとも適切な語句・人名・数字などを記入し，かつ(a)～(k)の問いに答えよ。

〔1〕　明治維新後に，それまで長く続いた封建制度を廃止し，中央集権化を推進したことが地方に与えた影響は大きかった。[A] 年に制定された政体書により，旧幕府の直轄領などが府と県に再編され，さらに版籍奉還にともない府藩県三治制①とされたのが，新政府の地方制度の始まりであると考えられる。そののち，廃藩置県が断行されて，全国は1使3府 [B] 県となったが，その後1使3府72県となり，1888年には1道3府43県となっている。

各府県の知事，県令の多くは中央政府から派遣され，大阪会議に参加した [C] の訴えにより設置された地方官会議において，地方自治に関する案件について審議を行った。1878年には統一的地方制度としての三新法が成立②したが，③1888年に内相 [D] により市制と町村制が，ついで1890年に府県制と [E] が制定されたことにより，地方自治は一定の完成を見ることとなった。

(a)　下線部①に関連して，府藩県三治下で存在した府県に**あてはまらないもの**を下から一つ選び，記号で答えよ。

㋐　大阪府　　㋑　京都府　　㋒　奈良県　　㋓　鹿児島県

(b)　下線部②に関連して，三新法に**あてはまらないもの**を下から一つ選び，記号で答えよ。

㋐　府県会規則　　　　㋑　地方税規則

㋒　地方自治法　　　　㋓　郡区町村編制法

(c)　下線部③に関連して，ヨーロッパに憲法調査に来た伊藤博文に講義を行ったのがきっかけとなって，1886年に政府顧問として招聘され，市制・

町村制の成立に大きく貢献したドイツ人法学者は誰か。

〔2〕 近代日本の都市には，やがて地方から多くの人々が移住流入し，しだいに巨大都市へと成長していったが，それは同時に都市における貧富の差の拡大や社会資本の整備の遅れによるさまざまな社会問題を招き，不満を抱いた民衆による社会的騒擾の舞台ともなっていった。

首都となった東京には近代的西洋建築が次々と現れ，世界に誇る近代都市としての外観が整えられた。西洋の建築技術を伝えたお雇い外国人 [F] は，丸の内オフィス街の建設④を指導する一方で，日本銀行本店を設計した [G] や，ネオバロック様式やルネサンス様式など多彩な建築技法を得意とした片山東熊⑤などの日本人建築家を育てた。

[H] 年の関東大震災は社会的にも大きな混乱をもたらし，無政府主義者⑥や社会主義者⑦が虐殺されるなど，凄惨な事件も起こった。さらに震災以降，東京の都市計画⑧全体が見直されるなかで，渋谷や新宿などのターミナル駅を起点として私鉄網が郊外へと延びた。やがてターミナル駅にはデパート⑨がつくられ，郊外に住む人々などで賑わうようになる。

一方で都会における貧富の差もしだいに拡大し，東京や大阪，神戸などの大都市では社会問題も発生した⑩。貧困にあえいでいた青年 [I] が摂政宮裕仁を狙撃した虎の門事件⑪も，こうした社会的背景のなかで発生した事件である。

(d) 下線部④に関連して，このオフィス街の建設を進めた資本はどれか。もっとも適切なものを下から一つ選び，記号で答えよ。

㋐ 三井　　㋑ 三菱　　㋒ 住友　　㋓ 安田

(e) 下線部⑤に関連して，片山東熊の作品として，**適切でないもの**を下から一つ選び，記号で答えよ。

㋐ 迎賓館赤坂離宮　　㋑ 築地本願寺

㋒ 京都国立博物館　　㋓ 奈良国立博物館

(f) 下線部⑥に関連して，関東大震災に際して，無政府主義者である大杉栄とともに殺害された女性運動家は誰か。

(g) 下線部⑦に関連して，関東大震災の混乱下で，平沢計七ら労働運動家が軍隊と警察に殺害された事件を何というか。もっとも適切なものを下から一つ選び，記号で答えよ。

ⓐ 相沢事件　　ⓘ 亀戸事件　　ⓤ 松川事件　　ⓔ 三鷹事件

(h) 下線部⑧に関連して，関東大震災後の復興を計画するために立ちあげられた帝都復興院を総裁として統括した，当時の内務大臣は誰か。

(i) 下線部⑨に関連して，デパートの草わけ的存在となる三越百貨店の前身である「越後屋呉服店」を1673年に開いた創業者は誰か。

(j) 下線部⑩に関連して，キリスト教徒で神戸の貧民街での伝道を通じて社会問題にも関心を向け，その伝道の体験を描いた『死線を越えて』を著した人物は誰か。もっとも適切な人物を下から一人選び，記号で答えよ。

ⓐ 鈴木文治　　ⓘ 西尾末広　　ⓤ 小野梓　　ⓔ 賀川豊彦

(k) 下線部⑪に関連して，虎の門事件の責任を取って総辞職した内閣はどれか。もっとも適切なものを下から一つ選び，記号で答えよ。

ⓐ 加藤友三郎内閣　　ⓘ 第2次山本権兵衛内閣

ⓤ 清浦奎吾内閣　　ⓔ 第1次加藤高明内閣

世界史

(80 分)

I　次の文章を読んで空欄に最も適切な語句を記入し，下線部についてあとの問いに答えよ。

後漢王朝末期，汝南郡（現在の河南省）の名士に許劭《きょしょう》という人物がいた。彼は人物を評価することが得意で，毎月一日《ついたち》に人物評価を発表して好評を博していた。ある日，彼のもとに曹操という人物が訪問した。彼らの会見の様子は，[A] 著『三国志』の注に引用されている『異同雑語』という書物に次のように記されている。

> 曹操は許劭に質問した，「私はいかなる人物か」。許劭は答えなかった。強いて質問すると，許劭は言った，「君は治世の能臣，乱世の姦雄である」と。曹操は大いに笑った。

許劭が曹操を論じた評語「治世の能臣，乱世の姦雄」は，「平和な時代では有能な官僚，乱れた世では悪知恵に長じた英雄」という意味であり，誉めているのか貶《けな》しているのかわからないのであるが，曹操は笑って帰って行く。この曹操の「笑い」については，一見，細かいことにこだわらない人柄を示す「豪傑笑い」のようにもとれる。しかし，果たしてそうであろうか。

曹操は地方豪族の御曹司であるが，後に彼のライバルとなる袁紹《えんしょう》・袁術《えんじゅつ》らに比べると一族の勢力は劣り，しかもあまり評判が芳しくなかった。彼の祖父曹騰《そうとう》は皇帝を擁立した功績のある人物であるが，後宮で使役される去勢された召使いである [B] であった。跡継ぎの為に取った養子曹嵩《そうすう》は大金で宰相の位を買い，これもよい評判に結びつかない。その息子が曹操である。また，豪族としての曹一族も，郷里において敬意を示されることがあまりなかった。彼らの拠点は沛《はい》国譙《しょう》県（現在の安徽省亳州《はくしゅう》市）であるが，発掘された曹家の墳墓の壁のレンガには職人の落書きが残されていた。いわく「こんなものを作ると，地下の天帝が怒るぞ」〔1〕。

漢代の官吏登用制度である郷挙里選では，文字通り郷里の評判を重視する。そこで若き曹操の才能を見抜いていた高級官僚の橋玄という人物は，彼に許劭と交際し評価をしてもらうように勧め，それで冒頭の会見となったのである。近年作られた曹操の年譜では，彼はこの翌年に郷挙里選をめでたく通過し，エリートコースに乗ったと考証されている。すなわち，曹操の笑いは「豪傑笑い」ではなく「しめしめ笑い」なのである。誉めているのか貶しているのかわからないような微妙な評言であっても，許劭の評価さえ貰えば知名度が上がるからである。

曹操は，その後，群雄として台頭し漢帝国の実権を握ると，漢の礼教体制に反発するかのように果断な政策を実施した。収賄や不倫をする人物でも優秀であれば登用すると公言した「求賢令」などはその最たるものである。また，漢の税制には，貨幣で納税する〔2〕ものもあったが，戦乱による社会経済の混乱に対応し，曹操は布や穀物などの現物で徴収することにした。このようにその政策は合理的であり，土地制度として実施した屯田制は，西晋の創始者 [C] （武帝）が発布した占田・課田法や，北魏の均田制など，後世の王朝の諸制度に連なるものであった。

彼の才能は文芸の方面でも発揮され，曹操とその後継者である [D] ，曹植の親子３人は，中国文学史上画期的とされる「建安文学」の中心であり，彼ら親子の作品は梁の昭明太子が編纂した『 [E] 』に収録されている。

戦略家としては，江南の孫権打倒に挫折した [F] の戦いでの敗戦がクローズアップされているが，袁紹を撃破した官渡の戦いでの勝利はその有能さを示すものである。また，春秋時代の呉の兵法家の著作である『 [G] 』の注釈を作り，理論家としても優れていた。

最後に，彼の戦争指導に関する考えとこの時代の指揮官のありかたを表すものとして次のような逸話がある。219年，曹操はのちに [H] を都に蜀を建国する劉備相手に漢中という要衝の地を争っていた。そこで，信頼する軍人の夏侯淵を都督（司令官）として派遣する。劉備軍が曹操軍の鹿角《ろくかく》（バリケード）を焼いたところ，夏侯淵は400人の兵を率いて鹿角の修復に出向き，そこを襲撃されて戦死してしまった。それを聞いた曹操は「司令官たるもの自ら武器をとって戦うことすら慎まなければならない。ましてや（自分で出向いて）鹿角を修理するとは」と嘆いたのである。将軍や都督は，本営で作戦指導にあたる司令官であって，そもそも前線で敵兵と命のやりとりをするものではないのである。

〔1〕 落書きには「蒼天すなわち死す」という言葉も記されていた。これは黄巾の乱の時に使われたスローガンに類似しているが，この乱の首領は誰か。

〔2〕 漢帝国の主要通貨である銅銭の名称を記せ。

Ⅱ 次の文章を読んで空欄に最も適切な語句を記入せよ。

16世紀の東アジアにおける交易ブームの中で急速に興起した女真人の勢力は，17世紀末には中国本土を支配するに至った。その過程で彼らは，自らの固有の伝統を根幹に保ちつつ，中国の制度や文化を巧みに融合させながら，長期にわたる安定政権を実現していった。以下，その様子を概観することとしたい。

女真の首長たちの一人であったヌルハチは，16世紀末から薬用人参や毛皮などの交易を支配して頭角を現すと，さまざまな部族を統合しながら勢力を拡大させていった。ヌルハチは，自らの部族を満州（マンジュ）と呼び，自らに従う諸集団を八旗に編成し，モンゴル文字を改良して満州文字を制定するなど，独自の制度を整備すると，1616年に［ A ］（アイシン）国を建国してハンの位についた。北方民族の伝統を色濃く受け継ぐ部族連合国家であった［ A ］国では，重要事項は八旗の長である旗王の合議で決定された。

ヌルハチの後継者となった［ B ］は，有力な旗王の勢力を削減して集権化を図り，明の制度にならった中央官制を整備した。1636年，配下の満州人・モンゴル人・漢人からの推戴を受け，［ B ］は国号を大清（ダイチン）と定めて皇帝に即位した。こうして多民族国家としての基盤を整えた大清国は，内モンゴルと朝鮮を服属させ，中国本土侵入の体制を整えた。

1644年，李自成軍による北京陥落の知らせを受けた摂政ドルゴンは，山海関を守備していた武将［ C ］の先導により北京に入城すると，幼い順治帝（フリン）を迎えて中国本土の支配に乗り出した。中国王朝としての清の成立である。清の統治政策は，基本的には明の政策を踏襲するものであった。満州人の人口は漢人の1割にも満たなかったため，清は政権を安定させるために漢人の支持を得ると同時に，権力の失墜を防がねばならなかった。そのために，科挙の早期再開や，明末の増税分の免除など，中国の伝統的な「善政」を実施する一方で，漢人男子に辮髪を強制する薙髪《ちはつ》令や，北京遷都に伴って移住してきた旗人に土地（旗地）を支給するため民間耕作地を強制収用する [D] 政策など，仮借ない占領政策を実施したのである。

ここからは，満州人が明の制度を踏襲しつつ，その内実を巧みに改変して運用していた様子について，中央政府の機構を例にとって見てみよう。明の洪武帝は丞相を廃止したが，15世紀以降になると，本来皇帝の顧問として設置された内閣大学士が事実上の丞相となった。これを踏襲した清でも大学士が置かれたが，満人と漢人をそれぞれ同数ずつ任命する満漢 [E] 制が行われた。第5代皇帝の雍正帝は軍機処を設立して軍事や政治に関するすべての案件をここで自ら決裁したため，内閣は名目だけの存在となっていった。なお，中央にはほかに [F] 院があった。[F] 院はモンゴル・新疆・チベット・青海など藩部の事務を管理し，長官と次官には満州人とモンゴル人が任ぜられ，漢人には原則として関与させない方針が採られた。

次に軍事制度の発展と変遷について確認しておこう。満州の急激な勃興を支えたのは，彼らが独自に創設した満州八旗の強大な軍事力であった。そして，征服地が次第に拡大していくにつれ，さらに [G] 八旗および漢軍八旗が編成された。中国本土への進出後，八旗は禁旅と駐防に分けられた。禁旅は首都防衛の任務を，駐防は地方を鎮撫する任務をそれぞれ負い，漢人とは異なる区域に分かれて居住した。そして，明の時代に [H] 制に基づいて軍に配属されていた漢人を再編して，八旗を補完する役割を担わせた。その軍隊は，その旗の色から [I] と呼ばれ，主に治安維持など警察の機能を果たした。1673年，[C] ら漢人軍閥が三藩の乱を起こし，清が危機に見舞われた際，八旗に替わって活躍したのが，この [I] だったのである。

清は三藩の乱の鎮圧後，台湾に拠って抵抗を続ける [J] 政権も降伏させ，17世紀末までに，中国本土全域を平定した。第4代皇帝の康熙帝による親政のもと，内政を安定させた清朝は，今度はその関心を西北内陸部に向けていくこととなる。

Ⅲ　次の文章を読んで空欄に最も適切な語句を記入し，下線部についてあとの問いに答えよ。

ヨーロッパの中世と近世の境目は15世紀末から16世紀初頭あたりと考えられる。スペイン・ポルトガルの海外進出，ルネサンス文化〔1〕の拡散，印刷メディアの登場，宗教改革などの新しい時代の到来を告げる出来事がこの時期に相次いで起きた。西ヨーロッパでは政治の中央集権化が始まり，ドイツでもハプスブルク家のマクシミリアン1世の下で神聖ローマ帝国の国制改革が行われた。1519年マクシミリアン1世が死去すると，その孫が皇帝位を継ぎ［　A　］世となった。彼は1521年に［　B　］で治世最初の帝国議会を開き，ここでは宗教改革を始めたために破門となっていたルターに追放刑が宣告された。1556年に［　A　］世が退位すると，弟のフェルディナントが皇帝位を継いだ。

その後，ドイツでは宗教対立が続き，17世紀には三十年戦争が勃発した。この戦争は連続する複数の戦争から構成され，4つの局面に分かれる。その第2局面に当たるデンマーク戦争では皇帝軍が傭兵隊長の［　C　］の力で勝利をおさめたが，スウェーデン軍が介入して第3局面へと移行し，その後フランスも参戦して，ついに宗教戦争というより列強間の戦争という様相が強まった。1648年のウェストファリア条約〔2〕によって長期間にわたった戦争は終了したが，戦場となったドイツ地域は甚大な被害をこうむった。

神聖ローマ帝国の西部では，フランスのルイ14世が領土拡大を狙って一連の侵略戦争を起こした。南ネーデルラント継承戦争（1667～68年），オランダ戦争（1672～78年），［　D　］戦争（1688～97年）などである。こうした領土拡張政策は当初帝国諸侯の一部がフランスに協力するなど成功裏にすすめられたが，ルイ14世がナントの王令を廃止して［　E　］と呼ばれたカルヴァン派を国外に追放すると，プロテスタントの帝国諸侯がフランスから離反するようになった。さらに，1688年の［　F　］革命によってイギリスが反フランスに転じるなど変化が生じ，フランスは国際的孤立状態に陥った。

北ドイツではホーエンツォレルン家の［　G　］選帝侯が勢力を拡大する一方，1525年には同家を君主とするプロイセン公国が成立し，1618年には［　G　］選帝侯国と合邦した。さらに1701年，スペイン継承戦争での軍事援助と引き換えにプロイセン公国は王国へと昇格した。1713年にプロイセン国王となった［　H　］世は財政改革を行って国力を増し，とくに軍隊を強化した。1740年にフリードリヒ２世が王位を継承したが，同年神聖ローマ皇帝カール６世の死去に伴い娘のマリア=テレジアがオーストリアを相続すると，フリードリヒ２世はこの相続をめぐる対立に乗じてシュレジエンを占領し，こうしてオーストリア継承戦争が始まった。1742年にオーストリアの継承権を主張したバイエルン公が皇帝に選出されたが，1745年に死亡し，結局マリア=テレジアの夫の［ I ］世が新しい皇帝に選出され，1748年のアーヘン条約でオーストリア継承戦争は終結した。その後，オーストリアが1756年に長年敵対してきたフランスと和解して同盟を結び〔3〕プロイセン包囲網を形成すると，プロイセンはそれに対してザクセンに侵攻し，七年戦争を引き起こした。プロイセンは首都をロシア軍に占領されるなど苦戦を強いられたが，1762年にロシア宮廷内の政変によって状況が変わり，1763年に戦争が終結した。こうしてプロイセンはオーストリアに次ぐドイツ第二の大国の地位を確立した。フリードリヒ２世は文化振興にも努め，［ J ］様式の代表的建築物のサンスーシ宮殿を建設した。やがて19世紀になるとプロイセンは1834年にドイツ［ K ］を発足させるなど経済面でドイツ統一への動きを先導し，1848～49年の革命〔4〕を経て，1866年に普墺戦争が起こった。その後，プロイセンは普仏戦争の結果オーストリアを排除したドイツ統一を実現した。

〔1〕　ルネサンスの影響を受け北方ヨーロッパでも多くの芸術作品が描かれた。16世紀にフランドルで活躍し，下図の「農民の踊り」を描いた画家の名前を答えよ。

図　「農民の踊り」

〔2〕　この条約でオランダと同じく正式に独立を承認された国はどこか，答えよ。

〔3〕　オーストリアのハプスブルク家とフランスのブルボン家の関係が，対立から同盟へと変化したこの出来事を歴史用語で何というか答えよ。

〔4〕　この革命運動の中で，ドイツの統一と憲法制定をめざして開かれた議会の名称を答えよ。

Ⅳ　次の文章を読んで空欄に最も適切な語句を記入し，下線部についてあとの問いに答えよ。

中東地域を中心に多くの信徒を持つイスラーム教は，創始時の姿をそのままとどめているわけではなく，時代とともにその性格を変化させてきた。現代のイスラーム教の直接の起源は，18世紀に開始されるイスラーム改革運動にある。

イスラーム改革運動の先駆けとなったのは，18世紀半ばにアラビア半島中部で開始された［ A ］派の運動である。イスラーム教の原点に立ち返ることを目指したこの運動は，現地の豪族サウード家の軍事力と結びつきながら展開し，1932年にサウジアラビア王国を成立させる原動力となった。

中東地域に対する列強の進出〔1〕が本格化すると，これをイスラーム教の危機と捉えて改革を目指す運動が19世紀後半以降に活発化した。この運動を主導したのがアフガーニーである。迫りくる列強の脅威に対抗するため，彼は世界中のイスラーム教徒が宗派や国家の違いをのりこえて団結することを主張した。この考え方を［ B ］主義という。また，当時のイスラーム世界の停滞が列強の進出を招いていると考えたアフガーニーは，旧来の知的伝統や慣習に固執してきたイスラーム知識人（ウラマー）の態度を批判した。彼はこの現状を打開する具体策として，伝統や慣習をいったん廃したうえで理性を働かせ，〔2〕イスラーム教の聖典『クルアーン(コーラン)』などを新しい時代に合わせて解釈しなおすことを提唱した。

アフガーニーはその活動の過程で，中東地域を中心に世界各地を巡った。1871年にエジプトを訪れた彼は，この地で弟子となったムハンマド＝［ C ］などの知識人に自身の改革思想を広めた。彼のこのような活動は，1881年に始まるエジプトの民族主義運動である［ D ］運動につながっていく。また，1891年にイランでタバコ＝ボイコット運動が発生すると，彼はイランの人々に大きな影響力を持つ〔3〕シーア派の高位ウラマーに対して，タバコ利権を外国に売り渡そうとするイラン政府への抵抗を呼びかける書簡を送り，運動を側面から支援した。

一方，オスマン帝国では1878年に当時の君主〔4〕が帝国憲法〔5〕を停止し，専制政治を行っていた。この君主はアフガーニーの国際的名声を利用するために彼をオスマン帝国に招いたが，そののち次第に両者の立場の違いが表面化し始めた。また，1896年にアフガーニーの弟子のひとりがイランの君主を暗殺すると，アフガーニーは危険視されるようになった。このためアフガーニーは軟禁状態に置かれ，そのまま1897年に死去した。

アフガーニーの死後，イスラーム改革運動は［C］に受け継がれた。彼は師の思想をさらに発展させつつ，イスラーム世界最古の研究・教育機関である［E］学院の改革を試みた。この機関は現在もカイロに存在し，イスラーム世界における学問の中心の一つとなっている。

1922年にオスマン帝国が滅亡した後，政治や社会の各分野からイスラーム教の影響を除こうとする世俗主義的な国家が中東地域に次々と成立すると，その潮流に対抗するように，イスラーム的価値観にのっとって国家や社会を運営すべきだと主張する人々が現れ始めた。彼らの考え方をイスラーム主義〔6〕と呼ぶ。エジプトでは，1928年にハサン＝バンナーがイスラーム主義的組織である［F］を創設した。この組織は，エジプトをイスラーム教に基づいた社会に作り替えることを目指し，社会・文化面での大衆運動を展開した。しかし，世俗主義を採用するエジプト政府はこの運動を警戒し，特に1956年にエジプト大統領となったナセル〔7〕は［F］を徹底的に弾圧した。

苦境におちいったイスラーム主義者たちのなかからは，テロ攻撃を含む軍事行動によって現状を打破しなければならないという急進的な意見を主張する人々すら現れた。そして1981年には，このような人々が組織した「ジハード団」が当時のエジプト大統領［G］を暗殺した。「ジハード団」の一部メンバーは冷戦終了後，世界唯一の超大国となったアメリカを「イスラーム教徒の抑圧者」とみなして敵意を強めていき，後には2001年に同時多発テロ事件を発生させる［H］にも参加した。

〔1〕 列強の進出が本格化するなか，ロシアとの戦争で敗北したイランが1828年に締結した条約を何というか。

〔2〕『クルアーン』や預言者の言行（スンナ）の解釈に基づいてウラマーが下し

た法的判断を集成したもので，理念のうえでは人間の社会生活のあらゆる側面を規定すると考えられているイスラーム教の法を何というか。カタカナ5文字で答えよ。

〔3〕 預言者ムハンマドの従弟アリーの子孫がその位を受け継ぐとされた，シーア派の最高指導者を何というか。カタカナで答えよ。

〔4〕 この君主は誰か。次の中から一つ選び，記号で答えよ。

ア．セリム3世

イ．アブデュルメジト1世

ウ．アブデュルアズィズ

エ．マフムト2世

オ．アブデュルハミト2世

〔5〕 オスマン帝国の憲法発布には外国の介入を阻止する目的もあった。それにもかかわらず，バルカン半島では1875年から帝国に対する反乱が起こり，1877年にロシアの軍事介入を招いた。この反乱が起こった地域を次の中から一つ選び，記号で答えよ。

ア．クロアチア

イ．モンテネグロ

ウ．ボスニア=ヘルツェゴヴィナ

エ．アルバニア

オ．セルビア

〔6〕 イスラーム主義的立場に立ち，パレスチナのイスラエルからの解放を目指す「パレスチナにおけるイスラーム抵抗運動」という組織の略称を何というか。カタカナで答えよ。

〔7〕 ナセルらが主導した1952年のエジプト革命において，その中核勢力となったエジプト軍内の改革派グループを何というか。

地理

（80 分）

Ⅰ　次の地形図をよく読んで，〔1〕～〔13〕の問いに答えよ。なお，この地形図は等倍であり，平成21年発行（平成14年図式）のものである。

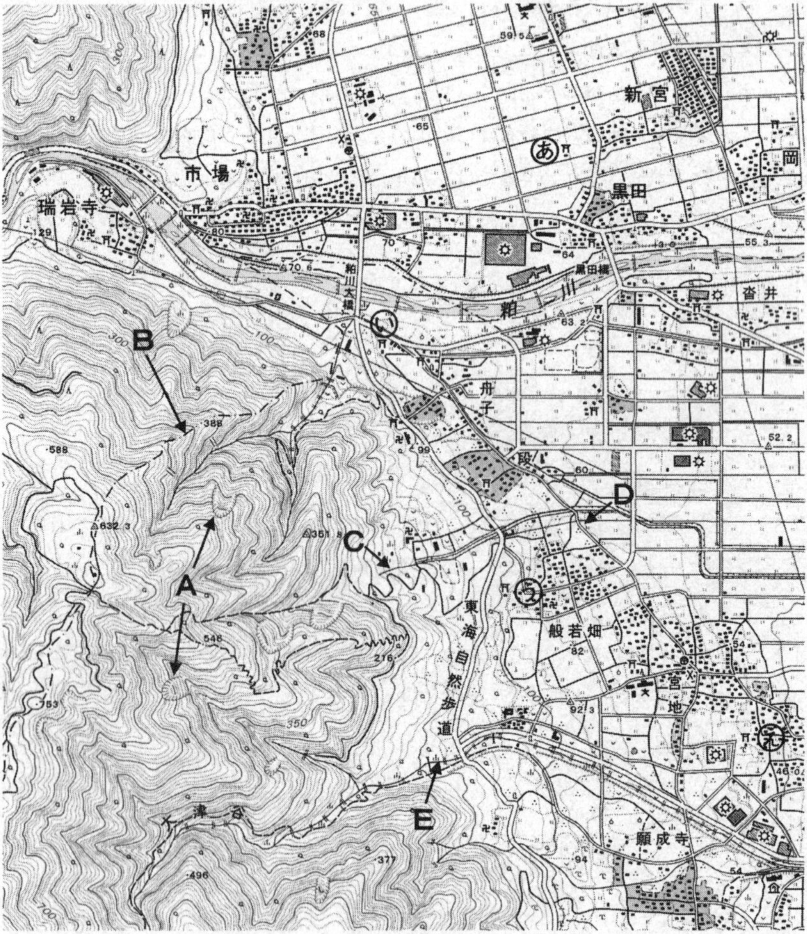

編集部注：編集の都合上，80％に縮小。実際の問題はカラー印刷。

〔1〕 この地形図の標高は，どこの平均海面を基準としているか，答えよ。

〔2〕 この地形図はＵＴＭ図法で描かれており，座標帯（経度帯）は第53帯である。この座標帯で日本標準時の基準となる中央子午線（経線）は東経何度か，答えよ。

〔3〕 この地形図の縮尺を答えよ。〔解答欄：＿＿分の１〕

〔4〕 この地形図で，５本ごとに太い実線で描かれている等高線は何と呼ばれるか，最も適切な名称を答えよ。

〔5〕 **A**にみられる地図記号（  ）の名称は何か，答えよ。

〔6〕 **B**で示された行政上の境界は，等高線から判断してどのような地形上に引かれているか，答えよ。

〔7〕 河川**C**の両岸付近にみられる農業的土地利用に関して，次の⑴・⑵に答えよ。

⑴ **D**で示された道路よりも標高の低い一帯でみられる農業的土地利用は何か，答えよ。

⑵ **D**で示された道路から標高120 m 付近にかけてみられる農業的土地利用は何か，答えよ。

〔8〕 河川**E**が平野部に形成している半円錐状の地形は何か，地形名を答えよ。

〔9〕 ㋐～㋓で示される神社を標高の高い順にならべ，符号で答えよ。

〔10〕 神社㋑－㋓間を直線で結んだ長さは，この地形図上で９cm である。実際の距離は何 m か，答えよ。ただし，起伏は考慮しないものとする。

〔11〕 「市場」の集落は，その地名や特徴的な立地からみて何と呼ばれるか，最も適切な名称を答えよ〔解答欄：＿＿集落〕。また，そこに集落が立地した理由を簡潔に答えよ。

〔12〕 「黒田」の集落は，自然堤防の上に立地している。その地形からみて，集落が立地した理由を簡潔に述べよ。

〔13〕 この地形図に関する次の⑴～⑷の文で，正しいものには○印を，誤っているものには×印を記せ。

⑴ 粕川は天井川である。

⑵ この地形図中には高等学校がある。

⑶ 河川**E**の左岸には，老人ホームがある。

⑷ 「東海自然歩道」は，標高100 m より高いところも通っている。

Ⅱ　ヨーロッパの工業と地域に関する次の地図と文をよく読んで，〔1〕～〔10〕の問いに答えよ。なお，地図中の●は問いと関係する都市の位置を示しており，●に付された数字（**1**～**7**）は文中の数字と対応している。

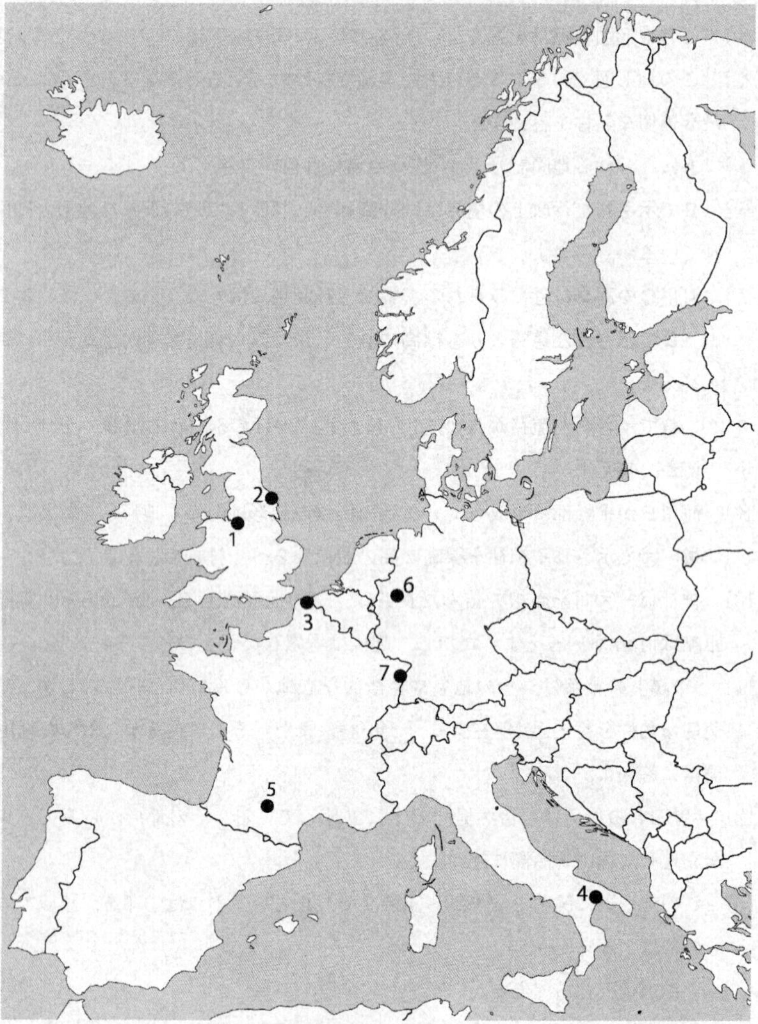

ヨーロッパでは，産業革命後に急速に発達した工業によって，各地に多くの工業地域が形成されてきた。先行したのが，(a)イギリスの［ A ］山脈東西麓における，

繊維工業の発達である。とりわけ，[A]山脈西麓の地方では技術革新が進み，産業革命発祥の地と称される工業都市[1]や，港湾都市リヴァプールなどの発展がみられた。

19世紀後半になると，製鉄業における技術革新が進んだ。イギリスの[A]山脈南麓の[B]地方，ドイツのルール地方，そしてドイツのザール炭田とフランスの[C]鉄山を結んだ地域などが重工業の拠点となり，西ヨーロッパの工業発展をけん引してきた。

第二次世界大戦後には，(b)石炭にくわえて石油も主要なエネルギー資源となり，各種機械工業の発達もみられた。冷戦の対立構造が深まる中で，東西ヨーロッパそれぞれの内部で経済連携も進められた。臨海部には大規模工業施設が配置されるようになり，とくにオランダの(ア)ロッテルダムには，石油専用埠頭《ふとう》や石油化学工業施設を備えた，中継貿易港としての機能をもつ[D]が1960年代に完成した。同時期にヨーロッパ最大の北海油田が開発され，イギリス東岸の[2]には石油化学工業が集積した。また，(c)製鉄業も輸入原料への依存度が高まる中で，臨海部を拠点とするようになった。その代表的な都市として，フランスの[3]やイタリアの[4]などをあげることができる。他方，東ヨーロッパでは，1949年にソ連との間に設立された経済相互援助会議にもとづいて，各国間の国際分業体制が整備された。

その後，重化学工業が停滞・衰退していく中で，ヨーロッパでは冷戦終結後の経済統合が進められ，人件費の削減を目的として東ヨーロッパ諸国への生産拠点の移転も行われた。また，(d)先端技術産業（ハイテク産業）も展開されるようになった。とくにドイツの(イ)ハンブルクやフランスの[5]などでは航空機産業が発達した。(e)繊維・皮革・家具などの伝統的な工業技術の集積がみられるイタリア中・北東部では，それらの工業にかかわる中小規模の生産者が既存のネットワークを活かし，先端技術とも結びつけながら，伝統産業の再活性化をはかってきた。

近年では，(f)世界的な観光産業の成長の中で，衰退した工業地区の再開発や歴史的資源としての活用が進められている。たとえば，イギリスの(ウ)ロンドンでは，造船所などの各施設が集中していた[E]が，商業地区や住宅地区として再開発され，観光地にもなっている。また，ドイツの[6]は，旧産業施設を文化遺産として保存・活用する政策を推進してきた結果，その施設群が世界遺産（文化遺産）にも登録された。 6 それ自体も2010年に「欧州文化首都」の指定をうけて，多くの観光客が訪れている。

さらに，環境政策も各都市で進められている。たとえば，フランスの 7 は，マルセイユ西方の(エ)フォスからのびるパイプラインによって石油化学工業が立地する一方，(g)都心部への車の乗り入れを規制し，公共交通の利用を促す政策をいち早く導入するなど，環境政策の先進都市としても知られている。

〔1〕 文中の A ～ E に当てはまる最も適切な地名を答えよ。

〔2〕 文中の 1 ～ 7 に当てはまる都市を，次の選択肢の中から1つずつ選び，符号で答えよ。

㋐ エッセン	㋑ グラスゴー	㋒ ジェノヴァ
㋓ ストラスブール	㋔ タラント	㋕ ダンケルク
㋖ トゥールーズ	㋗ ドーヴァー	㋘ ナンシー
㋙ バーミンガム	㋚ フランクフルト	㋛ マンチェスター
㋜ ミドルズブラ	㋝ ライプツィヒ	㋞ リヨン

〔3〕 下線部(a)に関して， A 山脈の東麓で盛んであった繊維工業の種類，およびこの地方の名称は何か，最も適切な語句と地名を答えよ。

〔4〕 下線部(b)に関して，次の表はドイツ，ノルウェー，ポーランドについての，国別の石炭の産出量・輸入量・輸出量（2018年）を示したものである。表中の①～③に当てはまる国の組み合わせとして適切なものを，下の表中の選択肢㋐～㋕の中から1つ選び，符号で答えよ。

（単位：千 t）

	産出量	輸入量	輸出量
①	63, 857	19, 244	4, 907
②	2, 761	44, 816	202
③	150	746	113

2018 United Nations Energy Statistics Yearbook により作成

	①	②	③
Ⓐ	ドイツ	ノルウェー	ポーランド
Ⓘ	ドイツ	ポーランド	ノルウェー
Ⓤ	ノルウェー	ドイツ	ポーランド
Ⓔ	ノルウェー	ポーランド	ドイツ
Ⓞ	ポーランド	ドイツ	ノルウェー
Ⓚ	ポーランド	ノルウェー	ドイツ

〔5〕　下線部(c)に関して，このような工業立地のありかたは，何と呼ばれるか，最も適切なものを次の選択肢の中から1つ選び，符号で答えよ。

Ⓐ　原料指向型工業　　　Ⓘ　交通指向型工業

Ⓤ　電力指向型工業　　　Ⓔ　労働力指向型工業

〔6〕　下線部(d)に関して，とくにイギリス（スコットランド）のサザン高地の北に位置する先端技術産業集積地域は何と呼ばれているか，最も適切なものを次の選択肢の中から1つ選び，符号で答えよ。

Ⓐ　エレクトロニクスハイウェー　　　Ⓘ　シリコングレン

Ⓤ　シリコンデザート　　　Ⓔ　シリコンプレーン

〔7〕　下線部(e)に関して，この地域は一般に何と呼ばれているか，最も適切な名称を答えよ。

〔8〕　下線部(f)に関して，次の表はヨーロッパにおける年間旅行収入・支出の上位5か国（2018年）を示したものである。表中の甲・乙に当てはまる国を，下の選択肢の中から1つずつ選び，符号で答えよ。

（単位：100万米ドル）

国	旅行収入	国	旅行支出
スペイン	81,250	乙	104,204
甲	73,125	イギリス	68,888
乙	60,260	甲	57,925
イタリア	51,602	ロシア	38,791
イギリス	48,515	イタリア	37,644

『世界の統計 2021年版』により作成

Ⓐ オランダ　　Ⓘ ギリシャ　　Ⓤ スイス

Ⓔ スウェーデン　　Ⓞ チェコ　　Ⓚ ドイツ

Ⓚ フランス　　Ⓚ ポーランド

〔9〕 下線部(g)に関して，都市郊外の駐車場に自家用車を駐車し，公共交通機関に乗り換えて都心部に入る方式は何と呼ばれているか，最も適切な名称を答えよ。

〔10〕 二重下線部(ア)～(エ)の都市の内部あるいはその付近を流れる河川として最も適切なものを，次の選択肢の中から1つずつ選び，符号で答えよ。

Ⓐ エブロ川　　Ⓘ エルベ川　　Ⓤ ガロンヌ川　　Ⓔ テムズ川

Ⓞ セーヌ川　　Ⓚ ドナウ川　　Ⓚ モーゼル川　　Ⓚ ライン川

Ⓚ ロアール川　　Ⓚ ローヌ川

Ⅲ　中国の自然環境に関する次の地図と文をよく読んで，〔1〕～〔6〕の問いに答えよ。なお，地図中と文中の記号（**A**～**I**，①～④）は対応している。国境線は未確定部分をふくめて破線で表わしている。

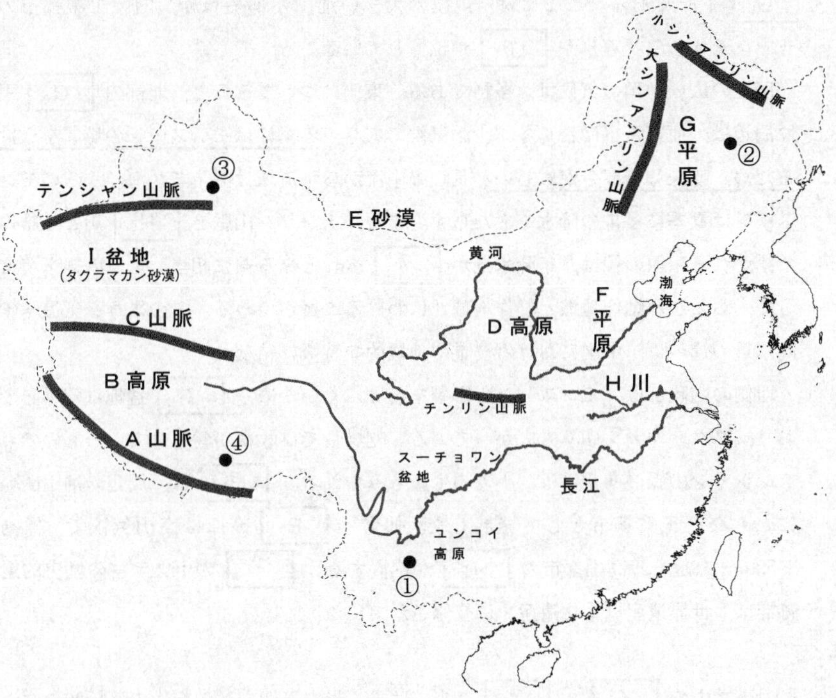

中国は日本の約 [イ] 倍の国土面積を有し，陸地において多くの国と接している(a)。中国をふくむ東アジアの地形は西高東低で，世界最高峰のエベレストを擁する [A] 山脈の北には， [B] 高原，そして [C] 山脈が位置している。 [B] 高原に端を発する長江（チャンチヤン）は，中国国内では最長，そして世界第 3 位の約6, 380 km を誇る河川であり，その長さは鉄道による東京～大阪間の距離の約 [ロ] 倍である。

中央部に目をむけると，長江の南に広がる起伏に富んだユンコイ高原には，経済技術開発区の設置された内陸都市 [①] が位置している。長江の北には，鉱産資源の豊かなスーチョワン盆地があり，さらにチンリン山脈の北には， [D] 高原が広がる。この高原には， [E] 砂漠に由来するレスが堆積している。 [D]

高原から渤海（ボーハイ）にそそぐ黄河（ホワンホー）の下流部には，［ F ］平原が位置する。

北東部の大シンアンリン山脈と小シンアンリン山脈にはさまれた一帯は，［ G ］平原である。ここには，規模の大きい油田があるほか，内陸工業都市のチャンチュン（長春）や［ ② ］が位置している。

国土の広い中国の気候は，多様である。東側についてみると，北部の［ G ］平原周辺は，亜寒帯（冷帯）冬季少雨気候であり，(b)冬季にはモンスーンの影響をうけるため，乾燥して寒さが厳しい。長江の中流から下流域は温帯で，海洋からのモンスーンは夏季に多量の降水をもたらす。また，チンリン山脈と［ H ］川とを結んで描かれる東西の線は，年降水量が［ ハ ］mmとなる線に相当し，この線を境として，おおむね畑作地域と稲作地域とにわけることができる。このような気温や年降水量の違いは，中国における農業の地域的な特徴に結びつく。

西側の内陸部は，モンスーンの影響をうけにくいため，［ I ］盆地は乾燥しており，タクラマカン砂漠も広がっている。乾燥帯では牧畜が営まれているものの，テンシャン山脈の南北には，小麦の生産もみられる。［ ③ ］は，周辺の油田開発にともない工業都市として発展した。他方，［ B ］高原は高山気候で，標高3,500 mを超える高山都市の［ ④ ］が位置する。［ ④ ］のポタラ宮の歴史的遺跡群は，世界遺産（文化遺産）に登録されている。

〔1〕 文中の［ イ ］・［ ロ ］に当てはまる最も適切な数値を次の選択肢の中からそれぞれ1つ選び，符号で答えよ。

㋐ 8　　㋑ 13　　㋒ 20　　㋓ 25　　㋔ 32

〔2〕 文中の［ ハ ］に当てはまる最も適切な数値を次の選択肢の中から1つ選び，符号で答えよ。

㋐ 250　　㋑ 500　　㋒ 1,000　　㋓ 1,500

〔3〕 文中の［ A ］～［ I ］に当てはまる最も適切な地名を答えよ。

〔4〕 文中の［ ① ］～［ ④ ］に当てはまる最も適切な都市名を答えよ。

〔5〕 下線部(a)に関して，中国と接する国のうち，「草原の道」で知られる東西の交通路として重要な位置にある国はどこか，次の選択肢の中から最も適切なものを1つ選び，符号で答えよ。

Ⓐ インド　　Ⓘ カザフスタン

Ⓤ ミャンマー　　Ⓔ ラオス

〔6〕 下線部(b)に関して，冬季に，ユーラシア大陸北東部に影響をおよぼす大陸性の高気圧は何と呼ばれるか，最も適切な名称を答えよ。

政治・経済

(80分)

Ⅰ　次の文章を読んで，あとの問いに答えよ。

米ソ冷戦は，戦後日本の「平和主義」に大きな影響を与えた。1950年の朝鮮戦争勃発をきっかけとして [（a）] が創設され，日本再軍備が始まったのである。[A] が発効して日本が独立を回復した1952年に [（a）] は [B] に改められ，1954年には①自衛隊が誕生した。

他方で，1951年，米軍が日本に駐留し，米軍施設・区域（以下，米軍基地）を使用することを定めた [C] が締結された。米軍基地の使用のあり方や米軍との裁判管轄関係などについては，日米行政協定で定められた。しかし，[C] については，米軍の日本防衛義務が明示されていないなどの問題点が指摘された。そこで，[C] は [イ] 年に改定された。また，日米行政協定も，[（b）] へと改められた。その後，1978年には，日本有事における自衛隊と米軍の協力について定めた [D] が策定された。

冷戦終結後，自衛隊の活動に変化が生じた。1991年の [E] をきっかけとして，②自衛隊による国際貢献が日本国内で議論になったのである。そして1992年，[（c）] 協力法が成立し，自衛隊が [X] に派遣されたのであった。

冷戦の終結は，日米関係にも影響を与えた。③1996年の日米安全保障共同宣言と，翌年の [D] の見直しにより，冷戦後における日米安保体制の新たな方向が示されたのであった。

冷戦後の日米関係には大きな課題もあった。[ロ] 年に④沖縄返還が実現したあとも，沖縄では米軍基地問題の深刻な状況が続いていたが，1995年に米兵による少女暴行事件が発生し，沖縄県民の怒りが爆発したのである。そこで，日米両政府は，[（b）] の運用改善や⑤アメリカ海兵隊普天間飛行場の返還などを行うことで合意したのであった。

〔1〕 A ～ E にあてはまる語句を，下から一つずつ選び，記号で答えよ。

Ⓐ サンフランシスコ平和条約　Ⓘ 太平洋協定　Ⓤ 機動隊
Ⓔ インドシナ戦争　Ⓞ 保安隊　Ⓚ 日米安全保障条約
Ⓚ ベルサイユ条約　Ⓚ 海上保安庁　Ⓚ ベトナム戦争
Ⓚ ＭＳＡ協定　Ⓢ 湾岸戦争
Ⓢ 日米防衛協力のための指針（ガイドライン）
Ⓢ ポツダム宣言　Ⓢ ヤルタ協定　Ⓢ 第一次防衛力整備計画

〔2〕 （a） から （c） にあてはまる語句を記入せよ。なお，**（a）は漢字5字，（b）は漢字6字，（c）はアルファベット（大文字）3字**で答えよ。

〔3〕 イ と ロ にあてはまる数字の組み合わせとして正しいものを，下から一つ選び，記号で答えよ。

あ イ：1955　ロ：1960　い イ：1952　ロ：1972
う イ：1960　ロ：1972　え イ：1952　ロ：1960
お イ：1960　ロ：1970

〔4〕 X にあてはまる国名を，下から一つ選び，記号で答えよ。

あ ミャンマー　い ラオス　う カンボジア
え ベトナム　お マレーシア

〔5〕 下線部①に関する説明として，適切なものを下から一つ選び，記号で答えよ。

あ 自衛隊に関する基本的な方針の一つに，自衛隊は敵国を攻撃することはなく，専ら相手の攻撃から日本を防衛することに徹するという，「専守防衛」がある。

い 日本では，自衛隊の最高指揮監督権を防衛大臣がもつことによって，自衛隊の独走を防ごうとしている。このように，文民が軍隊の指揮権，統制権をもつことを，シビリアン・コントロールと呼ぶ。

う 1976年，福田赳夫内閣は，防衛費をＧＮＰの１％相当額を超えないとする方針を定めた。しかし，竹下登内閣期の1987年，防衛費はＧＮＰの１％を突破した。

〔6〕 下線部②に関する説明として，適切なものを下から一つ選び，記号で答えよ。

あ 2001年にアメリカで同時多発テロが発生すると，日本は，テロ対策特別措置法を制定し，自衛隊をニューヨークに派遣して復興を支援した。

(い)　2003年にイラク戦争が勃発すると，日本は，イラク復興支援特別措置法を制定した。この法律にもとづいて，自衛隊がイラクに派遣された。

(う)　地中海などを拠点とする海賊に対処するために，1989年に海賊対処法が制定され，海上自衛隊が公海上で取り締まりを行えるようになった。

(え)　かつては，自衛隊の平和維持軍への参加は凍結されていた。しかし，2018年からは，自衛隊は平和維持軍に参加できるようになった。

〔7〕　下線部③の共同宣言が出されたときの日米の首脳の組み合わせとして，正しいものを下から一つ選び，記号で答えよ。

(あ)　橋本龍太郎－ウィリアム・J・クリントン

(い)　池田勇人－ジョン・F・ケネディ

(う)　吉田茂－ハリー・S・トルーマン

(え)　安倍晋三－ドナルド・トランプ

〔8〕　下線部④のときの首相であり，「非核三原則」を表明し，かつノーベル平和賞を受賞した人物の**氏名を漢字**で記入せよ。

〔9〕　下線部⑤に関して，この返還を発表したあと，日米両政府は，沖縄県名護市□に普天間飛行場の代替施設を建設することで合意した。空欄にあてはまる語句を，下から一つ選び，記号で答えよ。

(あ)　宜野湾　　(い)　嘉手納　　(う)　北谷

(え)　瑞慶覧　　(お)　辺野古

Ⅱ　次の文章を読んで，あとの問いに答えよ。

第二次世界大戦後の1946年に，日本では経済復興のために，石炭や鉄鋼などの基幹産業に対し重点的に資金，資材，労働力を投入する傾斜生産方式が閣議決定された。その実施に際して，1947年に設立された［ A ］がおもに基幹産業に融資を行い，資金供給をした。1948年には，ＧＨＱにより，経済の自立・安定化を目的とした［ B ］が示された。翌年の1949年には①ドッジ・ラインが実施された。急激な財政や②金融の引締めなどによって，ドッジ・ライン実施後にインフレーションは収束したが，一転してデフレーションの局面を迎え，不況が深刻化する［ C ］という状態に陥った。1950年代に入ると，特需の影響で③生産の成長が生じた。

国際経済の変化については，1930年代に世界的な不況が起こり，主要国は複数の国や地域による閉鎖的で排他的な一つの経済圏の形成を進めた。このような経済体制を［ D ］という。それにともない，第一次世界大戦以前の国際通貨体制や自由貿易の経済体制の維持が難しくなった。1940年代には，④ブレトン・ウッズ協定が締結された。その後も国際通貨体制の維持が困難になる状況がたびたび生じた。1971年にアメリカは，金とドルの交換停止を含む新経済政策を発表した。これは，当時の大統領の名前にちなんで［ E ］＝ショックと呼ばれ，世界経済に混乱をもたらし，固定相場制の維持が難しくなった。1976年の⑤キングストン合意では，変動相場制移行への追認と金の公定価格を廃止することなどが決まった。

第二次世界大戦後にはＧＡＴＴ加盟国間で自由貿易が推進された。自由貿易論にもとづくと，リカードの⑥比較生産費説で示されるように，自由貿易を行えば貿易に参加する国々の利益が大きくなる。他方で，1950年代には，⑦国際間の経済取引が増加する中で，先進国とモノカルチャー経済の構造をもつ発展途上国との間の経済格差の拡大が顕在化した。国連は1961年に「国連開発のための10年」を宣言して，南北問題の是正に取り組んだ。1970年代には，資源ナショナリズムの勢いが増し，⑧発展途上国側から先進国に対して格差是正の要求が高まった。

〔1〕［ A ］～［ E ］にあてはまるもっとも適切な語句を記入せよ。なお，**Aは漢字6字，Bは7字，Cは漢字4字，Dは6字，Eはカタカナ4字**で答えよ。

〔2〕 下線部①に関して，この計画の中には，予算案の段階で歳入が歳出を上回る［　　］予算を実現することが含まれた。空欄にあてはまる語句を**漢字3字**で答えよ。

〔3〕 下線部②に関して，金融政策や金融の仕組みについての下の記述のうち，適切なものを下から一つ選び，記号で答えよ。

(あ) 売りオペレーションを行うと，貨幣量が増加する。

(い) 金利の自由化によって，政策金利の目標が無担保コールレートから公定歩合へと移った。

(う) 日本銀行は民間金融機関に対して，資金の貸し出しや預金の受け入れを行わない。

(え) 小泉内閣の時期に，年率２％のインフレ目標が定められた。

(お) 信用創造で創出される預金額は，支払準備率（預金準備率）が大きいほど小さくなる。

〔4〕 下線部③に関して，一国の経済活動をはかる国民経済計算について，**適切でないもの**を下から一つ選び，記号で答えよ。

(あ) 国内総支出は，国民総所得と一致しない。

(い) 分配国民所得は，企業所得と雇用者報酬の合計となる。

(う) 支出国民所得には，政府消費が含まれる。

(え) 国内の生産総額から中間生産物の額を差し引くと，国内総生産となる。

〔5〕 下線部④に関して，この協定で合意された内容として，適切なものを下から一つ選び，記号で答えよ。

(あ) 特定国に対して低い関税率や関税免除を行う税制上の優遇措置を行う。

(い) 金１オンスで交換できるドルを35ドルから38ドルへと変更して，ドルの価値を切り下げる。

(う) 国際復興開発銀行（ＩＢＲＤ）を設立する。

(え) １ドル＝360円の単一の為替レートを設定する。

〔6〕 下線部⑤に関して，この合意では，金の代わりにＩＭＦ加盟国が出資金に応じて配分される［　　］を基礎とすることが決まった。空欄にあてはまる語句（英語略称）を**アルファベット（大文字）３字**で答えよ。

〔7〕 下線部⑥に関して，下の表はＡ，Ｂ各国で，衣類とブドウ酒をそれぞれ１単位生産するのに必要な労働者数を表している。これらの生産には労働しか用いられず，各国内の労働者数はＡ国が500人，Ｂ国が150人で，この２つの商品の生産で全員が雇われるとする。このとき，各国が比較優位をもつ商品の生産に特化した場合に，２国全体では，ブドウ酒は［　　］単位生産される。空欄に

あてはまる数を**算用数字**で答えよ。

	1単位の生産に必要な労働者数	
	衣類	ブドウ酒
A国	200	300
B国	100	50

〔8〕 下線部⑦に関して，国際間の経済取引を貨幣額で示したものが国際収支である。国際収支について，金融収支に含まれる項目として，**適切でないもの**を下から一つ選び，記号で答えよ。

あ 証券投資　　い 金融派生商品

う 外貨準備　　え 投資収益

〔9〕 下線部⑧に関して，発展途上国側の主張を取り入れて，1974年に国連の資源特別総会で，天然資源に対する保有国の恒久主権の確立や発展途上国支援などを盛り込んだ ＿＿＿ 樹立宣言が採択された。空欄にあてはまる語句を**漢字7字**で答えよ。

Ⅲ　次の文章を読んで，あとの問いに答えよ。

日本で少子高齢化が指摘されて久しいが，2000年代には死亡数が出生数を上回る①人口減少社会に突入した。少子高齢化にともなって懸念されているのが，世代間扶養の拡大である。とりわけ日本の②公的年金制度では，現役世代の支払う保険料によって同時点の高齢世代の給付がまかなわれる［ A ］方式を中心とした財政方式が採用されており，世代間扶養の性格が強くなっている。こうした年金の財政負担軽減のために，給付年齢の段階的な引き上げと人口減少や平均余命の伸びを勘案して給付水準を減額する［ B ］が導入された。

医療の分野では，1983年に高齢者の医療費の増大に対処するために，財源を国・地方公共団体の公費と各医療保険制度からの拠出金で折半する老人保健制度が導入された。この制度は，2008年に後期高齢者医療制度に改められ，［ C ］歳以上を被保険者とする独立した制度となった。

③年金保険（公的年金），医療保険のほか，介護保険，雇用保険，④労災保険の５つからなる日本の社会保険は，人々が事前に保険料を拠出し，疾病や老齢，⑤障害，失業などの保険事故が発生したときに給付を受け取る仕組みである。歴史をさかのぼると，世界で初めて社会保険を創設したドイツのビスマルクによる政策は，「アメとムチの政策」と呼ばれ，労働運動対策としての含意があった。一方で，純粋な労働者保護の観点から実施されたものとしては，世界恐慌時にアメリカのローズベルト大統領が⑥ニューディール政策の一環として1935年に成立させた社会保障法があげられる。しかし，「労働者」ではなく労働市場に包摂されない人々も含めた「国民」の生存権を保障するという意味での⑦近代的な社会保障制度の確立は，ベバリッジ報告にもとづいて制度化された［ D ］の社会保障制度を待たねばならなかった。ベバリッジ報告では，均一拠出・均一給付，ナショナル・ミニマムの保障，全国民を対象とする包括給付の三原則がうたわれ，第二次世界大戦後の先進資本主義諸国における⑧福祉国家体制確立の理論的支柱となった。

〔1〕［ A ］～［ D ］にあてはまる適切な語句を記入せよ。なお，**Aは漢字**，**Cは算用数字**，**Dは国名をカタカナ**で答えよ。

〔2〕下線部①に関して，一人の女性が一生の間に出産する平均的な子どもの数である［　　］が2.07を下回り続けると人口が減少に向かうとされる。空欄にあ

てはまる語句を**漢字7字**で答えよ。

〔3〕 下線部②に関して，1986年にこの制度の見直しが行われ，全国民共通の□制度が導入された。空欄に当てはまる語句を**漢字4字**で答えよ。

〔4〕 下線部③に関して，□年に全国民をいずれかの医療保険制度，年金保険制度に加入させる国民皆保険・皆年金体制が確立した。空欄にあてはまる**西暦を算用数字**で答えよ。

〔5〕 下線部④に関する説明として，**適切でないもの**を下から一つ選び，記号で答えよ。

㋐ 業務上での災害に対して給付される。

㋑ 通勤時での災害に対して給付される。

㋒ 長時間労働や過重業務に起因する過労死やメンタルヘルスの障害に対して給付される。

㋓ 保険料は，事業主のみが負担する。

㋔ 失業・雇用対策として求職者給付などがある。

〔6〕 下線部⑤に関して，日本では，法律によって，国や一定規模以上の企業などに障害者を一定の割合で雇用することを義務づけている。この法律名を**漢字8字**で答えよ。

〔7〕 下線部⑥に関して，この政策は，景気振興のための公共事業の拡充などの一連の施策を通して，自由競争や市場原理の利点を活かしながらも政府が積極的に市場に介入する□主義と呼ばれる新しい経済体制を定着させた。空欄にあてはまる語句を**漢字4字**で答えよ。

〔8〕 下線部⑦に関して，下の文章の[イ]，[ロ]にあてはまる語句を記入せよ。なお，**イは10字**，**ロは漢字6字**で答えよ。

1944年に採択された[イ]は，社会保障に関する共通理念の基盤となっている。そこでは，保護を必要とするすべての人に対して必要最低限の所得と広範な医療を与え，社会保障を充実させるよう各国に勧告している。また，1948年に国連総会で採択された[ロ]では，第25条で社会保障は人間の権利である旨が述べられている。

〔9〕 下線部⑧に関して，北欧型の福祉国家の特徴として適切なものを下から一つ選び，記号で答えよ。

㋐ 民間保険などの市場システムを通じた福祉供給を中心とする。

㋑　職業別に組織された社会保険と国による最低所得保障を組み合わせる。

㋒　国がすべての市民を対象として高水準の公的福祉を提供する。

㋓　家族による私的なケアを中心として国家が福祉供給に極力関与しない。

数学

（80分）

次のⅠ，Ⅱ，Ⅲの設問について解答せよ。ただし，Ⅰ，Ⅱについては問題文中の □ にあてはまる適当なものを，解答用紙の所定の欄に記入せよ。なお，解答が分数になる場合は，すべて既約分数で答えること。

Ⅰ

〔1〕　$0 < s < 1$，$0 < t < 1$ とする。△ABC について，辺 AB を $s : (1 - s)$ に内分する点を L，辺 AC を $t : (1 - t)$ に内分する点を M，BM と CL の交点を P とする。

　LP : PC = 2 : 1，MP : PB = 1 : 3 であるとき，s と t を求める。点 P は LC を 2 : 1 に内分する点であるから，これを s を用いて示すと，

$\overrightarrow{AP} = \boxed{\text{ア}}\, s\overrightarrow{AB} + \boxed{\text{イ}}\, \overrightarrow{AC}$ となる。また，点 P は BM を 3 : 1 に内分する点でもあるので，これを t を用いて示すと，

$\overrightarrow{AP} = \boxed{\text{ウ}}\, \overrightarrow{AB} + \boxed{\text{エ}}\, t\overrightarrow{AC}$ となる。したがって，$\overrightarrow{AB} \neq \vec{0}$，$\overrightarrow{AC} \neq \vec{0}$ で，$\overrightarrow{AB}$ と $\overrightarrow{AC}$ は平行でないから，$s = \boxed{\text{オ}}$，$t = \boxed{\text{カ}}$ となる。

　次に AP の延長線と辺 BC との交点を N とする。

　BN : NC = $u : (1 - u)$ であるとき，u を求める。このとき，

$\overrightarrow{AN} = (1 - u)\overrightarrow{AB} + u\overrightarrow{AC}$ となる。また，$\overrightarrow{AN}$ は $\overrightarrow{AP}$ の定数倍であり，点 N は BC 上にあることより，$\overrightarrow{AN} = \boxed{\text{キ}}\, \overrightarrow{AP}$ となる。したがって，

$u = \boxed{\text{ク}}$ となる。

〔2〕　3 次関数 $y = x^3 + 6x - 2$ について，その導関数は $y' = \boxed{\text{ケ}}$ である。

常に $y' > 0$ であるから，関数 y は実数全体で単調に増加する。

したがって，3 次方程式 $x^3 + 6x - 2 = 0$ …… ①

の実数解は 1 つである。この実数解を次の方法で求めることを考える。

①の解を $x = \alpha + \beta$ とおくと，

①は $\alpha^3+\beta^3-\boxed{\text{コ}}+3(\alpha+\beta)\left(\alpha\beta+\boxed{\text{サ}}\right)=0$ …… ② となる。

ただし，$\boxed{\text{コ}}$，$\boxed{\text{サ}}$ は数値を入れよ。

ここで，連立方程式

$$\begin{cases} \alpha^3+\beta^3-\boxed{\text{コ}}=0 & \cdots\cdots ③ \\ \alpha\beta+\boxed{\text{サ}}=0 & \cdots\cdots ④ \end{cases}$$

を満たす α，β は②を満たすので，③，④を解けばよい。

③，④を解いて，$\alpha^3=\boxed{\text{シ}}$，$\beta^3=\boxed{\text{ス}}$ （ただし，$\alpha^3>\beta^3$）を得る。

ここで，$\alpha+\beta$ が実数となるものを考えると，$\alpha=\boxed{\text{セ}}$，$\beta=-\boxed{\text{ソ}}$

である。よって，3次方程式①の実数解は $x=\boxed{\text{セ}}-\boxed{\text{ソ}}$ である。

〔3〕 自然数 n に対して，n の正の約数の個数を記号 $A(n)$ と表す。

例えば，$A(6)=4$ である。

このとき，$A(39)=\boxed{\text{タ}}$，$A(50)=\boxed{\text{チ}}$ である。また，k を自然数，p，q を異なる素数とするとき，

$A(pq)=\boxed{\text{ツ}}$，$A(p^k)=\boxed{\text{テ}}$ である。

次に，m を $1\leqq m\leqq 200$ を満たす整数とするとき，$A(m)=5$ である m は $\boxed{\text{ト}}$ 個，$A(m)=8$ である m は $\boxed{\text{ナ}}$ 個ある。

Ⅱ　アパートやワンルームマンションなど賃貸住宅物件の月額家賃は，条件となる数値を使って対数などを用いて表せることが知られている。ある調査によると，ある都市の賃貸住宅物件の月額家賃 y（単位：円）は次の 3 つの条件，すなわち物件の住宅面積 x_1（単位：m^2），建物が完成した後の経過年数としての築後年数 x_2（単位：年），および都心までの距離 x_3（単位：km）で決まることがわかった。これによると，y は x_1，x_2，x_3 を用いて式①で表される。ただし，y，x_1，x_2，x_3 はすべて正の実数とする。

$$\log_3 y = \frac{1}{2}\log_3 x_1 - \frac{1}{100}\log_3 x_2 - \frac{x_3}{10} + 10 \quad \cdots\cdots \text{①}$$

y ：月額家賃（円）

x_1：住宅面積（m^2）

x_2：築後年数（年）

x_3：都心までの距離（km）

$-\dfrac{x_3}{10}$ と 10 を 3 を底とする対数で表すと，

$-\dfrac{x_3}{10} = \log_3 3^{\boxed{\text{ア}}}$，$10 = \log_3 3^{\boxed{\text{イ}}}$ であるので，式①から，

$$y = \frac{x_1^{\boxed{\text{ウ}}} \cdot 3^{\boxed{\text{エ}}}}{x_2^{\boxed{\text{オ}}}} \quad \cdots\cdots \text{②}$$

となる。

以下，必要であれば，$10^{\frac{1}{100}} = 1.023$，$20^{\frac{1}{100}} = 1.030$，$25^{\frac{1}{100}} = 1.033$ として計算せよ。

〔1〕　住宅面積 25 m^2，都心までの距離 10 km にある物件が，築後年数 1 年である場合，月額家賃は $\boxed{\quad\text{カ}\quad}$ 円である。

〔2〕　住宅面積 25 m^2，都心までの距離 10 km のように〔1〕と同じ条件だが，築後年数が 20 年の物件の場合の月額家賃は，小数点以下を切り捨てると $\boxed{\quad\text{キ}\quad}$ 円となる。

〔3〕 次に，同じ年に建設された異なる2つの物件を比較する。2つの物件の都心までの距離と築後年数はそれぞれ等しい。この場合，住宅面積の比が1：2であれば，家賃の比は1：$\boxed{\text{ク}}$ になる。

〔4〕 異なる場所にある2つの物件P，Qを比較する。2つの物件の築後年数は等しいが，都心までの距離は，Pがa km，Qがa^2 kmであり（$a>1$），PとQの住宅面積の比が1：2のとき，これら2つの物件の月額家賃が等しくなった。このとき，

$$a=\frac{\boxed{\text{ケ}}+\sqrt{\boxed{\text{コ}}+\boxed{\text{サ}}\log_3 2}}{2}$$

となる。

Ⅲ 座標平面上に原点Oを中心とする半径1の円と点A(1，0)がある。

$0<\theta<\dfrac{\pi}{4}$ の範囲で，この円周上に $\angle\mathrm{AOP}=\theta$ となる点P$(\cos\theta,\ \sin\theta)$をとり，さらに，点Q$(-\sin\theta,\ \cos\theta)$をとる。このとき，2点R，Sを

R$(\cos\theta-\sin\theta,\ \cos\theta+\sin\theta)$，S$(\cos\theta-\sin\theta,\ 0)$とし，△RQSの面積を$T$とおく。次の問いに答えよ。

〔1〕 ∠POQを求めよ。

〔2〕 面積Tの最大値と，そのときのθの値を求めよ。

〔3〕 面積Tが最大になるとき，直線PQの傾きを求めよ。

問1　傍線①の「苟」、②の「高於人」の読み方を、送りがなも含めて、それぞれひらがなで書け。

問2　傍線③の「自非聖人安知麟之為麟乎哉」の書き下し文として、最も適当なものを、次のなかから選び、その番号をマークせよ。

1　聖人に非ざるよりは、安《いづ》くんぞ麟の麟たるを知らんや
2　自《みづか》ら聖人に非ざれば、安くに麟の麟たるを知るか
3　聖人に非ざるよりは、安くに麟の麟たるを知るか
4　自ら聖人に非ずして、安くんぞ麟の麟たるを知らんや
5　聖人の安んじて麟の麟たるを知るに非ざるによらんや
6　自ら聖人の安んじて麟の麟たるを知るに非ざらんや

問3　［Ａ］に入れるのに、最も適当なものを、次のなかから選び、その番号をマークせよ。

1　食　2　敬　3　制　4　毒　5　魅　6　賞

問4　本文の内容に合うものを、次のなかから一つ選び、その番号をマークせよ。

1　西洋の学説を採り入れて「之獵猢」を霊獣の麒麟と翻訳したのは、この獣に神秘性を付与する絶妙の訳語といえる。
2　「之獵猢」を知らずに「之獵猢」を麒麟と訳したのを、日本人の無知だと嘲笑する西洋人の態度は全く不当である。
3　麒麟と「之獵猢」は形状が似ているけれども、伝説上のものか実在のものか明確な知識を大衆に与える必要がある。
4　麒麟ではない「之獵猢」が麒麟と通称されるように、偽物がはびこり本当のものが隠れてしまったのは嘆かわしい。
5　「之獵猢」が偽の麒麟であることは、麒麟たるものを知って真偽を見通した中国の聖人が経典の中で解説している。
6　麒麟は実在の動物ではないのに、その有無を「之獵猢」に関係づけて議論するのはそもそも意味がないことである。

之猟猢一、而《モ》標《シテ》以《テ》為《スハ》レ麟《ト》、是《レ》欺《ク》レ衆《ヲ》也。洋人窃《ひそカニ》笑《ヒテ》曰《ハク》、「渠《かれ》不レ知《ラ》レ無《キヲ》二曰《フ》レ麟《ト》者一、又不《ルハ》レ知《ラ》レ有《ルヲ》下曰《フ》二之猟猢《ト》一者上、可《ケン》レ不《ル》レ嘆《カ》乎《やト》。」余謂《おもへラク》麟之有無《ハ》、姑《しばらク》舎《おキテ》不レ論《ゼ》レ焉《これヲ》。③自非聖人安知麟之為麟乎哉。若《もシ》以《テ》二其《ノ》形《ノ》似《タルヲ》一為《セバ》レ麟《ト》、則《チ》深山大沢、似《テ》類《スル》者亦《タ》多《シ》。皆謂《ハン》二之《ヲ》麟《ト》一乎《か》。嗚《あ》呼《あ》、真麟伏《シ》竄《かくレテ》、而偽麟跋《ばつ》扈《こス》。鳳《ヨ》兮龍《ヨ》兮、将《す》《ニ》レ[A]《セラレント》二於鴟《し》獺《だつニ》一、哀《シイ》哉《かな》。

(『恕軒遺稿』より)

注　麟＝聖人が世に出て、王道が行われる時に出現すると伝えられた霊獣。麒麟。　経史＝儒家の経典と歴史書。
韓愈解之＝唐の韓愈は「獲麟解」を書き著して麟について解説した。　聖人祥瑞＝聖人の出現を示すめでたい前兆。
毛虫三百＝多くの種類の獣。
所謂西狩而獲＝儒家の経典の『春秋』に「西に狩りして麟を獲たり」とあることを指す。
之猟猢＝哺乳動物のキリンの英語名「giraffe」の音訳。　麞＝大型の鹿の一種。　驢＝ロバ。
八尺＝約二・四メートル。　縦観＝思う存分見る。　余＝筆者を指す。　跋扈＝のさばる。
鴟獺＝フクロウとカワウソ。

断ったため、天狗の怒りをかって追い出され、元の本房に戻されてしまった。

6　二人の童子が現れたあと、屋敷の中も静かになったので、唯蓮房が奥を探してみると誰もいなくなっているように見えたが、法師が小鼠ほどに小さくなって、束柱や長押などの陰に身をひそめていた。

問8　『古今著聞集』とは異なる文学ジャンルの作品を、次のなかから一つ選び、その番号をマークせよ。

1　十訓抄　2　山家集　3　今昔物語集　4　宝物集　5　日本霊異記　6　発心集

四

次の文章を読んで、問いに答えよ（設問の都合上、訓点を省略した部分がある）。

麟之為《た》ルレ物、経史載セレ之ヲ、韓《かん》愈《ゆ》解スレ之ヲ。①苟読ムレ書ヲ者、知ルレ為ルヲ二聖人ノ祥瑞一也。而レドモ西洋ノ学説ニ曰ハク、「毛虫三百、無シ二曰フレ麟ト者一。所謂《いはゆる》西ニ狩リシテ而獲タル者ハ、之《ぢ》猟《ら》猢《ふ》也ト。」西洋ニ有リレ麋《び》、曰フ二之猟猢一ト。豹ノ文《あや》ニシテ驢ノ足、身ハ②高二於人一、項《くび》ノ長サ八尺。上野動物園使ムル二人ヲシテ縦観セ一者是レ也。夫レ不シテレ知ラ三其ノ為ルヲ二之猟猢一、以テ為スハレ麟ト、是レ表ハス二我ガ不明ヲ一也。知リテ三其ノ為ルヲ二

5　童子が天狗に気づかれ急いで逃げたから

6　天狗の術が童子のおかげで解け始めたから

問6　傍線㋗の「さらにうきたる事にあらず」の意味として、最も適当なものを、次のなかから選び、その番号をマークせよ。

1　いっそう煩わしいことではない。

2　それほど気まぐれな話ではない。

3　まったく架空の出来事ではない。

4　いまさら心苦しく思うことではない。

5　ことさら恨めしく思うことではない。

6　絶対に浮き立つようなことではない。

問7　本文の内容に合うものを、次のなかから二つ選び、その番号をマークせよ。

1　天狗のような恐ろしい姿をした山伏が、敬慕する唯蓮房のもとに訪れるようになったが、唯蓮房はその正体を天狗であろうと思い込んで避け続けており、後には本当の天狗に度々襲われるようになった。

2　唯蓮房のもとに、僧正が多くの僧を率いて訪問したので、唯蓮房は拝謁しようとしたが、僧たちが邪魔をして寄っていけず、葛縄を身体に巻き剣を抜いて立ち向かったところ、僧たちは消え失せてしまった。

3　山伏に化けた天狗が唯蓮房に襲いかかってきたが、唯蓮房は写経に熱心でまったく相手にせず、天狗を馬鹿にして外に出ようとしなかったので、天狗は硯の脇にあった小刀を唯蓮房の腕に突き立てた。

4　唯蓮房が連れられて来たのは、山中の竹門がある家で、断っても聞いてもらえないだろうと観念し天狗に従って中に入ると、奥ではたくさんの人が働いており、見たこともない豪華な料理を勧められた。

5　唯蓮房は、十羅刹を念じていた褒美として天狗の住家に連れて行かれ、豪華な料理と酒で接待されたが、それをすべて三宝＝仏の加護。　持斎＝仏門に入った人が午後食事をしないこと。　ずはゑ＝むち。

須臾＝ほんのわずかな間。

問1 傍線①の「ぬ」、②の「に」、③の「に」、④の「ぬ」の文法的意味として、最も適当なものを、それぞれ次のなかから選び、その番号をマークせよ。

1 断定の助動詞　2 接続助詞　3 格助詞　4 完了の助動詞　5 動詞の一部　6 打消の助動詞

問2 [A]、[B] に入れるのに、最も適当なものを、それぞれ次のなかから選び、その番号をマークせよ。

1 行　2 十羅刹　3 命　4 見参　5 空　6 山伏　7 奥　8 本房

問3 傍線㋐の「すまひていでず」を八字程度で、㋑の「まうけいとなむ」を十字程度で、それぞれ現代語訳せよ。

〔解答欄：㋐十字　㋑十二字〕

問4 傍線㋒の「すすむ」、㋓の「参らせよ」、㋔の「とりいだしたり」、㋕の「参り」の主体として、最も適当なものを、それぞれ次のなかから選び、その番号をマークせよ。

1 天狗　2 童子　3 奥のかた　4 酌とりの法師　5 唯蓮房　6 小法師

問5 傍線㋖の「心神やすくなりて恐るる事なし」となった理由として、最も適当なものを、次のなかから選び、その番号をマークせよ。

1 天狗が仏のつかいだと気づいたから
2 唯蓮房が酒も飲まず美膳も我慢したから
3 小鼠の大きさになった法師が隠れたから
4 奥のかたで騒いでいた人々が帰ったから

うけいとなむとおぼしくて、人あまたがおとなひして、ひしめきいとなむ。「まら人《うど》いらせ給ひたり」といふほどに、法師一人、高坏《たかつき》に肴物すゑて持てきたりてすゑたり。また銚子に酒入れてきたれり。「これ参り候へ」とすすむるを見れば、このさかなに盛れるものども、すべて見も知らぬ物なり。ともかくも物もいはず、ただ三宝に身をまかせて、かいつくなひてゐたれば、しきりにこれを㋒すすむ。断酒のよしをいひて飲まねば、この酌とりの法師、いかにも御酒参らぬよしを奥のかたへいひければ、「さらばこれ㋓を参らせよ」とて、すなはちゆゆしき美膳を㋔とりいだしたり。これもまたつやつや見も知らぬ物どもを盛りそなへたり。「御酒をこそ㋕参り候はざらめ、これをば参り候ふべきなり」とすすむれば、持斎のよしをいひてくはず。しひてなほ進むれども、いまだくはずして、いよいよ深く祈念をいたす処に、竹の戸のかたに人の音するを見遣りたれば、しら装束なる童子二人、ずはゑを持ちておはします。これをこの天狗法師うち見るより、やがて失せにけり。

さしも奥のかたにひしめきののしりつるおとなひども、すべて息音もせずなりぬ。木の葉を風のさそひていぬるがごとし。その時、唯蓮房、㋖心神やすくなりて恐るる事なし。あまりのふしぎさに、家の奥ざまに行きて見めぐるに、すべて人なし。「十羅刹のたすけ給ふにこそ」と、たふとくかたじけなきこと限りなし。「さるにても、そこらの物どもいづちへ失せぬらん」と思ふに、或は縁の束柱のかくれ、或は長押・たるきの間なむどに、わづかに小鼠《ねずみ》ばかりの身になりて、小法師ばら身をそばめ、世を恐れてかくれまどひをりけり。唯蓮房を見て恐れたる事あさましげなり。その童子、聖を呼びて、「恐れ思ふことなかれ」とて、一人はさきにたち、一人はうしろにたちておはします。始めきたりつる時は、はるばると野山を越え、ややひさしかりつるに、この童子の御うしろにしたがひて、ただ須臾《しゆゆ》の間に本房に行きつきにけりとなむ。これ㋗さらにうきたる事にあらず。末代といひながら、信力にこたへて法験のむなしからざる事かくのごとし。

（『古今著聞集』による）

注　五種行＝『法華経』「法師品」に説く五つの行。ここでは、仏典の書写。

十羅刹＝法華行者を護る十人の神女。

三

次の文章を読んで、問いに答えよ。

　大原の唯蓮房、五種行をはじめおこなはれけるに、天狗たびたびさまたげをなしけり。唯蓮房は、書写法師にて侍りけるに、ある昼つかた、明障子の外にて聞きも知ら①ぬ声にて「唯蓮房」と呼ぶ人あり。「たそ」とばかりこたへて、いではあはず。さるほどに後戸のかたよりこの人いりくるを見れば、いとおそろしげなる山伏なり。「天狗にこそ」と思ふより、おそろしき事かぎりなし。ただ十羅刹を念じたてまつりて、また目もあはせず書写するに、この山伏、「ああたふとげにおはするものかな」といひて、その日は帰りぬ。

　その後また見も知らぬ中間法師一人きたりていふやう、「ただいま僧正の御房御入堂候。見参せんと候ふなり」といへば、その時は天狗とも思ひもよらで、いそぎいでて見るに、げにも僧正、あまたの僧を具しておはしたり。「ここへ」と呼ばれければ、その命にしたがひてよりゆくに、「ここもと」とおもふに、次第に遠くなりけり。「こはいかに」とあやしくおもふほど②に、この僧ども立ちかこめて、その中に一人葛縄を持ちて、唯蓮房にうちかけけり。「はやくしばらんとするにこそ」と思ひて、剣をぬきてこれをあばくに、葛みなきられてのき③にけり。かくする事たびたびになりけれども、知らずして法師どもも失せぬ。それより唯蓮房はかへりて、なほこの［A］をいたす。

　また次の日、山伏、明障子をあけてきたれり。さきのごとく他念なく十羅刹を念じたてまつりてゐたるに、天狗、手をさし遣りて唯蓮房のかひなをとりて、「いざ給へ」といひて、引きいださんとしけり。唯蓮房、㋐すまひていでず。かくからかふほどに、硯に小刀のありけるをとりて持たりけるほどに、その小刀を天狗のかひなにいささか突きたててけり。その時、天狗、「この義ならんにとりては」といひて、あらくひき出してい④ぬ。［B］をかけるかとおぼしくて、行く心もこころならず、ただ夢のごとし。よもの木ずゑなどのしたに見くだされけるにぞ、［B］を行くとは知られける。

　さてある山の中に置きつ。いささか竹門ある家のふるびたるに置きて、明障子のありけるをひきあけて、「これへ」と請じ入れければ、「これほどの義になつては、いなむともかなはじ」と思ひて、いふにしたがひていりぬ。内のかたを聞けば、このま㋑

ある。

5　「異人」とは明治くらいまでは村や山中で出会ったが、「他者」とはSNSや都市空間のような新しい場所でしか出会わない。

問4　傍線㋒に「『ムラ』とは違う『まとまり』をつくろうとしていきます」とあるが、その内容の説明として、最も適当なものを、次のなかから選び、その番号をマークせよ。

1　明治になり、異質な存在である「異人」の排除を行ってきた人々は、今度は潜在的な「他者」との関係をつくろうとした。

2　都市化が進み、急激に人口が増加していく中で、互いを知らないことを前提とした関係が自然と出来上がっていった。

3　近代になり、互いが知らないことを前提にした人々は、互いに加害しない約束をもとにした関係をつくりはじめた。

4　社会化が進み、もはやわかり合えないことを嘆いた人々は、互いに快楽を与え合うような関係をめざすようになった。

5　現代になり、自意識の衝突を経験してうんざりした人々は、互いにわかり合い信頼できる関係をつくろうとした。

問5　本文の内容に合うものを、次のなかから一つ選び、その番号をマークせよ。

1　神隠しという現象は、何か事情があって山中に生きるようになった人を誤解したことで伝承されるようになった。

2　かつて村の一員だった「サムトの婆」も、ひとたび共同体の枠組みから外れると、「他者」として排除されるようになった。

3　漱石は「自覚心」(自意識)同士の衝突を避けて孤独になり、やがて探偵妄想に苛まれるようになっていった。

4　高浜虚子が「社会」に感じていたのは、単に「他者」への快不快の問題だけではなく、「他者」との共生の感触である。

5　近代小説の基調にある探偵小説に「私」が登場するのは、近代社会における「他者」への恐怖のあらわれである。

です。

（大塚英志『文学国語入門』による。なお一部を改めた）

注　マウントをとる＝相手より優位な立場に立とうとすること。

問1　傍線㋐に「そこに『私』が入っている保証さえありません」とあるが、その説明として、最も適当なものを、次のなかから選び、その番号をマークせよ。

1　心の内は他人にはわからないため、そもそも本当に相手が自分の知らない人なのか確認できない、ということ
2　心の内は他人にはわからないため、そもそも本当にこちらのことに気付いているのか確認できない、ということ
3　心の内は他人にはわからないため、そもそも本当に相手も疑心暗鬼になっているか確認できない、ということ
4　心の内は他人にはわからないため、そもそも本当にこちらのことを考えているか確認できない、ということ
5　心の内は他人にはわからないため、そもそも本当に相手も自分という意識があるのか確認できない、ということ

問2　［A］に入れるのに、最も適当なものを、次のなかから選び、その番号をマークせよ。

1　マウント　2　保証　3　探偵　4　排除　5　理解　6　哲学

問3　傍線㋑に「『他者』はどう違うのでしょうか」とあるが、「異人」と「他者」の違いの説明として、最も適当なものを、次のなかから選び、その番号をマークせよ。

1　「異人」とは辞書的な意味では外国人のことであり、「他者」とは同国の都市空間のなかで出会う存在のことである。
2　「異人」は互いにわかり合えている村に訪ねてくるが、「他者」はみんながわかり合えていない都市に定着している。
3　「異人」とは山中で生きる人を見間違えたものだが、「他者」とは都市に住む人をよく知らないため誤解したものである。
4　「異人」は互いにわかり合っている共同体での異質な存在であり、「他者」とはわかり合っていないなかで出会う存在で

(中略)

人は到底単独では寂寥《せきりょう》に堪へぬ者である。社会を形作つて互に交際し嬉遊《きゆう》してゐるのは其の天性であらう。従て其社会の一員としての人間の義務は、積極的にいへば他人に快楽を与へてやるので、消極的にいへば他人に不愉快を与へてはならぬといふことになる。

(高浜虚子「回礼雑記」『ホトトギス』、一九〇〇年)

虚子は「社会」というものが実感としてわかり始めた、と言います。そしてその「社会」は「他人に快楽を与へ」「不愉快を与へてはならぬ」という約束ごとによって成り立っている、とも言います。ここで「快楽」ということばを文字通り、快不快としてのみ受け止めてしまうとかえって意味が狭くなります。互いに加害しない約束からなるのが社会だと考えていいでしょう。何故なら近代文学の基調にある探偵小説では「他者」は大抵殺人犯として登場します。つまり大袈裟《おおげさ》に聞こえますが、他者への恐怖とは隣人やたった今、目の前にいる人物が突然自分を殺す殺人犯かもしれないという恐怖です。それに対して互いに「他者」同士で加害しないという約束ごとの上で話し合って利害を調整していこうというのが「社会」です。

江藤淳は、虚子が感じた「社会」とは「他者」の感触のことだろうと言っています。「他者」との共生を意識することで「社会」は生まれるわけです。漱石のようにややナーバスになるのか、虚子のように「感触」で済むのかは個人差です。

このように、とにかくも「社会」を「他者」とつくっていかなくてはならないと明治三〇年代、西暦でいえば一九〇〇年前後、つまり一九世紀と二〇世紀の境目のあたりでこの国の文学者たちは一斉に考え始めた、ということです。

このようにして「近代小説」は「私」という「観察」する主体をつくり出しました。つまり「私」とただ語り出すのでなく、「私」が「他者」を観察するという形式を産みます。日本の近代小説はしかしこの「観察」の対象が「他者」からなる社会総体へと広がらず、「私」の周辺の「私」が煩悶《はんもん》する「私」の「内面」の観察に向かう傾向があると言われます。それが「私小説」

神隠しとは「異人」にさらわれることです。さらわれて長い年月の後、老人になって戻ってきた女性は再び去っていきます。実際にはこれはもう少し詳細な話が伝わっていて、サムトの婆は毎年戻ってきたのですが、その度に台風が来るので村の入口に結界を張って入ってこれないようにしたというのです。つまり排除されるわけです。

山中に住む「異人」について柳田國男は何か事情があって山中に生きる人を妖怪と見間違えたのだと考えていました。つまり「異人」とはこのような説話を伝承する村に属さず、その外側に存在する異質な「誰か」です。だから時に恐怖や排除の対象にもなります。「異人」とは、まず互いにわかり合えている共同体があり、その上でそこに属さない人々をいうわけです。それは「差別」を生み出す仕組みにもしばしば作用します。

対して㋑「他者」はどう違うのでしょうか。

相手がブラックボックスの「私」を抱えていて、それ故相手から見れば「私」も「他者」です。そして近代に入って互いに互いを知らない都市空間に「他者」同士で集まります。みんながわかり合っていることが前提であるのが「ムラ」で、わかり合っていないことだけはわかっているのが「近代」です。そして、この「他者」同士が互いに疑いつつ相手を「観察」し、「私」を告白し、どうやら怪しい奴ではないと思い理解しようとするわけです。そこで漱石でいうところの「自覚心」(自意識)の軋轢《あつれき》、衝突も当然、生じます。目でマウントをとることもあるでしょう。それらを含め、それぞれ「私」を互いに調整し合ってかつて彼らが住んでいた㋒「ムラ」とは違う「まとまり」をつくろうとしていきます。それを「社会」と呼びます。つまり「社会」とは人が努力でつくる人工的な関係なわけです。

漱石が探偵妄想に苛《さいな》まれるより少し前、俳人の高浜虚子がこんなことを書き残しているのは注意していいでしょう。

> 昨年の後半に成つていろんな原因から社会といふ感じが強くなつて、斯《こ》ういふことを堅く信ずるやうになつた。其は、自分は人に愉快を与へて貰《もら》ふ権理があると同時に、自分は又人に愉快を与へてやらねばならぬ義務がある、といふことである。

「私」は目の前にいる誰かから「他者」として「A」されることで成り立っているということです。目でマウントをとることに始まり、「立聴《たちぎき》」や「探偵」は全てつまり「私」に向けられた「他者」という視線だということがわかります。このように近代都市空間において「私」もまた誰かの「他者」であり、そこでの「他者」同士が出会い続けるわけです。「他者」同士が相手の心を疑いあうのが近代であり、同じ「文学」の手法にもなるわけです。

ここで少し注意して比べておくべきなのは「異人」という概念です。辞書的な意味では外国人の意味もありますが、民俗学ではこういう意味として使います。

遠野郷の民家の子女にして、異人にさらわれて行く者年々多くあり。ことに女に多しとなり。

（柳田國男『遠野物語』）

「異人」とはこの場合、山中に住む、今でいう妖怪の類です。しかし「異人」の意味するものは「妖怪」そのものではありません。

異人にさらわれて戻ってきた人間も以下のような異人です。

黄昏《たそがれ》に女や子供の家の外に出ている者はよく神隠しにあうことは他《よそ》の国々と同じ。松崎村の寒戸《さむと》というところの民家にて、若き娘梨の樹の下に草履を脱ぎ置きたるまま行方を知らずなり、三十年あまり過ぎたりしに、或る日親類知音《ちいん》の人々その家に集まりてありしところへ、きわめて老いさらぼいてその女帰り来たれり。いかにして帰って来たかと問えば人々に逢いたかりし故帰りしなり。さらばまた行かんとて、再び跡を留めず行き失せたり。その日は風の烈《はげ》しく吹く日なりき。されば遠野郷の人は、今でも風の騒がしき日には、きょうはサムトの婆《ばば》が帰って来そうな日なりという。

（同）

法による調伏を用いた。三条天皇の眼病平癒も阿弥陀護摩懺法の効験であった。

5　六条御息所は気位の高い女性であったが、生霊や死霊として葵の上や紫の上を苦しめたためにその自尊心を破砕された。六条御息所の娘である秋好中宮と光源氏はこのことを大変に悔やんだ。

6　一〇世紀の貴族社会では、病気の治療者として、医師、僧、陰陽師がおり、原因がモノノケの場合には僧が主な治療者となった。その場合、加持や修法、読経などによる調伏、供養を行った。

問10　『源氏物語』を現代語訳した作家、谷崎潤一郎の作品を、次のなかから一つ選び、その番号をマークせよ。

1　千羽鶴　2　春琴抄　3　舞踏会　4　金閣寺　5　高野聖　6　十三夜

二

次の文章を読んで、問いに答えよ。

自分という意識、つまり「私」を互いに持った人間同士がすれ違う。そこで互いに疑心暗鬼になって、相手の心の内を「見つけよう」と必死になる。つまり互いに相手の「心」を探り合う探偵たちの関係が出来上がるというわけです。「目」でマウントをとり合ったり、相手の「心」を互いに探り合って消耗したり、知らない誰かと出会わずにはおれない「近代」とはかくも厄介なわけです。

このように「私」はその相手の考えていることを探らずにはおれない得体の知れない誰かと出会い続けます。現在のSNSでも相手に次々とマウントをとるほど攻撃的になるのは、相手が「恐い」からです。このように近代の都市空間を生きることになった「私」が、そこで出会う「私」というブラックボックス（もちろん、(ア)そこに「私」が入っている保証さえありません）を持つ「誰か」の存在のことを難しく言うと「他者」と表現します。

サルトルという哲学者は人間の存在は「他者」のまなざしによって見られる客体として現われる、と言っています。つまり

1　正妻である葵の上に対しても妻である紫の上に対しても悪さをなすものは光源氏の最大の敵である、ということを表現するため

2　正妻葵の上の死と妻紫の上の病という不遇に、さらに女三の宮をもひきこむのではないかという、光源氏の恐怖を表現するため

3　光源氏が、六条御息所の娘である秋好中宮への伝言があまりにも痛ましいと考え、御息所と同一視しないという配慮を表現するため

4　六条御息所の霊であるのかどうか、光源氏においてさえ、本当のところはよくわからなかったのだ、ということを表現するため

5　光源氏において、妻である紫の上の苦痛の原因が元の恋人の霊だと知られることは具合がよくなかった、ということを表現するため

問8　[E] に入れるのに、最も適当な箇所を、本文中からそのまま抜き出して、四字で書け。

問9　本文の内容に合うものを、次のなかから二つ選び、その番号をマークせよ。

1　一〇世紀の貴族社会では、病気を治療するのに原因がモノノケの場合には僧侶が力を発揮した。藤原道長の場合には藤原顕光などがモノノケの正体であるとわかるまでは加持を行った。

2　六条御息所の教養や美貌に魅了された光源氏であったが、安息を得られないために距離を置くようになった。さらに光源氏は、愛執の念により霊となった御息所をおそれ、我が身本位から強く憎み続けた。

3　六条御息所は気位の高い女性であったが、紫の上を苦しめるモノノケであることが明らかになると、紫の上の成仏とともに自らがモノノケの正体であることを誰にも察知されないよう懇願した。

4　一〇世紀の貴族社会では、病気の治療における僧の威力は絶大なものであり、加持による供養で退散しない場合には修

問1　傍線①、③の読みをひらがなで書け。

問2　傍線②、④のカタカナを漢字に改めよ。楷書で正確に書くこと。

問3　[A]、[B]、[D] に入る語として、最も適当な組み合わせを、次のなかから選び、その番号をマークせよ。

1　A＝調伏　B＝供養　D＝供養　　2　A＝供養　B＝調伏　D＝供養
3　A＝調伏　B＝供養　D＝調伏　　4　A＝供養　B＝調伏　D＝調伏
5　A＝加持　B＝供養　D＝供養　　6　A＝加持　B＝調伏　D＝調伏

問4　次の一文は、本文中の〈１〉〜〈５〉のどこに入れるのが最も適当か。その番号をマークせよ。

もし成仏させられれば、再び紫の上を苦しめることなどないはずである。

問5　傍線㋐に「霊となって源氏の妻紫の上を苦しめた」とあるが、それへの光源氏の対応として最も適当なものを、次のなかから選び、その番号をマークせよ。

1　六条御息所の死霊の願いにもかかわらず、その霊を去らせるべく、大がかりな修法を行った。
2　六条御息所の死霊だとわかったので、その愛執の念を思い、悲嘆にくれて成仏させた。
3　六条御息所の生霊の願いに怯えながらも、その霊を遠ざけるべく、意に介さないふりをした。
4　六条御息所の死霊のことばを、その願いのとおりに、娘である秋好中宮に伝えた。
5　六条御息所の生霊のことばにあわれを感じ、その愛執をおもんぱかり、寄り添った。

問6　[C] に入れるのに、最も適当なものを、次のなかから選び、その番号をマークせよ。

1　やんわりと　2　弱々しく　3　遠回しに　4　恭しく　5　切々と

問7　傍線㋑に「モノノケという語が使い続けられている」とあるが、その理由として、最も適当なものを、次のなかから選び、その番号をマークせよ。

紫の上を苦しめる正体が、かつて粗略に扱い恨みを買った元恋人だというのはどうにも都合が悪かったのである。

結局、御息所の霊は、噂を耳にして心を痛めた秋好中宮の熱心な追善供養によって成仏できた（藤本勝義『源氏物語の〈物の怪〉』）。それにもかかわらず、源氏は、御息所の霊の成仏後も、紫の上の死の直前に至るまで、日常的に調伏のための修法を行わせ続けた。源氏は、供養を懇願されたにもかかわらず、その成仏を願わず、御息所の霊を憎悪し続けていたのである。

調伏によって大いに痛めつける一方で、成仏のための追善供養を行う。『源氏物語』では、光源氏の自己本位な冷徹さを、御息所の霊への［E］対応を語ることによって巧みに描きだしている。

モノノケによる病を患った場合の対処として、調伏か供養かは、その正体によって対処が決められた。ただし、賀静や六条御息所の霊の事例のように、どちらかに重きを置いたうえで両方が行われることもあった。両方が行われた理由は、それが病気を治す上で最も有効だと判断されたからに他ならない。病人（及びその周囲の人間）と霊との関係性によって、治病のために最良だと考えられる方法が採られていた。

（小山聡子『もののけの日本史』による。なお一部を改めた）

注　印契＝両手の指をさまざまに組み合わせて宗教的理念を象徴的に表現すること。
真言＝密教で、真理を表す秘密のことば。　律師＝僧正、僧都に次ぐ僧の位。
中宮＝天皇の后《きさき》。　忿気＝怒り。いきどおり。
阿弥陀護摩懺法＝阿弥陀如来を本尊として、護摩木を燃やし、火中に五穀などを投じて行う懺悔《ざんげ》の方法。
聖天＝仏教を守護する善神。　北の方＝公卿などの妻の敬称。　ヨリマシ＝神霊が取りつく人間。
斎宮＝伊勢神宮に奉仕した未婚の皇女または女王。

て自分を苦しめるだけです、と［C］訴えたにもかかわらず、である。『源氏物語』が書かれた摂関期では、モノノケが去らないと根本的な解決に至ったとは考えられなかった。六条御息所の霊は、［D］され正体を露わにしたものの、去りはしなかった。それによって源氏は、その後も御息所の霊に怯《おび》え続けなくてはいけなくなったのである。

光源氏には、成仏できず苦しむ御息所の霊への同情はない。せめてもの罪滅ぼしにと面倒を見続けていた秋好中宮の世話も④ウトましくなってしまったほどであった。

しかし、光源氏は死霊の懇願を完全に無視したわけではなく、供養もしている。

源氏は、紫の上の容体が小康状態となったので、御息所の霊の供養に踏み切ったことになる。容体が落ち着いてきたので、霊に対する態度を軟化させたということになるだろう。ただし、態度を軟化させて供養をしつつも、調伏をやめはしなかった。〈　4　〉

ちなみに源氏は、御息所が成仏できずに苦しんでいることを、中宮に告げなかった。当然のことながら、御息所の霊から依頼された中宮への伝言もしていない。伝言をすれば、源氏のせいで成仏できていないとばれてしまうからである。『源氏物語』「鈴虫《すずむし》」で、「かの院にはいみじう隠したまひけるを、おのづから人の口さがなくて伝へ聞こしめしける」（〔六条御息所の霊が現れたことを〕光源氏はたいそう隠していらっしゃったけれども、自然と世間の口はやかましくて人づてにお聞きになられました）と語られているように、源氏はモノノケの正体について、誰にも察知されないよう努めていたのであった。〈　5　〉

『源氏物語』では、モノノケの正体が六条御息所の霊だと判明した後も、「もののけの罪救ふべきわざ、日ごとに法華経一部づつ供養せさせたまふ」（モノノケの罪を救うための営みとして、毎日『法華経』一部ずつの供養をおさせになった）などのように、㋑モノノケという語が使い続けられている。『源氏物語』が書かれた時代には、モノノケは、あくまで霊の正体が明らかではない段階で用いる語であった。あえて六条御息所の霊を、モノノケと表現することによって、光源氏がその正体について他言しなかったこと、さらには源氏以外の人間はモノノケの正体をはっきりと知らなかったことを示したのだろう。源氏にとっては、嫉妬心により、はからずも御息所の体から抜け出て葵の上を殺してしまう。

　さらに御息所は、死後、光源氏への愛執によって成仏できず、㋐霊となって源氏の妻紫の上を苦しめた。〈　１　〉『源氏物語』「若菜下」では、紫の上が御息所の霊の仕業によって息を引き取ったと語られている。この時、光源氏は、北の方である女三《おんなさん》の宮《みや》のもとにおり、紫の上の居所である二条院を留守にしていた。光源氏は紫の上の③訃報を聞き、すぐに二条院へと向かった。そして、御修法の壇を片付けている僧侶たちを止め、モノノケの仕業である可能性があるとして、加持を行わせたのである。すると、数か月の間全く正体を現さなかったモノノケが調伏されてヨリマシの童に憑依し、紫の上は息を吹き返した。

　紫の上を苦しめていたモノノケの正体は、六条御息所の死霊であった。六条御息所の霊は、「人はみな去りね。院一《ひと》ところの御耳に聞こえむ」（ほかの人は皆去ってください。院お一人のお耳に申し上げたいのです）と告げて源氏以外の者を退出させ、源氏のみとの対話を要求した。〈　２　〉そして霊は、源氏への愛執のあまりの強さにより成仏できなかったことを告白し、源氏が紫の上のために骨身を削るようにして悲嘆にくれている様を目にして、つい正体を露《あら》わにしてしまった、と語ったのである。この時、御息所は光源氏に次のように懇願している。

　今となっては、私の罪が軽くなるようなことをなさって下さい。修法や読経と騒ぎ立てることは、私の身には苦しくつらい炎となってまつわりつくばかりで、全く尊い声も耳に入らないので、本当に悲しい限りです。中宮にもこのことをお伝え下さいませ。決して御宮仕えの間に、他人と競ったり嫉妬心を起こしたりしてはなりません。中宮が斎宮《さいぐう》でいらっしゃった時の御罪が軽くなるような功徳を必ずなさいますよう。本当に悔やまれることでした。

　御息所の霊は、自分を責め苦しめる修法や読経による調伏ではなく、成仏のための供養をしてくれるよう源氏に哀願し、自身の娘秋好《あきこのむ》中宮《ちゅうぐう》への伝言も源氏に託している。かつては熱心に通った元恋人からの懇願である。〈　３　〉ところがなんとしたことか、光源氏は自分への愛執により成仏できていない霊に同情して供養に専念するどころか、痛めつけて退却させるために以前よりもさらに大がかりな修法を行った。御息所の霊が光源氏による修法や読経が苦しくつらい炎となっ賀静の霊はこう語った。

先日、座主に任じられるように申請しました。しかし、その要求を聴いた現在の座主慶円の忿気《ふんき》は極まりありません。主上（三条天皇）の御為に必ず怨霊となるでしょう。私よりも勝るでしょうか。今となっては、私も悪心《あくしん》がだんだんなくなり、仏道に帰しています。延暦寺の私の旧房で阿弥陀護摩懺法《あみだごませんぼう》を修してください。天台座主に任じられることは②アキラめます。ただ、僧正の位を賜《たまわ》りたいです。

このように、賀静の霊は供養を要求した。

その後も、天皇の眼病は一進一退を繰り返し、二七日に心誉が招かれて加持をしたところ、今度は聖天《しょうでん》が現れ、「御邪気」はよく調伏されたけれども、最近 A を怠っていたので祟ったのだ、と述べたという。「御邪気」とは賀静の霊を指す。つまり、賀静の霊が次第に「悪心」がなくなり仏道に帰していると告白し、供養の要求がなされたのちも、 B は続けられていたことになる。

賀静の霊が要求した阿弥陀護摩懺法が行われたかどうかは不明である。しかし、賀静から要求のあった僧正の位は、六月一九日に追贈されている。要するに、僧正の位を与えて霊を慰撫《いぶ》しつつも、調伏し続けるという矛盾した行いがなされていたことになるだろう。

文学作品にも、悪さをなす霊への対処に関して、詳しく語られている。たとえば『源氏物語』の、光源氏の若かりし日の恋人、六条御息所の生霊《いきりょう》や死霊に関する語りに注目してみたい。六条御息所は、亡き東宮の妃で非常に気位の高い女性であった。光源氏は、六条御息所の教養の深さや美貌に強く魅了されたものの、安らぎを得ることができず、次第に距離を置くようになる。光源氏が他の女性のもとに通うようになり、御息所の自尊心は打ち砕かれ、源氏を恨むようになっていく。その後、御息所は、かねてより源氏から不仲であると聞かされていた源氏の正妻葵《あおい》の上《うえ》の懐妊を知る。葵の上の出産の折、御息所の魂は、強い愛執とそもそも加持とは、仏典では仏菩薩《ぶつぼさつ》や優れた人物が超自然的な力によって強烈な影響を与えて変化を引き起こすことである。相手の至福を目的とすることが多く、時には屈伏を目的とすることもある。修法は、行者が仏と一体となり、仏の力を様々な目的のために①回向する儀式を指す。加持の理論を実践したものが修法であるから、本来、加持と修法は一体のものである。ところが古記録をはじめとする史料では、加持と修法は区別して用いられている。そこでは、病人の近くで印契《いんげい》や真言《しんごん》などを用いて仏の力を与えることを加持、一方、壇をもうけて本尊を安置し招福や調伏のために行われる祈禱《きとう》を修法と呼ぶ。

モノノケが病気の原因だと判断された場合、僧侶の加持などによって調伏がなされていた。では、モノノケの正体が明らかになった後についてはどうだろうか。藤原道長は、中関白家《なかのかんぱくけ》に関わる霊や藤原顕光《あきみつ》、延子《えんし》をはじめとする霊に悩まされ、彼らがモノノケの正体であると判明した後も、調伏し続けていた。

ところが、そのような事例ばかりではない。モノノケの正体によっては、調伏ではなく、供養された事例も多くある。つまり、供養し成仏させることにより、悪さを防ごうとしたのである。病気治療の手段としては、悪さをなした霊の供養も有効だと考えられた。

たとえば、三条天皇（九七六〜一〇一七）がモノノケの仕業によって眼病を患った時の対応について見ていこう。

三条天皇は、自身の病の原因について、「邪気《じやけ》」の仕業だと考えていた。五月七日、藤原実資《さねすけ》は、養子の資平《すけひら》から密かに、天台僧の心誉《しんよ》が三条天皇を悩ませるモノノケに憑依《ひようい》された女房に加持をした際、賀静《がじよう》（八八七〜九六七）と藤原元方《もとかた》（八八八〜九五三）の霊が現れたという話を聞いている。賀静は、のちに天台宗の中興の祖とされた良源《りようげん》との争いに負け、天台座主《てんだいざす》（比叡山延暦寺《ひえいざんえんりやくじ》の住持で、天台宗一門を総監する僧職）の座を逃し、律師の位のままで亡くなった僧である。一方、藤原元方は、娘が村上《むらかみ》天皇の更衣となり第一皇子広平《ひろひら》親王を産んだものの、藤原師輔《もろすけ》の娘で中宮の安子《あんし》が憲平《のりひら》親王（のちの冷泉天皇）を産んだために、広平親王を皇太子にすることができなかった。その後、元方は亡くなり、安子や冷泉院らに祟《たた》り、苦しめたと恐れられていた。冷泉の息である三条の眼病の原因が、賀静や元方の霊であるのは、説得力があったのだろう。

国語

（八〇分）

解答に字数制限がある場合には、句読点・カッコも一マスとすること。
受験学部・受験方式によって、解答すべき問題を指定しているので注意すること。

学部個別配点方式	文学部以外	一　二　三
	文学部※	一　二　三　または　一　三　四
英語重視方式	APU	一　二　三

※文学部は二（現代文）と四（漢文）が選択問題。両方とも解答した場合は高得点の方を採用。

一　次の文章を読んで、問いに答えよ。

古代、病気は、身体の陰陽不調によるとされ、その要因として一〇世紀の貴族社会では、病気を治療するときに、医師、僧、陰陽師の三者を治療者とすることが一般的であった。中心となる治療者は、病気の原因によって決められていた。たとえば、原因がモノノケの場合には僧が主な治療者となり加持《かじ》や修法《しゅほう》、読経《どきょう》などによって調伏《ちょうぶく》する役割を担っていた。調伏とは、屈伏させて正体などを、白状させることをいう。

解答編

英語

I　**解答**　〔1〕 (A)—(1)　(B)—(1)　(C)—(1)　(D)—(4)
〔2〕 (1)—3　(2)—3　(3)—2　(4)—3　(5)—1
〔3〕—(4)

◆全　訳◆

≪職場で仲良くなるのは難しいが，それだけの価値はある≫

私たちの大半は，職場に親友はあまりいない。私たちは，一緒に働く人々の大半を，同僚，あるいは知らない人と考えている。平均すると，職場には5人，友人がいるが，たいていは彼らを一番近しい関係の輪に含めることはしない。事実，イェール・スクール・オブ・マネジメントの研究によれば，たった15％しか「真の友」の定義を満たしていない。別の言い方をすれば，大半の人々は，実際は職場には本当の友人が一人いるにすぎない。どうして職場で友人をもつのがこれほど難しいのだろうか。そして，そんなに難しいのなら，そこまでの価値があるのだろうか。

被用者は，職場で誰と付き合うかの選択肢があまりないことがよくある。チームメイトや職場の隣どうし，上司はしばしばあてがわれる。職場関係のこの特徴が，職場で仲良くなる方が「自然の状態で」仲良くなるのより難しい理由の一つである。職場が友情に好ましくないもう一つの理由は，そこに取引的な性質があるからである。給料と引き換えに，被用者は一定時間働くことや一定の品質の製品を作ることに同意する。しかし，友達の間では，友人に手を貸すのは必要があるからであって，何か見返りを期待しているからではない。

仕事生活は，第一義的には，お金を稼ぐといった実利的な目標の追求であるが，一方友情は，愛，喜び，悲しみの分かち合いといった感情が中心である。実際，お金と社会的な関係とは，ビクトリア大学の心理学者，フレッド=グラウゼット先生たちによれば，相反する価値なのである。研究では，中でもオーストラリアやエジプト，中国，米国，韓国の大学生1,854名に，57の異なる目標が自分にとってどれだけ重要かをランク付けしてもらった。目標は多岐にわたっており，安全，人気，自己受容，地域社会といったものが含まれていた。回答に基づき，研究者は図表を作成した。同じようにランク付けされた目標，例えば健康や安全といった目標は，まとめて置かれた。異なるランク付けの価値（一方が大切でも，他方はそれほど大切でない）は，図表上で離れるように置かれた。調査結果を基に，研究では財産的な成功と人的交流は，文化を問わず対立する価値となりうるという結論が得られた。

さらに，数十の心理学の実験によって，お金のことを考えたり，実際に触れたりすることで，寛容でなくなったり，援助を惜しんだり，付き合いを避けがちになったりするということがわかった。幸福感が最も強くなるのは，人と交流しているときである。しかし，単にお金のことを話すだけで，優先順位が変わりかねないと，UCLAのキャシー=モジルナー=ホームズ教授は語る。ホームズ教授は成人318人に3分間で，特定の一連の単語からできるだけ多くの3語文を作ってもらった。研究の被験者の一部は，「価格」といったお金に関係する単語を与えられた。一部は「時計」といった時間に関係する単語を与えられた。3つ目の集団は中立の単語を与えられた。作業後，面接を受けたとき，お金に関係する単語を使った集団は，時間とか，「靴下」といった無作為のものに関する単語を使った集団に比べ，人付き合いより仕事をする可能性の方が高いと答えた。

実は，職場の友情が減っていることは，一つには仕事のもつ取引的な性質がどんどん高まっていることで説明できると，ウォートン・スクールのアダム=グラント教授は語る。歴史的には，仕事と個人的な生活が重なり合うのは，はるかにありふれたことだった。1985年には，米国人のほぼ半数は職場に親友がいた。2004年までには，職場に友人がいると報告した人は，30％だけだった。世代を比べるなら，1976年に高校を卒業した人の54％は，友人のできる仕事を見つけることに，価値を置いていた。1989年から1993年の間に卒業したジェネレーションX世代の人たちの間では，48％であった。ミレニアル世代の人たちの間では，41％まで落ちてしまう。同時に，余暇に置かれる価値は一貫して増した。1976年から2006年までにほぼ2倍になっている。グラント教授が書いたとおり，「仕事を主に余暇のための手段とみなすと，職場外での友情を育む時間をもつには，効率を優先すべきと，自分に言い聞かせるのはやさしい」。ますます，人々は休暇が取れるように働くようになる。実利性と感情の間の対立のせいで，人々は職場で友人をつくることをすっかり避けてしまったり，廊下で親しげにこんにちはと言われることに，秘めた動機があるのではないかと勘ぐってしまったりするようになりかねない。またそのせいで，仕事の友人関係を調整したり維持したりするのが難しくなりかねない。

そうは言っても，職場に友人は不可欠である。調べはついている。職場に友人がいると，いいことがある。職場に親友がいると報告する被用者は，効率が上がり，仕事の満足度も上がり，職場で事故を起こす可能性は低くなる。仕事仲間どうしの社会的支援が仕事のストレスを軽減し，仕事と時間の圧力に対処するのに役立ち，仕事と家庭の対立を軽減し，極度の疲労を防ぐのに役立つ。とはいえ，こうした恩恵の大半は，親友が職場に数人いることから生じるのである。あらゆる人々と友人になる必要はない。一人か二人の親友でいい。仕事の実利的な性質と，職場の友人から必要としている感情的な結びつきとの間に生じる緊張の多くを克服する一つの方法は，仕事とそうでないものとを，はっきりと区別しておくことである。しかし，単なる親しげなおしゃべりである会話をするようにしたり，議題抜きで挨拶を交わす電子メールを送ったりすれば，それが確実に職場の友人を友人のままにとどめるのに役立ってくれるのである。

◀解　説▶

〔1〕 (A) 「ホームズ教授の実験では，お金に関連した単語を使った人々は他の二つの集団とどう違っていたか」 ホームズ教授の実験結果に関しては，第 4 段最終文（When interviewed after …）に「お金に関係する単語を使った集団は，…人付き合いより仕事をする可能性の方が高いと答えた」とある。選択肢はそれぞれ，

(1)「彼らは，自分の仕事をする方に集中した」

(2)「彼らは，職場の友情の方に集中した」

(3)「彼らは，自分の単語の意味の方に集中した」

(4)「彼らは，どれだけのお金を受け取れるかの方に集中した」

の意味だから，正解は(1)に決まる。

(B) 「本文で言及された世代はどのように異なるのか」「世代」に関して

は，(注) 5・6 を含む第 5 段第 5 ～ 7 文（If we compare … 1976 to 2006.）に「若い世代になると，職場の友人関係を尊重しなくなり，余暇を大事にするようになる」という趣旨の記述がある。選択肢はそれぞれ，

(1)「年長世代の方が，職場に友人がいる」

(2)「若年世代の方が，職場での効率は悪い」

(3)「年長世代の方が，自由時間を尊重する」

(4)「若年世代の方が，職場で友人を見つけやすいことに気づく」

の意味だから，正解は(1)であるとわかる。

(C)「職場で友人をもつことから生じるどんな恩恵に筆者は言及しているか」「職場の友人の恩恵」に関しては，最終段第 3・4 文（Employees who report … guard against burnout.）に記述されている。選択肢はそれぞれ，

(1)「被用者は過労で苦しむことにはなりにくい」

(2)「被用者は余暇の方を高く評価するだろう」

(3)「被用者は給料がより高くなりそうである」

(4)「被用者は仕事と私生活とをはっきり区別できるだろう」

の意味である。(1)以外は，利益として本文に挙げられていない。

(D)「ともに働く人々と仲良く友達になるのが難しい理由を説明するのに，言及されていない一つの理由は何か」「同僚が友人になりにくい理由」に関しては，第 3 段以降に研究結果が述べられているが，それより前の記述も参照する必要がある。選択肢はそれぞれ，

(1)「労働者は，ともに働く人を選べない」

(2)「職場の人間が秘めた動機をもっているかどうかわからない」

(3)「仕事の目的と友情の本質とは，対立しうる」

(4)「異なる世代の人々と仲良くなるのは難しいかもしれない」

の意味である。(1)は第 2 段第 1 文（Employees often don't …），(2)は第 5 段最後から 2 文目（The conflict between …），(3)は第 3 段第 1・2 文（Work life is … and his colleagues.）に言及されているため，正解は(4)だとわかる。

〔2〕(1)「人々は，職場に友人がいれば安い給料を喜んで受け入れる」本文には「安い給料」に関する記述はないから，どちらとも判断しかねるというしかない。

⑵「東アジア諸国出身の人々は，他の人より自己受容を高くランク付けした」 第 3 段第 3・4 文（The research asked … acceptance, and community.）に自己受容を含む調査に関連する記述があるが，その結果についての記述はないので，どちらとも判断しかねる。

⑶「ホームズ教授は被験者に 3 分間で 3 つの文章を作るように依頼した」第 4 段第 4 文（Holmes gave 318 adults …）の，3 分間でできるだけ多くの 3 語文を作るように依頼したという内容に不一致。

⑷「年長の世代の人々は，若いときに今日の若者よりもお金を多く稼いだ」 第 5 段第 3 ～ 7 文（In 1985, … to 41 %.）に，世代の変化の記述があるが，賃金の変化の記述はない。よって，どちらとも判断しかねる。

⑸「本文によれば，職場に親友は一人いれば十分である」 最終段第 5 ～ 7 文（Most of these … two close friends.）の記述に一致する。

〔3〕 選択肢はそれぞれ，

⑴「仕事生活にはさまざまな，変わりゆく目標がある」

⑵「友情は心の健康に不可欠である」

⑶「職場の友情は世代によって変わっていく」

⑷「職場で仲良くなるのは難しいが，それだけの価値はある」

⑸「職場の友人は重要だけれど，自由時間でも見つけられる」

という意味。第 1 段最後の 2 文（Why is it … even worth it?）で，どうして職場で友人をつくることが難しいのか，その価値があるのかが問題提起され，第 2 ～ 5 段（Employees often don't … maintain office friendships.）で職場で友人をつくる難しさについての理由や考察が述べられ，最終段では第 1・2 文（Having said that, … friends has benefits.）にあるように，職場で友人をつくることによる恩恵が述べられている。したがって，本文の内容に最も近いのは，⑷だと判断できる。

II　解答

〔1〕 (A)—(2)　(B)—(1)　(C)—(4)　(D)—(3)　(E)—(3)
(F)—(4)　(G)—(2)　(H)—(2)

〔2〕 ㋐—(2)　㋑—(3)　㋒—(1)　㋓—(1)　㋔—(3)

◆全　訳◆

≪ロボット繁殖技術で人間は別世界に行けるか≫

世界中のロボット工学研究室の奥深くに隠れて，新世代の高知能マシン

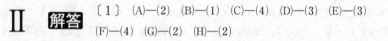

が繁殖，進化するようになりつつある。人間とちょうど同じように，こうしたロボットは新形式の自分自身を「生み出」し，それぞれが前世代より優れたものになれるのである。それらは正確で，効率的で独創的である。そして，科学者が言うには，いつの日か人類を救うのに役に立つだろうというのである。何かSF小説から出てきたもののように聞こえるかもしれないが，ロボットの進化は，数学者のジョン=フォン=ノイマンが1949年にどうやって機械が自己を複製できるのかを示して以来，真剣に探査されてきた分野なのだ。

EUとイギリスの大学の研究者は，これまでの4年間と多額の資金を，ロボットのコロニーを設計，建造するための完全に自律的な最初のシステムに取り組むのに費やしてきた。彼らはそうしたロボットを宇宙に派遣して，遠くの惑星を探索し，宇宙に人間が暮らす生息地を建造するのを想定してきた。特定の環境にふさわしいとわかっている2台のロボットがその「遺伝子」，すなわち，この場合であれば，そのコンピュータコードを結合して，両「親」の最も優れた特徴をもつ3Dプリントされた「子ロボット」を生み出そうという考えなのである。「私たちがしていることを，一番よく説明するのは，実際にロボットを『繁殖させ』ようとしているということだと思います」と，アラン=ウィンフィールド先生は語る。先生は，西イングランド大学のロボット倫理学教授である。「そのシステムは基本的に二つの成功した親ロボットの『DNA』を混合して，新たな子ロボットの設計を生み出し，次に部品をすべてプリントし，人間は全く参加せずに自分で完全に組み立てることになるでしょう」と，エジンバラ・ネピア大学のエマ=ハート教授は説明する。

オートノマス・ロボット・エボルーション計画（ARE）の一部として，研究チームはロボファブという名の完全に自律的なシステムを作成したが，それはまさしくそのように作動するのである。生み出されたそれぞれのロボットには，仮想世界の中で急速に進化するデジタルのクローンがあり，その一方，それと対応する実物の方は，現実の世界の環境で検査を受ける。新世代のロボットは次に，仮想世界の「母」と現実世界の「父」の最も成功した特徴を，仮想世界の両親，現実世界の両親からのものも加えて，結合した後に，3Dプリントされる。「そうしたことすべてが一つの箱の中で，工場みたいに起こるのが思い浮かべられるでしょう」と，ハート教授は語る。「この工場を宇宙に送り出すことができるのです。ロボットを事前に設計し，到着したら作動してくれるように願うほかないというのではなく，工場にロボットを設計させ，それを作らせ，実際に検査するようにさせるのです。そこにいるうちにね。動かないロボットはリサイクルして，それから前世代より優秀な新たなロボットを作ることになるでしょう」

ケンブリッジ大学は，自分の「子ども」を作って，どれが一番出来がよいかを検査し，それからその設計を修正することができる「母」ロボットを作り出すことで，同じような手法を用いてきた。そうした技術は，火星探査から小惑星で鉱物を採掘することや，人間を伴う必要なしに宇宙に人間の暮らす生息地を建造することまで，ありとあらゆることに役立ちうる。NASA はすでに ARE 計画の諮問委員会の席に着いて，その技術の可能性を探ろうとしている。その研究者は，自己複製ロボットが深海に潜って沖合の油田掘削機を建造している間だけでなく，探索救助任務を果たす場合にも役立ってくれたらよいと願っている。

しかし，ロボットの繁殖に関してはまだ大きな問題がある。今のところ，約 6 台のロボットが日々プリントできるが，基本的な既製のセンサーが堅牢な「骨格」に配線されるのが特徴である。ロボットのアームは，ときにセンサーのいくつかを電池につなぐのに苦労し，配線が絡み合い，人間の助力が必要になる。3D プリント技術や，自動組み立て，電池の急速な進歩によって，こうした問題はすぐに解決され，既存のどの火星探査車をもはるかにしのぐ機械が作りやすくなるだろう。例えば，3D プリンターは，かつては低品質のプラスチックの試作品を作るのに使われていたが，さまざまな素材を使いながらプリントすることがどんどんできるようになっている。こうしたことでロボットはプリント過程に配線を組み込むことができるようになるだろう。そのうちに，センサーと電池がもっと軽くなれば，探査救助活動の間に，狭い場所に這うように入ることができる小型化したロボットの製作が可能になるだろう。そこには，今の探査車は大きすぎて入れないのである。

ウィンフィールド先生が警戒している一つの技術的な進歩は，人工知能（AI）である。「私たちはすでに，どのように AI が作動しているのかを人間が本当に理解できる地点を過ぎてしまいましたが，それは問題です」と，先生は語る。「技術者として，自分が何を作ったのか，理解できていないといけない…。研究室ではそれでいいのかもしれませんが，現実の世界では大変危険だろうと思います。何が起きるのか，全然わからないわけですから」

AI技術者のジョージ=ザルカダキス氏は，さらに「ロボットをどれだけ制御するのでしょうか。これは，答えを出しておかなければいけない重要な問題です。たとえば，ロボットを小惑星帯に派遣して，小惑星を採掘させるとしましょう。ロボットが進化していくうち，自分の仕事を実行する最善の方法は地球軌道上に小惑星を放り込むことだとわかったらどうでしょう。それを私たちに防げますか」と語る。最終的に，自己複製マシンを創出する利益が，危険を補ってなお余りあるのかどうか，世界は決断しなければならなくなるだろう。もし私たちがいつか地球以外の惑星に住むことになるのなら，生き延びるにはロボットコロニーに頼るしかないのかもしれない。

◀解　説▶

〔1〕 (A) 空所を含む部分は「これまでの4年間と多額の資金を，ロボットのコロニーを（　　）するための完全に自律的な最初のシステムに取り組むのに費やしてきた」の意。直後の「そうしたロボットを宇宙に派遣して，遠くの惑星を探索し，宇宙に人間が暮らす生息地を建造する」という記述から，「ロボットに人間の居住地を作らせようとしている」ことがわかる。選択肢はそれぞれ，(1)「～を使うことで地球を防衛する」，(2)「～を設計し，建造する」，(3)「～から人間を守る」，(4)「～の歴史を研究する」の意であるから，(2)が内容に最も適しているとわかる。

(B) 空所を含む部分は「私たちがしていること（　　）は，実際にロボットを『繁殖させ』ようとしているということだ」の意。よって，「私たちがしていること」とは，「ロボットの繁殖である」という意味になるような語句がふさわしいとわかる。選択肢はそれぞれ，(1)「～の一番よい説明」，(2)「～の小部分」，(3)「～の道徳的な問題」，(4)「～の予期しない結果」の意。上記の検討から，正解は(1)に決まる。

(C) 空所を含む部分の直後に「自分の『子ども』を作って，どれが一番出来がよいかを検査し，それからその設計を修正することができる『母』ロボットを作り出す」とあり，それは，第3段第2～4文（Each of the … says Hart.）に述べられているARE計画のチームの，最も優れた性質を

選んで自律的に繁殖を行うようにするのと同様の方法である。選択肢はそれぞれ,

(1)「ロボットの繁殖という考えに反対してきた」

(2)「繁殖過程を完成した」

(3)「正反対の取り組み方をした」

(4)「同様の方法を使った」

の意。よって，正解は(4)である。

(D)　空所を含む部分は「NASA はすでに ARE 計画の諮問委員会の席に着いて,（　　　）を探ろうとしている」の意。空所直前の文（Such techniques could …）に「そうした技術は，…ありとあらゆることに役立ちうる」とあるのだから,「その技術がどう役立つのか（を探ろうとしている)」と補えるとわかる。選択肢はそれぞれ,

(1)「その計画を始める方法」

(2)「宇宙飛行士の安全性の条件」

(3)「その技術の可能性」

(4)「火星の地表の特徴」

の意であるから，上記の検討に合致するのは(3)である。

(E)　空所直前の第4段（Cambridge University …）には，ロボット繁殖技術の可能性とそれへの取り組みが述べられているが，空所に続く部分は「ロボットの繁殖に関してはまだ大きな問題がある」であるから,「だが」で始まるのがふさわしい。選択肢はそれぞれ，(1)「加えて」，(2)「代わりに」，(3)「しかしながら」，(4)「それゆえに」の意であるから，(3)が正解である。

(F)　空所を含む部分は「探査救助活動の間に，（　　　）ことができる小型化したロボットの製作が可能になるだろう」の意。小型化したロボットに何ができるのかを考える。選択肢はそれぞれ,

(1)「たくさんの人々を運ぶ」

(2)「人間とよりうまく意思疎通する」

(3)「極端な気温に対処する」

(4)「狭い場所に這うように入る」

の意。よって，正解は(4)になる。

(G)　空所を含む部分は「ロボットをどれだけ（　　　）でしょうか」の意。

この引用文の中の具体的な例（Let's say, for … of Earth's orbit.）と末尾に「それを私たちは防げますか」とあることから考える。選択肢はそれぞれ，

(1)「～に大望をもっている」

(2)「～を制御する」

(3)「～を建造する意欲をもっている」

(4)「～に財政上の投資をしている」

の意であるから，具体例にあるようなロボットの暴走を「防ぐ」ためにふさわしい内容の解答は(2)だとわかる。

(H)　空所を含む部分は「（　　　）する利益が，危険を補ってなお余りあるのかどうか，世界は決断しなければならなくなるだろう」の意。第5段（ (E) ，there are …）までの，自己繁殖機械に対する期待と，第6段（One technological …）および第7段第1文（George Zarkadakis, an …）のAIについて何が起こるか人間はもはや十分にわからず，暴走する危険があるという内容から，「自己繁殖するマシンの利益と危険を天秤にかける」という趣旨だと読み取れる。選択肢はそれぞれ，

(1)「より大きなロボットを作ること」

(2)「自己複製マシンを創出すること」

(3)「新たな小惑星を発見すること」

(4)「低い地球軌道を研究すること」

の意であるから，正解は(2)だとわかる。

〔2〕(あ)　下線部(あ) the last の具体的な内容はその直前の new versions of themselves に対応した the last version of robots「前世代のロボット」である。選択肢はそれぞれ，

(1)「最終形式のロボット」

(2)「前の形式のロボット」

(3)「進化過程の最終段階」

(4)「進化過程の前段階」

という意味。ここでの last の意味は「直前の」であり，正解は(2)である。

(い)　該当部分は「それはまさしくそのように作動するのである」という意味。do that は直前の内容（has created a fully autonomous system）を受けるから下線部(い)の具体的な意味は，「完全に自律的なシステムを生む」

であり，それはつまり「ロボットが人間なしにロボットを作る」ことを意味している。選択肢はそれぞれ，

(1)「デジタル信号を送出する」

(2)「宇宙居住地を建造する」

(3)「人間の手を借りずにロボットを作る」

(4)「ロボットを繁殖させることの倫理を調査する」

という意味だから，上記の検討に合致するのは(3)だとわかる。

㋒　該当部分の while there は，先行する You could send this factory to space と it works when it arrives (in space) を受けて，… test them out while there（＝in space）となっていることをつかめるかどうか。選択肢はそれぞれ，(1)「宇宙で」，(2)「地球で」，(3)「その箱の中で」，(4)「仮想世界で」という意味だから，正解は(1)ということになる。

㋓　these の指示対象を答えればよい。直前の文（The machine's arms …）には「センサーのいくつかを電池につなぐのに苦労し，配線が絡み合い，人間の助力が必要になる」とあることから考える。選択肢はそれぞれ，

(1)「配線に関する困難」

(2)「人間に対する潜在的な危険」

(3)「電池の寿命に関わる問題」

(4)「3D プリンターの改良の速度に関する問題」

という意味。よって，上記の内容に一致しているのは(1)だとわかる。

㋔　この問題も that の指示対象を答えればよい。直前部分（"We've already passed …）には「どのように AI が作動しているのかを人間が本当に理解できる地点を過ぎてしまった」とあることから考える。選択肢はそれぞれ，

(1)「あまりに多くの人々がどのように AI が作動しているのかを知っているということ」

(2)「AI は研究室と現実世界とを混同することになるということ」

(3)「AI の進歩は人間の理解を超えてしまったということ」

(4)「AI を開発することに関して人間は十分警戒してこなかったということ」

という意味。よって，上記の検討に合致している(3)が正解である。

Ⅲ 解答

〔1〕 (あ)—(5)　(い)—(9)　(う)—(6)　(え)—(8)

〔2〕 (か)—(9)　(き)—(7)　(く)—(5)　(け)—(8)

◆全　訳◆

〔1〕 ≪山でハイキング≫

A：「ここでちょっと休もうよ。休憩にはいいところみたい」

B：「そうね。休もう。でも，早くしないとね。少なくとももう３時間かかるよ。日没までにまた下りるには」

A：「そこ，大事大事。この道を暗くなってから引き返すのは，とても怖いだろうから」

B：「絶対そう。実は，数年前そうなっちゃってね」

A：「ほんとに？　この山で？」

B：「いや，この山じゃない。マレーシアで休みにハイキングしたんだよね。日本に比べて，そこがどれだけ早く暗くなるのかわかってなくてね」

A：「そりゃそうだよね。赤道に近いんだよね？　１人で行ったの？」

B：「ありがたいことに，違ったね。友人連中と休みを取ってたわけね。でも，誰一人，ハイキングに詳しい人がいなくて，だからやっぱりめちゃくちゃ怖かった。日が沈んじゃったあと，何回か道に迷って。スマホ，どれもネットにつながってなくって。誰も紙の地図を持ってこようなんて思ってなくてね」

A：「それってもう，ちゃんと準備してないってことじゃない。山で寝なきゃいけなくなったの？」

B：「そんなことはない。最後にうまく本道が見つかったわけ。十分な食べ物も水も持ってなかったから，ほんとついてた。皆もう，ほっとしたんだよ，とうとう村の光が見えたときはね」

A：「そうでしょうとも！　その誤りをまた，しでかしたりはしないでしょうね」

B：「絶対ないです。ん，そういや，そろそろ出発した方がよくないかい。さもないと，また例の二の舞いになるかもよ！」

〔2〕 ≪図書館内にて≫

A：「どうも。この町に引っ越してきたところです。図書館カードを申し込みたいのですが。何が必要か，教えてください」

B：「2種類の身分証明書をお持ちですか。現住所がわかるものも必要です」

A：「待って。身分証明書はあるけれど，現住所が載っているものはないんですが」

B：「では，現住所を証明できるものを持って，もう一度来ていただかないといけません」

A：「ちょっと待って！　アパートの契約書はどうでしょう。新しい住所，書いてありますし。それならいいですか」

B：「名前が書いてあれば，大丈夫ですよ」

A：「はい，免許証，学生証，それから，新しい契約書も」

B：「はい，結構です。この書類に記入してください」

A：「ありがとう。あそこの空いている机を一つ，書くのに使ってもいいですか」

B：「はい。ご記入の間に書類のコピーを取らせてくださいね」

A：「かまいません」

〔数分後〕

B：「こちらが，仮の図書館カードです。正式なカードの発行まで，これでどうぞ。新しい住所に郵送でカードはお届けします。たいてい，1週間程度かかります」

A：「じゃあ，本を借りられるんですね。このカードで，今日からでも」

B：「もちろんです。図書館の地図はご入り用ですか」

A：「それはありがたい。いやあ，いろいろと本当に助かりました。ありがとうございます」

◀解　説▶

〔1〕 ㋐　Aの休息しようという提案に対する，Bの，いったん肯定してからの発言であり，直後の「少なくとももう3時間かかる…」という発言から，「(しかし) ゆっくりしては，いられない」という趣旨の発言でないといけないとわかる。それは(5)「でも，早くしないとね」である。

㋑　直後のAの「ほんとに？　この山で？」という問いかけを挟んで，Bが3つの発言で遭難しかかった体験を述べていることから，直前のAの発言にある，暗い中で山を下りることに近い体験をしたという情報がくるとわかる。それは(9)「実は，数年前そうなっちゃってね」である。

㋒　マレーシアでのハイキングについてのBの発言で，直前のAの1人で行ったのかという質問に対する答えの部分。直後にNone（2人ならNeitherを用いる）of usとあるので，3人以上の集団であるとわかる。よって，(6)「友人連中と休みを取っていたわけね」がふさわしい。

㋓　直前のBの発言の遭難経験を受けての発言で，Bの答えが「絶対ないです」になるのは，(8)「その誤りをまた，しでかしたりはしないでしょうね」である。

残りの選択肢は，(1)「弟と一緒だった」，(2)「ホテルはその村にあったのかな」，(3)「ここからどっちの道を行けばいいのかな」，(4)「腹ぺこだから，今，朝ご飯にしよう」，(7)「この山には熊が出るんだって」，(10)「だからいつも，たくさん水を取るんだね」の意。

〔2〕 ㋕　直後にBが，身分証や住所確認のための書類を挙げているので，図書カードの申し込みに必要なものを聞く表現になるはず。それは，(9)「何が必要になるか，教えてください」である。

㋖　直前の「現住所を証明するもの」が必要だというBの発言に対して，Aがアパートの契約書を示す場面だから，(7)「新しい住所，書いてありますし」が適切。

㋗　返答としてAは「空いている机，使ってもいいですか」と言うのだから，「机が必要なこと」を依頼されたとわかる。よって，(5)「この書類に記入してください」がふさわしい。

㋘　「郵送でカードはお届けします」に続く発言としてふさわしいのは，(8)「たいてい，1週間程度かかります」である。

残りの選択肢は，(1)「それは今いるんですか」，(2)「家賃は400ドルです」，(3)「お金はどれくらいかかりますか」，(4)「ここの学生さんですか」，(6)「30分ほどお待ちください」，(10)「2週間後に取りに来ていただけます」の意。

Ⅳ　解答

(A)―(2)　(B)―(2)　(C)―(3)　(D)―(2)　(E)―(2)　(F)―(3)
(G)―(2)　(H)―(1)

◀解　説▶

(A)　「研究によれば，睡眠不足の人は誰でも，イライラしかねない」
deprive *A* of *B*「*A* から *B* を奪う」が受け身になった形。よって，正解は(2)である。

(B)「その学生はほとんど勉強しなかったのに，テストでよい点を取った」 but に続く「テストでよい点を取った」という内容から，空所は否定の意味をもった語でないと，文意が通らない。よって，正解は(2)「ほとんど～ない」である。

(C)「外の気温は，今日どれくらいですか」 気温や体温，温度を聞くときは(3) What を使うのであって，how many / much は使わない。

(D)「科学者たちが全力で頑張ったにもかかわらず，その問題は未解決のままである」「全力投入」と「未解決」は，逆接の関係。よって，正解は〈譲歩〉の内容になる。空所後に節がこないので(3)は使えない。よって，(2)が正解。

(E)「通っていた高校からアンケートが届いた。学校生活はどれくらい楽しかったかとあった」 カンマ以下は分詞構文ではなく，survey を非限定的に後置修飾する形容詞節に相当する。ask の意味上の主語は survey だから，現在分詞にすればよい。よって，正解は(2)である。

(F)「新しい公園は，多くの若者たちを引きつける場所になった」 place は，attracts の意味上の主語であるから，主格の関係代名詞でなければいけない。よって，正解は(3)である。

(G)「この本は古代と近代の哲学が話題であり，理解しにくい」 主語は This book だが，同時に不定詞の意味上の目的語になっている。こうした形のときは，不定詞の目的語は空欄にしておかなければならない。よって，正解は(2)である。

(H)「この新たな学校には，子どもと大人のどちらもとれる課程がある」 *A* and *B* の後ろに置いて，「どちらも」という意味を表すのは，(1) alike しかない。

V　解答

〔1〕 (A)—(1)　(B)—(3)　(C)—(4)　(D)—(4)　(E)—(2)

〔2〕 (A)—(2)　(B)—(4)　(C)—(1)　(D)—(2)　(E)—(4)

◀解　説▶

〔1〕 (A)「最近，多くの国が公共の場所での喫煙の（　　）を導入した」 選択肢はそれぞれ，(1)「禁止（令)」，(2)「かぎ」，(3)「打撃」，(4)「敵」という意味。これらの中で「最近導入されたもの」にふさわしいの

は，(1)である。

(B)「医師はその病気の最もありふれた（　　　）について説明した」 選択肢はそれぞれ，(1)「野獣」，(2)「出入り口」，(3)「症状」，(4)「母音」という意味。これらの中で「病気」に関わる事態を表しているのは，(3)だけである。

(C)「それは確かに（　　　）な本だが，にもかかわらず私は楽しんだ」選択肢はそれぞれ，(1)「急ぎの」，(2)「裸の」，(3)「らせんの」，(4)「風変わりな，異様な」という意味。これらの中で意味が通るのは，(4)しかない。

(D)「階段から落ちて，足に（　　　）を負った」 選択肢はそれぞれ，(1)「刃」，(2)「突風」，(3)「炎」，(4)「打ち身」という意味。これらの中で「階段転落」で生じる事態にふさわしいのは，(4)である。

(E)「秋には毎朝，霧が谷を（　　　）したものだ」 選択肢はそれぞれ，(1)「押し込み強盗をする」，(2)「～を飲み込む」，(3)「～を研ぐ」，(4)「～を突き刺す」という意味。これらの中で「霧」にふさわしいものは，(2)しかない。

〔2〕(A) 下線部は「巨大な，莫大な」の意。選択肢はそれぞれ，(1)「経済的な」，(2)「非常に大きい，法外な」，(3)「環境の」，(4)「不可欠な」という意味だから，最も近い意味になるのは，(2)だとわかる。

(B) 下線部は「戦士」の意。選択肢はそれぞれ，(1)「芸人」，(2)「小説家」，(3)「学者」，(4)「兵士」という意味だから，意味が最も近いのは，(4)だとわかる。

(C) 下線部は「感動を呼んだ」の意。選択肢はそれぞれ，(1)「刺激した」，(2)「痛めつけた」，(3)「強化した」，(4)「圧迫した」という意味だから，意味が最も近いのは，(1)だとわかる。

(D) 下線部は「～をたたき割った」の意。選択肢はそれぞれ，(1)「～をひっかいた」，(2)「～を粉々にした」，(3)「～を指定した」，(4)「～を積み重ねた」という意味だから，意味が最も近いのは，(2)だとわかる。

(E) 下線部は「高貴な」の意。選択肢はそれぞれ，(1)「無害な」，(2)「危険な」，(3)「屈辱的な」，(4)「名誉ある」という意味だから，意味が最も近いのは(4)だとわかる。

❖講　評

2022年度も，長文2題による「読解力」を中心に，「コミュニケーション」「文法」「語彙」の各分野が試された。一方，英作文能力を問う出題はない。

Ⅰの読解問題は，「職場の友人」をめぐる論説文の内容理解を試す出題。職場の人間関係を，歴史的な労働観の変化や心理学と絡めて論じた，いかにもアメリカ的な文章であった。設問では〔1〕(D)が，確認すべき内容が本文全体に散らばっていて，時間を取られたかもしれない。〔2〕では，本文の内容からだけでは判断しかねる「真偽不明」が5問中3問という，迷いやすい出題だった。

Ⅱの読解問題は，「ロボット」が話題だったが，最新の話題で興味深い議論が展開されており，それだけに受験生は論旨の展開に振り回されやすかったかもしれない。〔1〕の空所補充の設問では，直前の内容や文の流れから明らかに誤りのものを外していって確認することも有効である。〔2〕は指示語の内容や文脈の理解を問う出題で，読解力が問われている。

Ⅲは，コミュニケーションの基礎力をみる出題である。〔1〕は「山歩き」の話題で，対話に否定表現が頻出していて，発言の真意がつかめないと，「ちんぷんかんぷん」という状態に陥りかねない問題だった。ありふれた話題ではあるが，日本語の言い方とのずれを，しっかりつかめているかが大きなポイントであった。〔2〕は「図書館」の話題で，こちらは取り組みやすかったであろう。案外，(9)の，疑問文中の一人称につまずいた受験生がいたかもしれない。

Ⅳは，基本的な文法・語法の力を試す出題である。準動詞や関係詞，品詞の識別など，基本中の基本が並んでいて，受験生に文法学習の重要性を再確認するよう促していると思われる出題だった。

Ⅴは，語彙力をみる問題であるが，読解問題の語彙レベルをはるかに超える出題であることに注意しよう。〔1〕(B)の symptom, vowel，(C)の weird，(E)の burglarize，hone も，高いレベルの厳しい問題。〔2〕(D)の smash はスポーツで使う「スマッシュ」からは，つかみにくい意味だった。(E)の humiliating も，相当なレベルである。

全体として，英文の内容をしっかりと読み取り，設問の内容までしっかり丁寧に読み解いて処理する力が求められる出題であった。英作文以外の高校の履修範囲全般にわたって，十分な実力をつけることが求められていると言えるだろう。日々努力を重ねよう。

日本史

I　解答

(a)—(い)　(b)三教指帰　(c)承和の変　(d)—(う)　(e)高向玄理　(f)—(あ)　(g)倭　(h)白村江の戦い　(i)孝謙天皇　(j)—(い)　(k)吉備真備　(l)—(あ)　(m)古今和歌集〔古今集〕　(n)唐招提寺　(o)—〔4〕

◀解　説▶

≪遣唐使≫

(a)　リード文の内容から二人の僧は最澄と空海と判断できる。よって，「2度にわたる遷都」は長岡京と平安京遷都である。

(い)が正文。長岡京の造宮使藤原種継暗殺とその容疑者早良親王の説明である。

(あ)誤文。国分寺・国分尼寺の建立や盧舎那大仏の造立が命じられた都は恭仁京である。盧舎那大仏の造立の詔が発せられた場所は離宮の紫香楽宮なので注意しよう。

(う)誤文。平城京遷都の内容。

(え)誤文。初めての全国的な戸籍として庚午年籍（670 年，天智天皇）が作られたのは近江大津宮である。

(b)　この僧は空海で，「新たな仏教」は真言宗である。『三教指帰』は，仏教・儒教・道教の三教の中で仏教が優越していることを論じた宗教書で，空海 24 歳（18 歳とも）の出家宣言書である。空海には『十住心論』（真言密教の仏教書）のほか，『文鏡秘府論』（詩論）や『性霊集』（詩文集）などもあるので注意しよう。

(c)　この留学生は橘逸勢で，最澄・空海らとともに 804 年の遣唐使となって入唐した。承和の変（842 年）で藤原良房の陰謀により，橘逸勢は伴健岑とともに謀反を企てたとして流罪となった。

(d)　(う)が正解。リード文から 7 世紀半ばの東アジア情勢を想起しよう。新羅は唐と結んで百済（660 年）と高句麗（668 年）を滅ぼし，676 年に朝鮮半島を統一した。

(e)　高向玄理は 608 年，遣隋使小野妹子の再派遣に際して隋に渡り，唐の建国やその制度を学んで 640 年帰国し，大化改新で僧旻とともに国博士に登用された。654 年に遣唐使として渡海し，唐の地で客死した。

(f)　(あ)が正文。初めて律と令を完備した大宝律令を想起して解答しよう。その披露を兼ねたのは 702 年の遣唐使（粟田真人ら）である。

(い)誤文。律・令ともに 10 巻なのは養老律令である。大宝律令は律が 6 巻，令は 11 巻で，唐の模倣をしつつ日本の実情に適合するように修正されている。

(う)誤文。養老律令の説明である。718 年藤原不比等が編纂し，孫の藤原仲麻呂が 757 年に施行した。

(え)誤文。「官撰の注釈書『令義解』」が誤り。養老令の私撰注釈書『令集解』（惟宗直本）に大宝令の一部が引用されている。

(g)　中国の『漢書』地理志から『隋書』倭国伝までの史料を想起して解答しよう。日本のことは「倭人」「倭」「倭国」と表記されている。702 年の遣唐使が「日本国使」と名乗り，対外的に初めて「日本」の国号が使用された。

(h)　時代背景と，中国から「捕虜となっていた日本人を連れ帰」るわけだから，7 世紀半ばに中国と戦った戦争を想起すればよい。663 年倭国軍は朝鮮半島南部に流れる錦江《きんこう》河口の白村江で戦い，唐・新羅の連合軍に大敗した。

(i)　盧舎那大仏開眼供養は 752 年に行われた。このときの天皇は女帝の孝謙天皇で，聖武太上天皇・光明皇太后とともに参列した。

(j)　(い)が誤文。「行基」が誤り。藤原広嗣の乱を想起して解答しよう。藤原広嗣は 737 年天然痘の流行で死去した藤原四子のうち式家・宇合の子で，橘諸兄政権で左遷され大宰少《しょう》弐《に》の地位にあった。玄昉や吉備真備の排斥を求めて 740 年に挙兵したが，敗死した。

(k)　やや難問。吉備真備は岡山県吉備地方の豪族下道《しもつみち》氏の出身。717 年の遣唐使に加わり玄昉や阿倍仲麻呂らとともに中国に渡った。帰国後，橘諸兄政権に参画したが，藤原仲麻呂の台頭によって疎外され，752 年再び遣唐使となった。帰国後，764 年恵美押勝（藤原仲麻呂）の追討に活躍して政界復帰を果たし，称徳天皇の下で右大臣となった。

(l)　(あ)が正文。安帝の永初元（107）年に帥升らが貢物の生口（奴隷）を献上した部分。(い)・(え)は『魏志』倭人伝，(う)は『宋書』倭国伝の一節である。

(m)　「最初の勅撰和歌集」は『古今和歌集』である。905 年醍醐天皇の命により編纂された八代集の最初。この望郷の歌の作者は，唐名「朝衡」として玄宗皇帝に仕えた阿倍仲麻呂である。753 年帰国を試みたが難破したため断念した。望郷の歌は帰国に際して詠まれたものといわれている。

(n)　「この僧」は鑑真。唐招提寺は平城京内に鑑真によって創建された寺で，講堂は平城宮の朝集殿を移建した平城宮唯一の遺構である。なお，唐招提寺の金堂は天平期の金堂建築唯一の遺構である。

(o)　〔1〕804 年の遣唐使（最澄・空海・橘逸勢ら），〔2〕653 年の遣唐使と 654 年の遣唐使（高向玄理ら），〔3〕702 年の遣唐使（粟田真人・山上憶良ら），〔4〕733 年の遣唐使。735 年玄昉・吉備真備（717 年入唐）ら帰国，〔5〕752 年の遣唐使（吉備真備，鑑真来日）の内容である。よって，古い順に並べると〔2〕→〔3〕→〔4〕→〔5〕→〔1〕となり，第三番目は〔4〕となる。

II　解答

(a)—㋓　(b)同朋　(c)山水　(d)唐物　(e)—㋐
(f)（村田）珠光　(g)—㋑　(h)禅　(i)—㋑　(j)—㋒
(k)寝殿造　(l)—㋑　(m)慈照寺　(n)東求堂　(o)付書院

◀解　説▶

≪室町文化≫

〔1〕(a)　㋓が正解。義太夫節は元禄文化の時期に竹本義太夫が始めた浄瑠璃節の一派である。近松門左衛門の脚本を巧妙な曲節で口演し民衆の心をつかんだ。㋐白拍子は平安末期に登場する歌舞。㋑傀儡は平安時代の操り人形。㋒千秋万歳《せんずまんざい》は平安末期に登場する正月の大道芸。

(b)　同朋衆は芸能などで将軍などに仕えた僧体の側近。時宗の僧籍に入り阿弥号を称した。足利義満に仕えた能の観阿弥・世阿弥，足利義政に仕えた作庭の善阿弥などが有名である。

(c)　河原者は中世後期に激増した隷属民で，さまざまな雑用に従事した。室町時代に禅宗寺院で庭園がさかんになると，造園技術に長じた「山水《さんずい》河原者」が同朋衆として活躍した。

(d)　中国からの輸入品を一括して唐物《からもの》と呼んだ。日明貿易の輸入品である生糸や高級織物は高価格で取引され，茶の湯や水墨画の流行から陶磁器・書画も「唐物」と呼ばれて珍重された。

(e)　やや難問であるが，作庭の「善阿弥」を覚えていれば消去法で㋐と㋓に絞り込んで解答できる。B．善阿弥は足利義政に仕えて「天下第一」と称された作庭師。慈照寺銀閣の庭をつくった。D．能阿弥は足利義教・義政に仕えた同朋衆で唐物奉行として書画や工芸品などの管理・鑑定にたずさわった。なお，子の芸阿弥や孫の相阿弥も美術鑑定に活躍した。E．難問。立《りゅう》阿《あ》弥《み》は足利義政などに仕えた立花や座敷飾の同朋衆。

〔2〕(f)「侘茶の祖」なので珠光（村田珠光）とわかる。奈良の称名寺の僧侶で，一休宗純に参禅し，禅の精神を加味した侘茶を創始した。

(g)　㋑が正解。千利休が作った妙喜庵待庵は，山城国山崎（京都府大山崎町）に所在する茶室で，侘茶の精神を凝集した２畳の茶室である。

(h)　茶は，臨済宗を伝えた栄西が中国からもたらしたものであることや，侘茶は村田珠光が禅の精神を取り入れて創始したことを考えれば，禅宗と正解できよう。

(i)　㋑が正解。紹鷗（武野紹鷗）は堺の商人。堺の町政を担った豪商は会合衆である。なお，㋐「年行司」は博多で自治を指揮する 12 人の豪商，㋓「月行事」は主に京都の有力商工業者の町衆の代表として覚えておこう。

(j)　㋒が正解。豊臣秀吉が 1587 年に「北野大茶湯」を開いたのは，京都の北野天満宮である。千利休が茶《さ》頭《どう》をつとめ，身分や貧富の差なく広く参加を求めたもので参加者は１千人以上といわれ，前例のない大規模な茶会となった。

〔3〕(k)　鹿苑寺金閣の初層は寝殿造，第二層は和様の観音堂，第三層は禅宗様の仏堂となっている。

(l)　㋑が正解。円覚寺は８代執権北条時宗が招いた無学祖元を開山とする臨済宗寺院。その舎利殿は宋で流行した禅宗様建築の代表的遺構で，細かい木割や強い軒反などの特徴をもつ装飾性豊かな建築様式である。なお，㋐蓮華王院本堂（京都府，鎌倉時代）は和様建築の代表例，㋒観心寺金堂（大阪府，鎌倉時代）は折衷様の代表例，㋓浄土寺浄土堂（兵庫県，鎌倉時代）は東大寺南大門と同じく大仏様の代表例である。

(m)　足利義政の東山山荘が寺院となって慈照寺となった。寺内の２層の観音殿が銀閣で，第一層は書院造，第二層は禅宗様となっている。

(n)　東求堂は足利義政の４室からなる持仏堂で，その東北隅にある四畳半は「同仁斎」と称され，書院造の書斎である。

(o)　付書院は床の間の脇に設けられた机。板張りで前に明障子を立てたもの。畳・襖・違い棚などとともに書院造の特徴の一つである。

III 解答

A．1868　B．302　C．木戸孝允　D．山県有朋
E．郡制　F．コンドル　G．辰野金吾　H．1923
I．難波大助

(a)―㋓　(b)―㋒　(c)モッセ　(d)―㋑　(e)―㋑　(f)伊藤野枝　(g)―㋑
(h)後藤新平　(i)三井高利　(j)―㋓　(k)―㋑

◀解　説▶

≪近代の地方制度と近代都市東京の発展≫

〔1〕A．政体書は，1868 年 3 月の五箇条の(御)誓文，五榜の掲示に続き，閏 4 月に制定された。太政官制や三権分立制の方針が打ち出され，地方制度として府藩県三治制が規定された。

B．難問。1871 年の廃藩置県により，1 使（開拓使）3 府（東京・大阪・京都）302 県となった。

C．やや難問。木戸孝允は台湾出兵に反対し下野していたが，招かれた大阪会議では漸進的に立憲体制を築くことや地方官会議の開催を大久保利通に提案し，一時参議に復帰した。

D・E．山県有朋は国民皆兵制の徴兵制を実現した長州藩出身の軍人・政治家。第 1 次伊藤博文内閣の内相（内務大臣）として市制・町村制（1888 年），第 1 次山県有朋内閣時に府県制・郡制（1890 年）を制定し，中央集権的自治制度を確立した。

(a)　やや難問。㋓が正解。鹿児島県が置かれるのは 1871 年の廃藩置県からである。府藩県三治制下は戊辰戦争の結果，没収した旧幕府領の江戸・大坂（大阪）・京都を府，その他を県とした。敵対しない大名にはそのまま藩の統治を認めたので，新政府の中核にある薩摩藩はこの時点では存続している。なお，天領・寺社領・小藩が入り組んでいた大和国には，北部に㋒奈良県（南部は五条県）が置かれた。

(b)　㋒が正解。地方三新法は，1878 年の郡区町村編制法・府県会規則・地方税規則を総称していう。地方自治法は戦後の 1947 年に制定され，都道府県知事・市町村長など地方首長の公選制やリコール権など民主主義的な運営が保障されるようになった。

(c)　モッセは 1886 年内閣・内務省顧問として来日し，伊藤博文の憲法制定に協力するとともに，市制・町村制の原案を起草するなど中央集権的な地方自治制度の確立に貢献した。

〔2〕F．Gの「辰野金吾」や「片山東熊などの日本人建築家を育てた」がヒント。コンドルは 1877 年明治政府に招かれたイギリス人の建築家。欧化政策の代名詞となった鹿鳴館やビザンチン様式のニコライ堂などを設計した。

G．辰野金吾は工部大学校でコンドルに学び，後に東大工学部教授となる。日本銀行本店のほか東京駅などを設計した。

H．関東大震災は 1923 年 9 月 1 日におこった。死者 10 万人以上など，家屋倒壊とともに火災が甚大な被害をもたらした。

I．やや難問。虎の門事件は 1923 年，無政府主義者の難波大助が摂政であった裕仁親王（後の昭和天皇）を虎の門で狙撃し，翌年大逆罪で死刑となった事件。

(d)　難問。㋑が正解。東京都千代田区東部にある「丸の内オフィス街」は，もともと陸軍の練兵所であったが「三菱」が払い下げを受け，その資本のもとでレンガ造りのビル建設が進められた。ロンドンの市街地を模倣したので「一丁ロンドン」と呼ばれた。

(e)　難問。㋑が正解。築地本願寺は関東大震災で罹災し，その後再建された。鉄筋コンクリート造りでインドの仏教寺院を模倣した作品である。

(f)「大杉栄とともに殺害された」がヒント。伊藤野枝は青鞜社に参加，1921 年山川菊栄らと女性社会主義団体の赤瀾会を結成した。1923 年関東大震災の混乱下で内縁の夫，大杉栄とともに憲兵大尉甘粕正彦によって殺された（甘粕事件）。

(g)　㋑が正解。「労働運動家が軍隊と警察に殺害された」がヒント。亀戸事件は，関東大震災の混乱時に，平沢計七や川合義虎らの労働運動家 10 名が東京亀戸警察署内で殺害された事件。なお，㋐相沢事件は 1935 年皇道派相沢三郎中佐が統制派永田鉄山少佐を斬殺した事件，㋒松川事件（福島県）と㋓三鷹事件は 1949 年の国鉄の怪事件である。

(h)　やや難問。後藤新平は，第 2 次山本権兵衛内閣の内務大臣兼帝都復興院総裁として関東大震災後の東京復興に尽力した。なお，後藤新平は台湾総督府の民政局長として台湾の製糖業や鉄道建設などを推進し，南満州鉄道株式会社の初代総裁，第 2 次桂太郎内閣の鉄道院総裁となるなど鉄道事業に大きく関わった。

(i)　やや難問。三井高利（八郎右衛門）は三井家の始祖。1673 年に江戸に呉服店の越後屋を開業，「現金かけ値なし」の新商法で安く商品を提供して大成功を収めた。また両替商も営み，幕府御用商人として活躍した。

(j)　㋘が正解。賀川豊彦はキリスト教の社会運動家で，日本農民組合を結成（1922 年）して小作争議を指導した。自叙伝の『死線を越えて』はベストセラーとなった。なお，㋐鈴木文治はキリスト教の労働運動家で労働組合組織の友愛会を創設（1912 年）した人物。

(k)　㋑が正解。第 2 次山本権兵衛内閣は㋐の加藤友三郎首相死去のあと組閣し，関東大震災発生後の東京復興に尽力したが虎の門事件（1923 年）で退陣し，㋒清浦奎吾内閣に代わった。なお，山本権兵衛は大正政変後に第 1 次内閣を組織し，軍部大臣現役武官制・文官任用令の改正を行ったことやジーメンス事件（1914 年）で退陣したことも覚えておこう。

❖講　評

Ⅰ．有名な 5 つの遣唐使派遣をランダムに並べたリード文で構成した問題。ほとんどの問題がリード文の内容から人物や事件を連想して解答するもので，難解な歴史用語や人物はないものの苦戦するかもしれない。記述法では，(b)『三教指帰』，(c)「承和の変」，(e)「高向玄理」，(k)「吉備真備」などを正答できるかがポイント。選択法では，(a)長岡京・平安京遷都の判断を誤ると誤答を招く。(f)㋑大宝律令の巻数の判断は難しい。(j)藤原広嗣の乱を想起できるかがポイント。(o)遣唐使の順番はリード文や設問を通して判断すれば正答できる。

Ⅱ．〔1〕同朋衆，〔2〕茶の湯，〔3〕金閣と銀閣などをテーマにした問題。苦手な受験生が多い文化史の内容だが，基礎的な問題が多いので，ここで点差をつけておきたい。記述法もほとんど難問はないが，(b)「同朋」衆，(c)「山水」河原者，(d)「唐物」，(n)「東求堂」，(o)「付書院」などを正答できるかがポイント。選択法の(e)能阿弥や立阿弥は難問。善阿弥を覚えていれば解答を絞り込める。(g)妙喜庵待庵の場所（山城国山崎）も正答したいところである。

Ⅲ．〔1〕近代の地方制度，〔2〕近代都市東京の発展をテーマにした問題。大学受験で盲点になりがちな地方制度や社会運動，文化史の建築史などが問われた。記述法はB「302」県は難問，(i)「三井高利」もやや難問であろう。C「木戸孝允」，I「難波大助」，(h)「後藤新平」などを正答できるかがポイント。G「辰野金吾」や(f)「伊藤野枝」などの漢字を正確に書けるかも勝負どころである。選択法では(a)鹿児島県，(d)三菱，(e)築地本願寺などは難問～やや難問。絞り込んで正答できるかがポイントである。

世界史

I 解答

A．陳寿　B．宦官　C．司馬炎　D．曹丕　E．文選
F．赤壁　G．孫子　H．成都
〔1〕張角　〔2〕五銖銭

◀解　説▶

≪曹操の逸話から見た魏晋南北朝時代の中国≫

A．やや難。陳寿は西晋の歴史家。なお，日本史では『三国志』の著者として知られる。

D．曹丕は後漢の献帝の禅譲により魏の初代皇帝となった人物。

F．長江中流の赤壁の戦い（208年）では，孫権（呉の建国者）と劉備（蜀の建国者）の連合軍に曹操軍が敗北している。

G．兵家としては孫子と呉子が有名だが，リード文には「春秋時代の呉の兵法家」とあるので，著者名と同名の孫子が該当する。呉子は戦国時代の兵法家。

H．成都は四川盆地の中心都市。魏の都は洛陽，呉の都は建業（東晋の建康，現在の南京)。

〔1〕黄巾の乱（184年）を指導した張角は太平道の創始者で，そのスローガンとは「蒼天《そうてん》すでに死す，黄天まさにたつべし」。

〔2〕五銖銭は前漢の武帝が鋳造させた青銅銭で，唐代に開元通宝が鋳造されるまで一般的な銭貨として流通している。

II 解答

A．後金　B．ホンタイジ　C．呉三桂　D．圏地
E．併用　F．理藩　G．モンゴル〔蒙古〕　H．衛所
I．緑営　J．鄭氏

◀解　説▶

≪満州人の中国支配と清の中央機構・軍事制度≫

B．ホンタイジはヌルハチが定めた都を盛京と改称している。盛京は中国東北地方の都市で，現在の瀋陽。

C．呉三桂は清の中国征服に貢献し，雲南の藩王に封じられている。

D．難問。占領政策として知られる圏地は辮髪とともに漢人の強い反発を受けており，「華夷の別」の思想弾圧を目的とした文字の獄や，乾隆帝時代の『四庫全書』の編纂に象徴される禁書も占領政策の一環。

F．理藩院が統括した藩部のうち，新疆は乾隆帝時代に統治下に置かれた東トルキスタン一帯，青海は雍正帝時代に併合されたチベット高原北東部を指す。

G．リード文中には空欄Gの前に「満州八旗」が，後に「漢軍八旗」が記されている。また，リード文の第３段落に登場する「配下の満州人・モンゴル人・漢人」という表現からもモンゴルを類推できる。

H．衛所制は唐の府兵制を範として明の洪武帝が組織した制度。

J．台湾に拠った鄭氏政権で著名なのは鄭成功（異名は国姓爺）。鄭成功は 1661 年にオランダ勢力を駆逐して台湾を占領し清への抵抗を続けたが翌年に病死しており，その後の政権は 1683 年には康熙帝に攻撃され服属した。

Ⅲ　解答

A．カール５　B．ヴォルムス

C．ヴァレンシュタイン

D．ファルツ〔アウクスブルク同盟〕　E．ユグノー　F．名誉

G．ブランデンブルク　H．フリードリヒ=ヴィルヘルム１

I．フランツ１　J．ロココ　K．関税同盟

〔１〕ブリューゲル　〔２〕スイス　〔３〕外交革命

〔４〕フランクフルト国民議会

◀解　説▶

≪ドイツを中心とした 16～19 世紀前半のヨーロッパ≫

A．リード文の内容から「1519 年」に即位した神聖ローマ皇帝なので，すでにスペイン王カルロス１世として即位していたカール５世を導ける。カール５世はハプスブルク家出身なので，フランスのフランソワ１世（ヴァロワ朝）と激しく対立した。

B．ヴォルムス帝国議会で帝国追放となったルターは，ザクセン選帝侯フリードリヒの庇護のもと，『新約聖書』のドイツ語訳を完成させている。

D．ファルツ（アウクスブルク同盟）戦争はルイ 14 世と神聖ローマ皇帝間の戦争で，イギリス・スペイン・オランダなどが神聖ローマ皇帝側を支

援したため，フランスにはほぼ成果なしで終わった。

E．カルヴァン派はネーデルラントではゴイセン，スコットランドではプレスビテリアン（長老派）と呼ばれた。

F．名誉革命（1688～89年）前のジェームズ2世はカトリックを擁護したので親フランスだったが，革命で即位したメアリ2世とウィリアム3世は新教徒だったので反フランスに転じた。

H．リード文中に「軍隊を強化した」とあるように，フリードリヒ=ヴィルヘルム1世は兵員を倍増させたことから「兵隊王」と呼ばれている。

I．やや難。フランツ1世は細かい王名。マリア=テレジアはオーストリアを相続した当初から夫であるフランツ1世と共同統治したが，彼が亡くなると息子のヨーゼフ2世と共同統治している。

J．ロココ様式は18世紀のフランスを中心に展開した様式で，繊細優美な特徴をもつ。その前に流行したのは豪壮で華麗なバロック様式（17世紀～18世紀初め）で，ヴェルサイユ宮殿がその代表例。

〔1〕ブリューゲルは「農民画家」と呼ばれるフランドル派の画家。フランドル派の画家としては，「ヘント（ガン）の祭壇画」で知られるファン=アイク兄弟も有名。

〔2〕オランダはオランダ独立戦争（1568～1609年）でスペインに勝利した1609年に，事実上独立を達成していた。

〔3〕外交革命という言葉は，イタリア戦争（1494～1559年）以降長く続いたオーストリアとフランスとの対立が同盟関係に至るという激変を表現したもの。

〔4〕1848～49年の革命を総称して1848年革命と呼ぶ。具体的には1848年にパリで起こった二月革命に端を発し，ベルリンやウィーンでの三月革命や，ベーメン（ボヘミア）・ハンガリー・イタリアなどでの民族運動を含む。

Ⅳ　解答

A．ワッハーブ　B．パン=イスラーム
C．アブドゥフ　D．ウラービー〔オラービー〕
E．アズハル　F．ムスリム同胞団　G．サダト　H．アル=カーイダ
〔1〕トルコマンチャーイ条約　〔2〕シャリーア　〔3〕イマーム
〔4〕―オ　〔5〕―ウ　〔6〕ハマース　〔7〕自由将校団

◀解　説▶

≪イスラーム改革運動から見た 18〜20 世紀の中東≫

A．ワッハーブ派の運動の指導者はイブン=アブドゥル=ワッハーブ。

C．やや難。ムハンマド=アブドゥフは細かい人名。アフガーニーとともに発行した『固き絆』という雑誌は，イスラーム世界に大きな影響を与えた。

D．ウラービー（オラービー）運動は指導者の名前に由来しており，そのスローガンは「エジプト人のためのエジプト」。

E．アズハル学院をカイロに開設したのはファーティマ朝（909〜1171 年）。

F．難問。リード文中の「1928 年」に創設や「ナセル」が弾圧などからムスリム同胞団を導けるが細かい用語。ムスリム同胞団は 2010 年のアラブの民主化運動（アラブの春）で中心的役割を果たしており，2011 年には独裁政権であったムバラク政権を倒している。

H．アル=カーイダの指導者はビン=ラーディン。アメリカはビン=ラーディンをかくまっていたアフガニスタンのターリバーン政権を崩壊させるため，2001 年にアフガニスタンを攻撃している。

〔1〕トルコマンチャーイ条約は第 2 次イラン=ロシア戦争の講和条約。当時のイランはカージャール朝（1796〜1925 年）。この条約は不平等条約で，カージャール朝はロシアにアルメニアを割譲している。

〔2〕シャリーアはイスラーム法と訳される法的判断の集成のアラビア語名。この中に含まれているムハンマドの言行（スンナ）や伝承の記録はハディースと呼ばれる。

〔3〕やや難。イマームは一般的に宗教指導者を指す言葉だが，シーア派に関しては最高指導者の称号として用いられている。

〔4〕·〔5〕下線部〔5〕の「帝国憲法」とは，ミドハト憲法（1876 年制定）のこと。よって「1878 年」に，ロシア=トルコ（露土）戦争（1877〜78 年）を口実にこの憲法を停止したのは，アブデュルハミト 2 世。また，ロシア=トルコ戦争は，スラヴ系住民が多かったボスニア=ヘルツェゴヴィナでのオスマン帝国による弾圧に対し，ロシアがスラヴ民族の保護を口実に始めた戦争。

〔6〕やや難。パレスチナのイスラエルからの解放を目指し設立された組

織としてはPLO（パレスチナ解放機構）が有名だが，問題文の「イスラーム主義的立場」「パレスチナにおけるイスラーム抵抗運動」からハマースを導きたい。ハマースはパレスチナのムスリム同胞団が設立した急進派勢力で，PLOとイスラエルが1993年に結んだパレスチナ暫定自治協定（オスロ合意）には同意していない。

〔7〕やや難。自由将校団は細かい。このグループは1948年にナセルが組織したもので，その指導者にはエジプト共和国初代大統領のナギブもいる。

❖講　評

Ⅰ．曹操の逸話をテーマとしたリード文から，後漢末～魏晋南北朝時代の中国史を問う大問。政治史以外に文化史に関する出題が目立つが，大半は基本的用語を記述させる内容で，正確な漢字の記述に注意しながら完答を目指したい。ただ，『三国志』の著者，陳寿を解答させるAは世界史としてはやや細かい。

Ⅱ．満州人の中国支配と清成立後の中央機構・軍事制度をテーマとした問題。一部社会史的な用語もあるがほぼ政治史で占められており，空所補充の記述法のみで構成されている。圏地を求めるDが細かい用語だが，他は教科書レベルの基本用語であり，リード文中から正答を推測できる空欄もあるので，しっかりとリード文を読み込みたい。

Ⅲ．ドイツ（神聖ローマ帝国）を中心に記述されたリード文から関連するヨーロッパの近代史を問う大問で，後半はプロイセン・オーストリアからの出題が目立つ。政治・外交史が中心だが，文化史からも出題されている。教科書レベルの知識で解答可能な内容だが，マリア=テレジアの夫であるフランツ1世を問うIのみやや細かい。空欄の前後に正答となる語句の一部が記されている箇所も多いので大いにヒントとしたい。

Ⅳ．中東地域におけるイスラーム改革運動をテーマに，18世紀半ばから20世紀の中東の政治・外交が問われている。また，テーマから宗教に関する内容も目立つ。記述法を中心に選択法も加えて構成されているが，記述法にFのムスリム同胞団，〔6〕のハマース，〔7〕の自由将校団など細かい用語が目立つ。対策が手薄となりがちな中東の戦後史まで含まれていることと相まってレベルの高い内容となっており，点差が開きやすい。

地理

I

解答

〔1〕東京湾　〔2〕東経135度
〔3〕2万5000（分の1）　〔4〕計曲線
〔5〕がけ（土がけも可）　〔6〕尾根
〔7〕(1)田　(2)茶畑　〔8〕扇状地　〔9〕㋒・㋑・㋐・㋓　〔10〕2250m
〔11〕名称：谷口〔渓口〕（集落）
理由：山地と平地の産物を交換する市が立ち，人が集まる場所であったため。
〔12〕砂礫が堆積する微高地で水はけがよく，水害時に浸水被害を最小限に抑えられるため。
〔13〕(1)―×　(2)―×　(3)―×　(4)―○

◀解　説▶

≪岐阜県揖斐郡付近の地形図読図≫

〔1〕日本の地形図の標高は，東京湾の平均海面を基準としている。

〔2〕UTM図法の経度は，西経180度より東回りに6度ごとの経度帯（座標帯）グリッドに分割されている。第53帯の中央経線は，日本の標準時子午線の東経135度線にあたる。

〔3〕主曲線が10m間隔，計曲線が50m間隔で描かれているため，縮尺2万5000分の1地形図と判別できる。

〔6〕尾根は，山地で標高の高い部分が連なるところで，等高線が標高の高いほうから低いほうへ張り出した部分にあたる。

〔7〕(1)　田（⊞）が分布している。
(2)　茶畑（∴）が分布している。

〔8〕扇状地は，河川が山地から平地へ出る場所に砂礫が半円錐状に堆積した沖積平野で，緩やかに傾斜しているため等高線の間隔は比較的広く，高燥地であるため畑をはじめ果樹園や茶畑などに利用されることが多い。

〔9〕各神社は周辺の等高線や標高点から，㋒は90～100m程度，㋑は70m程度，㋐は60m程度，㋓は55m程度と読み取れる。

〔10〕地形図上で9cmの長さの実際の距離は，〔3〕より縮尺が2万5000

分の1であるため，9〔cm〕×25000＝225000〔cm〕＝2250〔m〕となる。

〔11〕谷口集落は，山地から平野に河川が流れ出す地点に形成された集落で，「市場」の地名からもわかるように，山間部と平野部の産物を交換する市が立つことで人が集まり集落が形成された。

〔12〕微高地で水はけがよいこと，水害時の浸水被害が小さいことを明示すればよい。

〔13〕⑴　誤文。標高や等高線の形状からも，河床が周辺の平野面よりも高い天井川であることは読み取れない。

⑵　誤文。高等学校（⊗）はみられない。

⑶　誤文。河川Ｅは，西の山地から東の平野へ流れ出しており，老人ホーム（⌂）は河川の流水方向に向かって右側，すなわち河川Ｅの右岸に位置している。

⑷　正文。「東海自然歩道」は，河川Ｃより南側では100mの計曲線の西側の山地にあり，標高100mより高いところも通っている。

II　**解答**

〔1〕A．ペニン　B．ミッドランド　C．ロレーヌ　D．ユーロポート　E．ドックランズ

〔2〕1―(し)　2―(す)　3―(か)　4―(お)　5―(き)　6―(あ)　7―(え)

〔3〕種類：毛織物工業　地方：ヨークシャー

〔4〕―(お)　〔5〕―(い)　〔6〕―(い)

〔7〕サードイタリー〔第3のイタリア〕〔8〕甲―(き)　乙―(か)

〔9〕パークアンドライド方式

〔10〕(ア)―(く)　(イ)―(い)　(ウ)―(え)　(エ)―(こ)

◀解　説▶

≪ヨーロッパの工業とその変遷≫

〔1〕A・B．古期造山帯のペニン山脈は，イギリスのグレートブリテン島中央部を南北に走り，その西側がランカシャー地方，東側がヨークシャー地方，南側がミッドランド地方にあたる。

C．フランスのロレーヌ鉄山とドイツのザール炭田を背景に，フランスのメス，ナンシー，ドイツのザールブリュッケンなどに鉄鋼業が発展した。

D．ユーロポートは，オランダのロッテルダムに建設された中継貿易港である。

E．ドックランズは，ロンドンのテムズ川沿いの荒廃した造船所や港湾施設などを，1980 年代より業務用・商業用・住宅用などに再開発した地区で，ウォーターフロント開発の事例として知られる。

〔2〕1．マンチェスターは，ランカシャー地方の中心都市で産業革命発祥の地といわれる。

2．ミドルズブラは，エコフィスク油田からのパイプラインが通じ石油化学工業などが発達する。

3．ダンケルクは，輸入原料を利用した臨海立地型の鉄鋼業などが発達する。

4．タラントは，イタリア南部開発の拠点として臨海立地型の鉄鋼業などが発達する。

5．トゥールーズは，EU の国際分業による航空機産業などが発達する。

6．エッセンは，ルール炭田を背景にルール工業地域の中心都市として鉄鋼業などが発達したが，近年は衰退したこれらの産業遺産の観光資源としての活用も進められている。

7．ストラスブールでは，主要な都市内交通を自動車から路面電車に転換するなど，環境を重視したまちづくりが行われている。

〔3〕偏西風に対してペニン山脈の風上側にあたり湿潤なランカシャー地方では綿織物工業が発達したのに対し，風下側にあたり乾燥するヨークシャー地方では毛織物工業が発達した。

〔4〕①石炭の産出量が多いため，シロンスク炭田などがあるポーランドと判定できる。

②供給量（産出量＋輸入量－輸出量）が大きいため，人口約 8400 万人と経済規模が大きいドイツと判定できる。

③供給量が小さいため，人口約 540 万人と経済規模が小さいノルウェーと判定できる。

〔5〕輸入原料への依存度が高い鉄鋼業が，輸入に便利な臨海部に立地する場合，交通指向型工業の代表例といえる。

〔6〕イギリス北部スコットランドのグラスゴー，エディンバラなどの先端技術産業集積地域を，シリコングレンとよぶ。

〔7〕伝統的職人技術と先端技術を結びつけ，中小企業の密接なネットワークを活かした製造業が発達する，ヴェネツィア，ボローニャ，フィレン

ツェなどイタリア中・北東部をサードイタリー（第3のイタリア）とよぶ。

〔8〕EUの中心部に位置し，面積・人口ともに規模の大きいフランス，ドイツでは，年間旅行収入・支出はともに大きくなる。比較的高緯度に位置するヨーロッパでは，北部から南部の地中海沿岸地域への余暇移動がみられるため，収入＞支出の甲がより南部に位置するフランス，収入＜支出の乙がより北部に位置するドイツと判定できる。

〔9〕都市内の交通渋滞や排気ガスによる大気汚染の緩和対策として，郊外の駐車場に自家用車を駐車し，公共交通機関に乗り換えて都心部に入ることを，パークアンドライド方式という。

〔10〕4つの都市，河川ともにヨーロッパにおいて主要なものであるため，地図帳などで地図上での位置を確認しておきたい。

Ⅲ　解答

〔1〕イ―(え)　ロ―(い)　〔2〕―(う)

〔3〕A．ヒマラヤ　B．チベット〔西蔵〕　C．クンルン〔崑崙〕　D．ホワンツー〔黄土〕　E．ゴビ　F．ホワペイ〔華北〕　G．トンペイ〔東北〕　H．ホワイ　I．タリム

〔4〕①クンミン〔昆明〕　②ハルビン　③ウルムチ　④ラサ

〔5〕―(い)　〔6〕シベリア高気圧

◀解　説▶

≪中国の自然環境を中心とした地誌≫

〔1〕イ．中国の面積は約960万km^2で，日本（約38万km^2）の約25倍である。

ロ．長江の河川長は約6,380kmで，鉄道による東京～大阪間の距離（約500km強）の約13倍である。

〔2〕チンリン=ホワイ川線は，北側の畑作地域と南側の稲作地域のおおよその境界とされ，年降水量1,000mmの等降水量線とほぼ一致する。

〔3〕A・B・C・I．中国西部には，ヒマラヤ山脈，チベット高原など高峻な地形が分布するが，テンシャン山脈とクンルン山脈の間にはタリム盆地もあり，隔海度が大きく内陸砂漠のタクラマカン砂漠がみられる。

D・E．北部には，モンゴル高原やホワンツー高原が広がり，内陸砂漠のゴビ砂漠もみられる。

F・G．東部には，ホワペイ平原やトンペイ平原などの平野が広がる。

〔4〕①クンミンは，ユンコイ（雲貴）高原に位置するユンナン（雲南）省の都市で，2000 年に経済技術開発区となった。
②ハルビンは，ヘイロンチヤン（黒竜江）省の都市で，電気機械，製紙などの工業が発達する。
③ウルムチは，シンチヤンウイグル（新疆維吾爾）自治区の都市で，油田を背景に石油化学などの工業が発達する。
④ラサは，チベット高原に位置するチベット（西蔵）自治区の都市で，チベット仏教（ラマ教）の聖地としても知られる。
〔5〕「草原の道」は，ユーラシア大陸中央部に位置するステップの草原を東西に貫く古代からの交易路で，モンゴル高原からカザフスタンなどを経由して，カスピ海北方から黒海北岸へ至る経路をいう。
〔6〕シベリア高気圧は，冬季を中心にシベリア東部に発達し，ユーラシア大陸北東部に低温乾燥の気候をもたらす。

❖講　評

Ⅰ．伊吹山地南東麓にあたる岐阜県揖斐郡付近の地形図の読図問題である。地形図製作に関する知識，縮尺判定，等高線，標高，記号，実際の距離の計算，地形・土地利用の読み取り，集落立地など，繰り返し出題されている定番の形式のものが多く，過去問演習が入試対策として効果的である。〔11〕・〔12〕で出題された論述問題も，教科書に記載のある知識で対応でき，全体として比較的取り組みやすい出題といえる。

Ⅱ．ヨーロッパの工業とその変遷に関するリード文と地図が示され，工業都市や地方名，地名，関連する地理用語，石炭および旅行収支に関する統計からの国名判定などについて出題された。全体を通じ，高校で学習する標準的な知識が試されている。〔2〕の都市名の判定は，リード文中と地図中の番号が対応しており比較的取り組みやすいが，逆に〔1〕や〔10〕の地名は地図中に示されず，地図上での位置を思い浮かべて解答する必要がある。いずれも普段から地図帳を使った学習が必須といえる設問である。

Ⅲ．中国の自然環境に関するリード文と地図が示され，国土面積や国内最長河川の日本との規模比較，自然地形名，都市名，気候に影響する高気圧などについて出題された。地誌的ではあるが，地形や気候といった自然環境分野の内容が中心である。〔1〕のロは鉄道による東京～大阪間の距離の知識を要するため難解といえる。〔3〕の自然地形名，〔4〕の都市名の判定はリード文中と地図中の記号・番号が対応するが，やや詳細な地名も問われている。

全体の問題分量，全体の難易度ともに，例年どおりの出題内容であった。大問別の難易度は，Ⅰがやや易，Ⅱが標準，Ⅲが標準である。

政治・経済

I 解答

〔1〕A―Ⓐ　B―Ⓞ　C―Ⓚ　D―Ⓢ　E―Ⓢ

〔2〕(a)警察予備隊　(b)日米地位協定　(c)PKO

〔3〕―Ⓤ　〔4〕―Ⓤ　〔5〕―Ⓐ　〔6〕―Ⓘ　〔7〕―Ⓐ　〔8〕佐藤栄作

〔9〕―Ⓞ

◀解　説▶

≪日本の安全保障と日米外交≫

〔1〕A・C．日本はサンフランシスコ平和条約締結と同日に日米安全保障条約を締結し，占領米軍が引き続き日本に駐留することになった。

D．日米安全保障条約（1960 年改定）では共同軍事行動の規定があいまいであったため，1978 年に「日米ガイドライン（日米防衛協力のための指針）」が策定された。そして，冷戦後の国際情勢の変化（ソ連の脅威の消滅）に対応して 1996 年，日米安全保障共同宣言による安保再定義が行われ，翌年，「新ガイドライン」が策定された。これにより，「周辺事態」における日米協力の強化が図られた。さらに，2015 年に「日米ガイドライン」は再改定され，日本の集団的自衛権行使の事例が盛り込まれた。

E．湾岸戦争は 1991 年，クウェートに侵攻して占領したイラクとアメリカを中心とする多国籍軍との間で展開された戦争。これをきっかけに自衛隊派遣による国際貢献が国内議論となり，翌 1992 年に PKO（国連平和維持活動）協力法が制定された。

〔4〕内戦後のカンボジアの復興に向けて組織された PKO に対し，1992 年に PKO 協力法に基づく戦後初の本格的な自衛隊海外派遣が実施された。

〔5〕Ⓐが適切。

Ⓘ不適切。自衛隊の最高指揮監督権をもつのは「防衛大臣」ではなく，総理大臣である。

Ⓤ不適切。「福田赳夫」ではなく三木武夫。また，「竹下登」は中曽根康弘の誤り。

〔6〕Ⓘが適切。

Ⓐ不適切。「ニューヨーク」はインド洋の誤り。

㋒不適切。「地中海」ではなくソマリア沖，また，「1989年」ではなく2009年。

〔8〕核兵器を「持たず，作らず，持ち込ませず」という非核三原則は，佐藤栄作内閣時の1971年に国会で採択された。

II 解答

〔1〕A．復興金融金庫 B．経済安定9原則
C．安定恐慌 D．ブロック経済 E．ニクソン
〔2〕超均衡 〔3〕―㋔ 〔4〕―㋑ 〔5〕―㋒ 〔6〕SDR 〔7〕3
〔8〕―㋓ 〔9〕新国際経済秩序

◀解 説▶

≪日本の戦後復興と国際経済≫

〔1〕A．復興金融金庫は，第二次世界大戦後の日本経済の復興を目ざして長期の産業資金を融資するため，1947年に設置された政府の金融機関。

B・C．経済安定9原則は，1948年にGHQが日本経済の自立と安定を図り，インフレを収束させるために発した指令。この実現のために1949年，超均衡予算の確立と単一為替レート（1ドル＝360円）の設定を内容とするドッジ・ラインが実施された。これによりインフレは収束したが，日本経済は安定恐慌と呼ばれる急激な不況に見舞われた。

〔3〕㋔が適切。本源的預金＝C，支払準備率＝rとすると，信用創造で創出される預金額は「$\frac{C}{r}-C$」という式で表せる。したがって，支払準備率が大きいほどこの値は小さくなる。

㋐不適切。売りオペレーションを行うと，市場に供給される貨幣量は減少する。

㋑不適切。「無担保コールレート」と「公定歩合」が逆になっている。

㋒不適切。日本銀行は「銀行の銀行」の役割を負っているので，「行わない」は誤りとわかる。

㋓不適切。「小泉内閣」ではなく「安倍内閣」が正しい。

〔4〕㋑が不適切。分配国民所得は，企業所得と雇用者報酬，財産所得の合計である。

〔5〕㋒が適切。ブレトン・ウッズ協定では国際復興開発銀行（IBRD）とIMF（国際通貨基金）の設立が決まった。

ⓐ不適切。発展途上国に対する特恵関税制度は 1964 年の国連貿易開発会議（UNCTAD）で提案された。

ⓘ不適切。1971 年のスミソニアン協定によりドルの切り下げが行われた。

〔6〕SDR（特別引き出し権）は，IMF 加盟国の国際収支が赤字のとき必要な外貨を受け取る権利のことで，IMF への出資金に応じて配分される。キングストン合意では金の代わりに通貨基準として SDR を採用することが決定された。

〔7〕A 国は衣類に比較優位をもち，B 国はブドウ酒に比較優位をもっているので，A 国は衣類，B 国はブドウ酒に特化する。B 国はブドウ酒 1 単位の生産に 50 人の労働者数を要するので，ブドウ酒生産を B 国の労働者全員にあたる 150 人で行うと，$\frac{50人+100人}{50人}=3$ 単位 のブドウ酒が生産されるとわかる。

〔8〕ⓔが不適切。投資収益は第一次所得収支に含まれる項目である。

〔9〕新国際経済秩序樹立宣言は通称 NIEO 樹立宣言と呼ばれている。

Ⅲ　解答

〔1〕A．賦課　B．マクロ（経済）スライド　C．75　D．イギリス

〔2〕合計特殊出生率　〔3〕基礎年金　〔4〕1961　〔5〕―ⓞ

〔6〕障害者雇用促進法　〔7〕修正資本

〔8〕イ．フィラデルフィア宣言　ロ．世界人権宣言　〔9〕―ⓤ

◀解　説▶

≪日本の社会保障制度とその歴史≫

〔1〕A．現行の日本における公的年金の財政方式は，事実上，修正積立方式から賦課方式に移行している。賦課方式とは，年金給付の原資を現役世代の保険料から賄う方式。

B．マクロ経済スライドは 2004 年に導入を決定，2015 年度に初めて適用された方式で，現役人口の減少や平均余命の伸びなど社会情勢を反映して年金給付水準を減額する方法である。

C．2008 年に老人保健制度が後期高齢者医療制度に改められ，75 歳以上の国民全員がこの制度に加入し，対象者全員から保険料を徴収することになった。

D．イギリスでは第二次世界大戦後，ナショナル・ミニマム（国民生活の最低基準）の保障を掲げたベバリッジ報告（1942 年）に基づき，「ゆりかごから墓場まで」をスローガンとする社会保障制度が整備された。

〔4〕国民皆保険・皆年金体制は，全国民をいずれかの医療保険制度・年金保険制度に加入させる体制のことで，前年までの法制定を経て，1961 年に国民健康保険および国民年金の事業が始まったことにより実現した。

〔5〕㋔が不適切。求職者給付は雇用保険の内容であり，労災保険（労働者災害補償保険）の内容ではない。

〔6〕障害者雇用促進法は，障害者の安定した就労を実現するための方策を定めた法律。同法では，国，地方公共団体，民間企業に対して障害者雇用率を守る義務を課している。

〔8〕イ．フィラデルフィア宣言は，1944 年に ILO（国際労働機関）総会で採択されたもので，社会保障や医療の充実を各国に勧告している。

〔9〕㋒が適切。北欧諸国は社会保障が充実しているが国民負担率も高く，「高福祉・高負担」と呼ばれている。

❖講　評

Ⅰ．日本の再軍備や日米安全保障条約の変遷とその運用など，日本の安全保障や外交政策についての内容を問う出題。教科書レベルの基礎知識を確認する問題が多い。しかし，中には詳細な知識を問う問題もみられた。〔3〕の日米安全保障条約の改定年，沖縄返還年は覚えておかなければならない年号。とくに 2022 年は沖縄返還 50 周年に当たり，ニュースにもなった。〔7〕はやや詳細な知識が必要であった。

Ⅱ．第二次世界大戦後の日本経済の復興過程を中心のテーマとして，金融，国民所得，国際経済分野など経済分野から網羅的に出題された。大半は教科書の知識で解ける問題であった。〔2〕の「超均衡」予算を解答する問題はやや難しかった。〔7〕の比較生産費説に関する計算問題は頻出。必ず正解したい。〔9〕の「新国際経済秩序」を解答する問題は漢字指定があるので，「NIEO」は不正解となる。組織名などで日本語名称とアルファベット略称がある場合，どちらも覚えるようにしたい。

Ⅲ．少子高齢化にともなう日本の社会保障制度改革とその歴史を柱とする出題となっている。教科書に準拠した内容の問題が大半であったが，やや細かな知識を要する出題もみられた。〔1〕Bの「マクロ（経済）スライド」や〔4〕の国民皆保険・皆年金導入年の「1961」年は，やや詳細な知識が必要であったが，出題頻度が高い内容である。〔5〕の労災保険に関する選択問題は，労災保険と雇用保険の違いを明確に理解していないと解けない問題であった。

数学

I　解答

ア．$\dfrac{1}{3}$　イ．$\dfrac{2}{3}$　ウ．$\dfrac{1}{4}$　エ．$\dfrac{3}{4}$　オ．$\dfrac{3}{4}$　カ．$\dfrac{8}{9}$

キ．$\dfrac{12}{11}$　ク．$\dfrac{8}{11}$　ケ．$3x^2+6$　コ．2　サ．2　シ．4　ス．-2

セ．$\sqrt[3]{4}$　ソ．$\sqrt[3]{2}$　タ．4　チ．6　ツ．4　テ．$k+1$　ト．2　ナ．31

◀解　説▶

≪小問 3 問≫

〔1〕　LP：PC＝2：1 より

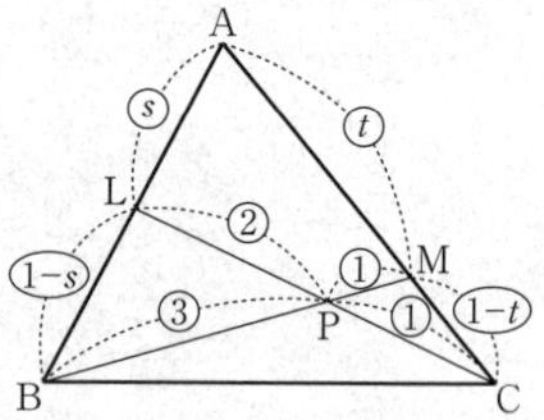

$$\overrightarrow{AP}=\frac{\overrightarrow{AL}+2\overrightarrow{AC}}{3}$$

$$=\frac{1}{3}s\overrightarrow{AB}+\frac{2}{3}\overrightarrow{AC}\quad \to ア，イ$$

BP：PM＝3：1 より

$$\overrightarrow{AP}=\frac{\overrightarrow{AB}+3\overrightarrow{AM}}{4}=\frac{1}{4}\overrightarrow{AB}+\frac{3}{4}t\overrightarrow{AC}\quad \to ウ，エ$$

$\overrightarrow{AB}\neq\vec{0}$，$\overrightarrow{AC}\neq\vec{0}$ で $\overrightarrow{AB}$ と $\overrightarrow{AC}$ は平行でないから

$\dfrac{1}{3}s=\dfrac{1}{4}$ より　　$s=\dfrac{3}{4}$　→オ

$\dfrac{3}{4}t=\dfrac{2}{3}$ より　　$t=\dfrac{8}{9}$　→カ

$\overrightarrow{AN}=k\overrightarrow{AP}$ とおくと

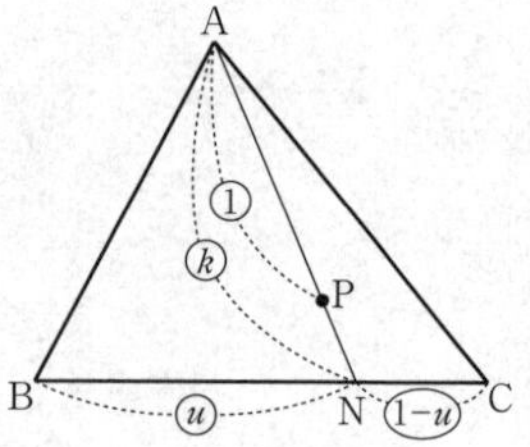

$$\overrightarrow{AN}=\frac{k}{4}\overrightarrow{AB}+\frac{2k}{3}\overrightarrow{AC}$$

一方　　$\overrightarrow{AN}=(1-u)\overrightarrow{AB}+u\overrightarrow{AC}$

$\overrightarrow{AB}\neq\vec{0}$，$\overrightarrow{AC}\neq\vec{0}$ で $\overrightarrow{AB}$ と $\overrightarrow{AC}$ は平行でないから

$$\frac{k}{4}=1-u\quad かつ\quad \frac{2k}{3}=u$$

よって　$\frac{k}{4}+\frac{2k}{3}=1$　　∴　$k=\frac{12}{11}$

すなわち　$\overrightarrow{AN}=\frac{12}{11}\overrightarrow{AP}$　→キ

また　$u=\frac{2}{3}\times\frac{12}{11}=\frac{8}{11}$　→ク

〔2〕　$y=x^3+6x-2$ より　　$y'=3x^2+6$　→ケ

$x=\alpha+\beta$ を $x^3+6x-2=0$　……① に代入すると

$(\alpha+\beta)^3+6(\alpha+\beta)-2=0$

$\alpha^3+\beta^3+3\alpha\beta(\alpha+\beta)+6(\alpha+\beta)-2=0$

$\alpha^3+\beta^3-2+3(\alpha+\beta)(\alpha\beta+2)=0$　……②　→コ，サ

$\alpha^3+\beta^3-2=0$　……③ より　　$\alpha^3+\beta^3=2$

$\alpha\beta+2=0$　……④ より　　$\alpha^3\beta^3=(-2)^3=-8$

よって，解と係数の関係より，α^3，β^3 は 2 次方程式

$t^2-2t-8=0$

の解である。

$(t-4)(t+2)=0$ より　　$t=4,\ -2$

$\alpha^3>\beta^3$ より　　$\alpha^3=4,\ \beta^3=-2$　→シ，ス

したがって　　$\alpha=\sqrt[3]{4},\ \beta=-\sqrt[3]{2}$　→セ，ソ

〔3〕　自然数 n の正の約数の個数 $A(n)$ は，n を素因数分解して，各素因数の個数が何通りあるかを考えればよい。

$39=3\cdot13$ より　　$A(39)=(1+1)\times(1+1)=4$　→タ

$50=2\cdot5^2$ より　　$A(50)=(1+1)\times(2+1)=6$　→チ

同様に考えて，異なる素数 p，q に対して

$A(pq)=(1+1)\times(1+1)=4$　→ツ

$A(p^k)=k+1$　→テ

$A(m)=5$ である m（$m=1,\ 2,\ \cdots,\ 200$）の個数について

(i)素因数が 1 種類のとき

$m=p^k$（$k\geqq1$）とすると

$A(m)=k+1=5$ より　　$k=4$

$2^4=16,\ 3^4=81,\ 5^4=625,\ \cdots$ より　　$m=16,\ 81$ の 2 個

(ii)素因数が 2 種類のとき

$m=p^kq^l$（$k\geqq l\geqq 1$）とすると

$$A(m)=(k+1)(l+1)$$

$(k+1)(l+1)=5$ となる 1 以上の整数は存在しないから不適。

(iii)素因数が 3 種類のとき

明らかに不適。

(i)～(iii)より，$A(m)=5$ である m の個数は　　2 個　→ト

$A(m)=8$ である m（$m=1,\ 2,\ \cdots,\ 200$）の個数について

(i)素因数が 1 種類のとき

$m=p^k$（$k\geqq 1$）とすると

$A(m)=k+1=8$ より　　$k=7$

$2^7=128,\ 3^7=2187,\ \cdots$ より　　$m=128$の 1 個

(ii)素因数が 2 種類のとき

$m=p^kq^l$（$k\geqq l\geqq 1$）とすると

$$A(m)=(k+1)(l+1)$$

であるから，$A(m)=8$ を満たす $k,\ l$ は

$$k+1=4,\ l+1=2 \qquad \therefore\quad k=3,\ l=1$$

そこで，$A(m)=A(p^3q)=8$ を満たすものをすべて書き出すと

$p=2$ のとき

$2^3\cdot 3=24,\ 2^3\cdot 5=40,\ 2^3\cdot 7=56,\ 2^3\cdot 11=88,\ 2^3\cdot 13=104,$

$2^3\cdot 17=136,\ 2^3\cdot 19=152,\ 2^3\cdot 23=184$ の 8 個

$p=3$ のとき

$3^3\cdot 2=54,\ 3^3\cdot 5=135,\ 3^3\cdot 7=189$ の 3 個

$p\geqq 5$ のとき

$$p^3q\geqq 5^3\times 2=250>200$$

となり不適。

よって　　$8+3=11$ 個

(iii)素因数が 3 種類のとき

このとき明らかに　　$m=pqr$　（$p,\ q,\ r$ は異なる 3 つの素数）

そこで，$A(m)=A(pqr)=8$（$p<q<r$）を満たすものをすべて書き出すと

$p=2$ のとき

$2\cdot 3\cdot 5=30,\ 2\cdot 3\cdot 7=42,\ 2\cdot 3\cdot 11=66,\ 2\cdot 3\cdot 13=78,\ 2\cdot 3\cdot 17=102,$

$2\cdot3\cdot19=114$，$2\cdot3\cdot23=138$，$2\cdot3\cdot29=174$，$2\cdot3\cdot31=186$，

$2\cdot5\cdot7=70$，$2\cdot5\cdot11=110$，$2\cdot5\cdot13=130$，$2\cdot5\cdot17=170$，

$2\cdot5\cdot19=190$，

$2\cdot7\cdot11=154$，$2\cdot7\cdot13=182$ の $9+5+2=16$ 個

$p=3$ のとき

$3\cdot5\cdot7=105$，$3\cdot5\cdot11=165$，$3\cdot5\cdot13=195$ の 3 個

$p\geqq5$ のとき

$pqr\geqq5\times7\times11=385>200$

となり不適。

よって　　$16+3=19$ 個

(iv)素因数が 4 種類のとき

明らかに不適。

(i)〜(iv)より，$A(m)=8$ である m の個数は　　$1+11+19=31$ 個　→ナ

II　解答

ア．$-\dfrac{x_3}{10}$　イ．10　ウ．$\dfrac{1}{2}$　エ．$-\dfrac{x_3}{10}+10$　オ．$\dfrac{1}{100}$

カ．98415　キ．95548　ク．$\sqrt{2}$　ケ．1　コ．1　サ．20

◀解　説▶

≪賃貸住宅物件の月額家賃を題材にした計算≫

$$-\frac{x_3}{10}=\log_3 3^{-\frac{x_3}{10}}\quad \text{→ア},\quad 10=\log_3 3^{10}\quad \text{→イ}$$

より

$$\log_3 y=\frac{1}{2}\log_3 x_1-\frac{1}{100}\log_3 x_2+\log_3 3^{-\frac{x_3}{10}}+\log_3 3^{10}$$

$$=\log_3\frac{x_1^{\frac{1}{2}}\cdot3^{-\frac{x_3}{10}+10}}{x_2^{\frac{1}{100}}}$$

であるから

$$y=\frac{x_1^{\frac{1}{2}}\cdot3^{-\frac{x_3}{10}+10}}{x_2^{\frac{1}{100}}}\quad \text{→ウ〜オ}$$

〔1〕　$x_1=25$，$x_3=10$，$x_2=1$ より

$$y=\frac{25^{\frac{1}{2}}\cdot3^9}{1^{\frac{1}{100}}}=5\times19683=98415\quad \text{→カ}$$

〔２〕　$x_1=25,\ x_3=10,\ x_2=20$ より

$$y=\frac{25^{\frac{1}{2}}\cdot 3^9}{20^{\frac{1}{100}}}=\frac{5\times 19683}{1.030}=95548.5\cdots$$

小数点以下を切り捨てると　　$y=95548$　→キ

〔３〕　住宅面積 x_1 だけが異なり，その比が $1:2$ であるから，家賃の比は

$1^{\frac{1}{2}}:2^{\frac{1}{2}}=1:\sqrt{2}$　→ク

〔４〕　物件Ｐ，Ｑの月額家賃をそれぞれ $y_{\mathrm{P}},\ y_{\mathrm{Q}}$ とすると

$$y_{\mathrm{P}}=\frac{x_1{}^{\frac{1}{2}}\cdot 3^{-\frac{a}{10}+10}}{x_2{}^{\frac{1}{100}}}=\frac{x_1{}^{\frac{1}{2}}\cdot 3^{-\frac{a}{10}}\cdot 3^{10}}{x_2{}^{\frac{1}{100}}}$$

$$y_{\mathrm{Q}}=\frac{(2x_1)^{\frac{1}{2}}\cdot 3^{-\frac{a^2}{10}+10}}{x_2{}^{\frac{1}{100}}}=\frac{2^{\frac{1}{2}}x_1{}^{\frac{1}{2}}\cdot 3^{-\frac{a^2}{10}}\cdot 3^{10}}{x_2{}^{\frac{1}{100}}}$$

と表せるから，$y_{\mathrm{P}}=y_{\mathrm{Q}}$ のとき

$$3^{-\frac{a}{10}}=2^{\frac{1}{2}}\cdot 3^{-\frac{a^2}{10}}\qquad \log_3 3^{-\frac{a}{10}}=\log_3\left(2^{\frac{1}{2}}\cdot 3^{-\frac{a^2}{10}}\right)\qquad -\frac{a}{10}=\frac{1}{2}\log_3 2-\frac{a^2}{10}$$

$$a^2-a-5\log_3 2=0\qquad \therefore\quad a=\frac{1\pm\sqrt{1+20\log_3 2}}{2}$$

$a>1$ より　　$a=\dfrac{1+\sqrt{1+20\log_3 2}}{2}$　→ケ～サ

Ⅲ　解答

〔１〕　$\cos\left(\theta+\dfrac{\pi}{2}\right)=-\sin\theta,\ \sin\left(\theta+\dfrac{\pi}{2}\right)=\cos\theta$ より

$\mathrm{Q}\left(\cos\left(\theta+\dfrac{\pi}{2}\right),\ \sin\left(\theta+\dfrac{\pi}{2}\right)\right)$

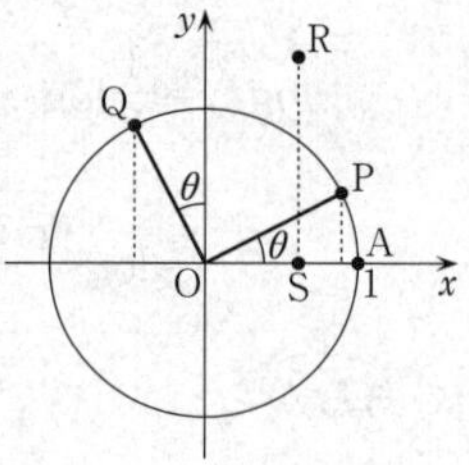

ゆえに　　$\angle\mathrm{POQ}=\dfrac{\pi}{2}$　……(答)

〔２〕　右図より

$$T=\frac{1}{2}\times(\cos\theta+\sin\theta)$$

$$\times\{(\cos\theta-\sin\theta)-(-\sin\theta)\}$$

$$=\frac{1}{2}(\cos\theta+\sin\theta)\cos\theta=\frac{1}{2}(\cos^2\theta+\sin\theta\cos\theta)$$

$$=\frac{1}{2}\left(\frac{1+\cos 2\theta}{2}+\frac{\sin 2\theta}{2}\right)=\frac{1}{4}\sin 2\theta+\frac{1}{4}\cos 2\theta+\frac{1}{4}$$

$$=\frac{\sqrt{2}}{4}\sin\left(2\theta+\frac{\pi}{4}\right)+\frac{1}{4}$$

ここで，$0<\theta<\frac{\pi}{4}$ より　$\frac{\pi}{4}<2\theta+\frac{\pi}{4}<\frac{3\pi}{4}$

であるから　$\frac{1}{\sqrt{2}}<\sin\left(2\theta+\frac{\pi}{4}\right)\leqq 1$

よって，面積 T の最大値は　$\frac{\sqrt{2}}{4}\times 1+\frac{1}{4}=\frac{\sqrt{2}+1}{4}$　……（答）

また，そのとき

$2\theta+\frac{\pi}{4}=\frac{\pi}{2}$　より　$\theta=\frac{\pi}{8}$　……（答）

〔3〕　$\theta=\frac{\pi}{8}$ のとき，直線 PQ の傾きは

$$\frac{\sin\theta-\cos\theta}{\cos\theta-(-\sin\theta)}=\frac{\sin\theta-\cos\theta}{\cos\theta+\sin\theta}=\frac{\sin^2\theta-\cos^2\theta}{(\cos\theta+\sin\theta)^2}$$

$$=-\frac{\cos^2\theta-\sin^2\theta}{1+2\sin\theta\cos\theta}=-\frac{\cos 2\theta}{1+\sin 2\theta}$$

$$=-\frac{\cos\frac{\pi}{4}}{1+\sin\frac{\pi}{4}}=-\frac{\frac{1}{\sqrt{2}}}{1+\frac{1}{\sqrt{2}}}=-\frac{1}{\sqrt{2}+1}$$

$$=-(\sqrt{2}-1)=1-\sqrt{2}$$　……（答）

別解　〔1〕　$\overrightarrow{\mathrm{OP}}=(\cos\theta,\ \sin\theta)$，$\overrightarrow{\mathrm{OQ}}=(-\sin\theta,\ \cos\theta)$ より

$\overrightarrow{\mathrm{OP}}\cdot\overrightarrow{\mathrm{OQ}}=-\cos\theta\sin\theta+\sin\theta\cos\theta=0$

ゆえに　$\angle\mathrm{POQ}=\frac{\pi}{2}$

参考　〔2〕　$\overrightarrow{\mathrm{QR}}=(\cos\theta,\ \sin\theta)$，$\overrightarrow{\mathrm{QS}}=(\cos\theta,\ -\cos\theta)$ であるから

$$T=\frac{1}{2}|\sin\theta\cos\theta-\cos\theta(-\cos\theta)|$$

$$=\frac{1}{2}|\sin\theta\cos\theta+\cos^2\theta|$$

$0<\theta<\frac{\pi}{4}$ より

$$T=\frac{1}{2}(\sin\theta\cos\theta+\cos^2\theta)$$

◀解　説▶

≪三角関数と図形≫

三角関数と図形の基本問題である。〔2〕では直線RSがy軸に平行であることに着目して計算する。〔参考〕のように，２つのベクトルがつくる三角形の面積の公式を用いてもよい。面積の最大値を計算するためには，２倍角の公式や合成公式を活用する。〔3〕も２倍角の公式の活用がポイントである。

❖講　評

Ⅰは小問３問で，〔1〕は平面ベクトルの基本問題，〔2〕は３次方程式の解を求める問題であるが，あまり見かけないタイプの問題である。このような場合，慌てず指示（誘導）に従って解答していけばよい。〔3〕は素因数分解から正の約数の個数を求める問題で，前半は基本問題であるが，後半はややレベルの高い問題である。試験時間を考慮すれば，最後の設問は後回しにしてもよいであろう。

Ⅱは住宅面積，築後年数，都心までの距離と月額家賃の関係を考察するという現実的な問題であるが，数学の内容としては指数・対数関数の易しい計算問題である。

Ⅲは三角関数と図形の典型的な問題である。設問にある三角形の面積も簡単であるが，その最大値を求めるためには２倍角の公式や合成公式など，三角関数の公式を自由に使えることが必要となる。三角関数の計算ができさえすれば易しい問題である。

は内容真偽。各選択肢が長いが、本文との異同が明確で、取り組みやすい。標準的。問8の文学史は作品のジャンルが問われた。選択肢の数も多く、やや難。全体として標準的。

四の漢文は、明治時代に活躍した漢学者、信《しの》夫《ぶ》恕《じょ》軒《けん》の『恕軒遺稿』を出典とする。問1の読みの①「苟」は頻出語。②「高於人」は文脈から答えることになる。「於」がもつ意味を理解していないと難しい。やや難。問2の書き下し文には「自」を「より」と読むこと、「安」は反語なので「いづくんぞ〜や」と読むことの知識が必要。やや難。問3の空所補充は使役の送り仮名「セラレン」をヒントに考える。鳳や龍といった立派な生物が、フクロウやカワウソにとって代わられたということで文意が通る。全体として、やや難。漢文については難読語や句法についての学習が欠かせない。

本文では「姑く舎きて焉を論ぜず」と記されており、外れる。3も後半の「伝説上の」以下が間違い。「若し其の形の似たるを以て……似て類する者亦た多し」とあり、選択肢とずれがある。5は本文冒頭の「麟の物たる、経史之を載せ……聖人の祥瑞たるを知るなり」とずれている。6は「その有無を……議論するのはそもそも意味がない」とあるが、このことに関して本文では記されていない。

❖講　評

一の現代文は、古代のモノノケの対処法について述べた文章。『源氏物語』などからの具体例を織り交ぜ、論旨はつかみやすい。問1の「回向」はやや読みにくい。問3の空所補充は、Dの選択がポイント。文脈の丁寧な読みが正解につながる。標準的。問4は欠文挿入箇所を問うもの。挿入文の主語は明確で、文意が通る箇所は絞りやすく、容易。問5・問7の内容説明も本文を丁寧に探れば正解できる。標準的。問8の空所補充は四字という字数制限のヒントがあるものの、やや難である。問9は内容真偽。選択肢と本文の正確な照会が必要だが、選択肢が本文に沿って記されており、わかりやすい。標準的。問10は谷崎潤一郎の作品を選ぶ文学史で、標準的。全体として標準的。

二の現代文は、日本の「近代小説」の成り立ちを説く文章。具体例が対比して示されており、論旨はとりやすい。問1の内容説明は、「私」が本人なのか、他者なのかわかりにくく、戸惑う。やや難。問2の空所補充は直後に選択肢の語があり、容易。問3・問4の内容説明もわかりやすい。標準的。問5は話題が多岐にわたり、一つずつ確認せねばならないため、やや煩雑。あらかじめ、選択肢を頭に入れてから本文を読む方が効率的。全体として標準的。

三の古文は『古今著聞集』が出典。内容はとりやすいが、分量がかなり多い。また、仏教の知識があると有利に働いた。問1の文法は平易。問2の空所補充はAがやや難。問3の口語訳は「すまふ」「まうけ」の知識が必須。口語訳としては標準的。問4の主語（行為の主体）を問う設問では、会話になっている㋓「参らせよ」がやや難。問5の理由説明は文脈が追えれば問題なく解ける。標準的。問6の口語訳は「さらに」「うく」の語意の把握がカギ。標準的。問7

るべけんや」と。余謂《おもへ》らく麟の有無は、姑《しばら》く舎《お》きて焉《これ》を論ぜず。聖人に非ざるよりは、安《いづ》くんぞ麟の麟たるを知らんや。若《も》し其の形の似たるを以て麟と為せば、則ち深山大沢、似て類する者亦《ま》た多し。皆之を麟と謂はんか。嗚呼《ああ》、真麟伏し竄《かく》れて、偽麟跋扈《ばつこ》す。鳳よ龍よ、将《まさ》に鴟獺《しだつ》に制せられんとす、哀しいかな。

◀解　説▶

問1　①「苟」は「いやしくも」と読み、〝もしも〟〝仮に〟〝本当に〟と訳す。順接仮定条件を表す。

②「高於人」は「ひとよりたかく」と読む。「A於B」では「於」が、直後に比較の対象があることを表している。Aには形容詞が入る。〝BよりAである〟と訳すことができる。ここは「之猟猢」の説明で、身長は〝人より高い〟という意味を表している。次に「項長」（くびのながさ）に続くため、「高く」と連用中止の形の読みとなる。

問2　二カ所の句法の理解がポイント。「自非」は「〜にあらざるよりは」と読み、〝〜でない限りは〟〝もし〜でないならば〟と訳す。仮定・限定の意を示す。また、「安〜哉」は「いづくんぞ〜や」と読み、〝どうして〜であろうか〟と訳す反語の用法。ここでは、〝聖人でない限りは、どうして麒麟が麒麟であることがわかるだろうか、いやわからない〟と訳し、「麟」という動物が「麟」であると判断できるのは、聖人のみであるということを示している。「〜にあらざるよりは」と読んでいる選択肢が1と3で、「安」を「いづくんぞ」と反語の読みをしているものは1である。ちなみに、「安」を「いづくに（か）」と読めば、場所を問う疑問の意となる。

問3　対比されている動物の意味を考える。鳳は鳳凰で、龍と合わせて、想像上のすばらしい動物を表す。一方、鴟獺とは現実にいる小動物で、それほどすばらしい動物というわけではない。想像上の縁起の良い動物が、普通の小動物に〈抑えられる〉ようになっているという文脈ととらえられる。すると3の「制」が正解となる。送り仮名の「せられん」が受身になっていることをヒントに、挿入して文意が通るものを選ぶ形になる。

問4　本文の最後の文「嗚呼……哀哉」が4と符合している。正解は4である。1は後半の「獣に神秘性を付与する……」が間違い。「是れ衆を欺くなり」と本文では記されている。2の最後「西洋人の態度は全く不当である」は、

問4　4

◆全　訳◆

麒麟がどんな動物か、儒家の経典と歴史書に取り上げられて、韓愈がこれを解説している。仮に書物を読む者であれば、聖人の出現を示すめでたい前兆であることを知っているのである。けれども西洋の学説には、「多くの種類の獣の中に、麒麟という動物はいない。いわゆる『西に狩りして麟を獲たり』というのは、之猟猢（＝キリン）である」とある。西洋に麋という大型の鹿がいて、（これを）之猟猢という。豹の文様でロバの足をしており、身長は人間より高く、首の長さは八尺（＝約二・四メートル）である。上野動物園で人に思う存分見せている動物がこれである。そもそもその之猟猢という動物を知らないのに（それが）麒麟だと考えるのは、自分が詳しく知らないことを表していることになる。之猟猢がどんな動物であるかを知っていて、しかも麒麟と標榜するということは、大衆を欺くことである。西洋人がひそかに笑って、「この人たちが麒麟という動物がいないことを知らず、また之猟猢という動物がいるのも知らないということは、嘆かないべきであろうか（、いや嘆くべきことだろう）」と言っている。私が思うに麒麟という動物の有無は、しばらくおいておきこのことを論じない。聖人でない限りは、どうして麒麟が麒麟であることがわかるだろうか（、いやわからない）。もしその形状が似ていることで麒麟とするのであれば、深い山大きな水があるところには、同類と考えられるものも多いのである。皆はこれを麒麟というだろうか。ああ、本物の麒麟は隠れてしまって、偽物の麒麟がのさばっている。鳳凰や竜が、今にもフクロウやカワウソ（といったつまらないもの）に制せられるようなもので、哀しいことだ。

読み　麟の物たる、経史之を載せ、韓愈《かんゆ》之を解す。苟《いやしく》も書を読む者、聖人の祥瑞たるを知るなり。而《しか》れども西洋の学説に曰はく、「毛虫三百、麟と曰ふ者無し。所謂《いはゆる》西に狩りして獲たる者は、之猟猢《ぢらふ》なり」と。西洋に麋《び》有り、之猟猢と曰ふ。豹の文《あや》にして驢《ろ》の足、身は人より高く、項《くび》の長さ八尺。上野動物園人をして縦観せしむる者是《こ》れなり。夫《そ》れ其の之猟猢たるを知らずして以て麟と為すは、是れ我が不明を表はすなり。其の之猟猢たるを知りて、而も標して以て麟と為すは、是れ衆を欺くなり。洋人窃《ひそ》かに笑ひて曰はく、「渠《かれ》麟と曰ふ者無きを知らず、又之猟猢と曰ふ者有るを知らざるは、嘆かざら装束なる童子……天狗法師うち見るより、やがて失せにけり」のことを指している。童子が来たことで、天狗が去って行ったのである。この内容と符合するのは6である。

問6　傍線㋗の「さらに」は呼応の副詞で、打消表現を伴い、〝全く～ない〟〝決して～ない〟と訳す。「うく」は〝根拠がない〟意。直訳すると〝全く根拠のない話ではない〟となる。選択肢で言えば、3「まったく架空の出来事ではない」と合致する。

問7　第四段落二文目「いささか竹門」から「このさかなに盛れるものども、すべて見も知らぬ物なり」までが、4と合致している。また、最終段落の冒頭「さしも……息音もせずなりぬ」から「或は縁の束柱のかくれ……世を恐れてかくれまどひをりけり」までが、6に合致している。1は、山伏が「唯蓮房」のことを「敬慕する」とあるのが間違い。2は「僧たちが邪魔をして寄っていけず」が本文と異なる。3は「天狗を馬鹿にして外に出ようとしなかった」「天狗は……突き立てた」が間違い。5は後半の「天狗の怒りをかって追い出され」が間違い。

問8　本文の出典である『古今著聞集』のジャンルは説話である。2『山家集』は西行の私家集でジャンルは歌集である。1『十訓抄』は『古今著聞集』と密接な関係のある説話集。3『今昔物語集』は日本最大の古代説話集。4『宝物集』は鎌倉時代初期の仏教説話集。5『日本霊異記』は平安時代初期の仏教説話集。6『発心集』は鴨長明の仏教説話集。

四

出典　信夫恕軒『恕軒遺稿』

解答

問1　①いやしくも　②ひとよりたかく

問2　1

問3　3

④「いぬ」の「ぬ」はナ変動詞「往ぬ」の終止形活用語尾。ここでは5「動詞の一部」。

問2　A、「いたす」に接続する語を入れる。1「行」を入れると、〝修行をする〟意となり、天狗がたびたび訪ねてきたが、修行のおかげで難を逃れるという文脈になる。

B、直前に、天狗の腕に少しだけ小刀を突き立てたために、天狗が怒って、手荒く引き出したことが記されている。そして、二つの［B］の間に「よもの木ずゑなどのしたに見くだされける」とあり、〝四方の木の枝などが眼下に見える〟ということなので、木々の景色を上空から下に見ているということがわかる。そこで、5「空」を入れる。

問3　㋐「すまひ」は「争ひ」で、〝争う、抵抗する〟意。ここでは、天狗が無理やり唯蓮房の腕をつかんで引き出そうとしたのに対して、「すまひて（＝〝抵抗して〟）いでず（＝〝出なかった〟）」のである。

㋑「まうけ」の理解がポイント。「まうけ」は〝ごちそうの用意〟の意。「いとなむ」は〝作る、用意する〟の意。

問4　㋒「法師一人、高坏に……とすすむる」まで主語の「法師」は変わらない。その法師の運んできた料理は唯蓮房には「すべて見も知らぬ物」であり、「ともかくも物もいはず……かいつくなひてゐ」る唯蓮房に、法師が「これ」（＝「このさかなに盛れるものども」）を「しきりに」「すすむ」のである。

㋓唯蓮房がお酒を召し上がらないことを「酌とりの法師」が伝えたときの奥の人の発言にある語である。「参らす」は〝差し上げる〟意。ここでは、㋒と同様に「酌とりの法師」が唯蓮房に料理を差し上げるということである。

㋔「ゆゆしき美膳」（＝〝見事に立派な食膳〟）を「とりいだ」すのは、3の「奥のかた」である。お酒を召し上がらないのなら〝これを召し上がってもらおう〟と、奥のかたが「ゆゆしき美膳」を用意したのである。

㋕「参る」（＝〝召し上がる〟）主体は5の「唯蓮房」である。話し手は「酌とりの法師」で、唯蓮房に〝お酒は召し上がらないようですが、こちらの食事をお召し上がりください〟と勧めているのである。

問5　傍線㋖は〝（唯蓮房は）気持ちが落ち着いてきて恐れる心がなくなった〟の意である。直前に「その時」とあり、これは直前の二文、つまり、騒々しかった音が全くなくなったことをいう。さらにこれは、その前の段落末尾の「しりください」と勧めるので、持斎（＝一日一度の食しかとらないという戒律）の事情を言って食べない。強くさらに勧めるけれども、まだ食べないで、ますます深く十羅刹の加護を念じていると、竹の戸の方から人の音がするのを見やったところ、白装束の童子二人が、むちを持っていらっしゃる。これをこの天狗法師がちらりと見るとすぐに、（この天狗法師は）そのまま消えてしまった。

そうして奥の方でひしめき騒いでいた物音なども、すべて（なくなり）息の音もしなくなった。木の葉を風が誘って去ってしまったようである。そのときに、唯蓮房は、気持ちが落ち着いてきて恐れるものもない。あまりの不思議さに、家の奥の方まで行って見回すと、全く誰一人もいない。「十羅刹が助けてくださったのだ」と、尊く恐れ多いことこの上ない。「それにしても、大勢の者たちはどこへ消えてしまったのだろう」と思っていると、あるものは縁の束柱の隠れに、またあるものは長押やたるき（＝屋根を支える木材）の間などに、わずか子ネズミほどの大きさになって、小法師どもが身を寄せ、ただもう怖がって隠れ惑っていたのであった。唯蓮房を見て恐れたことはあきれるほどである。その童子は、聖（＝唯蓮房）を呼んで、「恐ろしいと思うな」と言って、一人は前に立ち、もう一人は後ろに立っていらっしゃる。はじめ来たときは、はるばると野山を越えて（空を駆け）、少し時間がかかったが、この童子の後ろに従って、ほんの少しの間に（元いた）本房に行き着いたとかいうことだ。これは決して根も葉もないことではない。末法の世と言いながらも、信仰の力に応じて仏法の効験が無駄ではないことはこのようなものである。

▲解　説▼

問1　①「知らぬ」の「知ら」は、四段活用「知る」の未然形。未然形接続の助動詞で活用形に「ぬ」をもつのは打消の助動詞「ず」で、正解は6となる。

②「ほど」という名詞に接続しており、時を表す3の「格助詞」。

③「のきにけり」で〝除いてしまった〟の意。連用形接続の過去の助動詞「けり」に接続していることから、「に」は連用形の助動詞である。よって完了の助動詞「ぬ」の連用形と決まり、正解は4となる。

このあたりか」と思うと、だんだん遠くなっていった。「これはどうしたことか」と不思議に思っているうちに、この僧たちが立ち上がって取り囲んで、その中に一人葛のつるで作った縄を持って、唯蓮房にかけようとした。「もう縛ろうというのだな」と思って、剣を抜いてこれを打ち払うと、葛は皆切られて体から離れてしまった。このようなことがたびたびになったけれど、いつの間にか法師たちも消えてしまった。それから唯蓮房は帰って、またこの修行をする。

また次の日、山伏が、明かり障子を開けてやってきた。前の通り他のことを考えず十羅刹を祈念申し上げて座っていたところ、天狗が、手を差し伸ばして唯蓮房の腕を取って、「さあ来られよ」と言って、引っ張り出そうとした。唯蓮房は、抵抗して出なかった。このように押し合っているうちに、硯の中に小刀があったのを取って持っていたので、その小刀を天狗の腕に少し突き立てる格好になった。そのときに、天狗は、「こんな方法を取るのであれば（こちらも手荒に扱おう）」と言って、（唯蓮房を）手荒く引き出して帰って行った。空を駆けるかのように思われて、行く心も無意識で、全く夢のようである。四方の木の枝先などが下に見えたことで、空中を行くというのがわかったのである。

そうして（唯蓮房を）ある山の中に置いた。少し竹の門のある家で古びた家に置いて、明かり障子があったのを引き開けて、「この中へ（入れ）」と言って（中に）入れたので、（唯蓮房は）「ここまで事が進んでは、拒むこともかなわないだろう」と思って、（天狗が）言うことに従って入った。奥の方の様子をうかがうと、この（人の）ごちそうの用意をしているように思われ、人がたくさんいる物音がして、ひしめいて用意をしている。「お客様がいらっしゃった」と言っているうちに、一人の法師が、食物を盛る器に酒の肴を据えて持ってきて据え置いた。またお銚子に酒を入れてきた。「これをお召し上がりください」と勧めるのを見ると、この肴として器に盛っているものは、すべて見たこともないものである。ひと言も口をきかず、ただ仏の加護に身をまかせて、きちんと姿勢を整えて座っていると、しきりにこれを（食べるように）勧めてくる。酒を断っていることを言って飲まないでいると、この酌取りの法師が、（唯蓮房が）全くお酒を召し上がらないことを奥の方に言ったところ、「それならこれを差し上げろ」と言って、すぐすばらしく立派な食膳を取り出してきた。これもまた全く見たことのないものを盛り備えている。「お酒は召し上がらないようですが、これをお召し上が

三

出典　橘成季『古今著聞集』＜巻第十七　変化　六〇四　建保の比、大原の唯蓮房法験に依りて天狗の難を遁る事＞

解答

問1　①－6　②－3　③－4　④－5

問2　A－1　B－5

問3　㋐抵抗して出ない（八字程度）　㋑ごちそうの用意をしている（十字程度）

問4　㋒－4　㋓－4　㋔－3　㋕－5

問5　6

問6　3

問7　4・6

問8　2

◆全　訳◆

大原の唯蓮房は、五種法師の修行（＝仏典の書写）を最初行っておられたが、天狗がたびたび邪魔をした。唯蓮房が、書写法師でしたときに、ある日の昼頃、明かり障子の外で聞いたこともない声で「唯蓮房」と呼ぶ人がいる。「誰だ」とだけ答えて、出て行って会うことはしない。そうこうしているうちに部屋の後ろの出入り口の方からこの人が入ってくるのを見ると、（それは）たいそう恐ろしそうな山伏である。「（あれは）天狗だな」と思うと、恐ろしいことこの上ない。ただひたすら十羅刹を祈り申し上げて、また目も合わせずに書写していると、この山伏が、「ああ貴くいらっしゃるものだなあ」と言って、その日は帰った。

その後また見知らぬ中間法師が一人でやってきて言うことには、「ただ今僧正の御房がご入堂なさいます。お目にかかりたいとのことでございます」と言うので、そのときには天狗だとも思いもせずに、急いで出て見ると、本当に僧正が、たくさんの僧を連れていらっしゃった。「ここへ」とお呼びになったので、その命令に従って近寄っていくと、「（僧正は）

問3　第八〜十段落で「異人」と「他者」が対比されている。第八段落で、「異人」は「互いにわかり合えている共同体があり、その上でそこに属さない人々」と定義されている。また、第十段落で、「他者」は、「わかり合っていないことだけはわかっている」「近代」において、互いに疑いつつ相手を「観察」し、「理解しようとする」人と記されている。この内容に符合する選択肢は4である。本文での筆者の論を丁寧に読んでいくこと。

問4　「社会」の内容を問うものである。傍線㋒の主語が「他者」であることをまず確認する。「社会」は「ムラ」とは違う「まとまり」で、「人が努力でつくる人工的な関係」であると第十一段落で述べられている。また、第十四段落には、「社会」を「『他者』同士で加害しないという約束ごとの上で話し合って利害を調整して」いくものと記されている。この文脈に合致する選択肢は3である。1は本文の内容と大きく外れている。2は「自然と出来上がっていった」が間違い。この関係は第十一段落にあるように「人が努力でつくる人工的な関係」である。4は「もはやわかり合えないことを嘆いた人々」が間違い。5は「自意識の衝突を経験してうんざりした人々」が間違い。

問5　1は「神隠し」を主眼としている点が間違い。第八段落に、「異人」とは「山中に生きる人」が「妖怪と見間違え」られたものであると書かれている。2は「サムトの婆」を「『他者』として排除」が間違い。「他者」ではなく〈「異人」として排除〉である。3は漱石の「探偵妄想」の原因を「『自覚心』(自意識)同士の衝突を避けて孤独に」なったためとしているが、第十段落ではその原因を「『自覚心』(自意識)の軋轢、衝突」としている。4の高浜虚子の感覚は、第十三段落で、「社会」を「他人に快楽を与へ」「不愉快を与へてはならぬ」ものとしたこと、そして、第十五段落の冒頭、江藤淳によって「虚子が感じた『社会』とは『他者』の感触のこと」と記されたものに符合しており、正解。5は「恐怖のあらわれ」が間違い。

問4　3

問5　4

◆要　旨◆

近代は「他者」同士が相手の心を疑いあう時代であり、「文学」も同じ手法になる。似た言葉として「異人」を、「他者」と比べることがあるが、内容としてはかなり異なる。「他者」とは、わかり合っていないことだけがわかっている「近代」において、互いに疑いつつ相手を「観察」し、理解しようとする人と言える。その上で「他者」は努力をして、人工的な関係のまとまりである「社会」をつくろうとする。明治三〇年代前後に日本の文学者も「社会」を「他者」とつくらねばならないと考え、「私」が「他者」を観察する「近代小説」という形式を産んだ。ただし、日本の場合には「私」の「内面」の観察に向かう傾向があり、それが「私小説」になった。

▲解　説▼

問1　傍線㋐の「そこ」とは「『私』というブラックボックス」のこと。このブラックボックスを持つ「誰か」のことを「他者」と定義している。この設問は、〈「私」の目の前にいる「他者」である「私」に、「私」（他者自身）が入っている保証がない〉ということをわかりやすく言い換えた選択肢を選ぶことになる。「他者」を見ている「私」の意識を述べている選択肢は外れるので、1と4を外す。また、「私」と「相手」という関係性以前の「相手」の〈閉じた〉意識が問題になっているので、2と3が外れる。結局、「相手」の自分自身を見つめる内容になっている5が正解となる。

問2　前文と「つまり」で結ばれる「『他者』として『A』されること」とは、「『他者』のまなざしによって見られる」ことである。「見られる」ことと関連する選択肢は、3「探偵」である。空欄A直後の具体例として、「探偵」が、「目でマウントをとる」「立聴」と並べて挙げられていることもヒントになる。5「理解」がやや紛らわしいが、「見られる」こととの関連を考えると、「探偵」よりも離れる語であると判断できる。

氏にとっては……どうにも都合が悪かったのである」と、理由が説明されている。この内容と符合するのは5である。

問8　「光源氏」は「御息所の霊」に対しては、「供養」よりも「調伏」を行っていった。一方で、第十九・二十段落にあるように「供養もしている」わけである。『源氏物語』を通して示されたこのような例は、歴史的にも「賀静の霊」への対応として第八～十段落に示されている。これをまとめたのが、第十一段落末文の「僧正の位を与えて……矛盾した行いがなされていた」である。「対応」を修飾する語としてはこの「矛盾した」が正解である。

問9　1は二文目の最後「モノノケの正体であるとわかるまでは加持を行った」が間違い。第四段落の末尾に、「彼らがモノノケの正体であると判明した後も、調伏し続けていた」とある。2は第十二段落四文目「光源氏は、六条御息所の教養の深さ……距離を置くようになる」と、第二十三段落最終文「源氏は、供養を懇願……御息所の霊を憎悪し続けていた」に合致しており、正解。3は後半の「紫の上の成仏とともに……」の記述が第十四・十五段落の内容とずれている。4は「病気の治療における僧の威力は絶大なもの」とあるが、第二段落の「病気を治療するときに、医師、僧、陰陽師の三者を治療者とする」と矛盾する。5は第十四・二十三段落の記述と大きくずれている。6は第一・二段落に示されており、合致している。

問10　谷崎潤一郎の作品は2『春琴抄』である。1『千羽鶴』はノーベル文学賞作家の川端康成、3『舞踏会』は芥川龍之介、4『金閣寺』は三島由紀夫、5『高野聖』は泉鏡花、6『十三夜』は樋口一葉の作品。

二

出典　大塚英志『文学国語入門』〈第2章　「他者」を疑う〉（星海社新書）

解答

問1　5

問2　3

問3　4

る。モノノケによる病を患った場合の対処として、調伏と供養のどちらを選ぶかは、その正体により決められていた。病人と霊との関係性によって、治病のために最良だと考えられる方法が採られていたのである。

◀解　説▶

問1　①「回向《えこう》」とは、〝自ら修めた功徳を自らの悟りや他者の利益のために振り向けること〟。

問3　空欄Aには、直前の「調伏」に対比するものとして「供養」が入る。空欄Bには「供養の要求」に対比する「調伏」が入る。第十一段落の「要するに」以下の文でもまとめられており、この二つの補充は確定し、選択肢は2と4に絞れる。空欄Dを考えるときには、第十三段落に戻る。その最後の文に「数か月……モノノケが調伏されて」とある。第十三段落の「モノノケ」は第十四段落で「六条御息所の死霊」とされていることから、空欄Dには「調伏」を入れるとわかる。正解は4。

問4　挿入文の主語は文脈から「六条御息所」とわかる。六条御息所にとっての「成仏」とは、第十五段落に「調伏ではなく、成仏のための供養」とあるように「供養」ということである。第十五段落末の〈 3 〉に挿入文を入れることで文意は通る。「供養」されれば、〝六条御息所はわるさをしないだろう〟という文脈である。正解は3である。ちなみに、直後の第十六段落冒頭では「ところが……大がかりな修法を行った」とあり、光源氏は六条御息所の意向を聞こうとしなかったことがわかる。

問5　第十六段落に「光源氏」の対応が「痛めつけて退却させるために以前よりもさらに大がかりな修法を行った」と記されている。これを根拠に1を選ぶ。

問6　空欄Cは、六条御息所の「訴え」を修飾する語を補充する設問。六条御息所が光源氏に話しかける場面は、第十四段落に「懇願」、第十五段落に「成仏のための供養をしてくれるよう源氏に哀願」とあり、この二つの「懇願」「哀願」に沿った語を選ぶことになる。選択肢の中では5「切々と」がその意をくんでいる。

問7　傍線㋑を含む第二十二段落に「あえて六条御息所の霊を、モノノケ……示した」とあり、その直後に直接的に「源

国語

一

出典 小山聡子『もののけの日本史——死霊、幽霊、妖怪の一〇〇〇年』〈第一章 震撼する貴族たち——古代〉（中公新書）

解答

問1 ①えこう ③ふほう
問2 ②諦 ④疎
問3 4
問4 3
問5 1
問6 5
問7 5
問8 矛盾した
問9 2・6
問10 2

◆要　旨◆

一〇世紀の貴族社会では病気を治療するときに、医師、僧、陰陽師の三者を治療者とすることが一般的であった。原因がモノノケの場合、僧が主な治療者となり、加持や修法、読経により調伏した。モノノケの正体が明らかになった後には、調伏ばかりでなく、供養された例もある。『源氏物語』では、光源氏が六条御息所の死霊に対して、修法も供養もしてい

2021年度

問題と解答

■全学統一方式(文系)　※ APU は前期方式(スタンダード 3 教科型)

問題編

▶試験科目

教　科	科　　目
外国語	コミュニケーション英語Ⅰ・Ⅱ・Ⅲ，英語表現Ⅰ・Ⅱ
選　択	日本史Ｂ，世界史Ｂ，地理Ｂ，政治・経済，「数学Ⅰ・Ⅱ・Ａ・Ｂ」から１科目選択
国　語	〔文学部以外，APU〕　国語総合，現代文Ｂ，古典Ｂ（漢文の独立問題なし） 〔文学部〕　国語総合，現代文Ｂ，古典Ｂ（漢文の独立問題あり。ただし現代文１題との選択）

▶配　点

学　部		外国語	選　択	国　語	合　計
法・産業社会・映像・経営・政策科・総合心理・経済・スポーツ健康科・食マネジメント・APU		120	100	100	320
国際関係(国際関係学専攻)		150	100	100	350
文	国際文化学域・国際コミュニケーション学域	150	100	100	350
	その他の学域	120	100	100	320

▶備　考

- ２月２日実施分を掲載。
- 「数学Ｂ」は「数列，ベクトル」から出題。
- 文学部の国語において，選択の現代文と漢文の両方を解答した場合は高得点の方を採用する。

英語

(80 分)

I 次の文を読んで，問いに答えなさい。

During the short summer season, the tundra[1] is home to a rich variety of berries, wild greens, and roots. This is what Josephine Tatauq Bourdon, a 30-year-veteran elementary-school teacher, explained while we were searching for blueberries in one of her favorite spots a few miles away from the city of Nome, Alaska. Inupiat people like her — who come from northern indigenous[2] communities in Alaska, Siberia, Canada, and Greenland — have been relying on the tundra and the sea for sustenance[3] for at least 1,000 years. Local plants, fish, and mammals still make up close to half of the Native diet in this part of Alaska, locals told me.

But spending time in the tundra or by the sea is not just about access to healthy food or recreation, Bourdon, who was born and raised in Nome, told me. “Connection to nature is central to being Inupiaq,” Bourdon said as we walked toward the Bering Sea, passing fishing cabins where locals cut, clean, and preserve salmon, seals, and walrus[4]. “The land is our life. The land is our livelihood[5]. It feeds our bodies, minds, spirit, and soul.”

As one of the few Alaska Native teachers in her hometown, Bourdon has worked hard to bring this connection to nature and the Inupiaq culture into her classroom — something that was not a part of her own schooling in the 1970s and early ’80s. She began her teaching career in the nearby village of Wales in 1988, where she became the first — and at the time, only — Native educator in the village, teaching 60 Inupiaq students. In 1990, Nome had an opening for a fourth-grade teacher in the city's only public elementary school. Bourdon took it and stayed there for 28 years, until she retired in 2018.

Even though Inupiaq culture was not a part of her school curriculum when she was growing up, Bourdon was engaged in the traditional system of Inupiaq education provided by the local elders[6] and her kin[7], designed to help the Inupiat people live a fulfilling life in a rough climate without hurting nature. When Bourdon turned 3 years old, her uncle took her on a week-long trip to gather wild berries in the tundra. Every berry-picking trip was an opportunity to learn how to pay close attention to the direction of the wind, cloud patterns, and water levels. In a place where winter temperatures can drop to 40 degrees below zero, observing the weather is a skill needed to avoid dangerous accidents.

As a child, Bourdon was encouraged to share the first bucket of berries she gathered, and the first fish she caught, with an elder. The custom serves a practical function, and a spiritual one: Cooperation and sharing are essential for community survival in rough conditions. And limiting the human tendency to gather material goods meant that individuals were more likely to enjoy what they had.

In 1970, when Bourdon began the first grade, the curriculum of Nome public schools was not focused on living in harmony with nature, but rather on preparing skilled workers to participate in the national and global economy. Emphasis was placed on learning how to read, write, calculate, and pass tests in English. While Bourdon recalls most of her teachers as caring and dedicated to their students, she didn't have any Native teachers, and couldn't take any classes in the Inupiaq language. The curriculum didn't include Alaska Native history or culture, except one optional class on Inupiaq culture in high school.

All of this urged Bourdon to become the first person in her family to earn a college degree so that she could be a teacher. After graduating from the University of Alaska at Anchorage, she took many years to shift from teaching mostly in the Western style she experienced as a student to one integrating both worldviews[8] and languages in her lessons. When Bourdon was a student, and later a new teacher, Native knowledge was treated as an occasional curiosity — there might be a brief lesson on how to build a sled[9] or make traditional ice cream using local berries and seal oil. In the late '90s, Bourdon and her colleagues designed lesson plans that were far more detailed and holistic[10], rooted in the local culture and in themes of the tundra and ocean cycles, and integrated throughout the entire school year across the core subjects of reading, writing, math, and social sciences.

At the time, Bourdon and her colleagues were a part of a growing movement across Alaska. Led by other Native teachers, the movement worked to put an end to schools' lack of respect for their culture and expand the role of Native communities in defining notions of accepted knowledge and high standards in education. "Learning how to provide for the family, staying connected to nature, and speaking your own language is just as important as learning how to compute, write, and read in English," Bourdon told me.

The new systems that Alaska Native teachers like Bourdon have built are not a rejection of Western education, Bourdon emphasized. Instead, they are drawing on the strengths of both Western and Native models — helping students learn how to succeed locally while participating in a global society.

(Adapted from a work by Kristina Rizga)

(注)

1．tundra　ツンドラ，凍土帯

2．indigenous　土着の，先住民の

3．sustenance　暮らし

4．walrus　セイウチ

5．livelihood　生計を支えるもの

6．elder　長老

7．kin　親族

8．worldview　世界観

9．sled　そり

10. holistic　全体的な

〔1〕本文の意味，内容にかかわる問い(A)～(D)それぞれの答えとして，本文にしたがってもっとも適当なものを(1)～(4)から一つ選び，その番号を解答欄にマークしなさい。

(A) Why do the Inupiat people appreciate the land they live on?

(1) Because they come from far away

(2) Because they only have a short time to harvest

(3) Because it is conveniently close to the city of Nome

(4) Because it provides both food and meaning to their existence

(B) What was one of Josephine Tatauq Bourdon's childhood memories?

(1) Measuring the temperature

(2) Sharing part of her harvest

(3) Studying the Inupiaq language

(4) Going fishing with her grandpa

(C) Why did Bourdon decide to become a teacher?

(1) Because she was a believer in public education

(2) Because she felt her language and culture were ignored

(3) Because she had very kind Native teachers who encouraged her

(4) Because she wanted to help students be successful in their careers

(D) How is local knowledge taught by the new generation of teachers?

(1) By combining different cultural approaches

(2) By sharing local crafts such as ice cream-making

(3) By offering a special class on culture in high school

(4) By teaching reading, writing and math in the Inupiaq language

〔2〕次の(1)～(5)の文の中で，本文の内容と一致するものには1の番号を，一致しないものには2の番号を，また本文の内容からだけではどちらとも判断しかねるものには3の番号を解答欄にマークしなさい。

(1) Most of Alaska Native peoples' food comes from their local environment.

(2) Josephine Tatauq Bourdon stayed in her hometown for her entire life.

(3) The weather plays a major role in Inupiat life.

(4) It took Bourdon longer than usual to graduate from college.

(5) Alaska Native teachers ask local communities to create new learning materials.

〔3〕本文の内容をもっともよく表しているものを(1)～(5)から一つ選び，その番号を解答欄にマークしなさい。

(1) The joys and risks of life in the North

(2) The teacher who reclaimed local heritage

(3) The education system in an Alaskan village

(4) The history and present-day life of the Inupiat

(5) The importance of the tundra for Native communities

Ⅱ　次の文を読んで，問いに答えなさい。

Unlike any other time in history, consumers are truly demanding more from the companies they shop at. Today's shoppers are looking for ethical[1], eco-friendly brands that put people and the planet ahead of profits. Led by the estimated 83 million millennials[2] in the world, this change shows the need for companies to be trustworthy and to lead with kindness. The spending power of millennials can't be ignored. They are expected to spend $1.4 trillion annually by 2020.

Undoubtedly, technology is a major contributing factor to this shift(あ). Because companies are pressured to show more transparency[3] about their practices, mission and values, consumers have endless information at their fingertips[4]. Consumers are also aware of what's happening in the world around them and want to help address the urgent issues they are facing while not contributing [(A)] to the social, environmental, and economic problems they have been left by previous generations. Consider this: 81% of millennials want a company to make public commitments to charitable[5] organizations and global citizenship, something many companies are not used to doing.

According to the 2018 Conscious Consumer Spending Index, 59% of people bought goods or services from a company they considered socially responsible, and 32% of Americans planned to spend even more in 2019 with companies that matched their [(B)]. What's equally important to note is that in the same timeframe, 32% of Americans refused to support a company that they felt was not socially responsible.

[(C)], companies have had to focus on business sustainability, but now environmental sustainability is playing an equally important role. Millennials have grown up worrying about climate change and place a great deal of importance on recycling. A recent study found that Americans no longer question that climate change is happening, and more than 60% said that the changes are mostly caused by humans as opposed to occurring naturally. Because of ㋑this, consumers want to know what businesses are doing to limit their carbon footprint[6], emissions[7], water usage and damage to the earth.

As trade over the Internet continues to grow and online shopping becomes normal, one of the easiest ways for companies to demonstrate [(D)] is to establish regular donations to ethical organizations. There are also many small internal practices companies can introduce that may have the added benefit of also increasing employee satisfaction. For example, companies can make an impact by offering online-based office systems, monthly bus passes, work-from-home options or incentives[8] for people to practice car sharing. Even these small changes can increase the ethical appeal of a business.

[(E)], some companies see sustainability only as a buzzword[9] and do not actually follow through with eco-friendly practices. It's important for the public to know that companies are seriously working to be sustainable. In this age of business transparency, if companies are not frank about this information, it could affect their business. More importantly, it's probably a sign that ㋒they are more talk than action.

Another related theme is the rise in social enterprises. A social enterprise is a commercial organization that has specific social objectives that serve its primary purpose. These companies seek to maximize profits while maximizing benefits to society and the environment through the funding of social programs. Social enterprises can take many different forms. One type includes companies that offer a one-for-one program. For example, when a consumer buys a pair of shoes, a child in a developing country gets a pair too. In this way, shopping could result directly in charitable giving of some kind. Another way is for companies to use their profits to fund projects that benefit society. [(F)], the purpose of the business is not to just make money but rather to use profits to help those that need assistance.

Entrepreneurs[10] who are considering starting a social enterprise should think about an issue they are passionate to fix. Once they know the problem they want to help solve, they can establish a product or service that matches that mission. Then they have two options: Create their own NPO or partner with an existing one. (え)This business concept isn't for all businesses and shouldn't be introduced just because it's a buzzword. According to a 2017 study, 82% of people said they believed a company should share the results of their social or environmental commitments. Using this format and not keeping such promises could destroy a business.

Some businesses will argue that it's too expensive to focus on providing sustainable goods and services, but in fact, a report by a media research company shows that 63% of people are [(G)] goods that demonstrate sustainability. On a scale of 1-10, most consumers rank themselves 7-8 in terms of how socially conscious they are when shopping, according to the Conscious Consumer Index. Companies who ignore (お)this information are missing out on a huge group of shoppers.

So, do ethics really matter in today's business climate? The answer is, "Of course they matter." There will always be obstacles, but the world needs people who are willing to take action. Entrepreneurs and business owners are in [(H)] position to create real change in the world.

(Adapted from a work by Anna-Mieke Anderson)

(注)

1．ethical　倫理的な，道徳的に正しい

2．millennial　ミレニアル世代（1980年代初期～2000年代初期に生まれた人々）

3．transparency　透明性

4．at one's fingertips　手近に

5．charitable　慈善の

6．carbon footprint　人間活動による温室効果ガスの排出量

7．emission　排出物

8．incentive　動機となるもの

出典追記：Do Ethics Really Matter To Today's Consumers?, Forbes on August 20, 2019 by Anna-Mieke Anderson

9. buzzword　　　　流行語

10. entrepreneur　　起業家

〔1〕本文の (A) ～ (H) それぞれに入れるのにもっとも適当なものを(1)～(4)から一つ選び，その番号を解答欄にマークしなさい。

(A) (1) further　　(2) less
(3) solutions　　(4) technology

(B) (1) budget limitations　　(2) desire for more choices
(3) expectations of convenience　　(4) social values

(C) (1) As a result　　(2) For the moment
(3) Previously　　(4) Similarly

(D) (1) a close relationship with consumers
(2) a commitment to sustainability
(3) a promise of transparency
(4) an increase in profits

(E) (1) Consequently　　(2) Likewise
(3) Luckily　　(4) Unfortunately

(F) (1) For these reasons　　(2) In contrast
(3) In other words　　(4) Meanwhile

(G) (1) confused about companies that make
(2) finding it strange to search for
(3) hesitating to purchase
(4) willing to pay more for

(H)　(1)　a normal　　(2)　a troubling

(3)　a unique　　(4)　an impossible

〔2〕下線部㋐～㋔それぞれの意味または内容として，もっとも適当なものを(1)～(4)から一つ選び，その番号を解答欄にマークしなさい。

㋐　this shift

(1)　consumers having more money to spend

(2)　consumers starting to think profits are a priority

(3)　consumers becoming younger throughout the world

(4)　consumers realizing the value of ethical business practices

㋑　this

(1)　people doubting the real source of climate change

(2)　people being concerned that recycling is not enough

(3)　people agreeing that humans have caused 40% of climate change

(4)　people understanding the importance of responsible interaction with nature

㋒　they are more talk than action

(1)　the companies discuss a lot about their internal practices

(2)　the companies do little more than say they are eco-friendly

(3)　the companies don't communicate information to their staff

(4)　the companies do more than announce their sustainable practices

㋓　This business concept

(1)　Pursuing social improvements

(2)　Changing the company into an NPO

(3)　Opening stores in developing countries

(4)　Being passionate about the company's mission

㋔ this information

(1) the fact that sustainable goods are more expensive to make

(2) the fact that consumers regard themselves as socially aware

(3) the fact that environmental commitments could be expensive for a business

(4) the fact that shopping behavior distracts businesses from sustainability

Ⅲ

〔1〕次の会話の㋐～㋓それぞれの空所に入れるのにもっとも適当な表現を(1)～(10)から一つ選び，その番号を解答欄にマークしなさい。

In a kitchen

A：Hey, thanks for inviting us tonight. The dinner you made us was delicious. Can I help you with the dishes?

B：It's really not necessary. (㋐)

A：Sure, I'd be more than happy to. When I was a kid, I had to clear off the table after dinner and do the dishes. That was my job.

B：Me, too! But I really didn't like washing dishes. I would rather have taken out the garbage.

A：Really? (㋑) I thought the warm soapy water was kind of relaxing.

B：Almost every time my mother asked my younger brother to do the dishes, he would break something. Then my mother would get angry and tell him to stop.

A：Ha-ha! (㋒)

B：I've never heard that expression before! What does it mean?

A：Someone who regularly drops things. Kind of like having oily hands, so it's hard to hold on to anything.

B：Huh, interesting idiom. No, in fact, he was really good with his hands. He just hated doing the dishes. (㋓)

A：Well, then his strategy worked! I wonder if your mother knew.

B：Probably not, because she made me do his job. That really wasn't fair.

(1) They're already done.
(2) I felt the same as you.
(3) Was that the last straw?
(4) I don't have a dishwasher.
(5) Did he have butterfingers?
(6) Doing them didn't bother me.
(7) There are other ways to be helpful.
(8) I'm pretty sure he did it on purpose.
(9) It would be great if you did, though.
(10) He used to use that idiom quite often.

〔2〕次の会話の㋕～㋘それぞれの空所に入れるのにもっとも適当な表現を(1)～(10)から一つ選び，その番号を解答欄にマークしなさい。

At a class reunion

A：How was your summer trip to Japan?

B：(㋕)

A：Interesting! You must have seen a lot of famous places!

B：No, I didn't really visit any sightseeing spots. When I travel, I prefer to avoid the well-known places and meet local people in their villages and towns.

A：Did you drive a car while you were there?

B：No, most of the time I traveled by bus and train. (㋖) It's still a common way to get around within big cities as well as in the countryside. It's also a great way to exercise.

A：(㋗)

B：Well, I did stay at a few hot springs up in the mountains, but mostly I stayed in youth hostels and guest houses.

A：Wow, you really do travel differently from most people I know. (㋘)

B：Not really. I like to make decisions as I go. That way I can meet local people and follow their advice about where to stay.

A：Hey, maybe I can come with you next time. It really sounds like a fun way to travel!

(1) I also rented a bicycle several times.
(2) How were the people where you stayed?
(3) Though I did travel quite a bit by plane.
(4) Well, actually, I didn't enjoy it that much.
(5) Did you speak in Japanese to many people?
(6) Oh, it was wonderful, better than I expected.
(7) So, did you relax at some nice fancy tourist resorts?
(8) I really enjoyed studying Japanese there for two years.
(9) Do you usually make any plans and reservations before you go?
(10) Is it true that eating in restaurants in Japan is very expensive?

Ⅳ　次の(A)〜(H)それぞれの文を完成させるのに，下線部の語法としてもっとも適当なものを(1)〜(4)から一つ選び，その番号を解答欄にマークしなさい。

(A) Your sister hadn't met him before, ________?

(1) did he　(2) did she
(3) had he　(4) had she

(B) Unless you ________ the bell twice, nobody will hear it.

(1) don't ring　(2) rang
(3) ring　(4) will ring

(C) The telephone call ________ I thought was from my father was in fact from my sister.

(1) that　(2) what
(3) who　(4) whom

(D) All she did was ________ the event.

(1) report　(2) reported
(3) reporting　(4) reports

(E) He drives ________ often than his mother.

(1) fewer　(2) least
(3) less　(4) most

(F) You usually do very well on tests, ________ you are interested in the subject.

(1) did provide　(2) provide
(3) provided　(4) to provide

(G) He imagined ________ a racing car.

(1) drive　(2) driven

(3) driving　　(4) to drive

(H) No matter ______ happens, Lisa will not give up studying economics.

(1) how　　(2) what

(3) when　　(4) where

V

［1］ 次の(A)～(E)それぞれの文を完成させるのに，下線部に入れる語としてもっとも適当なものを(1)～(4)から一つ選び，その番号を解答欄にマークしなさい。

(A) When you earn your own ______, you can buy that new car.

(1) sorrow　　(2) swing

(3) wage　　(4) wallet

(B) All this heavy lifting has given me such ______ that I can't even stand up properly.

(1) a backache　　(2) a bishop

(3) an encyclopedia　　(4) an essence

(C) Those ______ hurt my feet.

(1) editions　　(2) hips

(3) sandals　　(4) sleeves

(D) I had to ______ to avoid getting hit by the bicycle.

(1) burglarize　　(2) scramble

(3) scribble　　(4) vibrate

(E) The presenter was speaking in ______.

(1) hyperbole　　(2) kerosene

(3) stonework　　(4) welfare

〔2〕次の(A)～(E)の文において，下線部の語にもっとも近い意味になる語を(1)～(4)から一つ選び，その番号を解答欄にマークしなさい。

(A) She was elected to be class president last year.

(1) enabled　　(2) satisfied

(3) scheduled　　(4) voted

(B) We can probably find a haven over there.

(1) barrel　　(2) kettle

(3) shelter　　(4) skeleton

(C) He experienced a lot of hardship while growing up.

(1) boredom　　(2) burden

(3) encouragement　　(4) warmth

(D) The food at that restaurant is superb.

(1) exquisite　　(2) heartwarming

(3) varied　　(4) well-balanced

(E) We lost the game in a humiliating defeat to our rivals.

(1) a bewildering　　(2) a shameful

(3) a spectacular　　(4) an exceptional

日本史

（80分）

Ⅰ　次の文章を読み，空欄 [A] ～ [H] にもっとも適切な語句・数字などを記入し，かつ(a)～(g)の問いに答えよ。

旧石器時代は地質学的には [A] 世と呼ばれる時代に相当する。日本列島では，北海道から九州まで [B] 形石器と呼ばれる類似した石器が分布するなど，文化的な一体性を指摘できる。旧石器時代の食料獲得は狩猟採集に依拠しており，縄文時代になって原始的な植物栽培が加わる①点も含めて，日本列島全体で大きな差はなかった。

しかし，弥生時代における稲作の普及の程度は，地域によって大きな差がある。北海道には稲作が普及せず，[C] 文化と呼ばれる弥生文化とは異なる文化に移行する。沖縄への稲作の普及も大きく遅れ，本州や九州などとは異なる独自性を強めていく②。

また，東日本と西日本でも文化的に大きな差が生じ，東日本では青銅器③や鉄器の普及が遅れる。たとえば，朝鮮半島の鈴に起源をもつともいわれる青銅器である [D] は，弥生時代に近畿地方を中心に分布する。金属器の原料は朝鮮半島や中国大陸などから入手する必要にせまられ，地理的に有利な西日本で金属器の普及が進んだ。政治権力の発達と統合も進み，中国の歴史書には，3世紀の倭国では [E] 国を盟主とする小国連合が生まれていることが記されている。[E] 国については，九州説と近畿説があるが，近畿説をとる場合，弥生時代にはすでに，近畿地方から北部九州におよぶ広域の政治連合が成立していたことになる④。

古墳時代になると，巨大な古墳の分布から見て，ヤマト政権と呼ばれる政治権力の中枢は近畿地方中央部にあると考えられている。ただし，前方後円墳⑤の分布は西日本だけではなく，関東地方から東北地方にかけての東日本にも及ぶ。なかでも，[F] 県には東日本でもっとも大きな前方後円墳である太田天神山古墳が存在しており，政治的な連合体としての政権の領域が東に大きく拡大したことを示唆している。もっともヤマト政権の基盤は依然不安定な部分もあり，筑紫国造の磐井が

G 年に大規模な反乱を起こしている。福岡県の H 古墳は，この磐井の墳墓と推定されている。

しかしながら，⑥6世紀以降，朝鮮半島情勢が大きく変化し，さらに中国で隋・唐の強大な帝国が起こると，国際的緊張が高まるなかで，倭は国家体制の中央集権化をはかり，やがて律令国家が形成される。⑦その後，律令国家は自らの統治が及ばない「辺境」としての東北地方を武力で征服し，国家体制に組み込んでいく。

（a）　下線部①に関連して，縄文時代に栽培されたとされる植物として，**適切でないもの**を下から一つ選び，記号で答えよ。

㋐　マメ類　　㋑　エゴマ　　㋒　ヒョウタン　　㋓　トウモロコシ

（b）　下線部②に関連して，沖縄に稲作がもたらされたのち，12世紀頃からグスクが出現するが，グスクを拠点とした豪族を何というか。もっとも適切な名称を答えよ。

（c）　下線部③に関連して，青銅製武器の一つとして，刃に直角に柄をつけた青銅器を何というか。

（d）　下線部④に関連して，規則的に配置された3世紀後半頃の大型建物跡が出土したことで，当時の広域的な政治組織の中心地として注目された遺跡として，もっとも適切なものを下から一つ選び，記号で答えよ。

㋐　唐古・鍵遺跡　　㋑　纒向遺跡

㋒　池上曽根遺跡　　㋓　大塚遺跡

（e）　下線部⑤に関連して，前方後円墳に関する説明として，もっとも適切なものを下から一つ選び，記号で答えよ。

㋐　前方後円墳の竪穴式石室には遺体を埋葬するだけではなく，銅鏡などを埋納することも多い。

㋑　埴輪は前方後円墳の後円部の竪穴式石室に埋納することが多い。

㋒　前方後円墳に類似した前方後方墳は古墳時代後期に出現する墳形である。

㋓　古墳時代前期の前方後円墳の多くは横穴式石室を有する。

（f）　下線部⑥に関連して，朝鮮半島南部にはヤマト政権と外交関係のあった小国の連合体が存在したが，562年までに百済や新羅の支配下に組み込まれていった。『日本書紀』では任那と呼ばれた，この小国の連合体の総称を何というか。

もっとも適切な語句を答えよ。

（g）　下線部⑦に関連して，律令国家は東北地方に城柵を次々に設置していった。設置された年代の古い順に城柵名を並べた組み合わせとして，もっとも適切なものを下から一つ選び，記号で答えよ。

㋐　秋田城　→　胆沢城　→　多賀城

㋑　多賀城　→　胆沢城　→　秋田城

㋒　多賀城　→　秋田城　→　胆沢城

㋓　秋田城　→　多賀城　→　胆沢城

Ⅱ　次の会話文〔1〕·〔2〕を読み，空欄 [A] ～ [H] にもっとも適切な語句・人名などを記入し，かつ（a）～（g）の問いに答えよ。なお，史料は読みやすく改めた箇所がある。

〔1〕　先輩：南北朝時代に流行した文化といえば，次の史料に出てくる空欄A・B・Cの3つだね。

> 京鎌倉ヲコキマゼテ　　一座ソロハヌエセ [A]
> 在々所々ノ歌 [A]　　点者ニナラヌ人ゾナキ
> 譜第非成ノ差別ナク　　自由狼藉ノ世界也
> 犬 [B] ハ関東ノ　　ホロブル物ト云ナガラ
> [B] ハナヲハヤル也　　[C] 香十炷ノ寄合モ
> 鎌倉釣ニ有リシカド　　都ハイトド倍増ス
>
> （内閣文庫本『建武記』）

> 一，群飲佚遊を制せらるべき事
>
> 格条のごとくば，厳制ことに重し。あまっさえ好女の色にふけり，博奕の業に及ぶ。このほかまた，あるいは [C] 寄合と号し，あるいは [A] 会と称して，莫太の賭に及ぶ。その費え，あげて計えがたきものか。
>
> （『建武式目条々』）

後輩：「京鎌倉ヲコキマゼテ」とは，ローカル・ルールがごちゃ混ぜの状態。誰でも優劣を判定する「点者」になれるとは，まさに何でもありの世界ですね。

先輩：そう。だから「自由狼藉の世界」というわけだ。

後輩：ここでいう「自由」は，明治初めに中村正直が翻訳した『自由之理』①の「自由」とは，まったく別世界なんでしょうか。

先輩：なんと言っても「自由狼藉の世界」だからね。ただし，それはあくまでそうした新しい文化をよく思わない人たちの言い草なんだ。重要なのは，この時代の流行が「寄合」の文化②だったという点だね。古い価値観の人から見ると，集まって何かをすると，たいてい賭けごとになって，風紀を乱しかねないんじゃないか，と。だから建武式目冒頭で「政道」を掲げる側からすれば，まさしく「自由狼藉」の至りというわけだ。

後輩：ところがこれよりのち，『太平記』にも描かれる「桟敷崩れ」の大事故の場面，1349年の京都四条河原の［B］興行の桟敷には，足利尊氏も列席しているんですね。彼はむしろ新しい文化の推進者の一員③でもあり，こうした新しい文化に興じる人に神が怒って大事故が起きた，という筋書きです。こうなると，建武式目冒頭に掲げられる「政道」は，「桟敷崩れ」を経て尊氏と決裂することとなった，弟の［D］の理念だった，という性格がますます濃厚ですね。

（a） 下線部①に関連して，自由民権運動にも影響を与えた同書の原著者は誰か。もっとも適切な人物を下から一人選び，記号で答えよ。

㋐ ルソー　　㋑ スマイルズ

㋒ オールコック　　㋓ ミル

（b） 下線部②に関連して，中世後期には，人が集まって協議する会合の文化が，広く社会で発展した。1448年に，「寄合」への招集に2度欠席すると50文の罰金を課すとして，会合への出席義務を村の衆議として規定した，近江国の惣村名（郷名）を答えよ。　〔解答欄：＿＿＿郷〕

（c） 下線部③に関連して，「桟敷崩れ」時の他の列席者のなかには関白二条良基もいたという。良基がのち，1372年に著した[A]の規則書は何か。もっとも適切な書名を答えよ。

〔2〕 後輩：幕末から明治期にかけて「自由」を希求した人には，立志社の人々だけでなく，土佐を脱藩し「世界横行」をめざした坂本龍馬，『東洋自由新聞』の主筆だった[E]，それに大逆事件の幸徳秋水，というように，土佐出身者が異彩を放っていますよね。

先輩：いや，中世後期に「自由」を希求した人たちのなかでも，土佐出身者は異彩を放っているよ。当時の文化の中心と言うべき五山文学の両巨匠がまさにそうだよ。

後輩：足利義満の時代に活躍した[F]と義堂周信④ですね。1368年に入明した[F]は，帰国後に諸寺を歴任し，[G]院の院主として五山を統括する僧録⑤の地位にも就いています。詩文集『蕉堅藁』が有名ですね。義堂周信のほうは，空華道人の号を冠した詩文集と日記が有名です。

先輩：五山禅僧たちは権力の中枢にいて将軍の外交⑥や政治顧問を務めつつ，中国を理想として日本社会の現実に対する批判的な眼差しをもっていた。

後輩：[H]の描いた山水画の瓢鮎図のナマズも，われわれは将軍から精神的には自立しているのだ，といわんばかりの構図ですね。

先輩：そうした義満や義持時代に比べると，応仁の乱後のいわゆる東山文化は，同じ禅宗の文化でも，より日本的というか，今日，日本の伝統文化といわれるような，侘びをベースとしたもの⑦が圧倒的に増えるんだ。

(d) 下線部④に関連して，義堂周信が下った鎌倉五山の寺はどこか。もっとも適切なものを下から一つ選び，記号で答えよ。

㋐ 円覚寺　　㋑ 寿福寺　　㋒ 浄智寺　　㋓ 東福寺

(e) 下線部⑤について，[F]の前任者で初代僧録は誰か。もっとも適切な人物を下から一人選び，記号で答えよ。

㋐ 夢窓疎石　　㋑ 春屋妙葩　　㋒ 中巌円月　　㋓ 以心崇伝

(f)　下線部⑥に関連して，禅僧瑞渓周鳳が15世紀に編纂し，足利義満を「日本国王」とする外交文書などを含む外交文書集は何か。もっとも適切な書名を下から一つ選び，記号で答えよ。

ⓐ『華夷通商考』　　ⓘ『善隣国宝記』

ⓤ『本朝通鑑』　　ⓔ『通航一覧』

(g)　下線部⑦について，その事例として，もっとも適切なものを下から一つ選び，記号で答えよ。

ⓐ　智積院襖絵　　ⓘ　色絵藤花文茶壺

ⓤ　大徳寺大仙院庭園　　ⓔ　北野天神縁起絵巻

Ⅲ　次の文章〔1〕・〔2〕を読み，空欄［ A ］～［ M ］にもっとも適切な語句・人名・数字などを記入し，かつ(a)～(g)の問いに答えよ。

〔1〕　明治時代の近代産業育成は，当初は政府による積極的な資本投下により，①多数の官営工場や官営鉱山を設置して進められたため，「上からの近代化」と評された。［ A ］年に創設された工部省は，多数の御雇い外国人を招聘《へい》し，日本近代工業の育成官庁として機能した。その所管には，アジア最大の規模を誇り，1887年に三菱に払い下げられた［ B ］造船所や，1873年に官営となり，1888年に佐々木八郎（三井）に払い下げられた［ C ］炭鉱などがあった。

一方，1873年に大久保利通の建議により創設された［ D ］省も，近代産業育成に尽力した。1877年には東京の上野公園で第1回の［ E ］を開催し，優れた機械や美術工芸品を展示・即売した。②この催しは，第5回まで開催されている。また，③多数の官営模範工場を設立・所管して近代技術の導入に努めた。

北海道経営のために設立された開拓使も，近代産業育成に努力した。特に，農業の近代化を進めるため，1876年に札幌農学校を設立し，教頭としてアメリカ人教育者の［ F ］を招聘した。

(a)　下線部①に関連して，以下の鉱山のうち，古河市兵衛に払い下げられたものはどれか。もっとも適切なものを下から一つ選び，記号で答えよ。

ⓐ　院内銀山　　ⓘ　佐渡金山　　ⓤ　別子銅山　　ⓔ　生野銀山

(b) 下線部②に関連して，この催しの第4回はどこの都市で開催されたか。もっとも適切なものを下から一つ選び，記号で答えよ。

㋐ 大阪　　㋑ 東京　　㋒ 名古屋　　㋓ 京都

(c) 下線部③に関連して，1879年に設立された官営模範工場であり，軍服材料であるラシャの製造にあたった工場はどこか。もっとも適切なものを下から一つ選び，記号で答えよ。

㋐ 富岡製糸場　　㋑ 千住製絨所

㋒ 新町紡績所　　㋓ 島津製作所

〔2〕 日本の民間産業の多くは，明治新政府により特別の保護を与えられ，新しい事業を開拓して，独占的に利益を得た政商④と呼ばれる人々によって担われた。

その1つ三菱は，当初，船会社であり，初代当主 [G] が政府より日本の沿岸航路の権利を独占的に与えられて急成長した。 [H] 年に発生した事件を機に，新政府による初の海外派兵となった台湾出兵⑤では，兵員の輸送を委託され，大きな利益を上げた。しかし，三菱を庇護してきた大蔵卿 [I] が1881年に下野すると，一転して政府に敵視されるようになる。1882年には三菱のライバル会社として [J] 会社が設立され，激しい競争を強いられた。結果的に1885年に両社は合併して日本郵船会社が誕生した⑥。 [B] 造船所の獲得をきっかけに，三菱はその主力産業を重工業に転じ，のち巨大財閥を形成するに至った。

同じく政商の1つである三井は，いち早く新政府を支持し，政府による厚い保護を得た。1876年には，のちに三井財閥の中核となる三井銀行と三井物産を設立⑦，両社はそれぞれ金融・商業の中核となった。とくに1888年に払い下げを受ける [C] 炭鉱の出炭を，官営時代から販売委託され，東アジアから東南アジア方面に売りさばいて大きな利益を上げた。これにともない，三井物産は上海支店を皮切りにアジア各地に支店網を張り巡らし，それが「商業の三井」を支える大きな役割を担った。

また，薩摩出身の政商 [K] は，維新の戦乱とたび重なる新政府からの資金徴発により荒廃した大阪財界の立て直しを行った。しかし彼の経営する [L] 社が，1881年に同じ薩摩の [M] が長官を務める開拓使より，その官有物の大部分を格安で払い受ける計画が報道により明るみに出て，世間の大きな非難を買うこととなった。

(d)　下線部④に関連して，大蔵省に出仕した政商の一人で第一国立銀行，大阪紡績会社などを創設し，教育・社会事業にも尽力した人物は誰か。

(e)　下線部⑤に関連して，この出兵の指揮をとり，のち陸海軍の創設に尽力した人物は誰か。もっとも適切な人物を下から一人選び，記号で答えよ。

㋐　山県有朋　　　　㋑　谷干城

㋒　西郷従道　　　　㋓　大村益次郎

(f)　下線部⑥に関連して，日本郵船会社はそののち欧米豪の三大航路を開発するなど大きな発展を遂げた。1909年に制定され，欧米豪の３路線に限定して，大型客船の就航を促した法律は何か。もっとも適切なものを下から一つ選び，記号で答えよ。

㋐　造船奨励法　　　　㋑　航海奨励法

㋒　船鉄交換協定　　　　㋓　遠洋航路補助法

(g)　下線部⑦に関連して，1909年に三井財閥の本社として設立され，物産，銀行の全株式を保有した会社を三井［㋐］会社という。空欄㋐にあてはまる，もっとも適切な語句を答えよ。

世界史

(80 分)

I　次の文章を読んで空欄に最も適切な語句を記入し，下線部についてあとの問いに答えよ。

漢字は中国で長い時代にわたって使われ，また変化したが，その背景には政治体制の影響が少なからずあった。

中国では［　A　］と長江という二つの大河を中心に文明が発達し，このうち最初に漢字が作られたのは［　A　］の中流域である。殷王朝（紀元前16～前11世紀ごろ）で作られた甲骨文字が現存最古の漢字資料である。この時代には，王が亀の甲羅や動物の骨を使った占いを利用した［　B　］政治をおこなっていた。甲骨文字は，占いの内容を使用した甲骨に刻んだものである。

甲骨文字を含め，漢字は個々の文字が意味と発音の両方を表示できることが特徴であり，こうした文字を「表語文字」と呼ぶ。一方，アルファベットなどは個々の文字が特定の意味を持たず，発音を表示する機能のみを有している。こうした文字は「表音文字」〔1〕と呼ばれる。

殷王朝につづく西周王朝（紀元前11～前 8 世紀）の時代には，金文（青銅器の銘文）が多く作られた。この時代には，王が子弟や臣下に土地や人民を与えて領主とする［　C　］制が実施された。領主は王に対して軍役や貢納などの義務を負った。金文にも［　C　］の儀式の内容を記したものが見つかっている。

戦国時代（紀元前 5 ～前 3 世紀）の漢字資料については，戦国の七雄のひとつであり長江中流域を本拠とした［　D　］の竹簡が，近年に多く発見されている。この時代には官僚制が発達し，官僚層が行政文書や思想書として多くの竹簡文字を残している。また，この時代には，多数の農民を徴兵した軍事行動〔2〕も盛んにおこなわれた。

紀元前221年に中国を統一した秦の始皇帝は，制度的にも統一を進めたが，その一環として文字についても公式な形が制定され，これを小篆と呼ぶ。そのほか，始皇帝は長城の整備や度量衡（単位）の統一などをおこなった。

後漢王朝（25～220年）の時代になると，形が複雑な小篆に代わって筆書に適した[E]書が発達し，これが正式な書体とされた。この時代には，官吏任用制度である[F]によって地方の有力者である豪族が多く中央政界に進出した。彼らが作らせた石碑も多く発見されており，やはり[E]書が用いられている。

その後，大きな権力を持った豪族が各地で割拠し，やがて魏・蜀・呉が鼎立する三国時代になった。そして，魏を簒奪《さんだつ》した司馬炎が280年に中国を再統一したが，それも八王の乱などによって混乱し，華北は五胡と呼ばれる異民族の支配下に置かれた。その後の長い分裂時代を経て，589年に隋によって中国は統一を回復した。

現在まで使われている楷書について，その筆法の基礎を作ったといわれるのが，東晋王朝（317～420年）の時代に活躍し，後に「書聖」と称された[G]である。ただし，文字の形については，おおよそ定まったのは唐王朝（618～907年）の時代である。唐代には，官吏登用の筆記試験として科挙〔3〕がおこなわれており，その採点の必要上から「正しい字形」が求められた。このようにして，楷書が形成されたのである。

〔1〕 次のア～オのうち，のちにヨーロッパのアルファベットに発展する表音文字を1つ選び，記号で答えよ。

ア．西夏文字

イ．楔形文字

ウ．インダス文字

エ．フェニキア文字

オ．マヤ文字

〔2〕 戦国時代に墨家が唱えた侵略を否定する思想を何と呼ぶか。

〔3〕 唐の太宗の勅命で作られた儒学経典の注釈書で，科挙の基準書としての役割も持ったものは何か。

Ⅱ　次の文章を読んで空欄に最も適切な語句を記入せよ。

中華人民共和国の指導者であった毛沢東は，青年時代にどのような読書経験をつんだのであろうか。1936年夏に，当時はまだ謎に包まれていた中国共産党の根拠地を訪問したアメリカ人ジャーナリスト，エドガー=スノーは，毛沢東のインタビューに成功し，これをもとに，翌年秋に『中国の赤い星』を刊行する。ここでは，この書籍をもとに，青年期の毛沢東の読書経験を見ていくことにしよう。

毛沢東は，1893年12月26日に湖南省の湘潭《しょうたん》県に生まれた。彼の語りによれば，8歳の時に，村の小学校へ通い始め，おもに儒学の経典を読まされたという。しかし，彼は，こうした書籍を好きになれず，北宋末の義賊の武勇を題材にした『［ A ］』や，唐僧の［ B ］が仏典を求めてインドへ向かう旅路を題材にした，空想豊かな妖怪変化の物語である『西遊記』を好んで読んだ。もちろん，『三国志演義』も愛読したが，毛沢東は，こうした文学作品の登場人物が戦士や官吏あるいは僧侶であり，農民の英雄が登場しないことに気づいたという。

その一方で，中国の富強には商工業の振興が必要不可欠であるとし，1860年頃から西洋の近代技術を導入した［ C ］運動に関する著作に，毛沢東は強い影響を受けた。この運動の先駆者のひとりであり，郷里にて湘軍と称する軍隊を組織し，太平天国を鎮圧した［ D ］は，毛沢東と同じ湖南省出身であった。

その後，16歳の時に，毛沢東は湘潭県の中心にある西洋近代の知識が習得できる学校へ進学する。この学校で彼は，後頭部の一部をおさげ状に結ぶ満洲族の習俗で，清朝が漢族にも強制していた［ E ］を切り落とした教師に出会った。これは当時，中国の田舎でも清朝の統治に対する不満が表れていたことを示しており，毛沢東にも影響を与えたであろう。

この学校で，彼は康有為と梁啓超の著作に出会った。両者は，日清戦争の敗北後，［ C ］運動の限界性を批判し，近代西洋や日本の政治制度を手本に，立憲君主制の採用を主張した人物である。同時に，この時期の毛沢東は，歴史に関心を持ち，とりわけ，古代中国の伝説的帝王で，暦法を定めたとされる［ F ］が，舜に位を禅譲したという物語や，秦の始皇帝や漢の武帝の物語に魅了され，これらに関する書籍を愛読したと語っている。

辛亥革命勃発後，毛沢東は，湖南省の省都・長沙にある省立第一中学校に入学するが，半年後には学校へ行かなくなり，省立図書館で読書する日々を送っていた。ここで彼は，多くの近代西洋の著作に触れている。例えば，個人や企業の自由な経済活動を重んじ，国家の規制や介入の排除を説く自由［ G ］主義をもとに，市場経済の自然調和を説いたアダム=スミスの『諸国民の富（国富論)』や，生物の進化を例証したチャールズ=ダーウィンが，1859年に刊行した『［ H ］の起源』，さらには，ダーウィンの進化論を道徳や社会の諸分野に応用し，社会進化論を提唱した［ I ］の著作などを毛沢東は挙げている。

その後，毛沢東は，湖南省立第一師範学校に入学する。ここで，彼は，楊昌済という教師から大きな影響を受け，後に楊の娘と結婚する。ちなみに，毛沢東は，82年の生涯で4度の結婚をしているが，4度目の相手は，文化大革命を推進した「四人組」のひとりで，後に自殺した［ J ］である。

毛沢東は，師範学校の在学中に，湖南での政治運動や，西欧文化を紹介し，伝統的な道徳・文化を打破することを提唱した新文化運動に積極的に関わっていく。とりわけ，1919年の五四運動をはさんで，彼は，北京・上海などを遊歴して見聞を広め，その間に北京大学図書館での勤務経験などを通じて，マルクス主義の影響を受け，次第に社会主義思想に接近し，中国共産党の創立大会に参加して共産党員になるのである。

Ⅲ 次の文章を読んで空欄に最も適切な語句を記入し，下線部についてあとの問いに答えよ。

1991年の[A]の崩壊によって独立したウズベキスタン共和国の領域では，今日のような国境線が存在しない頃から，多様な歴史が展開していた。その大半が乾燥地あるいは半乾燥地で占められているが，パミール高原から流れる河川流域〔1〕のオアシスにおいて，人々は農業に従事してきた。北方からは騎馬系遊牧民が流入し，主に絹が運ばれた交易路では東西の商人が行き交っていた。ゾロアスター教〔2〕やマニ教〔3〕，仏教，キリスト教，イスラームの受容や，トルコ化，そして様々な王朝の興亡を経験するなかで，同地には多くの建造物や遺跡が残ることとなった。

首都タシュケントの南西に位置する「青の都」[B]は，世界的に有名な都市である。その歴史は古く〔4〕，国際商人として活躍したソグド人が居住するソグディアナの中心地として知られていた。11世紀から13世紀にかけてホラズム・シャー朝の都として繁栄したが，1220年にモンゴル軍の侵略を受けて壊滅した。同地に新たな城壁が築かれるのは，ティムール朝〔5〕の首都となってからである。

ティムール朝期に空前の繁栄を迎える[B]では，アフガニスタン北西部の中心都市であるヘラートや，後にサファヴィー朝が興ることになるイラン北西部の[C]など，ティムール朝が征服した土地から連れ去られてきた外来の学者や建築家，職人が活躍し，様々な建造物が建てられた。たとえば，1405年に完成したグーリ・アミール廟は，ティムール朝の王族が埋葬されている墓廟やマドラサ（学院）などから成る複合建造物である。また，中心部にあるレギスタン広場は，15～17世紀に建てられた３つのマドラサが向かい合っていることで知られる。そのなかでも向かって左側にあるマドラサは，天文学の発展に貢献した，ティムール朝第４代君主である[D]が建設したものである。

[B]の西方には，[B]と同様にオアシス都市として栄えたブハラがある。ここには９世紀末から10世紀末にかけて[E]朝の首都が置かれていた。同王朝の主要な財源のひとつはトルコ人奴隷の輸出であり，アッバース朝はそれらを軍事に活用した。また，『医学典範』の著者として知られるイブン=シーナーはブハラ近郊の生まれである。その後，ティムール朝などの支配を経て，16世紀以降になると，ブハラ=ハン国〔6〕がブハラに都を置いた。世界遺産に登録されている旧市街に

は，カラハン朝〔7〕の君主によって1127年に建造されたカラーン・ミナレットや，19世紀に建造されたチャハル・ミナレット〔8〕などが現存する。

他方，イスラーム化以前〔9〕の様子を伝える仏教遺跡は，テルメズとその周辺に集中している。そのうち最大とされるカラテパ遺跡からは，僧たちが残した陶片文書や，2世紀のカニシカ王の時代に最盛期を迎えた F 朝のコインが出土している。

〔1〕 この河川のうちに含まれないものを次のア～エの中から1つ選び，記号で答えよ。

ア．アム川

イ．シル川

ウ．ザラフシャン川

エ．アムール川

〔2〕 ササン朝下で文字化された，ゾロアスター教の教典は何か。

〔3〕 ゾロアスター教や仏教，キリスト教が融合したマニ教は，ササン朝下では弾圧されたものの，北アフリカにまで影響を及ぼした。青年期にマニ教の影響を受け，ローマ帝政末期の北アフリカのヒッポの司教などとして活躍した「教会博士」の称号を持つ教父は誰か。

〔4〕 前4世紀に興ったセレウコス朝は，この地を含む広大な地域を有した。前3世紀半ばにセレウコス朝から諸国が独立するが，そのうち，ギリシア人ディオドトスによって建てられた王国は何か。

〔5〕 ティムール朝が14世紀に攻め入ったことで弱体化した，バトゥによって建てられていた政権は何か。

〔6〕 1710年頃にブハラ=ハン国から分かれてフェルガナ盆地に築かれた国は何か。

〔7〕 トルコ系のカラハン朝はイスラームを受容することで，トルコ=イスラーム文化の先駆となった。その記念碑的作品である『クタドゥグ・ビリグ』は，その詩形から，フィルドゥシーによるペルシア文学の最高傑作とされる英雄叙事詩の影響を受けたと言われる。その作品名は何か。

〔8〕 モスクの建築などにおいて，唐草文やアラビア文字を図案化したものが発達した。これらの文様の総称を何と言うか。

〔9〕 イスラーム化以前の6世紀の中央ユーラシアでは，騎馬遊牧民エフタルが強

い勢力を誇った。エフタルの侵入によって弱体化し，6世紀半ばに滅亡した，北インドの王朝は何か。

Ⅳ 次の文章を読んで空欄に最も適切な語句を記入し，下線部についてあとの問いに答えよ。

ナポレオンという名前はフランスの歴史と深く結びついている。日本で知られているのは，皇帝になったナポレオン，すなわちフランス革命をきっかけに軍人から皇帝に上り詰めたナポレオン１世と，1852年に皇帝となり第二帝政を敷いたナポレオン３世の２人であろう。しかしこの両者の人気の差は大きい。現在のパリ市内にはナポレオン１世時代のモニュメントが数多く残っているが，ナポレオン３世の歴史を感じることのできる痕跡はあまり見当たらない。彼こそが現在のパリの姿を作りあげたにもかかわらずである。彼の不人気の原因のひとつは，1870年に［ A ］を国王とするプロイセンに宣戦布告して戦争を開始しながら捕虜となり，ドイツとの国境地帯に位置する［ B ］地方を割譲するなど屈辱的な敗戦を招いたという負のイメージがあることであろう。これに対し，「フランスの英雄」という形容句がしばしば用いられるナポレオン１世の方であるが，これは彼がフランス人であると一般に認識されていることによる。しかしこれはかなり微妙な問題をはらむ。

ナポレオンが属するボナパルト一族の起源は実は中世イタリアにあったとされる。イタリア語で「ブオナパルテ」と綴られるこの一族は，すでに12世紀からイタリア各地で名前がみられた。その中の一部がナポレオン１世を生んだコルシカ系のブオナパルテ家となった。

コルシカ島〔1〕は，イタリア北西部に位置する都市国家でヴェネツィアと東方貿易の覇権を争った［ C ］共和国の支配下に置かれていたが，18世紀中頃に一時的に独立を勝ち取った。しかしその後，1768年に島の統治権がフランスに移譲された。この頃のヨーロッパの国際関係は，英仏対立を軸として展開され，両国間の戦争がヨーロッパや北アメリカ，インド〔2〕で展開されていた。イギリスは1713年のスペイン継承戦争の講和条約である［ D ］条約でイベリア半島南端の要地を獲得して地政学的な優位を占めており，このためフランスにとってはコルシカ島の戦略的意味は大きかった。これに対しコルシカは独立運動を展開したがフランスに敗れ，結局フランスに帰属することが決定的となった。

ナポレオン１世の父カルロは最初独立派であったが結局フランスに協力する立場に移り，ナポレオン自身も９歳でフランス本国へ留学した。その後彼はブリエンヌ兵学校から士官学校へ進み，1785年フランス王国軍に入隊した。フランス革命が勃発すると，ナポレオンは革命政府の軍人として頭角をあらわし，恐怖政治を展開したロベスピエール〔3〕の弟オギュスタンとの交友関係のゆえに，1793年12月に反革命派の拠点であったトゥロンを陥落させた。しかし，翌年のクーデタでジャコバン派が失脚すると，彼も一時的に不遇となったが，1795年に発足した [E] の下で王党派の暴動を鎮圧するなど活躍し，軍司令官となった。その後のナポレオンはイタリア遠征でオーストリア軍を撃破して軍事的名声を高め，1799年の [F] 18日のクーデタで [E] を倒し，第一統領として独裁的な権力を握った。そして1804年には彼は皇帝となり，パリのノートルダム大聖堂でローマ教皇ピウス７世〔4〕の臨席のもとに戴冠式が催された。

皇帝となったナポレオンはヨーロッパ大陸において勢力拡大につとめ，1805年には [G] の戦いでオーストリア・ロシア連合軍を撃破した。その後ナポレオンの保護のもと西南ドイツを中心にライン同盟を形成し，神聖ローマ帝国が消滅すると，ナポレオンはドイツに勢力を伸長させた。さらにプロイセン軍をイエナ・アウエルシュテットの戦いで大敗させ， [H] 条約によってプロイセンに対して領土の割譲と多額の賠償金を課した。プロイセンではこうした屈辱的な状況に対して，シュタイン（首相在任1807～08年）と [I] （首相在任1810～22年）を中心に改革が行われた。こうして権力の絶頂に達したナポレオン１世だが，1812年のロシア遠征の失敗をきっかけに没落への道を転がり落ち，1813年の [J] の戦いで敗北し，1814年には対仏連合軍がパリに入城するまでになった。その後ナポレオンは一時復活するも，1815年の [K] の戦いに敗れ，最終的に大西洋の孤島へ流されて，そこで没した。

〔1〕 地図を見て，コルシカ島の位置をⒶ～Ⓕより記号で選べ。

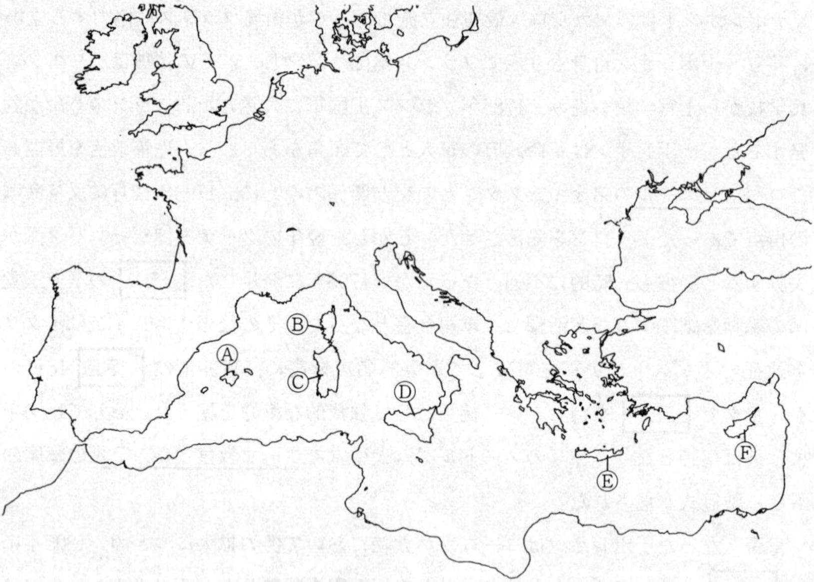

〔2〕 1757年，インドでイギリス東インド会社軍がフランス軍の支援を受けたベンガル太守に勝利し，イギリスのインド支配を強化した戦いの名前を答えよ。

〔3〕 国民公会に設置され，ロベスピエールの独裁政治の拠点となった組織の名を答えよ。

〔4〕 ナポレオンがピウス7世と結び，革命中に否定されたカトリック教会の復権に関する合意を何というか答えよ。

地理

（80 分）

Ⅰ　中国に関する次の地図と文をよく読んで，〔１〕～〔８〕の問いに答えよ。なお，地図中と文中の記号（Ｘ・Ｙ）は対応している。地図中の●は問いと関係する地名の位置を示しており，●に付された数字（１～８）も文中の数字と対応している。また，この地図には，標高が灰色の濃淡で示されている。

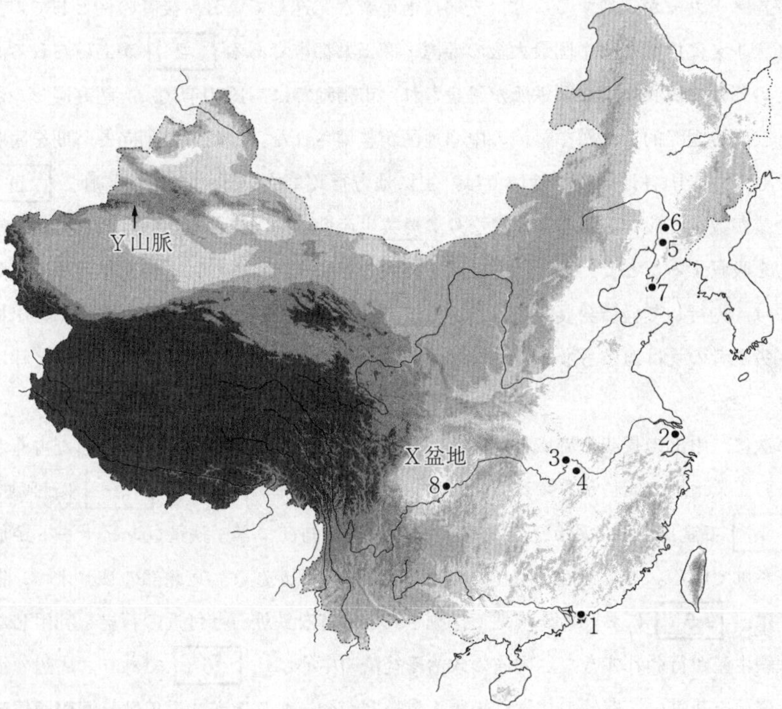

中華人民共和国（中国）は，1949年に成立して以降，社会主義の理念のもとで国家建設を進めてきた。その建国初期における社会主義経済の特徴の１つは，国や地

方自治体の統制による［A］経済にあった。しかし，このような経済運営は，順調には進まず，1960年代後半から70年代にかけて，文化大革命が起こると，国内の経済や社会が大混乱に陥った。この混乱を収拾すると，中国は，［B］経済への移行を試みて，その後，改革・開放政策への転換を決定する。それ以降，現在に至るまで，中国は，この政策の下で，経済発展を続けてきた。その特徴を地域別にみていくことにしたい。

まず，中国沿海部に注目すると，先述の政策において，1979年以降に経済特区(a)が，1984年以降に経済［C］区が設定され，外国資本の導入や外国企業の誘致が図られた。前者の例として，チュー川の河口付近に位置し，ホンコンに隣接する［1］があげられる。ここでは，製造業がさかんになり，現在は，世界的な通信機器メーカーが立地するなど，先端技術産業が発達している。後者の例として，長江デルタに位置し，中国最大級の港湾・商工業都市である［2］があげられる。その郊外には大規模な製鉄所が建設され，市街地では，1990年代に，超高層ビルが林立する国際的な金融や経済の中心地区が整備された。これらの動向と時期を同じくして，全国各地の農村地域では，主に地方行政単位が経営する小零細な［D］企業が数多く設立されるようになり，農業生産性の向上(b)にともない生じた余剰労働力を吸収することで，その工業生産を拡大していった。さらに，1980年代後半以降には，先行して経済発展を遂げた沿海部の都市地域が，農村地域からの多くの出稼ぎ労働者の受け皿にもなった。なお，こうした労働者の大移動は，［E］と呼ばれている。

次に，中部の長江の流域と東北部に目を向けると，鉱産資源を背景とした古くからの工業地域の成長がみられた。たとえば，長江中流に位置する［3］において，［4］で産出される鉄鉱石とその近くの石炭が結びつき，鉄鋼コンビナートが形成されている。ここでは，現在，自動車工業の集積が進む。東北部のリヤオニン省では，［5］において，現地で採掘される豊富な鉄鉱石と付近の石炭を利用した鉄鋼生産が行われてきた。同省の政治や経済の中心は，［6］であり，周辺の鉱産資源を基礎に，機械や化学，繊維工業などが発達するほか，近年は，情報通信産業の振興にも力を入れている。また，東北部には，国内有数の油田地帯があり，そこから大規模な港湾を有する［7］まで，パイプラインを通じて石油が輸送される。

最後にとりあげる中国西部は，沿海部に対して，経済発展の点で大きく立ち遅れてきた地域である。2000年にはじまった西部大開発とは，そうした地域格差の是正を目的に，西部におけるインフラ整備や資源開発，環境保全などの国策を指している。その対象となった地域の１つに，[X] 盆地に位置する [8] がある。西部大開発の一環で，(c)世界最大級のダムが長江中流に建設されたことで，この地域への大型船の航行が可能となった。その他の地域では，シーニンからラサを結ぶ鉄道の建設，(d)シンチヤンウイグル自治区の中央を走る [Y] 山脈とその周辺の盆地における資源開発ならびにパイプラインの建設などが西部大開発の事業で行われた。

以上，自国の経済発展を，地域差をともないながらも導いてきた中国は，現在，大量の工業製品を生産し各国に輸出しており，「世界の工場」と呼ばれるようになった。そのＧＤＰは，2017年現在，アメリカ合衆国に次ぐ世界第２位の規模にある。中国は，海外向けの工業生産の拡大が続いていることにくわえ，国民の所得水準の上昇を背景に国内での物の需要が高まっていることを受けて，近年，(e)世界各国との貿易や投資，開発事業を積極的に進めている。

〔１〕 文中の [A] ～ [E] に当てはまる最も適切な語句を答えよ。

〔２〕 文中の [1] ～ [8] に当てはまる最も適切な地名を，次の選択肢の中から１つずつ選び，符号で答えよ。

(あ) アンシャン	(い) ウーハン	(う) シーアン
(え) シェンチェン	(お) シェンヤン	(か) シャンハイ
(き) ターイエ	(く) ターチン	(け) タートン
(こ) ターリエン	(さ) チューハイ	(し) チョンチン
(す) チョントゥー	(せ) チンタオ	(そ) テンチン
(た) ナンキン	(ち) ハルビン	(つ) ピンシャン
(て) フーシュン	(と) マカオ	

〔３〕 文中の [X] ・ [Y] に当てはまる最も適切な地名を答えよ。

〔４〕 下線部(a)に関する説明として，正しいものを，次の選択肢の中から１つ選び，符号で答えよ。

(あ) 経済特区は，輸入代替型工業の発展を目指して設けられた。

(い) フェアトレードとは，経済特区で行われる貿易を指した用語である。

㋒　経済特区は，内陸部の都市には設定されていない。

㋓　経済特区では，外国人労働者の出入国が自由になっている。

〔5〕 下線部(b)に関して，この一因となった当時の制度的な変化は何か，簡潔に説明せよ。

〔6〕 下線部(c)に関して，このダムの名称を答えよ。

〔7〕 下線部(d)に関する説明として，**誤っているもの**を，次の選択肢の中から2つ選び，符号で答えよ。

㋐　この地域の南部にひろがる盆地は，その大部分が礫《れき》砂漠である。

㋑　この地域では，地下用水路を用いた灌漑《かんがい》農業がみられる。

㋒　この地域にあるウルムチは，石油化学工業が発達した都市として知られている。

㋓　この地域に暮らす漢族は，近年，増加している。

㋔　この地域は，ウイグル族のほか，ミャオ族の主な集住地である。

㋕　この地域のウイグル族の大部分は，イスラーム教徒である。

㋖　この地域で使用されるウイグル語は，アルタイ諸語に分類される。

〔8〕 下線部(e)に関して，次の表は，中国の品目別輸入量上位5カ国を示したものである。表中の①～④に当てはまる最も適切な品目を，下の選択肢の中からそれぞれ1つずつ選び，符号で答えよ。

中国の品目別輸入量上位5カ国（2015年）

輸入品目	①	②	③	④
第1位	ブラジル	オーストラリア	タイ	日本
第2位	アメリカ合衆国	インドネシア	マレーシア	アメリカ合衆国
第3位	アルゼンチン	北朝鮮	インドネシア	ドイツ
第4位	ウルグアイ	ロシア	ベトナム	イギリス
第5位	カナダ	モンゴル	ミャンマー	韓国

ITC, *Trade Map* により作成

㋐　原油　　㋑　小麦　　㋒　集積回路　　㋓　乗用車

㋔　石炭　　㋕　大豆　　㋖　鉄鉱石　　㋗　天然ゴム

㋘　銅鉱石　　㋙　豚肉　　㋚　木材

Ⅱ　海に関する次の文をよく読んで，〔1〕〜〔5〕の問いに答えよ。

海は動的な地理空間である。海底に注目すると，隣り合うプレートが互いに遠ざかっている広がる境界では，おもに［A］と呼ばれる地形ができ，高温で固体の［B］からマグマがわき出て溶岩となる。また，海全体で海水の大循環がおこっており，大洋の1つである［C］においては深層流が南方へ流れている。

海面付近では風などの影響で海流が生じており，気候変動も影響し海面の高さは変化し続けている。

そして，海岸では外的な営力によって，(a)特徴的な地形がつくり出されている。

海は，時として陸で生活する人間に負のインパクトをもたらす。台風などの発達した低気圧の接近によって［D］が生じると，大量の海水が防波堤を乗り越えて沿岸地域に被害をもたらすことがある。このような［D］による被害の日本における代表的なものとしては，明治時代以降で最多の犠牲者を出した1959年の［E］台風によるものがある。くわえて，海底で地震がおきた場合も，海水が沿岸地域に被害をもたらすことがある。日本における主な事例としては，［F］プレートに他のプレートが沈み込んでいる境界域で生じた，2011年の東北地方太平洋沖地震による津波がある。また地球温暖化による海面の上昇は，浅い海底が［G］もしくは隆起することにより形成された海岸平野に影響をもたらし，人間が活動する陸域を減じることになる。

しかしながら，海は人間に恵みをもたらすものでもある。大陸棚などの浅い水域や暖流と寒流がであう海域に出現する潮境などでは，豊富な栄養分を海面に向けて運ぶ［H］が起こりやすく，浮遊微生物である［I］が繁殖し，多くの魚が集まる。そのため，こうした海域へ，(b)人間は漁へ出かけるのである。また海は，観光地の成立にも関わっている。たとえばサンゴは，(c)サンゴ礁という美しい地形を長い年月をかけてつくり出し，それが重要な観光資源になっている。(d)船による交通をはじめとして，他にも数多くの点で海は人間にとって重要な役割を果たしている。

〔1〕　文中の［A］〜［I］に当てはまる最も適切な語句または地名を答えよ。

〔2〕　下線部(a)に関して，次の(1)・(2)に答えよ。

(1)　沿岸流によって形成された砂州などで，外海と隔てられた水域は何と呼ばれるか，最も適切な名称をカタカナで答えよ。

(2) 河口部が沈水してできたラッパ状の入江は何と呼ばれるか，最も適切な名称をカタカナで答えよ。

〔3〕 下線部(b)に関して，次の(1)・(2)に答えよ。

(1) 次の表は，2015年の海における水産物の生産量を示したものである。表中の①・②に当てはまる最も適切な国を，下の選択肢の中からそれぞれ1つずつ選び，符号で答えよ。

(単位：1,000 t)

国	漁獲・採集	養殖
①	15,572	30,833
②	6,106	12,651
アメリカ合衆国	5,026	183
ペルー	4,801	45
日本	3,521	1,067

『世界の統計 2018年版』により作成

Ⓐ アルゼンチン　Ⓘ インドネシア　Ⓤ 韓国

Ⓔ 中国　Ⓞ チリ　Ⓚ ニュージーランド

Ⓚ フィリピン　Ⓚ ベトナム　Ⓚ メキシコ

(2) 人工的に育てた稚魚を海へ放流し，成魚になってから捕獲する漁業は何と呼ばれるか，最も適切な名称を答えよ。

〔4〕 下線部(c)に関して，次の(1)・(2)に答えよ。

(1) サンゴの死骸が積み重なると，サンゴ礁が形成される場合がある。その主な組成物からなる堆積岩は何か，最も適切な名称を答えよ。

(2) 外礁と陸地の間に礁湖が存在するサンゴ礁は何と呼ばれるか，最も適切な名称を答えよ。

〔5〕 下線部(d)に関して，次の(1)・(2)に答えよ。

(1) 19世紀後半に発明された，肉類・酪製品や水産物などの食料品の長距離輸送を可能にした貨物船は何と呼ばれるか，最も適切な名称を答えよ。

(2) 羅針盤を使った航海に適している，海図に用いられる図法は何と呼ばれるか，最も適切な名称を答えよ。

Ⅲ　集落に関する次の文をよく読んで，〔1〕～〔5〕の問いに答えよ。

人々が居住する家屋が集まっているところを集落と呼ぶ。集落は都市と村落に大別される。その基準になるのは，人口の規模や密度，産業活動の内容などである。都市の場合，商業やサービス業などの第 [A] 次産業，ならびに製造業(a)や建設業などが主要な産業活動である。村落の場合には，農林水産業などが中心である。

集落の立地要因の1つは，飲料水の得やすさである。乾燥地域では常に淡水に恵まれるオアシスには居住することができ，そこに村落もしくは都市が立地する。日本でその立地要因を容易に確認できるのは扇状地の村落である。

(b)河川が山地から平野に出るところで，砂礫《されき》が堆積してできた地形が扇状地である。その扇 [B] では，河川水が [C] 流するので，飲料水を得ることは難しいが，扇 [D] では湧水があるので村落が立地することが多い。また(c)扇頂にできた村落が商業機能をもつこともある。

大量の水は，時には人々に災害をもたらすことがある。洪水が発生しやすい低湿な地域では，それを避けるために，周囲よりわずかに高い [E] 堤防を選択して村落が立地する場合が多い。

村落の形態は，集村と [F] 村とに大別される。集村とはその名の通り，家屋が集まっている形態の村落である。集村には，家屋が不規則に密集している [G] 村と，家屋が細長く連なる列状の路村などがある。

[F] 村の場合，家屋が集まっておらず，相互に距離をおいて立地している。日本では，富山県の西部に位置する [H] 平野， [I] 県の出雲平野にその顕著なものがある。アメリカ合衆国やカナダでは，開発当初に設定された土地区画にもとづく [J] 制が敷かれたところで [F] 村が卓越している。

村落と都市には相互に重要な関係がある。特に大都市の周辺に位置する村落では，その大都市の住民向けに野菜類や花卉《き》の生産を行う [K] 農業がさかんである。また，農地などが住宅などに転用され，市街地が徐々に拡大する現象が都市化である。(d)市街地の無秩序な拡大は，農業に悪影響をもたらすことがある。生活排水が農業用水路に流入することもその一例である。

〔1〕　文中の [A] ～ [K] に当てはまる最も適切な数値，語句，または地名を答えよ。

〔2〕　下線部(a)に関して，製造業の発達した都市では，人口が急速に増大した。その理由を簡潔に説明せよ。

〔3〕　下線部(b)に関して，山地から平野に出るところで砂礫がなぜ堆積するのか，簡潔に説明せよ。

〔4〕　下線部(c)に関して，扇頂に形成され，商業機能をあわせもつことになった集落は何と呼ばれるか，最も適切な語句を答えよ。

〔5〕　下線部(d)に関して，このような現象は何と呼ばれるか，最も適切な語句を答えよ。

政治・経済

(80 分)

I　次の文章を読んで，あとの問いに答えよ。

経済活動の主な担い手は家計・企業・政府であり，①それぞれの収入や支出を通じて経済循環が成り立っている。このうち最も身近な家計に注目してみよう。

家計は，所得から租税や社会保険料を支払い，残りの [A] 所得から②家計の構成員の暮らしをまかなう消費支出を行う。[A] 所得から消費支出を行った残りが [B] とされ，家計はこれを将来の消費支出に充てる。

③家計の行動は，経済全体の動きから大きな影響を受ける。たとえば，家計の消費支出は，経済全体の景気がよいときには増加するし，④家計が保有する株式や土地などの価格が上昇しているときにも増加する。逆に，景気が悪いときには家計の消費支出も落ち込みがちである。

一方で，個々の家計の規模は企業や政府に比べて小さいが，総体として見れば経済全体に無視できない影響を与えている。たとえば，2018年の国内総生産を支出側から見ると，家計最終消費支出がそのうちに占める比率は [イ] 。なお，⑤国内総生産は日本国内で生み出された [C] 価値の合計であり，日本人が海外から得た所得を含まないが，国民総所得はこれを含んでいる。

国内総生産はフローの面から見た値だが，ストックの面で見ても家計の活動は反映されている。一国の実物資産と [D] 資産との合計を [E] と呼ぶが，実物資産の一部は家計が所有する住宅や土地で構成されている。

〔1〕 [A] ～ [E] にあてはまるもっとも適切な語句を記入せよ。なお，**AとDは漢字3字，ほかはいずれも漢字2字**で答えよ。

〔2〕 下線部①に関する説明として，**適切でないもの**を下から一つ選び，記号で答えよ。

㋐　家計は，企業に生産要素を提供する。

ⓘ　企業と家計は，政府に租税を納付する。

ⓤ　政府は，家計に社会保障給付を行う。

ⓔ　企業は，政府と家計に公共財を提供する。

ⓞ　家計は，企業から賃金を受け取る。

〔3〕　下線部②に関して，次の表は，2019年の１世帯あたり１か月間の消費支出の内訳を示したものである。費目欄αにあてはまるものを下から一つ選び，記号で答えよ。

ⓐ　食料　　ⓘ　住居　　ⓤ　光熱・水道

ⓔ　交通・通信　　ⓞ　教養娯楽

表：１世帯あたり１か月間の消費支出の内訳（２人以上世帯，2019年）

費　目	α	β	γ	δ	ε	そのほか	合　計
金額（円）	80, 461	43, 814	30, 679	21, 951	17, 103	99, 371	293, 379
（%）	(27)	(15)	(10)	(７)	(６)	(34)	(100)

(注) 四捨五入の影響で合計欄をのぞく百分率の合計は100にならない。

(出所) 総務省「家計調査報告（家計収支編）2019年平均結果の概要」より作成。

〔4〕　[B] にあたる家計の具体的な行動として，**適切でないもの**を下から一つ選び，記号で答えよ。

ⓐ　生命保険の掛け金を支払う。　　ⓘ　株式を購入する。

ⓤ　国債を購入する。　　ⓔ　国民年金の保険料を支払う。

〔5〕　下線部③に関して，家計の行動に大きな影響を与える要因の一つに物価がある。このことについての説明として**適切でないもの**を下から一つ選び，記号で答えよ。

ⓐ　インフレ時に賃金があわせて上昇しなければ，生活水準は低下する。

ⓘ　インフレ時には，預貯金の実質的な価値もあわせて増加する。

ⓤ　インフレ時には，家計の債務が実質的に軽減される。

ⓔ　デフレ時には，家計の消費支出が先送りにされる傾向がある。

〔6〕　下線部④に関して，こうした現象を一般に何と呼ぶか。**漢字４字**で答えよ。

〔7〕　本文中の [イ] にあてはまるものを下から一つ選び，記号で答えよ。

ⓐ　約54パーセントであり，ほかのあらゆる項目よりも大きい

㋑　約24パーセントであり，総資本形成に次ぐ大きさである

㋒　約24パーセントであり，政府最終消費支出に次ぐ大きさである

㋓　約20パーセントであり，政府最終消費支出や総資本形成に次いでいる

〔8〕下線部⑤に関して，次の問いに答えよ。

(a)　国内総生産の**英語略称**を**アルファベット**で答えよ。

(b)　国民総所得と等しい値となるものを下から一つ選び，記号で答えよ。

㋐　GNP　　　㋑　NDP　　　㋒　NNP　　　㋓　NI

(c)　国内総生産と国民総所得についての説明のうち，**適切でないもの**を下から一つ選び，記号で答えよ。

㋐　国民総所得から固定資本減耗を差し引くと国民純生産となる。

㋑　国民総所得の英語略称をGNIと呼ぶ。

㋒　国内総生産は国内総支出と一致しない。

㋓　国内総生産から固定資本減耗を差し引くと国内純生産となる。

Ⅱ　次の文章を読んで，あとの問いに答えよ。

日本国憲法は第９条１項で戦争の［　A　］，同条２項で戦力の不保持と［　B　］について規定しているが，憲法第９条をめぐる裁判として砂川事件がある。米軍立川基地拡張に反対する学生らが基地内に入り，日米安保条約にもとづく刑事特別法違反として起訴されたが，［　C　］での第一審では，在日米軍は戦力にあたり，米軍駐留は違憲と判示した。最高裁は統治行為論により原判決を破棄差し戻しとした①が，その後有罪となった。

［　D　］自衛権は，同盟関係にある他国が武力攻撃を受けたときに，その武力攻撃を自国の安全に対する脅威とみなして，実力で阻止する権利であるが，国連憲章第［　E　］条によって創設された自衛権である。日本政府は従来，憲法第９条は自衛権までは否定していないとの前提のもとで，必要最小限度の自衛として［　F　］自衛権は認められるが，［　D　］自衛権の行使は認められないと解釈してきた。

しかし，［　G　］年に，これまでの憲法解釈を変更して，要件②を満たせば，［　D　］自衛権の行使を可能にする閣議決定③がなされた。これについては，解釈改憲④ではないかとの批判もある。翌年に制定された［　H　］は，自衛隊法，武力攻撃事態法，重要影響事態法（周辺事態法を改正），ＰＫＯ協力法を含めた10の関係法律を一括して改正する平和安全法制整備法と，新たに制定された［　I　］の総称である。

〔１〕［　A　］～［　I　］にあてはまるもっとも適切な語句を記入せよ。なお，**Aは漢字２字，Bは６字，Cは漢字４字，Eは算用数字，Gは西暦を算用数字，HとIは漢字７字**で答えよ。

〔２〕下線部①について，以下の問いに答えよ。

（a）砂川事件では［　　］により，控訴を経ずに直接，最高裁判所の判断を求めた。空欄にあてはまる語句を下から一つ選び，記号で答えよ。

㋐　特別上告　　㋑　特別抗告　　㋒　跳躍上告　　㋓　飛躍抗告

（b）統治行為論に関する説明として**適切でないもの**を下から一つ選び，記号で答えよ。

㋐　国会や内閣が高度な政治的判断にもとづいて行う行為は，司法審査にはなじまないという考え方である。

㋑　長沼ナイキ訴訟の控訴審判決では用いられていない。

㋒　苫米地事件上告審判決でも用いられた。

㋓　統治行為の事項を広く認めると，違憲審査権の意義が失われる危険性がある。

〔3〕　下線部②に関して，［　D　］自衛権の行使ができるとされる要件の説明として正しいものを下から一つ選び，記号で答えよ。

㋐　存立危機事態であることが要件とされている。

㋑　必要最小限度の実力行使であることは要件とされていない。

㋒　国民を守るためにほかに適当な手段がないことは，要件とされていない。

㋓　自衛権発動の三要件といわれるものである。

〔4〕　下線部③に関して，［　G　］年4月に閣議決定した防衛装備移転三原則の説明として**適切でないもの**を下から一つ選び，記号で答えよ。

㋐　武器輸出三原則にかわるものである。

㋑　紛争当事国への移転となる場合は，防衛装備の海外移転を認めない。

㋒　安全保障に資すると判断できれば，認める。

㋓　目的外使用や第三国移転については，日本の事前同意を相手国に義務付けていない。

〔5〕　下線部④に関する説明として**適切でないもの**を下から一つ選び，記号で答えよ。

㋐　憲法の明文を変更しないで，条文の解釈という形で，事実上，憲法と違う実態をつくっていくことをさす。

㋑　自衛権の解釈を拡大し，自衛隊が日本の同盟国の戦争に加わることができるようにした。

㋒　こうしたことが起こるのは，日本国憲法が軟性憲法であることに由来する。

㋓　自衛のための実力はもつことができると解釈し，自衛隊の増強をはかることもその一例だと指摘されている。

Ⅲ　次の文章を読んで，あとの問いに答えよ。

冷戦後の世界において，著しい経済成長を遂げた発展途上国が次々と現れた。やがて，それらの国々は [A] 国と呼ばれるようになり，発展途上国の間の経済力の格差も顕著になった。ＢＲＩＣＳと呼ばれる５か国（ブラジル・ [B] ・インド・中国・南アフリカ）は発展途上国でありながら，ほかの発展途上国に対して，投資や援助において欧米諸国や日本などの国々に匹敵するような影響力をもつようになった。これらの国々は，①G20と呼ばれる世界経済をけん引する国々のグループの主なメンバーとなっている。

ＢＲＩＣＳ諸国のなかで，中国は文化大革命による混乱を経たのち， [C] 年に打ち出された改革・開放政策以降，経済成長が始まった。1993年の [D] 改正以降，社会主義 [E] のスローガンのもとで経済成長が続き， [F] 年には世界貿易機関（ＷＴＯ）に加盟を果たした。2010年には，ＧＤＰで日本を抜き，世界第二位の経済大国となった。②1997年に中国へ返還された香港《ホンコン》と1999年に返還されたマカオにおいては，中国本土とは異なる政治制度や経済制度が存在することを認めてきた。

インドは，長らく国有企業による重工業優先の混合経済体制をとってきたが，冷戦終結後間もない時期の経済危機を契機に，経済の自由化に転換した。インドでは， [G] 産業の育成を重視し，国外の企業からのソフトウェア開発などの業務移管・委託を発展させた。経済の急速な成長の一方で，多くの貧困層を抱える経済構造は解消していない。都市部への急速な人口集中による環境問題（大気汚染）も深刻化し続けている。

近年，長らく欧米諸国や日本から開発援助を受けてきたこれらの国々自身が，ほかの発展途上国を支援する状況が顕著になっている。ＢＲＩＣＳ諸国により開発銀行が創設され，中国が主導する③アジアインフラ投資銀行も創設された。貿易面では，中国からは「21世紀の [H] 」とも呼ばれる世界規模の経済構想である「一帯一路」も提唱されており，発展途上国と先進国との間の経済関係にも大きな影響をおよぼしている。

日本は，とくに [I] 年代初頭から10年連続で世界第一位の援助額を保つなど，発展途上国の開発支援に大きく寄与してきた。近年では順位を落としているものの，世界有数の援助供与国である。④日本は，発展途上国，なかでも21世紀に入り急速な経済成長を続けているアフリカへの支援・投資の強化を打ち出した。

〔1〕 A ～ I にあてはまるもっとも適切な語句を記入せよ。なお，**AとDは漢字２字，BとHはカタカナ，CとFとIは西暦を算用数字，Eは漢字４字，Gは英語略称をアルファベット２字**で答えよ。

〔2〕 下線部①に関して，2019年のサミットは，日本が議長国となり，□においてで開催された。空欄にあてはまる**都市名**を下から一つ選び，記号で答えよ。

ⓐ 東京都　ⓘ つくば市　ⓤ 名古屋市　ⓔ 志摩市

ⓞ 大阪市　ⓚ 福岡市　ⓚ 名護市

〔3〕 下線部②に関して，このような仕組みを何というか。**漢字５字**で答えよ。

〔4〕 下線部③に関して，この銀行は，**英語略称**で イ と呼ばれ， ロ 年に設立された。 イ と ロ にあてはまるもっとも適切な語句を記入せよ。なお，**イはアルファベット４字，ロは西暦を算用数字**で答えよ。

〔5〕 下線部④に関して，1993年以来，日本がアフリカの開発のために定期的に開催してきたアフリカ開発会議を**英語略称**で何というか。**アルファベット５字**で答えよ。

数学

(80 分)

次のⅠ，Ⅱ，Ⅲの設問について解答せよ。ただし，Ⅰ，Ⅱについては問題文中の $\boxed{}$ にあてはまる適当なものを，解答用紙の所定の欄に記入せよ。なお，解答が分数になる場合は，すべて既約分数で答えること。

Ⅰ

〔1〕　平面上のベクトル $\vec{a}$ と $\vec{b}$ が，$2\vec{a}-3\vec{b}=(1,\ 9)$，$-\vec{a}+2\vec{b}=(0,\ -5)$ を満たすとき，$\vec{a}=\left(\boxed{\text{ア}},\ \boxed{\text{イ}}\right)$，$\vec{b}=\left(\boxed{\text{ウ}},\ \boxed{\text{エ}}\right)$ である。このとき，$\vec{a}+2\vec{b}$ と $p\vec{a}+\vec{b}$ が垂直になるのは，$p=\boxed{\text{オ}}$ のときであり，$\vec{a}+2\vec{b}$ と $q\vec{a}+\vec{b}$ が平行になるのは，$q=\boxed{\text{カ}}$ のときである。

次に，t が $-2\leqq t\leqq 2$ を満たすとき，$\left|\vec{a}+t\vec{b}\right|$ の最大値は $\boxed{\text{キ}}$，最小値は $\boxed{\text{ク}}$ である。

〔2〕　実数 x，y についての連立方程式

$$\begin{cases} \log_3(x+2)-\log_3(y+5)=-1 \quad \cdots\cdots ① \\ 3^{x+1}+3^y=30 \quad \cdots\cdots ② \end{cases}$$

がある。

①において，x のとり得る値の範囲は，$x>\boxed{\text{ケ}}$ である。また，y を x で表すと，$y=\boxed{\text{コ}}$ である。

次に，②において，$t=3^x$ とおくと，t についての方程式 $\boxed{\text{サ}}=0$ が得られる。ここで，t のとり得る値の範囲は，$x>\boxed{\text{ケ}}$ により，$t>\boxed{\text{シ}}$ であるから，方程式 $\boxed{\text{サ}}=0$ の解は，$t=\boxed{\text{ス}}$ である。

したがって，与えられた連立方程式の解は，$x=\boxed{\text{セ}}$，$y=\boxed{\text{ソ}}$ である。

このとき，$kx\geqq 6$ を満たす最小の整数 k の値は $\boxed{\text{タ}}$ である。

〔3〕 p, q を定数とする。2次方程式 $x^2 - px + \frac{1}{4}q = 0$ の異なる2つの実数解を α, β とし, $\alpha^2 + \beta^2 < 4$ を満たすとする。

(a) p と q の関係を求める。α と β は2次方程式の異なる2つの実数解であることから, $q <$ ［チ］ である。また, α と β が $\alpha^2 + \beta^2 < 4$ を満たすことから, $q >$ ［ツ］ である。

(b) 点 $(p,\ q)$ が ［ツ］ $< q <$ ［チ］ を満たす領域 D_1 を動くとき, $-2p + q$ がとり得る値の範囲は ［テ］ $< -2p + q <$ ［ト］ である。

(c) 点 $(p,\ q)$ が ［ツ］ $< q <$ ［チ］, かつ $\alpha > 0$, $\alpha^2 > \beta^2$ を満たす領域 D_2 を動くとき, $-2p + q$ がとり得る値の範囲は

［テ］ $< -2p + q <$ ［ナ］ である。

Ⅱ　次の問いに答えよ。なお, ［ク］, ［ケ］ を除き, 解答が整数にならない場合はすべて分数で答えよ。［ク］, ［ケ］ の組み合わせについては, 別表の①～⑥の選択肢の中から最も適当なものを選んで, ①～⑥の番号で答えよ。

学園祭の模擬店の売り上げ16000円の全額を, P_1, P_2, P_3, P_4 の4人で分配する状況を考える。P_1, P_2, P_3, P_4 それぞれの分配金を S_1, S_2, S_3, S_4 で表し, 働いた時間に合わせて, $0 \leqq S_1 \leqq S_2 \leqq S_3 \leqq S_4 \leqq 16000$ となるように分配する。ここで, n を1から4の自然数として, 分配金 S_n が売り上げ全体に占める割合を a_n とし, $b_1 = a_1$, $b_n = b_{n-1} + a_n$ $(n = 2,\ 3,\ 4)$ で表される数列を $\{b_n\}$ とする。この a_n を分配金率, b_n を累積分配金率とよぶ。また, $c_n = \frac{n}{4}$ とし, これを累積人員率とよぶ。

いま, $S_1 = 1000$, $S_2 = 3000$, $S_3 = 5000$, $S_4 = 7000$ と分ける状況を分配Aとする。このとき, $b_1 =$ ［ア］, $b_2 =$ ［イ］, $b_3 =$ ［ウ］, $b_4 = 1$ である。ここで, xy 平面上に原点 $(0,\ 0)$ と4つの点 $(c_n,\ b_n)$ $(n = 1,\ 2,\ 3,\ 4)$ をとり, 原点から順に直線で結ぶ。このようにして描かれる, 累積人員率 c_n と累積分

配金率 b_n の関係を示すグラフをローレンツ曲線とよぶ。このローレンツ曲線と直線 $y = x$ とで囲まれる面積は [エ] となり，その [エ] を，直線 $y = x$ と x 軸，直線 $x = 1$ とで囲まれる面積で割ったときの値は [オ] となる。

このように，ローレンツ曲線と直線 $y = x$ とで囲まれる面積を，直線 $y = x$ と x 軸，直線 $x = 1$ とで囲まれる面積で割った値をジニ係数とよぶ。ジニ係数は，分配の不均等の度合いを測る指標として使われる。

また，$S_1 = S_2 = S_3 = S_4 = 4000$ と分ける状況を分配B，$S_1 = S_2 = S_3 = 0$，$S_4 = 16000$ と分ける状況を分配Cとする。分配Bのときのジニ係数は [カ]，分配Cのときのジニ係数は [キ] となる。したがって，一般にジニ係数は，分配の不均等の度合いが小さいほど [ク] に近い値をとり，分配の不均等の度合いが大きいほど [ケ] に近い値をとる。

次に，xy 平面上で，ローレンツ曲線が関数 $y = \frac{1}{3}x^3 + \frac{2}{3}x^2\ (0 \leqq x \leqq 1)$ の表す曲線である場合を考える。このとき，ジニ係数は [コ] となる。また，ローレンツ曲線が方程式 $x^2 + (y-1)^2 = 1\ (0 \leqq x \leqq 1,\ 0 \leqq y \leqq 1)$ の表す曲線である場合には，ジニ係数は [サ] π − [シ] となる。

別表

選択肢	ク	ケ
①	-1	1
②	0	$\frac{1}{2}$
③	0	1
④	1	0
⑤	$\frac{1}{2}$	0
⑥	1	-1

Ⅲ　初項 a，公差 d の等差数列 $\{a_n\}$ と，初項 b，公比 r の等比数列 $\{b_n\}$ があり，数列 $\{P_n\}$，$\{Q_n\}$ をそれぞれ $P_n = a_n + b_n$，$Q_n = a_n \cdot b_n$ とする。

ただし，a，d，b，r はすべて整数である。このとき，次の問いに答えよ。

〔1〕 $a = 1$，$d = 2$，$b = 1$，$r = 3$ のとき，数列 $\{P_n\}$ の初項から第 8 項までの和 T_8 を求めよ。

〔2〕 $P_2 = 12$，$P_4 = 138$，$2 \leqq b < d \leqq 4$ のとき，数列 $\{a_n\}$，$\{b_n\}$ の一般項をそれぞれ求めよ。

〔3〕 〔2〕で求めた数列 $\{a_n\}$，$\{b_n\}$ において，数列 $\{Q_n\}$ の初項から第 n 項までの和 S_n を求めよ。

〔4〕 〔3〕で求めた S_n において，S_{76} の桁数を求めよ。ただし，$\log_{10} 2 = 0.3010$，$\log_{10} 3 = 0.4771$ とする。

4 此の卒は唯だ智有るのみに非ず、且《まさ》に亦た生に達せんとす

5 此の卒は唯だ智有りて且に亦た生に達せんとするのみに非ず

6 此の卒は唯だ有るのみに非ず、智にして且に亦た生に達せんとす

問3 [A] に入る語として、最も適当と思われるものを、次のなかから選び、その番号をマークせよ。

1 怒　2 驚　3 信　4 疑　5 問　6 責

問4 本文の内容に合うものを、次のなかから一つ選び、その番号をマークせよ。

1 郡卒は反乱軍から庾氷を助ける手柄を立てたが、主人に仕える者の当然の行為と言い、恩賞の官爵を拒んだ。

2 郡卒が棹を振り回して取り調べの役人を追いやったので、庾氷は山陰に逃れることができて郡卒に恩賞を与えた。

3 郡卒が酒に酔って役人に嘘をついたおかげで逃亡ができたので、庾氷は乱後に郡卒の好きな酒を与えて恩に報いた。

4 郡卒が庾氷の難を救った智恵者であり、恩賞として官爵よりも好きな酒だけを求めたことを当時の人々は称賛した。

5 郡卒が智恵と勇気に優れ、一人で主人の庾氷の難を救って大きな恩賞を得たことに当時の人々は感心した。

舎ヲ一市《か》ヒ二奴婢ヲ一、使ム下門内ニ有リテ二百斛《こく》ノ酒一終ヘ中其ノ身ヲ上。時ニ謂《おも》ヘラク③此卒非唯有智且亦達生。

（『世説新語』による）

注　蘇峻＝東晋の人。執政の庾亮と反目して乱を起こした。　諸庾＝庾氏一族の人たち。　庾氷＝庾亮の弟。
呉郡＝地名。今の江蘇省蘇州市。　銭塘口＝浙江省を流れる銭塘江（浙江）の河口。　蘧篨＝竹で編んだむしろ。
所在＝至るところ。　市渚＝市場に接した川岸。　装＝積み荷。　山陰＝地名。今の浙江省紹興市。
廝下＝身分の低い雑役夫。　名器＝爵位とそれ相応の乗り物や冠服。
執鞭＝鞭を持って馬を操る人夫。転じて、賤しいとされた職に従事する者。　其＝一人称。ここでは卒を指す。
斛＝量の単位。一斛は約二〇リットル。　達生＝人生の巧者に達すること。精神的に充足した人生を送ること。

問1　傍線①の「然」、②の「為」の読み方を、送りがなも含めて、それぞれひらがなで書け。

問2　傍線③の「此卒非唯有智且亦達生」の書き下し文として、最も適当と思われるものを、次のなかから選び、その番号をマークせよ。

1　此の卒は唯だ有るのみに非ず、智にして且《か》つ亦た生に達す
2　此の卒は唯だ智有るのみに非ず、且つ亦た生に達す
3　此の卒は唯だ智有りて且つ亦た生に達するのみに非ず

四　次の文章を読んで、問いに答えよ（設問の都合上、訓点を省略した部分がある）。

蘇峻ノ乱ニ、諸庾《ゆ》逃散ス。庾氷時ニ為《をさ》ム呉郡ヲ。単身奔亡シ、民吏皆去ル。唯ダ郡卒ノミ独リ以テ小船ヲ載セ氷ヲ、出デ銭塘口ニ、蘧《きょ》篨《ぢょ》モテ覆フ之ヲ。時ニ峻賞募シ覓《もと》メ氷ヲ、属《しょく》シテ所在ニ捜《さが》シ検《しらべ》シムルコト甚ダ急ナリ。卒捨テ船ヲ市渚ニ、因リテ飲ミ酒ヲ酔ヒテ還リ、舞ハシテ棹《さを》ヲ向ヒテ船ニ曰ハク、「何レノ処ニカ覓ムル庾呉郡ヲ。此ノ中便チ是レナリト。」氷大イニ惶怖ス。①然不敢ヘテ動カ。監司見船ノ小ニシテ装ノ狭《すくな》キヲ、謂《おも》ヒ卒狂酔スト、都《すべ》テ不復タ［A］。自ラ送リテ過ギ浙江ヲ、寄セテ山陰ノ魏家ニ、得タリ免ルルヲ。後ニ事平グルヤ、氷欲ス報ヒ卒ニ適《かな》ハシメント其ノ所ヲ願フ。卒曰ハク、「出デ自リ廝《し》下《か》、不願ハ名器ヲ。少《わか》キヨリ苦シミ執鞭ニ、恒《つね》ニ患《うれ》フ不ルヲ得快ク飲ムコトヲ酒ヲ。使メバ其レヲシテ酒足リ余年畢《を》ハラ矣、無シト所復タ須《もと》ムル。」氷②為起大

4 「口に任せたることどもに、かならずをかしき一節目とまる、詠み添へはべる」

5 「秀歌も多く、ことに触れつつ、まのなく詠みおくほどに、撰集どもにもあまた入れる」

問7 本文の内容に合うものを、次のなかから二つ選び、その番号をマークせよ。

1 同時代の歌合や歌会では、赤染衛門が称賛され、和泉式部は出詠者に選ばれないことも多かった。

2 世間の人々は、「はるかに照らせ」の歌を、経典の文言を引用した宗教的で難解な歌と評価した。

3 作者は、『俊頼髄脳』に見える和泉式部と赤染衛門の優劣論に反対し、自分の意見を述べている。

4 和歌に対する取り組みの姿勢や知識の点で、和泉式部は赤染衛門に劣ると、作者は考えている。

5 作者は、「こやとも人を」の歌を、和歌を作るうえでの趣向や技巧の点で優れた歌と評価している。

6 後世の人々は、自分たちの時代の基準に照らし合わせて、「こやとも人を」の歌を高く評価した。

問8 赤染衛門が作者とされる作品を、次のなかから選び、その番号をマークせよ。

1 宇津保物語　2 竹取物語　3 雨月物語　4 栄花物語　5 平家物語

よ。

1 A＝和泉式部 B＝赤染衛門 C＝和泉式部
2 A＝赤染衛門 B＝赤染衛門 C＝和泉式部
3 A＝和泉式部 B＝和泉式部 C＝赤染衛門
4 A＝赤染衛門 B＝和泉式部 C＝赤染衛門
5 A＝和泉式部 B＝赤染衛門 C＝赤染衛門

問5 傍線㋒に「まことの歌よみにはあらず」とあるが、その理由として、最も適当なものを、次のなかから選び、その番号をマークせよ。

1 和歌の才能はともかくとして、素行や心遣いの面で感心しないところがあるから
2 本格的な和歌の知識があまりあるとは思えず、口に任せて詠んでいるだけだから
3 手紙の文章の巧みさと比べて、和歌の言葉や表現に物足りなさが感じられるから
4 他人が詠んだ和歌を研究し、その表現を取り入れて詠むことが上手なだけだから
5 何かにつけては和歌を詠み散らし、その結果としてつまらない作品も目立つから

問6 傍線㋔の「ものの上手のしわざ」に当たる内容として、最も適当な本文の記述を、次のなかから選び、その番号をマークせよ。

1 「暗きより暗きに入ることは経の文なれば、いふにも及ばず」
2 「「こやとも人をいふべきに」といひて「隙こそなけれ蘆の八重葺き」といへる」
3 「「はるかに照らせ」といふ歌は、言葉も姿もことのほかにたけ高く、また景気もあり」

納言の、その心を会釈せらるべかりけるにや。もしはまた、歌の善悪も世々に変はるものなれば、その世に「こやとも人を」といふ歌の勝る方もありけるを、なべて人の心得ざりけるにや。後の人定むべし。

（『無名抄』による）

注　俊頼の髄脳＝『俊頼髄脳』。歌論書。　景気＝詩的雰囲気。歌学用語。
　丹波守の北の方＝赤染衛門。丹波守大江匡衡の妻だった。

問1　傍線①の「る」、②の「る」、③の「ね」、④の「るる」の文法的意味として、最も適当なものを、それぞれ次のなかから選び、その番号をマークせよ。

1　自発　2　打消　3　受身　4　尊敬　5　完了

問2　傍線㋐の「しかことわられける」とは、どういうことか。その説明として、最も適当なものを、次のなかから選び、その番号をマークせよ。

1　公任が、「はるかに照らせ」の歌について、景気のある歌と説明したこと
2　定頼が、和泉式部の秀歌として、「はるかに照らせ」の歌を挙げたこと
3　公任が、和泉式部よりも赤染衛門のほうを、歌人として高く評価したこと
4　定頼が、和泉式部と赤染衛門の歌人としての優劣に、疑問を持ったこと
5　公任が、「こやとも人を」の歌を、和泉式部の秀歌であると判定したこと

問3　傍線㋑の「おぼつかなくなむはべる」、㋓の「ひがことなるにもあらず」を、それぞれ一〇字程度で現代語訳せよ。

（解答欄：一五字）

問4　[A]、[B]、[C] に入れる組み合わせとして、最も適当なものを、次のなかから選び、その番号をマークせ

予、試みにこれを会釈す。

　式部・赤染が勝劣は、大納言一人定められたるにあらず。世こぞりて、[A]をすぐれたりと思へり。しかあれど、人のしわざは主のある世には、その人柄によりて劣り勝ることあり。歌の方は[B]さうなき上手なれど、身のふるまひ、もてなし、心用ゐなどの、[C]には及びがたかりけるにや。紫式部が日記といふものを見はべりしかば、「和泉式部はけしからぬ方こそあれど、うちとけて文走り書きたるに、その方の才ある方も、はかなき言葉のにほひも見えはべるめり。㋒歌はまことの歌よみにはあらず。口に任せたることどもに、かならずをかしき一節目とまる、詠み添へはべるめり。されど、人の詠みたらむ歌難じことわりゐたらむ、いでやさまでは心得じ。ただ口に歌の詠④まるるなめり。はづかしの歌よみやとは覚えず。丹波守の北の方をば、宮・殿などわたりには、匡衡衛門とぞいひはべる。ことにやむごとなきほどならねど、まことにゆゑゆゑしう、歌よみとて、よろづのことにつけて詠み散らさねど、聞こえたるかぎりは、はかなき折節のことも、それこそはづかしき口つきにはべれ」と書けり。かかれば、その時は人ざまにもち消たれて、歌の方も思ふばかり用ゐられねど、まことには上手なれば、秀歌も多く、ことに触れつつ、まのなく詠みおくほどに、撰集どもにもあまた入れるにこそ。

　さて、かの式部が歌にとりての劣り勝りは、公任卿のことわりのいはれぬにもあらず、今の不審の㋓ひがことなるにもあらず。これはよく心得て思ひ分くべきことなり。歌は、作り立てたる風情たくみはゆゆしけれど、その歌の品を定むる時、さしもなきこともあり。また思ひ寄れるところは及びがたくしもあらねど、うち聞くにたけもあり、艶にも覚えて、景気浮かぶ歌も侍りかし。されば、詮《せん》は、歌よみのほどをまさしく定めむには、「こやとも人を」といふ歌を取るとも、式部が秀歌はいづれぞと選ぶには、「はるかに照らせ」といふ歌の勝るべきにこそ。たとへば、道のほとりにてなほざりに見つけたりとも、黄金は宝なるべし。いみじく巧みに作り立てたれど、櫛・針などのたぐひは、さらに宝とするに足らず。また心ばせをいはむ日は、黄金求めたる、さらに主の高名にあらず。針のたぐひ宝にあらねど、これを㋔ものの上手のしわざとは定むべきがごとくなり。しかれば、大ゲームとして、物語性への実験と実践を深められるようになったことに東浩紀は注目した。

4　テクノロジーの進化と市場の要求によって左右されるゲームの発展史の中で、潮流からは外れるものの、紙芝居のようなシステムでノスタルジーへの回帰を目指したノベルゲームは九〇年代前半に注目を浴びた。

5　「読む」という文学性を追求したゲームは、九〇年代には可能性が注目され実験と実践が深められたが、それは物語性がプレイヤーに受け入れられたもので、テクノロジーの発展とは無関係の評価であった。

三

次の文章を読んで、問いに答えよ。

ある人いはく、「俊頼の髄脳に、定頼中納言、公任大納言に、和泉式部と赤染衛門とが劣り勝りを問はる①。大納言いはく、『式部は「津の国のこやとも人をいふべきに隙《ひま》こそなけれ蘆《あし》の八重葺《やへぶ》き」と詠める者なり②。一つ口にいふべからず』と侍りければ、中納言重ねていはく、『式部が歌には、「暗きより暗き道にぞ入りぬべきはるかに照らせ山の端の月」といふ歌をこそ、世の人は秀歌と申しはべるめれ』といふ。大納言いはく、『それぞ世の人の知らぬことをいふよ。暗きより暗きに入ることは経の文なれば、いふにも及ばず。末の句はまた本に引かれて、やすく詠まれぬべし。「こやとも人をいふべきに」といひて「隙こそなけれ蘆の八重葺き」といへるこそ、凡夫の思ひ寄るべきことにもあらね③』と答へられけるよし侍るめり。

これに二つの不審あり。一つには、式部を勝れるよしことわられたれど、その頃のしかるべき会、晴の歌合などを見れば、赤染をばさかりに賞して、式部は漏れたること多かり。一つには、式部が二首の歌を今見れば、『はるかに照らせ』といふ歌は、言葉も姿もことのほかにたけ高く、また景気もあり。いかなれば大納言は㋐しかことわられけるにや。かたがた㋑おぼつかなくなむはべる」といふ。

1 技術史とともにゲームの物語性や社会反映的要素を再発見・再評価して、社会学的な側面からゲーム史を論じたい。

2 技術的進化とは別に、クリエイターやプレイヤーの意志を読み取ることにより文化史としてのゲーム史を論じたい。

3 九〇年代のゲームからは社会的反映が読み取れなくなったので、クリエイターの意志がどうであったかを探りたい。

4 九〇年代になってからのゲームをめぐる評価が娯楽性の高低でしかなされないので、文学性からゲームを見直したい。

5 ゲームにおける文学性が失われつつあった九〇年代のゲームを再評価して、プレイヤーの意志を浮かび上がらせたい。

問4 傍線㋒に「メインストリームのゲームがそれを排除したことによって成立したということの意味」とあるが、その説明として、最も適当なものを、次のなかから選び、その番号をマークせよ。

1 文章を読ませるという作業そのものがゲームに進化を求めるプレイヤーの意志とはかけ離れていったということ

2 ゲームの主流となった作品は物語性の追求という実験と実践をする必要がなくなったために発展したということ

3 技術的進化や社会的な世相の反映とは無関係にノベルゲームは一定の層のプレイヤーに受容されてきたということ

4 ノベルゲームは技術的進化や機能の革新性による魅力より物語の実験と実践によって評価を高めてきたということ

5 物語性の追求と実験を重ねてきたゲームでは文章を読む煩わしさが原因で挫折を経験せざるを得なかったということ

問5 本文の内容に合うものを、次のなかから一つ選び、その番号をマークせよ。

1 テクノロジーの進化や産業動向とは一線を画してノベルゲームの発展があったが、実はクリエイターには通信機能上の進化を取り入れた発想があった。

2 ノベルゲームはゲームの主流とはなりえなかったが、その実験性と実践の可能性においてプレイヤーの注目を集め、メインストリームゲームのテクノロジーに大きな足跡を残したことを東浩紀は評価した。

3 「読む」という文学性を追求したゲームは、主流から排除されたからこそ、シンプルなシステムをもつパソコン向けの

注　チュンソフト＝日本のコンピュータゲームメーカー。
　　コンシューマゲーム＝家庭用ゲーム機でのプレイを前提として作られるコンピュータゲーム。

問1　[A] に入れるのに、最も適当なものを、次のなかから選び、その番号をマークせよ。

1　一日千秋　2　一進一退　3　十年一日　4　独立独歩　5　日進月歩

問2　傍線㋐に「ゲーム史の困難」とあるが、その説明として、最も適当なものを、次のなかから選び、その番号をマークせよ。

1　ゲーム史は、技術の進化や産業動向だけでなく、制作者の革新性や世相などから複合的に考えられるべきなのに、偏った視点で語られがちになること

2　ゲーム史は、技術の進化と産業動向に追従するものであるのに、その面が意識されないで制作者の発想と社会的反映の面からだけで説明されること

3　ゲームが技術に依存することが明らかなのに、技術の進化から取り残されたり無関係であったりしたために失敗したケースが見落とされること

4　ゲームの発展史においては制作者の独自性ばかりに注目が集まり、歩調を合わせてきた技術的進歩や産業面からの影響が忘れられがちになること

5　ゲーム史を語る上では技術の進化を抜きにしてはならないが、進化した結果のみを見てしまい進化の過程や要因がなおざりにされて描かれること

問3　傍線㋑に「それがどう問題なのか」とあるが、筆者の問題意識の説明として、最も適当なものを、次のなかから選び、その番号をマークせよ。

ンソフトが脚本家の長坂秀佳を招いて作った『弟切草』（一九九二年）や、ミステリー作家の我孫子武丸がシナリオを担当した『かまいたちの夜』（一九九四年）を発売したことで、特に後者は七〇万本を超えるヒット作となり、今なお根強いファンがいる。

　しかし、このタイプの作品は以降に挫折を経験する。チュンソフトの第三作である『街～運命の交差点～』（一九九八年）は、プレイヤーが「やり直し」を何度も行うことで先の文章を読むことができるという、まさしく東がのちに高く評価した物語のあり方をシステム的に実装した作品だったが、関係者の期待やメディアの高評価に反して全く売れなかった。そしてそれに象徴されながら、少なくとも九〇年代にゲームのメインストリームとなっていった一般層向けのコンシューマゲーム市場から、このタイプのゲームは後退戦を強いられていくことになる。つまりジャンルとしては定着しつつも、これがゲームの本流であるとは見なされなかった。その理由についてはさまざまに分析されているが、煎じ詰めればテキストを読ませることをシステムの中心に据えたノベルゲームは、テクノロジーの発展と歩調を合わせて進化するべきものではなかったから、ということになるだろう。どれだけ洗練とアイデアが盛り込まれたとしても、紙芝居のようなシステムのゲームはテクノロジーの革新性や複雑さに依存する割合が低いためだ。

　結果、ノベルゲームはパソコン向けのゲーム市場で急速にスタンダードとしての地位を築いていった。東浩紀が注目したのはその潮流についてである。メインストリームに比べてマイナーな市場であり、そして文章を読ませることを主とするシンプルなシステムであるがゆえ、このジャンルでは以後、物語の実験と実践が深められていくことになるのだ。

　東が評価したゲームにおける物語性の追求が、㋒むしろメインストリームのゲームがそれを排除したことによって成立したということの意味は、以上のような経緯を指す。そして、だからこそ東の議論は今日まで少なくともメインストリームのゲームを語る上での中心的議題としては据えられていない。なぜならそれがゲームの本質について検討しようとしたものであるからこそ、テクノロジーや産業に依拠するゲーム史からは傍流として扱われるという捻《ねじ》れが生まれるのだ。

（さやか「排除のゲーム史」大澤聡編『１９９０年代論』河出書房新社による。なお一部を改めた）

みは求められないし、散発的に見られたとしても、もはやゲームをめぐる議論の中心にはならない。

つまりゲームが技術や産業に依存することは否めないにせよ、歴史を語る際にそれだけが拠り所になると、それとは別のこととしてゲームという文化で何を描こうとするのか、そこから何を得たいと考えるか、という人々の意志の反映としての歴史からは遠ざかっていくことになるのだ。

この批評的視座を正しく得たうえでゲームを語るには、発想を転換する必要がある。すなわちテクノロジーの発展によってゲームが何を実現するかではなく、それとは無関係に発達した要素や、進化から取り残されたケース、さらには新しいテクノロジーを拒否したり、逆に過大な夢を思い描いて失敗したようなケースを検討することで、人が何をゲームに意志したかを、陰画のように浮かび上がらせねばならない。

ゲームと物語と言えば、批評家の東浩紀がノベルゲームを中心にゲームの物語性を論じたことがある。東に従えば、ゲームは九〇年代以降も物語性を追求していると言うことが可能である。この議論はゲーム評論だけでなく文学を中心に他のフィクションを語る上で参照されたため、ゲームの発展についてそうした認識を持つ者は今なお多いはずだ。

しかしゲームの革新が常にテクノロジーの発展に求められるという見方を差し挟むと、右のような物語性の追求は、むしろメインストリームのゲームにおいてそれらが排除されたことによって成立したと考えることができる。

どういうことだろうか。東浩紀が扱った作品がゲームの中でもとりわけノベルゲームに限られていたことに注目すべきである。ノベルゲームとは多くの場合画面いっぱいに一枚絵としてグラフィックが表示され、プレイヤーはその絵に付けられた長大なテキストを読むことで進めていくタイプのゲームである。多くは文章の途中で選択肢が示されて、その選び方によって物語の趨勢《すうせい》が変化するという仕掛けがあるものの、これは主たるシステムとしては紙芝居のようなものだ。

この「読むゲーム」の可能性は九〇年代に入ってから、いったん大きな注目を集めることになる。その契機となったのはチュところが、ここに㋐ゲーム史の困難がある。なぜなら右記のような視点で描かれる歴史は、まさにそのこと自体、すなわち歴史がテクノロジーの進化に追従して描かれてしまうことを忘却させる場合があるからだ。たとえば『ポケットモンスター』（一九九六年）はプレイヤーの所有するモンスターを別プレイヤーと交換できることが大きな魅力であり、ゲーム史上の重要な革新があったとも言える。モンスターを集めて交換することの面白さは昆虫採集やメンコ遊びなど昔ながらの子供の遊びと比較されることも多いが、だが作者の田尻智はこのシステムをゲームボーイの通信機能を見て発想した。九〇年代半ばにゲームの世界で昔の子供遊びへの回帰が志されたとか、プレイヤー同士のコミュニケーション欲求が高まった結果これが生まれたわけではないのだ。実際は逆で、通信機能というテクノロジーがあってこそ、田尻はそれを発想できたし、志すことになったということになる。

より踏み込んで言えば、ゲームはその作品内容やジャンルの潮流が、目まぐるしい速度で変化し続ける技術と産業のあり方によって方向付けられる。これはおそらく他のあらゆる文化と異なる、またはそれ以上に際だってゲームが持つ特徴であると言える。しかし、ならば技術史や産業史の着実な進歩史観が念頭に置かれながら、ゲームは常にそれに従属する副産物として眺められることになったり、あるいはテクノロジーに対して従属的であることが忘れられて、単にクリエイターの革新がそこにあったのだという語られ方をしてしまう。

㋑それがどう問題なのか。八〇年代までは、素朴に、ゲームにある種の文学性を見出すような言説は、それがたとえ稚拙なやり方だったにせよ、かろうじて有効ではあった。ところが九〇年代からは、ゲームはそこに描かれる物語の文学的追求の如何によっては語られなくなり、せいぜいエンタテインメントとしての水準の高低で評価されるようになった。

たとえば、『ドラゴンクエストⅥ』（一九九五年）の中盤までに描かれるのは、かつて魔王に敗れた主人公が、精神と肉体が分離したまま夢の世界を生きているという物語だ。この筋書きからは、不況や阪神・淡路大震災、オウム事件などの暗い世相を、または世紀末に流行したスピリチュアリズムをも見出すことはできるはずだ。だがこの大ヒット作にそうした社会反映論的な読

5　インカ帝国の滅亡は、インカ族の宇宙論的な象徴であった皇帝アタワルパがピサロにより殺害されたあとスペインによって植民地化されたことに起因する。

6　トランプがテロリスト集団に対して拷問という手段を容認したとき、軍の高官たちは軍事クーデタも辞さない覚悟で大統領命令に反対する行動に出ようとした。

問10　江戸時代のキリシタン弾圧を背景に神と信仰の命題を描いた遠藤周作の作品を、次のなかから一つ選び、その番号をマークせよ。

1　破戒　2　青年　3　浮雲　4　沈黙　5　斜陽　6　野火

二

次の文章を読んで、問いに答えよ。

コンピュータゲーム（以下、単にゲームと記す）の歴史を語る際には、他の文化とは異なる事情に注意せねばならない。一言で言えばそれは、ゲームがコンピュータテクノロジーの発展と歩調を合わせるようにして進化する、ということにまつわるものだ。

たしかにテクノロジーは［A］であるから、これと紐《ひも》付けて歴史化することは、やりやすい。しかしそうするとゲーム史は多かれ少なかれ技術発展史として、あるいは産業史としての側面を強調するようになる。特に九〇年代は民生用の情報技術が矢継ぎ早に登場しては人々の生活を変えていった時代であり、文化としてのゲームのあり方もその影響を直接に受けている。その結果、九〇年代のゲーム史はそれ以前に比べてずっと技術史的なものになる。具体的に言えば、大容量メディアの発達や3Dグラフィックの台頭、またネットワーク連動の本格化などがゲーム史の中心的なトピックとして語られることになりがちだろう。

つまり、「多数者」といえどもやはり全体ではなく部分である。

問8 傍線㋒に「大統領職の正統性を支える信憑性構造には、揺らぎがあってはならないのである」とあるが、その理由として、最も適当なものを、次のなかから選び、その番号をマークせよ。

1　大統領職の信憑性構造が揺らぐと、国家は民主的な法治国家としての正統性を失い、世界を震撼させるようになるから

2　大統領職の信憑性構造が揺らぐと、大統領という個人の権威が失墜し、インカ族のように世界が瞬間に崩壊するから

3　大統領職の信憑性構造が揺らぐと、文民統制の崩壊を招き、ひいては社会秩序の破綻を引き起こしかねないから

4　大統領職の信憑性構造が揺らぐと、大統領と軍との衝突が激化し、テロリスト集団との戦いがおろそかになるから

5　大統領職の信憑性構造が揺らぐと、軍がもっていた宗教的な神聖さも揺らぎだし、たちまち軍の正統性が崩壊するから

6　大統領職の信憑性構造が揺らぐと、軍が正統性を獲得することになり、文民統制の破綻を招く事態を引き起こすから

問9 本文の内容に合うものを、次のなかから一つ選び、その番号をマークせよ。

1　ポピュリズムの蔓延が社会を分断することになるのは、多元的な価値を認めず有権者を二分するような結果をもたらしている現代の選挙制度の矛盾によるものである。

2　ポピュリストたちがアマチュアであることを力説するのは、プロの政治家との差異化をはかることで民衆の利益代表者にふさわしい存在であることを示すためである。

3　ポピュリストたちは、一度権力を握ると二度と手放したくなくなり、そのため有権者すべてを「サイレント・マジョリティ」と見なして反対者を弾圧する。

4　現代の民主主義という概念は複雑な要素で成り立っているが、その中で多数決原理は重要な要素であり、投票による民意は最大限尊重されなければならない。

字で書け。

問4　A　に入れるのに、最も適当な語句を、次のなかから選び、その番号をマークせよ。

1　自由の翼　2　マジョリティ　3　最大の庇護　4　真の正統性　5　フリーハンド　6　ポピュリズム

問5　傍線㋑に「良識ある普通の市民が、いともたやすくポピュリズムの波にさらわれてしまう」とあるが、その理由として、最も適当なものを、次のなかから選び、その番号をマークせよ。

1　人びとの不正義の是正を求める熱情の排出手段が反知性主義であり、それがポピュリズムの「あれかこれか」の原理主義と結びつくことで、人びとはより正統性意識を堪能することができるから

2　ポピュリズムの熱情は宗教的な熱情と通じるものがあり、ポピュリストの発言も妥協を許さない善悪二元論の様相を帯びるため、人びとはそれらに共感し不満や怒りをぶつけることで世界参加の意識をもつから

3　人びとは決してポピュリズムの強烈な熱情に騙されたわけではなく、ポピュリズムのもつ妥協と調整の世界観に共鳴し、それに自分たちの不満や怒りを集約させることで主体性を保持することができるから

4　ポピュリズムの強烈な指導者は、単に大衆を踊らせるのではなく、社会的な不正義の是正を求める人びとの宗教的な熱情を教会や寺院にとってかわり集約することによって、人びとの代弁者となり得たから

5　既成宗教が弱体化したその間隙に現れたのがポピュリズムと原理主義であり、人びとはそれらの善悪二元論的な妥協なき世界に魅了され、そこに自分たちの「声なき声」を託すようになるから

問6　B　に入れるのに、最も適当な語を、次のなかから選び、その番号をマークせよ。

1　匿名　2　少数　3　反知性　4　集団　5　代弁者　6　異端

問7　次の一文は、本文中の〈1〉～〈6〉のどこに入れるのが最も適当か。その番号をマークせよ。

民も軍には尊敬と信頼を寄せているし、そもそも軍隊ほど正統性の求められる組織は少ない。剝《む》き出しの暴力を扱う社会装置だからこそ、その行使には厳格な正統性が求められるのである。

大統領選中の二〇一六年三月、トランプがテロリスト集団と戦うために拷問という手段の使用を容認する可能性を示唆したとき、制服組の高官ははっきりと不同意を表明した。統合参謀本部長は、そのような手段は軍の規律にも国際条約にも反するし、そもそも米国の価値観と相容れない、と断言している。「かりにもし、大統領が拷問を命じたらどうするか」と問われた国家安全保障局元長官は、「米軍は行動することを拒むだろう」と答えている。

これは、命令系統の乱れだけでなく、文民統制そのものの破れを意味する。しかもこの場合、民主的な法治国家における正統性は、命令を拒否した軍の方にあることになる。大統領が軍の指揮権を失い、軍が大統領の命令を無視してみずからの判断で行動するなら、これは軍事クーデタの性格すら帯びることになるだろう。今後の世界情勢が緊張すれば、同じ問いは核ミサイルの発射命令という戦慄すべき権限をめぐって起きることになる。㋒大統領職の正統性を支える信憑性構造には、揺らぎがあってはならないのである。

(森本あんり『異端の時代』による。なお一部を改めた)

注　アジェンダ＝政策的な検討課題。　僭称＝不相応な名を勝手に名乗ること。
ピーター・バーガー＝アメリカの社会学者・神学者。

問1　傍線①、③のカタカナを漢字に改めよ。楷書で正確に書くこと。

問2　傍線②、④の読み方をひらがなで書け。

問3　傍線㋐に「ポピュリズムの固有な特徴」とあるが、これを端的に表している部分を、本文中からそのまま抜き出して、七代を超えたより大きな多数者を代弁することができない。〈6〉統治者は、全国民の排他的な代弁者ではない。したがってその統治は道徳的な闘争ではなく、統治者への反対も不道徳ではない。このことを忘却して部分が全体を僭称するとき、正統性は内側から蝕まれる。

　最後に、正統が現代社会全体の中でどのような位置と機能をもち得るかを確認しておこう。正統は、まず可能態として存在し、やがて現実態として認識される。そして、可能態の結実ないし結晶としての現実化でない限り、正統は権威をもつことがなく、したがって正統として機能しない、ということであった。正統が正統であるためには、その背後にそれを支える構造が必要だ、ということである。宗教社会学では、これを「信憑《しんぴょう》性構造」と呼ぶ。

　人が何かを信ずる時、その人は社会全体に前提されている信憑性の体系の中でそれを信じている。ピーター・バーガーは、かつてこの信憑性構造を「主観的現実……を維持するのに必要とされる特定の社会的基礎と社会的過程」と定義した。もう少しわかりやすく言うと、信憑性構造とは、個々人が世界を真実のものと認識するのに必要な社会的基盤のことである。たとえば、インカ族にとって皇帝アタワルパは、彼らの宇宙論的な価値の中心であった。その王がスペイン人ピサロにより殺害されてしまった時、インカ族の信憑性構造は根本から破壊され、彼らの世界はあっけなく崩壊した。

　同じことが現代に起きないとも限らない。トランプ大統領の出現は世界を震撼させたが、それは言うまでもなくアメリカの大統領が今日おそらく世界でもっとも強大な権力の持ち主だからである。権力は、強大であればあるほど、多くの複雑に絡み合った信憑性構造の上に成立している。そこで問題となるのは、大統領職にある者個人の信憑性ではなく、この職そのものが前提する社会全体の信憑性構造の揺らぎである。

　一つだけ、具体例を挙げておこう。信憑性構造の揺らぎが深刻な問いを引き起こしかねない領域に、軍がある。ここは戦後日本の感覚ではにわかにつかみにくいところだが、アメリカ人にとって軍はほとんど宗教的な神聖さをもつ存在である。一般の国

るはずの内部規範は無力化され、排外主義が人びとを支配するようになる。〈4〉

だが、ポピュリズムの蔓延を理解するには、こうした政治制度の面だけでなく、そこに表出された人びとの主観的な熱情を理解する必要がある。㋑なぜ良識ある普通の市民が、いともたやすくポピュリズムの波にさらわれてしまうのか。この疑問は、ポピュリズムを単に強烈な指導者に踊らされた大衆の一時的な反動として片付けている限り、解くことができない。

ポピュリズムのもつ熱情は、本質的には宗教的な熱情と同根である。社会的な不正義の是正を求める人びとは、かつては教会や寺院などの宗教的な組織にその集団的な表現経路を見いだしていた。既成宗教が弱体化して人びとの発言を集約する機能をもたなくなった今日、その情熱の排出に代替的な手段を与えているのがポピュリズムなのである。この点で、ポピュリズムは反知性主義と同じく、宗教なき時代に興隆する代替宗教の一様態である。

ポピュリズムの宗教的な性格は、その善悪二元論にも明らかである。政治は本来、妥協と調整の世界である。一方的な善の体現者もいなければ、一方的な悪の体現者もいない。〈5〉しかし、ひとたび全国民の「声なき声」を代弁する立場を襲うと、彼らの闘争には「悪に対する善の闘争」という宇宙論的な意義が付与され、にわかに宗教的な二元論の様相を帯びる。だからポピュリストの発言は、妥協を許さない「あれかこれか」の原理主義へと転化しやすいのである。

④市井の人びともこれを歓迎する。善悪二元論的な世界理解は、日頃抱いている不満や怒りを、たとえ争点とは事実上無関係であっても、そこに集約させてぶつけることができるからである。それによって人びとは、自分にも意義ある主体的な世界参加の道が開かれていることを実感する。つまり、ポピュリズムは一般市民に「正統性」の意識を抱かせ、それを堪能する機会を与えているのである。人びとは、［B］であるままに、みずからを安全な立場に置いた上で、この正統性意識を堪能することができる。

民主主義という概念は、本来いくつもの要素で構成されている。多数決原理はそのうちの一つにすぎず、投票による民意は時ついては反対、という重層的な判断がビッグデータのように幾重にも集積してはじめて、社会の共通意志を忖度《そんたく》することができるようになるのである。現代の投票制度は、そこまできめ細かく民意を問うようにはできていないので、いったん政権の座に就いた者は［　A　］を得たことになる。

一つの社会に複数の中心を置いて権力を分散させ、特定の集団が覇権を握らないように配慮するのは、多元主義が培ってきた知恵である。こうしたチェック&バランスも、ポピュリストには鬱陶しいだけである。自分は人びとの全面的な支持を得て善を行おうとしているのに、その自分の手を縛る不当な制約だ、と映るからである。

常識的な抑制や均衡に対するこうした反発は、しばしば反知性主義と一体になって表現される。どちらも、既成の権力や体制派のエリートに対する大衆の反感を梃子《てこ》にした勢力だからである。〈3〉そのためポピュリストは、服装から言葉遣いに至るまで、あくまでも自分が専門家集団の外部に立つアマチュアであることを強調する。プロの政治家はみな腐敗した権力構造の虜《とりこ》で既得権益を守ろうとするが、素朴な民衆はいつも騙《だま》されて搾取される被害者だ、そして自分こそそういう民衆全体の利益代表者だ、という設定である。

ポピュリズムが容易に権威主義へと転じ、野党やメディアや司法といった批判的機能を③フウサツしようとするのも、全体性主張の論理からして当然の道理である。イタリアの元首相は、選挙で選ばれていない裁判官が「赤い法服」（左翼主義）を纏って自分の邪魔をする、という批判を繰り返した。

ポピュリストは、たとえぎりぎりの過半数であっても、ひとたび権力を掌握すると、あとは有権者をすべて「サイレント・マジョリティ」と見なして自己への同調者に算入する。そうすると、自分は国民の声を代弁する存在となるから、反対者をまさに民主主義の名において圧倒することができるようになるのである。これは前世紀前半を覆った全体主義の歴史においても、あるいは今世紀の欧州や中南米においても見られる、ポピュリストに共通の手法である。部分が全体を僭称するとき、暴走を制御すだろうか。

「ポピュリズム」を定義するのは難しい。ポピュリストには右も左もあり、保守派も進歩派もあり、国粋主義者もいれば社会主義者もいて、どのような定義をするにしても、それらすべてを一つの定義のもとに包摂することはできないからである。そして、まさにこの点に㋐ポピュリズムの固有な特徴がある。ジョージア大学の政治学者カス・ミュデによると、ポピュリズムにはそもそもイデオロギー的な理念の厚みが存在しない。従来のイデオロギーは、全体主義にせよ共産主義にせよ、政治や経済から文化や芸術まで、社会全体のあるべき姿を描き出そうとしたものである。

だが、ポピュリズムはそのような全体的な将来構想をもたない。あるのはただ、「雇用」「移民」「テロ」など、その時点でその社会がもつ特定の政治的アジェンダに限定した語りかけの言説である。〈1〉だからポピュリストは、あれこれの不特定イデオロギーに仮託して世界観的な厚みの欠如を①ツクロおうとするのである。当然ながら、その結びつきに方向性や一貫性があるわけではないので、借用物は時と場合に応じて自由に変幻することになる。ポピュリズムを理解することが難しいのは、この融通無碍な性格のゆえである。

ポピュリズムの蔓延が社会を分断する結果になるのも、同じ理屈からである。ポピュリストは社会に多元的な価値が存在することを認めない。特定の狭い政治的アジェンダに対する賛成か反対かで有権者を二分し、そこに道徳的な善と悪を明快に割り振る。投票による過半数を握った時点で、彼らは全国民の代表者となり、民主主義の正統性を②纏った善の体現者であることになる。すると、これに反対する者は、すべて不道徳で腐敗した既存勢力であり、国民の敵と見なされるようになる。トルコの大統領の発言に、「われわれは人民だ。あんたはいったい誰だ」というのがあるが、まさにポピュリズムの名台詞である。このように全体を僭称《せんしょう》することが、異端の特徴である。〈2〉

しかし、成熟した民主的な社会にあっては、人びとの価値観は多様であり得る。一つの論点については賛成でも、別の論点に

国語

（八〇分）

解答に字数制限がある場合には、句読点・カッコも一マスとすること。
受験学部・受験方式によって、解答すべき問題を指定しているので注意すること。

全学統一方式（文系）	文学部以外	一　二　三
	文学部※	一　二　三　または　一　二　四
前期方式	APU	一　二　三

※文学部は二（現代文）と四（漢文）が選択問題。両方とも解答した場合は高得点の方を採用。

一

次の文章を読んで、問いに答えよ。

ここでは、近年世界各地で見られるようになったポピュリズムの蔓延から正統と異端の問題を考えておこう。もし「正統」が大多数の人びとの意見と同義なのだとすれば、ポピュリズムは現代民主主義の「正統」なのだろうか。もし「大衆迎合」という意味の悪しきポピュリズムが「異端」なら、民主主義は異端に乗っ取られてしまった、ということなのだろうか。あるいは、ポピュリズムを悪者扱いするこうした見方こそ浅薄で、大手メディアや既成権力といった体制側の有権者蔑視を露呈するものなの

解答編

英語

I **解答** 〔1〕 (A)―(4)　(B)―(2)　(C)―(2)　(D)―(1)
〔2〕 (1)― 2　(2)― 2　(3)― 1　(4)― 3　(5)― 3
〔3〕―(2)

◆全　訳◆

≪地域の遺産を再生した教師≫

短い夏季の間，ツンドラは多種多様なベリー類，野生の葉菜，根菜の自生息地となる。このように，30 年来のベテラン小学校教諭，ジョセフィン=タトーク=ボードンが説明してくれたのは，私たちがアラスカ州ノームの町から数マイル離れた，彼女のお気に入りの場所の一つでブルーベリーを探していたときだった。アラスカやシベリア，カナダ，グリーンランドの北部先住民社会出身の，先生のようなイヌピアットの人々は，少なくとも千年間，ツンドラと海に暮らしを頼ってきた。その土地の植物，魚類，哺乳類は，依然としてアラスカの当地本来の食事の半分近くを占めていると，地元の人々は私に語った。

しかし，ツンドラの中や海のそばで時を過ごすのは，健康によい食品を手に入れたり，気晴らしをしたりすることだけが中心ではないのだと，ノームで生まれ育ったボードンは私に語った。「自然との絆がイヌピアットであることの核心なのです」と，ボードンは私たちがベーリング海へと向かい，地元民がサケやアザラシ，セイウチをさばき，汚れを取って保存する釣り小屋の前を通っているときに語った。「大地は私たちの暮らしです。大地は私たちの生計を支えるものです。大地が私たちの体，頭，心，魂を養ってくれるのです」

自分の故郷の数少ないアラスカ先住民の先生の一人として，ボードンはこれまで力を尽くしてこの自然との絆とイヌピアットの文化を教室の中へと導いてきた。それは，1970 年代や 80 年代初めの，彼女自身の学校教育の一部ではなかったことである。彼女は1988年に，ウェールズという近くの村で教職に就いた。そこで彼女は村で最初の，そして当時はただ一人の，先住民の先生となり，60人のイヌピアット人生徒を教えた。1990年に，ノームの町の唯一の公立小学校で4年生の先生に欠員ができた。ボードンはその席に着き，28年間そこにとどまったあと，2018年に引退したのだった。

イヌピアット文化は，彼女が育った頃には学校の教育課程の一部ではなかったけれども，ボードンは地元の長老や親族から受けた，イヌピアットの民が，自然を害することなく荒々しい気候の中で満ち足りた生活を送るのに役立つよう考えられた伝統的なイヌピアットの教育制度に携わった。ボードンは3歳になった頃，おじに一週間の旅に連れ出され，ツンドラで野生のベリー摘みをしたのだった。ベリー摘みの旅はどれも，風の方向や雲の形，水位に細心の注意を払う方法を教わる好機だった。冬期の気温が零下40度まで下がることもある場所では，天気を読むことは，危険な事故に遭わずにすむのに必要な技能だった。

子どもの頃，ボードンは自分が集めたベリーの最初のバケツ一杯や，自分が獲った最初の魚を，長老と分かち合うように促された。その慣習は実用的な機能と，精神的な機能とに役立つものだった。力を合わせ分かち合うことが，厳しい条件の下でコミュニティが生き延びていくのには不可欠なのである。そして，人間の物資を集めようとする性質を制限することは，個々人が自分にあるものをもっと楽しむようになれるということなのだった。

1970年にボードンが1年生になったとき，ノームの公立小学校の教育課程は自然と調和して暮らすことではなく，むしろ全国，全世界の経済に参加する熟練労働者を用意することに焦点を当てていた。重点は，読み書きそろばん，そして英語の試験に合格する方法を学ぶことに置かれていた。ボードンは先生方の大半が優しくて，生徒たちに尽くしてくれていたのを覚えているが，先住民の先生はおらず，だからイヌピアット語で授業を受けることはできなかった。教育課程には，アラスカ先住民の歴史や文化は含まれておらず，例外は高校でイヌピアット文化の選択授業が一つあっただけだった。

このことすべてに駆り立てられ，ボードンは家族の中で初めて大学の学位を取り，教師となったのだった。アンカレジのアラスカ大学を卒業後，彼女は長年かけて，学生のときに経験したほぼ西洋的な教育法から，授業の中で両方の世界観と言語を統合する教育法へと変えていった。ボードンが学生だった頃や，また後に新米教師だった頃は，先住民の知識は時折出て来る珍品のように扱われていた。そりの作り方や地元のベリーとアザラシ油を使う昔風のアイスクリームの作り方についての簡単な授業があったかもしれない。90 年代末に，ボードンとその同僚たちは，はるかに詳細で全体的で，地元の文化やツンドラと海洋循環という主題に根差し，学年全期にわたり読み書き，算数，社会科といった主要科目の中に統合される授業計画を練った。

当時，ボードンやその同僚たちはアラスカ全土で拡大する運動の一部であった。他の先住民教員を先頭に，その運動は先住民文化に対する学校の軽視に終止符を打ち，常識の考え方や高い教育水準を定めるのに，先住民社会の果たす役割を拡大する作用を果たした。「家族を養う方法を身につけ，自然との絆を保ち，自分自身の言語を話すことは，英語で計算したり，読み書きしたりするのを学ぶのと，ちょうど同じだけ大切なのです」と，ボードンは私に語った。

ボードンのようなアラスカ先住民の先生が築きあげた新体制は，西洋の教育の否定ではないと，ボードンは力説した。そうではなく，地球全体に広がる社会に参加しながら，地元でうまくやっていく方法を生徒が学ぶのに役立つよう，西欧的なモデルと先住民族的なモデルの両方の長所を引き出しているのである。

◀解　説▶

〔1〕 (A) 「なぜイヌピアットは自分が暮らす大地を大切にしているのか」

「イヌピアットの暮らし」に関しては，第1・2段に記述があり，第2段最終2文（The land is … spirit, and soul."）に「大地は私たちの生計を支えるものです。大地が私たちの体，頭，心，魂を養ってくれます」とあることから考える。選択肢はそれぞれ，

(1)「彼らははるか遠くの出身だから」

(2)「彼らは収穫する時間がほんのわずかしかないから」

(3)「そこがノームの町に近くて好都合だから」

(4)「彼らの暮らしに食物と意味の両方を与えてくれるから」

の意味だから，正解は(4)であると分かる。

(B) 「ジョセフィン=タトーク=ボードンの幼年期の思い出の一つは何か」「ボードンの思い出」に関しては，第 4 ・ 5 段に記述があり，第 5 段第 1 文（As a child, …）に「自分が集めたベリーの最初のバケツ一杯や，自分が獲った最初の魚を，長老と分かち合うように促された」とある。選択肢はそれぞれ，

(1)「気温を測ったこと」

(2)「収穫の一部を分かち合ったこと」

(3)「イヌピアット語を学んだこと」

(4)「祖父と釣りに行ったこと」

の意味だから，正解は(2)であると分かる。

(C) 「なぜボードンは，教師になろうと決意したのか」「ボードンの教師になる決意」に関しては，第 7 段第 1 文（All of this …）に「このことすべてに駆り立てられ，ボードンは家族の中で初めて大学の学位を取り，教師となった」とある。All of this とは，直前の第 6 段に記述された，「先住民文化が軽視されている事態」のことである。選択肢はそれぞれ，

(1)「彼女は公教育の信奉者だったから」

(2)「彼女は自分の言語と文化が無視されていると感じていたから」

(3)「彼女には励ましてくれたとても優しい先住民の先生たちがいたから」

(4)「彼女は生徒がその職業で成功するのに手を貸したかったから」

の意味だから，正解は(2)だと分かる。

(D) 「地域の知識は，新世代の教員によってどう教えられているか」「新しい教育」に関しては，第 7 段最終文（In the late …）に「詳細で全体的で…統合された授業計画」とある。選択肢はそれぞれ，

(1)「異なる文化的な手法を結びつけることによって」

(2)「アイスクリーム作りといった地域の技能を共有することによって」

(3)「高校で文化に関する特別授業を提供することによって」

(4)「読み書きや算数をイヌピアット語で教えることによって」

の意味だから，上記の内容に相当する(1)が正解だと分かる。

〔2〕 (1) 「大半のアラスカ先住民の食物は，地元の地域でとれる」 第 1 段最終文（Local plants, fish, …）には「半分近く」とあるので「大半」とはいえない。よって，不一致。

⑵ 「ジョセフィン=タトーク=ボードンは一生涯，故郷にとどまっていた」 第3段第2文（She began her …）からウェールズ村にいたこと，第7段第2文（After graduating from …）からアンカレジにいたことが分かる。よって，不一致。

⑶ 「天候はイヌピアットの暮らしに大きな役割を果たす」 第4段最終文（In a place …）の内容に一致する。

⑷ 「ボードンは大学を卒業するのに，普通より長くかかった」 ボードンの学歴については第7段に記述があるが，在籍期間についての記述はない。よって，不明。

⑸ 「アラスカの先住民の先生たちは地域社会に新たな学習素材を生み出すように依頼した」 第8段第2文（Led by other …）には「常識の考え方や高い教育水準を定めるのに，先住民社会の果たす役割を拡大する作用を果たした」とあるだけで，それ以降の記述でも「新学習素材の作成依頼」には何も触れていない。よって，不明。

〔3〕 選択肢はそれぞれ，

⑴「北部暮らしの楽しみと危険」

⑵「地域の遺産を再生した教師」

⑶「アラスカの村落の教育制度」

⑷「イヌピアットの歴史と今日の暮らし」

⑸「先住民社会にとってのツンドラの重要性」

という意味。本文の主旨は，「先住民の文化や歴史，言語といった遺産を再生してその教育に生かした先生の紹介」であった。よって，ふさわしいのは⑵だと分かる。

The Alaska Native Teacher Upending the Legacy of Colonial Education, The Atlantic on April 4, 2020 by Kristina Rizga

II 解答

〔1〕 (A)—(1) (B)—(4) (C)—(3) (D)—(2) (E)—(4) (F)—(3) (G)—(4) (H)—(3)

〔2〕 ㋐—(4) ㋑—(4) ㋒—(2) ㋓—(1) ㋔—(2)

◆全　訳◆

≪倫理が消費者にとって重要なのは本当か≫

歴史上の他のどの時代とも異なり，消費者は自分が購入する会社から，より多くを本当に求めている。今日の買い手は，利益よりも人間と地球を優先する，倫理的で環境に優しい製品を探している。世界の推定 8300 万人のミレニアル世代によって先導されているので，この変化は会社が信頼に値し，優しさをもちながら先導する必要があることを示している。ミレニアル世代の購買力は無視できない。彼らは 2020 年頃には年間 1 兆 4000 億ドルの購買をすると予想されている。

疑いもなく，技術はこうした変化に寄与している主要な要因である。会社はその行動や使命，価値観に関してより高い透明性を示すよう強いられているのだから，消費者には限りない情報が手近にあることになる。消費者は，自分の周りの世界で何が起きているかを知っていて，前の世代から引き継がれてきた社会的，環境的，経済的な問題にさらに寄与しないようにしつつ自分たちが直面している緊急の課題に取り組むのに手を貸したいと思ってもいる。このことを考えてみよう。ミレニアル世代の 81％は，慈善団体や地球市民権といった，多くの会社が行うのに不慣れなことに，会社が公然と関与してほしいと思っているのである。

2018 年の自覚的消費者支出指数によれば，59％の人が，社会的な責任を果たしていると考える会社から商品やサービスを購入し，32％のアメリカ人が 2019 年には自分の社会的な価値観に合致している会社でいっそう多くのお金を使おうと計画していた。同じだけ注目に値するのは，同じ時期に 32％のアメリカ人が，社会的な責任を果たしていないと感じる会社を支持しないと語ったことである。

これまで，会社は事業の持続可能性に焦点を当てなければならなかったが，今では，環境の持続可能性が同じだけ重要な役割を果たしている。ミレニアル世代は気候変動のことを心配しながら成長し，再利用に大いに重きを置いている。最近の研究で分かったのは，アメリカ人はもう，気候変動が起きているのを疑わなくなり，60％以上がその変化はほぼ，人間によって引き起こされていて，自然に起きたのではないと語っているということだった。このことから，消費者は企業が人間活動による温室効果ガスの排出量や，排出物，水の利用，地球への損害を制限するために，何をしているのかを知りたいと思っている。

インターネット取引が成長し続け，オンラインショッピングが普通になるにつれて，会社が持続可能性への関与を証明する最も簡便な手法の一つは，倫理的な団体に定期的に寄付をすることである。従業員の満足度を高めもするという余得があるかもしれない，会社が導入しうる数多くの小さな内部的な活動もある。たとえば，会社はオンラインベースの勤務制度やバスの定期券，在宅勤務の選択肢，あるいはカーシェアをする人々への報奨金を提供することで影響を与えることもできる。こうした小さな変化でさえ，企業の倫理的な魅力を高めうる。

不運にも，一部の会社は持続可能性を流行語としか見ておらず，環境に優しい慣行を実際にやり抜こうとしない。会社が真剣に持続可能性を維持しようと努めているのを人々が知ることは重要なのだ。企業的な透明性という現代にあっては，会社がこの情報を包み隠さず明らかにしなければ，それが事業に影響しかねない。さらに重要なことに，それはおそらく，口先だけだという印になるだろう。

もう一つ関連する主題は社会的企業の隆盛である。社会的企業とは，その主要目的にかなう特定の社会的な目標をもった営利団体のことである。こうした会社は利潤を最大化しながら，社会事業に出資することを通じて社会と環境に対する利益を最大化しようと努める。社会的企業はさまざまな形をとりうる。あるタイプには，一つに一つ事業を提供する会社が含まれる。たとえば，消費者が靴を一足買うと，発展途上国の子どもも一足もらえる。こうして，買い物で直接ある種の慈善提供がなされる。別のやり方では，会社はその利益を用いて社会を利する事業に資金を提供することもできる。つまり，事業の目的は単なる金儲けではなく，むしろ利益を使って支援を要する人々に手をさしのべることなのである。

社会的企業を興すのを考慮している起業家は，自分が解決するのに熱意を燃やす問題を考えなければならない。解決に手を貸したい問題が分かればすぐに，その使命にかなう製品やサービスを作り出せるだろう。その際，選択肢は二つある。自分の NPO を作るか，既存の組織と手を結ぶかである。こうした事業概念はすべての事業に向いているわけではないし，それが流行語だからというだけで導入すべきでもない。2017 年の調査によれば，82％の人々が会社はその社会的，環境的な関与の成果を共有するべきだと語ったそうだ。この様式を使いながらそうした約束を守らなければ，事業はつぶれかねないだろう。

一部の企業は，持続可能な商品やサービスを提供するのに集中することはあまりに高くつくという意見だろうが，実は，メディアリサーチ会社の報告では，63％の人々が持続可能性を明示する商品には進んでより多く支払うことが示されている。自覚的消費者支出指数によれば，大半の消費者が，自分が買い物をする際社会的な意識がどれだけ高いかという点で，10段階評価で7から8だとしている。この情報を無視する会社は巨大な購買者集団を手にし損なっているのである。

では，倫理は今日の事業環境では本当にものをいうのだろうか。答えは，「もちろんものをいう」である。いつでも障害はあるものだが，世界は進んで行動を起こす人々を必要としている。起業家と経営者は世界に本当の変化を起こす，またとない位置にいるのである。

◀解　説▶

〔1〕(A)　空所を含む部分は「前の世代から引き継がれてきた社会的，環境的，経済的な問題に（　　　）寄与することがないようにしながら」の意。「寄与しない」という否定的な意味であることに注意が必要。選択肢はそれぞれ，(1)「さらに」，(2)「より少なく」，(3)「解決策」，(4)「技術」の意であるから，「前世代からの問題を悪化させない」という意味になる(1)が正解であると分かる。

(B)　空所を含む部分は「32％のアメリカ人が2019年には自分の（　　　）に合致している会社でいっそう多くのお金を使おうと計画していた」の意。先行する記述は「59％の人が，社会的な責任を果たしていると考える会社から商品やサービスを購入し」だから，空所には「考え方」といった意味になる語が入ると分かる。選択肢はそれぞれ，(1)「予算の限度額」，(2)「より多くの選択肢を求める意欲」，(3)「利便性の期待」，(4)「社会的な価値観」の意。よって，正解は(4)だと判断できる。

(C)　空所を含む部分は「(　　　)，会社は事業の持続可能性に焦点を当てなければならなかったが」の意。そして次に「今では…」と続く。よって，「過去はX，現在はY」という対比関係になっているとつかめる。選択肢はそれぞれ，(1)「その結果」，(2)「当面」，(3)「これまで」，(4)「同様に」の意。よって，正解は(3)に決まる。

(D)　空所を含む部分は「会社が（　　　）を証明する最も簡便な手法の一つは，倫理的な団体に定期的に寄付をすることである」の意。「倫理的な団体に定期的に寄付する」ことが証明するのは，「自分が環境に優しいこと」だと読み取れる。選択肢はそれぞれ，(1)「消費者との密接な関係」，(2)「持続可能性への関与」，(3)「透明性の約束」，(4)「利益の増大」の意であるから，正解は(2)だと判断できる。

(E)　空所を含む部分は「(　　　)，一部の会社は持続可能性を流行語としか見ておらず，環境に優しい慣行を実際にやり抜こうとしない」の意。「倫理が企業にとって有意義であること」という本文の論旨からすれば，ここには「残念ながら」といった意味の語が入ると読み取れる。選択肢はそれぞれ，(1)「その結果」，(2)「同様に」，(3)「運よく」，(4)「不運にも」の意であるから，(4)が本文の論旨にふさわしいと分かる。

(F)　空所があるのは社会的企業について述べた段落である。選択肢はそれぞれ，(1)「これらの理由で」，(2)「対照的に」，(3)「別言すれば」，(4)「その間に」という意味。空所に続くのが「事業の目的は単なる金儲けではなく，むしろ利益を使って支援を要する人々に手をさしのべることである」という段落全体のまとめであることから，(3)が適切と分かる。

(G)　空所を含む部分は「メディアリサーチ会社の報告では，63％の人々が持続可能性を明示する商品(　　　)ことが示されている」の意。「高すぎる」と思っているが，「実は買ってくれるのだ」という論旨にすれば，一貫した文になると読み取れる。選択肢はそれぞれ，(1)「～を作る会社について混乱している」，(2)「～を求めることは奇妙だと思っている」，(3)「～を購入するのをためらっている」，(4)「～には進んでより多く支払う」の意。「買ってくれる」になっているのは，(4)だと分かる。

(H)　空所を含む部分は「起業家と経営者は世界に本当の変化を起こす，(　　　)な位置にいるのである」の意。よって，空所には「すばらしい」といったプラスの意味を表す言葉が入ると分かる。選択肢はそれぞれ，(1)「普通の」，(2)「やっかいな」，(3)「またとない」，(4)「あり得ない」の意。このうちでプラスの意味になるものは，(3)「独得の(＝だからよい)」という意味をもつ unique のみ。

〔2〕 ㋐　下線部は「この変化」という意味。this の指示対象が問われている。直前の段落，特に第 2 文 (Today's shoppers are …) には「今日の買い手は，利益よりも人間と地球を優先する，倫理的で環境に優しい製品を探している」とある。よって，「昔と違って，環境を保護する製品や企業が選好されるようになったという変化」だと読み取れる。選択肢はそ

れぞれ,
(1)「消費者が，使えるお金をより多くもっていること」
(2)「消費者が，利益が優先だと考え始めていること」
(3)「消費者が世界中で若くなっていること」
(4)「消費者が倫理的な企業活動の価値を認識していること」
という意味。よって，正解は(4)だと分かる。

㋑　下線部の指示対象を考える。this は直前部分を指示するのが原則。直前の文（A recent study …）には「アメリカ人はもう，気候変動が起きているのを疑わなくなり，60％以上がその変化はほぼ，人間によって引き起こされていて，自然に起きたのではないと語っている」とある。選択肢はそれぞれ,
(1)「人々が気候変動の真の原因を疑っていること」
(2)「人々が再利用では十分ではないと懸念していること」
(3)「人々が気候変動の40％は人間が引き起こしたことを認めていること」
(4)「人々が自然と責任ある関わりを持つことの重要性を理解していること」
という意味だから，上記の内容を最もよく反映しているのは(4)だと判断できる。

㋒　下線部は文字通りには，「連中は行動よりも口先だ」という意味。ということは，「口先ばかりで，行動が伴わない」ということだと読み取れる。選択肢はそれぞれ,
(1)「会社は内部的な行動に関して大いに議論する」
(2)「会社は自分たちが環境に優しいといっているにすぎない」
(3)「会社は職員に情報を伝えない」
(4)「会社は持続可能な活動を発表しているだけではない」
という意味。よって，上記の「口先だけだ」という内容に一致しているのは(2)だと分かる。

㋓　この問題も this の指示対象を答えればよい。段落冒頭から下線部直前までの内容から，下線部は「社会的な問題を解決するために活動するという事業概念」だと読み取れる。選択肢はそれぞれ,
(1)「社会的な改善を追求すること」
(2)「会社を NPO に変えること」

(3)「発展途上国に店を出すこと」

(4)「会社の使命に熱意を燃やすこと」

という意味。よって，上記の内容に一致しているのは(1)だと分かる。

㋔　この問題も this の指示対象を答えればよい。直前の文（On a scale …）には「大半の消費者が，自分が買い物をする際社会的な意識がどれだけ高いかという点で，10段階評価で7から8だとする」とある。選択肢はそれぞれ，

(1)「持続可能な商品は生産費がより高いという事実」

(2)「消費者は自分が社会的な意識が高いと思っているという事実」

(3)「環境に関与することは企業にとって高くつきかねないという事実」

(4)「購買行動が企業の注意を持続可能性からそらしてしまうという事実」

という意味。よって，前述の消費者の意識を端的に示している(2)が正解だと分かる。

III　解答

〔1〕　㋐―(9)　㋑―(6)　㋒―(5)　㋓―(8)

〔2〕　㋕―(6)　㋖―(1)　㋗―(7)　㋘―(9)

◆全　訳◆

〔1〕《台所で》

A：「いやー，今夜はお招きありがとう。作ってくれた晩ご飯，とてもおいしかった。お皿洗うの手伝おうか？」

B：「ほんと，大丈夫。やってもらえるなら最高だけど」

A：「もちろん，「喜んで」じゃすまないくらいだよ。子どもの頃，私は晩ご飯の後テーブルを片付けて，お皿を洗わなくちゃいけなくてね。それが私の仕事だったってわけ」

B：「私だってそう！　でも，皿洗いは大嫌いだった。ゴミ捨てにいった方がまし」

A：「マジ？　皿洗いはいやじゃなかったけど。石鹸だらけのお湯って，ちょっといいなって思った」

B：「母さんが弟に皿洗いしてって言うと，だいたいいつもうちの弟，何か割っちゃったんだよね。だから母さんが怒ってやめなさいって言ってね」

A：「ハハハ！　弟さん，バターフィンガーだったわけ？」

B：「そんな言い方，聞いたことないよ！　どういう意味？」

A：「いつも物を落っことす人。まあ，手が油でてかてかしてるみたいってこと。だから何を持つのも難しい」

B：「へえ，面白い言い方だね。でも違うよ，うちの弟，実際にはとても器用だった。皿洗いが大嫌いだっただけ。間違いない，あいつ故意にやってたんだよ」

A：「んー，じゃあその作戦は成功じゃない！　お母さん，知ってたのかな」

B：「たぶん知らない。だって彼の仕事も私にやれって言ったんだからね。ほんと不公平だって」

〔2〕　≪クラス会で≫

A：「夏の日本旅行はどうだった？」

B：「いやー，すごかったあ。予想以上でね」

A：「いいねえ！　たくさん名所をまわったんでしょうね！」

B：「いや，実は観光地はどこにも行かなかった。旅をするときは，名所へは行かずに，村や町の地元の人たちに会う方が好きなんだ」

A：「滞在中は，車で走ったの？」

B：「いや，たいていはバスと電車で行った。何度か自転車も借りたよ。田舎だけでなく，大都市でも動き回るのには今でもよくある手段だよね。それにいい運動になるじゃない」

A：「じゃあ，すてきな高級観光ホテルに泊まってくつろいだってこと？」

B：「まあ，確かに山の中の温泉に何カ所か泊まったけど，たいていはユースホステルかゲストハウスだった」

A：「わあ，じゃあほんと，私の知り合いの大半とは違う旅の仕方なんだ。いつも事前に計画を立てて予約するの？」

B：「あんまりしないかな。行く先々で決めるのが好きだから。そうすれば地元の人と出会えるし，どこに泊まればいいかのお薦めを教えてもらえるじゃない」

A：「ちょっと，次回は私も一緒に連れてってね。本当に楽しそうな旅の仕方ね！」

◀解　説▶

〔1〕　㋐　次に来る「もちろん，「喜んで」じゃすまないくらいだよ」か

ら，皿洗いをお願いする趣旨の発言が来ると分かる。それは(9)「やってもらえるなら最高だけど」である。

(い)　その後の「石鹸だらけのお湯って，ちょっといいなって思った」という発言から，「皿洗いが好き」という趣旨の発言が来ると分かる。それは(6)「皿洗いはいやじゃなかったけど」である。

(う)　次に「そんな言い方，聞いたことないよ！」とあることから，奇妙な表現が使われていることが分かる。そうした語が含まれるのは，(5)「弟さん，バターフィンガーだったわけ？」である。butterfingers は「(バター指＝) よく物を落とす人」の意。

(え)「器用なのに物を落としている弟」にふさわしい発言は，(8)「間違いない，あいつ故意にやってたんだよ」である。

残りの選択肢は，(1)「もうやっちゃったよ」，(2)「私も同じこと思った」，(3)「(それって，最後の藁だったのかな？＝) それで限度を超えちゃったのかな？」，(4)「食洗機はもっていないよ」，(7)「有益な方法は他にもある」，(10)「彼はその言い回しをとてもよく使っていた」の意。

〔2〕　(か)　返答が「いいねえ！」なのだから，(6)「いやー，すごかったあ。予想以上でね」がぴったり。

(き)　空所を含む発言の末尾に「運動するすばらしい方法でもある」とある。よって，(1)「何度か自転車も借りたよ」が，ぴったりだと分かる。

(く)「ユースホステルかゲストハウス」という返答にふさわしい質問は，(7)「じゃあ，すてきな高級観光ホテルに泊まってくつろいだってこと？」だと分かる。

(け)　返答が「あんまりしないかな。行く先々で決めるのが好きだから」となるような問いかけとしてふさわしいのは，(9)「いつも事前に計画を立てて予約するの？」である。

残りの選択肢は，(2)「泊まったところの人たちはどんなだった？」，(3)「たくさん飛行機旅行はしたけれどね」，(4)「うーん，実はあまり楽しくなかった」，(5)「たくさんの人と日本語で話したのかな？」，(8)「２年間そこで本当に楽しく日本語の勉強をしました」，(10)「日本のレストランで食事するとものすごく高いって本当なの？」の意。

Ⅳ 解答

(A)―(4)　(B)―(3)　(C)―(1)　(D)―(1)　(E)―(3)　(F)―(3)
(G)―(3)　(H)―(2)

◀解　説▶

(A) 「あなたのお姉さんは以前彼に会ったことがありませんでしたよね？」　付加疑問の基礎。本文が否定のときは，通常の疑問形式になる。主語が女性で，過去完了の文であることから，正解は(4)である。

(B) 「呼び鈴を二回鳴らさない限り，誰にも聞こえませんよ」　unless は「～しない限り」の意味だから，動詞は肯定形でかまわない。また，条件を表す副詞節となるので，現在形が用いられる。よって，正解は(3)である。

(C) 「父親からだと思っていた電話は，実際には姉からだった」　空所に入る関係詞の先行詞は The telephone call である。これはもともと従属節の主語で，すなわち I thought (that) the telephone call was from … という形を前提に，従属節の主語の位置から先頭に移動したものである。よって，空所の関係詞は the telephone call という物を先行詞とする主格の関係代名詞 which または that であるから，正解は(1)に決まる。

(D) 「彼女はただその出来事を報告しただけだ」　All (that) she did was (to) report … という構造。was の後には did の内容を示す言葉が来る。to はなくてもかまわない。よって，正解は(1)である。

(E) 「彼が運転する頻度は母親よりも少ない」　often の比較級だから，more often か less often しかない。よって，正解は(3)に決まる。

(F) 「あなたがその教科に興味をもっていれば，テストもたいていよくできる」　従属節を導く，接続詞に近い働きをする語でなければならない。それは provided か providing である。よって，正解は(3)である。

(G) 「彼はレーシングカーを運転するところを想像した」　imagine は目的語に動名詞を従える。よって，正解は(3)である。

(H) 「何が起ころうとも，リサは経済学を学ぶことをあきらめないだろう」　happen の主語として働くためには，代名詞でなければならない。選択肢の中で代名詞なのは，(2)のみである。

V　解答　〔1〕(A)―(3)　(B)―(1)　(C)―(3)　(D)―(2)　(E)―(1)
〔2〕(A)―(4)　(B)―(3)　(C)―(2)　(D)―(1)　(E)―(2)

◀解　説▶

〔1〕(A)「自分で（　　）を稼ぐようになれば，その新車が買える」選択肢はそれぞれ，(1)「悲しみ」，(2)「振動」，(3)「給料」，(4)「財布」という意味。よって，正解は(3)に決まる。earn wages「給料を稼ぐ」は，必修表現の一つ。

(B)「こう重い物を持ち上げたことでひどい（　　）を起こしたので，私はまともに立ち上がることもできない」 選択肢はそれぞれ，(1)「腰痛」，(2)「司教」，(3)「百科事典」，(4)「エキス」という意味。「重い物を持ち上げると起きるもの」は，(1)である。

(C)「この（　　）のせいで足が痛い」 選択肢はそれぞれ，(1)「版」，(2)「腰」，(3)「サンダル」，(4)「袖」という意味。これらの中で「足の痛み」に関係するのは，(3)だけである。

(D)「自転車にぶつけられるのを避けるのに，（　　）するほかなかった」 選択肢はそれぞれ，(1)「押し込み強盗をする」，(2)「さっと動く」，(3)「走り書きする」，(4)「振動する」という意味。これらの中で「衝突回避」にふさわしい動作は，(2)しかない。

(E)「発表者は（　　）で話した」 選択肢はそれぞれ，(1)「誇張」，(2)「灯油」，(3)「石細工」，(4)「幸福」という意味。「話し方」の形容になるのは，(1)しかない。

〔2〕(A)「彼女は去年学級委員長に選ばれた」 下線部は「選挙される」という意味。選択肢はそれぞれ，(1)「可能にされる」，(2)「満足する」，(3)「予定する」，(4)「投票で決められる」という意味だから，正解は(4)だと分かる。

(B)「おそらく向こうに避難所が見つかるだろう」 下線部は「避難所，回避地」の意。選択肢はそれぞれ，(1)「樽」，(2)「やかん」，(3)「避難所」，(4)「骨格」という意味だから，正解は(3)に決まる。

(C)「彼は成長しながら多くの苦難を経験した」 下線部は「苦難」の意。選択肢はそれぞれ，(1)「退屈」，(2)「重荷」，(3)「奨励」，(4)「温暖」という意味だから，正解は(2)だと判断できる。

(D)「あのレストランの食事はすばらしい」 下線部は「すばらしい，とびきり上等な」の意。選択肢はそれぞれ，(1)「極上の，精巧な」，(2)「心温まる」，(3)「変化に富んだ」，(4)「均整のとれた」という意味だから，正解は(1)に決まる。

(E)「我々はその試合でライバルに屈辱的な敗北を喫した」 下線部は「屈辱的な」の意。選択肢はそれぞれ，(1)「困惑させる」，(2)「恥ずかしい」，(3)「見事な」，(4)「例外的な」という意味。よって，正解は(2)だと分かる。

❖講　評

2021 年度入試では，長文 2 題による「読解力」を中心に，「コミュニケーション」「文法」「語彙」の各分野が試された。一方，「作文」分野に関しては，出題されていない。

Ⅰの読解問題は，論説文による内容理解を試す出題。「アラスカの民族教育に尽力した教師」をテーマに論じ，教育と多文化主義との接点を探る，現代的で興味深い内容であった。文化の伝承を教育システムでどのように生かすのかを読み取ることが求められた。〔2〕の(5)は，文脈からは想定しにくい内容で，迷った受験生も多かっただろう。

Ⅱの読解問題も論説文が使われ，「消費者と環境倫理との関係」が論じられた。〔1〕の空所補充問題では，(F)に手こずった受験生が多かったであろう。〔2〕の㋒は正確な理解がないと正解できない良問であった。

Ⅲは，比較的平易な会話文が素材。〔1〕は状況の把握が難しかったかもしれない。〔2〕も紋切り型の応答とは言えず，実力が試された出題だった。

Ⅳは，基本的な文法・語法の力を試す出題である。(C)は関係詞の深い理解を要する問題。(D)も，単純な構文分析では解けず，差がついたかもしれない。

Ⅴは，語彙力を試す問題であるが，とりわけ〔1〕の(D)・(E)，〔2〕の(B)では，受験生は苦しんだかもしれない。

全体として，まず語学の基礎である文法・語彙の力をもとに，英文から必要な情報を引き出せる読解力，コミュニケーション力を養成することが求められる出題であった。大学で学ぶための基礎になる総合的な英語力を身につけるように，という強いメッセージである。しっかり受け止めて，日々努力を重ねよう。

日本史

I　**解答**　A．更新　B．ナイフ　C．続縄文　D．銅鐸
E．邪馬台　F．群馬　G．527　H．岩戸山

(a)―㋎　(b)按司　(c)銅戈　(d)―㋑　(e)―㋐　(f)加耶〔伽耶，加羅〕
(g)―㋒

◀解　説▶

≪原始・古代の出土史料≫

B．旧石器時代の石器としては，石斧や尖頭器，細石器などがあるが，リード文に「 B 形石器」とあることから判断できる。

C．弥生時代，北海道には稲作が普及せず続縄文文化と呼ばれる食料採取文化が続いた。なお，7世紀以降になると，その土器の様式から擦文文化と呼ばれる文化やオホーツク文化が成立するが，混同しないように注意しよう。

D．銅鐸は，「朝鮮半島の鈴に起源をもつ」ものとされるが，教科書の注記レベルの知識であるため，「近畿地方を中心に分布」をヒントにしよう。

E．3世紀の倭国では邪馬台国を盟主とする連合が登場した。「九州説と近畿説がある」との箇所から解答が確定する。

F．太田天神山古墳は群馬県にある。受験生にとってなじみの薄い古墳であるが，「東日本でもっとも大きな前方後円墳」とあり，古墳時代中期の巨大前方後円墳が群馬県に見られることは一部の教科書の本文にも記載されている。

H．筑紫国造磐井の墓であるといわれる福岡県八女市の岩戸山古墳からは，石人や石馬が出土している。

(a)　㋎が正解。トウモロコシは16世紀にポルトガル人によって日本に伝来した。縄文時代に栽培された植物として，マメ類・エゴマ・ヒョウタンがあることは教科書レベルであるため，消去法でも判断できる。

(c)　やや難。銅戈の名称だけでなく，その形状や使用用途を理解しておく必要がある。復元図は教科書には掲載されることが少ないため，資料集などで確認しておきたい。

(d)　(い)が正解。選択肢はいずれも弥生時代の遺跡であるが，「政治組織の中心地」とあることから，ヤマト政権の最初の王都と考えられる纏向遺跡が該当する。なお，(あ)唐古・鍵遺跡，(う)池上曽根遺跡，(え)大塚遺跡は環濠集落である。

(e)　(あ)正文。(い)誤文。埴輪は古墳の墳丘上に配置された。

(う)誤文。前方後方墳が登場するのは，古墳の出現期にあたる古墳時代前期。

(え)誤文。古墳時代前期の前方後円墳の特徴として竪穴式石室があげられる。横穴式石室は古墳時代中期以降の特徴である。

(g)　やや難。(う)が正解。多賀城の設置（724 年）→秋田城の設置（733 年）→胆沢城の設置（802 年）の順である。胆沢城は平安時代の設置であるが，多賀城と秋田城については，どちらの方が早い設置であるかは教科書の本文では判断しにくい場合があり，資料地図中の設置年を確認する必要がある。

II 解答

A．連歌　B．田楽　C．茶　D．足利直義
E．中江兆民　F．絶海中津　G．鹿苑　H．如拙

(a)―(え)　(b)今堀（郷）　(c)応安新式　(d)―(あ)　(e)―(い)　(f)―(い)　(g)―(う)

◀解　説▶

≪室町時代の文化≫

〔1〕A．問(c)の設問文を参考にして解答しよう。

B．難問。「犬［B］ハ関東ノ　ホロブル物ト云ナガラ」は，闘犬や［B］は鎌倉幕府が滅んだ元凶となった，との意味であり，闘犬とともに北条高時が熱中した田楽が入る。

C．やや難。史料より茶を導き出すのはやや難しいが，会話文の「集まって何かをすると，たいてい賭けごとになって」との箇所から南北朝期の文化である闘茶を想起したい。

(b)　難問。会合への出席義務規定は文安 5 年（1448 年）の「今堀日吉神社文書」に定められている。近江国蒲生郡にある今堀郷の惣掟は教科書にも史料が掲載され著名であるが，出題された内容は教科書・史料集などに掲載されることが少なく，解答は難しい。

(c)　二条良基の著した連歌の規則書は『応安新式』である。準勅撰となった連歌集『菟玖波集』と混同しないように注意しよう。

〔2〕E．やや難。『東洋自由新聞』は中江兆民が主筆となり発刊された。

F．足利義満の時代の五山僧としては絶海中津と義堂周信が著名である。

G．難問。僧録は相国寺の塔頭である鹿苑院の院主が兼任したことから，鹿苑僧録とも呼ばれる。

H．瓢鮎図は，如拙が4代将軍足利義持の命により公案を図示したものである。視覚資料としても頻出であるため教科書などで確認しておこう。

(d)　難問。㋐が正解。義堂周信が下った鎌倉五山は円覚寺である。㋓東福寺は京都五山，㋑寿福寺と㋒浄智寺は鎌倉五山である。

(e)　やや難。㋑が正解。初代僧録は春屋妙葩《しゅんおくみょうは》で，㋐の夢窓疎石の甥にあたる人物である。㋒中巌円月《ちゅうがんえんげつ》は南北朝期の五山僧で，㋓以心崇伝《いしんすうでん》は金地院崇伝とも呼ばれ，徳川家康の政治・外交顧問であった臨済宗の僧侶である。

(f)　やや難。㋑が正解。瑞渓周鳳《ずいけいしゅうほう》が編纂した外交文書集は『善隣国宝記』である。日明貿易に関する史料は頻出であるため，出典を含めて確認しておこう。なお，㋐『華夷通商考』は西川如見，㋒『本朝通鑑』は林羅山・林鵞峰，㋓『通航一覧』は林復斎の著作であり，いずれも江戸時代のものである。

(g)　㋒が正解。リード文の「東山文化」「禅宗の文化」から，枯山水の大徳寺大仙院庭園が該当する。㋐智積院襖絵は長谷川等伯の障壁画，㋑色絵藤花文茶壺は野々村仁清の京焼色絵陶器，㋓北野天神縁起絵巻は北野天満宮の来歴に関わる鎌倉時代の絵巻物である。

III　解答

A．1870　B．長崎　C．三池　D．内務
E．内国勧業博覧会　F．クラーク　G．岩崎弥太郎
H．(※)　I．大隈重信　J．共同運輸　K．五代友厚　L．関西貿易
M．黒田清隆

(a)―㋐　(b)―㋓　(c)―㋑　(d)渋沢栄一　(e)―㋒　(f)―㋓　(g)合名

※Hについては，正答を特定する文章記述が曖昧なため，受験者全員を正答としたと大学から発表があった。

◀解　説▶

≪明治時代の産業≫

〔1〕B・C．長崎造船所は三菱に，三池炭鉱は三井に払い下げられた。

D・E．内国勧業博覧会は殖産興業を担当する内務省が開催した。なお，内務省は地方行政・殖産興業・警察などを管轄するなど，近代を通じて重要な官庁である。

(a)　㋐が正解。古河市兵衛に払い下げられた鉱山は，院内銀山である。なお，㋑佐渡金山と㋓生野銀山は三菱に払い下げられた。また，㋒別子銅山は江戸時代より住友家が経営しているもので，明治政府より払い下げられた鉱山ではないことに注意したい。

(b)　やや難。㋓が正解。第４回の内国勧業博覧会は京都で開催された。なお，第１～３回は東京，最後の第５回は大阪が開催地となった。

(c)　やや難。㋑が正解。軍服材料のラシャ製造にあたったのは千住製絨《せいじゅう》所《しょ》である。なお，㋐富岡製糸場と㋒新町紡績所が絹の関連工場であり，㋓島津製作所が衣料関係の工場でないことから，消去法でも解答可能である。

〔2〕G．岩崎弥太郎の三菱汽船会社（後の郵便汽船三菱会社）は，台湾出兵の輸送を請け負うなど，政府の手厚い保護を受けた。

I．明治十四年の政変（1881年）によって，大隈重信が下野することになった。リード文の最終段落に「1881年に同じ薩摩の［　M　］が長官を務める開拓使より，その官有物の大部分を格安で払い受ける」とあることも参考になる。

J．やや難。三菱に対抗するため，三井を中心として半官半民の運輸会社である共同運輸会社が設立された。

K・L．やや難。黒田清隆から五代友厚への開拓使官有物払い下げ事件は著名であるが，五代友厚らの会社である関西貿易社を導くにはやや詳細な知識が必要である。

(e)　やや難。㋒が正解。台湾出兵の指揮をとったのは西郷従道である。「陸海軍の創設に尽力した」という記述から山県有朋と混同しないように注意しよう。

(f)　難問。㋓が正解。㋑航海奨励法に代わって，1909年に制定されたのが遠洋航路補助法である。第一次世界大戦時の日米間の㋒船鉄交換協定も遠洋航路補助法と同様に詳細な知識であり，消去法での解答は困難である。

(g)　三井財閥の持株会社は三井合名会社である。なお，血盟団事件で被害者となった団琢磨は三井合名会社理事長であった。

❖講　評

Ⅰ．原始・古代の出土史料をテーマにした問題。空所補充の問題は基本的な語句や教科書の記述から判断できるものが多いので，落ち着いて解答したい。(c)の銅戈を導く問題や，(g)の城柵の設置順の配列問題は，教科書や資料集に掲載されている図表を丁寧に見ておく必要があるが，全体的には基本的な問題が多い。

Ⅱ．室町時代の文化をテーマにした問題。空所補充は難度の高い問題もあるため，A・D・F・Hなどの基本的な問題をミスなく解答したい。また，選択式の問題も詳細な知識を必要とするものや，消去法での解答が困難な場合がある。既習の知識を関連させて解答を導くなど広い視野が必要となる。

Ⅲ．明治時代の産業をテーマにした問題。社会経済史の分野の中でも受験生が苦手とする産業史である。空所補充の問題は，Ｊの「共同運輸」会社やＬの「関西貿易」社などやや詳細な知識を問う問題があるが，その他は基本的な問題である。しかし，選択式の問題で難度の高い出題が多く，解答には十分な準備が必要となる。空所補充の問題や(d)の渋沢栄一，(g)の三井合名会社などを確実に解答したい。

世界史

I 解答

A．黄河　B．神権　C．封建　D．楚　E．隷
F．郷挙里選　G．王羲之
〔1〕ーエ　〔2〕非攻　〔3〕五経正義

◀解　説▶

≪殷から唐代までの中国史≫

C．封建制は周代に確立した。周の封建制は血縁的なつながりを基盤とするもので，契約に基づく西ヨーロッパの封建制と異なる点に注意したい。

E．隷書は，木簡・竹簡に書きやすいように小篆を簡略化した書体。公文書などに広く使用された。隷書から発達した点画を崩さない書体が楷書。

F．郷挙里選は前漢の武帝が制定した。優秀な人材を地方で選び，地方長官が中央に推薦し官吏とする制度で，豪族の子弟が多数推薦され，弊害が生じたため，三国の魏から九品中正にかわった。

G．王羲之の真筆は現存せず作品は拓本や模写で伝わる。代表作とされる「蘭亭序」は書道の最高傑作の一つとされる。

〔1〕フェニキア人はセム語系民族。シドン・ティルスなどを拠点に地中海交易で繁栄した。フェニキア文字はシナイ文字をもとに作成され，ギリシア人が改良してアルファベットがつくられた。

〔2〕墨家の思想としては，「非攻」とともに無差別の愛とされる「兼愛」も知られる。

〔3〕『五経正義』は孔穎達らが編纂した。訓詁学の集大成で科挙のテキストとされた。五経とは『易経』『書経』『詩経』『礼記』『春秋』。朱子が五経より重視した四書は『大学』『中庸』『論語』『孟子』。

II 解答

A．水滸伝　B．玄奘　C．洋務　D．曾国藩
E．辮髪　F．堯　G．放任　H．種　I．スペンサー
J．江青

◀解　説▶

≪毛沢東の読書経験と中国近現代史≫

A.『水滸伝』は，『西遊記』『三国志演義』『金瓶梅』とともに明代に完成した四大奇書のひとつとして知られる。なお，『水滸伝』の挿話をもとに『金瓶梅』が書かれた。

B. 玄奘は，ヴァルダナ朝のハルシャ王（ハルシャ=ヴァルダナ）の厚遇を受け，ナーランダー僧院で学んだ。帰国後まとめられた旅行記が『大唐西域記』である。

C・D. 洋務運動のスローガンは「中体西用」。曾国藩とともに知られる洋務運動の中心人物としては，淮軍を率いた李鴻章や，楚勇を指揮した左宗棠も重要。洋務運動の限界を批判した康有為・梁啓超らが進めたのが変法運動である。

F. 堯は舜に，舜は禹に位を譲った。禹は伝説上の最古の王朝である夏王朝の祖とされる。

G. 国家の規制や介入の排除を説く自由放任主義は，ケネーらフランスの重農主義者が提唱し，イギリスのアダム=スミスにはじまる古典派経済学が発展させた。その象徴的表現が「なすに任せよ」（レッセ=フェール）である。

J. 江青ら「四人組」が推進した文化大革命（プロレタリア文化大革命）は，毛沢東による権力闘争。実権派（走資派）とされた劉少奇・鄧小平らの失脚，毛沢東の後継者とされていた林彪のクーデタ失敗と混乱が続いた。毛沢東の死後，「四人組」が失脚して終結した。

III　解答

A. ソ連〔ソヴィエト連邦，ソヴィエト社会主義共和国連邦〕　B. サマルカンド　C. タブリーズ

D. ウルグ=ベク　E. サーマーン　F. クシャーナ

〔1〕ーエ　〔2〕アヴェスター　〔3〕アウグスティヌス

〔4〕バクトリア　〔5〕キプチャク=ハン国〔ジョチ=ウルス〕

〔6〕コーカンド=ハン国　〔7〕シャー=ナーメ〔王の書〕

〔8〕アラベスク　〔9〕グプタ朝

◀解　説▶

≪中央ユーラシアの歴史≫

C．タブリーズは，サファヴィー朝の建国者イスマーイールが都とした。イル=ハン国の都としても知られる。サファヴィー朝の都としては，アッバース1世が遷都したイスファハーンも有名。

D．ウルグ=ベクは学術を保護し，サマルカンドに天文台を建設したことでも知られる。

E．サーマーン朝は，中央アジアからイラン東部まで支配したイラン系イスラーム王朝。西トルキスタンのイスラーム化を促進した。10世紀末にカラ=ハン朝に滅ぼされた。

F．クシャーナ朝はイラン系クシャーナ族が建国。都はガンダーラ地方のプルシャプラ。

〔1〕エ．誤り。アムール川（黒竜江）は，中国東北部とロシア領シベリアの境界をなす大河。アイグン条約（1858年）で，清とロシアとの国境となった。

〔2〕『アヴェスター』を教典としたゾロアスター教は拝火教とも呼ばれる。世界を光の神で善神のアフラ=マズダと暗黒の神で悪神のアーリマンの対立ととらえる。「最後の審判」の概念は，ユダヤ教・キリスト教に影響を与えた。中国での呼称が祆教。

〔3〕アウグスティヌスはキリスト教における最大の教父とされる。彼の自伝は『告白録』。西ゴート人のローマ侵入を契機に執筆された著書が『神の国』である。

〔5〕キプチャク=ハン国は，オゴタイの命を受けたバトゥが南ロシアに建てた政権。バトゥは1241年のワールシュタットの戦いでドイツ・ポーランドの連合軍を破ったことでも知られる。なお，ジョチ=ウルスの名称は，バトゥの父がチンギスハンの長氏ジョチであったことに由来する。

〔6〕1710年頃にブハラ=ハン国から分かれてフェルガナ盆地に築かれたことからコーカンド=ハン国を特定するのは難しい。ウズベク人が建国したコーカンド=ハン国は19世紀後半にロシアが併合。同じくウズベク人が建国したブハラ=ハン国・ヒヴァ=ハン国は19世紀後半にロシアが保護国とした。

〔7〕『シャー=ナーメ』（『王の書』）は，イスラーム以前のイランの歴史・

神話・伝承の集大成。作者フィルドゥシーは，サーマーン朝およびガズナ朝時代のイラン系詩人。

〔9〕グプタ朝はチャンドラグプタ１世が創始。都はパータリプトラ。第３代チャンドラグプタ２世時代に北インドを統一した。グプタ朝衰退の原因となったエフタルは，ササン朝のホスロー１世と突厥によって滅ぼされた。

Ⅳ 解答

A．ヴィルヘルム１世　B．アルザス・ロレーヌ　C．ジェノヴァ　D．ユトレヒト　E．総裁政府　F．ブリュメール　G．アウステルリッツ　H．ティルジット　I．ハルデンベルク　J．ライプツィヒ　K．ワーテルロー

〔1〕―Ⓑ　〔2〕プラッシーの戦い　〔3〕公安委員会

〔4〕宗教協約〔コンコルダート〕

◀解　説▶

≪ナポレオン１世とナポレオン３世≫

A．ヴィルヘルム１世はドイツ帝国初代皇帝。ビスマルクを登用し，プロイセン=オーストリア戦争（普墺戦争），プロイセン=フランス戦争（普仏戦争）に勝利し，ドイツ帝国を樹立した。

B．1648年のウェストファリア条約でフランスがロレーヌの一部とアルザスを獲得。1870～71年のプロイセン=フランス戦争でドイツがアルザス・ロレーヌを獲得し，第一次世界大戦後のヴェルサイユ条約でドイツからフランスに返還された。

D．ユトレヒト条約では，フランスとスペインが合併しないことを条件に，ルイ14世の孫フェリペ５世のスペイン王位継承が認められた。イギリスはフランスからハドソン湾地方・ニューファンドランド・アカディアを，スペインからジブラルタル・ミノルカ島を獲得した。

E．総裁政府は，恐怖政治への反省から権力の分散をはかり，５人の総裁が権限を分担した。ジャコバン派や王党派の攻撃で政権は安定しなかった。

F．ブリュメールは革命暦の月の名（霧月）。エジプト遠征から帰国したナポレオンが総裁政府を倒し，３人の統領からなる統領政府を樹立した。

G．アウステルリッツの戦いは三帝会戦ともいう。ナポレオンの勝利により第３回対仏大同盟が崩壊した。

I．シュタインとハルデンベルクは，プロイセンの近代化政策として農奴（農民）解放などを行った。
J．ライプツィヒの戦いは諸国民戦争ともいう。ナポレオンはプロイセン・オーストリア・ロシアの連合軍に敗れ，エルバ島に流された。ライプツィヒはドイツ東部の地。
K．ワーテルローは現在のベルギーの地。敗れたナポレオンが流された大西洋の孤島がセントヘレナ島。
〔1〕Ⓐはマリョルカ（マヨルカ）島，Ⓒはサルデーニャ島，Ⓓはシチリア島，Ⓔはクレタ島，Ⓕはキプロス島。
〔2〕プラッシーの戦いは，ヨーロッパの七年戦争と連動する形で展開した。イギリス軍を指揮したイギリス東インド会社書記がクライヴ。ベンガル地方のプラッシーは，フランスの拠点シャンデルナゴルやイギリスの拠点カルカッタの北の地。

❖講　評

中国史が2題，中央ユーラシア史が1題，ヨーロッパ史が1題で，アジア史重視の構成であった。問われている用語は教科書レベルの標準的なものが大半だが，ほとんどが記述式であり，歴史用語が正確に書けなければ得点できない。地図を使った出題もみられ，日頃から歴史地図などに親しんでおくことも要求された。

Ⅰ．殷代から唐代にかけての中国史を，漢字の変化を通してとらえた問題。基本的な用語が大半であるが，「隷書」「王羲之」など，歴史用語が正確に書けたかどうかで得点に差がついたであろう。

Ⅱ．青年期の毛沢東の読書経験をテーマに，19世紀以降の中国近現代史を問う問題。関連して近代のヨーロッパ文化も扱われている。ここでも「辮髪」「堯」などの歴史用語が正確に書けなければ得点できない。文化大革命など中国現代史は頻出の内容であり，特に注意を要する。

Ⅲ．中央ユーラシアの歴史をテーマにした問題。関連して西アジアや南アジアなどからの出題もみられる。アムール川がパミール高原から流れる河川に含まれないことを問う〔1〕では，アムール川をアイグン条約などの歴史的事象と結びつけて理解しているかどうかが問われている。また，〔6〕は正解のコーカンド=ハン国を確定するのが難しい。

Ⅳ．ナポレオン１世とナポレオン３世を通してみた近世から近代のヨーロッパ史。標準的な問題で構成されているが，〔１〕でナポレオン１世の故郷コルシカ島の位置が地図を用いて問われており，日頃から地図を使って，歴史の舞台を正確に把握しておくことが求められている。

地理

I 解答

〔1〕A．計画　B．市場　C．技術開発　D．郷鎮　E．民工潮

〔2〕1―ⓔ　2―ⓚ　3―ⓘ　4―ⓚ　5―ⓐ　6―ⓞ　7―ⓚ　8―ⓢ

〔3〕X．スーチョワン〔四川〕　Y．テンシャン〔天山〕

〔4〕―ⓤ

〔5〕生産責任制の導入により個人経営に移行したこと。

〔6〕サンシヤ〔三峡〕ダム

〔7〕―ⓐ・ⓞ

〔8〕①―ⓚ　②―ⓞ　③―ⓚ　④―ⓔ

◀解　説▶

≪中国の地誌≫

〔1〕C．華南の沿海部に5カ所のみ設定されている経済特区と異なり，経済技術開発区は内陸部を含めて100カ所以上に設定されている。

D．郷鎮企業とは中国の地方行政単位である郷や鎮，あるいは個人が経営する企業であり，その多くは農村の余剰労働力を吸収して発展してきた。

E．従来は民工潮のような農村から都市への移動は厳しく制限されてきたが，近年は経済発展を背景に都市の労働力が不足し，規制緩和が進められている。

〔2〕3・5．ウーハン（武漢），アンシャン（鞍山），パオトウ（包頭）は周辺あるいは現地で産出される石炭あるいは鉄鉱石を利用した鉄鋼業が発達し，中国の三大鉄鋼基地と呼ばれてきた。

〔3〕Y．テンシャン（天山）山脈は古期造山帯に属すものの，プレートの衝突によって再隆起し，例外的に高峻である。なお，Xのスーチョワン（四川）盆地や〔2〕の都市も含め，リード文の空欄の前後の文脈だけでなく，地図中の位置が大きなヒントとなっている。それらの位置を地図帳で必ず確認しておこう。

〔4〕ⓤ正文。経済特区はアモイ（厦門）・スワトウ（汕頭）・シェンチェ

ン（深圳）・チューハイ（珠海）・ハイナン（海南）の５つに設定され，いずれも沿海部に位置する。

㋐誤文。経済特区は輸出指向型工業の発展を目指して設けられた。

㋑誤文。フェアトレードとは，主に発展途上国で生産された農産物や製品を適正な価格で取引することを意味する。

㋓誤文。経済特区では外国企業の進出を受け入れているが，外国人労働者の出入国を自由化しているわけではない。

〔5〕人民公社にもとづく集団経営から生産責任制にもとづく個人経営に移行したことで，農家の生産意欲が高まり，生産性が向上した。

〔7〕㋐誤文。タリム盆地に広がるタクラマカン砂漠は大部分が砂砂漠である。

㋔誤文。ミャオ族の主な集住地は中国南部の高地である。

〔8〕①大豆の主要産地である南北アメリカ諸国が上位を占めていることから判断できる。

②石炭の輸出量世界上位であるオーストラリアとインドネシアが１・２位であることから判断できる。

③熱帯の東南アジア諸国が上位を占めていることから天然ゴムであると判断できる。

④自動車生産国が上位を占めていることから判断できる。

Ⅱ　解答

〔1〕A．海嶺　B．マントル　C．大西洋　D．高潮　E．伊勢湾　F．北アメリカ　G．離水　H．湧昇流　I．プランクトン

〔2〕(1)ラグーン　(2)エスチュアリー

〔3〕(1)①―㋓　②―㋑　(2)栽培漁業

〔4〕(1)石灰岩　(2)堡礁

〔5〕(1)冷凍船　(2)メルカトル図法

◀解　説▶

≪海　洋≫

〔1〕C．北極や南極の周辺で海洋の深部に沈み込み，流れる海水の循環を深層流という。深層流は大西洋の北極付近で沈み込んだ後，ゆっくりと南方へ流れ，インド洋や太平洋で北方へ流れながら次第に上昇する。

E．伊勢湾台風は潮岬に上陸した後，紀伊半島から東海地方を中心に広範囲で甚大な被害をもたらした。

F．2011年の東北地方太平洋沖地震は，東北日本が属している北アメリカプレートに対し太平洋プレートが沈み込んでいる日本海溝付近で生じた。

〔2〕(1)　潟湖ともいい，日本では北海道のサロマ湖や静岡県の浜名湖，鳥取県・島根県にまたがる中海などが有名である。

(2)　三角江ともいい，世界では北米東部を流れるセントローレンス川，南米南東部を流れるラプラタ川などの河口にみられる。

〔3〕(1)　中国は漁獲・採集量，養殖量のいずれも世界一である。

(2)　いけすなどで人工的に管理・育成する養殖業と異なり，栽培漁業は人工的に育てた稚魚を海へ放流し，成魚になってから捕獲する。

〔4〕(1)　サンゴ礁は，造礁サンゴの石灰質の骨格が海面近くまで積み重なってできた地形である。

(2)　サンゴ礁はまず島を縁取るように発達した裾礁となり，その後の島の沈降に伴い「外礁と陸地の間に礁湖が存在する」堡礁になり，やがて島が完全に水没すると，外礁のみが環状に取り残された環礁になるとされる。

〔5〕(1)　鮮度が重視される畜産物や水産物の長距離輸送を可能にしたのは冷凍船であり，特にアルゼンチンやオーストラリアなどの南半球の国で牧畜業が発達する主因となった。

(2)　メルカトル図法で描かれた地図は緯線と経線が直交しており，ある2地点間の等角航路を直線で表現できることから，目的地までの舵角を定め，羅針盤を使ってその舵角を保ってまっすぐ進むことで目的地まで辿り着くことができるため，海図として重宝された。

III　解答

〔1〕A．3　B．央　C．伏　D．端　E．自然
F．散　G．塊　H．砺波　I．島根
J．タウンシップ　K．近郊（園芸も可）

〔2〕製造業関連の雇用が多く，周辺の農村などから多くの労働者が流入したため。

〔3〕勾配が緩やかになり河川の流速が衰えることで，河川による砂礫の運搬力が弱まるため。

〔4〕谷口集落　〔5〕スプロール現象

◀解　説▶

《集　落》

〔1〕H・I．日本の散村の具体例として「富山県の西部に位置する砺波平野」と「島根県の出雲平野」は場所とともに覚えておきたい。地形の学習に際しては成因と特徴に加えて，世界と日本の具体例の理解も必須である。

J．タウンシップ制の下では，碁盤目状に直交する道路によって分けられた6マイル（約9.6km）四方の土地区画を1タウンシップとし，それを36等分した1マイル四方の土地区画（セクション）の4分の1区画（クウォーター）を1単位として入植が行われたが，農家1戸分にあたるその面積は160エーカー（約64.7ha）と広いため，これが導入された地域では家屋同士の距離が離れた散村が形成された。

〔2〕先進国では工業の発達に伴って都市部の雇用が増加することで，周辺の農村などから大量の労働力を誘引しながら都市化が進む傾向がみられた。これをpull型の人口移動という。本問では，製造業の発達に伴い雇用が増加したこと，周辺地域から雇用を求めた労働者が多く流入したことの2点を指摘できるとよい。なお，農村の人口増加により生じた大量の余剰労働力が雇用を求めて農村から押し出される形で都市部に流入する，発展途上国で多くみられる都市化の傾向をpush型の人口移動という。

〔3〕勾配が急な山地を流れる河川は砂礫などを侵食・運搬する力が強いが，平野に出るところで勾配が緩やかになると流速が衰え，侵食・運搬力が弱まり，次第に堆積作用が強まっていく。これに従い，重い粒から順に堆積するため，一般に上流側では砂礫，下流側では砂や泥が多く堆積し，上流から順に扇状地，氾濫原，三角州が形成される。本問では，山地から平野に出るところで勾配が緩やかになり河川の流速が衰えることの指摘が必須で，結果，河川による運搬作用が弱まる，あるいは堆積作用が強まることを補足できるとよいだろう。なお，この仕組みにもとづいて沖積平野の成因と特徴を理解していれば，〔1〕のB～Eの地形に関する空所補充も容易となる。

〔4〕山地と平野の結節点にあたる谷口には，両地域で生産される物資が集積し，交易の拠点となる集落が発達した。関東平野の周辺部にみられる青梅や飯能はそうした谷口集落の典型例である。

❖講　評

Ⅰ．中国の地誌に関する出題。リード文の空所補充問題が中心で，〔4〕の経済特区に関する正文選択問題や〔7〕の誤文選択問題，〔5〕の農業生産性の向上の要因を問う論述問題も含め，教科書に沿った学習で対応できる内容であり，確実に得点したい。例年，立命館大学では地誌の問題が頻出であり，本題のような地図を用いたものが多い。学習時には名称だけでなく，地図上での位置も必ず覚えよう。〔8〕の中国の品目別輸入量上位国の統計表をもとに品目を判定する問題は，各品目の生産量や輸出量などの基本統計や，表中の上位国の自然・産業などの共通点に注目しながら推測する必要があり，Ⅰの中ではやや難しい。

Ⅱ．海をテーマとして，地形や災害，水産業，図法など，幅広い分野に関して問う内容だが，リード文の空所補充問題をはじめ，教科書に準じた基本的な内容がほとんどであった。ただし，〔1〕Cの深層流の移動はかなり難しい。全体的に地理用語の正しい理解を求める問題が多かったが，いずれも易しい。教科書に沿った丁寧な学習が重要である。

Ⅲ．村落・都市に関しての出題が中心だが，地形の成因や産業に関しても問われた。空所補充問題はいずれも基本的な用語を問うもので平易だが，砺波平野や出雲平野といった細かい内容も問われるため，取りこぼしのない学習を心がけたい。〔2〕の都市人口の増加の理由，〔3〕の河川が山地から平野に出るところで砂礫が堆積する理由を問う論述問題は，内容としては標準的だが，事象の理解だけでなく，それを適切に論述するという表現力が問われる問題であった。普段から基本用語や事象の仕組みについて，文章化できるかを意識しながら学習することが重要である。〔4〕の谷口集落を問う問題はやや難しいが，他はいずれも平易であり確実に得点したい。

総じて，2021 年度も例年通り，大半が選択・記述問題であり，一部にはやや細かい知識を問うものや短文論述問題も含まれたが，内容は教科書に準じたもので，難易度は標準からやや易であった。

政治・経済

I 解答

〔1〕A．可処分　B．貯蓄　C．付加　D．対外純
E．国富

〔2〕―㋛　〔3〕―㋐　〔4〕―㋛　〔5〕―㋑　〔6〕資産効果　〔7〕―㋐
〔8〕(a) GDP　(b)―㋐　(c)―㋒

◀解　説▶

≪家計の経済活動と国民所得≫

〔1〕A・B．所得から租税や社会保険料を差し引いたものを可処分所得という。さらに，可処分所得から消費支出を差し引いたものが貯蓄となる。

C．付加価値とは，企業で新たに生み出された価値であり，賃金・利子・地代・利潤の合計である。これに減価償却費を加えたものを一国規模で総計したものが国民総生産である。

D・E．国内の実物資産と対外純資産を合わせたものを国富と呼ぶ。

〔2〕㋛不適切。「企業」と「政府」が逆。政府が，企業と家計に公共財を提供する。

〔3〕αにあてはまるのは㋐食料。ちなみに，βは㋛交通・通信，γは㋔教養娯楽，δは㋒光熱・水道，εは㋑住居。

〔4〕㋛不適切。国民年金の保険料支払いは，租税・社会保険料の支払いに含まれる。

〔5〕㋑不適切。インフレ時には貨幣価値が下落するので，預貯金の実質的な価値も下落する。

〔6〕保有する株式や土地などの資産価値の上昇に伴って，消費支出が増加することを資産効果という。

〔7〕㋐が正解。国内総生産を支出側から見た場合，最も大きな割合を占めるものが家計最終消費支出であり，約5割である。次いで総固定資本形成，政府最終消費支出の順になっている。

〔8〕(b)　㋐が正解。GNP（国民総生産）＝GNI（国民総所得）＝GNE（国民総支出）。国民所得は，生産・分配・支出のどの側面から見ても等しいという国民所得の三面等価の原則である。

(c)　㋒不適切。三面等価の原則に従い，GDP（国内総生産）とGDE（国内総支出）は等しい。

Ⅱ　解答

〔1〕A．放棄　B．交戦権の否認　C．東京地裁
D．集団的　E．51　F．個別的　G．2014
H．安全保障関連法　I．国際平和支援法
〔2〕(a)―㋒　(b)―㋑
〔3〕―㋐　〔4〕―㋓　〔5〕―㋒

◀解　説▶

≪日本の平和主義と安全保障≫

〔1〕A～C．日米安全保障条約とそれに基づき駐留している在日米軍の合憲性が問題となった砂川事件では，第一審の東京地方裁判所は，違憲判決を出した。

D～G．集団的自衛権は，国連憲章第51条で認められている。従来，日本政府は集団的自衛権の行使は憲法第9条に反するとして認められないという立場をとっていたが，2014年，安倍晋三内閣はその解釈を変更し，限定的に集団的自衛権の行使を容認する閣議決定を行った。

〔2〕砂川事件では，第一審の違憲判決の後，訴訟は高等裁判所を経ずに，最高裁判所に跳躍上告された。最高裁判所は，在日米軍は日本国憲法が禁止する戦力には当たらないとし，日米安全保障条約の合憲性については，統治行為論を用いて判断を回避した。統治行為論とは，高度に政治性を有する問題については司法審査の対象とはならないという論理である。

〔3〕㋐正文。存立危機事態とは，「我が国と密接な関係にある他国に対する武力攻撃が発生し，これにより我が国の存立が脅かされ，国民の生命，自由及び幸福追求の権利が根底から覆される明白な危険がある事態」（武力攻撃事態法第2条第四号）をいう。

㋑・㋒誤文。必要最小限度の実力行使であることや国民を守るためにほかに適当な手段がないことは，要件とされている。

㋓誤文。自衛権発動の三要件とは他国による攻撃から個別的に自国を守るための武力行使を認める基準であり，攻撃が急迫不正であること，適当な代替手段がないこと（㋒），および実力行使は必要最小限であること（㋑）を指す。

〔4〕㋓不適切。防衛装備移転三原則では，日本が製造および輸出した武器の目的外使用や第三国移転について，日本の事前同意を相手国に義務付けている。

〔5〕㋒不適切。日本国憲法は，その改正手続きが法律の改正手続きよりも厳しいので，硬性憲法である。

III 解答

〔1〕A．新興　B．ロシア　C．1978　D．憲法
E．市場経済　F．2001　G．IT　H．シルクロード
I．1990

〔2〕—㋔　〔3〕一国二制度

〔4〕イ．AIIB　ロ．2015

〔5〕TICAD

◀解　説▶

≪新興国の経済成長≫

〔1〕A．経済成長を遂げた発展途上国を新興国と呼び，まだ貧困から抜け出せない発展途上国との間で経済格差が生じている。これを南南問題と呼ぶ。

D・E．中国は1993年に憲法を改正し，社会主義市場経済を掲げ，社会主義を政治的基盤として，市場経済を導入していくことを決めた。

H.「一帯一路」構想とは，中国とヨーロッパを結ぶ陸路の「シルクロード経済ベルト」(一帯）と，中国から東南アジア，南アジア，アラビア半島，アフリカ東岸を結ぶ海路の「21世紀海上シルクロード」(一路）の二つの地域において，インフラストラクチャーの整備や貿易，投資などを促進する計画である。

〔2〕2019年のG20サミットは大阪市で開催された。

〔3〕中国という一つの国の中において，社会主義と資本主義という二つの異質な制度が併存している状況を一国二制度と呼ぶ。1997年に香港がイギリスから中国に返還される際，その後最低50年間は資本主義を採用することが認められた。

〔4〕AIIB（アジアインフラ投資銀行）は，2015年に中国主導で設立された国際金融機関である。2022年現在の加盟国数は，アメリカや日本が主導して設立されたADB（アジア開発銀行）を上回っている。

〔5〕TICAD とはアフリカ開発会議のことである。1993 年以降，日本政府が主導し，国連，UNDP（国連開発計画)，世界銀行およびアフリカ連合委員会と共同で開催している。

❖講　評

Ⅰ．家計・企業・政府の３つの経済主体のうち，おもに家計について問う問題であった。〔3〕１世帯あたり１カ月間の消費支出の内訳に関する問題について，内容自体はやや難しい印象をもつものの，αが食料であると判断するのは容易であったと思われる。〔7〕国内総支出の内訳に関する問題はやや詳細な知識を要する問題であった。ただ，その他はいずれも教科書に準拠した標準的な問題であった。

Ⅱ．日本の平和主義と安全保障に関する問題である。〔1〕平和主義に関する日本国憲法の内容や日本の安全保障に関する法整備について問われた。〔2〕砂川事件，〔3〕集団的自衛権，〔4〕防衛装備移転三原則について問われているが，いずれも教科書に準拠した標準的な問題であった。

Ⅲ．新興国の動向に関する問題である。〔1〕中国に関して，改革・開放政策の開始された年を問うＣ，世界貿易機関（WTO）に加盟した年を問うＦはやや詳細な知識を問う問題であった。〔5〕アフリカ開発会議の英語略称を問う問題もやや難しい。ただ，その他の問題は標準的なものであった。

数学

I　解答

ア．2　イ．3　ウ．1　エ．-1　オ．$-\dfrac{3}{11}$　カ．$\dfrac{1}{2}$

キ．5　ク．$\dfrac{5\sqrt{2}}{2}$　ケ．-2　コ．$3x+1$　サ．t^3+t-10　シ．$\dfrac{1}{9}$　ス．2

セ．$\log_3 2$　ソ．$3\log_3 2+1$　タ．10　チ．p^2　ツ．$2p^2-8$　テ．$-\dfrac{17}{2}$

ト．$4\sqrt{2}+8$　ナ．$-4\sqrt{2}+8$

◀解　説▶

≪小問3問≫

〔1〕 $2\vec{a}-3\vec{b}=(1,\ 9)$ ……①，$-\vec{a}+2\vec{b}=(0,\ -5)$ ……②　のとき

①×2+②×3より

$$\vec{a}=2(1,\ 9)+3(0,\ -5)=(2,\ 3)\quad \rightarrow ア，イ$$

①+②×2より

$$\vec{b}=(1,\ 9)+2(0,\ -5)=(1,\ -1)\quad \rightarrow ウ，エ$$

このとき

$$\vec{a}+2\vec{b}=(2,\ 3)+2(1,\ -1)=(4,\ 1)$$
$$p\vec{a}+\vec{b}=p(2,\ 3)+(1,\ -1)=(2p+1,\ 3p-1)$$

$(\vec{a}+2\vec{b})\perp(p\vec{a}+\vec{b})$ となるのは，$(\vec{a}+2\vec{b})\cdot(p\vec{a}+\vec{b})=0$ のときであるから

$$4(2p+1)+1(3p-1)=0 \qquad \therefore\quad p=-\frac{3}{11}\quad \rightarrow オ$$

また，$(\vec{a}+2\vec{b})/\!/(q\vec{a}+\vec{b})$ となるのは，それぞれのベクトルの x 成分と y 成分の比が等しいときであるので，$q\vec{a}+\vec{b}=(2q+1,\ 3q-1)$ より

$$\frac{2q+1}{4}=\frac{3q-1}{1} \qquad \therefore\quad q=\frac{1}{2}\quad \rightarrow カ$$

次に

$$\begin{aligned}|\vec{a}+t\vec{b}|&=|(2,\ 3)+t(1,\ -1)|\\&=|(2+t,\ 3-t)|\\&=\sqrt{(2+t)^2+(3-t)^2}\end{aligned}$$

$$=\sqrt{2t^2-2t+13}$$

$$=\sqrt{2\left(t-\frac{1}{2}\right)^2+\frac{25}{2}}$$

であるので，$|\vec{a}+t\vec{b}|$ は $-2\leqq t\leqq 2$ より

$t=-2$ のとき　　最大値 $\sqrt{25}=5$　→キ

$t=\dfrac{1}{2}$ のとき　　最小値 $\sqrt{\dfrac{25}{2}}=\dfrac{5\sqrt{2}}{2}$　→ク

をとる。

〔2〕 $\begin{cases}\log_3(x+2)-\log_3(y+5)=-1 & \cdots\cdots① \\ 3^{x+1}+3^y=30 & \cdots\cdots②\end{cases}$

①において，真数条件より　　$x+2>0$，$y+5>0$

よって　　$x>-2$　→ケ，$y>-5$

また

$$① \iff \log_3(x+2)+1=\log_3(x+2)+\log_3 3=\log_3(y+5)$$

$$\iff \log_3 3(x+2)=\log_3(y+5)$$

$$\iff 3(x+2)=y+5$$

$\therefore$　$y=3x+1$　→コ

②において，$t=3^x$ とおくと，$y=3x+1$ より

$3^{x+1}+3^{3x+1}=30$　　$3^x+3^{3x}=10$

$t+t^3=10$　　$\therefore$　$t^3+t-10=0$　→サ

ここで，$x>-2$ により　　$t=3^x>3^{-2}=\dfrac{1}{9}$

よって　　$t>\dfrac{1}{9}$　→シ

であるから，$t^3+t-10=0$ の解は

$(t-2)(t^2+2t+5)=0$

$\therefore$　$t=2$　（$\because$　$t^2+2t+5=(t+1)^2+4>0$）　→ス

よって，$3^x=2$ より　　$x=\log_3 2$，$y=3\log_3 2+1$

したがって，与えられた連立方程式の解は

$x=\log_3 2$，$y=3\log_3 2+1$　→セ，ソ

このとき，$kx\geqq 6$ すなわち $k\log_3 2\geqq 6$ を満たす k は

$\log_3 2^k\geqq\log_3 3^6 \iff 2^k\geqq 3^6=729$

を満たす。

$2^9=512<729$，$2^{10}=1024>729$ であるので，これを満たす最小の整数 k の値は

$$k=10 \quad \to タ$$

〔3〕 $x^2-px+\frac{1}{4}q=0$ ……①

(a) ①は異なる2つの実数解をもつので，判別式を D とすると

$$D=p^2-4\cdot\frac{1}{4}q>0 \qquad \therefore \quad q<p^2 \quad \to チ$$

$x=\alpha$，β は，①の異なる2つの実数解であるので，解と係数の関係より

$$\alpha+\beta=p, \ \alpha\beta=\frac{1}{4}q$$

よって，$\alpha^2+\beta^2<4$ より

$$(\alpha+\beta)^2-2\alpha\beta<4 \qquad p^2-2\cdot\frac{1}{4}q<4$$

$$\therefore \quad q>2p^2-8 \quad \to ツ$$

(b) $2p^2-8<q<p^2$ を満たす領域 D_1 を図示すると，右図の網かけ部分となる（境界は含まない）。

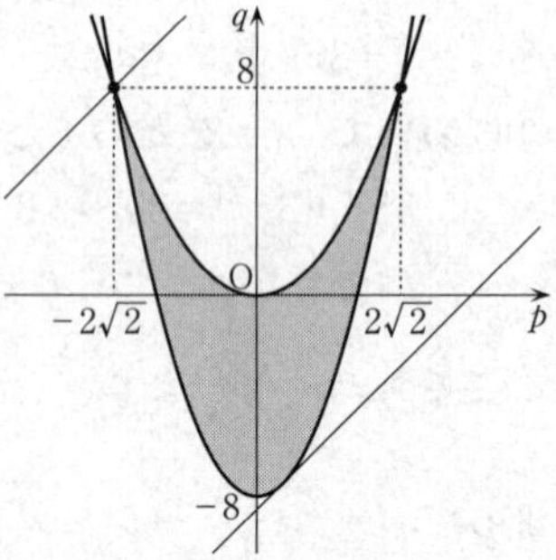

$-2p+q=k$ とおくと

$$q=2p+k \quad ……②$$

②は傾きが2で，y 切片が k である直線を表す。

②が点 $(-2\sqrt{2},\ 8)$ を通るとき

$$k=-2(-2\sqrt{2})+8=4\sqrt{2}+8$$

②が $q=2p^2-8$ と接するとき

$$2p+k=2p^2-8$$

$$2p^2-2p-(k+8)=0$$

この判別式を D' とすると

$$\frac{D'}{4}=1+2(k+8)=0 \qquad \therefore \quad k=-\frac{17}{2}$$

よって，右上図より，k のとり得る値の範囲は $-\frac{17}{2}<k<4\sqrt{2}+8$ である

から

$$-\frac{17}{2}<-2p+q<4\sqrt{2}+8 \quad \rightarrow テ，ト$$

(c)　$\alpha>0$ かつ $\alpha^2>\beta^2$ のとき，$-\alpha<\beta<\alpha$ であるので

$$p=\alpha+\beta>0$$

よって，$2p^2-8<q<p^2$ かつ $p>0$ を満たす領域 D_2 を図示すると，右図の網かけ部分となる（境界は含まない）。

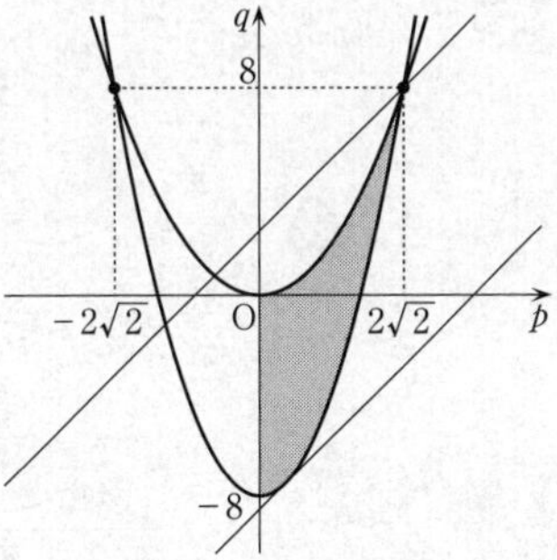

②が点（$2\sqrt{2}$，8）を通るとき

$$k=-2\cdot2\sqrt{2}+8=-4\sqrt{2}+8$$

よって，右上図より，k のとり得る値の範囲は $-\frac{17}{2}<k<-4\sqrt{2}+8$ であるから

$$-\frac{17}{2}<-2p+q<-4\sqrt{2}+8 \quad \rightarrow ナ$$

II　解答

ア．$\frac{1}{16}$　イ．$\frac{1}{4}$　ウ．$\frac{9}{16}$　エ．$\frac{5}{32}$　オ．$\frac{5}{16}$　カ．0

キ．$\frac{3}{4}$　ク・ケー③　コ．$\frac{7}{18}$　サ．$\frac{1}{2}$　シ．1

◀解　説▶

≪分配の不均等の度合いに関する考察，面積≫

$S_1=1000$，$S_2=3000$，$S_3=5000$，$S_4=7000$ のとき

$$a_1=\frac{1000}{16000}=\frac{1}{16},\quad a_2=\frac{3000}{16000}=\frac{3}{16},\quad a_3=\frac{5000}{16000}=\frac{5}{16},$$

$$a_4=\frac{7000}{16000}=\frac{7}{16}$$

より

$$b_1=a_1=\frac{1}{16} \quad \rightarrow ア$$

$$b_2=b_1+a_2=\frac{1}{16}+\frac{3}{16}=\frac{1}{4} \quad \rightarrow イ$$

$$b_3 = b_2 + a_3 = \frac{1}{4} + \frac{5}{16} = \frac{9}{16} \quad \to ウ$$

よって，ローレンツ曲線と $y=x$ とで囲まれる図形は下図の網かけ部分となる。

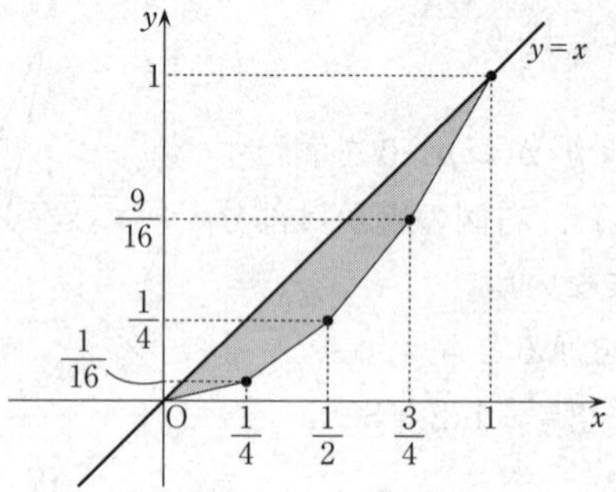

したがって，その面積は

$$\frac{1}{2} - \frac{1}{2}\cdot\frac{1}{4}\cdot\frac{1}{16} - \frac{1}{2}\cdot\frac{1}{4}\cdot\left(\frac{1}{16}+\frac{1}{4}\right) - \frac{1}{2}\cdot\frac{1}{4}\cdot\left(\frac{1}{4}+\frac{9}{16}\right) - \frac{1}{2}\cdot\frac{1}{4}\cdot\left(\frac{9}{16}+1\right) = \frac{5}{32}$$

→エ

また，直線 $y=x$ と x 軸，直線 $x=1$ とで囲まれる面積は $\frac{1}{2}$ であるので

$$\frac{5}{32} \div \frac{1}{2} = \frac{5}{16} \quad \to オ$$

$S_1 = S_2 = S_3 = S_4 = 4000$ のとき

$$a_1 = a_2 = a_3 = a_4 = \frac{1}{4}$$

より　　$b_1 = \frac{1}{4}$，$b_2 = \frac{1}{2}$，$b_3 = \frac{3}{4}$，$b_4 = 1$

となるので，ローレンツ曲線は $y=x$ と一致する。

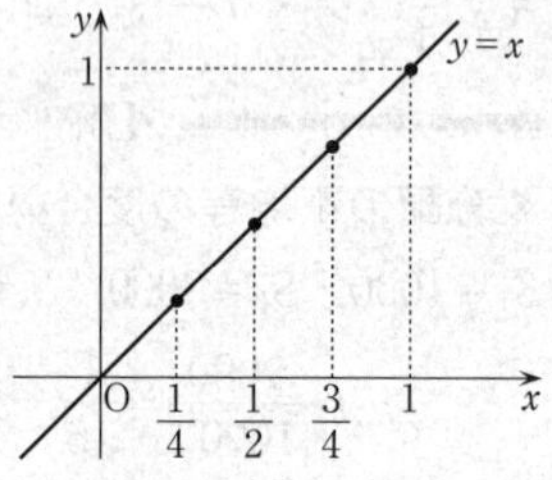

したがって，ローレンツ曲線と $y=x$ とで囲まれる面積は 0 であるので，ジニ係数は　　0　→カ

$S_1 = S_2 = S_3 = 0$，$S_4 = 16000$ のとき

$$a_1 = a_2 = a_3 = 0,\ a_4 = 1$$

より　　$b_1 = b_2 = b_3 = 0$，$b_4 = 1$

となるので，ローレンツ曲線は次ページの図のようになる。

したがって，ローレンツ曲線と $y=x$ とで囲まれる面積は $\dfrac{3}{8}$ であるので，ジニ係数は

$$\frac{3}{8}\div\frac{1}{2}=\frac{3}{4}\quad\rightarrow キ$$

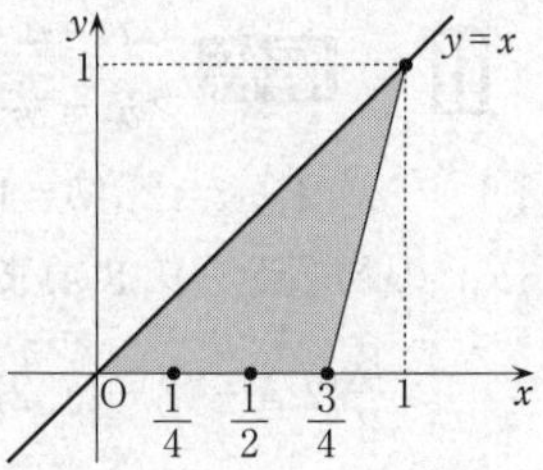

ジニ係数は，分配の不均等の度合いが小さい分配Bのときの値が0であり，分配の不均等の度合いが大きい分配Cのときの値が $\dfrac{3}{4}$ となる。

したがって，一般にジニ係数は，分配の不均等の度合いが小さいほど0（→ク）に近い値をとり，分配の不均等の度合いが大きいほど1（→ケ）に近い値をとる。

よって，［ク］，［ケ］の組み合わせで最も適当なものは　③

ローレンツ曲線が関数 $y=\dfrac{1}{3}x^3+\dfrac{2}{3}x^2$（$0\leqq x\leqq 1$）のとき，ローレンツ曲線と $y=x$ とで囲まれる面積は

$$\int_0^1\left\{x-\left(\frac{1}{3}x^3+\frac{2}{3}x^2\right)\right\}dx=\left[\frac{x^2}{2}-\frac{x^4}{12}-\frac{2}{9}x^3\right]_0^1$$

$$=\frac{7}{36}$$

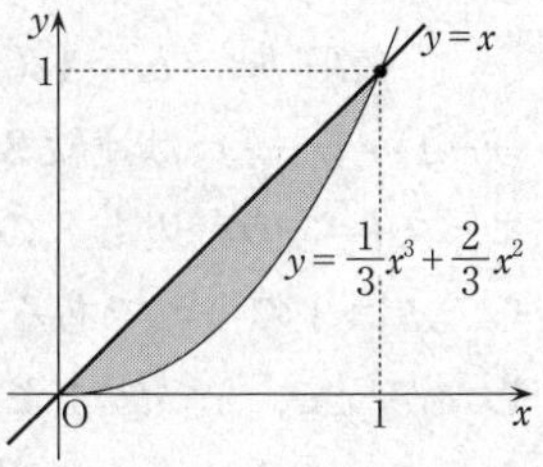

よって，ジニ係数は

$$\frac{7}{36}\div\frac{1}{2}=\frac{7}{18}\quad\rightarrow コ$$

ローレンツ曲線が方程式 $x^2+(y-1)^2=1$（$0\leqq x\leqq 1$，$0\leqq y\leqq 1$）のとき，ローレンツ曲線と $y=x$ とで囲まれる面積は

$$\frac{\pi}{4}-\frac{1}{2}$$

よって，ジニ係数は

$$\left(\frac{\pi}{4}-\frac{1}{2}\right)\div\frac{1}{2}=\frac{\pi}{2}-1\quad\rightarrow サ，シ$$

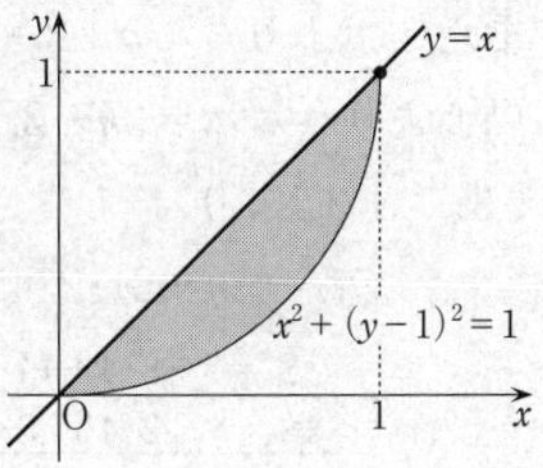

Ⅲ　解答

$$a_n=a+(n-1)d$$
$$b_n=br^{n-1}$$

〔1〕　$a=1,\ d=2,\ b=1,\ r=3$ のとき

$\{a_n\}$ の初項から第 8 項までの和は

$$\frac{8}{2}\{2\cdot 1+(8-1)\cdot 2\}=64$$

$\{b_n\}$ の初項から第 8 項までの和は

$$\frac{3^8-1}{3-1}=3280$$

よって　　$T_8=64+3280=3344$　……(答)

〔2〕　$P_n=a_n+b_n=a+(n-1)d+br^{n-1}$

$P_2=12,\ P_4=138$ より

$$a+d+br=12 \quad \cdots\cdots①$$
$$a+3d+br^3=138 \quad \cdots\cdots②$$

②−① より

$$2d+br^3-br=126 \qquad b(r-1)r(r+1)=2(63-d) \quad \cdots\cdots③$$

$(r-1)r(r+1)$ は連続 3 整数の積であるので，③の左辺は 3 の倍数。

よって，③の右辺も 3 の倍数であるので，$63-d$ も 3 の倍数となることから，d は 3 の倍数である。

したがって，$2<d\leqq 4$ より $d=3$，$2\leqq b<d=3$ より $b=2$ である。

よって，③より

$$2(r-1)r(r+1)=2\cdot 60 \qquad (r-4)(r^2+4r+15)=0$$

r は整数であるので　　$r=4$

また，①より　　$a+3+2\cdot 4=12$　　$\therefore\ a=1$

以上より　　$a_n=3n-2,\ b_n=2\cdot 4^{n-1}$　……(答)

〔3〕〔2〕より

$$Q_n=(3n-2)\cdot 2\cdot 4^{n-1}=(6n-4)\cdot 4^{n-1}$$

$$\begin{array}{rl} S_n= & 2+8\cdot 4+14\cdot 4^2+\cdots\cdots+\ (6n-4)\cdot 4^{n-1} \\ -)\ 4S_n= & \quad\ 2\cdot 4+\ 8\cdot 4^2+\cdots\cdots+(6n-10)\cdot 4^{n-1}+(6n-4)\cdot 4^n \\ \hline -3S_n= & 2+6\cdot 4+\ 6\cdot 4^2+\cdots\cdots+\qquad\quad 6\cdot 4^{n-1}-(6n-4)\cdot 4^n \end{array}$$

$$=(6+6\cdot 4+6\cdot 4^2+\cdots\cdots+6\cdot 4^{n-1})-4-(6n-4)\cdot 4^n$$
$$=\frac{6(4^n-1)}{4-1}-4-(6n-4)\cdot 4^n$$
$$=-6(n-1)\cdot 4^n-6$$

よって　　$S_n=2(n-1)\cdot4^n+2$　……(答)

〔4〕　$S_{76}=2\cdot75\cdot4^{76}+2=2^{153}\cdot3\cdot5^2+2$

であるから

$$\begin{aligned}\log_{10}(S_{76}-2)&=\log_{10}(2^{153}\cdot3\cdot5^2)\\&=153\log_{10}2+\log_{10}3+2\log_{10}5\\&=153\log_{10}2+\log_{10}3+2\log_{10}\frac{10}{2}\\&=153\log_{10}2+\log_{10}3+2(1-\log_{10}2)\\&=151\log_{10}2+\log_{10}3+2\\&=151\cdot0.3010+0.4771+2=47.9281\end{aligned}$$

よって，$47<\log_{10}(S_{76}-2)<48$ より

$$10^{47}<S_{76}-2<10^{48}$$

$$10^{47}+2<S_{76}<10^{48}+2$$

ここで，$S_{76}=2^{153}\cdot3\cdot5^2+2$ より S_{76} の一の位は 2 であるので

$$S_{76}\neq10^{48},\ 10^{48}+1$$

したがって，$10^{47}+2<S_{76}<10^{48}$ が成り立つことから，S_{76} の桁数は 48 である。　……(答)

◀解　説▶

≪等差数列・等比数列とその和，整数の桁数≫

〔1〕～〔3〕は等差数列・等比数列の典型的な問題であるが，〔2〕では b, d が整数であるという条件も用いないと値を求めることができない。

〔4〕は常用対数を用いて桁数を求めるという典型問題ではあるが，$S_{76}=2^{153}\cdot3\cdot5^2+2$ という式の形から $\log_{10}S_{76}$ を計算しようとしてもうまくいかないので，〔解答〕のように少し工夫が必要である。

❖講　評

Ⅰは小問 3 問で，〔1〕は平面ベクトルの成分に関する問題，〔2〕は指数関数・対数関数を用いた連立方程式，〔3〕は 2 次方程式の解と係数の関係と領域に関する問題である。どの問題も典型的な問題であるので，計算間違いをしないように丁寧に解答したい。

Ⅱはローレンツ曲線やジニ係数など，聞き慣れない用語が並んでいるが，問題文の説明をよく読んで解いていけば，問題としては難しくはな

いだろう。

Ⅲは〔1〕～〔3〕は数列の問題,〔4〕は常用対数を用いて桁数を求める問題である。計算の方針を立てること自体は難しくないが,〔2〕で整数問題の要素が含まれていることや,〔4〕で S_{76} ではなく $S_{76}-2$ の常用対数を考える必要があることなど,少し工夫が必要な問題も含まれている。

❖講　評

現代文の二題は、本文の読み取りは簡単ではないが、難解というわけではない。ただし、設問にはやや難しい問題もあるので、そこにこだわっていると時間が足りなくなる。

一は、ポピュリズムをテーマにした社会論からの出題。問1の書き取り、問2の読みはともに標準レベル。問3の箇所指摘は、七字という条件がヒントになるので標準レベルだろう。問4の空所補充も標準レベル。問5の内容説明は、選択肢を丁寧に確認する必要があり、やや難レベルである。問6の空所補充は、直後の部分から判断できるので、やや易～標準レベル。問7の欠文挿入箇所の問題は難レベルだろう。問8の内容説明は標準レベル。問9の内容真偽は、多少手間がかかるものの標準レベルだろう。問10の文学史は標準レベル。

二は、コンピュータゲームをテーマにした社会論からの出題。問1の四字熟語はやや易。問2の内容説明は、文章全体の主旨と関連させて判断しなければならないので、やや難レベルだろう。問3の内容説明は、設問の意図をきちんと理解する必要があった。やや難レベルだろう。問4の内容説明は標準～やや難レベル。問5の内容真偽は標準レベル。

三の古文は、歌論からの出題。本文の中に二つの引用があり、構造が複雑になっている。また、分量も多めであった。問1の助動詞の意味の確認は易レベルであるが、④はやや迷うかもしれない。問2の内容説明は標準レベル。問3の口語訳はやや易レベル。語意の問題に近い。問4の人物指摘は標準レベル。問5の内容説明も標準レベル。問6の箇所指摘は、「ものの上手のしわざ」とは何か、それを歌に当てはめるとどういうことになるのかと二段階で考えなければならないので、やや難レベルだろう。問7の内容真偽は、内容の適不適とともに、誰の意見であるかも確認しなければならないので、やや難レベル。問8の文学史は標準レベル。

四の漢文は、説話からの出題。問1の読みは、前後の文脈を考えて判断しなければならないので、やや難レベル。問2の書き下し文はやや難レベル。累加形の知識と文構造の把握という二つのポイントがある。問3の空所補充は、句法の理解が前提になるので、やや難レベルだろう。問4の内容真偽は標準レベル。

り」と。氷大いに惶怖す。然《しか》れども敢《あ》へて動かず。監司船の小にして装の狭《すくな》きを見、卒狂酔すと謂《おも》ひ、都《す》べて復た疑はず。自ら送りて浙江を過ぎ、山陰の魏家に寄せて免るるを得たり。後に事平《たいら》ぐるや、氷卒に報ひ其の願ふ所を適《かな》はしめんと欲す。卒曰はく、「廝下《しか》より出で、名器を願はず。少《わか》きより執鞭に苦しみ、恒《つね》に快く酒を飲むことを得ざるを患《うれ》ふ。其れをして酒足り余年畢《を》はらしめば、復た須《もと》むる所無し」と。氷為《ため》に大舎を起こし奴婢を市《か》ひ、門内に百斛《こく》の酒有りて其の身を終へしむ。時に謂《おも》へらく此の卒は唯《た》だに智有るのみに非ず、且《か》つ亦《ま》た生に達す。

▲解　説▼

問1　①「然」は順接と逆接の両方の場合がある。〝恐れていたが動かなかった〟という前後の論理関係から判断する。

②「為」も様々な読み方があるので要注意の語である。ここでは「卒の為に」の「卒の」が省略されている形である。

問2　「非唯」は累加形で、〝AだけでなくBも〟の意を表す。選択肢はいずれも「唯」を「唯だ」と読んでいるが、累加形であるので「唯だに～のみに非ず」と読む方が適切である。並列されているA・Bに当たる内容は、「有智」と「達生」である。これらの条件に合致するのは2と4だけだが、4は並列を表す「且」を「まさに～とす」と再読文字として読んでいるので不適。

問3　空欄A直前の「謂卒狂酔」から判断する。役人は兵が酔っぱらってでたらめを言っていると思ったので、兵の言ったことを信じなかったのである。だから、その船に氷がいるとは疑いもしなかったのである。〈すべて～打消〉と全否定の形になっていることにも注目。

問4　4は本文前半の内容と、「出自……復須」という兵の返事及びそれに続く部分に合致する。1の「主人に仕える者の当然の行為」などということを兵は言っていないので不適。2は兵が棹を振り回したのは「役人を追いや」るためではなく、酔っていることを強調するためなので不適。3は「嘘をついた」が不適。兵は本当のことを言ったが、役人が信じなかっただけである。5は「大きな恩賞を得た」が不適。兵は爵位などの恩賞を辞退し、酒が飲めることを望んだだけである。

解答

問1　①しかれども　②ために
問2　2
問3　4
問4　4

◆全　訳◆

蘇峻の乱で、庾氏の一族は逃げ散った。庾氷はその時に呉郡の長官だった。単身で逃げ出し、住民も役人も皆逃げ去った。郡の兵士一人のみが小船に氷を載せ、銭塘江の河口に出で、竹むしろで氷を覆って隠した。その時に峻は賞金を懸けて氷を捜し求め、至るところに命じて捜索し検問させることはたいへん厳しかった。兵が船を市場に面した岸に捨て、酒を飲んで酔って帰り、棹を振り回して船を指して言ったことには、「どこで庾呉郡（長官）を捜しているのか。この船の中にいるのがそうだ」と。（それを聞いて）氷はたいへん恐れた。しかし動こうとはしなかった。捜索の役人は船が小さく荷の置き場所も狭いのを見て、兵が酔っぱらって（でたらめを言って）いるのだと思い、まるで二度と疑わなかった。

（兵は）自ら（氷を）送って浙江を過ぎ、（氷は）山陰の魏家に身を寄せて難を免れることができた。後に事件が平定されると、氷は兵（の恩）に報いてその願いをかなえさせたいと思った。兵が言うことには、「（私は）身分の低い出であり、爵位やそれ相応の道具はいりません。若いころから賤しい仕事にこき使われ、いつも気持ち良く酒を飲むことができないのを残念に思っていました。酒が十分にあって余生を終えさせてもらったら、それ以上もとめるものはありません」と。氷はこの兵のために大きな家を建てて奴隷を買い、家の中に百斛の酒をたくわえてその一生を終えさせた。当時の人々はこの兵はただ知恵があるだけではなく、しかもまた人生の達人であると思った。

読み　蘇峻の乱に、諸庾《ゆ》逃散す。庾氷時に呉郡を為《をさ》む。単身奔亡し、民吏皆去る。唯《た》だ郡卒のみ独り小船を以て氷を載せ、銭塘口に出で、籧篨《きよぢよ》もて之を覆ふ。時に峻賞募し氷を覓《もと》め、所在に属《しよく》して捜し検《しら》べしむること甚だ急なり。卒船を市渚に捨て、因《よ》りて酒を飲み酔ひて還り、棹《さを》を舞はして船に向ひて曰はく、「何れの処にか庾呉郡を覓むる。此の中便《すなは》ち是《こ》れなどから、BとCがそれぞれ和泉式部、赤染衛門であると判断する。

問5　傍線㋒直後の「口に任せたることどもに、……さまでは心得じ」という部分を根拠にして、2と判断する。1は歌の巧拙とは別の観点からの評価であるので不適。3は「物足りなさが感じられる」が不適。紫式部の日記に「かならずをかしき一節目とまる」とある。4は「他人が詠んだ和歌を研究し」が本文になく不適。5は「つまらない作品も目立つ」が3と同じ理由から不適。

問6　傍線㋔直前の「針のたぐひ宝にあらねど」から、「ものの上手のしわざ」とは「櫛・針」など、宝とするには十分ではないけれども高度な技術が込められているようなものを指すと読み取れる。また傍線の後に、「大納言の、その心を会釈せらるべかりけるにや」とあるので、第一段落後半で大納言が和泉式部の歌を評している箇所に着目する。「はるかに照らせ」の歌を「いふにも及ばず」「やすく詠まれぬべし」とする一方で「こやとも人を」の歌を「凡夫の思ひ寄るべきことにもあらね」と評価していることから、「物の上手のしわざ」にあたる内容は2だと判断できる。

問7　1は第二段落の第二文に合致する。5は、最終段落第五文「歌よみのほどをまさしく定めむには、『こやとも人を』といふ歌を取る」とあり、歌人としての技量の点ではこの歌が上だと評価しているので合致する。2については、このように判断したのは「世間の人々」ではなく「大納言」なので不適。ただし、大納言は「難解」とは言っていない。3は、第一・二段落にあるように、二人の優劣論に「不審あり」と言っているのは「作者」ではなく「ある人」なので不適。作者は最終段落で「後の人定むべし」と述べている。4については、空欄Cの後でこのような意見を述べているのは「作者」ではなく紫式部なので不適。6については、最終段落最終文を参考にする。作者は「後世の人々」が評価すればよいと言っているだけである。

四

出典　『世説新語』〈任誕　第二十三　三十〉

た、歌の良し悪しも時代時代に従って変わるものだから、その時代（＝公任の時代）に「こやとも人を」という歌が勝る点もあったということを、一般には（世間の）人が理解できなかったのだろうか。（その評価は）後世の人が定めればよいだろう。

◀解　説▶

問1　①「問ふ」という行為が、定頼中納言の行為であることから判断する。直後で大納言が答えていることにも注目。
②「る」が四段活用動詞「詠む」の已然形に接続していることから判断する。③「こそ」の係り結びで已然形になっているので、打消の助動詞「ず」の活用形と判断する。④「詠ま」という未然形に接続している「るる」なので、文法的には自発、受身、尊敬のいずれかである。動作の主語は和泉式部なので、尊敬表現にはならない。また、受身ではつじつまが合わない。ここでは和泉式部がさほど意識せずに「口に任せ」て歌を詠んでいるということを意味している。

問2　「しか」は〝そのように〟の意。傍線㋐の直前に明示されているように、「ことわられける」（＝判断なさった）の主語は大納言（＝公任）であるから、1・3・5のうちから選ぶ。大納言が、赤染衛門より和泉式部を評価しており、和泉式部の歌では「こやとも人を」の歌を一番にあげていることから判断する。3はこれとは逆の内容であり、1は第二段落にあるように「ある人」の意見である。

問3　㋑「おぼつかなし」は〝はっきりしない〟の意。「なむ」は強意の係助詞。「はべる」は丁寧の補助動詞である。
㋓「ひがごと」は〝間違ったこと〟の意。

問4　空欄Aについては、直前の「式部・赤染が勝劣は、大納言一人定められたるにあらず」という部分を参考にする。〈和泉式部が勝っているというのは、大納言一人が決めたことではない〉ということは、大納言だけでなく、「世こぞりて」決めたものだということである。空欄Bと空欄Cについては、BがCに「身のふるまひ、もてなし、心用ゐる」に関して及びがたいという点をおさえる。直後の紫式部の日記の内容「和泉式部はけしからぬ方こそあれど」なている一面はあるけれど、気を楽にして手紙を走り書きしたときには、その方面の才能があることも、何ということもない言葉に美しさも見えるようです。歌（に関して）は本当の歌詠みではない。口にまかせて言ったことなどに、必ず面白い一節で目に留まるものを、詠み添えるようです。しかし、人の詠んだ歌を非難し判断するようなことは、さあさほどの心得はないだろう。ただ口にまかせて自然と歌を詠むようだ。すばらしい歌詠みだとは思わない。丹波守の北の方（＝赤染衛門）を、宮様や殿方のあたりでは、（夫の丹波守大江匡衡にちなんで）匡衡衛門などと呼びます。特に高い身分というわけではないけれど、本当に風格があって、歌詠みだといって、すべてのことにつけて詠み散らしたりしないけれど、（世に）聞こえてくるかぎりでは、ちょっとしたときのこと（＝詠んだ歌）も、それこそこちらの気が引けるようなすばらしい詠みぶりでございます」と書いている。こういうわけなので、当時は人柄のために否定されて、歌の方も思うほど取り上げられないけれど、本当には（歌の）上手であるので、秀歌も多く、折に触れて、間をおかずに詠み置くので、選集などにもたくさん（の歌が）入っているのだろう。

　さて、前記の和泉式部の歌にとっての優劣は、公任卿の判断がそうは言えない（＝間違っている）ということでもなく、（また）今の不審（＝公任卿の判断への不審）が間違いなのでもない。これはよく理解して区別するべきことである。歌は、作為を施した風情や巧みさははなはだしいけれど、その歌の品格を定めるときには、それほど評価されないこともある。また、思いついたことは及びがたいわけでもないが、ちょっと聞くと崇高さもあり、華やかにも思われて、詩的雰囲気が浮かぶ歌もありますよ。だから、結局のところ、歌詠みの程度を正しく判定するには、「こやとも人を」という歌を取るとしても、和泉式部の秀歌はどれかと選ぶには、「はるかに照らせ」という歌が勝っているに違いない。たとえば、道のかたわらでなんとなく見つけたとしても、黄金は当然に宝である。大変巧みに作り上げても、櫛・針などのようなものは、けっして宝とするには十分ではない。また、心の動きを言うときには、黄金を得たことは、まったく持ち主の栄誉ではない。針のようなものは宝ではないけれど、これこそを上手がしたことと定めるべきであるようなものだ。そうであるから、大納言が、その意味で（針にあたる「こやとも人を」が卓越していると）解釈なさったのだろうか。もしくはま

◆全　訳◆

ある人が言うことには、「『俊頼髄脳』で、定頼中納言が、(父の)公任大納言に、和泉式部と赤染衛門との劣り勝りを問いなさる(箇所がある)。大納言の言うことには、『和泉式部は「津の国の……(＝さあ来いというべきですが、その機会がありません)」と詠んだ者である。(赤染衛門と)同等に言うべきではない(＝和泉式部の方が上である)』とありましたので、中納言が重ねて言うことには、『和泉式部の歌には、「暗きより……(私は闇から闇へと入り込んでしまいそうです。山の端の月よ、遠くから私を照らしてください)」という歌こそを、世の中の人は秀歌と申しているようです』と言う。大納言が言うことには、『それは世の中の人が道理のわからないことを言うのだよ。暗きより暗きに入ることはお経に(「従冥入於冥」と)ある文句なので、言うにも及ばない。下の句はまた上の句に引かれて、安易に詠まれたのだろう。「こやとも人をいふべきに」と言って「隙こそなけれ蘆の八重葺き」と言ったのが、凡夫(＝才能のない者)が思いつけることではない』と答えられたということがあったようです。

このことに二つの不審点がある。一つには、和泉式部が勝っていると(大納言は)判断されたけれど、その頃のしかるべき歌会、晴れの(席の)歌合わせなどを見ると、赤染衛門を盛んに賞賛して、和泉式部は(選に)漏れたことも多い。(もう)一つには、和泉式部の二首の歌を今見ると、『はるかに照らせ』という歌は、言葉も姿もことのほかに格調高く崇高で、また詩的雰囲気もある。どうして大納言はそのように(＝『こやとも』が優れていると)判断されたのだろうか。あれやこれやはっきりしないことです」と言う。

私は、試しにこれを解釈する。

和泉式部・赤染衛門の優劣は、大納言一人がお決めになったことではない。世の中の人々がそろって、和泉式部(の方)を優れていると思っている。そうであるが、人の行いは本人が生きている間には、その人柄によって優劣が決められることがある。歌の方は和泉式部がくらべる者がないほどの上手であるけれど、身のふるまい、おこない、心配りなどは、赤染衛門には及びがたかったのではないだろうか。紫式部の日記というものを見ましたところ、「和泉式部は常軌を逸し適。5の「文章を読む煩わしさが原因で」が不適。「テキストを読ませることをシステムの中心に」しているので、「テクノロジーの発展と歩調を合わせて進化するべきものではなかったから」（第十三段落第五文）である。

問5　3が第十三・十四段落の内容に合致する。1の「クリエイターには通信機能上の進化を取り入れた発想」は、ノベルゲームではなく、『ポケットモンスター』でのことである（第三段落）。2については、東浩紀がゲームを評価したのはその「物語性」（最終段落）であって、「テクノロジーに大きな足跡を残した」からではないし、また実際に足跡は残せなかった。4については、ノベルゲームが目指したものは「ノスタルジーへの回帰」ではなく、「物語性の追求」（最終段落）であるので不適。5は「実験と実践が深められた」のが「九〇年代」と限定しており不適。「読むゲーム」が「大きな注目を集める」のは九〇年代だが（第十二段落第一文）、第十四段落にあるように、「マイナーな市場」で「以後、物語の実験と実践が深められていく」のである。

三

出典　鴨長明『無名抄』〈式部赤染勝劣事〉

解答

問1　①－4　②－5　③－2　④－1

問2　5

問3　㋑はっきりしないことです　㋓間違いなのでもない（㋑・㋓とも一〇字程度）

問4　3

問5　2

問6　2

問7　1・5

問8　4

◀解　説▶

問1　テクノロジーがどのように進歩しているかを考える。5の「日進月歩」は〝日ごと月ごとに、たえず進化すること〟の意。1の「一日千秋（＝待ち望む気持ちが非常に強いこと）」、2の「一進一退（＝進んだり退いたりすること）」、3の「十年一日（＝長い期間変わることなく同じ状態であること）」は明らかに不適。4の「独立独歩（＝独立して他から支配も影響も受けずに自分の思うとおりにやること）」も、テクノロジーとゲームの関連がこの文章のテーマであるから不適と判断できる。

問2　この文章全体の主旨と関連している。第七・八段落に合致する1が正解。2と4については、前段落にあるように、ゲーム史が一般には技術の進化と関連して述べられていることに反するので不適。3については、選択肢の前半の内容と後半の内容が「のに」と逆接で接続されている論理関係が本文の内容に反する。5の「進化の過程や要因がなおざりにされ」るという内容は本文にない。

問3　設問の要求に注意。「筆者の問題意識」を問うているので、この文章全体の主旨を踏まえる必要がある。「筆者の問題意識」は第七段落にあるように、「ゲームという文化」の「人々の意志の反映としての歴史」にある。よって正解は2である。1は「社会学的な側面」が本文になく不適。3の「クリエイター」や5の「プレイヤー」の意志という観点だけでは不十分である。4の「娯楽性の高低でしかなされない」という内容が、第五段落の「九〇年代からは……せいぜいエンタテインメントとしての水準の高低で評価されるようになった」に照らして言い過ぎである。

問4　傍線㋒の直後に「以上のような経緯を指す」とあるので、傍線前の内容（第十三・十四段落）を整理すればよい。ポイントは「物語の実験と実践が深められていく」ということである。よって正解は4である。1は「プレイヤーの意志とはかけ離れていった」の部分が、「スタンダードとしての地位を築いていった」（第十四段落第一文）という内容と合わない。2は「物語性の追求……必要がなくなったため」という部分が、ゲームの主流となった作品が発展した理由として不適。3については、ノベルゲームは「社会的な世相の反映」と無関係だとは述べられていないので不はそのうちの一つにすぎず」とある。5については、「王が……殺害されてしまった時、インカ族の……世界はあっけなく崩壊した」（第十六段落最終文）とあるので、その後に行われた「植民地化」には起因しない。6は「軍の高官たちは軍事クーデタも辞さない覚悟で……行動に出ようとした」が不適。そういう事態につながる危険性も想定できるというのが筆者の考えである。

二

出典　さやわか「排除のゲーム史」（大澤聡編著『1990年代論』河出ブックス）

解答

問1　5

問2　1

問3　2

問4　4

問5　3

◆要　旨◆

コンピュータゲームはコンピュータテクノロジーの発展と歩調を合わせるように方向付けられ進化する。しかしテクノロジーの発展だけが拠り所となると、ゲーム史は技術発展史あるいは産業史としての側面のみが強調され、ゲームという文化についての、人々の意志の反映としての歴史から遠ざかることになってしまう。テクノロジーの発展とは無関係な要素やテクノロジーを拒否したようなケースも検討すべきである。ノベルゲームは九〇年代に大きな注目を集めたが、コンシューマゲーム市場から後退し、パソコン向けゲームというマイナーな市場に移った。そこで実験と実践が深められていくが、その深化はメインストリームのゲームから排除されたことによって成立したのである。

主義を並列させていないし、右にあげた三点目への言及がない。

問6　空欄B直後の「みずからを安全な立場に置いた上で」という部分から判断する。

問7　挿入文の「つまり」という接続語に注目する。挿入する部分の直前の内容と挿入文とが同じ内容にならなければならない。その観点でそれぞれの挿入場所の直前部分をチェックする。〈6〉の直前に「投票による民意は時代を超えたより大きな多数者を代弁することができない」とあり、挿入文の内容と一致する。

問8　第十七段落以降で、トランプ大統領の出現により、大統領職が前提とする社会全体の信憑性構造の揺らぎが問題となり、「文民統制そのものの破れ」（最終段落）が危惧される事態になったと述べられている。これは3の「文民統制の崩壊を招き」に合致する。一方で、第十六段落には「信憑性構造とは、個々人が世界を真実のものと認識するのに必要な社会的基盤のことである」とあり、インカ族の「信憑性構造は根本から破壊され、彼らの世界はあっけなく崩壊した」とあることから、信憑性構造が揺らげば、その社会を維持していくことが困難になるのだと考えられる。これは3の「信憑性構造が揺らぐと……社会秩序の破綻を引き起こしかねない」に合致する。以上から、3が適当である。1は、国家が「民主的な法治国家としての正統性を失」うと「世界を震撼させる」というような因果関係は本文で述べられていないので不適。2は大統領職にある者「個人」の問題に矮小化しているので不適。4は、「テロリスト集団との戦いがおろそかになる」というような記述は本文にないので不適。5については、「大統領の信憑性構造が揺らぐ」と、軍の「宗教的な神聖さ」が失われるという関係にはないので不適。6は、「文民統制の破綻」とは「大統領が軍の指揮権を失い、軍が大統領の命令を無視してみずからの判断で行動する」（最終段落第三文）ことであり、軍の正統性から導かれるものではないので不適。

問9　2は第七段落の内容に合致する。1は「選挙制度の矛盾による」が不適。第五段落の内容に照らしても「矛盾」は言い過ぎであるし、また、選挙制度だけが原因なのではない。3の「権力を握ると二度と手放したくなくなり」という内容は文中にない。4は「多数決原理は重要な要素であり」という部分が不適。第十四段落第二文に「多数決原理れるものに不満や怒りをぶつけることが可能になるため、自らの主体的な世界参加を実感することができ、自己の正統性を堪能する機会を与えられる。ただし、正統が正統としての権威をもつためには、背後に信憑性構造が必要である。信憑性構造は個々人の世界認識に必要な社会的基盤であり、揺らいではならないものである。

▲解　説▼

問３　まず、傍線㋐の直前に「この点に」とあるので、その直前の部分を確認する。主義主張の観点からは「一つの定義のもとに包摂することはできない」多様性があるということである。その原因は、〈世界観的な厚みの欠如をさまざまなイデオロギーで繕おうとする〉ことにある（第三段落第三文）。次に、その内容に合うような七字の部分を文中から探す。「融通無碍な（＝何ものにもとらわれることなく自由である）性格」（第三段落最終文）が、ポピュリズムの方向性や一貫性のない性格を言い表しており、解答となる。

問４　空欄Ａの段落で述べられているように、民主的な社会では人々の価値観は重層的であるが、現代の投票制度ではきめ細かく民意を問うことはできない。その結果、投票で過半数を得たものは、全国民の代表者を僭称するのである。全国民の代表であるなら、それを根拠に何でもできることになる。この「何でもできる」に当たる選択肢を選ぶ。５の「フリーハンド」は〝自分の裁量で自由に行動できること〟である。

問５　第十段落から第十三段落の内容を整理する。一点目はポピュリズムが宗教的な善悪二元論の様相を帯びること、二点目は善悪二元論によって、人々が不満や怒りをぶつけることが可能になること、三点目はそれによって人々が「『正統性』」の意識をもち、主体的な世界参加の道が開かれていると実感することである。この内容をおさえているのが２である。１は「熱情の排出手段が反知性主義であり」という部分が不適。第七段落第一文にあるように、ポピュリズムは「反知性主義と一体になって表現される」が、「手段」ではない。３は「ポピュリズムのもつ妥協と調整の世界観」が不適。第十二段落にあるように、ポピュリズムは妥協しない。４は「人びとの代弁者となり得た」が不適。第十四段落にあるように、ポピュリズムは部分の代表でしかない。５については、本文ではポピュリズムと原理

国語

一

出典　森本あんり『異端の時代――正統のかたちを求めて』〈終章　今日の正統と異端のかたち〉（岩波新書）

解答

問1　①繕　③封殺

問2　②まと　④しせい

問3　融通無碍な性格

問4　5

問5　2

問6　1

問7　〈6〉

問8　3

問9　2

問10　4

◆要　旨◆

ポピュリズムは、特定の狭いアジェンダへの賛否で有権者を二分する。そして、投票による過半数を獲得した時点で、全体を僭称し、反対者を圧倒しようとする。ポピュリズムが市民に支持される事情は、社会的な不正義の是正を求める人々の情熱を受け止めるからである。ポピュリズムは権力を握ると、宗教的な善悪二元論の様相を帯びる。人々は悪とさ

■学部個別配点方式(文系型)　※ APU は英語重視方式

問題編

▶試験科目

【法・産業社会・国際関係(国際関係学専攻)・文・映像(文系型)・経営・政策科・総合心理(文系型)・スポーツ健康科・食マネジメント学部, APU(英語重視方式)】

教　科	科　　目
外国語	コミュニケーション英語Ⅰ・Ⅱ・Ⅲ, 英語表現Ⅰ・Ⅱ
選　択	日本史Ｂ, 世界史Ｂ, 地理Ｂ, 政治・経済,「数学Ⅰ・Ⅱ・Ａ・Ｂ」から１科目選択
国　語	〔文学部以外, APU〕 国語総合, 現代文Ｂ, 古典Ｂ（漢文の独立問題なし） 〔文学部〕 国語総合, 現代文Ｂ, 古典Ｂ（漢文の独立問題あり。ただし現代文１題との選択）

【経済(経済専攻)学部】

教　科	科　　目
外国語	コミュニケーション英語Ⅰ・Ⅱ・Ⅲ, 英語表現Ⅰ・Ⅱ
数　学	数学Ⅰ・Ⅱ・Ａ・Ｂ
国　語	国語総合, 現代文Ｂ, 古典Ｂ（漢文の独立問題なし）

▶配　点

学部		外国語	選択	数学	国語	合計
法・総合心理（文系型）・スポーツ健康科		150	100		150	400
産業社会		100	200		100	400
国際関係（国際関係学専攻）		100	100		100	300
文	人間研究学域・日本文学研究学域・東アジア研究学域・言語コミュニケーション学域	100	100		200	400
文	日本史研究学域・国際文化学域・地域研究学域	100	200		100	400
文	国際コミュニケーション学域	200	100		100	400
映像（文系型）・政策科		100	150		100	350
経営	国際経営	200	100		100	400
経営	経営	120	150		100	370
経済（経済専攻）		100		150	100	350
食マネジメント		150	150		100	400
APU（英語重視方式）		150	(100)		(100)	250

▶備　考

- 「数学Ｂ」は「数列，ベクトル」から出題。
- 文学部の国語において，選択の現代文と漢文の両方を解答した場合は高得点の方を採用する。
- APU の英語重視方式は，英語・国語・選択科目の３教科すべてを受験し，「英語得点」+「国語または選択科目の高得点」の２教科で合否判定を行う。

英語

(80分)

I　次の文を読んで，問いに答えなさい。

With the widespread increase of smartphones, it's easy to assume that the era of the paper map is over. The attitude that digital is better than print is what I call "technochauvinism." However, a glance at the research reveals that the paper map is still important in the digital era, and there are definite advantages to using print maps.

One such advantage is related to the acquisition[1] of knowledge. Cognitive[2] scientists generally make a distinction between surface knowledge and deep knowledge. Experts have deep knowledge of a subject or a geography; amateurs have surface knowledge. Digital tools are good for acquiring surface knowledge. Answering the question, "How do I get from the airport to my hotel in a new-to-me city?" is a pragmatic[3] problem that requires only shallow information to answer. If you're traveling to a city for only 24 hours for a business meeting, there's usually no need to learn much about a city's geography.

Print maps help you acquire deep knowledge faster and more efficiently. When you live in a place, or you want to travel meaningfully, deep knowledge of the geography will help you to navigate[4] it and to understand its culture and history. For me, the difference between deep knowledge and surface knowledge is the difference between what I know about New York City, where I have lived for years, and San Francisco, which I have visited only a handful of times. In New York, I can tell you where all the neighborhoods are and which train lines to take. I've invested a lot of time in looking at both paper and digital maps of New

York. In San Francisco, I've only ever used digital maps to navigate from point to point. This difference indicates that I lack a mental image of San Francisco, which in academic terms is called a cognitive map.

Our brains encode[5] knowledge into a cognitive map. "When the human brain gathers visual information about an object, it also gathers information about its surroundings, and associates the two," wrote researchers in a 2017 study. Reading in print makes it easier for the brain to encode knowledge and to remember things. Sensory cues[6], like unfolding the complicated folds of a paper map, help create that cognitive map in the brain and help the brain to retain the knowledge. The same is true for a simple practice like tracing out a hiking route on a paper map with your finger. The physical act of moving your arm and feeling the paper under your finger gives your brain sensory cues that contribute to the formation and memorization of the cognitive map.

Another factor in the paper versus[7] digital debate is accuracy. Obviously, a good digital map is better than a bad paper map, just like a good paper map is better than a bad digital map. Technochauvinists may believe that all digital maps are good, but just as in the paper world, the accuracy of digital maps depends entirely on the level of detail and fact-checking invested by the company making the map. Keen attention to detail is necessary to keep digital maps up to date, as conditions in the real world change constantly. Software companies are always updating their maps and will have to do so regularly for as long as they continue to publish them. The maintenance required for digital content is substantial, which is a cost that technochauvinists often ignore. In my view, it's easier to forgive the errors in a paper map. Physical maps usually include an easily visible publication date so users can see when the map was published. When you are driving and passively following the spoken GPS directions of a navigation system, and there is, say, an unmarked exit, it confuses the system and causes chaos among the people in the car. Some of the deeper issues of digital maps are not readily apparent to the public. Digital systems, including maps, are more interconnected[8] than most people realize. Mistakes, which are inevitable, can spread and create more trouble than anyone expects.

A technochauvinist attitude assumes everything in the future will be digital. But what happens if a major company stops offering its maps? What happens when the satellite data, which powers smartphones and GPS systems, isn't broadcast because of a government shutdown? Right now, ambulances and fire trucks can keep a road map in the front seat in case electronic navigation fails. If society doesn't maintain physical maps, emergency services won't be able to get to addresses when there is a fire or someone is critically ill. Also, interrupting a country's GPS signals is a realistic hacking tactic[9]. The US Navy has begun again to train new members in star-based navigation, a technique that dates back to ancient Greece, as a guard against digital systems getting hacked.

My conclusion is that it should not be a competition between physical and digital. In the future, people will continue to need both kinds of maps. Instead of arguing whether paper or digital is better, people should consider what map is the right tool for the task.

(Adapted from a work by Meredith Broussard)

(注)

1. acquisition　獲得
2. cognitive　認知の，認知に関する
3. pragmatic　実用面での，実際的な
4. navigate　移動する，見てまわる
5. encode　変換する
6. sensory cue　感覚による刺激，手がかり
7. versus　…対～
8. interconnected　互いにつながり合っている
9. hacking tactic　（コンピューターのシステムなどに）不正に侵入する手段

〔1〕本文の意味，内容にかかわる問い(A)〜(D)それぞれの答えとして，本文にしたがってもっとも適当なものを(1)〜(4)から一つ選び，その番号を解答欄にマークしなさい。

(A) Which of the following would a technochauvinist most likely agree with?

(1) The era of the paper map is just beginning.

(2) A paper map has less value than a digital one.

(3) Research has shown the need for both paper and digital maps.

(4) A person's choice of map should be based on their access to a smartphone.

(B) According to the author, who would find a paper map most useful?

(1) A longtime resident of a particular city

(2) A researcher who studies cognitive science

(3) A businessperson arriving in a city for a meeting

(4) A tourist looking for the nearest bus to the airport

(C) What is true about cognitive maps?

(1) Hiking is the key to forming them.

(2) Digital materials are better for forming them.

(3) Your age determines how well you develop them.

(4) Movement and touch play a role in developing them.

(D) Which disadvantage of digital maps is NOT mentioned?

(1) Digital maps can be inaccurate.

(2) Digital maps require access to expensive devices.

(3) Incorrect information on digital maps can spread quickly.

(4) Digital maps are less efficient than paper maps for encoding information in our brain.

〔2〕次の(1)～(5)の文の中で，本文の内容と一致するものには1の番号を，一致しないものには2の番号を，また本文の内容からだけではどちらとも判断しかねるものには3の番号を解答欄にマークしなさい。

(1) Using a paper map helps newcomers understand a city's history.

(2) The accuracy of a digital map is dependent on how much money is spent on maintaining it.

(3) It is less likely for digital maps to have problems because they are interconnected.

(4) Technochauvinists tend to be young and skilled in using technology.

(5) According to the author, physical maps are superior to digital ones.

〔3〕本文の内容をもっともよく表しているものを(1)～(5)から一つ選び，その番号を解答欄にマークしなさい。

(1) New methods of navigation

(2) Why paper maps are still important now

(3) The difference between deep and surface knowledge

(4) Choosing the best map for your next trip to a new city

(5) Research on how cognitive maps are formed in the brain

Ⅱ　次の文を読んで，問いに答えなさい。

Pizza is the world's favourite fast food. The story of how the simple pizza came to enjoy such global popularity reveals much about the history of migration[1], economics and technological change.

People have been eating pizza, in one form or another, for centuries. But it was in late 18th century Naples, Italy that the pizza [(A)] came into being. Under the Bourbon kings, Naples had become one of the largest cities in Europe — and it was growing fast. Despite this growth, as the urban economy [(B)] , more and more of the city's inhabitants fell into poverty. The poorest of these were known as *lazzaroni*. Always rushing about in search of work, they needed food that was cheap and easy to eat. Pizzas met this need. Sold by street sellers carrying huge boxes under their arms, the pizzas would be cut to meet the customer's budget or appetite.

The simplest were topped with nothing more than garlic, oil and salt. But others included *caciocavallo* (a cheese), *cecenielli* (a fish) or basil. Some even had tomatoes on top. Only recently introduced from the Americas, tomatoes were still a curiosity, looked down upon by Italian people at that time. But it was because of (あ) their unpopularity, and hence their low price, that they were included as a topping. Gradually, the *lazzaroni's* status improved, and this inspired the appearance of the first pizza restaurants. Despite this fact, however, pizza was still food for low-class people. When the first cookbooks appeared in the late 19th century, they purposely [(C)] pizza. Even those dedicated to Neapolitan food did not like to mention it.

(い) All that changed after Italian Unification[2]. While on a visit to Naples in 1889, King Umberto I and Queen Margherita grew tired of the complicated French dishes they were served for breakfast, lunch and dinner. Quickly called to prepare some local food for the queen, the pizza chef Raffaele Esposito cooked three sorts of pizza: one with oil, *caciocavallo* and basil; another with *cecenielli*; and a third with tomatoes, mozzarella cheese and basil. The queen was delighted. Her favourite — the last of the three — was later named Pizza Margherita in her honour. This(う) signaled an important shift. Queen Margherita's approval not only promoted the pizza from being a food fit only for *lazzaroni* to being something a royal family could enjoy, but also transformed pizza from a local into a truly national dish. It [(D)] the notion that pizza was a true Italian food, just as well known as pasta.

Nevertheless, pizza was slow to move out of Naples. The initial push was provided by migration. From the 1930s, a growing number of people moved northwards in search of work, taking their cuisine[3] with them. This trend(え) was accelerated[4] by war. When soldiers invaded Italy in 1943 and 1944, they were so impressed by the pizza they encountered in the Campania region that they asked for it wherever else they went. But it was tourism — [(E)] the declining cost of travel in the postwar period — that really strengthened pizza's position as a truly Italian dish. As tourists became increasingly curious about Italian food, pizza quickly spread throughout Italy.

[(F)], it was in America that pizza found its second home. By the end of the 19th century, Italian emigrants[5] had already reached the East Coast of the US; and in 1905, the first pizza restaurant was opened in New York City. Soon, pizza became an American tradition. Shortly after the US entered the Second World War, a man named Ike Sewell attempted to attract new customers to his newly opened pizza restaurant by offering a much heartier version of the dish, complete with a deeper, thicker crust[6] and richer, more abundant toppings — usually with cheese at the bottom and a mountain of tomato sauce poured on top of it. In time, these were even joined by a Hawaiian version, topped with ham and pineapple — much to the surprise of people from Naples.

From the 1950s, the rapid pace of economic and technological change in the US transformed the pizza even more. Two changes are worthy of note. The first was the domestication[7] of pizza. As incomes grew, fridges and freezers became more and more common and demand for convenience foods increased, (G) the development of the frozen pizza. It was designed to be taken home and cooked whenever you wanted; ㋔<u>this</u> required changes to be made to the recipe. Instead of being scattered with generous slices of tomato, the base was now covered with a smooth tomato paste, which served to prevent the dough[8] from drying out during oven cooking; and new cheeses had to be developed to tolerate[9] freezing. The second change was the commercialisation[10] of pizza. With the growing (H) of cars and motorcycles, it became possible to deliver freshly cooked food to customers' doors — and pizza was among the first dishes to be served up. In 1960, Tom and James Monaghan established a pizza restaurant in Michigan and, after winning a reputation for speedy delivery, took their company across the nation. They and their competitors expanded abroad, so that now there is not a city in the world where pizza cannot be found.

(Adapted from a work by Alexander Lee)

(注)

1. migration　移住
2. Italian Unification　イタリア統一運動
3. cuisine　(その土地の) 料理
4. accelerate　加速する
5. emigrant　(他国への) 移民
6. crust　クラスト (焼いた後のピザの生地の部分)
7. domestication　家庭で調理できるようにすること
8. dough　(ピザの) 生の生地
9. tolerate　耐える
10. commercialisation　商業化

〔1〕本文の (A) ～ (H) それぞれに入れるのにもっとも適当なものを(1)～(4)から一つ選び，その番号を解答欄にマークしなさい。

出典追記：A History of Pizza, History Today Vol 68 Issue 7 by Alexander Lee

(A) (1) as a fancy food　　(2) as a frozen food
(3) as we had mentioned　　(4) as we now know it

(B) (1) changed for the better　　(2) followed the same patterns
(3) generated more jobs　　(4) struggled to keep pace

(C) (1) criticized　　(2) ignored
(3) promoted　　(4) sponsored

(D) (1) challenged　　(2) changed
(3) introduced　　(4) rejected

(E) (1) in need of　　(2) instead of
(3) stimulated by　　(4) weighed down by

(F) (1) Again　　(2) However
(3) Therefore　　(4) Thus

(G) (1) bringing about　　(2) delaying
(3) limiting　　(4) taking over

(H) (1) costs　　(2) maintenance
(3) pollution　　(4) popularity

〔2〕下線部㋐～㋔それぞれの意味または内容として，もっとも適当なものを(1)～(4)から一つ選び，その番号を解答欄にマークしなさい。

㋐ their
(1) pizzas’
(2) tomatoes’
(3) the Americas’

(4) Italian people's

㋑ All that

(1) The status of *lazzaroni*

(2) The reputation of pizza

(3) The popularity of Neapolitan cookbooks

(4) The introduction of curious foods from America

㋒ This

(1) The unification of Italy

(2) The creation of three varieties of pizza

(3) The serving of complicated French cuisine

(4) The Royal Family's enjoyment of the pizzas

㋓ This trend

(1) Pizza remaining a local dish

(2) Pizza spreading beyond Naples

(3) The initial push towards Naples

(4) The move to Naples from the North

㋔ this

(1) growing income

(2) selling pizzas in frozen form

(3) the need for convenience stores

(4) purchasing refrigerators and freezers

Ⅲ

〔1〕次の会話の ㋐ ～ ㋓ それぞれの空所に入れるのにもっとも適当な表現を(1)～(10)から一つ選び，その番号を解答欄にマークしなさい。

A call from a friend

A：Hi, Sara. How is Kyoto? (㋐)

B：Hi, Ken. Yes, we just moved yesterday. Now we have bad weather heading our way tomorrow. We're not prepared!

A：Tomorrow? Oh, no! Have you picked up things around the outside of your house that might be blown away? You should do that before the wind gets too strong.

B：The only things outside are empty boxes from the move. We can fold them up and put them inside.

A：That's good. (㋑)

B：Our house doesn't have any, unfortunately. Maybe we can tape some of the boxes to the windows instead. I hope that we don't have to leave our house. I don't know where the shelter is.

A：You should have received that information from the city hall when you registered your move.

B：If I did, it was probably written in Japanese. (㋒) My Japanese hasn't improved much since I last saw you.

A：Not to worry. Have you registered your child in elementary school yet? That's probably where you would go, but you should check with your neighbors to be sure.

B：Yes, that would probably be the best place for a shelter. (㋓) I guess that we'd better go introduce ourselves to them. Wish us luck!

(1) I must have missed it.

(2) I filled out my registration.

(3) Have you found a house yet?

(4) Remember to lock your doors, too.

(5) Are you looking forward to your move?

(6) We haven't actually met our neighbors yet.

(7) The English version should be on the back.

(8) Also, be sure to properly shut your shutters.

(9) Our neighbors said that we should wait to move.

(10) There was an announcement that school was cancelled.

〔2〕次の会話の ㋕ ～ ㋘ それぞれの空所に入れるのにもっとも適当な表現を(1)～(10)から一つ選び，その番号を解答欄にマークしなさい。

At an information office

A：Welcome to the Mall of the World. (㋕)

B：Hello. I'm looking to buy a gift card for the movie theater. Where can I buy them?

A：You'll need to go to the movie theater. (㋖)

B：Actually, I was trying to find it before I came here, but I'm afraid I need a map. I think I'm lost.

A：(㋗) That's why we're here. Here's a map of the mall.

B：Thanks.

A：Is there anything else I can help you with?

B：Yes, there is. It's almost lunchtime and I'd like to eat something while I'm here.

A：Do you have any preferences?

B：Yes. (㋘)

A：There are several choices for you then. We do have a vegetarian café here called Moonlight, but several of our other restaurants also offer vegetarian options.

B：Sounds great! Thank you.

(1) How can I help you?

(2) I prefer action movies.

(3) Yes, that happens a lot.

(4) I feel like having a steak.

(5) I'm sorry, we're closed today.

(6) Do you know how to get there?

(7) That map is really easy to read.

(8) Something without meat, if possible.

(9) The lost and found office is over there.

(10) Is there a particular movie you want to see?

Ⅳ　次の(A)～(H)それぞれの文を完成させるのに，下線部の語法としてもっとも適当なものを(1)～(4)から一つ選び，その番号を解答欄にマークしなさい。

(A) Some people like coffee; ________ prefer tea.

(1) another　　(2) one another

(3) other　　(4) others

(B) I cannot help ________ whenever I think of my uncle's joke.

(1) having laughed　　(2) laugh

(3) laughed　　(4) laughing

(C) I had my daughter ________ up her room.

(1) clean　　(2) cleaned

(3) to clean　　(4) to cleaning

(D) Having so ________ time, there was not much that we could do.

(1) a few　　(2) a little

(3) few　　(4) little

(E) I'm visiting my friend in Sapporo and will stay ________ Wednesday.

(1) before (2) by

(3) since (4) until

(F) I just want you to do ________ you are supposed to do.

(1) what (2) when

(3) where (4) why

(G) You ________ a better player if you had started earlier.

(1) are (2) were

(3) will be (4) would have been

(H) Every Monday morning, I find myself ________ with a lot of emails.

(1) overwhelm (2) overwhelmed

(3) overwhelming (4) to overwhelm

V

〔1〕次の(A)～(E)それぞれの文を完成させるのに，下線部に入れる語としてもっとも適当なものを(1)～(4)から一つ選び，その番号を解答欄にマークしなさい。

(A) Do you know how much paper we ________ and how much we recycle?

(1) consume (2) fear

(3) reveal (4) unite

(B) I'm afraid that it seems to be beyond my ________ for understanding.

(1) capacity (2) fake

(3) inspection (4) reduction

(C) The human brain is an incredibly complicated ________.

(1) collar (2) infection

(3) organ　　(4) radiation

(D) Since I want to study more efficiently at home, I've decided to ________ my old computer.

(1) curve　　(2) outdo

(3) reprove　　(4) upgrade

(E) My grandfather was ________, always seeing the best in every situation.

(1) cozy　　(2) lean

(3) optimistic　　(4) unconscious

〔2〕次の(A)～(E)の文において，下線部の語にもっとも近い意味になる語を(1)～(4)から一つ選び，その番号を解答欄にマークしなさい。

(A) The flow of the river was impressive.

(1) coast　　(2) coolness

(3) crossing　　(4) current

(B) The writer's style has been imitated by many other authors.

(1) categorized　　(2) confirmed

(3) copied　　(4) criticized

(C) The prices are reasonable at the coffee shop down the street from our house.

(1) fair　　(2) fancy

(3) fantastic　　(4) funny

(D) Many people wish they could lead a carefree life.

(1) a fabulous　　(2) a luxurious

(3) a radical　　(4) an untroubled

(E) I was invited to an informal party on Friday.

(1) a casual (2) a farewell

(3) a local (4) an official

日本史

(80 分)

I　次の文章を読み，(ａ)～(ｏ)の問いに答えよ。なお，史料は読みやすく改めている箇所がある。

　奈良時代の仏教といえば，東大寺や薬師寺などの官大寺で，もっぱら国家のために教義を研鑽《さん》する学問的な性格が強い①と思われがちであるが，一方で，山間部での修行を通じて呪的能力を獲得するという実践的な部分にも大きな期待が寄せられた。とりわけ，入唐学問僧として，唐の玄宗の厚遇を受けて，多数の仏教書籍を将来した玄昉②などにより，唐の仏教界で注目を集めていた密教の信仰が日本に伝わると，その要素が仏教儀礼にも取り入れられるようになった。

　平安時代の初期に，最澄・空海により開かれた天台宗・真言宗③は，天皇や皇族・貴族の信仰をいざない，大きく発展した。特に注目されたのは，体系的に唐からもたらされた密教④で，それらの加持祈祷を通じて，祈雨・止雨や疫病の終息，病の治癒や安産の祈願，政争などに敗れた人物の怨念を鎮めるための法会が催された⑤。こうして，法力を認められた僧とときの有力者との間には密接な関係が築かれるようになった。入唐して学問を修し⑥帰国した後，天台宗の最高指導僧である天台座主の地位に就いた円仁や円珍⑦はその代表的な例である。

　10世紀の半ばに天台座主となった良源は，藤原摂関家と結んで多くの寄進を受け，火災にあった比叡山延暦寺を再建して天台宗中興の祖といわれた。その弟子である源信は浄土教の教義を体系化し⑧，浄土信仰の隆盛に影響を及ぼした。この源信とも交流のあった慶滋保胤は，『日本往生極楽記』⑨を著し，人々の極楽往生に関する伝承を取りまとめた。

　摂関政治の時代には，市井の人々の間に浄土教が広まる一方で，多くの貴族もこれを信仰し，阿弥陀仏に関係した美術作品⑩が多く製作された。平安末の院政期になると，東北や九州などの地方にもこの信仰が広まり，浄土建築の建造物が各地に見られる⑪ようになった。このような風潮のなかで，比叡山延暦寺の僧であった法然⑫は，専ら阿弥陀仏に頼り，その名号を称えることで往生が可能になるという教えを説き，広く人々の信仰を集めた。

鎌倉時代の初期には，浄土教ばかりでなく，同じく比叡山延暦寺で行われていた坐禅を重視する風潮も盛り上がった。阿弥陀仏の救済を頼りとする他力の信仰に対し，自らが禅を修することで道を切り開こうとする自力の信仰は，武力を基盤として政治力を強めた武士の間で広まり，鎌倉幕府もこれに厚い庇護を与えた⑬。一方，奈良仏教の系譜に連なる南都の寺院では，戒律を重視する動きが強まり，既に浸透していた密教の信仰と相まって，新たな動きを生み出していた。称徳天皇の創建による南都の寺院⑭を再興し，ここを拠点に戒律の復興を唱えた叡尊や，その弟子で幕府の支援により鎌倉に寺院を建立した忍性は，宗教活動の一環として社会事業を展開し，貧者や病者の救済⑮に尽力した。

(a)　下線部①に関連して，この時代の仏教の学派について述べた文章として，**適切でないもの**を下から一つ選び，記号で答えよ。

㋐　唐より帰国した道慈は三論宗を深めるとともに，平城京の大安寺の建立に尽力した。

㋑　藤原氏の氏寺であり官寺としての性格をも有した興福寺では，法相宗が中心となった。

㋒　当初，近江の紫香楽で造営が開始された盧舎那大仏は，華厳宗の根本経典である華厳経に説かれた蓮華蔵世界の教主とされた。

㋓　唐より来朝した鑑真は東大寺に戒壇を開き，戒律を中心とする倶舎宗の教義を広めた。

(b)　下線部②の玄昉の排斥を求めて兵を挙げた藤原広嗣は，当時何という官庁の官人であったか。

(c)　下線部③について述べた文章として，もっとも適切なものを下から一つ選び，記号で答えよ。

㋐　近江の出身である最澄は，庇護を受けた桓武天皇に対して，比叡山延暦寺に大乗戒壇の設立を訴えた。

㋑　最澄は，鑑真により伝えられた戒律の教えをさらに推し進めるために，『顕戒論』を著して南都の唐招提寺に納めた。

㋒　空海が出家に際して著した『三教指帰』は，仏教が儒教や道教より優れた教えであることを説く著作であった。

㋓　空海は，その漢文などの素養により嵯峨天皇の信任を受け，紀伊の高野山を賜って，そこに教王護国寺を創建した。

(d)　下線部④の密教の修法などに用いられる，金剛界・胎蔵界といった仏の世界を図像化したものを何というか。漢字3文字で答えよ。

(e)　下線部⑤の法会を何というか。

(f)　下線部⑥に関連して，円仁が唐における行動の記録として書き記した著作物を何というか。もっとも適切なものを下から一つ選び，記号で答えよ。

㋐　『入唐求法巡礼行記』　　㋑　『経国集』

㋒　『風信帖』　　㋓　『性霊集』

(g)　下線部⑦に関連して，円仁に受戒し，円珍より灌頂《かんじょう》を受けたとされ，藤原良房を外戚とする天皇は誰か。

(h)　下線部⑧に関連して，この教義を体系化した書物の一節として，もっとも適切なものを下から一つ選び，記号で答えよ。

㋐　善人なおもちて往生をとぐ，いはんや悪人をや。

㋑　それ往生極楽の教行は，濁世末代の目足なり。

㋒　極楽浄土のめでたさは，ひとつも虚なることぞなき。

㋓　祇園精舎の鐘の声，諸行無常の響きあり。

(i)　以下の文章は，下線部⑨の一節である。空欄㋐にあてはまる，もっとも適切な人名を答えよ。

「沙門 [㋐] は，父母を言はず，亡命して世にあり。或は云く，潢流より出でたりといふ。口に常に弥陀仏を唱ふ。故に世に阿弥陀聖と号す。或は市中に住して仏事を作し，また市聖と号す。」

(j)　下線部⑩に関連して，臨終の際に阿弥陀仏が菩薩を従えて訪れる姿を描いた絵画を何というか。漢字3文字で答えよ。

(k)　下線部⑪に関連して，院政期に畿内以外で建造された浄土建築として，もっとも適切なものを下から一つ選び，記号で答えよ。

㋐　法界寺阿弥陀堂　　㋑　三仏寺投入堂

㋒　富貴寺大堂　　㋓　平等院鳳凰堂

(l)　下線部⑫の法然について述べた文章として，**適切でないもの**を下から一つ選び，記号で答えよ。

㋐　延暦寺の僧であった法然は，比叡山を下り，東山の吉水で念仏の教えを説いた。

㋑　法然の門下となった親鸞や道元は，関東や九州にその教えを広めた。

㋒　法然は九条兼実の依頼を受け，浄土教の教義書である『選択本願念仏集』を著した。

㋓　興福寺の訴えに端を発し，後鳥羽上皇の院宣で法然は京を逐われ，四国に赴いた。

(m)　下線部⑬に関連して，臨済宗の祖である栄西が京都に建仁寺を建立するにあたり，これを支援した鎌倉幕府の将軍は誰か。

(n)　下線部⑭の寺院の名称として，もっとも適切なものを下から一つ選び，記号で答えよ。

㋐　東大寺　　㋑　薬師寺　　㋒　妙心寺　　㋓　西大寺

(o)　下線部⑮に関連して，忍性がハンセン病患者などの救済を目的に建立した施設はどこに所在したか。旧国名で答えよ。

Ⅱ　次の文章〔1〕・〔2〕を読み，空欄 [A] 〜 [F] にもっとも適切な語句・人名などを記入し，かつ(a)〜(i)の問いに答えよ。

〔1〕　数ある守護のなかでも，山城守護は特別な位置にあった。山城守護が独立した職としておかれたのは，室町時代の〈　W　〉氏への任命が最初とされる。幕府は特定の家による領国化を防ぐため，比較的短期間で守護を交代した。もっとも，山城守護には所司①が任じられることが多く，15世紀には四職と呼ばれる家に固定化される傾向があった。たとえば， [A] の乱（変）で将軍を殺害した赤松満祐も一時期，守護を務めている。その際，将軍と同席していた〈　W　〉持豊も当時，山城守護であった。

しかし，しだいに四職以外からも山城守護に任命される事例が増えるようになる。その筆頭が管領の畠山氏である。畠山 [B] は，その従弟と守護職や管領職，家督をめぐって対立を深め，最終的に両者は京都で衝突し，応仁の乱が勃発した。〈　W　〉持豊と〈　X　〉政弘は [B] 方につき，西軍の中心人物となった。 [B] はいったん河内国に下向したが，のちに山城に進軍し，従弟の軍勢と再び衝突した。戦乱が長期化したため，山城の国人らは両者の退陣を要求し，国掟を定めて自治を行った②。

〈　X　〉政弘は本拠地の山口にさまざまな文化人③を招き，この地は西の京と呼ばれるほど発展を遂げた。政弘の子である義興は，〈　Y　〉政元の死後の混乱を収束させるため，足利義尹（義稙）を戴いて入京し，10年間京都に滞在，山城守護にも任じられている。

〈　X　〉義興の下国後は〈　Y　〉氏が山城の実質的支配者となり，同族内の争いを制した〈　Y　〉晴元が守護の座に就く。しかし，家臣の三好長慶と対立し，やがてその実権は奪われていくこととなった。

（a）　下線部①に関連して，所司は室町幕府の何という機関の長官か。もっとも適切なものを下から一つ選び，記号で答えよ。

㋐　侍所　　㋑　政所　　㋒　御料所　　㋓　問注所

（b）　下線部②に関連して，国人たちによる南山城の支配は何年間続いたか。算用数字で答えよ。

（c）　下線部③に関連して，山口に下向した文化人のなかには，世阿弥の娘婿で，大和四座の一つを確立した人物がいる。古くは竹田座・円満井座ともいった，その座の名称を答えよ。

（d）　空欄〈　W　〉・〈　X　〉・〈　Y　〉にあてはまる名字の組み合わせとして，もっとも適切なものを下から一つ選び，記号で答えよ。

㋐　W　京極　　X　大内　　Y　松永

㋑　W　京極　　X　大友　　Y　細川

㋒　W　山名　　X　大友　　Y　松永

㋓　W　山名　　X　大内　　Y　細川

〔2〕　一般に鎌倉新仏教として知られる日蓮宗は，実際には戦国時代に広く社会的基盤を獲得するようになったといわれる。その教勢拡大にあたっては，『立正治国論』を著した［　C　］の影響力が大きかった。たとえば，京都の本法寺④は，有力な町衆の援助を受けて創建されている。しかし，たび重なる弾圧による破却と再建ののち，天文法華の乱に至り，本法寺も他の寺院と同様，焼き払われてしまった。

一方で，地方の日蓮宗寺院は大名との結びつきをもつことで，戦乱をくぐりぬけようとした。駿河と伊豆の国境近くの妙海寺と妙覚寺はその好例といえる。伊豆には足利茶々丸が［　D　］公方として存在していたが，北条早雲（伊勢宗瑞）⑤によって追放され，両寺は北条氏の勢力下に入る。1545年には今川義元⑥が駿河東部を北条氏から奪還し，両寺は今川氏の保護を受けたが，1570年以降，武田信玄⑦がこの地域に攻め入り，両寺の再興を命じた。

今川義元を倒して勢力を伸ばした織田信長は，1568年に足利［　E　］を奉じて上洛する。以後，信長は日蓮宗寺院をしばしば京都での宿所とし，最後の上洛に際しても［　F　］に泊まったが，一方で，⑧〈　Z　〉宗論では浄土宗との法論を裁定し，日蓮宗側を処罰した。

（e）下線部④に関連して，本法寺を菩提寺とする町衆の一族で，17世紀初頭に洛北の鷹ヶ峰に芸術家を集めたことで知られる人物の名前を答えよ。

（f）下線部⑤に関連して，北条早雲が大森氏を追い払って自らの本拠とした地名を下から一つ選び，記号で答えよ。

㋐　江戸　　㋑　八王子　　㋒　小田原　　㋓　鎌倉

（g）下線部⑥に関連して，今川義元をはじめとした戦国大名が採用した，有力家臣に下級武士を付属させる軍事編成の方法を何と呼ぶか。もっとも適切な語句を答えよ。

（h）下線部⑦に関連して，武田信玄に関する説明として，もっとも適切なものを下から一つ選び，記号で答えよ。

㋐　川中島の戦いで勝利し，扇谷上杉家を滅ぼした。

㋑　喧嘩両成敗を条文に含んだ『甲州法度之次第』を制定した。

㋒　三方ヶ原の戦いで徳川家康に敗北した。

㋓　お手伝普請によって，河川に信玄堤を築いた。

（i）下線部⑧について，空欄〈　Z　〉には，織田信長が楽市令を発したことでも知られる地名が入る。もっとも適切なものを下から一つ選び，記号で答えよ。

㋐　安土　　㋑　大坂　　㋒　岐阜　　㋓　加納

Ⅲ　次の文章〔1〕・〔2〕を読み，空欄 [A] ～ [M] にもっとも適切な語句・人名・数字などを記入し，かつ(a)～(g)の問いに答えよ。

〔1〕 [A] 年に関東軍によって引き起こされた柳条湖事件は満州事変①のきっかけとなり，それを機に，日中間の関係は緊迫の度合いを強めることとなった。翌年1月，排日運動が激化した [B] で日本人僧侶殺害を機に第1次 [B] 事変が勃発し，さらに両国間の軍事的緊張が高まった。

そうしたなか，同年3月に日本は清朝最後の皇帝であった溥儀を執政に据えて満州国の建国を宣言し，「王道楽土・ [C] 族協和」をめざす独立国であることを標榜し，9月には [D] を締結して満州における日本の既得権益の承認を取りつけようとしたが，②国際社会の認めるところとはならなかった。

そののち日本軍は，満州国の支配を安定させるため，河北省，熱河省を占領し，国民政府との間に停戦協定を取り結び，万里の長城以南，北京・天津東北地区を非武装地帯とし，さらに [E] 分離工作を行った。

しかし，1937年7月に北京郊外の盧溝橋で起こった日中両軍の軍事衝突を機に，戦争は中国全土に拡大した。こうした日本軍の軍事的侵攻に直面して，前年12月の西安事件③を機に抗日民族戦線を結成していた2大勢力の間で，1937年9月に第2次 [F] といわれる協力体制が形成され，以後の抗日戦争の母体となった。日本軍による首都南京の占領以降，国民政府は本拠地を重慶に移し，抗戦を続けた。

そうしたなか，1938年11月に戦争目的を「東亜新秩序」の建設と表明した日本政府④に応じて，重慶を脱出した [G] は1940年に南京に新国民政府を樹立したが，実質的には日本の傀儡《かいらい》政権であったため，中国民衆の支持を得ることはできなかった。

(a)　下線部①に関連して，関東軍参謀であった石原莞爾は満州事変の首謀者とされている。その石原莞爾の著作物は何か。もっとも適切なものを下から一つ選び，記号で答えよ。

㋐『国体の本義』　　㋑『世界最終戦論』

㋒『日本改造法案大綱』　　㋓『臣民の道』

(b)　下線部②に関連して，国際連盟が満州事変の調査のために派遣した，英・米・仏・独・伊の代表からなる調査団の名称を答えよ。

（c）　下線部③に関連して，西安事件の際に蔣介石を軟禁して，内戦停止と抗日を要求した人物は誰か。もっとも適切な人物を下から一人選び，記号で答えよ。

㋐　張学良　　㋑　袁世凱　　㋒　張作霖　　㋓　毛沢東

（d）　下線部④に関連して，このときの日本政府の首相は誰か。もっとも適切な人物を下から一人選び，記号で答えよ。

㋐　田中義一　　㋑　広田弘毅

㋒　近衛文麿　　㋓　平沼騏一郎

〔2〕　日本の中国侵略に警戒感を強めたアメリカは，1939年，日米［ H ］条約破棄を通告し，対日経済制裁を強めた。それに直面した日本は，翌1940年9月，ドイツ・イタリアとの間に［ I ］を締結し，⑤南方進出に踏み切ったため，アメリカとの対立は決定的となった。

1941年4月～11月にかけて，日米戦争を回避するための協議が，駐米大使［ J ］と米国国務長官ハルとの間で取りもたれたが，いわゆるハル＝ノートの提示で決裂し，12月8日，日本の真珠湾攻撃によって日米開戦が引き起こされた。戦局は，緒戦においては日本軍の攻勢がめだったが，1942年6月の［ K ］海戦を転機に，しだいに劣勢となっていった。そうしたなか，日本は1943年9月の御前会議で戦略上「絶対確保すべき圏域」として「絶対国防圏」を定め，戦線を縮小させて防衛圏を強固にすることをもくろんだが，⑥米国の攻勢の進展とともにやがてそれも不可能になった。

日本の敗色が濃厚になった⑦1945年2月，クリミア半島で［ L ］会談が開催され，ソ連の対日参戦と［ M ］・南樺太領有を了承する対日秘密協定がとり決められた。それは日本の敗色を決定づけたとともに，その影響を今日にまで残すことになった。

（e）　下線部⑤に関連して，1940～41年に日本が進駐した「仏印」とは，主として現在のどの国にあたるか。もっとも適切なものを下から一つ選び，記号で答えよ。

㋐　台湾　　㋑　フィリピン　　㋒　インド　　㋓　ベトナム

（f）　下線部⑥に関連して，1943年以降のアメリカの攻勢の激化によって，日本の抗戦能力はしだいに低下していった。そのなかで，「絶対国防圏」構想の崩壊の契機となった日本側の軍略上の敗退は何か。もっとも適切なものを下から一つ選び，記号で答えよ。

㋐ アッツ島の玉砕　　㋑ ガダルカナル島の撤退

㋒ サイパン陥落　　㋓ 硫黄島の玉砕

（g） 下線部⑦の1945年２月以前に起こったできごとは何か。もっとも適切なものを下から一つ選び，記号で答えよ。

㋐ ドイツの降伏　　㋑ 沖縄戦

㋒ 東京大空襲　　㋓ カイロ会談

世界史

(80分)

I　次の文章を読んで空欄に最も適切な語句を記入し，下線部についてあとの問いに答えよ。

1998年に公開されたディズニーのアニメーション映画『ムーラン』は，古い中国の伝説に題材をとった冒険活劇である。兵役を命じられた年老いた父に代わり，その娘が男装して従軍し遊牧民族の軍と戦うという内容であるが，原型となった物語が存在する。それは中国南北朝時代に成立した民間歌謡「木蘭詩」である。

その舞台がいつどこであるかについては諸説あるが，〔1〕北魏王朝と柔然との抗争を背景としているという説が有力である。「木蘭詩」の主人公木蘭《ムーラン》は12年間戦い，功績を挙げて凱旋するが，戦友たちの「木蘭が女性だと気づかなかった」という驚愕の言を述べて終わる。これは極端な逸話であるが，北朝社会には女性の活躍を許容する雰囲気があったようである。

南朝貴族の〔2〕顔之推《がんしすい》という人物は，6世紀半ばの［ A ］王朝崩壊によって北朝に連行され，北周から北斉，再び北周，北周が滅んで隋へと流転した経歴の持ち主であるが，自己の悲惨な体験を踏まえて，子孫に訓戒した書物を著した。『顔氏家訓』という。そのなかで南朝と北朝の文化の違いを述べているが，北朝の女性について，上流階級の婦人たちは，夫や息子のために官職を求めて運動し，自ら訴訟を起こす。又，夫妻の間で互いに「おまえ」と呼び合うと述べている。これは，深窓にひきこもる南朝の婦人とは対照的で，〔3〕遊牧民族の風習の影響ではないかと推測している。

実際，北朝には政治的に活躍した女性が多い。北魏第6代孝文帝の祖母馮《ふう》氏は太皇太后として政権を掌握し，490年に死去するまで実質的に執政者の地位にあった。臣下たちは孝文帝と馮太后を「二聖」と呼んだが，「聖」とは聖人つまり皇帝のことであり，二人の皇帝というわけである。均田制や三長制といった重要な政策は彼女の執政中に施行された。また馮太后は孝文帝に漢族の教養を教え込み，これが孝文帝が親政期に，［ B ］政策を断行する下地となったとされる。

北魏以後，やはり「二聖」と呼ばれた男女がいた。後に隋の文帝となる［ C ］

とその妻独孤《どっこ》伽羅《から》である。独孤氏は［ C ］の一族よりも格上の家系の娘で，夫が北周王朝を滅ぼし，新王朝樹立を目論んだときに，「騎虎の勢い」という名言を吐いてその野望を後押しした。「虎に跨《またが》っている状態では，逡巡して虎の背から降りると食い殺されるので，そのまま突っ走れ」という意味である。

皇后となった独孤氏は，文帝を支えて政治に対する意見を述べたので，臣下は彼らを「二聖」と呼んだ。

ところが，波乱もあった。独孤氏は側室を置くことを忌み嫌っていて，文帝が心を寄せた女性を殺害するに及ぶ。傷心の文帝はひとり宮殿を抜けだし，山中をさまよう事件が起こった。この母親の心情につけこんだのが次男の楊広である。兄の皇太子は側室を寵愛し正妻をないがしろにしていたので，母の独孤皇后から憎まれていた。楊広は正妻を尊重し，夫婦円満を演出して母に取り入ると，皇太子の位を兄から奪ったのである。

こうして即位した第２代皇帝が［ D ］帝である。彼は，［ E ］遠征が致命的失敗となり，亡国の君主となってしまう。それでうがった見方をすれば，隋を滅ぼしたのは「独孤皇后の嫉妬」と言えないこともない。以上が，正史『隋書』に記されている隋帝室の物語である。

だが，そもそもこの『隋書』は，隋の諸皇帝をライバル視する唐の太宗が編纂させたものなので，その政治的意図は明らかであろう。

唐の太宗の皇后長孫氏は賢夫人の評判が高かったが，彼女が逝去すると，太宗の怠惰が目立ち始め，息子たちが権力闘争を始めた。次期皇帝の座を勝ち取ったのは九男の李治であるが，彼とその皇后が，臣下から「二聖」と呼ばれるようになるのが，この後の歴史である。

顔之推のいう「遊牧民族の影響」は唐代まで及んでおり，この後，唐の宮廷ではファッションとして男装を楽しみ，馬上球技である［ F ］競技に興じて槌をふりまわす女官たちの姿がみられ，長安の町では馬に跨って闊歩する貴婦人たちが人目を引いたのである。

〔１〕 北魏王朝の前期，５世紀末までの首都はどこか。

〔２〕（ａ） 顔之推の子孫顔師古《がんしこ》は，前漢王朝一代の歴史を記した紀伝体正史に注釈を施したことで有名である。この歴史書は何か。

（ｂ） 同じく顔之推の子孫で８世紀の唐王朝を代表する書道家は誰か。

〔３〕 北魏の帝室の民族名を挙げよ。

Ⅱ　次の文章を読んで空欄に最も適切な語句を記入し，下線部についてあとの問いに答えよ。

1949年10月に成立した中華人民共和国は，最近では数少なくなった「社会主義大国」としてさまざまな話題を世界に向かって提供しているが，そもそも建国時においては「社会主義」化はずっと遠い先の課題であるとされていた。すなわち中国共産党は，中華民国の政権を握っていた中国 [A] との内戦に勝利するまでの過程では，幹部の腐敗や猛烈なインフレなどに反対する各界人士との連合を優先させた。よって1949年９月末に公表された中国人民政治協商会議共同綱領において，建設すべき社会は「新民主主義」であると明示されたのであった。

ところが，朝鮮民主主義人民共和国が朝鮮半島の統一を目指して発動した朝鮮戦争にあたり，1950年末に米軍を主軸とする [B] 軍が中国国境付近にまで進軍するや，中国は北朝鮮を支援すべく正規軍部隊を人民 [C] 軍と名付けて派遣した。建国早々，対米戦争勃発をも辞さない選択をしたのである。朝鮮戦争を機に，戦後東アジアの国際情勢には大きな変化が発生した。日本では警察予備隊が発足し，また1951年には社会主義国や一部のアジア諸国の不参加や反対にもかかわらず，サンフランシスコ講和会議で平和条約に調印し，同時に [D] 条約も締結され，東西冷戦の一翼を担う道を歩んだ。

この時期の中国は，外圧を利用した内政の変革に着手した。1950年６月に始まる土地改革によって没収された地主の土地は小作農に再分配され，1952年末までにほぼ全土でこれが完成した段階にあった。また，建国当初は民族ブルジョアジーが経営する企業などは同盟・保護の対象とされていた。だが，対外危機を契機に強引に進められた急激な集団化の過程〔1〕で，結局は国家によって回収されてしまったのである。

こうした傾向は，対少数民族政策でも指摘できる。例えばチベットの場合，1951年から実質的に中華人民共和国の支配下に置かれていた。その信仰的指導者である [E] 14世は当初は丁重な扱いを受け，全国人民代表大会常務副委員長（1954年）やチベット自治区準備委員会主任委員（1956年）にも選任された。さらに，1954年には国務院総理だった [F] のインド訪問にも同行している。ちなみにこのインド訪問時に発表された，領土保全及び主権の相互不干渉・相互不侵略などを内容とする [G] は，そもそもチベット・インド間の係争を念頭に置いたものであったが，1959年前後から国境をめぐるトラブルは再燃した。また1959年３月には，チベットの中心都市である［　H　］市において，漢人への同化政策や社会主義化に反発した市民や僧侶が激しい抵抗運動を起こした。中華人民共和国は正規軍を動員してこれを鎮圧したが，［　E　］14世はインド北部のダラムサラへと亡命して，現在に至っている。さらにこの亡命劇の直後から中印国境をめぐる紛争は激化し，1962年10月には大規模な軍事衝突が発生したが〔2〕，この問題も今日に至るまで解決していない。

〔1〕 農民に分配された土地が集団所有の論理に従って再編された組織を何と呼ぶか。

〔2〕 中華人民共和国は1960年代になると，かつては社会主義の兄弟国として多大な支援を受けたソ連とも対立し，1969年にはウスリー川の中洲の領有をめぐって双方から死者を出す軍事衝突が発生した。中ソ対立の契機となるスターリン批判を行った当時のソ連共産党第一書記は誰か。

Ⅲ　次の文章を読んで空欄に最も適切な語句を記入し，下線部についてあとの問いに答えよ。

現代も大きな影響をもたらしている感染症は，歴史の中で人類をしばしば脅かしてきた。大河流域の文明発祥地では，まず灌漑農法〔1〕が発達し，そこで農業用に引かれた水に入って働く人間が寄生虫症にかかる確率が上昇した。しかしこれは古代の文字史料に記録されることはなかった。これに対し，感染症は目に見える症状と高い死亡率のために人口増減や戦争に影響を与え，しばしばその被害が文字史料に記録されてきた。

例えばメソポタミア文明では，シュメール人の都市国家ウルクの伝説的王の冒険を描いた［　A　］があり，大洪水を除く４つの災厄の中に疫病が含まれていた。古代のエジプト，中国においても，同様に疫病が重大な関心事であった。また旧約聖書には，紀元前13世紀頃の［　B　］人の指導者で，彼らを率いてエジプトを脱出したモーセの記述があり，神のお告げによって彼がエジプトに与えた災いの１つに，「〔煤《すす》が〕エジプト全土の人と家畜に降りかかり，膿《うみ》の出る腫物《はれもの》となる」疫病があった。同じく［　B　］王国第２代のダヴィデ王は，人口調査を行ったことが神の怒りに触れ，［　B　］とユダの男子７万人が亡くなったと記述されている。一方で，［　B　］に侵攻したアッシリア〔2〕王センナケリブの陣営は，「神の使者」の訪問によって一夜のうちに18万5,000人が倒された，とも記録されている。これらはオリエント世界におけるさまざまな疫病の発生が神話や物語の形で記録されたものである。

インド亜大陸に発生した文明の場合，多くの諸王朝〔3〕が交替した要因として，弱い軍事構造と高温多湿気候による疫病の蔓延があったとする意見もある。マケドニアの［　C　］大王は，東方遠征でアケメネス朝ペルシア〔4〕を滅ぼしたのちにインダス川まで到達したが，その先に進出することはできなかった。また北方から侵攻したアーリヤ人の集団も，北インドで疫病による多数の死者を出したとされている。インドでは職業と結びついた社会層であるジャーティがあり，これに基づいてカースト制度が成立した。この制度は，インド土着の先住民である［　D　］系民族に疫病の耐性があるのに対し，アーリヤ人の支配民族は耐性が低く，互いを避ける意識から発生したのではないかとも考えられている。事実，インドではアーリヤ人と先住民の肌の色の違いから［　E　］と呼ばれる４つの種姓が作られた。

地中海世界の場合，古代ギリシアからローマ帝国成立までにマラリアの発生があったが，人口増加を止めるほどの影響はなかった。例えばアテネは止まらぬ人口増加の影響から掠奪のために軍事遠征を繰り返しており，前431年からアテネを中心とするデロス同盟と，スパルタを盟主とする［　F　］同盟が衝突して戦争が起こった。しかし前430～前429年に疫病が発生し，アテネ軍の４分の１が死亡したことで，アテネ市民の士気は失われていった。アテネの歴史家で［　F　］戦争をもとに『歴史』を著した［　G　］は，この病がエチオピアからエジプト，リビア，ペルシア経由で伝わった未知の病で，アテネを突然襲って消えていったとしており，この打撃からアテネが軍事的に回復することはなかったとされる。アテネの例に見られるように，地中海世界は未知の病への耐性はなかったが，人口増加は疫病による死亡数を上回っていた。人口増加と関連して，［　C　］の父である［　H　］はアテネとテーベの連合軍を破って全ギリシアを統一すると，ペルシアへの領土拡大を試みた。

ローマ市の場合，前387年から11回の疫病が襲ったと，［　I　］帝時代を中心に活躍した歴史家リウィウスが伝えている。疫病発生にもかかわらず，ローマ帝国成立初期までは下層農民を中心に人口増加が続いていた。しかし165～180年に襲った疫病はより大規模で長期間にわたり，その持続性から天然痘か，はしかだった可能性が指摘されている。これ以降に起こった疫病は，地中海世界に長期的な人口減少をもたらしたと考えられる。無人の土地が増え，２世紀から北の「蛮族」に対して軍事的奉仕契約を結んで帝国内に居住を認めるようになり，「３世紀の危機」と呼ばれる時代に軍人皇帝が擁立された。この混乱を収めて即位したディオクレティアヌス帝〔5〕は，一連の立法で耕作者が土地を離れることを禁止した。ローマ帝国の小作人が４世紀までに移動の自由を制限され，[J] と呼ばれる身分になっていったのも，こうした人口減少による帝国衰退が背景にある。この [J] は，その後の中世西ヨーロッパにおける農奴の前身であった。

ペストは中世まで遠隔地交易などによりインドや西アジア，アフリカからヨーロッパに伝播し，何度も発生した。その理由の一つは，ペストが近代に開発された抗生物質の投与以外に治療法がなく，死亡率が高いため，伝染した土地の人間が短期間に大量死して終息するパターンを繰り返したからである。ペストの治療法発見が遅れた一方，ヨーロッパ人は他の疫病への免疫を次第に獲得し，彼らがアメリカ大陸に進出したことで，インディオは天然痘などに感染して人口が激減したと言われる。これは未知の病に対し，人間の身体が非常に弱いことを示している。

今後も未知の感染症は世界各地で発生すると予測されるが，現在に至るまで人類が多くの感染症治療に努力し，免疫の獲得と医療の向上によって克服してきたこともまた歴史の事実である。

〔1〕 灌漑農法が発達したインダス川下流域の古代文明に関する遺跡が1922年に発見された。「死人の丘」を意味するこの遺跡の名称を何というか。

〔2〕 アッシリア王国が前700年前後から首都としたのは何という都市か。

〔3〕 古代インドの諸王朝のうち，前６世紀にガンジス川中流域に成立した16大国の１つで，『ラーマーヤナ』の舞台とされる国は何か。

〔4〕 アケメネス朝ペルシアの地方行政官である知事のことを何というか。カタカナで答えよ。

〔5〕 ディオクレティアヌス帝が始めた専制君主政のことを何というか。カタカナで答えよ。

Ⅳ 次の文章を読んで空欄に最も適切な語句を記入し，下線部についてあとの問いに答えよ。

太平洋上に広がる海洋の世界であるオセアニアは，オーストラリア大陸のみならず，太平洋上に点在する数万の島々からなる地域をさす言葉である。人類は今から4～5万年前，東南アジアから海を渡ってオーストラリアなどに移住して狩猟採集生活を送った。これらの人々はオーストラリア先住民である［ A ］の先祖にあたる。一方，高い航海術と土器や新石器〔1〕の技術，タロイモなどの栽培に重点を置く根菜農耕文化を持つ人々が，当時は大陸と陸続きであった現在の台湾からフィリピンを経て，現在のソロモン諸島やフィジー諸島，ニューカレドニア島など比較的大きな島々からなる［ B ］へ，そしてさらに赤道以北のミクロネシアへと移動を続けた。その後，現在のサモアやトンガで1,000年間ほど足踏みする間に，より高度な航海術を身につけ，風の強い海上での寒さに耐えうる，筋肉質で大柄な体格となるなど，さらなる海洋適応を遂げた人々は，それまで人類未踏の地〔2〕であったハワイやイースター（ラパヌイ），そして最終的にニュージーランドへと，ポリネシアの島々全域に拡散した。これは，諸説あるが大体4世紀から13世紀頃のことであるから，人類が陸伝いにアフリカから南米大陸〔3〕にまで到達するよりも，はるかに時間がかかったことになる。

一方，西洋人で太平洋を初めて目にしたのはスペインの探検家，［ C ］とされる。彼は1513年にパナマ地峡を横断して目の前に広がる大洋に到達した。さらに1521年，［ D ］が南米大陸の南端を回って太平洋を横断した。資源の獲得のみならず，当時のヨーロッパ世界では，太平洋に巨大な南方大陸が存在するという考えがあったため，スペインやオランダがその発見を目指して探検航海を行い，次第にオセアニアの全貌が明らかにされていった。とりわけ1768年から3度にわたって太平洋各地を航海し，ハワイ島で島民との小競り合いの末，命を落としたイギリス海軍軍人，［ E ］は，南方大陸が存在しないことを明らかにした。

こうして，広大な海洋世界であるオセアニアの全貌が明らかになるにつれ，ヨーロッパ人の交易者やキリスト教宣教師が押し寄せるようになった。そしてイギリスがオーストラリア〔4〕やニュージーランドを植民地とすると，ニュージーランドの先住民である［ F ］人の抵抗運動が激化した。続いてフランスやドイツがオセアニアの島々を次々と植民地化し，さらに1898年の［ G ］戦争後，アメリカがフィリピ〔5〕

ンやグアムなどを獲得した。これらの国々は島々で先住民から奪った土地で農業を行い，地下資源などの採取を行った。カメハメハが築いたハワイ王国も，1893年の親米派住民によるクーデターによって，[H]女王が退位して王国が滅び，[G]戦争後にアメリカによって併合された。また日本も第一次世界大戦後，ドイツ領であったマーシャル諸島やマリアナ諸島などを，国際連盟が先進国に保護をゆだねる[I]領としたが，実質は植民地であった。

オセアニア全域で独立運動が活発になるのは1960年代以降である。独立を果たした島々は，太平洋上で繰り返されてきた核実験に反対し，海面上昇をもたらす地球温暖化〔6〕に対して強い警告を発するなど，国際社会に対する提言を行っている。

〔1〕 新石器時代に農具や工具として使うため，砥石《といし》を使用して製作された石器を何と呼ぶか，答えよ。

〔2〕 19世紀後半以降，人類未踏の地であった極地探検が行われた。1911年にスコットとの競争に勝って南極点の初到達に成功した人物の名前を，次のア～オの中から1つ選び，記号で答えよ。

ア．アムンゼン

イ．タスマン

ウ．ピアリ

エ．ヘディン

オ．リヴィングストン

〔3〕 南米大陸のアンデス高地に成立したが，スペイン人ピサロに滅ぼされた帝国の名前を答えよ。

〔4〕 かつてオーストラリアでは白人優位主義的な政策や思想にもとづき，アジア人などの移民を制限していた。その政策や思想を何と呼ぶか。

〔5〕 1899年，フィリピン共和国の独立を宣言し，大統領となったものの，それを認めないアメリカとの戦争を指導して敗れた人物の名前を答えよ。

〔6〕 1997年に，地球温暖化をもたらすとされる二酸化炭素などの温室効果ガス削減を目指して，ある国際会議で議定書が採択された。この議定書が採択された都市の名前を答えよ。

地理

(80 分)

I　次の地形図をよく読んで，〔1〕～〔13〕の問いに答えよ。なお，この地形図は平成21年発行（平成14年図式）のものである。

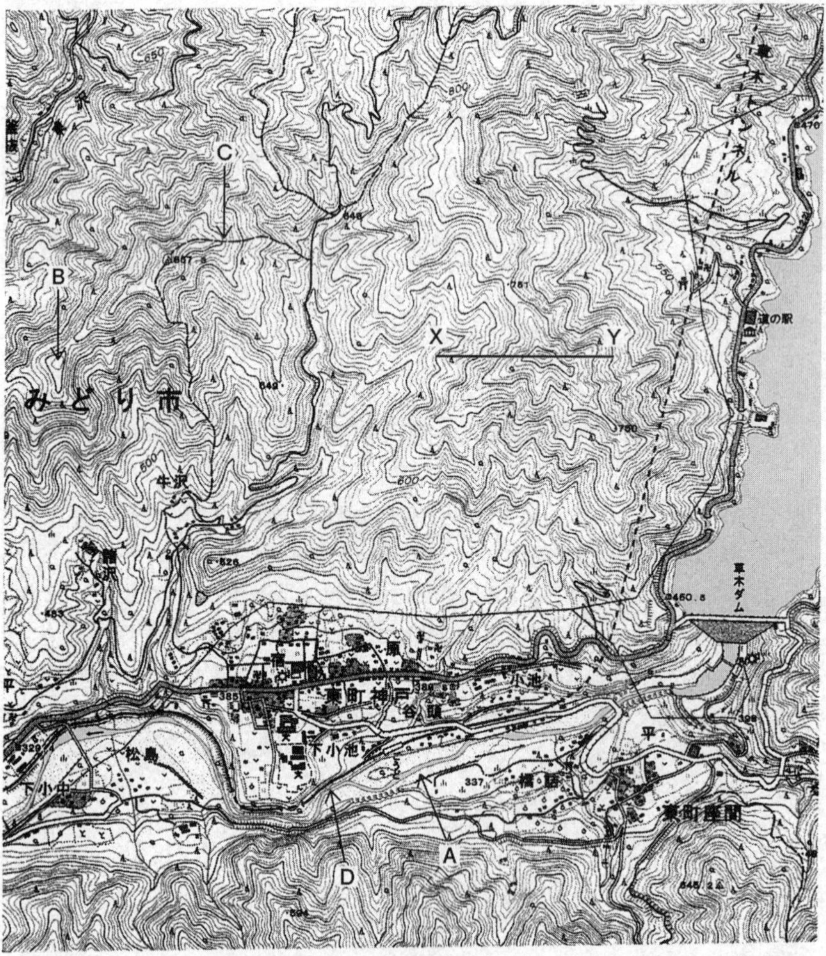

編集部注：編集の都合上，80％に縮小。なお，実際の問題はカラー印刷。

〔1〕 この地形図の縮尺を答えよ。　〔解答欄：＿＿＿分の1〕

〔2〕 この地形図の計曲線は何m間隔で描かれているか，答えよ。

〔3〕 この地形図を発行している国の機関の名称を，管轄する省から答えよ。

〔4〕 この地形図中にみられる水準点の地図記号を描け。また，これは何の基準になるものか，答えよ。

〔5〕 この地形図中の「ごうど」駅は，河川**A**の右岸・左岸のどちらに立地しているか，「右」・「左」のいずれかで答えよ。

〔6〕 草木ダムの堤頂長は，この地形図上で1.6cmである。実際の長さは何mか，答えよ。

〔7〕 草木ダムは，河川**A**の洪水調節や流域の水道用水・工業用水・農業用水確保などのために建設された。このほかに読図を通じて考えられるダム建設の理由は何か，答えよ。また，このように複数の機能を兼備したダムは一般に何と呼ばれるか，答えよ。

〔8〕 **B**地点と「ごうど」駅との比高として最も適切なものを次の選択肢の中から1つ選び，符号で答えよ。

㋐ 230m　㋑ 330m　㋒ 430m　㋓ 530m　㋔ 630m

〔9〕「下小池」の西に位置する2つの学校は，どのような地形上に立地しているか，答えよ。

〔10〕 徒歩道**C**は，等高線から考えると，この山地のどの部分を主として通っているか，最も適切な地形名称を漢字で答えよ。

〔11〕「東町座間」・「下小中」などの集落周辺には，この地形図には記載されているが，この後に発行された平成25年図式の地形図には記載されなくなった農業的土地利用をあらわす地図記号がみられる。その名称を答えよ。また，記載されなくなったのはなぜか。産業に関わる理由を簡潔に述べよ。

〔12〕 この地形図中の**X**—**Y**の地形断面図として最も適切なものを，下図の(あ)～(え)の中から１つ選び，符号で答えよ。

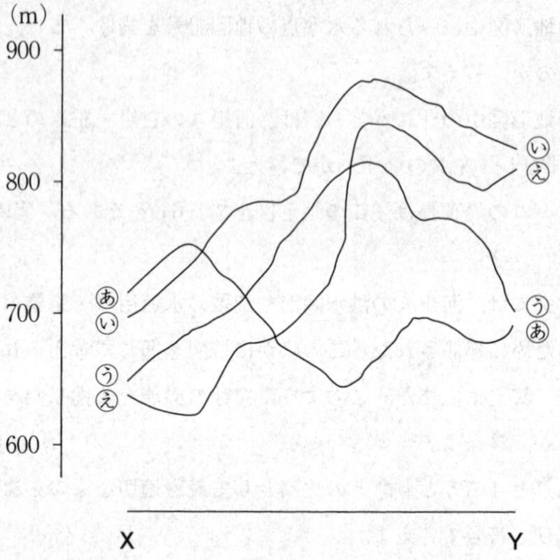

〔13〕 次の(1)～(4)の文で，この地形図から読みとれるものとして適切なものには○印を，そうではないものには×印を記せ。

(1) 鉄道**D**は単線である。

(2) 「牛沢」周辺にはＵ字谷が卓越している。

(3) この地形図中には，国道が通っている。

(4) この地形図の東部に位置する道の駅付近には，病院がある。

Ⅱ　東ヨーロッパとその周辺地域を部分的に描いた次の地図と文をよく読んで，〔1〕〜〔7〕の問いに答えよ。なお，地図中の記号（A〜C），［甲］，●（1〜4）は文中と対応している。

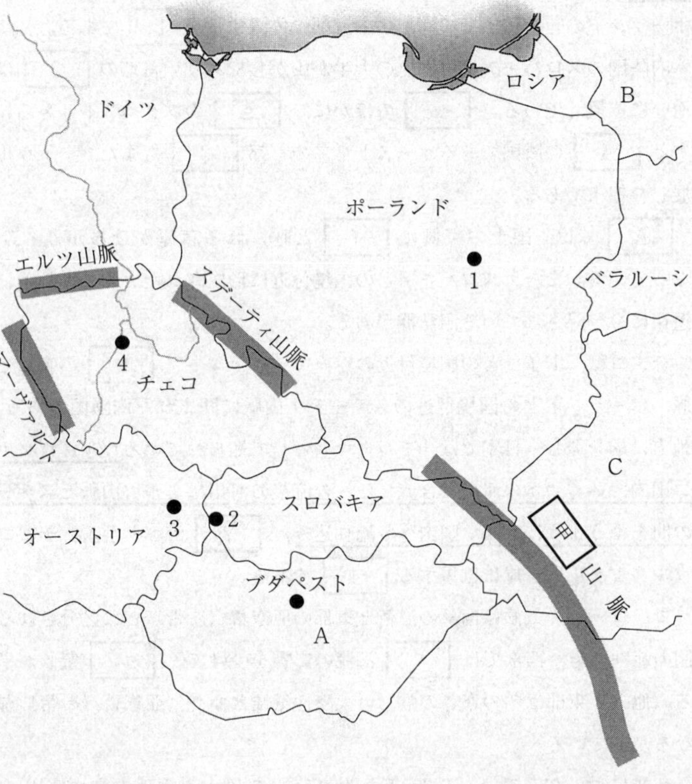

編集部注：実際の問題はカラー印刷。

東西冷戦の時代に社会主義体制をとった東ヨーロッパ諸国の多くが，現在，ヨーロッパ連合に加盟している。地図中のポーランド，スロバキア，［A］，そしてチェコの4カ国は地域協力の枠組みも構築し，企業活動を中心とした経済分野において，日本との関係が強化されつつある。

この4カ国のうち，最も広い国土面積を有しているのがポーランドである。国土の北側は［X］海に面し，ロシアの飛び地と接している。そして隣接する国々は，旧ソ連の共和国であった［B］，ベラルーシ，［C］，旧チェコスロバキア，旧東ドイツなど，すべて社会主義国であった。

ポーランドとスロバキアの国境付近には［甲］山脈があり，ポーランド国内を［X］海に向かって流れるヴィスワ川の中流部以北には，広大な平原がひろがる。ポーランドの首都は，この河川の中流部に位置する［1］である。

内陸国のスロバキアは，国土の大半が山がちであり，首都の［2］はドナウ川沿いに位置している。［2］のほかに，［A］のブダペスト，さらにスロバキアと［A］の隣国であるオーストリアの首都［3］もまた，ドナウ川沿岸に発展した都市である。

［A］では，国土の東側に［イ］と呼ばれる草原がひろがり，穀倉地帯となっている。また，スロバキアとの国境付近に形成されたカルスト地形には，世界遺産にも登録されている洞窟群がある。

チェコは，ドイツとの国境付近のベーマーヴァルト（［ロ］の森）とエルツ山脈，ポーランドとの国境付近のスデーティ山脈に囲まれた内陸国である。［ロ］地方に端を発し，日本では「モルダウ」として知られている(a)ヴルタヴァ川は，チェコ国内でいくつかの河川と合流する。合流後の河川はエルツ山脈とスデーティ山脈の間をぬうようにドイツ国内へと流れ込み，［Y］海へと至る。チェコの首都は，ヴルタヴァ川の沿岸に位置する［4］である。

ヨーロッパの気候は西部の温帯と東部の亜寒帯（冷帯）とに区分される。この地図の範囲でも，西部では［ハ］海流の影響を受けて，［ニ］気候が卓越している。他方，東部は冬の寒さの厳しい大陸性気候となり，亜寒帯（冷帯）湿潤気候がひろがっている。

産業についてみると，1,000万ヘクタールを超える耕地を有するポーランドはヨーロッパ有数の農業国であり，(b)えん麦やライ麦，ばれいしょなどの作物が栽培されている。また同国内には，シロンスク地方をはじめとする［ホ］産地が分布しており，その産出量はヨーロッパでも有数である。

〔1〕 文中の［A］～［C］に当てはまる最も適切な国名を答えよ。

〔2〕 文中の［X］・［Y］に当てはまる最も適切な海域名を答えよ。

〔3〕 文中の［1］～［4］に当てはまる最も適切な都市名を答えよ。

〔4〕 文中の［甲］に当てはまる山脈名を答えよ。

〔5〕 文中の イ ～ ホ に当てはまる最も適切な地名または語句を答えよ。

〔6〕 下線部(a)に関して，ヴルタヴァ川はいくつかの河川と合流する。合流後の河川は，北ドイツ平原を流れ，その河口付近にはハンブルクが位置している。この河川は，ドイツでは何と呼ばれるか，答えよ。

〔7〕 下線部(b)に関して，次の表はえん麦やライ麦，ばれいしょの生産量世界上位5カ国を示している(2017年)。ライ麦はどれか。ⓐ～ⓤの中から1つ選び，符号で答えよ。

順位	ⓐ	ⓘ	ⓤ
1	ロシア	中国	ドイツ
2	カナダ	インド	ポーランド
3	オーストラリア	ロシア	ロシア
4	ポーランド	C	中国
5	中国	アメリカ合衆国	デンマーク

『世界の統計 2020年版』により作成

Ⅲ　航空交通に関する次の文をよく読んで，〔1〕～〔5〕の問いに答えよ。

現在の長距離移動の中心的な交通の1つに，航空交通がある。航空機は地形の起伏や海洋などに大きな影響を受けることなく，(a)空港間を最短距離で結ぶことができる。経済のグローバル化によって人や物資の航空需要が高まり，機体の軽量化，大型化やエンジン性能の向上により，飛行の時間距離の短縮や燃料費の削減が進み，航空旅客数や航空貨物量は増大してきた。

(b)世界の航空路線網をみると，短距離路線は，アメリカ合衆国，ヨーロッパ，東アジアの域内で数多く，長距離路線は，ヨーロッパと南北アメリカ・東アジアを結ぶ路線と，東アジアと北アメリカ・オセアニアなどを結ぶ路線で顕著である。域内の航空交通の拠点となる［　A　］空港は，その空港を中心に多くの航空路線が放射状に延び，離着陸が24時間可能で，複数の滑走路を持つ場合が多い。

1980年代に入り，アメリカ合衆国において航空規制緩和が進み，それ以降，ヨーロッパ，日本においても，運賃，路線，新規参入などの規制の緩和が進んだ。その結果，効率化によって安い運賃を実現し，簡素化されたサービスを提供する［　B　］航空会社（ＬＣＣ）が登場した。

このような航空路線網の拡大は，観光による旅客数や航空貨物の輸送量の増加によるものである。しかし，(c)国際航空交通は，国内航空交通に比べ，景気の変動や国際関係，感染症の流行などの影響を受けやすく，旅客数や輸送量の変動が大きい。

航空旅客数の実態は，(d)国別の外国人旅行客数（受入数）と海外旅行者数（出国者数）などの統計からみることができる。国別受入数の上位国では，グローバル化によるビジネス移動に加え，豊富な観光資源を用いて観光産業を積極的に振興している。一方，国別出国者数も，ビジネス・観光目的での利用に依存するが，各国の［　C　］の要件緩和などによっても，その変動は大きくなる。

〔1〕　文中の［　A　］～［　C　］に当てはまる最も適切な語句を答えよ。

〔2〕 下線部(a)に関して，次の地図1をよく読んで，下の(1)〜(4)に答えよ。

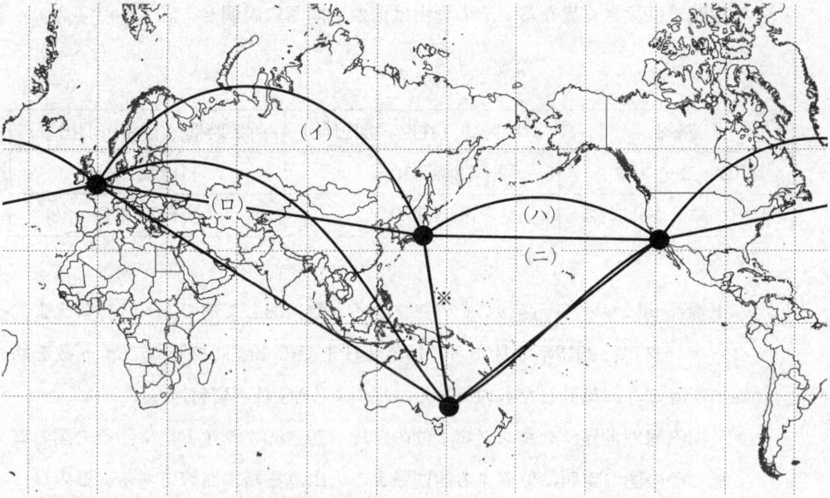

※この航路の大圏・等角航路は地図表現上ほぼ重なっている。

地図1

(1) 地図中の破線で示される緯線の間隔は何度か，最も適切なものを次の選択肢の中から1つ選び，符号で答えよ。

㋐ 10度　㋑ 20度　㋒ 30度　㋓ 40度

(2) 地図中には，羽田（東京）空港，ヒースロー（ロンドン）空港，ロサンゼルス空港，シドニー空港の4つの空港間の大圏航路と等角航路が表示されている。①羽田空港とヒースロー空港の大圏航路，②羽田空港とロサンゼルス空港の等角航路はどれか，地図中の（イ）〜（ニ）の中から1つずつ選び，符号で答えよ。

(3) 羽田空港からみて，ヒースロー空港，ロサンゼルス空港，シドニー空港の方位は何か，最も適切なものを，次の選択肢の中から1つずつ選び，符号で答えよ。

㋐ 北　㋑ 北東　㋒ 東　㋓ 南南東　㋔ 南南西
㋕ 南西　㋖ 西　㋗ 北北西

(4) 羽田空港からヒースロー空港・ロサンゼルス空港までの直行便による最速

の所要時間は下の表の通りである（2020年夏，ＪＡＬ国際線時刻表による）。羽田空港からヒースロー空港・ロサンゼルス空港までの所要時間は，往路・復路では大きく異なる。その理由は何か，簡潔に説明せよ。

表

路線	所要時間（往路・羽田発）	所要時間（復路・羽田着）
羽田－ヒースロー	12時間10分	11時間25分
羽田－ロサンゼルス	9時間50分	11時間35分

〔3〕　下線部(b)について，路線ごとの総フライト数に関して次の(1)～(3)に答えよ。なおデータは，2018年3月から2019年2月までの1年間の総フライト数を路線・空港ごとに集計したものである（出典：OAG社の資料）。

(1)　国内線で世界ランキング第1位の路線（79,460フライト）は，その国の首都とその国の南西に位置する同国最大の火山島を結ぶ路線である。この島には，ゴルフ場やカジノなどの観光・娯楽施設が多数あるほか，海産物なども豊富で，国内のみならず，日本や中国などからも多くの観光客が訪れる。この島の名称を答えよ。

(2)　国内線で世界ランキング第3位の路線（45,188フライト）は，総人口世界第2位の国でみられ，この国の人口上位2都市を結ぶものである。これらの都市名を答えよ。なお，上位2都市の人口の順位は問わない。

(3)　次の地図2と地図3は，国際線で総フライト数の世界ランキング上位20位までの路線を地図化したものである。チャンギ（シンガポール）空港を起終点とする4路線，ヒースロー空港を起終点とする2路線の最も適切な空港名あるいは都市名を下の選択肢の中からそれぞれ選び，符号で答えよ。なお，ホンコン，タイペイ発着便は国際線としてみなす。

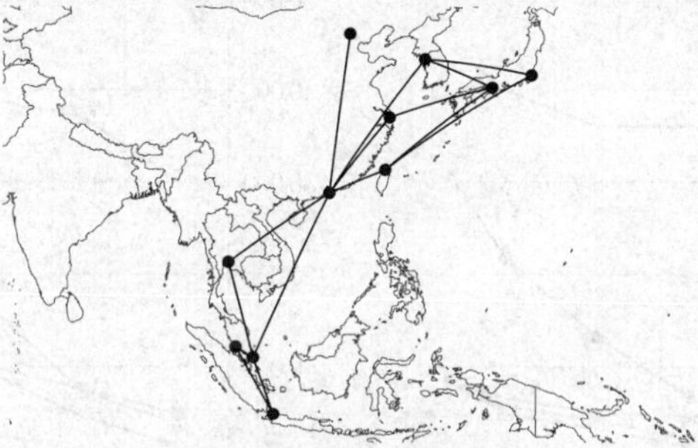

地図2

地図3

Ⓐ　インチョン（ソウル）　Ⓘ　関西（大阪）　Ⓤ　クアラルンプール
Ⓔ　クウェート　Ⓞ　ジョン・F・ケネディ（ニューヨーク）
㋕　ジャカルタ　㋖　タウユエン（タイペイ）
㋗　ダブリン　㋘　トロント　㋙　成田
㋚　バンコク　㋛　ペキン　㋜　ホンコン

〔4〕 下線部(c)に関して，次の図1は，航空旅客輸送量と航空貨物輸送量の2018年時点での上位5つの国・地域について，近年の変化を示したものである。図中の（甲）～（丙）に当てはまる最も適切な国名を，下の選択肢の中から1つずつ選び，符号で答えよ。

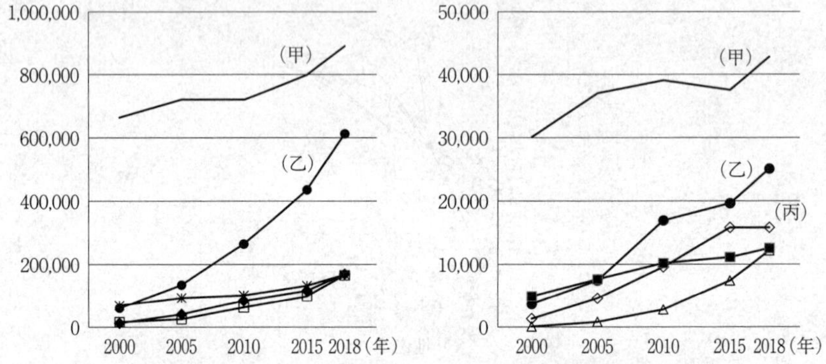

a） 航空旅客輸送量（千人）　　　b） 航空貨物輸送量（百万トンキロ）

国際民間航空機関の資料により作成

図1

Ⓐ アイルランド　　Ⓘ アメリカ合衆国　　Ⓤ アラブ首長国連邦

Ⓔ イギリス　　Ⓞ 中国　　Ⓚ 日本

〔5〕　下線部(d)に関して，次の図2は，外国人旅行客数の受入数と海外旅行者の出国者数の2018年時点での上位5つの国・地域と日本の近年の変化を示したものである。図中の（イ）～（ニ）に当てはまる最も適切な国名を，下の選択肢の中から1つずつ選び，符号で答えよ。なお，2018年時点での日本の受入数は世界第11位，出国者数は世界第20位であった。

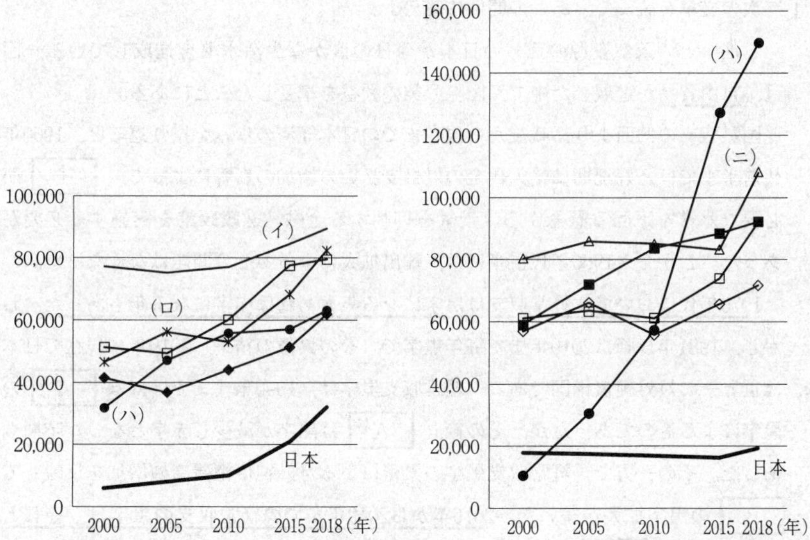

a）　受入数（千人）　　　　　　　　　　b）　出国者数（千人）

国連世界観光機関の資料により作成

図2

(あ)　アメリカ合衆国　　　(い)　イギリス　　　(う)　スペイン

(え)　中国　　　　　　　　(お)　ドイツ　　　　(か)　フランス

政治・経済

(80分)

I　次の文章を読んで，あとの問いに答えよ。

石油などの天然資源の乏しい日本が今日の豊かな生活水準を達成している一因は，自由貿易①が進展した中で，国際分業の利益を享受したことにある。

国際収支の側面より，戦後から現在までの日本経済の歩みを振り返ると，1960年代前半までは，好況期に輸入代金の対外支払いの増加の影響によって，[イ]が必要な水準を下回る懸念から，景気を抑制する金融・財政政策を実施する必要があった。しかし，1960年代後半には，輸出拡大によってその問題はなくなった。

②1970年代において，経常収支は黒字になる年もあれば赤字になる年もあった。しかし，1981年以降は2019年まで毎年黒字で，その累積の結果，2019年末現在で日本は世界一の対外純債権国である。経常収支黒字は，1990年代まではほぼ[A]の黒字によるものであったが，その後，[A]は黒字が減少し赤字となった時期もあった。その一方で，経常収支黒字の累積による対外純債権残高の増加を反映して，[B]の黒字拡大が続いた。③2016年から2019年までの経常収支の黒字は，それとほぼ同水準の[B]の黒字によるものである。

日本は[C]年に変動相場制に移行してから，おおむね円高で推移してきた。そもそも，為替相場の変動は，[D]における自国通貨と外国通貨の需要と供給に左右される。この需要と供給に影響を及ぼす各国の物価水準④や金利水準，経済成長率，失業率，景気動向，国際収支の動向などの[E]によって，為替相場の変動は説明される。近年の[D]においては，財・サービスの貿易のための通貨の交換よりも，国際的な金融・資本取引にともなう通貨の交換のほうがはるかに大きい。しかも，後者には為替差益をねらった[F]的資金も含まれる。このため，為替相場が乱高下することもしばしばあり，[E]だけでは十分に説明できない為替相場の動きもみられる。

円高ドル安が急速に進んだ局面では，⑤日本の通貨当局は[D]に[G]してドル買い円売りを行うこともある。一方，日本企業は円高によって国内製品の輸出採算が悪化した場合，その対応策の一つとして，⑥海外現地生産を拡大させた。

〔1〕 [A] ～ [G] にあてはまるもっとも適切な語句を記入せよ。なお，**A は漢字4字，Bは漢字7字，Cは西暦を算用数字，Dは漢字6字，Eはカタカナ9字，FとGはそれぞれ漢字2字**で答えよ。

〔2〕 下線部①について，イギリスの経済学者 [ロ] は，『経済学および課税の原理』の中で自由貿易の利益を主張した一方で，ドイツの経済学者 [ハ] は，『政治経済学の国民的体系』の中で自由貿易を批判し，保護貿易政策の必要性を説いた。[ロ] と [ハ] にあてはまるものを，下から一つずつ選び，記号で答えよ。

㋐ シュンペーター	㋑ マルサス
㋒ リスト	㋓ シューマン
㋔ マルクス	㋕ リカード
㋖ ヒューム	㋗ ケネー

〔3〕 下線部②について，この年代において経常収支が赤字になった年があるのは二度の [　　] を反映したものであった。空欄にあてはまる語句を**漢字4字**で答えよ。

〔4〕 下線部③の期間の特徴として，長年にわたって赤字であった [　　] が，訪日外国人観光客の増加を主因とした旅行収支の増加を反映して赤字縮小を続け，2019年にはじめて黒字に転じたことが指摘できる。空欄にあてはまる語句を答えよ。

〔5〕 下線部④に関して，X国の通貨のY国の通貨に対する為替相場は，Y国の物価に対するX国の物価の比率によって決まるとする見方は [　　] 説と呼ばれている。空欄にあてはまる語句を**漢字5字**で答えよ。

〔6〕 下線部⑤のような操作をすると，日本の [イ] は増加する。[イ] にあてはまる語句を**漢字4字**で答えよ。

〔7〕 下線部⑥に関して，海外に工場を建設するための投資は，国際収支表の金融収支のなかの [　　] に計上される。空欄にあてはまる語句を**漢字4字**で答えよ。

Ⅱ　次の文章を読んで，あとの問いに答えよ。

21世紀の国際社会においても，貧困問題は解決が求められる課題であり続けている。20世紀の後半より，援助供与国は，開発援助を通じて発展途上国の経済成長を促し，貧困層の生活向上に結びつく，医療，保健，教育，食料などの「人間の基本的ニーズ」①の充足をめざしてきた。経済面の発展だけではなく，栄養，保健，環境，教育，人口，人権などの多様な側面を重視する「[A]開発」という概念も広く共有されるようになった。

国連開発計画②は，[B]年に初めて発刊した『人間開発報告書』において，「人間開発指数（ＨＤＩ）」という，人間の基本的ニーズの状況をはかるための指標を導入し，１人あたりのＧＤＰなどの所得水準に加え，[C]などの保健水準，就学率や成人の識字率などの教育水準を数量化して，各国の総合的な生活水準状況の統計的把握と貧困層の生活・福祉の向上につとめている。また，[D]年の『人間開発報告書』では，③従来，国家に対して用いられてきた概念を個人レベルにも適用する新たな概念である「人間の安全保障」が打ち出された。人間の安全保障への取組みにおいては，「欠乏からの自由」「恐怖からの自由」「[E]をもって生きる自由」の保障がめざされている。そのため，グローバル化の進んだ21世紀の国際社会では，他国を無視して自国の国益のみを優先するのではなく，[F]益を追求することがそれぞれの国と国民の利益につながる，という考え方が肝要である。

半世紀以上にわたり，欧米の国々や日本を中心に行われてきた開発援助は一定の成果をあげてきた一方，発展途上国における貧困削減や経済発展の目標を十分に達成したとは言い難い。援助供与国を中心に構成される経済協力開発機構④や国際連合は，援助供与国の国民総所得の0.7％をＯＤＡに割り当てることを求めている。しかし，いくつかの援助供与国をのぞいて，この目標は達成されていない。

グローバル化が進み，世界経済の格差が広がるなか，ＯＤＡ以外の国際協力の模索も広がっている。先進国と発展途上国の格差，いわゆる[G]問題だけでなく，発展途上国間の経済格差が広がるなかで，企業はソーシャル・ビジネスやＣＳＲに力を入れている。たとえば，先進国の事業者との協働において，⑤発展途上国の産品を市場価格より高く販売し，売り上げの一部を発展途上国の生産者とコミュニティ開発に還元する取組みも見られる。

〔1〕 A ～ G にあてはまるもっとも適切な語句を記入せよ。なお，**BとDは西暦を算用数字，Cは漢字4字，ほかはいずれも漢字2字**で答えよ。

〔2〕 下線部①に関して，これを**英語略称**で何というか。**アルファベット3字**で答えよ。

〔3〕 下線部②に関して，この機関は総会によって設立されたものである。この機関と同じく総会によって設立されたものはどれか。下から一つ選び，記号で答えよ。

Ⓐ 国連食糧農業機関　　Ⓘ 国連教育科学文化機関

Ⓤ 国連工業開発機関　　Ⓔ 国際農業開発基金

Ⓞ 国連大学　　Ⓚ 国際開発協会

〔4〕 下線部③に関連して，国際政治学者である日本人女性の イ は，1998年にノーベル経済学賞を受けたインドの経済学者アマルティア・センとともに，人間の安全保障委員会の共同議長として，この概念の国際社会への普及に貢献した。また， イ は，難民に対する食糧支援などの国際的な保護を与える機関である ロ の高等弁務官を1991年から2000年まで務めていた。 イ と ロ にあてはまるもっとも適切な語句を記入せよ。なお，**イは漢字4字，ロは機関名の英語略称をアルファベット5字**で答えよ。

〔5〕 下線部④に関して，この国際機関は，**英語略称**で ハ と呼ばれ，その下部機関として ニ を設置し，発展途上国への援助の調整と推進をはかっている。 ハ と ニ にあてはまるもっとも適切な語句を記入せよ。なお，**ハはアルファベット4字，ニは漢字7字**で答えよ。

〔6〕 下線部⑤に関して，このことを何というか。**カタカナ**で答えよ。

Ⅲ　次の文章を読んで，あとの問いに答えよ。

社会保障制度には，資本主義によって必然的に発生する貧富の格差を緩和・是正したり，疾病や失業など様々なリスクによって貧困に陥るのを防いだりする役割がある。さらには，生活困窮者への最低限の生活保障といった役割もある。

たとえば，イギリスでは，[A]年にエリザベス救貧法が制定され，これは現在の公的扶助の原型であるといわれている。①ドイツでは，世界で最初の社会保険として，[B]が労働者の疾病や災害に対する疾病保険法を，1883年に創設した。社会保障という言葉が用いられた世界で初めての法律といわれている社会保障法は，[C]年のアメリカでニューディール政策の一環として制定された。②イギリスでは，1942年のベバリッジ報告を基礎として，第二次世界大戦後に「ゆりかごから墓場まで」をスローガンとする社会保障制度が導入された。

日本の社会保障制度は，日本国憲法第25条にもとづいて，社会保険，公的扶助，[D]，公衆衛生・保健医療の４本柱で構成されている。まず，社会保険は，保険料を拠出しておくことで事故にあったとき，保険金を支給して貧困におちいるのを予防する役割がある。日本の社会保険には，③公的年金（年金保険），④医療保険，労働者災害補償保険，[E]，⑤介護保険の５種類がある。このうち，公的年金には，退職後一定の年齢になると支給される老齢年金，障害者になった時に支給される障害年金，被保険者が死亡した時に配偶者や子どもに支給される[F]年金の３種類がある。

次に，公的扶助は，生活困窮者を公費で救済する役割があり，日本には生活保護法がある。生活保護法第１条は，「⑥最低限度の生活を保障するとともに，その自立を助長することを目的とする」と記されており，扶助の種類には，生活扶助，住宅扶助，教育扶助，出産扶助，[G]扶助，生業扶助，医療扶助，介護扶助の８種類がある。

また，[D]は，保育所や高齢者施設などの福祉サービスを提供する役割がある。さらに，⑦公衆衛生・保健医療は，感染症の予防や健康の増進などのほかに，上下水道の整備や公害対策などの生活環境の整備を行う役割がある。

〔1〕[A]～[G]にあてはまるもっとも適切な語句を記入せよ。なお，**AとCは西暦を算用数字，Bはカタカナ５字，DとEは漢字４字，FとGは漢字２字**で答えよ。

〔2〕 下線部①に関して，1878年には □ を制定しており，アメとムチの政策と言われている。空欄にあてはまる語句を**漢字 8 字**で答えよ。

〔3〕 下線部②に関して，イギリスでは，1911年に健康保険と世界初の失業保険を含む □ が制定されている。空欄にあてはまる語句を**漢字 5 字**で答えよ。

〔4〕 下線部③に関して，主に公務員や私立学校教職員などが加入する □ は，2015年10月より厚生年金に一本化された。空欄にあてはまる語句を**漢字 4 字**で答えよ。

〔5〕 下線部④に関して， □ は，農業や自営業などの従事者を対象とした医療保険である。空欄にあてはまる語句を**漢字 6 字**で答えよ。

〔6〕 下線部⑤に関して，これは満 □ 歳以上の国内に住所を有する者に加入を義務づけ，保険料を徴収する制度である。空欄にあてはまる正しい数字を下から一つ選び，記号で答えよ。

㋐ 18　　㋑ 20　　㋒ 35　　㋓ 40　　㋔ 60

〔7〕 下線部⑥に関して，この保障を初めて規定した □ 憲法は，1919年に制定されたドイツ共和国憲法の通称である。空欄にあてはまる語句を**カタカナ 5 字**で答えよ。

〔8〕 下線部⑦に関して， □ 年に保健所法が改正されてできた地域保健法によって設置された各自治体の保健所や保健センターは，地域の公衆衛生行政の中心になっている。空欄にあてはまる**西暦を算用数字**で答えよ。

数学

(80分)

次のⅠ，Ⅱ，Ⅲの設問について解答せよ。ただし，Ⅰ，Ⅱについては問題文中の［　　］にあてはまる適当なものを，解答用紙の所定の欄に記入せよ。なお，解答が分数になる場合は，すべて既約分数で答えること。

Ⅰ

〔1〕 3人でじゃんけんを行い，負けた人はじゃんけんから抜けることとして，勝者1人が決まるまでじゃんけんを繰り返し行う。

(a) 1回のじゃんけんで，3人の手の出し方は［ア］通りある。1回目があいこになる確率は［イ］である。そして，1回目で勝者1人が決まる確率は［ウ］となる。

(b) 1回目があいこで，2回目で勝者1人が決まる確率は［エ］である。そして，2回目で勝者1人が決まる確率は［オ］となる。

(c) 2回目で初めて2人が勝ち，3回目で勝者1人が決まる確率は［カ］である。そして，3回目で勝者1人が決まる確率は［キ］となる。

〔2〕 円 $(x-3)^2+(y-1)^2=16$ と，点A$(3,\ -7)$，点B$(3,\ -1)$がある。この円と y 軸との交点の y 座標は［ク］または［ケ］である。ただし，［ク］＞［ケ］とする。

次に，$\angle APB = 90^\circ$ となる点Pがこの円周上にあるとき，

BP＝［コ］，AP＝［サ］となる。また，このときの点Pの座標は

(［シ］，［ス］)または(［セ］，［ソ］)である。ただし，

［シ］＞［セ］とする。

〔3〕 a, b, c を定数とする。曲線 $C_1 : y = x^3$ と，放物線 $C_2 : y = ax^2 + bx + c$ は点A (1，1) で共通の接線 ℓ をもつ。放物線 C_2 を x 軸方向に -2，y 軸方向に -3 だけ平行移動したとき，そのグラフは原点Oを通る。

このとき，接線 ℓ の方程式は，$y =$ [タ] $x +$ [チ] であり，

$a =$ [ツ]，$b =$ [テ]，$c =$ [ト] である。

また，曲線 C_1，放物線 C_2，直線 $x = t$ で囲まれた部分の面積が接線 ℓ で2等分されるとき，t の値は [ナ] である。ただし，$-2 < t < 1$ とする。

Ⅱ　産油国A国とB国の t 年目における石油生産量をそれぞれ x_t と y_t で表す ($t = 1, 2, 3, \ldots$)。A国とB国は，t 年目に生産した石油を，その年の石油価格 p_t で売却する。ただし，石油の価格と生産量には次の関係がある。

$$p_t = 120 - \frac{x_t + y_t}{100}$$

また，t 年目にA国が石油を売却することで得る利益は

$$U_t = (p_t - 40)\,x_t$$

t 年目にB国が石油を売却することで得る利益は

$$V_t = (p_t - 20)\,y_t$$

で表される。

このとき，次の問いに答えよ。ただし，[ア] ～ [カ] は数値で答えること。

〔1〕 $t = 1$ において，B国は石油を生産しないものとする。すなわち，$y_1 = 0$ である。この状況のもとで，A国は，利益 U_1 が最大になるように生産量 x_1 を決める。このとき，$x_1 =$ [ア]，$p_1 =$ [イ] となる。

〔2〕 $t = 2$ において，A国は前年と同じ量の石油を生産する。すなわち，$x_2 = x_1 =$ [ア] である。この状況のもとで，B国は，利益 V_2 が最大になるように生産量 y_2 を決める。このとき，$y_2 =$ [ウ]，$p_2 =$ [エ] となる。

〔3〕 $t = 3$ において，B国は前年と同じ量の石油を生産する。すなわち，$y_3 = y_2 =$ [ウ] である。この状況のもとで，A国は，利益 U_3 が最大になるように生産量 x_3 を決める。このとき，$x_3 =$ [オ]，$p_3 =$ [カ] となる。

〔4〕 $t = 4$ 以降の年についても，同様にして，A 国と B 国は交互にそれぞれの生産量 x_t, y_t を決める。

（a） $t = 2n$ （$n = 1, 2, 3, \ldots$）において，A 国は，前年と同じ量の石油を生産する。すなわち，$x_{2n} = x_{2n-1}$ である。この状況のもとで，B 国は，利益 V_{2n} が最大となるように生産量 y_{2n} を決める。このとき，x_{2n-1} を用いて，

$$y_{2n} = \boxed{\text{キ}}$$

となる。

（b） $t = 2n + 1$ （$n = 1, 2, 3, \ldots$）において，B 国は，前年と同じ量の石油を生産する。すなわち，$y_{2n+1} = y_{2n}$ である。この状況のもとで，A 国は，利益 U_{2n+1} が最大となるように生産量 x_{2n+1} を決める。このとき，x_{2n-1} を用いて，

$$x_{2n+1} = \boxed{\text{ク}}$$

となる。

（c） 数列 $\{x_t\}$，$\{y_t\}$，$\{p_t\}$ の一般項について考える。

漸化式 $x_{2n+1} = \boxed{\text{ク}}$ より，数列 $\{x_{2n-1}\}$ の一般項は，$x_{2n-1} = \boxed{\text{ケ}}$ となる。また，（a）より，$x_{2n} = x_{2n-1}$ である。

次に，漸化式 $y_{2n} = \boxed{\text{キ}}$ より，数列 $\{y_{2n}\}$ の一般項は，$y_{2n} = \boxed{\text{コ}}$ となる。また，（b）より，$y_{2n+1} = y_{2n}$ である。

石油の価格と生産量の関係から，数列 $\{p_{2n}\}$，数列 $\{p_{2n+1}\}$ の一般項は，それぞれ $p_{2n} = \boxed{\text{サ}}$，$p_{2n+1} = \boxed{\text{シ}}$ となる。

Ⅲ　1辺の長さが1の正四面体 OABC において，辺 OA を1：2に内分する点を D，辺 OB の中点を E，辺 BC を2：1に内分する点を F とする。また，平面 DEF と辺 AC との交点を G とする。

$\overrightarrow{OA} = \vec{a}$，$\overrightarrow{OB} = \vec{b}$，$\overrightarrow{OC} = \vec{c}$ とするとき，次の問いに答えよ。

〔1〕 $\overrightarrow{DE}$，$\overrightarrow{DF}$ を $\vec{a}$，$\vec{b}$，$\vec{c}$ を用いてそれぞれ表せ。

〔2〕 内積 $\overrightarrow{DE} \cdot \overrightarrow{DF}$ の値を求めよ。

〔3〕 △DEF の面積を求めよ。

〔4〕 AG：GC を最も簡単な整数の比で表せ。

5　乳母は、公子を連れて沢の中に逃げ込んだが、秦軍に見つかり矢を射かけられ、すんでのところで矢をかわして公子を守った。その武勇を聞いた秦王は乳母を厚く賞した。

マークせよ。

1　豈に利を見て畏れて之を誅するは、故《もと》より義を廃して詐を行ふべけんや
2　豈に利を見て誅を畏るるの故《ゆゑ》に義を廃して詐を行ふべけんや
3　豈に利を見て之を誅するを畏れ、故《ことさら》に義を廃して詐を行ふべけんや
4　豈に利を見て之を誅するを畏るべきは、故《もと》より義を廃して詐を行はんや
5　豈に利を見て誅を畏るべきの故《ゆゑ》に義を廃して詐を行はんや
6　豈に利を見て畏れて之を誅すべく、故《ことさら》に義を廃して詐を行はんや

問3　[A] に入れるのに、最も適当なものを、次のなかから選び、その番号をマークせよ。

1　倶　2　敢　3　専　4　必　5　独　6　復

問4　本文の内容に合うものを、次のなかから一つ選び、その番号をマークせよ。

1　乳母は、主人に逆らわない忠や死を畏れない勇よりも、公子を生き延びさせることのほうが大事だと考え、見事にその役目を果たした。それを聞いた秦王は心を動かした。
2　乳母は、懸賞金をかけられた公子の居場所を知らなかったが、たとえ知っていたとしても、人に居場所を言うことは主人に逆らい死を畏れる行為で、忠と勇に反すると考えた。
3　乳母は、忠と勇に反すると考えて公子の居場所を人に告げず、わが身を犠牲にして公子を守り通した。それを聞いた秦王は感じ入り、乳母の兄に大夫の爵位を与えた。
4　乳母は、秦の追手が公子に及ばぬように、公子の身代わりとなって沢の中に逃げ込み、秦軍から十二本の矢を身に受けながらも、秦軍を見事に欺くことができた。

為ニレ人ノ養ヒレ子ヲ、不シテレ能ハレ隠スコト而言フレ之ヲ。是レ畔《そむ》キレ上ニ畏ルレ死ヲ。吾聞ク、忠ハ不レ畔カレ上ニ、勇ハ不トレ畏レレ死ヲ。凡ソ養フ二人ノ子ヲ一者ハ、生カシレ之ヲ、非ザルレ務ムルニレ殺スヲレ之ヲ也。②豈可見利畏誅之故廃義而行詐哉。吾不トレ能ハ三生キテ而使ムルコト二公子ヲシテ [A] 死セ一矣。」遂ニ与二公子一倶ニ逃ル二沢中ニ一。秦軍見テ而射ルニレ之ヲ、乳母以テレ身ヲ蔽《おほ》ヒレ之ヲ、著《つく》ルモ二十二矢ヲ一、遂ニ③不レ令レ中《あ》タラ二公子ニ一。秦王聞キレ之ヲ、饗スルニ以テシ二太牢ヲ一、且ツ爵シテ二其ノ兄ヲ一為ス二大夫ト一。

(『韓詩外伝』による)

注　秦＝戦国時代の国名。　魏＝戦国時代の国名。　少子＝若君。公子のこと。
千斤＝斤は重さの単位。一斤は約二五〇グラム。　十族＝一族すべての者。
太牢＝祭祀で供える牛羊豚。　大夫＝官吏の爵位の一つ。　饗＝供え物をする。

問1　傍線①の「雖」、③の「不令」の読み方を、送りがなを含めて、それぞれひらがなで書け。

問2　傍線②の「豈可見利畏誅之故廃義而行詐哉」の書き下し文として、最も適当なものを、次のなかから選び、その番号を

問7　本文の内容に合うものを、次のなかから二つ選び、その番号をマークせよ。

1　自分の消息を大将に知られたくない浮舟は、小野の里に自分はいないのだと伝えるように小君に懇願した。
2　浮舟が失踪し行方不明と知った母君は心痛のあまり惚けてしまい、小君には以前と全く別人のように見えた。
3　浮舟を連れて帰るまで戻らぬよう小君は大将に命じられていたが、浮舟の思わぬ強い拒絶に遭ってしまった。
4　浮舟と面会できないのに何度も小野の里に通う小君を、尼君は当初、滑稽で面倒くさい人物だと思っていた。
5　浮舟とよりを戻したい大将は浮舟の所在を口外せぬよう小君に念を押したが、小君は聞こえないふりをした。
6　暗く険しい道を厭《いと》わずに都の大将のもとへ急ぎ戻ろうとする小君の姿に、小野の尼たちは皆心を動かされた。

四　次の文章を読んで、問いに答えよ（設問の都合上、訓点を省略した部分がある）。

秦攻メテレ魏ヲ破ルレ之ヲ。少子亡《にゲテ》而不レ得ラレ。令シテ二魏国ニ一曰ハク、「有ラバ下得ル二公子ヲ一者上、賜ヒ二金千斤ヲ一、匿《かくまフ》者ハ罪至ルト二十族ニ一。」公子ノ乳母与《ともニ》倶ニ亡グ。人謂ヒテ二乳母ニ一曰ハク、「得ル二公子ヲ一者ハ賞甚ダ重シ。乳母当ニ下シト知リテ二公子ノ処ヲ一而言フ上レ之ヲ。」乳母応ヘテレ之ニ曰ハク、「我不レ知ラ二其ノ処ヲ一。①雖レ知ルトレ之ヲ、死ナバ則チ死ナン。不ルレ可カラ二以テ言フ一也。

問4　傍線㋒の「いとうれしくて」は、誰の、どのような気持ちか。最も適当なものを、次のなかから選び、その番号をマークせよ。

1　小君が浮舟に会えたばかりか手紙まで直接渡せた場面を見た尼たちの、願いもかなって満足した気持ち
2　そっと部屋から退出する尼たちの浮舟へのさり気ない気遣いを感じた尼君の、ありがたいと思う気持ち
3　作法通りに手紙を置いた小君の所作を見た少将の尼の、きちんと躾《しつ》けた成果を実感し、誇らしい気持ち
4　場を和ませようと滑稽なしぐさで退席する尼たちを見た浮舟の、緊張が瞬時にほぐれて安心する気持ち
5　これまで何度も訪ねても会えなかった浮舟とやっと会えた小君の、二人きりになれたことを喜ぶ気持ち

問5　傍線㋔の「かく憂きさま」の説明として、最も適当なものを、次のなかから選び、その番号をマークせよ。

1　出家した浮舟の黒髪が短く切り削《そ》がれていること
2　娘を失った悲しみで母君の心が病み始めていること
3　大将への小君の忠誠心が浮舟に迷惑をかけていること
4　大将の執着心が浮舟には常に重荷となっていること
5　心痛のために浮舟の容姿がひどく衰えていること

問6　傍線㋕の「いとあはれなり」の理由として、最も適当なものを、次のなかから選び、その番号をマークせよ。

1　小君の失言を厳しく指摘する浮舟の意外な態度に秘めた強さを感じたから
2　小君との会話を楽しむ浮舟の口調に愛らしさと品の良さが感じられたから
3　ようやく出会えた浮舟になじられてうなだれる小君に哀れさを感じたから
4　普段は口数の少ない浮舟が弟の小君には心を開いていると感じられたから
5　入水しても生き延び弟に会えた浮舟の数奇な運命に仏の加護を感じたから

「今宵いかにしてかへり給はむ」など、例のさし過ぎ人もいとほしがれば、尼君も「げに、いかで。通ひなれぬる人だにも、なほ踏み迷ひぬべき山道の嶮路《かけぢ》に侍るめるを。今宵ばかりは旅寝し給へかし」と言ひ出だし給へれど、「急ぎ参るべくのたまひつるに、いかが泊まりは侍るべき。月の光にも道たどたどしかるまじくなむ」とて立つを、「さも、およすけて」と、うつくしみあへり。

（『山路の露』による）

注　少将の尼＝尼君の弟子。　大将殿＝薫。浮舟の恋人。

問1　傍線①の「給へ」、②の「給ふ」、③の「のたまへ」、④の「給は」の敬意の対象は誰か。最も適当なものを、それぞれ次のなかから選び、その番号をマークせよ。

1　母君　2　尼君　3　少将の尼　4　大将　5　浮舟　6　小君

問2　傍線㋐の「いとらうたげなり」、傍線㋓の「つゆばかりたがはぬ」を、それぞれ一〇字程度で現代語訳せよ。

〔解答欄：㋐　　㋓　　〕

問3　傍線㋑の「さなからむ先」の説明として、最も適当なものを、次のなかから選び、その番号をマークせよ。

1　浮舟が憔悴《しょうすい》し亡くなりそうだという悲報を少将の尼が聞いて、驚嘆する前
2　浮舟が母君とは距離を置きたいという本音を小君が聞いて、意外に思う前
3　浮舟が小野の里でまだ生きている知らせを母君が聞いて、疎外感を持つ前
4　浮舟が沈みがちで塞ぎ込んでいることを大将が聞いて、過度に心配する前
5　浮舟がようやく小君と面会できたことを尼君が聞いて、胸をなで下ろす前

なからむ先にほのめかしてばや、と思ふ折々あれば、ただ我にもあらでゐ給へり。

「さらば、ここにも」とて、少将の尼、導き入れて、人々はすべり隠れぬれば、(ウ)いとうれしくて、まづ御文さし置きて、見聞こゆ。いとささやかにをかしげなるさま、昔ながらの面影(エ)つゆばかりたがはぬものから、御髪などの、ありしにもあらぬを見るに、夢かなにぞと悲しくて、よよと泣きゐたり。姫君も、うち忘れつる昔のことども今さら思し出でられて、まづ母君の行くへ問はまほしけれど、うち出で給ふべき言の葉もおぼえず。

とばかりためらひ給ひて、「さても、世になき者となりにしを、誰も誰もさこそは思ひ給ひけめ。せめて憂き身の契りにや、思ひのほかに長らへて、あらぬ世の心地してこそ明かし暮らしつれ。おのづから心地もしづまるに添へて、まづ母君の御ことなむ、おぼつかなく悲しき」と、のたまひもやらぬに、いと悲しくて、「おはしまさずなりにし後は、その御嘆きに心も違ひ、あやふく見え給ひしを、大将殿よりさまざま慰め給ひて、『まろなどまでも、いとほしくせさせ給ふ御心ざしのかたじけなさに慰めて、かけとどめたり』とこそ、常にのたまふめれ。されど、なほ惚《ほ》けて、ありし人にもあらずぞ見え給ふ。かく聞き奉りしを、やがても聞こえまほしくおぼえしを、大将殿『しばしは人に漏らすな』と、かへすがへすのたまひしかば、え聞こえ侍らぬ」など、幼げに言ひゐたり。「それなむ、いと口惜しき。かけても知られ奉らじと思ふを、いかにして聞き給ひけるにかと心憂きに、あらざりけるさまにも聞こえなしてよ」とのたまへば、いと難しと思へり。「ただ、(オ)かく憂きさまにても、母君に今一度会ひ見奉らむと思ふ。これを忍びて伝へてよ」とて、几帳のそばより文を取り出でて、さし置き給へば、懐に引き入れて、「ありつる御かへりなくては、いかにのたまはせむ。ただ一くだりにてもたまはりて、かへり侍らむ」と言へば、「いとうたて、年月の程に思ひかはり給ひにけり。かくばかり憂き名を、あらぬさまに言ひなして、もて隠さむとは思ひ給はずや」と恨みられて、しひてもえ言はず、伏し目なり。さしも言少なに、心もとなき御本性なれど、幼くより取りわき一つにてありし名残りむつましきにや、これにだに思ふこと少し続け給へる、(カ)いとあはれなり。

3　ウェブマガジンの読者をコミュニティ化し、独自に開発したノウハウを学習させて初めて、世界中から幅広く取材して、じっくり精査した結果としての良質な情報を、世界に速報として発信することができる。

4　インターネットに対する距離感と進入角度とは、結論ありきの情報に寄り添ったり、目立つ人間に遠くから石を投げつけたり、世界に個人的情報を発信したりする多様なアクセスの方法を表現している。

5　新たな運動がウェブマガジンの形を採るのは、良質な読み物を検索エンジンに引っかかる所に置くことで、質の高い情報収集が可能な学習環境を形成することができるからである。

三

次の文章を読んで、問いに答えよ。

（入水に失敗し小野の里の尼君のもとに身を隠していた浮舟を、弟の小君が薫からの手紙を携えて、訪ねてきた。）

かしこには、例のまぎるる方なくながめ給ふ程なるに、あなたより人来て、尼君に「かく」などささめき聞こゆれば、思ひかけぬ程にもと驚き給ひて、「なほ、みづから聞こえ①給へ。ことごとしかるべき人にもおはせざめるを。さのみ出だしはなち聞こえ給ひて、いかにものしと思すらむ」と、いとほしがりて、「あさましく、見るめにあかぬ御つれなさなりや」と、口々に言ふも、いと苦しと思したり。まことには、例の、「こなたに」と言はせたれば、歩み出でて、簀子《すのこ》の端つ方についゐたり。尼君ゐざり出でて、「たびたびかく山道分け②給ふ、御しるしなくてやと、古めかしきさし過ぎ心、とりどりかたはらいたく思ひ聞こえ侍り。いかなるにか、誰にも見え知られ給はむことをわづらはしく思しためれば、見奉りわづらひ侍る」と③のたまへば、「このたび定かなる御かへりなくては、かへり参るまじくなむ承り侍りつる」と言ふさまも、㋐いとらうたげなり。

尼君、まめやかに聞こえ知らせて、しどけなげなるを引き直しなどし給ふ。なほいとつつましけれど、我が心にも、げにかくまでたづね給ふ程にては、つひに隠れなくて、母君聞き給ひなば、「我にかばかり隔てけり」と思ひ④給はむもいと苦しきに、㋑さ

人間を「考えさせない」ようにしてしまったということ

2　現在の情報環境は、本来ならば人間が自由に決定できるはずのインターネット利用の関わり方を選ばせずに、プラットフォームを通じて、ファストな受信と発信ばかりを促しているということ

3　現在のプラットフォームは、Facebook や Twitter に代表されるソーシャルネットワーキングサービスの主導権争いに巻き込まれて、本来のインターネット利用の自由を人間から剝奪しているということ

4　インターネット上のプラットフォームは、発信者と受信者の境界を喪失させておきながら、スローに受信させる術と動機を持たないので、利用者はただファストに発信する快楽に溺れるばかりだということ

5「メディアからプラットフォームへ」を合言葉に、新聞・雑誌などのメディアからの情報収集よりも、インターネット・プラットフォームで即時アクセスできる情報を優先するように努めてきたということ

問4　[B]、[C] に入れるのに、最も適当な組み合わせを、次のなかから選び、その番号をマークせよ。

1　B＝挑発的　C＝一般的　　2　B＝挑発的　C＝流動的

3　B＝印象的　C＝抽象的　　4　B＝印象的　C＝表面的

5　B＝扇情的　C＝表層的　　6　B＝扇情的　C＝象徴的

問5　本文の内容に合うものを、次のなかから一つ選び、その番号をマークせよ。

1　現在のインターネットではニュースサイトが閲覧数の多い情報を選び、またあらかじめ結論を述べてくれるので、受信者は何も考えなくても世界に素手で触れるようなネットサーフィンを楽しむことができる。

2　インターネットで誰もが世界に情報を発信できるようになれば、その内容を充実させるために人間は熟考するようになると考えられていたが、実際には時流に乗るだけの情報しか発信しない人のほうが多い。

問1　[A]　に入れるのに、最も適当なものを、次のなかから選び、その番号をマークせよ。

1　登竜門　2　検索の場　3　思考の種　4　知の大海　5　通信手段

問2　傍線㋐に「なぜ『遅い』インターネットなのか」とあるが、その問題提起の理由として、最も適当なものを、次のなかから選び、その番号をマークせよ。

1　インターネットは、それを使えば、世界の情報に「速く」アクセスすることもできれば、「遅く」接してじっくり検証することもできるような、人間の自由なライフスタイルに合わせたものだから

2　「遅い」とは「脱インターネット」の言い換えであり、世界に関する正しい情報はインターネットではなく、従来通り新聞・雑誌・映画などのスローなメディアにゆだねるべきだと考えているから

3　インターネットを拙速な方法で利用していると、自分で考える能力を育むことができず、確かな情報を吟味し解釈したうえでしっかりと再発信できる能力を身につけることができなくなるから

4　インターネットの情報に接して世界と自分の関係を考えたり、自分にとっての「自由」を考えたりすることに比べれば、送受信の速さはそれほど重要ではなく反応が遅くてもかまわないから

5　現在のインターネットは人間を「考えさせない」ための道具になっているが、情報伝達の速度を遅くすれば、送受信ともにゆっくりで作業が楽になり、人間がより深く「考える」時間的余裕が生まれるから

問3　傍線㋑に「僕たちは自分たちの情報に対する速度と進入角度を、いまソーシャルネットワーキングサービスのプラットフォームに明け渡しているのだ」とあるが、その説明として、最も適当なものを、次のなかから選び、その番号をマークせよ。

1　今日のインターネット・プラットフォームは、受信しながら発信できる双方向的な情報共有を不可能にし、そのために

をスローに受信させる術と動機を持たない。だから僕はあくまでメディアの、記事を発信する側のアプローチで読者に情報をスローに受信する文化を育成しようと考えている。そしてその上で読者たちにスローに再発信するノウハウを共有することができないかと考えている。

そのため「遅いインターネット」は一見、「ただのウェブマガジン」の形式を取る。その最大の特徴は形式ではなくあくまでその内容にある。そのレベルでしか伝えられないものがあるからだ。

そしてその上で、読者をコミュニティ化し、僕たちが試行錯誤して身につけてきた発信のノウハウを、情報を吟味し、解釈し、再発信するノウハウを読者たちと共有化する運動を立ち上げる。「遅いインターネット」とは、「ネットサーフィン」という言葉が生きていたころのウェブマガジンへの回帰と、現代の「速すぎる」ソーシャルメディアの状況に（批判的に）対応した質の高い情報発信を学習するコミュニティとが連動した運動なのだ。

良質な情報を提供することは前提として重要だ。だが、それがどれほど周到に、慎重に取材され、精査された結果として発信された記事であったとしても、それを受け止める読者が育っていなければ、目に入れたいものだけを目にし、信じたいものだけを信じ、発信する快楽に身を任せてしまうのであれば意味はない。愚かで卑しい読者はどれほどスローに発信された情報もファストに受信し、そしてファストに発信するだろう。

そう、問題は「速度」だけではない。情報にアクセスする速度を、人間の側に取り戻すこと、ときにはあえて「遅く」動くことは前提に過ぎない。繰り返し述べるが、速度の自由で僕たちが手に入れなければならないのは、むしろ情報への（正確には情報化された世界への）進入角度と距離感を自分自身の手で調整できる自由なのだ。

（宇野常寛『遅いインターネット』による。なお一部を改めた）

注 プラットフォーム＝ここでは双方向的通信の基盤のこと。

るのだ。

たとえば、タイムラインに流れてくる情報に対しほとんど脊髄反射的に反応して「発信」する人々は、あるいはニュースサイトが閲覧数目的で選ぶ［B］な見出しに釣られタイムラインの「空気を読み」、週に一度生贄として選ばれた目立ちすぎた人や失敗した人に石を投げつける人々は果たして「思考している」と言えるのだろうか。

もちろん彼ら自身は自分で事物について考えをめぐらし、自分の考えを発信しているつもりなのだろう。だがこうした人々の発信は驚くほどに一様で、そしてかなりの割合で情報の内容に対する検証を欠き、タイムラインの潮目を読んだだけの極めて［C］な内容に留まっている。だからこそ何ものでもない彼らは、その実タイムラインに流されるだけであるにもかかわらず、まるで、自分が内実を伴った意見を発信しているかのような、世界に素手で触れているかのような錯覚に陥ることのできるこの発信の快楽に溺れていく。

僕たちはメディアからプラットフォームへの移行が、人類を前に進めると強く信じていた。情報を単に受け止めるだけではなく、自ら発信することで人間はより熟慮し、多角的な視点から事物を吟味するようになると考えていた。しかし、いま僕たちはその前提を疑ってかかるべきだ。この四半世紀のあいだに発信能力を得た人類が証明したことは、この前提が誤りであったという端的な事実だ。

誤解しないでほしいが、僕はインターネットが人々に与えた発信能力を取り上げるべきだとはまったく考えていない。ただ、僕らが「メディアからプラットフォームへ」を合言葉にして、人々に発信能力を与えることが、人類を前に進めることと同義だというイデオロギーを信奉することはもはや不可能だと告げているのだ。

インターネット上のプラットフォームはなし崩し的に発信者と受信者の境界を喪失させた。そしてその結果人々は発信の快楽に溺れることで、より安易に、愚かに、そして拙速になっていった。しかし、今日のインターネット・プラットフォームは情報そしてこの運動を担うコミュニティを育成すること。そのコミュニティで、自分で考え、そして「書く」技術を共有すること。それが僕の考える「遅いインターネット」だ。

㋐なぜ「遅い」インターネットなのか。それはこれまで見てきたように、いまのインターネットの行き詰まりの原因はその「速さ」にあると考えるからだ。もちろん、「速さ」はインターネットの最大の武器だ。世界中のどこにいても即時に情報にアクセスできる。この「速さ」がインターネットの武器であることは間違いない。しかし、インターネットはその「速さ」と同じくらい「遅く」接することができるメディアでもある。インターネットの本質はむしろ、自分で情報にアクセスする速度を「自由に」決められる点にこそあるはずだ。１日単位で話題が回転する新聞やテレビや、週や月単位で回転する雑誌などと異なりインターネットは「速く」接することもできれば、「遅く」じっくりと、ハイパーリンクや検索を駆使して回り道して調べながら接することもできる。そんなメディアがいま、必要なのではないか。そこで、僕はいまあえて速すぎる情報の消費速度に抗《あらが》って、少し立ち止まって、ゆっくりと情報を咀嚼《そしゃく》して消化できるインターネットの使い方を提案したい。そうすることで僕たちはより自由に情報に、世界に対する距離感と進入角度を決定できるはずだ。

本来のインターネットは映画よりも能動的に情報を取捨選択することもできれば、テレビよりも受動的に情報の洪水をただ浴び続けることもできる。より正確には、現代の情報技術は人間の常に変化する能動性に対し、柔軟に対応することを可能にする。人間とは、そもそも映画が想定する能動的な観客でもなければ、テレビが想定する受動的な視聴者でもない。コンピューターの発展によって、僕たちははじめて人間そのものにアプローチすることができるようになったのだ。

しかし、いまインターネットと呼ばれているものは、いやFacebookやTwitterに代表されるソーシャルネットワーキングサービスを中心に再組織化されつつある現在の情報環境は、この速度を決定する主導権そのものを人間から剝奪している。㋑僕たちは自分たちの情報に対する速度と進入角度を、いまソーシャルネットワーキングサービスのプラットフォームに明け渡してい

二　次の文章を読んで、問いに答えよ。

いま、必要なのはもっと「遅い」インターネットだ。

現在のインターネットは人間を「考えさせない」ための道具になっている。かつてもっとも自由な発信の場として期待されていたインターネットは、いまとなっては、もっとも不自由な場となり僕たちを抑圧している。それも権力によるトップダウン的な監視ではなく、ユーザーひとりひとりのボトムアップの同調圧力によって、インターネットは息苦しさを増している。

一方ではあらかじめ期待している結論を述べてくれる情報だけをサプリメントのように消費する人々がいまの自分を、自分の考えを肯定し、安心するためにフェイクニュースや陰謀論を支持し、拡散している。そしてもう一方では自分で考える能力を育むことをせずに成人し、「みんなと同じ」であることを短期的に確認することでしか自己を肯定できない卑しい人々が、週に一度失敗した人間や目立った人間から「生贄《いけにえ》」を選んでみんなで石を投げつけ、「ああ、自分はまともな側の、マジョリティの側の人間だ」と安心している。

これらはいずれも、「考える」ためではなく「考えない」ためにインターネットを用いる行為だ。ネットサーフィンという言葉が機能し、インターネットが万人に対しての [A] として開かれる可能性は、つい最近まで信じられていたはずだ。しかし、もはやそれは遠い遠い過去のことのような錯覚を僕たちにもたらしている。

そこで、僕はひとつの運動をはじめようと考えている。「遅いインターネット計画」と呼んでいるそれは、あたらしいウェブマガジンの立ち上げと、読者に十分な発信能力を共有するワークショップが運動する運動だ。

この国を包み込むインターネットの（特にTwitterの）「空気」を無視して、その速すぎる回転に巻き込まれないように自分たちのペースでじっくり「考えるための」情報に接することができる場を作ること。Google検索の引っかかりやすいところに、五年、十年と読み続けられる良質な読み物を置くこと。そうすることで少しでもほんとうのインターネットの姿を取り戻すこと。

2　個性が強く、それとよく似た出来事を見つけることができないような場合、それが起きなかったことを検討するのは現実には不可能であり、エンターテインメント作品の力を借りるしかない。

3　哲学者や専門家はある出来事が現実に起きていなかったらという反事実的条件に基づいて因果関係を分析するが、私たちの日常ではあくまで現実に基づいて因果関係を考えている。

4　現実とは異なる可能性を吟味できるのは、薬の服用と入眠の関係などよく似た出来事を見つけられる場合に限られており、個性的で類のない出来事の場合は根気よく類例を探す必要がある。

5　一回限りの出来事も、同じような世界に対応する出来事があると考えることで複数化できるが、これは、反事実的な諸世界を想像上のものと見なす立場からしても興味深い考えである。

問10　坂本龍馬が暗殺されたのとほぼ同時期に活躍していた文学者を、次のなかから選び、その番号をマークせよ。

1　司馬遼太郎　　2　池波正太郎　　3　仮名垣魯文　　4　二葉亭四迷　　5　幸田露伴　　6　泉鏡花

1　坂本龍馬が土佐藩を脱藩し薩長同盟が成立した世界@に対して、龍馬の脱藩も薩長同盟もなかった世界が存在し、その世界が龍馬の脱藩はなかったが薩長同盟が成立した世界と比べても、世界@と全体的により似ているとき、坂本龍馬の脱藩は薩長同盟に無関係であるというのは真である。

2　坂本龍馬が土佐藩を脱藩し暗殺された世界@に対して、龍馬の脱藩も暗殺もなかった世界が存在し、その世界が龍馬の脱藩はなかったが暗殺された世界と比べても、世界@とまったく似ていない場合、龍馬が脱藩しなければ暗殺されなかっただろうというのは真である。

3　たくさん勉強し大学に合格した世界@に対して、勉強もせず合格もしなかった世界が存在し、その世界が勉強しなかったが合格したどの世界と比べても、世界@と全体的により似ているとき、たくさん勉強しなかったら、大学に合格しなかっただろうというのは真である。

4　たくさん勉強し大学に合格した世界@に対して、大学の受験者が十分の一の世界や超能力で入試問題を予知できる世界が存在し、その世界が勉強しなかったが合格したどの世界と比べても、世界@と全体的により似ているとき、たくさん勉強しなかったら、大学に合格しなかっただろうというのは真である。

5　たくさん勉強し大学に合格した世界@に対して、勉強もせず合格もしなかった世界が存在し、その世界が勉強しなかったが合格したどの世界と比べても、世界@と全体的により似ているとき、たくさん勉強したことは大学に合格することと無関係であるというのは真である。

問9　本文の内容に合うものを、次のなかから一つ選び、その番号をマークせよ。

1　私たちは物語の主人公が物語全体を通じて何かを達成することを好むが、こうした見方は人生観とも強く結びついており、仏教的観点からすればそれは人間的な成長の発生源でもある。

1　現実に起きた出来事が、なぜ起きたかを、どうやって確認することができるのかという疑問

2　現実に起きた出来事は、実際に起きたからには、それ以上考えても仕方ないのではないかという疑問

3　現実に起きた出来事が、もし起きなかった場合は、もっとよい結果になっていたのではないかという疑問

4　現実に起きた出来事を、私たちはどこまでさかのぼって考えに入れればいいのかという疑問

5　現実に起きた出来事が、もし起きなかった場合は、どうなったかを、どうやって確認するのかという疑問

6　現実に起きた出来事は、もし起きなかった場合、私たちにどんな影響を与えていたのかという疑問

問6　傍線㋒に「『トークン』と『タイプ』の区別」とあるが、その説明として、最も適当なものを、次のなかから選び、その番号をマークせよ。

1　受験は類似性に注目するとトークン的な出来事だが、ある年ある日の私の受験はその場限りのタイプ的な出来事である。

2　トークン的な出来事はそれなりの長期間にわたる継続的な出来事だが、タイプ的な出来事にはそのような継続性はない。

3　出来事cは現実とは異なる他の可能性を持っているが、トークン的な出来事eにはそのような可能性はない。

4　タイプ的な出来事はそれなりの長期間にわたる継続的な出来事だが、トークン的な出来事にはそのような継続性はない。

5　出来事eは現実とは異なる他の可能性を持っているが、タイプ的な出来事cにはそのような可能性はない。

6　受験は類似性に注目するとタイプ的な出来事だが、ある年ある日の私の受験はその場限りのトークン的な出来事である。

問7　次の一文は、本文中の〈1〉～〈5〉のどこに入れるのが最も適当か。その番号をマークせよ。

　だが、タイプからトークンへの道は、これで完全に開かれたわけではない。

問8　傍線㋓に「ルイスによれば次のときである」とあるが、その具体例として、最も適当なものを、次のなかから選び、その番号をマークせよ。

た諸世界であり、世界@に似ていない諸世界は精査の対象から外してよい。（さきほどの例を挙げるなら、「あれほど勉強しなかったら、この大学に受からなかっただろう」と言うとき、その大学の受験者数が十分の一であった諸世界や、超能力によって入試問題を予知できた諸世界のような、私たちの世界に似ていない諸世界を考慮しないのと同様である。）

〈5〉出来事であるcとeの諸世界における存否④を見ることで、cとeとの因果関係を分析する——。ここで注目すべきなのは、cとeがそれぞれ複数化されていることだ。もちろん、世界@におけるcとeはいずれもトークンであるが、そのcとeの因果関係は、諸世界にわたって複数化されたcとeの存否によって定まる。つまり、タイプからトークンへの道が、「タイプ」という表現がもし使われていなかったとしても、実質的に、ここにも開かれているわけだ。ルイスによる以上の分析は、反事実的な諸世界を具体物ではなく抽象物と見なす場合でも、なお、興味深いものである。

（青山拓央『心にとって時間とは何か』による。なお一部を改めた）

注　デイヴィッド・ルイス＝二〇世紀後半に活躍したアメリカの分析哲学者。

問1　傍線①、④の読み方をひらがなで書け。

問2　傍線②、③のカタカナを漢字に改めよ。楷書で正確に書くこと。

問3　傍線㋐に「設定に穴はある」とあるが、これとほぼ同じ内容を指す部分を、本文中から二十三字でそのまま抜き出して、始めと終わりの五字を書け。

問4　[A] に入れるのに、最も適当な語を、本文中からそのまま抜き出して、二字で書け。

問5　傍線㋑に「ある疑問」とあるが、その内容として、最も適当なものを、次のなかから選び、その番号をマークせよ。

専門家によく言及されるのは、デイヴィッド・ルイスによるその分析である。因果の分析をその一部とするルイスの哲学体系は、何よりも可能性概念の扱いに関して多くの人々を驚かせてきた。

ルイスによれば、ある事態が可能であるとは、その事態が成立している世界が本当に存在することだ。そうした世界は、抽象的な、あるいは空想上のものではなく、私たちのいるこの世界と同じく具体的な存在物であり、そちらの世界から見ればそこそが「現実」の世界ということになる。

この考えがもし正しいとすると、たとえば、坂本龍馬が暗殺されなかったことが可能であるとは、坂本龍馬の対応者（私たちの世界の坂本龍馬にきわめてよく似た人物）が暗殺されなかった世界が存在することである。世界が無数に在るだけでなく、坂本龍馬の対応者も、彼のさまざまな可能性に応じて諸世界に存在するわけだ。

龍馬の対応者が無数に存在する以上、「龍馬の土佐藩脱藩」などの出来事も諸世界に無数に存在する（それらは類似した出来事の集まりであると考えてよく、その意味で、同一のタイプと見なせる）。すると、龍馬の土佐藩脱藩について、「もし、それが起きなかったなら薩長同盟は成立しなかっただろう」といった主張の真偽は、諸世界の内容を精査することで確かめられるかもしれない。

私たちのいるこの世界を「世界＠」と呼ぶことにしよう。世界＠でｃとｅが起きていたとして、世界＠において「ｃが起きていなかったら、ｅは起きていなかっただろう」という主張が真であるのは、㋓ルイスによれば次のときである。ｃもｅも起きていないある世界が存在し、その世界のほうが、ｃは起きていないがｅは起きているどの世界に比べても、世界＠に全体的により似ているとき――。

世界＠との類似性が、なぜ考慮されるのか。それは、「ｃが起きていなかったら、ｅは起きていなかった」かどうかを世界＠において問うているからだ。そこで精査すべきなのは、ｃが起きていないという点以外においては、できる限り世界＠によく似

（インディのアーク争奪戦参加や、ある人物のたくさんの受験勉強は、どちらもそれなりの長期間にわたる継続的な行為であるが、その全体をひとまとまりの時間・空間的な領域とすることで、出来事のトークンとして捉えられる。どの領域を一つのトークンと見なすかは、文脈によると考えてよい。）

〈1〉実践上の話をすれば、私たちはタイプを調べることで、トークンについての反事実的な可能性を語っていると言える。現実にcが起きたとき、仮にcが起きなかった場合にどうなっていたかを述べるために、cと同タイプの出来事が起きていない場合を調べるわけだ。そしてさらに、cと同タイプの出来事が起こっていた場合も調べることで、cにまつわる因果的な法則性を捉えようとする。

〈2〉こんなふうに書くと抽象的でぴんと来ない方もいるかもしれないが、具体的な例で考えれば、ごく常識的な話だと分かる。たとえば、私がある睡眠薬を飲んで、その後すぐに眠ったとしよう。このとき、その服薬が入眠の原因であったかどうかを、どうやって確かめればよいのか。その服薬の状況とよく似たできるだけ多くの諸状況で、私が同じ薬を飲まなかったり、あるいは飲んだりしたときに、その後の入眠がどのようであったかを見ることで、それは確かめられるだろう。すなわち、このような調査によって得られた過去のタイプ的知識から、トークン的な因果性を推定することになるだろう。

〈3〉そもそも知りたかったのは、トークンとしてのcがトークンとしてのeの原因であったかどうかであり、cとよく似た出来事にまつわるタイプ的な知識を集めても、あのcが起きなかった場合にどうなっていたのかは、確実には分からないからだ。とりわけ、薬の服用などではなく、アーク争奪戦参加のような個性の強い出来事については、それとよく似た出来事を見つけることさえ叶わないだろう。そして実際の人生においても、その転機となるのは、ときに、個性的で類のない出来事である。

〈4〉反事実条件をもとに因果を捉えようとするアイデアは、古くは哲学者ヒュームの著書に見出すことができるが、今日、哲学者たちが「反事実条件的分析」と呼ぶ、因果の理解を見てみよう。細かいバリエーションがいくつかあるが、単純なその一つの例は、次のように書くことができる。——出来事cと出来事eが現実に起こったとき、cがeの原因であるのは、もしcが起きていなかったならeが起きていなかった場合である（そしてその場合に限る）。

エイミーの脳裏にあったのも、おそらく、これとよく似た思考だろう。インディのアーク争奪戦参加をc、先述のナチス一団の顚末をeとするなら、cがなくてもeは起こったとエイミーは言いたかったはずだ。なお、反事実条件とは、現実とは異なる状況についての「もし（if）」のことだと考えてよい。cは現実に起こったのだから、cが起きていなかったらという「もし」は、反事実条件になっている。現実と異なる他の可能性が、そこでは吟味されている。

因果の反事実条件的分析は、学説としては知られていなくても、その中心的な発想は私たちにとってお馴染みのものだ。たとえば、たくさん勉強をして志望大学に合格した人物が、「あれほど勉強しなかったら、この大学に受からなかっただろう」と考え、たくさん勉強したことをその合格の（主要な）原因と見なすように。

しかし、ここで私たちは、㋑ある疑問を直視しなければならない。因果関係を知るために、「現実と異なる他の可能性」を吟味する必要があるとして、それはいったい、どのようにしてなされるのだろう。「現実と異なる他の可能性」は、文字通り、この現実のなかにない。現実世界をどんなに観察しても、過去において現実にcが起きた場合には、cが起きなかった場合に何がどうなっていたのかをこの眼で確かめることは難しい。

ここで、次の重要な点を確認しておこう。反事実条件による先述の因果の分析は、個別の出来事に関するものであって、出来事の種類に関するものではない。㋒「トークン」と「タイプ」の区別を使うなら、あの分析におけるcとeはいずれも、出来事のトークンであってタイプではない。

エイミー「面白かったわ。㋐設定に穴はあるけど」

シェルドン「穴だって？」［…］

エイミー「だってインディは物語の結末に無関係よ。彼がいなくても同じ結果になってた。［…］彼なしでもナチスは聖櫃《アーク》を見つけてフタを開けて最後には死んでた」

エイミーの指摘は、基本的に正しい。この映画の「結末」を、アークを見つけたナチス一団の①顚末（アークのなかに秘められた力で彼らはみんな殺されてしまい、アークがナチスの本部へと送り届けられることもなかったという顚末）であると見なすなら。

このとき、なぜそれが物語の穴となるのかは、それ自体、面白い問題だろう。なぜ、物語のその都度の箇所で主人公が躍動するだけでは駄目で――インディはとても躍動している！――何か大きな結末に主人公は関わっているべきなのか。主人公がいてもいなくても物語の結末が変わらないとき、いったい何が②ソコなわれてしまうのか。

映画、小説、漫画を問わず、とくにエンターテインメント作品においては、主人公が物語全体を通じて何かを達成することが好まれる。表面上、目的が達成できなかった場合でさえ、そのことが別の意味での達成（たとえば人間的な成長）に繋《つな》がっていることが望まれる。こうした物語性の③キキュウは、私たちの人生の見方にも強く結びついており、一つの仏教的観点からすれば、それは苦悩の発生源でもある。

さて、インディが物語の結末に無関係であることは、こんなふうに言い換えられる。映画のなかでのインディの行動は、物語にとって重要な結末の「［A］になっていなかった」と。つまり、エイミーの指摘した穴は、あの映画全体を貫く因果関係の穴でもあった。ただし、そこで言う因果関係とは、いまから確認するような特定の意味におけるものである。

国語

（八〇分）

解答に字数制限がある場合には、句読点・カッコも一マスとすること。
受験学部・受験方式によって、解答すべき問題を指定しているので注意すること。

方式	学部	解答すべき問題
学部個別配点方式	文学部以外	一　二　三
	文学部※	一　二　三　または　一　二　四
英語重視方式	APU	一　二　三

※文学部は二（現代文）と四（漢文）が選択問題。両方とも解答した場合は高得点の方を採用。

一　次の文章を読んで、問いに答えよ。

〈著者は前章で、対になる概念として「タイプ」と「トークン」という言葉を紹介している。その意味を考えながら本文を読みなさい。〉

アメリカのテレビドラマシリーズ『ビッグバン・セオリー』にこんな会話がある。映画『レイダース　失われたアーク』（インディ・ジョーンズの初登場作）が好きなシェルドンが、恋人のエイミーにそれを見せたあとの会話。

解答編

英語

I　解答　〔1〕(A)―(2)　(B)―(1)　(C)―(4)　(D)―(2)

〔2〕(1)―1　(2)―1　(3)―2　(4)―3　(5)―2

〔3〕―(2)

◆全　訳◆

≪紙の地図が現代でも重要である理由≫

スマホの普及が進むにつれて，紙の地図の時代は終わったと考えるのはたやすい。デジタルは印刷よりよいという姿勢は，私の言う「技術優越主義」である。しかし，調査を一瞥すれば分かることだが，紙の地図はデジタル時代にもいまだ重要であり，印刷された地図を使うことには明確な利点がある。

そうした利点の一つは，知識の獲得に関係している。認知科学者はおおむね，表層知識と深層知識を区別する。専門家はある主題あるいは地形に深層知識をもつが，素人は表層知識をもつ。デジタルな道具は表層知識を獲得するにはよい。「自分の知らない町で空港からホテルまでどうやって行くのか」という質問に答えることは，実用面での問題であって，返答するのに浅い知識しか要しない。仕事の会議でたった24時間町を旅しているのなら，たいてい町の地理について多くを知る必要はない。

印刷された地図は，深層知識をより速くより効率的に獲得するのに役立つ。ある地域に住んでいたり，有意義な旅をしたいのなら，当地の地理の深層知識はそこを見て回ったり，そこの文化や歴史を理解するのに役立つだろう。私にとって，深層知識と表層知識の違いは，長年暮らすニューヨークの街と，指折り数えるほどしか訪れていないサンフランシスコとで，私が知っていることの違いである。ニューヨークでは，私はすべての街区がどこにあるか，どの電車路線に乗ればいいかを教えられる。私はニューヨークの紙とデジタルの両方の地図を見るのに大量の時間を費やしてきた。

サンフランシスコでは，地点から地点へ移動するのに，これまでデジタルの地図しか使ったことがなかった。この差が示すのは，私にはサンフランシスコの脳内地図，専門用語でいう認知地図がないということなのである。

私たちの脳は知識を認知地図へと変換する。「人間の脳は対象についての視覚情報を収集するとき，その周囲の情報をも収集し，その両者を結合する」と，研究者が2017年の調査で書いた。印刷で読むと脳が知識を変換して事物を記憶するのが容易になるのである。複雑に折りたたまれた紙の地図を広げるといった感覚による刺激は，脳内にそうした認知地図を生み出し，脳がその知識を保持するのに役立つ。同じことが，紙の地図上でハイキングのルートを指でたどるといった単純な行為にも当てはまる。腕を動かし指の下で紙を感じるという身体的な行動によって，脳に感覚による刺激が与えられ，それが認知地図の形成と記憶に寄与するのである。

紙対デジタルの議論のもう一つの要因は，正確性である。明らかに，すぐれたデジタル地図は，出来の悪い紙の地図より上である。すぐれた紙の地図が出来の悪いデジタル地図より上なのとちょうど同じことだ。技術優越主義者は，すべてのデジタル地図はすぐれていると信じているかもしれないが，紙の世界と全く同じように，デジタル地図の正確度は，地図を作成する会社によって与えられる細部と事実調査がどの程度であるかによって，すべて決まる。細部に対する細心の注意が，デジタル地図を最新状態に保つには必要である。現実の世界の状況は常に変化しているからである。アプリ会社は常にその地図を更新しているし，それを公開し続ける限り，定期的にそうしなければならないであろう。デジタルコンテンツに求められるメンテナンスはかなりの程度になるが，その費用を技術優越論者はしばしば無視しているのである。私の見解では，紙の地図の誤りを許容する方がたやすい。実体の地図にはたいがい，よく目立つ出版年月日が示してあるので，利用者はその地図がいつ出版されたのかを目にすることができる。車を運転中，道路情報システムの音声版GPS案内に受動的に従っていて，たとえば標識されていない出口があると，それのせいでシステムが混乱し，車内の人間は大混乱に陥る。デジタル地図のより深層にある一部の問題は，一般の人々にはすぐには明らかにならない。デジタルシステムは，地図を含めて，大半の人間が分かっている以上に相互につながっている。誤りは不可避なのだが，それらが広がって，誰も想像がつかないほどの大きな問題を引き起こしかねないのである。

技術優越主義者の考え方では，あらゆる物が将来デジタル化することになる。しかし，もし大企業が地図を提供するのをやめればどうなるだろうか。衛星データはスマホや GPS システムを動かしているが，それが政府の閉鎖によって放送されなくなったら，どうなるだろうか。現在，救急車や消防車には電子ナビが止まった場合に備え，前部座席に街路地図を置いておける。もしも社会から実体の地図がなくなると，救急対応班は火事が起きたり重傷者が出たりしたときに，その場所まで行けなくなるであろう。また，一国の GPS 信号を遮ることは，現実的な不正侵入手段である。合衆国海軍は新兵に天体航海術を再び教え始めた。その技術は古代ギリシャにさかのぼるが，デジタルシステムが不正侵入された場合に対する防御措置というわけである。

私の結論を言えば，実体の地図とデジタル地図とが対立してはいけないのである。今後とも，人々は両方の種類の地図を必要とし続けるだろう。紙とデジタルとどちらがいいかを論じるのではなく，課題に対してどんな地図がふさわしい道具なのかを考えなければいけないのである。

◀解　説▶

〔1〕 (A) 「次のうちどれが，技術優越主義者が一番賛成しそうか」「技術優越主義」に関しては，第 1 段第 2 文（The attitude that …）に「デジタルは印刷よりよいという姿勢は，私の言う『技術優越主義』である」とある。選択肢はそれぞれ，

(1)「紙の地図の時代は始まったばかりだ」

(2)「紙の地図はデジタル地図より価値が低い」

(3)「研究は紙とデジタルと両方の地図の必要性を示した」

(4)「地図の選択はスマホを使えるかどうかに基づかなければならない」

の意味だから，正解は(2)であると分かる。

(B) 「筆者によれば，紙の地図を最も有益だと考える人は誰か」「紙の地図の利点」に関しては，第 3 段第 1・2 文（Print maps help … culture and history.）参照。紙の地図は深層知識の獲得に役立ち，深層知識は町の居住者にとって有益だと分かる。選択肢はそれぞれ，

(1)「特定の町の長期居住者」

(2)「認知科学の研究者」

(3)「会議のためある町に着いた実業家」
(4)「空港に行く一番近いバスを探している観光客」
の意味だから，正解は(1)に決まる。
(C)「認知地図に関してどれが正しいか」「認知地図」に関しては，第4段に記述されている。第4・5文（Sensory cues, like … with your finger.）に，「地図を開くという動作」や「道を指でたどるという行為」が「認知地図形成に役立つ」とある。選択肢はそれぞれ，
(1)「ハイキングはそれを形成する鍵を握る」
(2)「デジタル素材の方が，それを形成するのによい」
(3)「年齢によって，どれだけうまくそれを形成できるかが決まる」
(4)「動作や接触は，それを形成するのに役目を果たす」
の意味だから，正解は(4)だと分かる。
(D)「言及されていないデジタル地図の欠点はどれか」 選択肢はそれぞれ，
(1)「デジタル地図は不正確になりかねない」
(2)「デジタル地図は高価な機器が使える必要がある」
(3)「デジタル地図の不正確な情報は，すぐに広がりかねない」
(4)「デジタル地図は，脳内での情報変換の効率が紙の地図より悪い」
(1)は第5段第3文（Technochauvinists may believe …）に記述がある。(3)は第5段最終文（Mistakes, which are …）に記述がある。(4)は，第3段第1文（Print maps help …）や第4段第3文（Reading in print …）に記述がある。よって，記述がないのは(2)である。
〔2〕 (1)「紙の地図を使うことは，引っ越してきたばかりの人が町の歴史を理解するのに役立つ」 第3段第2文（When you live …）に一致する。
(2)「デジタル地図の正確度は，それを維持するのにどれだけの資金を費やすかによって決まる」 第5段第3文後半（the accuracy of …）や同段第6文（The maintenance required …）参照。地図の正確度を維持するために詳細な情報を得たり事実確認をしたりすることにはお金がかかると考えられるので，本文に一致すると判断できる。
(3)「デジタル地図に問題は生じそうにない。なぜなら，それらは互いにつながり合っているからである」 第5段最終2文（Digital systems, including … than anyone expects.）に不一致。

(4)「技術優越主義者は若くて技術を使うのにすぐれている傾向がある」このような記述は，本文にはない。よって真偽不明。

(5)「筆者によれば，実体の地図はデジタル地図よりもすぐれている」最終段最終文（Instead of arguing …）に不一致。

〔3〕 選択肢はそれぞれ，

(1)「道案内の新しい方法」

(2)「なぜ紙の地図は今もなお重要なのか」

(3)「深層知識と表層知識の差」

(4)「新しい町への次回の旅のため，最善の地図を選ぶこと」

(5)「認知地図はどのように脳内で形成されるのかに関する研究」

という意味。本文の主旨は，「紙の地図とデジタル地図のそれぞれの特徴をつかみ，それぞれの目的にかなった使い方をすることが大切なのだ」ということ。それにふさわしい表題は(2)である。

Why Paper Maps Matter in the Digital Age, The Conversation on January 22, 2019 by Meredith Broussard

II 解答

〔1〕 (A)—(4)　(B)—(4)　(C)—(2)　(D)—(3)　(E)—(3)　(F)—(2)　(G)—(1)　(H)—(4)

〔2〕 ㋐—(2)　㋑—(2)　㋒—(4)　㋓—(2)　㋔—(2)

◆全　訳◆

≪ピザの歴史≫

ピザは世界で大人気のファストフードである。どうして簡素なピザがこれほど世界的な人気を博するようになったのかを語ることから，移住や経済，技術的な変化の歴史に関して多くが明らかになる。

人々はピザを，何らかの形で何百年も食べ続けてきた。しかし，私たちが知っているようなピザが出現したのは，18世紀末のイタリアのナポリだった。ブルボン王朝のもと，ナポリはヨーロッパ最大の都市の一つとなっていたのであり，急速に大きくなっていた。こうした発展にもかかわらず，都市経済が遅れをとるまいともがき苦しむようになるにつれて，ますます多くの市民が貧困に陥った。こうした人々のうち最も貧しかった人たちは，ラッツァローニ（乞食）という名で知られていた。いつも仕事を求めて駆けずり回っていたので，彼らには安価で食べやすい食べ物が必要だった。ピザはこの必要を満たした。大きな箱を脇に抱えた人によって街頭売りされていたので，ピザは客の財布と食欲に合わせて，切り分けられたのだった。

一番簡素なものは，トッピングがニンニクと油と塩だけだった。しかし他に，カチョカヴァッロ（チーズの一種）や，チェチェニエッリ（魚の一種），バジルを含むものもあった。トマトが上に載ったものもあった。アメリカ大陸から導入されたのがごく最近だったので，トマトはまだ珍品であり，当時のイタリア人に見下されていた。しかしその不人気と，それゆえの低価格のために，トマトがトッピングとして加えられたのだった。次第にラッツァローニの地位が向上し，それによって最初のピザ食堂の出現が促された。しかし，こうしたことがあっても，ピザはなお下層階級の食べ物だった。最初の料理本が 19 世紀末に現れたとき，それらは故意にピザを無視した。ナポリの食べ物専門の料理本でさえ，それに言及しようとはしたがらなかった。

それがすべて，イタリア統一運動後に変わってしまった。1889 年のナポリ訪問の間に，国王ウンベルト 1 世とマルゲリータ妃が，朝食，昼食，夕食に供される込み入ったフランス料理に飽きてしまった。王妃に地元の食べ物を準備するよう急に求められたので，ピザのシェフのラファエレ=エスポージトが 3 種類のピザを料理した。一つは油とカチョカヴァッロとバジルで，もう一つはチェチェニエッリで，三つ目はトマトとモッツァレラチーズとバジルだ。王妃は喜んだ。一番のお気に入りは 3 種のうちの最後のものだったが，それはのちに，彼女に敬意を表してピザ・マルゲリータと名付けられた。これが重要な変化の合図となった。マルゲリータ妃が認めたことによって，ピザがラッツァローニだけのための食べ物から，王室も楽しめるものへと昇格しただけでなく，ピザは地方料理から真の国民食へと変身もしたのだった。それによって，ピザが真のイタリア料理であり，パスタと同じだけ有名だという考えがもたらされたのだった。

にもかかわらず，ピザがナポリから広がるのはゆっくりだった。最初の一押しは移住によってもたらされた。1930 年代から職を求めて北へ，自らの土地の料理を携えて移動する人々が増えた。この流れは戦争によって加速した。兵士が 1943 年と 44 年にイタリアに侵入したとき，彼らはカンパニア地方で出会ったピザの印象があまりに強烈だったので，他のどこに行っても，それを欲しがった。しかし，真のイタリア料理としてのピザの地位を本当に強化したのは観光であり，それは戦後期に旅費の低下によって活性化したのだった。観光客がイタリア料理にますます興味をもつようになるにつれて，ピザはたちまちイタリア全土に広まった。

しかし，ピザの第 2 の故郷となったのはアメリカであった。19 世紀末までには，イタリア人移民はすでに合衆国の東海岸に達していた。そして 1905 年に，最初のピザ食堂がニューヨーク市で開店した。すぐに，ピザはアメリカの伝統となった。合衆国が第二次世界大戦に突入した直後，アイク=シーウェルという男が自分の新規開店したピザ食堂に新規の客を引きつけようとして，量をたっぷり増やしたピザを提供した。深めで厚めの生地にもっと盛りだくさんでたっぷりのトッピング，たいがい下にチーズが敷かれ，山盛りのトマトソースがその上にかかっていた。やがて，これにさらにハワイ風が加わった。ハムとパイナップルが上に載っていたのであり，ナポリの人々は度肝を抜かれたのだった。

1950 年代から，合衆国の経済的，技術的な変化が急速だったせいで，ピザはいっそう大きく変身した。注目に値する変化は二つある。最初は，ピザの家庭料理化であった。収入が増えるにつれて，冷蔵庫と冷凍庫はますます普及し，便利な食品の需要が増えて，冷凍ピザの発達がもたらされたのだった。そのピザは，家に持ち帰り，いつでも好きなときに調理できるように考案されたものだった。このため，レシピには変更が必要になった。トマトの薄切りをたっぷり散らすのではなく，下地には滑らかなトマトのペーストが敷かれるようになったが，それがオーブン調理の間に生の生地が乾燥するのを防ぐのに役立った。そして冷凍可能な新たなチーズを開発しなければならなかった。二つ目の変化は，ピザの商業化であった。自動車と単車がますます普及したことで，調理したばかりの食品を客の玄関まで配達することが可能となった。そしてピザは最初に提供された料理の一つであった。1960 年に，トムとジェームズ=モナハンがミシガン州にピザ食堂を開店し，配達が早いという評判を獲得した後，会社を全国に広げた。彼らとその競争相手が海外まで広がり，今ではピザの見つからない都市は世界に一つもないほどになった。

◀解　説▶

〔1〕(A)　空所を含む文は「しかし，(　　　)ピザが出現したのは，18

世紀末のイタリアのナポリだった」の意。これが，直前の文（People have been …）の「昔からピザを食べてきた」に対して「しかし，今のようなピザになったのは…」という新旧の対照になっていることをつかむ。選択肢はそれぞれ，(1)「美食としての」，(2)「冷凍食品としての」，(3)「すでに言及した」，(4)「私たちが知っているような」の意であるから，空所にふさわしいのは，(4)である。

(B)　空所を含む文は「こうした発展にもかかわらず，都市経済が（　　）につれて，ますます多くの市民が貧困に陥った」の意。「ますます多くの市民が貧困に陥った」ことと，同時に起こることは何かを考える。選択肢はそれぞれ，(1)「よりよい方に変わる」，(2)「同じ様式に従う」，(3)「より多くの仕事を生む」，(4)「遅れまいともがき苦しむようになる」の意。貧困を生む原因になるのは，(4)である。

(C)　空所を含む文は「最初の料理本が 19 世紀末に現れたとき，それらは故意にピザ（　　）」の意。「ピザが下層階級の食べ物だった」ことから生じる事態を考える。選択肢はそれぞれ，(1)「～を批判した」，(2)「～を無視した」，(3)「～を促進した」，(4)「～を後援した」の意。よって，正解は(1)か(2)。次の文（Even those dedicated …）に，「それに言及しようとはしたがらなかった」とあるから，批判したのではないと分かる。よって，正解は(2)に決まる。

(D)　空所を含む文は「それが，ピザが真のイタリア料理であり，パスタと同じだけ有名だという考え（　　）」の意。直前に「ピザが地方料理から真の国民食へと変身した」とあるのだから，空所には「生じさせた」といった意味の語が入ると読み取れる。選択肢はそれぞれ，(1)「～に挑んだ」，(2)「～を変えた」，(3)「～を導入した」，(4)「～を拒絶した」の意であるから，正解は(3)だと分かる。

(E)　空所を含む部分は「真のイタリア料理としてのピザの地位を本当に強化したのは観光であり，それは戦後期に旅費の低下（　　）」の意。強調構文を正確に読み取り，焦点の名詞への修飾が問題部分であることをつかむ。選択肢はそれぞれ，(1)「～を必要とする」，(2)「～の代わりに」，(3)「～によって活性化した」，(4)「～によって押しつぶされた」の意であるから，(3)が正解だと分かる。

(F)　空所を含む文は「（　　），ピザの第 2 の故郷となったのはアメリカであった」の意。前段落ではイタリアでのピザの拡大について記述しているが，空所から始まる段落にはアメリカでのピザの広まりが記述されていると分かる。選択肢はそれぞれ，(1)「再び」，(2)「しかし」，(3)「それゆえに」，(4)「だから」の意。空所の前後で話題が変化していることから，(2)が正解だと分かる。

(G)　空所を含む部分は「冷蔵庫と冷凍庫はますます普及し，便利な食品の需要が増えて，冷凍ピザの発達（　　　）」の意。空所には「〜を促進する」といった意味の語が入ると読み取れる。選択肢はそれぞれ，(1)「〜を引き起こした」，(2)「〜を遅れさせた」，(3)「〜を制限した」，(4)「〜を引き継いだ」の意であるから，正解は(1)に決まる。

(H)　空所を含む部分は「自動車と単車の増大する（　　　）によって，調理したばかりの食品を客の玄関まで配達することが可能となった」の意。空所には「使いやすさ」といった意味の語が入ると読み取れる。選択肢はそれぞれ，(1)「費用」，(2)「維持」，(3)「汚染」，(4)「人気，流行」の意。よって，(4)が適切と判断できる。

〔2〕　㋐　該当部分は直前の文（Only recently introduced …）の「アメリカ大陸から導入されたのがごく最近だったので，トマトはまだ珍品であり，当時のイタリア人に見下されていた」という記述の主語を受けているから，下線部㋐の指示対象は「トマト」だと分かる。選択肢はそれぞれ，

(1)「ピザの」

(2)「トマトの」

(3)「アメリカ大陸の」

(4)「イタリア人の」

という意味だから，正解は(2)に決まる。

㋑　該当部分は前段落の内容を受けている。そこには「ピザの不人気」が記述されていた。選択肢はそれぞれ，

(1)「『ラッツァローニ』の地位」

(2)「ピザの評判」

(3)「ナポリの料理本の人気」

(4)「アメリカからの不思議な食べ物の紹介」

という意味だから，正解は，(2)だと分かる。

㋒　this という語は，原則として直前部分の内容を指示する。直前の文

（Her favourite—the …）には「王妃の一番のお気に入りは3種のうちの最後のものだったが，それはのちにピザ・マルゲリータと名付けられた」と述べられている。選択肢はそれぞれ，

(1)「イタリアの統一運動」

(2)「3種のピザの創作」

(3)「込み入ったフランス料理の給仕」

(4)「王室のピザの堪能」

という意味。よって，上記の内容に合うのは(4)だと分かる。

㋓　この問題もthisの指示対象を考えて，「どんな流れ」なのかを考えればよい。直前の文（From the 1930s, …）には「1930年代から職を求めて北へ，自らの土地の料理を携えて移動する人々が増えた」という記述がある。選択肢はそれぞれ，

(1)「ピザが地方料理のままであったこと」

(2)「ピザがナポリを越えて広がったこと」

(3)「ナポリに対する当初の圧力」

(4)「ナポリへの北からの移動」

という意味。よって，上記の内容を示しているのは(2)だと分かる。

㋔　この問題もthisの指示対象を答えればよい。直前部分には「それは，家に持ち帰り，いつでも好きなときに調理できるように考案されたものだった」とある。さらに「それ」Itの指示対象を考えなければいけない。直前部分は「便利な食品の需要が増えて，冷凍ピザの発達がもたらされた」とあるから，Itは「冷凍ピザ」だと分かる。選択肢はそれぞれ，

(1)「増大する収入」

(2)「冷凍状態でピザを売ること」

(3)「コンビニの必要」

(4)「冷蔵庫と冷凍庫を購入すること」

という意味。よって，正解は(2)だと分かる。

Ⅲ　解答

〔1〕　㋐—(3)　㋑—(8)　㋒—(1)　㋓—(6)

〔2〕　㋕—(1)　㋖—(6)　㋗—(3)　㋘—(8)

◆全　訳◆

〔1〕《友人からの電話》

A：「こんにちは，サラ。京都はどうかな？　もう家は見つかった？」
B：「こんにちは，ケン。うん，ちょうど昨日引っ越したとこ。なんかね，明日にかけて天気が悪くなるの。備えがなくって！」
A：「明日？　まずいよ！　風に飛ばされそうな家の外の物を片付けた？　片付けるのは，風が強くならないうちじゃないとだめだよ」
B：「外にあるのは引っ越したときの空箱だけ。たたんで家の中に入れられるわ」
A：「よかった。それから，必ず雨戸をきちんと閉めること」
B：「残念だけど，うちの家にはないのよ。たぶん代わりに箱をいくつか窓にテープで留められるかしら。家を出ないといけなくなったらいやだな。避難所がどこなのか知らないし」
A：「市役所でその情報をもらっているはずだよ。引っ越しを届けたときにさ」
B：「もらっていたとしたって，たぶん日本語で書いてあったでしょう。見落としちゃったに違いないわ。私，日本語はこの前会ったときからあんまり上達してないんだもん」
A：「大丈夫だよ。小学校にお子さん，もう登録した？　おそらくそこに行けばいいはずだよ。でもお隣に確かめておけば確実だ」
B：「うん。そこが一番よい避難所でしょうね。近所の人とはまだ顔を合わせてないの。挨拶しにいった方がいいってことね。幸運を祈ってて！」

〔2〕　≪案内所で≫
A：「いらっしゃいませ，モール・オブ・ザ・ワールドです。どんなご用件でしょうか？」
B：「こんにちは。映画館のギフト券を買おうと思うんですけど。どこで買えますか？」
A：「映画館に行かないといけないですね。行き方は分かりますか？」
B：「実は，ここに来る前に見つけようとしたんですけど，地図がないと思って。迷ってしまったようなんです」
A：「はい，よくあることです。だから私たちがここにいるんですよ。こちらがモールの地図です」
B：「ありがとう」

A：「他に何か，お手伝いできることはありますか？」

B：「はい，ちょっと。もうお昼時ですが，ここにいるうちに何か食べたいんですけど」

A：「何かお好みはありますか？」

B：「はい。肉を使ってないものがいいです，できれば」

A：「では，いくつか選択肢がありますよ。ここにはムーンライトというベジタリアンカフェがあります。でもいくつか他のレストランでもベジタリアン食を選べますよ」

B：「いい感じですね！　ありがとうございます」

◀解　説▶

〔1〕 ㋐ 「うん，ちょうど昨日引っ越したところ」が返答となるような発言を考える。それは(3)「もう家は見つかった？」である。

㋑ 空所の後の「代わりに箱をいくつか窓にテープで留められるかな」という発言から，(8)「それから，必ず雨戸をきちんと閉めること」が適切である。Bが会話の冒頭で「天気が悪くなる」と言っていることもヒントになる。

㋒ 次に続く「私，日本語はあんまり上達していない」という発言から考えて，「分からなかった」という趣旨の発言が来ると分かる。それは，(1)「見逃してしまったに違いない」である。

㋓ 直後に「挨拶しにいった方がいいってことね」が続くのにふさわしい発言は，(6)「近所の人とはまだ顔を合わせてないの」である。

残りの選択肢は，(2)「登録書に記入したわ」，(4)「忘れずに扉にも鍵をかけてね」，(5)「引っ越し，楽しみにしてるのかな？」，(7)「英語版が裏に載っているはずだよ」，(9)「隣の人が引っ越しは控えた方がいいと言ったよ」，(10)「学校は休校だという発表があった」の意。

〔2〕 ㋕ 「いらっしゃいませ」に続くのだから，(1)「どんなご用件でしょうか？」がぴったり。

㋖ 「映画館に行かないといけないですね」という発言に続くのだから，(6)「行き方は分かりますか？」が，ふさわしい。

㋗ 「だから私たちがここにいる」という発言が続くのであれば，直前の「迷ったようだ」について言うのは，(3)「はい，よくあることなんですよ」がふさわしいと分かる。

(け)　返答が「ここにはムーンライトというベジタリアンカフェがあります」となるような発言としてふさわしいのは，(8)「肉を使ってないものがいいです，できれば」である。
残りの選択肢は，(2)「アクション映画が好みです」，(4)「ステーキが食べたいです」，(5)「すみません，本日は休業です」，(7)「その地図は本当に使いやすいです」，(9)「忘れ物係はあちらです」，(10)「特定の見たい映画がありますか？」の意。

Ⅳ　解答

(A)―(4)　(B)―(4)　(C)―(1)　(D)―(4)　(E)―(4)　(F)―(1)
(G)―(4)　(H)―(2)

◀解　説▶

(A)「コーヒーが好きな人もいるし，紅茶が好きな人もいる」Some people と対になるのは other people＝others だから，正解は(4)である。
(B)「おじさんの冗談を思い出すといつでも笑いをこらえられない」cannot help には動名詞が続くから，正解は(4)である。
(C)「娘に自分の部屋を掃除させた」　使役の have が VOC 構文になるとき，補語は原型不定詞となる。よって，正解は(1)である。
(D)「時間がとてもわずかしかなかったので，できることはあまりなかった」　不可算名詞に関して「わずかしかない」という否定的な意味になるのは little である。よって，正解は(4)である。
(E)「私は札幌の友人を訪ねて，水曜日までいるつもりです」「～までずっと」という継続の意味を表す前置詞は until である。よって，正解は(4)である。
(F)「私はただ，あなたがすることになっていることをしてほしいだけです」　do の目的語だから関係代名詞でなければならない。よって，正解は(1)である。
(G)「もっと早く始めていれば，さらによい選手になっていただろう」　仮定法過去完了の文である。よって，正解は(4)である。
(H)「毎週月曜日の朝は，たくさんの電子メールで身動きできなくなる」overwhelm は他動詞で「～を圧倒する」の意味だから，受け身にしないと意味不明となる。よって，正解は(2)である。

V　解答

〔1〕 (A)―(1)　(B)―(1)　(C)―(3)　(D)―(4)　(E)―(3)

〔2〕 (A)―(4)　(B)―(3)　(C)―(1)　(D)―(4)　(E)―(1)

◀解　説▶

〔1〕 (A) 「どれだけの紙（　　　）し，どれだけを再利用しているか知っていますか」 選択肢はそれぞれ，(1)「～を消費する」，(2)「～を恐れる」，(3)「～を明らかにする」，(4)「～を結合する」という意味。これらの中で文意が通るのは，(1)だけである。

(B) 「それは私の理解（　　　）を超えているのではないかと思える」 選択肢はそれぞれ，(1)「能力」，(2)「偽物」，(3)「検査」，(4)「削減」という意味。これらの中で「理解」に続けるのにふさわしいのは，(1)である。

(C) 「人間の脳は信じがたいほどに複雑な（　　　）である」 選択肢はそれぞれ，(1)「襟」，(2)「感染」，(3)「臓器」，(4)「放射」という意味。これらの中で「脳」を指すものとしてふさわしいのは，(3)しかない。

(D) 「もっと効率よく家庭学習をしたいので，私は古いコンピュータ（　　　）ことに決めた」 選択肢はそれぞれ，(1)「～を曲げる」，(2)「～にまさる」，(3)「～をとがめる」，(4)「～をアップグレードする」という意味。これらの中で「よいものにする」という意味になるのは，(4)しかない。

(E) 「祖父は（　　　）だった。あらゆる状況で，いつも一番よいところを見ていたから」 選択肢はそれぞれ，(1)「温かみのある」，(2)「細身の」，(3)「楽観的な」，(4)「無意識の」という意味。「あらゆる状況で最善を見る」は(3)「楽観的な」の定義である。

〔2〕 (A) 「その川の流れは印象的だった」 下線部は「流れ」の意。選択肢はそれぞれ，(1)「沿岸」，(2)「涼しさ」，(3)「横断」，(4)「流動」という意味。よって，正解は(4)である。

(B)「その作家の文体は多くのほかの著者に模倣されている」 下線部は「模倣される」の意。選択肢はそれぞれ，(1)「分類される」，(2)「確認される」，(3)「模倣される」，(4)「批判される」という意味。よって，正解は(3)だと分かる。

(C) 「うちの家から通りを進んだところにあるコーヒーショップの値段はお手頃だ」 下線部は「妥当な，理にかなう」の意。選択肢はそれぞれ，(1)「正当な」，(2)「途方もない」，(3)「とてもすばらしい」，(4)「面白い」という意味。よって，正解は(1)である。

(D)「多くの人々は心配のない生活を送れたらいいのにと思っている」　下線部は「心配のない，のんきな」の意。選択肢はそれぞれ，(1)「驚くべき」，(2)「贅沢な」，(3)「根源的な」，(4)「屈託のない」という意味。よって，正解は(4)である。

(E)「金曜日に形式ばらないパーティーに招待された」　下線部は「略式の」の意。選択肢はそれぞれ，(1)「くだけた」，(2)「送別の」，(3)「地域の」，(4)「公式の」という意味。よって，正解は(1)である。

❖講　評

2021 年度入試では，長文 2 題による読解力の考査を中心に，「コミュニケーション」「文法」「語彙」の各分野の力が試された。一方で，英作文能力を問う出題はない。

Ⅰの読解問題は，「紙の地図の価値」をめぐる論説文の内容理解を試す出題。デジタル地図との比較というタイムリーな話題であったが，しっかり本文を読まないと語彙の理解が追いつかないという，良問であった。力の差が得点の差になりやすかったであろう。

Ⅱの読解問題は，「ピザ」が話題で親しみやすく受験生も取り組みやすかったと思われる。しかしこちらも，未知の話題が出てきて，現代のピザのイメージがかえって読解の邪魔になりかねないという，よい素材であった。〔1〕(B)は相当の学力を要する出題。そのほかも，文脈から意味を考えさせる出題で読解力が正確に判定されただろう。〔2〕ⓐは，「不人気」という語が誤答を誘いそうで，差がついたかもしれない。

Ⅲは，コミュニケーションの基礎力を測る出題であり，〔1〕は「引っ越し直後の悪天候」の話題で，ⓤやⓔは，単純な対話ではなく，一貫した発言になるよう構成する力が問われ，実力の有無がはっきりと出たかもしれない。〔2〕は「ショッピングセンター」の話題で，流れをつかめるかどうかがポイントだった。ⓚは珍しく定型表現が問われた。ⓚは，しゃれた応答で，実力の判定にもってこいの良問。

Ⅳは，基本的な文法・語法の力を試す出題である。VOC 構文，準動詞，仮定法と，基本中の基本ばかりが並んでいて，受験生にとって学習が報われる出題だった。

Ⅴは，標準的な語彙力を見る問題であるが，〔1〕(C)の infection や

radiationは時事的な出題。(D)のreprove，(E)のcozyもハイレベルである。〔2〕(D) carefreeのfreeは誰もが知る意味とは異なる意味だったから，案外差がついたかもしれない。

全体として，十分な語彙・文法の力に基づいて，英文の内容をしっかりと読み取り，与えられた情報から設問を処理するという，本格的な読解力が求められる出題であった。英作文以外の高校の履修範囲全般にわたって，十分な実力をつけることが求められている。日々努力を重ねよう。

日本史

I 解答

(a)―ⓔ　(b)大宰府　(c)―ⓤ　(d)曼荼羅〔曼陀羅〕
(e)御霊会　(f)―ⓐ　(g)清和天皇　(h)―ⓘ　(i)空也
(j)来迎図　(k)―ⓤ　(l)―ⓘ　(m)源頼家　(n)―ⓔ　(o)大和国

◀解　説▶

《奈良～鎌倉時代の仏教》

(a)　ⓔ誤文。「倶舎宗」ではなく律宗である。鑑真は 753 年に来日，日本に正式な戒律を伝えて律宗を開き，授戒の場として東大寺に戒壇を設け，また，新田部親王の旧宅を与えられ唐招提寺を建立した。

(b)　藤原広嗣が大宰府を拠点に反乱を起こしたことを想起しよう。広嗣（式家の宇合の子）は，橘諸兄政権と対立し，738 年大宰府に左遷されて大宰少弐《しょうに》（次官《すけ》・大弐の次位）の地位にあった。玄昉や吉備真備の排斥を求めて 740 年に挙兵し，敗死した。

(c)　ⓤ正文。『三教指帰』は空海の出家宣言書。空海には真言密教の境地を解説した『十住心論』という仏教書もあるので覚えておこう。

ⓐ誤文。難問。「桓武天皇」ではなく嵯峨天皇である。桓武天皇は最澄・空海らを平安新仏教の新鋭として庇護し，804 年の遣唐使に加えたが，最澄が帰国して天台宗を開いた 806 年に亡くなった。その後，最澄が『山家学生式』（819 年）を献じて大乗戒壇の設立を訴えたのは嵯峨天皇である。

ⓘ誤文。最澄は「鑑真により伝えられた戒律」ではなく，天台宗独自の大乗戒とそれを授ける戒壇の設置を求めた。また，『顕戒論』はこれに反対する東大寺など南都諸宗に反論するために書かれた宗論書である。なお，大乗戒壇の設立は最澄が亡くなった 7 日後に認められた。

ⓔ誤文。空海は紀伊の高野山に「金剛峰寺」を創建し，嵯峨天皇から賜った平安京の羅城門の東に教王護国寺（東寺）を創建した。

(d)　曼荼羅（曼陀羅）は，密教の修法で使用する絵図。大日如来を中心に諸仏を配列して図示したもの。仏の力強さを図示した金剛界，人が仏性により悟りに達する姿を図示した胎蔵界があり，あわせて両界曼荼羅という。

(e)　御霊会は神泉苑《しんせんえん》（平安京内にある庭園）で怨霊を鎮めるための法会。

863 年に宮中行事として初めて行われ，後には疫病退散を祈願した祇園御霊会や菅原道真の霊を祀る北野御霊会も行われた。

(f)　(あ)が正解。円仁は最澄の弟子で，838 年に入唐して天台教学や密教を学んだ。帰国後，天台宗の密教化（台密）に尽力して，天台宗山門派（延暦寺）の祖となった。『入唐求法巡礼行記』はその在唐約 10 年間の旅行記である。遣唐使の様子や当時の中国（晩唐）の社会・経済状況を知ることができる第一級の史料である。

(g)　やや難問。「藤原良房を外戚とする天皇」から清和天皇と判断しよう。父文徳天皇の死後，858 年に 9 歳の幼少で即位し，外祖父藤原良房が摂政となって人臣摂政の例が開かれた。即位後まもなく円仁から菩薩戒（仏道を目指す人の戒律）を授かり，864 年には円珍より灌頂《かんじょう》（頭上に水を灌ぐ密教の儀式）を受けた。

(h)　(い)が正解。源信の『往生要集』からの引用である。『往生要集』は念仏による極楽往生の方法を説いた仏教教義書。(あ)『歎異抄』（唯円）からの引用。(う)『梁塵秘抄』（後白河法皇の撰による今様集）からの引用。(え)『平家物語』からの引用。

(i)　史料中の「市聖」がヒント。空也は 10 世紀半ば，諸国を遊行して民衆の間に念仏往生の教えを説いた浄土教の先駆者。京の市で念仏を説いたので「市聖」とも呼ばれた。963 年に六波羅蜜寺（京都市東山区）を創建，鎌倉時代に康勝が制作した空也上人像が所蔵されている。

(j)　来迎図は，大和絵の手法で華麗な色彩がほどこされ，安らかに臨終を迎えられるように描かれた仏画。代表的なものに「高野山聖衆《しょうじゅ》来迎図」や「平等院鳳凰堂扉絵」がある。

(k)　(う)が正解。富貴寺大堂は豊後国（大分県）にある院政期の阿弥陀堂建築で，浄土教の地方伝播を示す一例である。(あ)法界寺阿弥陀堂は京都市に所在する平安中期（国風期）の浄土建築。(い)三仏寺投入堂（鳥取県）は畿内以外に所在する院政期の建築物であるが，浄土建築ではなく天台密教系の建築物。(え)平等院鳳凰堂（藤原頼通）は京都府宇治市に所在する国風期の浄土建築。

(l)　(い)誤文。「道元」は法然門下ではない。道元は栄西の弟子として臨済宗を学び，後に入宋して曹洞宗を伝えた。なお，親鸞は法然の弟子。旧仏教側の弾圧で越後に流され，後に常陸に移り布教活動を続け，晩年は京都に帰った。

(m)　難問。栄西の活躍時期などを想起して判断しよう。建仁寺は1202年2代将軍源頼家が開基となり，栄西を開山として創建された。なお，頼家は1203年伊豆の修禅寺に幽閉され，翌年謀殺された。

(n)　㋓が正解。西大寺は765年「称徳天皇」の勅願によって創建された。東大寺など南都七大寺の一つとして栄えたが，平安時代に度重なる火災で衰退し，13世紀初め叡尊が再興して律宗復興や社会事業の拠点とした。

(o)　忍性が建立した施設は北山十八間戸である。奈良市に所在するので「大和国」が正解。現存している最古の社会救済事業の史跡である。2020年度学部個別配点方式で「北山十八間戸」が記述式で出題されている。

II　解答

A．嘉吉　B．義就　C．日親　D．堀越　E．義昭　F．本能寺

(a)―㋐　(b)8　(c)金春座　(d)―㋓　(e)本阿弥光悦　(f)―㋒

(g)寄親・寄子制　(h)―㋑　(i)―㋐

◀解　説▶

≪室町幕府の政治，戦国期の日蓮宗≫

〔1〕A．「将軍を殺害した赤松満祐」がヒント。嘉吉の乱（変）で殺害された将軍は6代足利義教である。1429年くじ引きで将軍になった。権力強化の専制政治が反感を買い，1441年嘉吉の乱で播磨守護赤松満祐に殺された。

B．難問。応仁の乱や山城の国一揆でも登場する畠山政長（「従弟」）と義就《よしなり(よしひろ)》の対立を想起し，さらに応仁の乱で義就が「西軍」だったことを認識しているかがポイント。管領家の畠山政長と義就との間で家督相続争いが起こり，これが応仁の乱（1467〜77年）の原因となった。乱後も南山城一帯で戦闘を繰り広げたため山城の国一揆が起こった。

(a)　㋐が正解。所司は室町幕府の侍所の長官。任命される家柄の山名・赤松・一色・京極の4氏は四職と呼ばれ，将軍補佐の管領（三管領＝細川・斯波・畠山）につぐ重職であった。なお，鎌倉幕府の侍所の長官は別当というので注意しよう。

(b)　山城の国一揆による国人の自治支配は，1485年の畠山義就・政長両氏の退去から，1493年の伊勢氏の守護就任までの8年間である。この間，

36 人の月行事（国人の代表者）によって南山城の運営が行われた。

(c)　やや難問。「古くは竹田座・円満井座ともいった」がヒント。「世阿弥の娘婿」から観世座（もと結崎座）と誤答しないこと。娘婿は金春座中興の祖となった金春禅竹である。世阿弥の理論を継承し，一休宗純に師事した影響から，哲学的で幽玄な芸風で金春流の基礎を築いた。なお，その他の「大和四座」は，観世座・金剛座・宝生座である。

(d)　㋓が正解。Wは「持豊」から山名。Xは「政弘は本拠地の山口」から大内。Yは「晴元」が「家臣の三好長慶と対立」「実権は奪われていく」から管領家の細川と判断できる。

〔2〕C.「日蓮宗」『立正治国論』がヒント。日親は室町中期に活躍した日蓮宗（法華宗）の僧侶。『立正治国論』で 6 代将軍足利義教を諫言したため，焼けた鉄鍋をかぶせられる拷問をうけたが屈せず，人々から「鍋冠上人」と呼ばれて尊崇を集めた。

D.「伊豆」の「公方」がヒント。鎌倉公方足利成氏の関東管領上杉憲忠謀殺により享徳の乱（1454～82 年）が勃発，足利成氏は下総の古河（古河公方）を拠点に，幕府方の討伐軍足利政知は「伊豆」の堀越（堀越公方）を拠点に対立し，鎌倉公方が分裂した。1493 年政知の子茶々丸が北条早雲に追放されて堀越公方は消滅した。

E.「織田信長」が「奉じて上洛」とあるので 15 代将軍足利義昭である。松永久秀に殺害された 13 代将軍義輝の弟。織田信長に擁立されて 15 代将軍になるが次第に対立し，1573 年京都を追われて室町幕府は滅亡した。

F. 織田信長の「最後の上洛」から，本能寺の変を想起しよう。本能寺（京都市）は日蓮宗寺院。15 世紀初めに創建され隆盛したが，1536 年天文法華の乱で延暦寺衆徒の焼き打ちにあい，1582 年本能寺の変で再び全焼した。現在の本能寺はその後再建されたものである。

(e)　本阿弥光悦は寛永文化を代表する芸術家。徳川家康より京都の「洛北の鷹ヶ峰」の地を与えられ芸術村をつくった。陶芸では楽焼に秀作を残し，蒔絵の「舟橋蒔絵硯箱」が代表作である。

(f)　㋒が正解。小田原（神奈川県）は後北条氏の城下町。北条早雲が伊豆から相模に進出し，ここを拠点とした。豊臣秀吉の征伐まで小田原は戦国時代有数の城下町として栄えた。

(g)　戦国大名は国人や地侍を取りたて，国人らの有力家臣を「寄親」とし，地侍などの下級家臣を「寄子」として配属させ，親子関係に擬制した強固な軍事組織をつくって統制した。この寄親・寄子制によって鉄砲隊や長槍隊などが組織され，集団戦法が可能となった。

(h)　㋑正文。『甲州法度之次第』は信玄家法ともいう。

㋐誤文。武田信玄は川中島の戦いで越後の上杉謙信と1553～64年にかけて5回にわたって交戦したが，勝敗はつかなかった。なお，扇谷上杉家は関東管領を世襲した上杉氏の支流で，北条氏康（早雲の孫）に敗れて滅亡した。もう一派の山内上杉家は上杉憲政が越後の長尾景虎（上杉謙信）に苗字と関東管領職を譲り消滅した。

㋒誤文。武田信玄は三方ヶ原の戦い（1572年）で徳川家康を破った。

㋓誤文。「お手伝普請」は江戸時代に幕府が大名に課した土木工事なので，戦国時代に該当しない。信玄堤は武田信玄が釜無川と御勅使《みだい》川の合流点に築いた堤防である。

(i)　㋐が正解。「織田信長が楽市令を発した」がヒント。安土山下町で1577年に楽市令を出している。また，信長は㋓加納《かのう》（美濃）でも1567年に楽市令を出している。なお，安土宗論（1579年）は信長が安土城下で日蓮宗と浄土宗に宗教論争をさせ，敗れた日蓮僧を殺害した日蓮宗弾圧事件である。

III　解答

A．1931　B．上海　C．五　D．日満議定書
E．華北　F．国共合作　G．汪兆銘　H．通商航海
I．三国同盟　J．野村吉三郎　K．ミッドウェー　L．ヤルタ
M．千島

(a)―㋑　(b)リットン調査団　(c)―㋐　(d)―㋒　(e)―㋓　(f)―㋒　(g)―㋓

◀解　説▶

≪満州事変～太平洋戦争≫

〔1〕A．柳条湖事件は1931年9月18日に起こったので「九月十八日事件」ともいう。関東軍参謀石原莞爾らの策謀により，奉天郊外の柳条湖付近で南満州鉄道の線路が爆破され，満州事変が始まった。

B．第1次上海事変（1932年1月）は，日本軍が満州から国際社会の注目をそらすため画策した紛争。国際世論が上海に集中するなか，3月に満州国の建国が宣言された。

C.「五族協和」は満州国の建国スローガン。五族が協力して仁徳に基づく安楽の地（「王道楽土」）をつくろうというもの。五族とは満（女真族）・漢（中国人）・蒙（モンゴル人）・朝（朝鮮人）・日（日本人）のこと。満州国は，日本の侵略ではなく，五族による自発的独立運動によって成立したという主張。

D. 日満議定書（1932 年 9 月，斎藤実内閣）を締結することで，リットン報告書に先立ち，満州国成立の既成事実をつくる目的があった。また，この協定によって日本は満州国の軍事上・経済上の支配権を得ることになった。

E. 華北とは，万里の長城のライン以南の北京に迫る地域。華北分離工作とは，塘沽停戦協定（1933 年）によって非武装地帯となった華北を国民政府の支配から切り離す政策。関東軍は親日派の殷汝耕《いんじょこう》を首班とする冀東防共自治委員会（後に冀東防共自治政府と改称）という傀儡政権を樹立した。

F.「西安事件」で「抗日民族戦線」を結成していた「2 大勢力」は中国国民党と中国共産党である。この両者の提携・協力体制を国共合作という。1924 年に孫文らによる第 1 次国共合作があり，第 2 次国共合作は日中戦争勃発直後の 1937 年 9 月に成立し，戦後まで抗日戦遂行を主導した。

G. 汪兆銘（精衛）は中国国民党の左派の中心人物。蔣介石と対立し，近衛声明に呼応して重慶を脱出し，日本軍と結んで 1940 年南京政府（新国民政府）を樹立した。1943 年に来日，東条英機内閣が開催した大東亜会議に列席したが，翌年 11 月名古屋で死去。

(a)　(い)が正解。石原莞爾は『世界最終戦論』で日米決戦を想定し，そのための軍事基地として満州の領有を構想。また，『満蒙問題私見』では，謀略によって軍部が国家を強引し，満州領有を実行すべきことを述べた。なお，(あ)『国体の本義』は 1937 年に文部省が発行した戦時下の国民思想教化のテキスト，(う)『日本改造法案大綱』は北一輝の国家社会主義に基づく国家改造論で，二・二六事件などのファシズム運動のバイブルとなった著書，(え)『臣民の道』は文部省教学局が 1941 年に刊行した国民教化のテキスト。

(b)　リットン調査団は，中国国民党の要請を受けて国際連盟が派遣したイギリス人リットン卿を中心とする対満調査団。それに基づく勧告は，日本の軍事行動を不当とする一方で，日本が満州にもつ経済的権益（特殊権益）を認め，日中間で新条約を結ぶことなどを提案した。

(c)　㋐が正解。張学良は満州軍閥（奉天軍閥）の政治家。1928 年父張作霖が爆殺された後，蔣介石の国民政府に帰属して国権回復運動を推進した。西安事件で内戦停止と抗日民族統一戦線を実現させたが，蔣介石を軟禁したことが反逆罪となり，政治生命を失った。

(d)　㋒が正解。近衛文麿は五摂家筆頭の近衛家出身の革新政治家。第 1 次内閣のときに盧溝橋事件で日中戦争が勃発，はじめ不拡大方針をとったが，和平交渉が難航すると，1938 年 1 月「国民政府を対手とせず」と声明（第一次近衛声明）し，自ら和平交渉の途を閉ざした。その後，11 月に「東亜新秩序声明」（第二次近衛声明），続いて 12 月に「近衛三原則」（第三次近衛声明）を出して，日本に与する中国親日派を引き出すことをねらった。

〔2〕H．日米通商航海条約（1894 年）は，日米修好通商条約（1858 年）を改正して領事裁判権を撤廃した条約，さらに 1911 年小村寿太郎外相の改正（新通商航海条約）で税権を完全回復した。日中戦争の長期化に対し，国民政府を支持するアメリカは，1939 年条約破棄を通告，翌年発効させて対日経済封鎖を強めた。

I．日独伊三国同盟は 1940 年松岡洋右外相がベルリンで調印した。日中戦争打開の南進政策を推進するため，欧州で猛威をふるうドイツ・イタリアと軍事同盟を結成し，東南アジアに植民地をもつアメリカやイギリスなどに対する抑止力とした。

J．野村吉三郎は，日米開戦前の交渉に尽力した知米派の外交官。1939 年阿部信行内閣の外務大臣として，日米通商航海条約破棄通告後の無条約状態を回避するため駐日大使グルーと国交調整にあたり，1941 年には駐米特命全権大使として国務長官ハルとの交渉に尽力した。

K．「1942 年 6 月」「しだいに劣勢」がヒント。ミッドウェー海戦の敗北で日本軍は主力空母 4 隻を失うなど大打撃を受け，これ以後アメリカが優勢となり戦局は大きく転換した。

L．ヤルタ会談（1945 年 2 月）はローズベルト・チャーチル・スターリンが話し合い，北方領土の領有を条件に，ソ連がドイツ降伏後 2 ～ 3 カ月して参戦することが約束された（ヤルタ協定）。

M. 千島は北海道とカムチャツカ半島の間にわたる火山性列島。北のアライトから南の国後などの島で構成される。1875 年の樺太・千島交換条約で千島全島は日本領となったが，終戦後，ヤルタ協定によりソ連に占領された。

(e)　㋓が正解。「仏印」とはフランス領インドシナのことで，現在のベトナムである。日本はフランスのドイツ降伏に便乗し，戦略物資の確保と援蔣ルートの遮断を目的に 1940 年北部仏印（フランス領インドシナ北部）に，さらに翌年南部仏印に進駐を強行した。

(f)　㋒が正解。サイパン島はマリアナ諸島に属する火山島。「絶対国防圏」は 1943 年 9 月に設定された千島・小笠原・内南洋（中・西部）および西部ニューギニア・スンダ・ビルマを含む地域。サイパン島があるマリアナ諸島は第一次世界大戦後に日本の委任統治領になった内南洋（南洋諸島）に属する。1944 年 7 月の陥落によって東条英機内閣は総辞職し，サイパン島は米軍の本土空襲の基地となった。

(g)　㋓が正解。カイロ会談は 1943 年 11 月に蔣介石・ローズベルト・チャーチルが行った戦後処理会談。カイロ宣言では日本の無条件降伏まで徹底的に戦うこと，中国の領土返還，朝鮮の独立などが示され，1945 年のポツダム宣言でその履行が明記された。なお，㋐ドイツの降伏は 1945 年 5 月，㋑沖縄戦は 1945 年 4 ～ 6 月，㋒東京大空襲は 1945 年 3 月。

❖講　評

Ⅰ. 典型的な仏教史の問題。ほとんどが基礎的内容で構成されているので高得点を期待したい。記述式に難問は少ないが，(d)曼荼羅（曼陀羅），(e)御霊会，(j)来迎図などを正確に記述ができるかが勝負どころ。(g)は藤原良房の外戚がヒントであるが，円仁・円珍に関連して「清和天皇」が問われると戸惑ったであろう。また，(m)の建仁寺建立を支援した将軍で「源頼家」を解答するのは難問である。選択式はほとんどが誤りを見つけやすいので得点源にしたい。(k)は㋑三仏寺投入堂と誤答しないように注意しよう。

Ⅱ.〔1〕室町幕府の政治，〔2〕戦国期の日蓮宗をテーマにした問題。基礎的内容が多いので高得点を稼ぎたい。記述式では，Bの畠山「義就」は応仁の乱で西軍に属していたことを覚えているかがポイント。また，(c)金春座は「世阿弥の娘婿」とあるので観世座と誤答しやすい。選択式はほとんどが基礎的知識なので完答を期待したい。(h)の武田信玄についての問題も正文㋑が疑いようがないので，他の選択肢に判断の難しい内容が含まれていても正答できる。

Ⅲ.〔1〕満州事変から日中戦争，〔2〕太平洋戦争への道程と戦局の内容で構成されている。いわゆる十五年戦争の内容を整理できる良問である。記述式はほとんど基礎的知識を問うもので，Gの「汪兆銘」を正確に書けるか，Hの日米「通商航海」条約を日米修好通商条約と誤答しないかがポイント。選択式も全体的に平易であった。(a)の石原莞爾の著書『世界最終戦論』はやや難問ではあるが，立命館大学の受験生ならば正解したい。また，(e)の仏印をベトナムと認識できているかが勝負どころである。

世界史

I 解答

A．梁　B．漢化　C．楊堅　D．煬　E．高句麗
F．ポロ

〔1〕平城　〔2〕(a)漢書　(b)顔真卿　〔3〕鮮卑

◀解　説▶

≪南北朝時代，隋・唐王朝の女性≫

A．難問。「6世紀半ば」に崩壊した，「北周から北斉…隋へと流転した」から，南朝の梁（502～557年）と判断するのは難しい。南朝の順序（宋→斉→梁→陳）と隋が陳を滅ぼして南北を統一した年（589年）などから推測できただろうか。梁は斉の皇族だった蕭衍《しょうえん》が禅譲を受けて建てた王朝。蕭衍（武帝）の長子昭明太子は詩文集『文選』の編纂で知られる。

B．孝文帝は自民族（鮮卑）の言葉＝胡語や，自民族の服装＝胡服を禁止して漢民族への同化を図る漢化政策を行ったが，これに対する反発も強く，のちに北魏が東西に分裂する一因となった。

D・E．煬帝は3度にわたる高句麗遠征を行ったが失敗に終わった。その後，高句麗は唐の第3代皇帝高宗のとき，唐と新羅の挟撃によって668年に滅ぼされた。

F．ポロは西アジア起源の競技で，4人ずつ二組に分かれ，1個の木のボールを馬上からT型の槌で相手側のゴールへ打ち込み合って勝負を競うもの。

〔1〕平城は山西省北部の都市で，現在の大同にあたる。北魏で仏教を復興した文成帝の時代から平城郊外に雲崗の石窟が開かれたが，494年孝文帝は洛陽に遷都した。

〔2〕(a)『漢書』は班固が著した前漢王朝一代の紀伝体の史書で，司馬遷の『史記』に比べて儒教的色彩が強い。

(b)顔真卿は，東晋の王羲之以来の典雅な書体に対し力強い書風をうちたてた。

II　解答　A．国民党　B．国連　C．義勇　D．日米安全保障
E．ダライ=ラマ　F．周恩来　G．平和五原則
H．ラサ
〔1〕人民公社　〔2〕フルシチョフ

◀解　説▶

≪中華人民共和国の国内問題と対外政策≫

A．日本に対して第2次国共合作を行って，ともに戦っていた国民党と共産党は日本の降伏後内戦状態となり，1949年敗れた国民党は台湾に逃れ中華民国を自称し続けることになった。

B．北朝鮮の韓国への侵攻に対して国際連合安全保障理事会はソ連欠席のもとで北朝鮮の侵略を決議し，アメリカを中心に国連軍を編制して派遣した。なお，これは国連憲章が規定する正規の国連軍にはあたらず，指揮権も国連ではなくアメリカが握っていた。

D．日米安全保障条約はサンフランシスコ平和条約と同時に調印された条約で，極東におけるアメリカ軍の日本駐留と活動を規定した。

E．ダライ=ラマはチベット仏教の最高権威者で，ダライは「大海」を意味し，ラマは「師・高僧」を意味する。ダライ=ラマの地位は世襲ではなく，歴代ダライ=ラマの遺言や予言などによって探し出された子どもが選ばれるという転生継承法をとっている。

G．平和五原則（1954年）は「領土の保全・主権の尊重」「相互不可侵」「内政不干渉」「平等互恵」「平和的共存」をいう。翌1955年に開催されたアジア=アフリカ会議で平和十原則に発展した。

H．ラサの郊外には歴代ダライ=ラマの居城だったポタラ宮殿がある。

〔1〕人民公社は単なる集団農場ではなく，生産組織と行政組織を一体化し，さらに教育（学校），軍事（民兵組織）の機能も結びつけた社会組織であった。

〔2〕フルシチョフは1956年スターリン批判を行い，資本主義勢力との平和共存政策を打ち出した。これによってアメリカとの対立が一時緩和（雪どけ）したが，中国はこれに反発し中ソ対立の契機となった。

Ⅲ **解答** A．ギルガメシュ叙事詩 B．イスラエル

C．アレクサンドロス D．ドラヴィダ E．ヴァルナ

F．ペロポネソス G．トゥキディデス H．フィリッポス２世

I．アウグストゥス J．コロヌス

〔1〕モエンジョ=ダーロ 〔2〕ニネヴェ 〔3〕コーサラ国

〔4〕サトラップ 〔5〕ドミナトゥス

◀解 説▶

≪古代の疫病の歴史≫

A．『ギルガメシュ叙事詩』は，ウルクの王ギルガメシュが親友エンキドゥに死なれたことから永遠の生命を求めて各地を放浪・冒険するという物話。この中に出てくる洪水説話は『旧約聖書』の大洪水と「ノアの箱舟」の原型になったと考えられている。

B．最初の空欄Bだけで考えると「ヘブライ」ないし「ユダヤ」でもよさそうだが，その後に出てくる３つの空欄Bを考えると「イスラエル」が正解。イスラエル人はユダヤ人（ヘブライ人）の自称で，現在のユダヤ人国家の国名にもなっている。イスラエル人は前 1012 年頃パレスチナにイスラエル王国を建てたが，その後北部のイスラエル王国と南部のユダ王国に分裂し，イスラエル王国は前 722 年アッシリアによって滅ぼされている。

E．ヴァルナは「色」を意味し，バラモン（司祭）・クシャトリヤ（戦士）・ヴァイシャ（主に商人）・シュードラ（隷属民）の４つ。

G．トゥキディデスはペロポネソス戦争の歴史を厳密な史料批判をもとに実証的に記述した。ペルシア戦争を物語的に描いたヘロドトスと混同しないように。

H．フィリッポス２世は前 338 年カイロネイアの戦いでアテネ・テーベの連合軍を破り，その後スパルタを除くポリスにコリントス（ヘラス）同盟を結成させ，この同盟を通じて間接的にギリシアを支配下においた。

I．リウィウスはローマの初代皇帝アウグストゥスに重用され，建国からアウグストゥスに至る『ローマ建国史』を著した。

〔1〕モエンジョ=ダーロの遺跡には整然とした街路や，沐浴場・下水道などの公共施設が残っている。インダス川中流域にあるハラッパーの遺跡と混同しないように。

〔2〕「前 700 年前後から」とあるのに注意。ニネヴェはティグリス川中流

域にあった都市で，アッシリア王国末期の首都。前 612 年，新バビロニアとメディアがニネヴェを占領してアッシリアは滅亡した。
〔3〕難問。ガンジス川中流域に成立したコーサラ国はガンジス川下流のマガダ国と抗争を続けたが，最終的には敗れてその支配下に入った。『ラーマーヤナ』はコーサラ国の王子ラーマが悪魔にさらわれた愛妃シーターを救出して王位につくという叙事詩。

Ⅳ　解答

A．アボリジニー　B．メラネシア　C．バルボア
D．マゼラン〔マガリャンイス〕　E．クック
F．マオリ　G．アメリカ=スペイン〔米西〕　H．リリウオカラニ
I．委任統治
〔1〕磨製石器　〔2〕―ア　〔3〕インカ帝国　〔4〕白豪主義
〔5〕アギナルド　〔6〕京都

◀解　説▶

≪オセアニアの歴史≫

A．アボリジニーはイギリスの入植後，迫害と白人が持ち込んだ感染症によって人口が激減した。
B．広大な太平洋域の島々は，ハワイ・ニュージーランド・イースター島を結ぶほぼ三角形の地域がポリネシアと呼ばれ，ハワイとニュージーランドを結ぶ線の西側はさらに 2 つの地域に分けられ，おおよそ赤道の北側がミクロネシア，南側がメラネシアと呼ばれる。
E．クックはオーストラリア・ニュージーランド・ハワイの他，南極圏・ベーリング海峡も探検し，その名はニュージーランドの最高峰クック山，独立国のクック諸島にも残されている。
F．ニュージーランドの先住民マオリ人に対し，イギリスは 1840 年にワイタンギ条約を結び，主権をイギリスに譲渡する代わりにマオリ人の土地や財産を保障したが，実際は白人による土地の収奪が進んだため，マオリ戦争が勃発した。
I．委任統治は，国際連盟が第一次世界大戦で敗戦国となったドイツの植民地とオスマン帝国の支配地だった地域の統治を戦勝国に委ねるというもの。オセアニアの島々は，日本がマーシャル諸島・マリアナ諸島・カロリン諸島など赤道以北を，オーストラリアがニューギニアの一部とビスマル

ク諸島を委任統治領とした。

〔1〕石器時代は，石を打ち欠いて製作した打製石器を道具とする旧石器時代，砥石を使って表面を磨いた磨製石器を使う新石器時代に分けられ，新石器時代には農耕が始まり，遺跡からは調理・貯蔵用の土器も出土する。

〔2〕アムンゼンはノルウェー人。スコット（イギリス）はアムンゼンの約1カ月遅れで南極点に達し，帰路に遭難死している。

❖講　評

4題中2題が中国史で，例年の傾向通り中国史が重視された出題であった。選択問題が1問だけ出題されているが，他は記述式で，やはり漢字の正確な表記がポイントとなっただろう。ただ，以前よりは難しい漢字表記を問われることは少なくなっている。

Ⅰ．南北朝～唐代の女性に関するテーマ問題。問われている語句は標準的だが，Aの梁は年代から判断するのはかなり難しいと思われる。「梁」「煬」「顔真卿」などの漢字は易しくはないが，立命館大学を受験するのであれば対応できてほしい。

Ⅱ．第二次世界大戦後の中華人民共和国初期の国内問題や対外関係に関する問題。難問はなく，第二次世界大戦後のアジアまでしっかり学習しているかが問われた出題であった。

Ⅲ．疫病に関するテーマ問題である。感染症や伝染病の問題だと中世ヨーロッパのペストに関連した問題が定番だが，これは古代の感染症に関する問題であった。しかし，問われている語句はほぼ標準的で，教科書中心の学習で対応できる。ただ，最初のBに入る語句はかなり迷ったのではないだろうか。また，『ラーマーヤナ』の内容を問う〔3〕は難問であった。

Ⅳ．オセアニアからの出題としては非常にオーソドックスな問題で，問われている語句も教科書レベルである。しかし，この地域をきちんと学習していなかった受験生には「アボリジニー」「メラネシア」「マオリ」「リリウオカラニ」「白豪主義」などの語句は難しく感じられたと思われる。

地理

I　解答

〔1〕2 万 5000（分の 1）〔2〕50 m 間隔

〔3〕国土交通省国土地理院

〔4〕地図記号：⊡　基準：土地の高度

〔5〕右　〔6〕400 m　〔7〕理由：水力発電　名称：多目的ダム

〔8〕―㋒　〔9〕河岸段丘　〔10〕尾根

〔11〕地図記号の名称：桑畑

理由：生糸生産が衰退して養蚕用の桑の栽培がなくなったため。

〔12〕―㋒　〔13〕⑴―○　⑵―×　⑶―○　⑷―×

◀解　説▶

≪群馬県みどり市渡良瀬川沿岸の地形図読図≫

〔1〕・〔2〕この 2 問は関連している。地形図の等高線のうち計曲線は太い実線で描かれ，地形図の左上の等高線に 650 の数値が記されている。これは高度 50m 間隔で計曲線が描かれていることを示しており，この地形図の縮尺は 2 万 5000 分の 1 とわかる。

〔4〕水準点は高さを測量するときの基準にする点のこと。その記号は水準点の標石を上から見た形によっている。

〔5〕河川の右岸か左岸かは流路方向による表現である。地形図中，左下の松島付近に，流水方向を示す左向きの矢印がある。また，草木ダムの形状から見ても，河川 A はダムから流れてきていると判断できる。したがって，「ごうど」駅は流路の右岸である。

〔6〕1.6〔cm〕×25000＝40000〔cm〕＝400〔m〕

〔7〕「読図を通じて考えられる」とは，何らかの地図記号があるとか，特徴的な地形がみられることなどでわかるという意味である。地形図中，草木ダムのすぐ下方に発電所の記号が描かれていることからわかる。

〔8〕等高線をしっかりと読むように心がけたい。B 地点は海抜 760 m ほど，「ごうど」駅は海抜 330 m ほどである。

〔9〕河川沿いは等高線間隔が密で急斜面なのに，学校のある付近は平坦面が広がるので河岸段丘と判断できる。

〔10〕この道は，主に等高線が高度の低い方へ向かって突き出ている方向を通っている。

〔11〕Y字のような地図記号である。理由については，「産業に関わる」とある点に注意すること。かつては農家の副業として養蚕が盛んであったが，国内における絹織物業や製糸業の衰退に伴い，養蚕用の桑の葉の需要が減少して桑畑はなくなっていった。

〔12〕Yの右上方の計曲線に550mという海抜高度の表記があることをヒントに等高線の高度を読んで考える。Xの高度は650m，Yは700m，両者の中間点付近は800mを超えている。

〔13〕(1)正文。JR線以外の鉄道の場合，単線だと─┼─┼─┼─┼─┼─，複線以上であれば─╫─╫─╫─╫─╫─の記号で表現される。

(2)誤文。牛沢付近は谷間ではあるが，氷河の侵食によるU字谷とまでは判断できない。

(3)正文。道路が描かれており国道とわかる。地形図中の右上に国道番号が記されているのもヒント。

(4)誤文。道の駅付近に描かれている記号は博物館である。

II　解答

〔1〕A．ハンガリー　B．リトアニア　C．ウクライナ

〔2〕X．バルト　Y．北

〔3〕1．ワルシャワ　2．ブラチスラバ　3．ウィーン　4．プラハ

〔4〕カルパティア

〔5〕イ．プスタ　ロ．ボヘミア　ハ．北大西洋　ニ．西岸海洋性　ホ．石炭

〔6〕エルベ川　〔7〕―(う)

◀解　説▶

≪東ヨーロッパとその周辺地域の地誌≫

〔1〕B．バルト三国の1つである。ラトビア，エストニアとの位置関係を間違えないようにしたい。

〔3〕いずれも首都名なので知識問題だが，リード文にあるように，2・3とブダペストがドナウ川沿いに位置することに注意しよう。

〔4〕ポーランド南部からルーマニア東部にかけて続いている山脈。カル

パート山脈ということもある。

〔5〕ニ．地図の地域は東ヨーロッパであるが，西部は温帯気候とあることに注意する。ここには西ヨーロッパで一般的にみられる西岸海洋性気候が広がっていることになる。

ホ．ポーランド南西部のシロンスク地方は重化学工業地帯であるが，ヨーロッパ最大級の炭田地帯としても知られる。

〔6〕河口付近にハンブルクが位置するとあることでわかる。「モルダウ」はドイツ語で，日本ではチェコの作曲家スメタナによる交響詩「わが祖国」で取り上げられてよく知られる。

〔7〕ドイツ，ポーランドが1位，2位になっていることをヒントに考える。㋐えん麦，㋑ばれいしょである。

Ⅲ　解答

〔1〕A．ハブ　B．格安　C．出入国（ビザ発給も可）

〔2〕⑴―㋒　⑵①―㈠　②―㈡

⑶ヒースロー空港：㋗　ロサンゼルス空港：㋑　シドニー空港：㋓

⑷偏西風の影響を受け，向かい風の西回りより追い風の東回りの方が所要時間が短いため。

〔3〕⑴済州〔チェジュ〕島　⑵ムンバイ，デリー

⑶チャンギ空港：㋒・㋕・㋚・㋜　ヒースロー空港：㋔・㋗

〔4〕（甲）―㋑　（乙）―㋔　（丙）―㋒

〔5〕㈠―㋕　㈫―㋒　㈩―㋓　㈡―㋔

◀解　説▶

≪世界の航空路線網と航空輸送の特徴≫

〔1〕A．ハブとは車輪の中心部のこと。乗客の乗り継ぎや貨物の積み替えなど航空交通の拠点となる空港から放射状に延びる航路網を車輪のスポークとみなし，その中心となる空港をハブ空港と呼ぶ。

B．LCC は Low Cost Carrier の略。格安航空会社と訳される。

C．出国者数に関する文章だが，出国の要件は国内の事情に加えて渡航先の国との国家間の関係にも影響される。「各国の」を渡航相手国と読めば，「ビザ発給」の要件緩和という解答も成り立つ。

〔2〕⑴　緯線のうちどれが赤道かを考えれば，日本付近を通る緯線との間隔から判断できるだろう。

(2)　この地図は，経緯線の形状からメルカトル図法で描かれていると判断できることから考えていくとよい。

(3)　この地図では，それぞれの空港への大圏航路が羽田空港出発時にどの方向に向かっているかにより判断できる。地図上で羽田空港からみた上下左右によって判断する間違いをしないように。

(4)　羽田，ヒースロー，ロサンゼルスはいずれも北半球の中緯度に位置し，その航空路線の上空には強い偏西風（ジェット気流）が吹いている。したがって，これに乗って飛ぶのかそれとも逆らって飛ぶのかで所要時間に差が生まれる。羽田－ヒースロー間でいえば，往路は向かい風，復路は追い風なので前者の方が所要時間は長い。地球の自転が関係するのではと考えるかもしれないが，その影響は非常に少ない。時差の問題ではないことにも注意。

〔3〕(1)　国の南西にある火山島，日本や中国からの観光客などから，この文章で説明されている国は韓国である。

(2)　総人口が世界第2位の国といえばインドである。人口上位2都市はムンバイ（約1,800万人）と，デリー（約1,600万人）で，コルカタ（約1,400万人）ではないことに注意する（いずれも2011年，都市圏人口）。

(3)　地図上で，チャンギ・ヒースローの両空港がどこかということと，両空港を起点としたフライトの終点がどこになるのかが問われている。近隣国であっても，自国以外の国への路線はすべて国際線である。

〔4〕a)航空旅客輸送量とb)航空貨物輸送量のグラフの両方に出てくる国と，いずれか一方のみの国に分けて考えるとよい。(乙)は近年になって急激な増加をみせていることがヒントになる。

〔5〕下線部には「受入数」「出国者数」とあるが，「航空旅客数」には下線がない。したがって，グラフの数値には航空交通以外による出入国も含まれているので，ヨーロッパなど近隣諸国との移動も統計に表れる。また，a)受入数では観光資源の多少，b)出国者数では人口の多少や経済発展の状況などが関係することに注意して考えてほしい。a)・b)の両方に出てくる国や片方のみの国などもヒントで，前者の□記号はアメリカ合衆国である。

❖講　評

Ⅰ．立命館大学では地形図の読図問題が多く，学部個別配点方式では2020 年度に続いての出題であった。縮尺の判定や長さ（距離）の計算は必出といってよく，地形や土地利用などの読み取りも例年通り出題された。2021 年度は，〔3〕地形図の発行機関，〔4〕地図記号の描図，〔11〕用いられなくなった地図記号など，地形図そのものに関する設問が特徴的である。〔8〕・〔12〕では等高線の凹凸や高低差の判断を誤りやすく，注意したい。〔7〕ダム建設の理由，〔11〕産業に関わる理由など読図結果から判断する設問は，日本の社会経済状況が関係するので慎重に取り組みたい。

Ⅱ．立命館大学では地誌問題も頻出で，世界各地が順に取り上げられるなか，2021 年度は東ヨーロッパとその周辺地域であった。国名や地名などの基礎的知識を問う設問が並び，〔1〕〜〔4〕や〔6〕は平素から地図に親しんでいれば平易で必答ともいえる。〔5〕では空欄ハとニに悩むかもしれないが，ヨーロッパ西部に広がる気候なのでさほど難しくはない。〔7〕はやや難であったが，立命館大学の地理としては簡単な部類に入るので，取りこぼしのないように。

Ⅲ．世界の航空交通に関する問題で，地図やグラフが多用され，地理的思考力の必要な設問が並ぶ。そのなかで〔1〕では現代用語の知識，〔2〕の(1)〜(3)では地図に関する理解が問われ，比較的わかりやすい。〔3〕は路線ごとの総フライト数という目にする機会の少ない資料を用い，(3)ではその上位路線が地図上に描かれ，難度が高い。〔4〕では国際航空交通における輸送量の国別推移に経済発展状況や輸送形態などが関係すること，〔5〕の受入数では外国人旅行客にとっての魅力，出国者数では人口や経済発展状況などから総合的な判断力が求められ，ともにやや難である。

これらを総合して難易度をまとめると，Ⅰは標準程度，Ⅱは平易，Ⅲはやや難なので，それに合わせた時間配分で問題に取り組みたい。

政治・経済

I 解答

〔1〕A．貿易収支　B．第一次所得収支　C．1973
D．外国為替市場　E．ファンダメンタルズ　F．投機
G．介入
〔2〕ロ―㋕　ハ―㋒　〔3〕石油危機　〔4〕サービス収支
〔5〕購買力平価　〔6〕外貨準備　〔7〕直接投資

◀解　説▶

≪日本の国際収支と為替相場≫

〔1〕A．1980 年代以降の日本の貿易収支は黒字が続いていたが，東日本大震災での福島第一原発事故により原子力発電所が停止したため，電力需要を賄うための火力発電用の石油や天然ガスの輸入が急増した。そのため，2011 年から 2015 年までの 5 年間の貿易収支は赤字となったが，その後黒字に転換した。

B．経常収支のうち，第一次所得収支は雇用者報酬と投資収益からなっているが，日本は対外純債権国であるため，対外投資からの収益が第一次所得収支の黒字要因となっている。

C．変動相場制とは，外国為替市場（外為市場）における外国通貨に対する需要と供給によって決定される為替相場制のこと。1973 年，日本を含む各国は固定相場制から変動相場制に移行し，IMF（国際通貨基金）は 1976 年のキングストン会議でこれを事後承認した。

D～F．ファンダメンタルズは，経済成長率，インフレ率，失業率，国際収支など，一国の経済状態を判断するための基礎的指標であり，為替相場の変動要因を考える際に用いられる。しかし，近年の外国為替市場では為替差益をねらった投機的な多額の資金が流入しており，ファンダメンタルズとは無関係に為替相場が乱高下することが多い。

〔4〕国内居住者と非居住者との間の輸送・旅行・その他サービスの取引の収支がサービス収支である。近年，訪日外国人観光客（インバウンド）が急増（2019 年で約 3200 万人）し，旅行収支が増加したことから日本のサービス収支の赤字幅が縮小し，2019 年には初めて黒字に転換した。

〔5〕購買力平価説は，スウェーデンの経済学者カッセルによって提唱された，為替相場は各国の購買力に応じて決定されるという考え方である。たとえば，アメリカにおいて1ドルで買えるハンバーガーが日本において100円で買える場合，1ドルと100円の購買力は等しいので，為替相場は1ドル＝100円が妥当であるとする考え方である。

〔7〕金融収支は，直接投資，証券投資，金融派生商品（デリバティブ），その他投資，外貨準備の合計である。海外に工場を建設するための投資はこのうちの直接投資に該当する。

Ⅱ　解答

〔1〕A．人間　B．1990　C．平均余命　D．1994
E．尊厳　F．国際（人類も可）　G．南北
〔2〕BHN　〔3〕―㋔　〔4〕イ．緒方貞子　ロ．UNHCR
〔5〕ハ．OECD　ニ．開発援助委員会　〔6〕フェアトレード

◀解　説▶

≪国連と開発援助のあり方≫

〔1〕A．発展途上国の開発促進のために1965年に設置されたUNDP（国連環境開発）によれば，人間開発とは人々が各自の可能性を十全に開花させ，それぞれの必要と関心に応じて生産的かつ創造的な人生を開拓できるような環境を創出することである。

B・C．「人間開発指数（HDI）」は，平均余命，教育および所得の水準をもとにした総合統計である。インドの経済学者アマルティア＝センとパキスタンの経済学者マブーブル＝ハックが開発し，UNDPが1990年に創刊した『人間開発報告書』において導入された。

D・E．「人間の安全保障」とは，人間一人ひとりの欠乏からの自由，恐怖からの自由，尊厳をもって生きる自由の保障を目指すという考え方。1994年の『人間開発報告書』で導入された。

F．空欄の前に「他国を無視して自国の国益のみを優先するのではなく」とあるので，「国際」あるいは「人類」という語句が入る。「国際益」「人類益」という語句は定着した語句ではないが，外務省のホームページに散見される。

〔2〕「人間の基本的ニーズ」とは，医療，保健，教育，食料など人間としての生活に最低限必要とされるものであり，その略称はBHN（Basic

Human Needs）である。

〔3〕東京に本部がある国連大学は，1973 年に国連総会によって設立された。

〔4〕国際政治学者である緒方貞子は，1991 年から 2000 年まではUNHCR（国連難民高等弁務官事務所）の高等弁務官を務め，2001 年からはアマルティア=センとともに人間の安全保障委員会の共同議長として，「人間の安全保障」の概念の国際的普及に尽力した。

〔5〕経済協力開発機構の略称はOECD（Organization for Economic Cooperation and Development）である。OECD は 1961 年，マーシャル=プランの受け入れ機関であったヨーロッパ経済協力機構（OEEC）を改組して発足し，世界貿易の拡大や発展途上国の経済発展支援などを目的として活動している。その下部機関として開発援助委員会（DAC）が設置されている。

〔6〕フェアトレードは公正取引（公正な貿易）という意味で，発展途上国の人々の経済的自立を支援するために，市場価格より高い適正価格で商品取引を行う取り組みのことである。

III　解答

〔1〕A．1601　B．ビスマルク　C．1935
D．社会福祉　E．雇用保険　F．遺族　G．葬祭

〔2〕社会主義者鎮圧法　〔3〕国民保険法　〔4〕共済年金

〔5〕国民健康保険　〔6〕―(え)　〔7〕ワイマール　〔8〕1994

◀解　説▶

≪社会保障制度とその歴史≫

〔1〕A．イギリスのエリザベス救貧法は，1601 年に制定された世界で最初の公的扶助の制度であり，労働能力のある者は働かせ，労働能力のない貧困者を教区において救済した。

B．ドイツのビスマルクによって 1883 年に創設された疾病保険法は，世界最初の社会保険である。その後ドイツでは，災害保険法（1884 年），養老・廃疾保険法（1889 年）と続いて社会保険法が制定された。

D．日本の社会保障制度は，日本国憲法第 25 条に基づく社会保障制度審議会の勧告（1950 年）により，社会保険，公的扶助，社会福祉，公衆衛生・保健医療の 4 分野から構成されている。

F．日本の公的年金は基礎年金部分と呼ばれる国民年金と比例報酬部分と呼ばれる厚生年金の２階建てになっており，このうち国民年金には老齢年金，障害年金，遺族年金の３種類がある。

G．公的扶助は生活保護法を中心に運営され，生活困窮者に全額公費負担（無拠出制）で扶助が行われる仕組みになっている。扶助には生活扶助，住宅扶助，教育扶助，出産扶助，葬祭扶助，生業扶助，医療扶助，介護扶助の８種類がある。

〔２〕ビスマルクは労働者保護のための各種の社会保険法制定と並行して，労働者の社会主義運動を鎮圧する社会主義者鎮圧法（1878 年）を制定した。こうした懐柔と弾圧を使い分ける政策を「アメとムチの政策」という。

〔３〕ドイツの各種社会保険法にならって 1911 年にイギリスで制定された国民保険法は，健康保険と世界初の失業保険を含む社会保険を創設した。

〔４〕1986 年の基礎年金制度の導入により，現役世代はすべて基礎年金部分の国民年金の被保険者となった。さらに 2015 年の改革により，公務員および私学教職員が加入していた共済年金は民間企業の従業員が加入する厚生年金に一本化され，公務員・私学教職員は民間企業従業員と同様に，国民年金に加えて比例報酬部分の厚生年金に加入することになった。

〔５〕医療保険は年金制度のように一本化されておらず，民間企業の従業員は健康保険，農業や自営業などの従事者は国民健康保険，公務員や私学教職員は各種共済組合保険に加入する。

〔８〕1994 年に保健所法は地域保健法に改正された。この法律によって保健所や保健センターは地域保健や公衆衛生行政の広域・専門的拠点として機能が強化された。

❖講　評

Ⅰ．日本の国際収支の構造と外国為替市場に関して，教科書レベルの標準的な知識と理解力を試す出題である。国際経済分野のうち，国際収支の内訳を理解していれば解ける問題が多かった。〔１〕Eはカタカナ９字の指定があったので，「ファンダメンタルズ」の解答を導き出せただろう。〔５〕「購買力平価」説を問う問題はやや難しかった。

Ⅱ．国連開発計画（UNEP）の『人間開発報告書』の内容を中心とする発展途上国援助のあり方が問われている。絞られたテーマで詳細な知識がないと解けない問題も多く，全体的に難度は高い。特に〔1〕Ｂ・Ｄの『人間開発報告書』に関連する年代を問う問題は難問であった。また，Ｆの「国際」益は定着した用語ではなく，文脈からの判断で解答する問題であった。〔3〕「国連大学」を選択する問題も難問であった。

Ⅲ．世界と日本の社会保障制度の歴史に関する標準的レベルの出題である。ほとんどの問題が教科書に掲載されている内容であったが，〔1〕Ｆの公的年金の３種類の支給内容のうち「遺族」年金を問う問題，Ｇの８種類の公的扶助のうち「葬祭」扶助を問う問題はやや詳細な知識を要した。また，〔8〕地域保健法の制定年である「1994」年を問う問題は難問であった。

数学

I

解答　ア. 27　イ. $\frac{1}{3}$　ウ. $\frac{1}{3}$　エ. $\frac{1}{9}$　オ. $\frac{1}{3}$　カ. $\frac{2}{27}$

キ. $\frac{5}{27}$　ク. $1+\sqrt{7}$　ケ. $1-\sqrt{7}$　コ. $\frac{6\sqrt{5}}{5}$　サ. $\frac{12\sqrt{5}}{5}$　シ. $\frac{27}{5}$

ス. $-\frac{11}{5}$　セ. $\frac{3}{5}$　ソ. $-\frac{11}{5}$　タ. 3　チ. -2　ツ. -1　テ. 5

ト. -3　ナ. $-\frac{5}{3}$

◀解　説▶

≪小問3問≫

〔1〕(a)　1回のじゃんけんで，3人の手の出し方は

$3\times3\times3=27$ 通り　→ア

あいこになるのは

「3人とも同じ手を出すか，3人とも異なる手を出したとき」

であるから，その場合の数は　$3+3\times2\times1=9$ 通り

よって，1回目があいこになる確率は　$\frac{9}{27}=\frac{1}{3}$　→イ

1回目で勝者1人が決まる場合の数は，誰がどの手で勝つかを考えて

$3\times3=9$ 通り

よって，1回目で勝者1人が決まる確率は

$\frac{9}{27}=\frac{1}{3}$　→ウ

(b)　1回目があいこで，2回目で勝者1人が決まる確率は

$\frac{1}{3}\times\frac{1}{3}=\frac{1}{9}$　→エ

3人で1回じゃんけんをして，勝者が2人である確率は　$1-\frac{1}{3}-\frac{1}{3}=\frac{1}{3}$

2人で1回じゃんけんをして，勝者が1人決まる確率は，あいこにならない場合であるから

$$1-\frac{3}{3\times 3}=\frac{2}{3}$$

したがって，１回目で勝者が２人で，２回目で勝者１人が決まる確率は

$$\frac{1}{3}\times\frac{2}{3}=\frac{2}{9}$$

よって，２回目で勝者１人が決まる確率は

$$\frac{1}{9}+\frac{2}{9}=\frac{1}{3}\quad \rightarrow オ$$

(c)　２回目で初めて２人が勝ち，３回目で勝者１人が決まるのは，１回目があいこで，２回目で勝者２人となり，３回目で勝者１人が決まる確率であるから

$$\frac{1}{3}\times\frac{1}{3}\times\frac{2}{3}=\frac{2}{27}\quad \rightarrow カ$$

１回のじゃんけんで残る人数の変化を考えると，(i) 2→2→1，(ii) 3→3→1，(iii) 3→2→1 の３通りである。

(i)　１回目で勝者２人となり，２回目があいこで，３回目で勝者１人が決まる確率であるから

$$\frac{1}{3}\times\frac{3}{3\times 3}\times\frac{2}{3}=\frac{2}{27}$$

(ii)　１回目も２回目もあいこで，３回目で勝者１人が決まる確率であるから

$$\frac{1}{3}\times\frac{1}{3}\times\frac{1}{3}=\frac{1}{27}$$

(iii)　カの場合であるから　$\frac{2}{27}$

したがって，３回目で勝者１人が決まる確率は

$$\frac{2}{27}+\frac{1}{27}+\frac{2}{27}=\frac{5}{27}\quad \rightarrow キ$$

〔２〕　$(x-3)^2+(y-1)^2=16$ において $x=0$ とすると

$$9+(y-1)^2=16 \qquad \therefore \quad y=1\pm\sqrt{7} \quad \rightarrow ク，ケ$$

$\angle APB=90°$ となる点 P は線分 AB を直径とする円周上の点である。すなわち，中心が線分 AB の中点 $(3,\ -4)$ で半径が３の円

$$(x-3)^2+(y+4)^2=9$$

上の点である。

したがって，点Pは2つの円

$$(x-3)^2+(y-1)^2=16 \quad \cdots\cdots ①$$

$$(x-3)^2+(y+4)^2=9 \quad \cdots\cdots ②$$

の交点である。

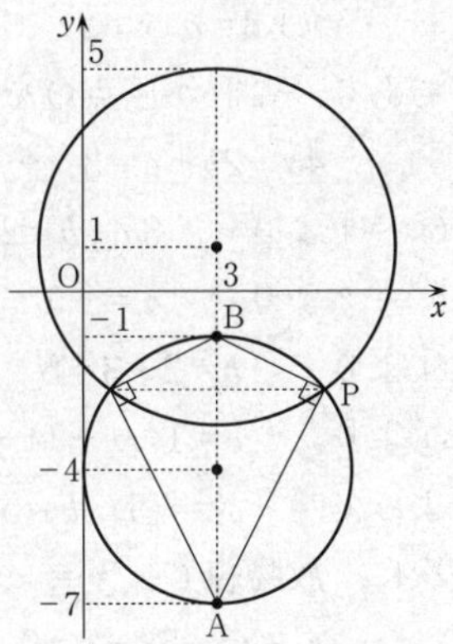

②−①より

$$(y+4)^2-(y-1)^2=-7$$

$$10y+15=-7$$

$$\therefore \quad y=-\frac{22}{10}=-\frac{11}{5}$$

これを②に代入すると

$$(x-3)^2+\left(-\frac{11}{5}+4\right)^2=9 \qquad (x-3)^2=9-\left(\frac{9}{5}\right)^2=\frac{9(25-9)}{25}=\frac{9\times16}{25}$$

$$\therefore \quad x=3\pm\frac{12}{5}=\frac{27}{5},\ \frac{3}{5}$$

よって，点Pの座標は

$$\left(\frac{27}{5},\ -\frac{11}{5}\right) \quad \text{→シ，ス} \quad \text{または} \quad \left(\frac{3}{5},\ -\frac{11}{5}\right) \quad \text{→セ，ソ}$$

したがって

$$\mathrm{BP}=\sqrt{\left(\frac{3}{5}-3\right)^2+\left(-\frac{11}{5}+1\right)^2}=\sqrt{\frac{(-12)^2+(-6)^2}{25}}=\frac{6\sqrt{5}}{5} \quad \text{→コ}$$

$$\mathrm{AP}=\sqrt{\left(\frac{3}{5}-3\right)^2+\left(-\frac{11}{5}+7\right)^2}=\sqrt{\frac{(-12)^2+24^2}{25}}=\frac{12\sqrt{5}}{5} \quad \text{→サ}$$

(注)　直線 $x=3$ に関する対称性から，点Pの座標のどちらを用いて計算しても同じである。

〔3〕 $f(x)=x^3$ とおくと　$f'(x)=3x^2$　$\therefore$　$f'(1)=3$

よって，接線 l の方程式は

$$y-1=3(x-1) \qquad \therefore \quad y=3x-2 \quad \text{→タ，チ}$$

$g(x)=ax^2+bx+c$ とおくと　$g'(x)=2ax+b$

放物線 C_2 も点A (1, 1) において接線 l をもつので

$$g(1)=1 \qquad \therefore \quad a+b+c=1 \quad \cdots\cdots ①$$

$$g'(1)=3 \qquad \therefore \quad 2a+b=3 \quad \cdots\cdots ②$$

また，放物線 C_2 を x 軸方向に -2，y 軸方向に -3 だけ平行移動したグラフの方程式は

$$y+3=a(x+2)^2+b(x+2)+c$$

であり，これが原点Oを通るから

$$4a+2b+c=3 \quad \cdots\cdots③$$

③－①より　　$3a+b=2$　……④

④－②より　　$a=-1$

④より　　$b=2+3=5$

①より　　$c=1-(-1)-5=-3$

よって　　$a=-1$，$b=5$，$c=-3$　→ツ～ト

次に，放物線 C_2：$y=-x^2+5x-3$ となるから，$x^3=-x^2+5x-3$ とすると

$$x^3+x^2-5x+3=0 \qquad (x-1)^2(x+3)=0 \qquad \therefore \quad x=1,\ -3$$

また，接線 l：$y=3x-2$ であるから，$x^3=3x-2$ とすると

$$x^3-3x+2=0 \qquad (x-1)^2(x+2)=0 \qquad \therefore \quad x=1,\ -2$$

よって，曲線 C_1，放物線 C_2，接線 l，直線 $x=t$ の様子は下図のようになる。

曲線 C_1，放物線 C_2，直線 $x=t$ で囲まれた部分の面積を S とすると

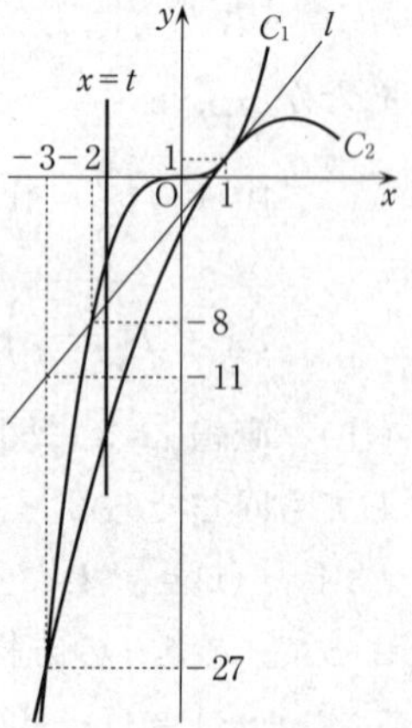

$$S=\int_t^1\{x^3-(-x^2+5x-3)\}dx$$

$$=\int_t^1(x^3+x^2-5x+3)\,dx$$

$$=\int_t^1(x-1)^2(x+3)\,dx$$

$$=\int_t^1(x-1)^2\{(x-1)+4\}\,dx$$

$$=\int_t^1\{(x-1)^3+4(x-1)^2\}\,dx$$

$$=\left[\frac{1}{4}(x-1)^4+\frac{4}{3}(x-1)^3\right]_t^1$$

$$=-\frac{1}{4}(t-1)^4-\frac{4}{3}(t-1)^3$$

一方，放物線 C_2，接線 l，直線 $x=t$ で囲まれた部分の面積を T とすると

$$T=\int_t^1\{(3x-2)-(-x^2+5x-3)\}\,dx=\int_t^1(x^2-2x+1)\,dx$$

$$=\int_t^1(x-1)^2dx=\left[\frac{1}{3}(x-1)^3\right]_t^1=-\frac{1}{3}(t-1)^3$$

よって，$T=\frac{1}{2}S$ とすると

$$-\frac{1}{3}(t-1)^3=\frac{1}{2}\left\{-\frac{1}{4}(t-1)^4-\frac{4}{3}(t-1)^3\right\}$$

$-2<t<1$ より，両辺 $(t-1)^3(\neq 0)$ で割って整理すると

$$1=\frac{3}{8}(t-1)+2 \qquad \therefore \quad t=-\frac{5}{3} \quad \to ナ$$

（注）　問題文にある「曲線 C_1，放物線 C_2，直線 $x=t$ で囲まれた部分」は，$-3\leqq x\leqq t$ の部分と $t\leqq x\leqq 1$ の部分とで 2 つ考えられるが，$-3\leqq x\leqq t$ の部分の面積が接線 l で 2 等分されることはない。

II　解答

ア．4000　イ．80　ウ．3000　エ．50　オ．2500

カ．65　キ．$5000-\frac{1}{2}x_{2n-1}$　ク．$\frac{1}{4}x_{2n-1}+1500$　ケ．$2000+2000\left(\frac{1}{4}\right)^{n-1}$

コ．$4000-1000\left(\frac{1}{4}\right)^{n-1}$　サ．$60-10\left(\frac{1}{4}\right)^{n-1}$　シ．$60+5\left(\frac{1}{4}\right)^{n-1}$

◀解　説▶

≪石油の価格と生産量の関係の考察，2 次関数の最大・最小，漸化式≫

〔1〕　$y_1=0$ より　　$p_1=120-\frac{x_1}{100}$

であるから，A 国の利益 U_1 は

$$U_1=(p_1-40)x_1=\left(80-\frac{x_1}{100}\right)x_1=-\frac{1}{100}(x_1{}^2-8000x_1)$$

$$=-\frac{1}{100}(x_1-4000)^2+\frac{4000^2}{100}$$

よって，A 国の利益 U_1 が最大となるとき

$x_1=4000 \quad \to ア$

$p_1=120-\frac{4000}{100}=80 \quad \to イ$

〔2〕　$x_2=x_1=4000$ より

$$p_2=120-\frac{x_2+y_2}{100}=120-\frac{4000+y_2}{100}=80-\frac{y_2}{100}$$

であるから，B 国の利益 V_2 は

$$V_2=(p_2-20)y_2=\left(60-\frac{y_2}{100}\right)y_2=-\frac{1}{100}{y_2}^2+60y_2$$

$$=-\frac{1}{100}({y_2}^2-6000y_2)=-\frac{1}{100}(y_2-3000)^2+\frac{3000^2}{100}$$

よって，B国の利益 V_2 が最大となるとき

$y_2=3000$　→ウ

$$p_2=80-\frac{y_2}{100}=80-\frac{3000}{100}=50 \quad \text{→エ}$$

〔3〕　$y_3=y_2=3000$ より

$$p_3=120-\frac{x_3+y_3}{100}=120-\frac{x_3+3000}{100}=90-\frac{x_3}{100}$$

であるから，A国の利益 U_3 は

$$U_3=(p_3-40)x_3=\left(50-\frac{x_3}{100}\right)x_3=-\frac{1}{100}{x_3}^2+50x_3$$

$$=-\frac{1}{100}({x_3}^2-5000x_3)=-\frac{1}{100}(x_3-2500)^2+\frac{2500^2}{100}$$

よって，A国の利益 U_3 が最大となるとき

$x_3=2500$　→オ

$$p_3=90-\frac{x_3}{100}=90-\frac{2500}{100}=65 \quad \text{→カ}$$

〔4〕　(a)　$x_{2n}=x_{2n-1}$ より

$$p_{2n}=120-\frac{x_{2n}+y_{2n}}{100}=120-\frac{x_{2n-1}+y_{2n}}{100}$$

であるから，B国の利益 V_{2n} は

$$V_{2n}=(p_{2n}-20)y_{2n}=\left(100-\frac{x_{2n-1}+y_{2n}}{100}\right)y_{2n}$$

$$=-\frac{1}{100}{y_{2n}}^2+\left(100-\frac{x_{2n-1}}{100}\right)y_{2n}$$

$$=-\frac{1}{100}\{{y_{2n}}^2-(10000-x_{2n-1})y_{2n}\}$$

$$=-\frac{1}{100}\left\{y_{2n}-\left(5000-\frac{1}{2}x_{2n-1}\right)\right\}^2+\frac{1}{100}\left(5000-\frac{1}{2}x_{2n-1}\right)^2$$

よって，B国の利益 V_{2n} が最大となるとき

$$y_{2n}=5000-\frac{1}{2}x_{2n-1} \quad \text{→キ}$$

(b)　$y_{2n+1}=y_{2n}$ より

$$p_{2n+1}=120-\frac{x_{2n+1}+y_{2n+1}}{100}=120-\frac{x_{2n+1}+y_{2n}}{100}$$

であるから，A国の利益 U_{2n+1} は

$$U_{2n+1}=(p_{2n+1}-40)x_{2n+1}=\left(80-\frac{x_{2n+1}+y_{2n}}{100}\right)x_{2n+1}$$

$$=-\frac{1}{100}x_{2n+1}{}^2+\left(80-\frac{y_{2n}}{100}\right)x_{2n+1}$$

$$=-\frac{1}{100}\{x_{2n+1}{}^2-(8000-y_{2n})x_{2n+1}\}$$

$$=-\frac{1}{100}\left\{x_{2n+1}-\left(4000-\frac{1}{2}y_{2n}\right)\right\}^2+\frac{1}{100}\left(4000-\frac{1}{2}y_{2n}\right)^2$$

よって，A国の利益 U_{2n+1} が最大となるとき

$$x_{2n+1}=4000-\frac{1}{2}y_{2n}=4000-\frac{1}{2}\left(5000-\frac{1}{2}x_{2n-1}\right)$$

$$=\frac{1}{4}x_{2n-1}+1500$$ →ク

(c)　(b)より　　$x_{2n+1}=\frac{1}{4}x_{2n-1}+1500$　……①

α を $\alpha=\frac{1}{4}\alpha+1500$　……② を満たす数とする。

①－②より　　$x_{2n+1}-\alpha=\frac{1}{4}(x_{2n-1}-\alpha)$

$\therefore$　$x_{2n-1}-\alpha=(x_1-\alpha)\left(\frac{1}{4}\right)^{n-1}$

ここで，②より　　$\frac{3}{4}\alpha=1500$　　$\therefore$　$\alpha=2000$

$x_1=4000$ より　　$x_1-\alpha=4000-2000=2000$

したがって

$$x_{2n-1}-2000=2000\left(\frac{1}{4}\right)^{n-1}\qquad\therefore\quad x_{2n-1}=2000+2000\left(\frac{1}{4}\right)^{n-1}$$ →ケ

また，(a)より，$y_{2n}=5000-\frac{1}{2}x_{2n-1}$ であるから

$$y_{2n}=5000-\left\{1000+1000\left(\frac{1}{4}\right)^{n-1}\right\}=4000-1000\left(\frac{1}{4}\right)^{n-1}$$ →コ

さらに，(a)より

$$p_{2n}=120-\frac{x_{2n-1}+y_{2n}}{100}$$

$$=120-\frac{2000+2000\left(\frac{1}{4}\right)^{n-1}+4000-1000\left(\frac{1}{4}\right)^{n-1}}{100}$$

$$=120-\left\{20+20\left(\frac{1}{4}\right)^{n-1}+40-10\left(\frac{1}{4}\right)^{n-1}\right\}$$

$$=60-10\left(\frac{1}{4}\right)^{n-1}\quad\rightarrow サ$$

および，(b)より

$$p_{2n+1}=120-\frac{x_{2n+1}+y_{2n}}{100}$$

$$=120-\frac{2000+2000\left(\frac{1}{4}\right)^{n}+4000-1000\left(\frac{1}{4}\right)^{n-1}}{100}$$

$$=120-\left\{20+20\left(\frac{1}{4}\right)^{n}+40-10\left(\frac{1}{4}\right)^{n-1}\right\}$$

$$=60+5\left(\frac{1}{4}\right)^{n-1}\quad\rightarrow シ$$

Ⅲ　解答

〔1〕　$\overrightarrow{DE}=\overrightarrow{OE}-\overrightarrow{OD}=\frac{1}{2}\vec{b}-\frac{1}{3}\vec{a}$

$$=-\frac{1}{3}\vec{a}+\frac{1}{2}\vec{b}\quad\cdots\cdots(答)$$

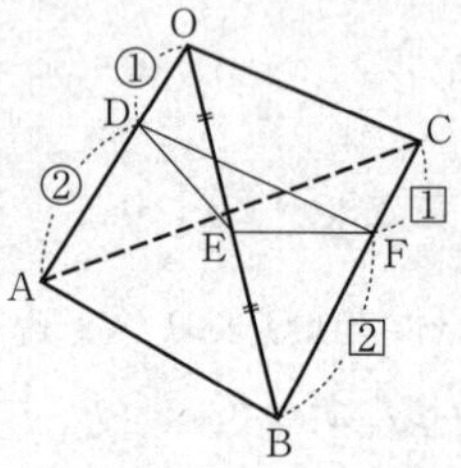

$\overrightarrow{DF}=\overrightarrow{OF}-\overrightarrow{OD}$

$$=\frac{\vec{b}+2\vec{c}}{3}-\frac{1}{3}\vec{a}$$

$$=-\frac{1}{3}\vec{a}+\frac{1}{3}\vec{b}+\frac{2}{3}\vec{c}\quad\cdots\cdots(答)$$

〔2〕　1 辺の長さが 1 の正四面体 OABC において，$\overrightarrow{OA}=\vec{a}$，$\overrightarrow{OB}=\vec{b}$，$\overrightarrow{OC}=\vec{c}$ であるから

$$|\vec{a}|=|\vec{b}|=|\vec{c}|=1\quad および\quad \vec{a}\cdot\vec{b}=\vec{b}\cdot\vec{c}=\vec{c}\cdot\vec{a}=1\cdot1\cdot\cos60^\circ=\frac{1}{2}$$

よって

$$\overrightarrow{DE}\cdot\overrightarrow{DF}=\left(-\frac{1}{3}\vec{a}+\frac{1}{2}\vec{b}\right)\cdot\left(-\frac{1}{3}\vec{a}+\frac{1}{3}\vec{b}+\frac{2}{3}\vec{c}\right)$$

$$=\frac{1}{9}|\vec{a}|^2-\frac{1}{9}\vec{a}\cdot\vec{b}-\frac{2}{9}\vec{a}\cdot\vec{c}-\frac{1}{6}\vec{b}\cdot\vec{a}+\frac{1}{6}|\vec{b}|^2+\frac{1}{3}\vec{b}\cdot\vec{c}$$

$$=\frac{1}{9}-\frac{1}{18}-\frac{1}{9}-\frac{1}{12}+\frac{1}{6}+\frac{1}{6}=\frac{7}{36}\quad\cdots\cdots(\text{答})$$

〔3〕　△DEFの面積を S とすると

$$S=\frac{1}{2}\sqrt{|\overrightarrow{DE}|^2|\overrightarrow{DF}|^2-(\overrightarrow{DE}\cdot\overrightarrow{DF})^2}$$

ここで

$$|\overrightarrow{DE}|^2=\left|-\frac{1}{3}\vec{a}+\frac{1}{2}\vec{b}\right|^2=\frac{1}{9}|\vec{a}|^2-\frac{1}{3}\vec{a}\cdot\vec{b}+\frac{1}{4}|\vec{b}|^2$$

$$=\frac{1}{9}-\frac{1}{6}+\frac{1}{4}=\frac{7}{36}$$

および

$$|\overrightarrow{DF}|^2=\left|-\frac{1}{3}\vec{a}+\frac{1}{3}\vec{b}+\frac{2}{3}\vec{c}\right|^2$$

$$=\frac{1}{9}|\vec{a}|^2+\frac{1}{9}|\vec{b}|^2+\frac{4}{9}|\vec{c}|^2-\frac{2}{9}\vec{a}\cdot\vec{b}+\frac{4}{9}\vec{b}\cdot\vec{c}-\frac{4}{9}\vec{c}\cdot\vec{a}$$

$$=\frac{1}{9}+\frac{1}{9}+\frac{4}{9}-\frac{1}{9}+\frac{2}{9}-\frac{2}{9}=\frac{5}{9}$$

したがって

$$S=\frac{1}{2}\sqrt{|\overrightarrow{DE}|^2|\overrightarrow{DF}|^2-(\overrightarrow{DE}\cdot\overrightarrow{DF})^2}$$

$$=\frac{1}{2}\sqrt{\frac{7}{36}\cdot\frac{5}{9}-\left(\frac{7}{36}\right)^2}=\frac{1}{2}\sqrt{\frac{7}{36}\cdot\frac{5\times4-7}{36}}=\frac{1}{2}\sqrt{\frac{7}{36}\cdot\frac{13}{36}}$$

$$=\frac{\sqrt{91}}{72}\quad\cdots\cdots(\text{答})$$

〔4〕　点Gは平面DEF上の点であるから

$$\overrightarrow{DG}=s\overrightarrow{DE}+t\overrightarrow{DF}\quad(s,\ t\text{は実数})$$

とおける。これより

$$\overrightarrow{OG}=\overrightarrow{OD}+s\overrightarrow{DE}+t\overrightarrow{DF}$$

$$=\frac{1}{3}\vec{a}+s\left(-\frac{1}{3}\vec{a}+\frac{1}{2}\vec{b}\right)+t\left(-\frac{1}{3}\vec{a}+\frac{1}{3}\vec{b}+\frac{2}{3}\vec{c}\right)$$

$$=\frac{1}{3}(1-s-t)\vec{a}+\left(\frac{s}{2}+\frac{t}{3}\right)\vec{b}+\frac{2t}{3}\vec{c}$$

点Gが直線AC上の点であることから

$$\frac{s}{2}+\frac{t}{3}=0 \qquad \cdots\cdots①$$

$$\frac{1}{3}(1-s-t)+\frac{2t}{3}=1 \qquad \cdots\cdots②$$

①より　　$s=-\frac{2}{3}t$

これを②に代入すると

$$\frac{1}{3}\left(1-\frac{1}{3}t\right)+\frac{2t}{3}=1 \qquad \frac{5}{9}t=\frac{2}{3} \qquad \therefore \quad t=\frac{6}{5}$$

$$s=-\frac{2}{3}\times\frac{6}{5}=-\frac{4}{5}$$

よって　　$\overrightarrow{OG}=\frac{1}{5}\vec{a}+\frac{4}{5}\vec{c}=\frac{\vec{a}+4\vec{c}}{5}$

したがって　　AG：GC＝4：1　……(答)

◀解　説▶

≪空間ベクトル≫

四面体OABCは1辺の長さが1の正四面体であることから

$$|\vec{a}|=|\vec{b}|=|\vec{c}|=1 \quad \text{および} \quad \vec{a}\cdot\vec{b}=\vec{b}\cdot\vec{c}=\vec{c}\cdot\vec{a}=1\cdot1\cdot\cos60^\circ=\frac{1}{2}$$

が成り立つことを確認しておくこと。〔2〕は内積の計算であり，〔3〕は内積を応用した面積公式の利用である。〔4〕は平面のベクトル方程式，直線のベクトル方程式の理解がポイントである。全体として，空間ベクトルの基本事項の確認問題である。

❖講　評

Ⅰは小問3問で，〔1〕は3人でじゃんけんをする確率の問題，〔2〕は円の方程式の問題，〔3〕は3次関数と放物線の囲む面積などに関する問題であり，いずれも基本的な問題である。

Ⅱは石油の価格と生産量の関係を考察するという経済に関する問題であるが，内容は2次関数の最大・最小と漸化式の問題である。〔1〕，

〔2〕,〔3〕および〔4〕(a)・(b)はいずれも 2 次関数の簡単な最大・最小問題であり,〔4〕(c)は漸化式の問題である。内容はいずれも基本的であるが,丁寧な計算が要求される。

Ⅲは空間ベクトルの基本問題である。空間ベクトルの内積の計算はやや煩雑になることがあるので,やはり丁寧な計算が大切である。最後の〔4〕では,平面のベクトル方程式や直線のベクトル方程式の理解が試される。

本文を追うことによる動作主の特定、ならびに指示語（指示内容）の把握が必須。いずれもやや難レベルである。問7の内容真偽も選択肢はよく練られている。問6までの内容説明に比べると標準的。全体としてやや難レベルの出題になった。

四は韓嬰の『韓詩外伝』を出典とする文章。分量はそれなりであるが、ストーリーは追いやすい。問1③は「不令」を使役と理解していたかで差が出る。標準的。問2は、文を通じての「故」の読みと反語の句法である「豈に……べけんや」の把握がポイント。選択式の設問なので標準的。問3の空所補充もストーリーを追えているかどうかで差が出る設問。標準的。問4の内容真偽は標準的。全体としても標準レベル。

た乳母に代わって、その兄を大夫に為したのである。

❖講　評

一の現代文は、青山拓央『心にとって時間とは何か』が出典。「タイプ」と「トークン」という対立概念をきっかけに、「因果」の捉え方を説いたもの。丁寧な説明文だが、対比構成の把握が鍵を握る。設問はおおむね文脈に沿うものだが、標準からやや難レベルになっている。問3の字数制限がある箇所指摘は標準的。問4の空所補充も容易。問5の「ある疑問」に関しての内容説明も文脈を追うことで解決できる。標準的。問6は難解。二つの概念の違いを押さえた上で、出来事cと出来事eを具体的なものに置き換えて判断せねばならない。問7は、挿入文と挿入文中にある「これ」の指示内容を押さえることで正解できる。容易。問8は、坂本龍馬や大学合格といった具体的な内容を文脈に照らし合わせる必要があり、やや難解。問9の内容真偽も本文全体の把握が必要で、二択に絞ってからの判断がやや難解。問10の文学史は「同時期に活躍していた」文学者を選択させる設問。標準的。問6・問8・問9で差が出そうである。

二の現代文は、宇野常寛『遅いインターネット』が出典。現在のインターネットの情報環境への警告を発信し、今後どうすべきかを提起する内容である。問1の空所補充は文脈から選べる。容易。問2は、傍線の前後だけではなく文章全体の把握に関わる設問になっている。二択に絞ってからの最後の判断が迷うところ。標準的。問3は話題が何なのかを把握していれば間違うことはない。標準的。問4の空所補充は前後の文脈から容易に判断できる。問5は選択肢がよく練られている。細かい点まで本文内容と照らし合わせる必要がある。標準的。全体としても標準的なレベル。

三は『源氏物語』の「夢浮橋」巻の後編と言われている『山路の露』を出典とする。本格的な読解力を必要としている。「浮舟」「小君」「薫」「尼君」といった人物関係の知識を持っていると有利に働いただろう。問1は、動作主を含めた人物関係の把握を求める設問になっている。四問中三問が尊敬の補助動詞の「給ふ」に関するものだったが、ストーリーを追えていないと難しい。やや難。問2の記述式の口語訳は単語も含め標準的。問3から問6までの内容説明は、に太牢を以てし、且つ其の兄を爵して大夫と為す。

▲解　説▼

『韓詩外伝』は前漢の韓嬰による書物。さまざまな事柄や故事を記し、関連する『詩経』の文句を引いて説明している。

問1　①「雖」は送り仮名の「も」を伴って、「いへ（え）ども」と読む。〝〜といっても〟の意。

③「不令」の「令」は「使」と同様で、使役を表す。「不令中公子」で「公子に中たらしめず」と読み、〝（矢を）公子に当たらせなかった〟の意になる。

問2　「豈可」は「あに……べけんや」と読み、〝どうして……できるだろうか、いやできるわけがない〟という訳になる反語の句法である。ここでの「利」は公子を差し出して大金を手に入れること、「誅」は公子を匿うことで罪人となって殺されることを指している。「畏誅之故」の「之」と「故」の解釈がポイントになる。「之」を「の」と読むのか、「これ」と読むのかで選択肢は絞れる。「故」が理由とわかれば2と5の「の故」が正しいとわかり、「可」を「べけんや」と読むことからも2が正解とわかる。利益に目がくらみ、殺されることを恐れるために、義を廃して、詐を行うようなことはあってはいけないというのが乳母の主張である。

問3　空欄Aを含む文の主語は「吾」（＝私、ここでは乳母）であり、「使」が使役。〈自分だけが生き延びて、公子をたった一人で死なせるわけにはいかない〉と乳母が考えていることがわかる。正解は〝一人〟を意味する5「独」である。

問4　1は「主人に逆らわない忠や死を畏れない勇」と「公子を生き延びさせること」を比較していることが間違い。この「忠」「勇」を持っていたがゆえに、公子を生き延びさせようとしたのである。2は「公子の居場所を知らなかった」が間違い。乳母は公子と行動を共にしていたのである。3は本文の内容と符合しており正解。4は「公子の身代わりとなって……欺くことができた」が間違い。実際には公子とともに逃げた沢で秦軍に見つかったのである。5は最後の「乳母を厚く賞した」が間違い。秦王は、公子を守って矢を一身に受けて死んだ乳母を盛大に弔い、亡くなっ

◆全　訳◆

秦は魏を攻めてこれを撃ち破った。（しかし）魏の幼い公子は逃亡して捕まえられなかった。（秦が）魏の国内にお触れを出して言うには、「この公子を捕まえた者があれば、金千斤の賞与を与え、隠した者は、十族を罰する」と。公子は乳母と一緒に逃げていた。人が乳母に言うには、「公子を捕まえた者には恩賞が厚く出る。あなたは公子の居場所を知っているのでそれを言うべきだ」と。乳母がこれに応えて言うには、「私はその（公子の）居場所を知らない。これを知っていても、死なねばならぬなら死にましょう。言うことはできません。人のために子供を養い、隠すことができずにこれを話す。これは主君に背き、死を恐れる行動です。私はこう聞いております、忠というものは主君に背かず、勇は死を恐れぬものだと。そもそも人の子を養育する者は、これを生かすのが務めであり、これを殺すことを務めとするものではありません。どうして利益に目をやり誅伐を恐れる理由から義を守る心を捨てて偽りの行動ができましょうか、いえできるものではありません。私が生きながらえて公子様をひとり死なせるわけにはいきません」と。結果として（乳母は）公子とともに沢へと逃げたのである。秦軍はこれを発見して射かけたので、乳母は身を挺して公子に覆い被さり、その身に十二の矢を受けた（ことによって死んだ）が、とうとう公子には一本の矢も当てさせなかったのである。秦王はこれを聞いて、太牢（牛羊豚の供物）を供えてこれを祀り、さらにその乳母の兄に領地を与え大夫に取り立てたのである。

読み　秦魏を攻めて之を破る。少子亡《に》げて得られず。魏国に令して曰はく、「公子を得る者有らば、金千斤を賜ひ、匿《かくま》ふ者は、罪十族に至る」と。公子の乳母与《とも》に倶に亡ぐ。人乳母に謂ひて曰はく、「公子を得る者は賞甚だ重し。乳母当に公子の処を知りて之を言ふべし」と。乳母之に応へて曰はく、「我其の処を知らず。之を知ると雖《いへど》も、死なば則ち死なん。以て言ふべからざるなり。人の為に子を養ひ、隠すこと能はずして之を言ふ。是れ上に畔《そむ》き死を畏る。吾聞く、忠は上に畔かず、勇は死を畏れずと。凡そ人の子を養ふ者は、之を生かし、之を殺すを務むるに非ざるなり。豈に利を見て誅を畏るるの故《ゆゑ》に義を廃して詐を行ふべけんや。吾生きて公子をして独り死せしむること能はず」と。遂に公子と倶に沢中に逃る。秦軍見て之を射るに、乳母身を以て之を蔽《おほ》ひ、十二矢を著《つ》くるも、遂に公子に中《あ》たらしめず。秦王之を聞き、饗する舟の「容姿」かに絞って考えるが、5の〈容姿の衰え〉は第三段落の傍線㋓にも明らかなように〈容姿の変化はない〉のだから、これも外れる。第三段落の「御髪などの、ありしにもあらぬ」や第四段落の冒頭「さても、世になき者となりにし」と、小野の里で母君に断りもなく出家して、今は尼削ぎ姿になっていることを根拠として1が正解。

問6　傍線㋕は直前の「さしも言少なに……これにだに思ふこと少し続け給へる」とある「浮舟」の様子についての思いである。普段は言葉少なく、周りから見てじれったい性格をしている「浮舟」が、小君と一緒にいて、仲が良かったことの名残か、思っている本音をお話しになるといった一連の様子を見ての感想は、4が該当する。

問7　1は第四段落の浮舟の台詞「かけても知られ奉らじと思ふを……あらざりけるさまにも聞こえなしてよ」の部分と合致しているが、浮舟は「かく聞き奉りしをり……大将殿『しばしは人に漏らすな』と……のたまひしかば」という小君の話から、薫大将に自分の所在が明らかになったことを知っているので正解とはできない。2は第四段落の小君の台詞「（浮舟が）おはしまさずなりにし後は、……なほ惚けて、ありし人にもあらずぞ見え給ふ」から母君の様子を小君が客観視している様子と合致しており正解。3は「浮舟を連れて帰るまで戻らぬよう」が間違い。4は尼君の小君への人物評「滑稽で面倒くさい人物」が間違い。5は最後の「小君は聞こえないふりをした」が間違い。6は、「およすけて」で小野の尼君たちが小君の成長ぶりを確認したということで、これを正解とする。

四

出典　韓嬰『韓詩外伝』〈巻九　第六章〉

解答

問1　①いへ〔え〕ども　③しめず

問2　2

問3　5

問4　3

②「たびたびかく山道分け給ふ」の話し手は「尼君」で、山道をやってきた「小君」に向けられた敬意。正解は6。

③傍線③は地の文で、主語は「尼君ゐざり出でて」から「尼君」で、正解は2。

④傍線④を含む一文の「我が心にも」の主語は「浮舟」。この一文は浮舟の心中を表している。「思ひ給はむ」は直前に「母君聞き給ひなば」とあることから、主語が「母君」とわかり、そのまま「母君」が動作主とわかる。正解は1。

四つの敬語のいずれもが「尊敬」の補助動詞、本動詞であり、敬意の対象はその動作主となっており、わかりやすい設問である。

問2　㋐「らうたげ」は〝かわいらしいさま〟の意。

㋓呼応の副詞「つゆ」が下に打消を伴い、〝全く……ない〟と訳すことに注意する。

問3　傍線㋑の「さなからむ」の「さ」は〝そのようなこと〟の意で、全体では〝そのようなことがないうち〟の意を表す。具体的には、「『我にかばかり隔てけり』と思ひ給はむ」という母の心情を指している。直訳すると、〝「私にこれほど心を隔てていたのだ」と思いなさるようなこと〟となる。選択肢で動作主が「母君」なのは3だけであり、これが正解と考えることができる。浮舟からすると、自分が生きていることを知られ、そのことを話していないことで母に疎外感を持たれることは避けたいのである。

問4　傍線㋒の前から来訪者に対応している「少将の尼」が、まずその人を「導き入れ」、周りにいる「人々」が「すべり隠れぬれば」（＝すっと部屋から姿を消したので）、この人物は「いとうれしく」なったのである。そして、その直後に「御文さし置きて」と手紙を置くことから、リード文でも明らかなように主語は「小君」と確定する。選択肢で小君が主語になるのは5のみ。傍線㋒の二つあとの文にも「姫君（＝浮舟）も」とあり、この場面では小君と姫君以外の人々は「すべり隠れぬれば」と退場していることからも、「小君」と確定できる。

問5　傍線㋔の直後に「母君に今一度会ひ見奉らむと思ふ」とあり、この心情は「浮舟」のものとわかる。選択肢で「浮舟」が扱われているのは1・3・5であるが、3の「小君の忠誠心」は当たらない。1の浮舟の「出家」か、5の浮るので、（小君は内心）たいそう難しいことだと思った。「ただ、こんなつらい様子（＝尼姿）でも、母君には今一度お目にかかりたいと思う。これをこっそり渡してね」と（浮舟は）言って、几帳の傍らから（母君あての）手紙を取り出して、（小君の前に）お置きになると、（小君はこれを）懐に入れて、「先ほどの（薫さまからのお手紙の）ご返事がなしでは、（薫さまが）どのようにおっしゃるだろうか。ただ一行のおたよりでもいいのでいただいて、帰りましょう」と言うと、「たいそうつらいこと、（あなたは）しばらくの間にすっかり変わっておしまいになった。こんな情けない私の浮名を、人違いだったと言いつくろって、（世間に広がらないように）隠してやろうとはお思いにならないのか」と（浮舟に）恨まれて、（小君は）しいて反論もできず、うつむいている。（浮舟は）あれほど口数少なく、傍らの人がじれったいと思うほどのご性格なのだが、（小君に対しては）幼いときから格別仲良く一緒に暮らした親しさの名残で遠慮がないのか、小君にだけは本心を少し言い続けなさったのは、人の心を打つことであった。

「今宵は（夜も更けたので）どうやってお帰りになれようか（いやお帰りになれないだろう）」などと、いつものように出しゃばりな尼も気の毒がると、尼君も「そうね、どうやって（帰れるでしょうか）。通いなれた人でさえ、やはり踏み迷いそうな険しい山道であるようですからね。今宵だけはここへお泊まりなさいませ」と口になさったが、（小君は）「急ぎ帰参せよと（薫さまが）おっしゃったのに、どうして泊まったりできるでしょうか。月の光の明るさで道も歩行困難なほど暗くはありますまい」と言って立つのを、「あんなに、大人びて」と、（皆が）愛しく思った。

◀解　説▶

『山路の露』は後人が記した『源氏物語』の「夢浮橋」の続編と言われている作品。リード文をしっかり読んで、人物関係を押さえた上で設問に当たりたい。

問1　①第一段落冒頭の「ながめ給ふ」の主語は「浮舟」で、「尼君」のところに「小君」の来訪が伝えられる。それを受けて「尼君」が「浮舟」に話しかける場面が「なほ、みづから聞こえ給へ」である。「給へ」は尊敬の補助動詞で「浮舟」に向けられた敬意。正解は5。

ことをもとてもつらいことで、そんなことになる前にそれとなく（私の意中を）お伝えしたい、と思う折々もあるので、ただ呆然と座っていらっしゃった。

「では、こちらへ」と言って、（小君を）少将の尼が、（浮舟の部屋に）導き入れて、（他の）人々はすっと部屋から姿を消したので、（小君は念願が叶って）大変うれしく、まず（薫からの）お手紙を（浮舟の前に）差し出して、（浮舟の顔を）仰ぎ見る。（浮舟の）とても小柄で美しい姿、昔のままの面影は少しも変わらぬものの、御髪などが、（長く美しかった）以前とは違って（短い尼削ぎ姿になって）いるのを目にすると、夢ではないかと悲しく、声をあげて泣いていた。浮舟も、忘れていた過去のことなどが今更思い出さずにはいられなくおなりになって、まず母君の安否を尋ねたいけれども、どうおっしゃるのがよいか言葉もない。

しばらく心をお静めになって、（浮舟が）「それにしても、（私は）現世から姿を消してしまったが、誰もみなそうだろう（＝死んでしまっただろう）とお思いになったでしょうに。ひたすらつらい運命を与えられた前世の定めのせいか、思いの外に生き永らえ、別の世にいる思いで明け暮れ過ごしてしまった。自然と心の落ち着きを取り戻すにしたがって、まず母君のご安否が、気にかかって悲しいわ」と、最後まで言葉にすることがおできにならない様子に、（小君も）ひどく悲しくて、「（あなたが）いらっしゃらなくなった後は、そのご心痛で（母君は）気も狂わんばかり、命も危うい有様でいらっしゃったのを、薫大将殿からいろいろとお慰めがあって、（母君は）『私などにまで、親身になって気を配ってくださる（薫さまの）ご配慮のかたじけなさに支えられて、命を取り留めた』と、常々おっしゃっているようだ。とはいえ、やはりぼんやりして、（気丈だった）昔とは別人のように見えなさる。このように（姉上生存の情報を）聞き申し上げたとき、すぐにも（母に）ご報告したいと思ったが、大将殿が『しばらくは人に漏らすな』と、繰り返しおっしゃったので、（母上には）申し上げられずにおります」などと、幼い口調で述べ立てていた。「その（薫さまに知られた）ことが、たいへん悔しい。絶対に知られ申し上げないようにしたいと思っていたのに、どうやってお聞きになったのかとつらく思うので、そうではなかった（＝人違いだった）という具合にでも申しつくろってちょうだい」と（浮舟は小君に）おっしゃ

問4　5

問5　1

問6　4

問7　2・6

◆全　訳◆

あちら（＝小野の里）では、いつものように心紛れることなく物思いにふけっていらっしゃるところだったが、むこうから人が来て、尼君に「このように（小君がいらっしゃった）」などと小声で取り次いだところ、思いがけぬ時刻にも（いらっしゃったことだ）と驚きなさって、（浮舟に）「やはり、直接（あなたが小君に）応対なさってください。仰々しくお相手しなくてはならぬ人でもいらっしゃらないでしょうから。そのように他人行儀におもてなしなさっては、どんなに（小君も）不愉快に思っていらっしゃるでしょうか」と、（小君に）同情し、（他の人々も）「あきれて、見た目とは似ても似つかぬ冷淡なご態度です」と、口々に言うのを、（浮舟は）心から苦しいと思っていらっしゃる。（小君への）実際の対応は、いつものように、「どうぞこちらへ」と（取り次ぎの者に）言わせたので、（小君は）歩み出て、簀の子の端にそのまま座った。尼君が膝行して出て、「何度もこのように山路を分けてご来訪くださり、ご足労の効果なしで（お返しするのは申し訳ない）と、（私どもは）古めかしい出すぎた根性で、あれこれ（失礼の多いことに）心を痛め申しております。（浮舟本人は）どう（お思い）なのか、誰にもお目にかかり人に知られなさることを煩わしいとお思いのようなので、見守り申し上げながらはらはらしている次第です」とおっしゃるので、（小君は）「今回はっきりしたご返事がいただけない場合には、帰参しないように（薫さまより）申し渡されています」と答える様子も、まことに可憐である。

尼君は、丁寧に（このことを浮舟に）説明して、無造作な（部屋の）様子を整えたりなさる。（浮舟はこの段階になっても）まだきまり悪そうであるが、自分でも内心は、本当にこれほど（私を）探し訪ねなさる（薫のご執心の）ほどでは、いつかは隠すことができないで、母君がお聞きになると、「私にこれほど心を隔てていたのだ」とお思いになろうというくまでメディアの、……ノウハウを共有することができないかと考えている」がある。筆者の主張がこの三点に集約されており、選択肢では3が該当する。1がやや紛らわしいが、筆者は「『速く』アクセスすること」を問題視して、あえて「遅く」接して考えることを提言しているので、趣旨から外れている。

問3　傍線㋑はその前文である第九段落の冒頭の一文と同意、または言い換えになっていることがわかる。この一文の主語は「現在の情報環境」であり、それに気づけば、「現在の情報環境」を説明している2が正解とわかる。

問4　空欄Bは「閲覧数目的」で選ばれた「見出し」につながる語。それは「脊髄反射的」に反応させるものでもある。各選択肢の「挑発的」「印象的」「扇情的」を比較して最も文意の通じるものは「扇情的」であることから、5と6に候補は絞られる。また、空欄Cはその発信内容が、「驚くほどに一様」「情報の内容に対する検証を欠き」「タイムラインの潮目を読んだだけ」という批判的なものであることから、「表層的」が入ると推測できる。正解は5である。

問5　明らかな誤りを含むものとして、はじめに1(「ネットサーフィンを楽しむことができる」が不可)と4(「多様なアクセスの方法」が不可)を外す。5が紛らわしいが、後半の「質の高い情報収集」が、最後の五段落に照らして不適。筆者は「受信する」だけでなく、「再発信するノウハウ」を重視している。2と3に絞って、2が空欄Cの段落とその次の段落の記述と符合している一方で、3は最後の「世界に速報として発信」が筆者の考えとずれており、これを外す。正解は2である。

三

出典　『山路の露』

解答

問1　①―5　②―6　③―2　④―1

問2　㋐とても可憐である　㋓少しも変わらない(㋐・㋓とも一〇字程度)

問3　3

一

解答

出典　宇野常寛『遅いインターネット』（幻冬舎）

問1　4

問2　3

問3　2

問4　5

問5　2

◆要　旨◆

現在のインターネットは人間を「考えさせない」ための道具になっている。そこで、僕は「遅いインターネット計画」をはじめようと考えている。これは「ネットサーフィン」という言葉が生きていたころのウェブマガジンへの回帰と、現代の「速すぎる」ソーシャルメディアの状況に批判的に対応した質の高い情報発信を学習するコミュニティが連動したものである。現在の情報環境は、人間からその速度を決定する主導権を剝奪していることから、それを取り戻し、情報へのアプローチを自分の手で調整できるようにしたい。

▲解　説▼

問1　空欄Aを含む「インターネットが万人に……開かれる」が、直前の「ネットサーフィンという言葉が機能し」と同意、または並列の関係になっていると考えると、「ネットサーフィン」＝「万人に対しての［A］」ということになり、選択肢の中で関連語と考えられる4「知の大海」を選ぶ。

問2　まず、選択肢を見て2・4・5は文脈から外れていることをつかむ。傍線㋐の段落中に「インターネットの本質は……決められる点にこそある」、「僕は……情報の消費速度に抗って、……インターネットの使い方を提案したい」とある。また、現状のインターネット上のプラットフォームを分析した記載として、最後から五つ目の段落に「僕はあ験」は「類似性」における「タイプ的な出来事」で、「ある年ある日の私の受験」は「その場限りのトークン的な出来事」という説明には不備がないので、これを正解とする。

問7　挿入文は「タイプからトークンへの道」についての話題であり、「完全に開かれたわけではない」にせよ、〈少なくとも一つは開かれた〉ことを想像させる記述を探せばよいことがわかる。この観点から見ると、〈2〉から始まる段落の末文に「過去のタイプ的知識から、トークン的な因果性を推定することになる」とあり、先にある「タイプからトークンへの道」を示したことになっていることが理解できる。そこで、〈3〉が正解とわかる。また、これを入れることで「そもそも知りたかったのは、トークンとしてのcがトークンとしてのeの原因であったかどうか」と、検証に関する話につながっていることも確認できる。

問8　傍線㋓の直後の「世界@」におけるcとeとの関係性に類似している選択肢を選べばよい。選択肢が長いので戸惑うかもしれないが、それぞれの事象をcとeに置き換えて照らし合わせること。すると3において、cが〈たくさん勉強すること〉、eが〈大学に合格すること〉として考えた場合と合致していることがわかる。正解は3である。

問9　「反事実的な諸世界」を「想像上のものと見なす立場」という5の記述が、最終段落の最後の文「ルイスによる……反事実的な諸世界を具体物ではなく抽象物と見なす場合」という記述に近い。「想像上のもの」も第十六段落（〈4〉の次の段落）にあるように「その事態が成立している世界が本当に存在する」ものに範囲が限定され、荒唐無稽のものでない場合に「抽象的」と考えることは間違いではないだろうから、これを正解とする。3が一見紛らわしいが、「私たちの日常」の因果関係の捉え方も「タイプ」から想像している面があり、「あくまで現実に基づいて」という限定が本文と符合しないことがわかる。

問10　坂本龍馬が暗殺されたのは大政奉還直後の一八六七年一二月。この時代に活躍していたのは、3の仮名垣魯文。彼は幕末・明治初期の戯作者・新聞記者。4の二葉亭四迷は一八八七年に『浮雲』を書いた。5の幸田露伴も二葉亭四迷と同時期に活躍。6の泉鏡花は明治から昭和を通じて独特の幻想文学を構築した。

はタイプを調べることで、トークンについての反事実的な可能性を語ることになる。cとeの諸世界における存否を見ることで、cとeとの因果関係を分析するルイスの考えは反事実的な諸世界を抽象物と見なす場合にも適応でき、興味深い。

▲解　説▼

問3　傍線㋐「設定に穴はある」の「穴」とは、エイミーによると「インディは物語の結末に無関係」であることを指し、より詳しく言えば、「インディ」の存在という「因」が、「ナチスは……最後には死んでた」という「果」に結びつかないことを指している。具体的なこの場面を一般的に言い換えた表現は、第三段落の末文にある「主人公がいても……物語の結末が変わらない」である。二十三字という字数制限もヒントになる。

問4　段落冒頭の一文に「インディが物語の結末に……言い換えられる」とあるので、「A になっていなかった」ことは、直前の「無関係である」ことと同意とみなせる。「インディの行動」(＝因)が、物語の「重要な結末」(＝果)になっていないことと同様である。そこで、文意が通じる言葉を探すと、次の段落に「原因」があり、これを正解とする。

問5　傍線㋑「ある疑問」に関することは、この段落の末文にある「cが起きなかった場合に……この眼で確かめることは難しい」が挙げられる。結果としての「何がどうなっていたのか」は現実世界には存在せず、その結果は常に想像の域を出ないのである。このことに関連する選択肢は5である。〈3〉で始まる段落にも同じような論理が説かれている。

問6　「トークン」とは傍線㋒の直前にあるように「個別の出来事」に関するもの、また、「タイプ」とは「出来事の種類」という〈類型〉を指すものと理解することができる。選択肢は三つのパターンに分かれている。まず、「タイプ」と「トークン」の概念を間違えているものとして、1・2・5が除かれる。3は、出来事cは「タイプ的な出来事」ではないし、「『トークン』と『タイプ』の区別」の説明になっていない。また、「ある人物のたくさんの受験勉強」は「トークン」と捉えられるとあるので、「トークン的な出来事」には「継続性」がないとする4も除く。6の「受

国語

一

出典　青山拓央『心にとって時間とは何か』〈第七章　〈因果〉――過去をどこかに繋ぐには〉（講談社現代新書）

解答

問1　①てんまつ　④そんぴ
問2　②損　③希求
問3　主人公がい～変わらない
問4　原因
問5　5
問6　6
問7　〈3〉
問8　3
問9　5
問10　3

◆要　旨◆

哲学者の「反事実条件的分析」という因果の理解は私たちにとっても馴染みあるものだ。しかし、因果関係を知るために「現実と異なる他の可能性」を吟味する場合には、その結果を実際に確かめることはできない。この因果の分析は「個別の出来事（＝トークン）に関するもの」であって、「出来事の種類（タイプ）」に関するものではない。そこで、私たち

2024年版　大学入試シリーズ（赤本）

国公立大学 その他

169 〔国公立大〕医学部医学科 総合型選抜・学校推薦型選抜 医 総推
170 看護・医療系大学〈国公立 東日本〉
171 看護・医療系大学〈国公立 中日本〉
172 看護・医療系大学〈国公立 西日本〉
173 海上保安大学校／気象大学校
174 航空保安大学校
175 国立看護大学校
176 防衛大学校 総推
177 防衛医科大学校（医学科） 医
178 防衛医科大学校（看護学科）

※No.169～172の収載大学は赤本ウェブサイト（http://akahon.net/）でご確認ください。

私立大学①

北海道の大学（50音順）

201 札幌大学
202 札幌学院大学
203 北星学園大学・短期大学部
204 北海学園大学
205 北海道医療大学
206 北海道科学大学
207 北海道武蔵女子短期大学
208 酪農学園大学（獣医学群〈獣医学類〉）

東北の大学（50音順）

209 岩手医科大学（医・歯・薬学部） 医
210 仙台大学 総推
211 東北医科薬科大学（医・薬学部） 医
212 東北学院大学
213 東北工業大学
214 東北福祉大学
215 宮城学院女子大学 総推

関東の大学（50音順）

あ行（関東の大学）

216 青山学院大学（法・国際政治経済学部－個別学部日程）
217 青山学院大学（経済学部－個別学部日程）
218 青山学院大学（経営学部－個別学部日程）
219 青山学院大学（文・教育人間科学部－個別学部日程）
220 青山学院大学（総合文化政策・社会情報・地球社会共生・コミュニティ人間科学部－個別学部日程）
221 青山学院大学（理工学部－個別学部日程）
222 青山学院大学（全学部日程）
223 麻布大学（獣医、生命・環境科学部）
224 亜細亜大学
225 跡見学園女子大学
226 桜美林大学
227 大妻女子大学・短期大学部

か行（関東の大学）

228 学習院大学（法学部－コア試験）
229 学習院大学（経済学部－コア試験）
230 学習院大学（文学部－コア試験）
231 学習院大学（国際社会科学部－コア試験）
232 学習院大学（理学部－コア試験）
233 学習院女子大学
234 神奈川大学（給費生試験）
235 神奈川大学（一般入試）
236 神奈川工科大学
237 鎌倉女子大学・短期大学部
238 川村学園女子大学
239 神田外語大学
240 関東学院大学
241 北里大学（理学部）
242 北里大学（医学部） 医
243 北里大学（薬学部）
244 北里大学（看護・医療衛生学部）
245 北里大学（未来工・獣医・海洋生命科学部）
246 共立女子大学・短期大学
247 杏林大学（医学部） 医
248 杏林大学（保健学部）
249 群馬医療福祉大学 新
250 群馬パース大学 総推
251 慶應義塾大学（法学部）
252 慶應義塾大学（経済学部）
253 慶應義塾大学（商学部）
254 慶應義塾大学（文学部） 総推
255 慶應義塾大学（総合政策学部）
256 慶應義塾大学（環境情報学部）
257 慶應義塾大学（理工学部）
258 慶應義塾大学（医学部） 医
259 慶應義塾大学（薬学部）
260 慶應義塾大学（看護医療学部）
261 工学院大学
262 國學院大學
263 国際医療福祉大学 医
264 国際基督教大学
265 国士舘大学
266 駒澤大学（一般選抜T方式・S方式）
267 駒澤大学（全学部統一日程選抜）

さ行（関東の大学）

268 埼玉医科大学（医学部） 医
269 相模女子大学・短期大学部
270 産業能率大学
271 自治医科大学（医学部） 医
272 自治医科大学（看護学部）／東京慈恵会医科大学（医学部〈看護学科〉）
273 実践女子大学 総推
274 芝浦工業大学（前期日程〈英語資格・検定試験利用方式を含む〉）
275 芝浦工業大学（全学統一日程〈英語資格・検定試験利用方式を含む〉・後期日程）
276 十文字学園女子大学
277 淑徳大学
278 順天堂大学（医学部） 医
279 順天堂大学（スポーツ健康科・医療看護・保健看護・国際教養・保健医療・医療科・健康データサイエンス学部） 総推
280 城西国際大学 新
281 上智大学（神・文・総合人間科学部）
282 上智大学（法・経済学部）
283 上智大学（外国語・総合グローバル学部）
284 上智大学（理工学部）
285 上智大学（TEAPスコア利用方式）
286 湘南工科大学
287 昭和大学（医学部） 医
288 昭和大学（歯・薬・保健医療学部）
289 昭和女子大学
290 昭和薬科大学
291 女子栄養大学・短期大学部
292 白百合女子大学
293 成蹊大学（法学部－A方式）
294 成蹊大学（経済・経営学部－A方式）
295 成蹊大学（文学部－A方式）
296 成蹊大学（理工学部－A方式）
297 成蹊大学（E方式・G方式・P方式）
298 成城大学（経済・社会イノベーション学部－A方式）
299 成城大学（文芸・法学部－A方式）
300 成城大学（S方式〈全学部統一選抜〉）
301 聖心女子大学
302 清泉女子大学
303 聖徳大学・短期大学部
304 聖マリアンナ医科大学 医
305 聖路加国際大学（看護学部）
306 専修大学（スカラシップ・全国入試）
307 専修大学（学部個別入試）
308 専修大学（全学部統一入試）

た行（関東の大学）

309 大正大学
310 大東文化大学
311 高崎健康福祉大学 総推
312 拓殖大学
313 玉川大学
314 多摩美術大学
315 千葉工業大学
316 千葉商科大学
317 中央大学（法学部－学部別選抜）
318 中央大学（経済学部－学部別選抜）
319 中央大学（商学部－学部別選抜）
320 中央大学（文学部－学部別選抜）
321 中央大学（総合政策学部－学部別選抜）
322 中央大学（国際経営・国際情報学部－学部別選抜）
323 中央大学（理工学部－学部別選抜）
324 中央大学（6学部共通選抜）
325 中央学院大学
326 津田塾大学
327 帝京大学（薬・経済・法・文・外国語・教育・理工・医療技術・福岡医療技術学部）
328 帝京大学（医学部） 医
329 帝京科学大学 総推
330 帝京平成大学 総推
331 東海大学（医〈医〉学部を除く－一般選抜）
332 東海大学（文系・理系学部統一選抜）
333 東海大学（医学部〈医学科〉） 医
334 東京医科大学（医学部〈医学科〉） 医
335 東京家政大学・短期大学部 総推
336 東京経済大学
337 東京工科大学
338 東京工芸大学
339 東京国際大学
340 東京歯科大学
341 東京慈恵会医科大学（医学部〈医学科〉） 医
342 東京情報大学
343 東京女子大学
344 東京女子医科大学（医学部） 医
345 東京電機大学
346 東京都市大学
347 東京農業大学
348 東京薬科大学（薬学部） 総推
349 東京薬科大学（生命科学部） 総推
350 東京理科大学（理学部〈第一部〉－B方式）
351 東京理科大学（創域理工学部－B方式・S方式）
352 東京理科大学（工学部－B方式）
353 東京理科大学（先進工学部－B方式）
354 東京理科大学（薬学部－B方式）
355 東京理科大学（経営学部－B方式）
356 東京理科大学（C方式、グローバル方式、理学部〈第二部〉－B方式）

2024年版　大学入試シリーズ（赤本）

私立大学②

357 東邦大学（医学部） 医
358 東邦大学（薬学部）
359 東邦大学（理・看護・健康科学部）
360 東洋大学（文・経済・経営・法・社会・国際・国際観光学部）
361 東洋大学（情報連携・福祉社会デザイン・健康スポーツ科・理工・総合情報・生命科・食環境科学部）
362 東洋大学（英語〈3日程×3カ年〉） 新
363 東洋大学（国語〈3日程×3カ年〉） 新
364 東洋大学（日本史・世界史〈2日程×3カ年〉） 新
365 東洋英和女学院大学
366 常磐大学・短期大学 総推
367 獨協大学
368 獨協医科大学（医学部） 医

な行（関東の大学）

369 二松学舎大学
370 日本大学（法学部）
371 日本大学（経済学部）
372 日本大学（商学部）
373 日本大学（文理学部〈文系〉）
374 日本大学（文理学部〈理系〉）
375 日本大学（芸術学部）
376 日本大学（国際関係学部）
377 日本大学（危機管理・スポーツ科学部）
378 日本大学（理工学部）
379 日本大学（生産工・工学部）
380 日本大学（生物資源科学部）
381 日本大学（医学部） 医
382 日本大学（歯・松戸歯学部）
383 日本大学（薬学部）
384 日本大学（医学部を除く－N全学統一方式）
385 日本医科大学 医
386 日本工業大学
387 日本歯科大学
388 日本社会事業大学 新 総推
389 日本獣医生命科学大学
390 日本女子大学
391 日本体育大学

は行（関東の大学）

392 白鷗大学（学業特待選抜・一般選抜）
393 フェリス女学院大学
394 文教大学
395 法政大学（法〈法律・政治〉・国際文化・キャリアデザイン学部－A方式）
396 法政大学（法〈国際政治〉・文・経営・人間環境・グローバル教養学部－A方式）
397 法政大学（経済・社会・現代福祉・スポーツ健康学部－A方式）
398 法政大学（情報科・デザイン工・理工・生命科学部－A方式）
399 法政大学（T日程〈統一日程〉・英語外部試験利用入試）
400 星薬科大学 総推

ま行（関東の大学）

401 武蔵大学
402 武蔵野大学
403 武蔵野美術大学
404 明海大学
405 明治大学（法学部－学部別入試）
406 明治大学（政治経済学部－学部別入試）
407 明治大学（商学部－学部別入試）
408 明治大学（経営学部－学部別入試）
409 明治大学（文学部－学部別入試）
410 明治大学（国際日本学部－学部別入試）
411 明治大学（情報コミュニケーション学部－学部別入試）
412 明治大学（理工学部－学部別入試）
413 明治大学（総合数理学部－学部別入試）
414 明治大学（農学部－学部別入試）
415 明治大学（全学部統一入試）
416 明治学院大学（A日程）
417 明治学院大学（全学部日程）
418 明治薬科大学 総推
419 明星大学
420 目白大学・短期大学部

ら・わ行（関東の大学）

421 立教大学（文系学部－一般入試〈大学独自の英語を課さない日程〉）
422 立教大学（国語〈3日程×3カ年〉）
423 立教大学（日本史・世界史〈2日程×3カ年〉）
424 立教大学（文学部－一般入試〈大学独自の英語を課す日程〉）
425 立教大学（理学部－一般入試）
426 立正大学
427 早稲田大学（法学部）
428 早稲田大学（政治経済学部）
429 早稲田大学（商学部）
430 早稲田大学（社会科学部）
431 早稲田大学（文学部）
432 早稲田大学（文化構想学部）
433 早稲田大学（教育学部〈文科系〉）
434 早稲田大学（教育学部〈理科系〉）
435 早稲田大学（人間科・スポーツ科学部）
436 早稲田大学（国際教養学部）
437 早稲田大学（基幹理工・創造理工・先進理工学部）
438 和洋女子大学 総推

中部の大学（50音順）

439 愛知大学
440 愛知医科大学（医学部） 医
441 愛知学院大学・短期大学部
442 愛知工業大学 総推
443 愛知淑徳大学
444 朝日大学 総推
445 金沢医科大学（医学部） 医
446 金沢工業大学
447 岐阜聖徳学園大学・短期大学部 総推
448 金城学院大学
449 至学館大学 総推
450 静岡理工科大学
451 椙山女学園大学
452 大同大学
453 中京大学
454 中部大学
455 名古屋外国語大学 総推
456 名古屋学院大学 総推
457 名古屋学芸大学 総推
458 名古屋女子大学・短期大学部 総推
459 南山大学（外国語〈英米〉・法・総合政策・国際教養学部）
460 南山大学（人文・外国語〈英米を除く〉・経済・経営・理工学部）
461 新潟国際情報大学
462 日本福祉大学
463 福井工業大学
464 藤田医科大学（医学部） 医
465 藤田医科大学（医療科・保健衛生学部）
466 名城大学（法・経営・経済・外国語・人間・都市情報学部）
467 名城大学（情報工・理工・農・薬学部）
468 山梨学院大学

近畿の大学（50音順）

469 追手門学院大学 総推
470 大阪医科薬科大学（医学部） 医
471 大阪医科薬科大学（薬学部） 総推
472 大阪学院大学 総推
473 大阪経済大学 総推
474 大阪経済法科大学 総推
475 大阪工業大学 総推
476 大阪国際大学・短期大学部 総推
477 大阪産業大学 総推
478 大阪歯科大学（歯学部）
479 大阪商業大学 総推
481 大阪成蹊大学・短期大学 総推
482 大谷大学 総推
483 大手前大学・短期大学 総推
484 関西大学（文系）
485 関西大学（理系）
486 関西大学（英語〈3日程×3カ年〉）
487 関西大学（国語〈3日程×3カ年〉）
488 関西大学（文系選択科目〈2日程×3カ年〉）
489 関西医科大学（医学部） 医
490 関西医療大学 総推
491 関西外国語大学・短期大学部 総推
492 関西学院大学（文・社会・法学部－学部個別日程）
493 関西学院大学（経済・人間福祉・国際学部－学部個別日程）
494 関西学院大学（神・商・教育・総合政策学部－学部個別日程）
495 関西学院大学（全学部日程〈文系型〉）
496 関西学院大学（全学部日程〈理系型〉）
497 関西学院大学（共通テスト併用日程・英数日程）
498 畿央大学 総推
499 京都外国語大学・短期大学 総推
500 京都光華女子大学・短期大学部 総推
501 京都産業大学（公募推薦入試） 総推
502 京都産業大学（一般選抜入試〈前期日程〉）
503 京都女子大学 総推
504 京都先端科学大学 総推
505 京都橘大学 総推
506 京都ノートルダム女子大学 総推
507 京都薬科大学 総推
508 近畿大学・短期大学部（医学部を除く－推薦入試） 総推
509 近畿大学・短期大学部（医学部を除く－一般入試前期）
510 近畿大学（英語〈医学部を除く3日程×3カ年〉） 新
511 近畿大学（理系数学〈医学部を除く3日程×3カ年〉） 新
512 近畿大学（国語〈医学部を除く3日程×3カ年〉） 新
513 近畿大学（医学部－推薦入試・一般入試前期） 医 総推
514 近畿大学・短期大学部（一般入試後期） 医
515 皇學館大学 総推
516 甲南大学 総推
517 神戸学院大学 総推
518 神戸国際大学 総推
519 神戸女学院大学 総推
520 神戸女子大学・短期大学 総推
521 神戸薬科大学 総推
522 四天王寺大学・短期大学部 総推
523 摂南大学（公募制推薦入試） 総推
524 摂南大学（一般選抜前期日程）
525 帝塚山学院大学 新 総推
526 同志社大学（法、グローバル・コミュニケーション学部－学部個別日程）
527 同志社大学（文・経済学部－学部個別日程）
528 同志社大学（神・商・心理・グローバル地域文化学部－学部個別日程）
529 同志社大学（社会学部－学部個別日程）

いつも受験生のそばに──赤本

大学入試シリーズ＋α
入試対策も共通テスト対策も赤本で

入試対策

赤本プラス

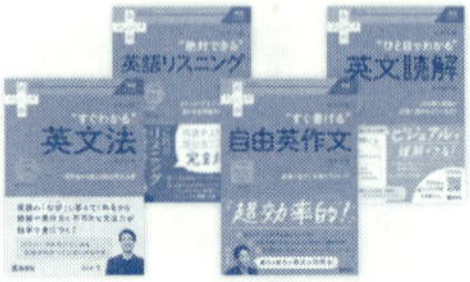

赤本プラスとは，過去問演習の効果を最大にするためのシリーズです。「赤本」であぶり出された弱点を，赤本プラスで克服しましょう。

大学入試 すぐわかる英文法 DL
大学入試 ひと目でわかる英文読解
大学入試 絶対できる英語リスニング DL
大学入試 すぐ書ける自由英作文
大学入試 ぐんぐん読める英語長文〔BASIC〕
大学入試 ぐんぐん読める英語長文〔STANDARD〕
大学入試 ぐんぐん読める英語長文〔ADVANCED〕
大学入試 最短でマスターする数学I・II・III・A・B・C 新 ◎
大学入試 突破力を鍛える最難関の数学 新 ◎
大学入試 ちゃんと身につく物理 新 ◎
大学入試 もっと身につく物理問題集（①力学・波動）新 ◎
大学入試 もっと身につく物理問題集（②熱力学・電磁気・原子）新 ◎

入試対策

英検®赤本シリーズ

英検®（実用英語技能検定）の対策書。
過去問集と参考書で万全の対策ができます。

▶**過去問集（2023年度版）**
英検®準1級過去問集 DL
英検®2級過去問集 DL
英検®準2級過去問集 DL
英検®3級過去問集 DL

▶**参考書**
竹岡の英検®準1級マスター DL
竹岡の英検®2級マスター CD DL
竹岡の英検®準2級マスター CD DL
竹岡の英検®3級マスター CD DL

入試対策

赤本プレミアム

「これぞ京大！」という問題・テーマのみで構成したベストセレクションの決定版！

京大数学プレミアム〔改訂版〕
京大古典プレミアム

CD リスニングCDつき　DL 音声無料配信
新 2023年刊行　◎ 新課程版

入試対策

赤本メディカルシリーズ

過去問を徹底的に研究し，独自の出題傾向をもつメディカル系の入試に役立つ内容を精選した実戦的なシリーズ。

〔国公立大〕医学部の英語〔3訂版〕
私立医大の英語〔長文読解編〕〔3訂版〕
私立医大の英語〔文法・語法編〕〔改訂版〕
医学部の実戦小論文〔3訂版〕
〔国公立大〕医学部の数学
私立医大の数学
医歯薬系の英単語〔4訂版〕
医系小論文 最頻出論点20〔3訂版〕
医学部の面接〔4訂版〕

入試対策

体系シリーズ

国公立大二次・難関私大突破へ，自学自習に適したハイレベル問題集。

体系英語長文
体系英作文
体系数学I・A
体系数学II・B
体系現代文
体系古文
体系日本史
体系世界史
体系物理〔第6版〕
体系物理〔第7版〕新 ◎
体系化学〔第2版〕
体系生物

入試対策

単行本

▶**英語**
Q&A即決英語勉強法
TEAP攻略問題集 CD
東大の英単語〔新装版〕
早慶上智の英単語〔改訂版〕

▶**数学**
稲荷の独習数学

▶**国語・小論文**
著者に注目！現代文問題集
ブレない小論文の書き方 樋口式ワークノート

▶**理科**
折戸の独習物理

▶**レシピ集**
奥薗壽子の赤本合格レシピ

入試対策　共通テスト対策

赤本手帳

赤本手帳（2024年度受験用）プラムレッド
赤本手帳（2024年度受験用）インディゴブルー
赤本手帳（2024年度受験用）ナチュラルホワイト

入試対策

風呂で覚えるシリーズ

水をはじく特殊な紙を使用。いつでもどこでも読めるから，ちょっとした時間を有効に使える！

風呂で覚える英単語〔4訂新装版〕
風呂で覚える英熟語〔改訂新装版〕
風呂で覚える古文単語〔改訂新装版〕
風呂で覚える古文文法〔改訂新装版〕
風呂で覚える漢文〔改訂新装版〕
風呂で覚える日本史〔年代〕〔改訂新装版〕
風呂で覚える世界史〔年代〕〔改訂新装版〕
風呂で覚える倫理〔改訂版〕
風呂で覚える化学〔3訂新装版〕
風呂で覚える百人一首〔改訂版〕

共通テスト対策

満点のコツシリーズ

共通テストで満点を狙うための実戦的参考書。
重要度の増したリスニング対策は「カリスマ講師」竹岡広信が一回読みにも対応できるコツを伝授！

共通テスト英語〔リスニング〕満点のコツ CD DL
共通テスト古文 満点のコツ
共通テスト漢文 満点のコツ
共通テスト化学基礎 満点のコツ
共通テスト生物基礎 満点のコツ

入試対策　共通テスト対策

赤本ポケットシリーズ

▶**共通テスト対策**
共通テスト日本史〔文化史〕

▶**系統別進路ガイド**
デザイン系学科をめざすあなたへ
心理学科をめざすあなたへ〔改訂版〕